中国石油青海油田公司

年 鉴

2015

中国石油天然气股份有限公司青海油田分公司 编

飞天出版传媒集团
甘肃文化出版社

图书在版编目（CIP）数据

中国石油青海油田公司年鉴. 2015 / 中国石油天然气股份有限公司青海油田分公司编. -- 兰州 : 甘肃文化出版社, 2015.12

ISBN 978-7-5490-0978-7

Ⅰ. ①中… Ⅱ. ①中… Ⅲ. ①油田—青海省—2015—年鉴 Ⅳ. ①F426.22-54

中国版本图书馆CIP数据核字(2015)第301633号

中国石油青海油田公司年鉴2015

中国石油天然气股份有限公司青海油田分公司|编

责任编辑 | 房金蓉
装帧设计 | 万谨高
周　阳
出版发行 | 甘肃文化出版社
网　　址 | http://www. gswenhua.cn
投稿邮箱 | press@gswenhua.cn
地　　址 | 兰州市城关区曹家巷1号　730030(邮编)

营销中心 | 王　俊　贾　莉
电　　话 | 0931-8454870　8430531(传真)

印　　刷 | 甘肃兴方正彩色数码快印有限公司
开　　本 | 787毫米×1092毫米 1/16
字　　数 | 1148千
印　　张 | 26.75
插　　页 | 28
版　　次 | 2015年12月第1版
印　　次 | 2015年12月第1次
书　　号 | ISBN 978-7-5490-0978-7
定　　价 | 268.00元

《中国石油青海油田公司年鉴》

编委会

《中国石油青海油田公司年鉴》

主编、副主编

《中国石油青海油田公司年鉴·2015》

编辑部

主　　任：杨大伟

副 主 任：李希生　程雁秋

编　　辑：李希生　程雁秋　张三民　左小明　淡丽春　幸　利
　　　　　郭玉青　王　媛

特邀编辑：杨仕通　刘世明　彭干先　彭德华　段国禄

封面设计：徐毅超

正文设计：徐毅超

责任校对：祁惠娟　牛伟毅

责任排版：周　阳

彩页制作：万谨高

编辑说明

一、《中国石油青海油田公司年鉴·2015卷》是中国石油天然气股份有限公司青海油田分公司的专业性年鉴，是一部记录中国石油青海油田主要发展情况的资料性工具书。书中全面、系统地记述2014年青海油田在油气勘探、油气开发，以及产、输、炼、销、工程技术服务、矿区服务等各行各业的发展状况，客观反映了青海油田在物质文明建设和精神文明建设中所取得的成就，真实记录了青海石油人扎根高原、艰苦奋斗、多找油气，报效祖国的精神风貌。

二、本年鉴严格按照《中国石油天然气集团公司年鉴》编纂理念，采用“板块式”结构，分类编纂，点面结合，详略有别，力求全面记述、便于查阅。全书分为篇目、栏目、条目三个层次，文字叙述为主，图表结合为辅。全书共16篇，内容包括总述(综述、特载、专文、专稿)，重要会议、重大活动、重大成果，油气勘探，油气田开发，油气储运炼化与销售，工程技术服务，科技、信息与外事工作，质量安全环保与节能，企业管理，基地后勤服务，精神文明建设，机构与人物，二级单位概览，大事记，先进荣誉，附录等。

三、为行文简洁，本年鉴中对机构名称一般采用以下方法处理：在首次出现时采用全称，随后出现时用简称。例如：“中国石油天然气股份有限公司”简称为“股份公司”；“中国石油天然气股份有限公司青海油田分公司”简称为“中国石油青海油田”或“青海油田公司”等。

四、本年鉴稿件、资料主要由中国石油青海油田所属各二级单位、机关各处室、各直属、附属单位年鉴撰稿人及年鉴办的同志提供，经青海油田年鉴编辑部进行必要的修改编辑后，反馈至各单位、机关各处室，并由各单位领导审定后签发。

五、本年鉴中所引用的各种数字和资料，截至2014年底。书中所收录资料是由各单位、机关各处室统计而来，由于统计的重点、渠道、时间不同，存在一定差异。虽经过反复核对，难免存在收集不全、照顾不周、甚至相互矛盾之处。如有差异，使用时请以机关对口专业处室的统计数字为准。

六、青海油田年鉴编辑部严格按照年鉴文体编撰有关规范，对各二级单位、机关处室年鉴撰稿人提供的稿件进行必要的编辑修改。主要是依据编写大纲与撰写要求，统一全书的体例，调整个别结构，规范专业名词，删除明显的重复，合并相近的条目，补充部分资料，理顺语言文字。尽管如此，由于编辑水平有限，编辑工作量大、时间紧，难免还有疏漏和欠妥之处，恳请读者提出批评意见。

七、本年鉴的编辑和出版过程中，承蒙青海油田机关各部门、二级单位领导和同志们的大力支持与广大年鉴撰稿作者的鼎力相助，在此，谨向为本年鉴提供稿件、图片和资料、审查稿件，以及提供各种帮助的同志们，致以诚挚的感谢。

《中国石油青海油田公司年鉴》编辑部

二○一五年十月

序

在庆祝青海油田创业60华诞之年，油田又有一部涵盖往绩、昭示现今的年度百科全书——《中国石油青海油田公司年鉴·2015卷》终成卷帙，实切欣庆。

这部厚重的“年鉴”恰似柴达木石油人在“生命禁区”矢志建设千万吨高原油气田的辉煌史诗，字里行间、画内画外荡漾着高原创业者“艰苦不怕吃苦、缺氧不缺精神”的豪迈气概。

2014年是极不平凡，极具挑战的一年，也是业绩突出成果丰硕的一年。油田上下一如既往地秉承“奉献能源，创造和谐”的宗旨，持续发扬柴达木石油精神，积极应对经济下行、市场低迷、油价持续下跌等不利因素，努力克服投资紧缩、成本费用刚性增长等诸多困难，团结一心，迎难而上，取得八个方面的亮点：坚持资源为主，勘探取得新进展；坚持稳中求进，生产指标创新高；坚持过程管控，生产保障根基牢；坚持精细管理，经营业绩稳向好；坚持防治结合，基础工程见实效；坚持创新驱动，科技兴油结硕果；坚持发展惠民，矿区服务上水平；坚持党建引领，凝心聚力促发展。

2014年完成油气三级地质储量2.31亿吨，相当于股份公司下达计划的2.31倍，油气三级储量实现“七连增”，连续5年保持在2亿吨以上；生产油气当量768.92万吨，同比增加12.12万吨，油气产量实现“五年旺”，年均增长47万吨，跻身中石油2014年油气产量同步增长的三家单位之列；加工原油140.88万吨，炼化生产首次实现扭亏增赢；实现经营收入327.82亿元（含内部收入122.33亿元）、利润66.76亿元，上缴税费60.86亿元，同比分别增加9.28亿元、12.75亿元和2.76亿元。油田连续6年获青海省科技进步一等奖。史昆获得“全国五一劳动奖章”，陈琰、韩萃等7名职工获青海省“劳动模范”。这些成绩及荣誉，既是柴达木“五特”石油队伍优秀品质的充分展示，又得益于上级组织的正确领导、饱含着地方政府的大力支持、各驻矿单位的团结协作，也得益于离退休老同志和职工家属的全力配合、油田广大干部员工的拼搏奉献。

油田发展的每一份历史积淀，都为我们增添了动力之源。全面建成千万吨高原油气田任重道远，尚需油田上下共克时艰、勇往直前，主动适应新常态，奋力开创新局面，推进青海油田有质量有效益可持续发展。

这部“年鉴”全面、系统、客观、翔实地记载了柴达木石油人在建设千万吨高原油气田征程中的步履，镌刻着高原石油人“顾全大局、艰苦奋斗、为油而战”的足迹，把那精彩的瞬间定格成了历史的永恒，实为一部反映青海油田发展轨迹的年度综合史册，具有“存史、育人、交流、资治”的价值。愿其能给油田相关人员提供必要的参考和借鉴，给广大职工、家属带来一定的方便和帮助，使其成为柴达木石油精神教育的教材之一。

抚卷长思，思绪奔涌，谨陈管见，匆匆而就。

是为序。

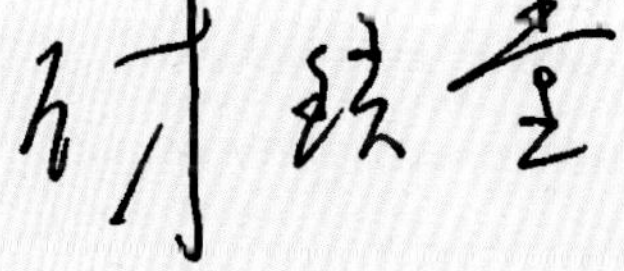

二〇一五年十月

2015

2014年1月6—7日，青海油田公司党委扩大会暨三届五次职工代表大会在敦煌基地召开。

2014年1月21日，共青团青海油田二届四次全委(扩大)会议在敦煌基地召开。

2014年2月5日，西藏自治区党委副书记、自治区常务副主席、区政法委书记、区维稳指挥部总指挥邓小刚看望节日期间坚守岗位的液化天然气公司员工。

2014年2月11日，青海油田公司召开党的群众路线教育实践活动总结视频大会。

2015

2014年2月25日，青海油田公司总经理宗贻平、总会计师杨仁远到德令哈市与海西州委州政府领导举行会谈。

2014年2月28日，青海油田公司召开2014年反腐倡廉建设工作视频会。

2014年3月2日，青海油田在敦煌、花土沟、格尔木3个石油基地同时开展“学雷锋、讲文明、树新风”活动。

2014年3月13日，青海油田公司与斯伦贝谢公司在北京签订战略合作框架协议。

2014年4月25日，青海油田举行庆“五一”长跑活动。

2014年5月7日，青海省委常委、副省长骆玉林到格尔木炼油厂检查指导工作。

2014年5月17日，青海油田公司召开干部大会，宣布油田公司主要领导调整。

2014年5月20日，青海省副省长、海西州委书记辛国斌与青海油田公司领导座谈。

2014年5月28日，青海油田公司举行创业59周年座谈会。

2014年5月30日，集团公司副总经理、党组成员赵政璋听取油田工作汇报。

2014年6月3日，青海油田公司总经理付锁堂、党委书记党玉琪与中国石油勘探开发研究院西北分院院长杨杰一行在敦煌基地座谈。

2014年6月10日，青海绿色发展投资贸易洽谈会在青海省西宁市开幕。

2015

2014年7月13日，第二届青海油田勘探与开发青年科技论坛在敦煌基地落下帷幕。

2014年9月30日，青海省模范集体、劳动模范和先进工作者表彰大会在青海省西宁市召开。

2014年10月28日，青海油田公司召开第八届职业技能竞赛总结表彰大会。

2014年12月，集团公司组织专家组，对青海油田承担建设的集团公司油气生产物联网（A11）示范工程项目进行现场验收。

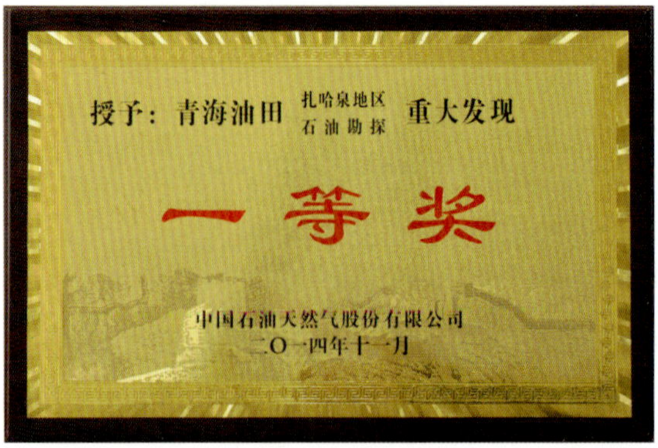
授予：青海油田 扎哈泉地区 石油勘探 重大发现
一等奖
中国石油天然气股份有限公司
二〇一四年十一月

荣誉证书
HONORARY CREDENTIAL
授予：
中国石油天然气股份有限公司青海油田分公司
2014年度“青海省财政支柱企业”荣誉称号。
特发此证，以资鼓励。
二〇一四年十二月

全国“安康杯”竞赛优胜单位
中华全国总工会
国家安全生产监督管理总局
二〇一四年四月

2000—2014原油产量统计图（单位：吨）

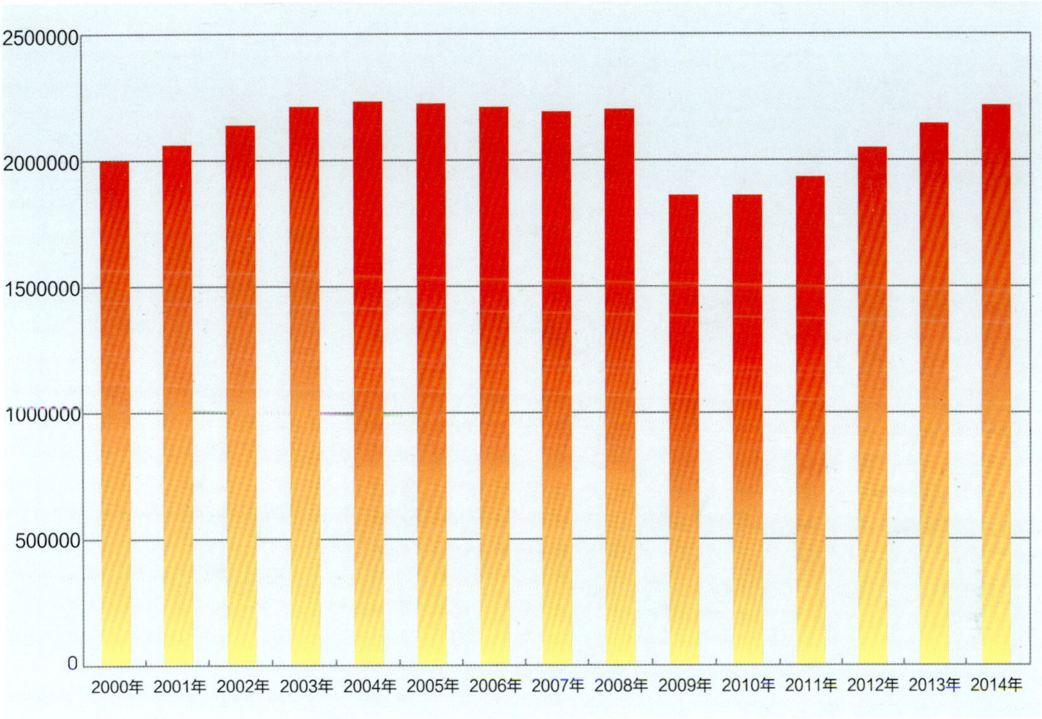

2000—2014年天然气产量统计图（单位：万立方米）

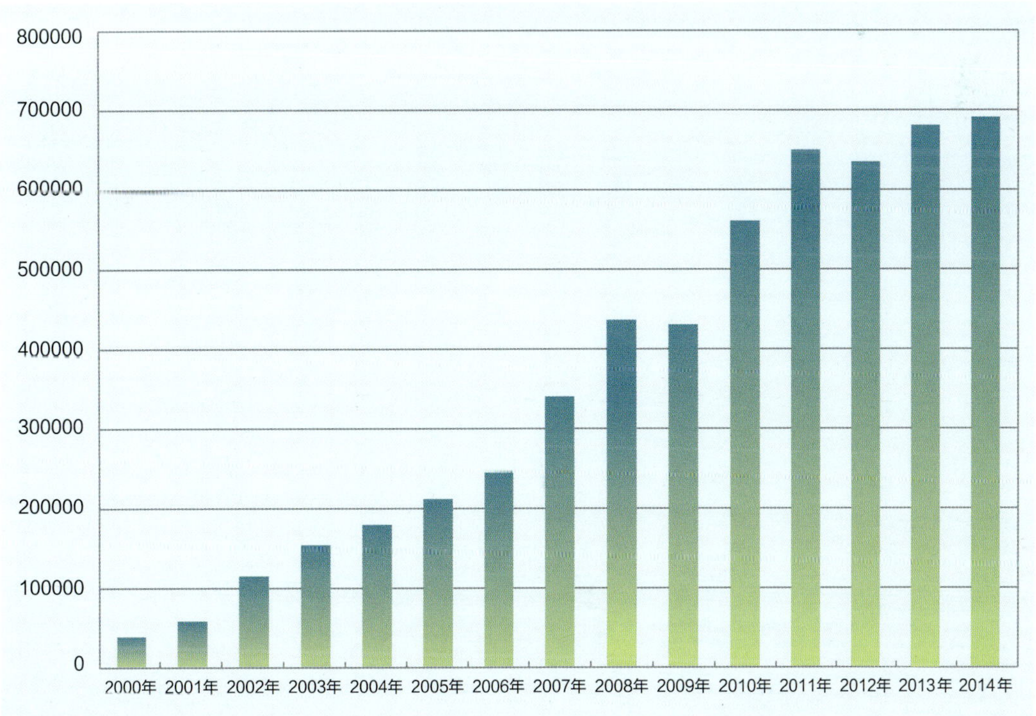

2000—2014年原油加工量统计图（单位：吨）

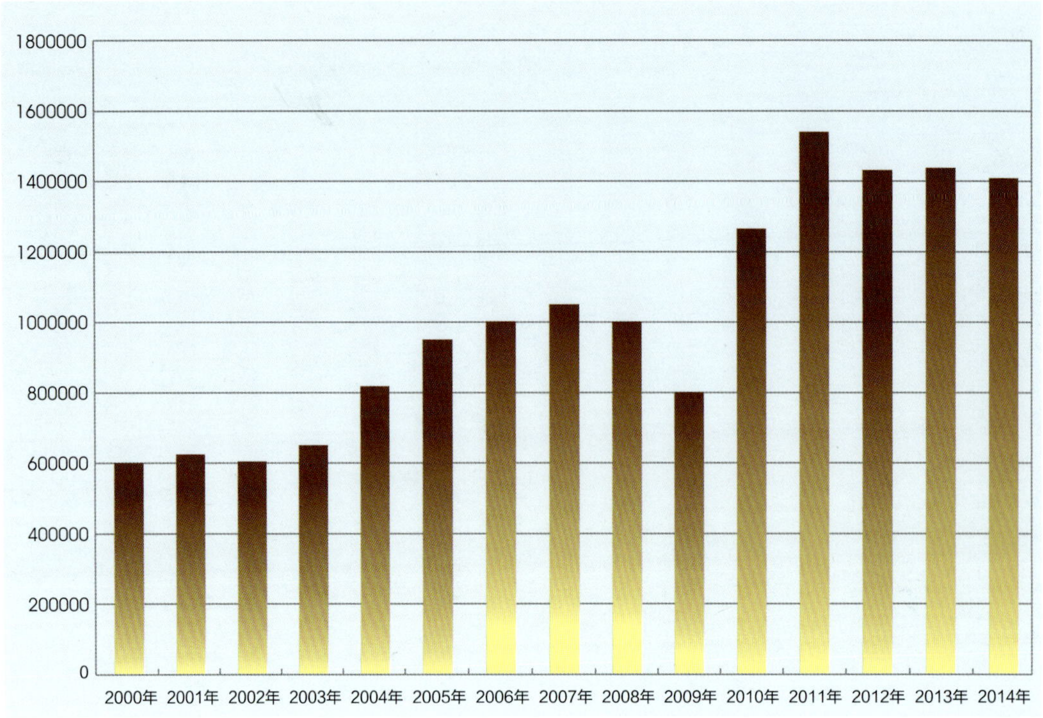

2000—2014年原油销售量统计图（单位：吨）

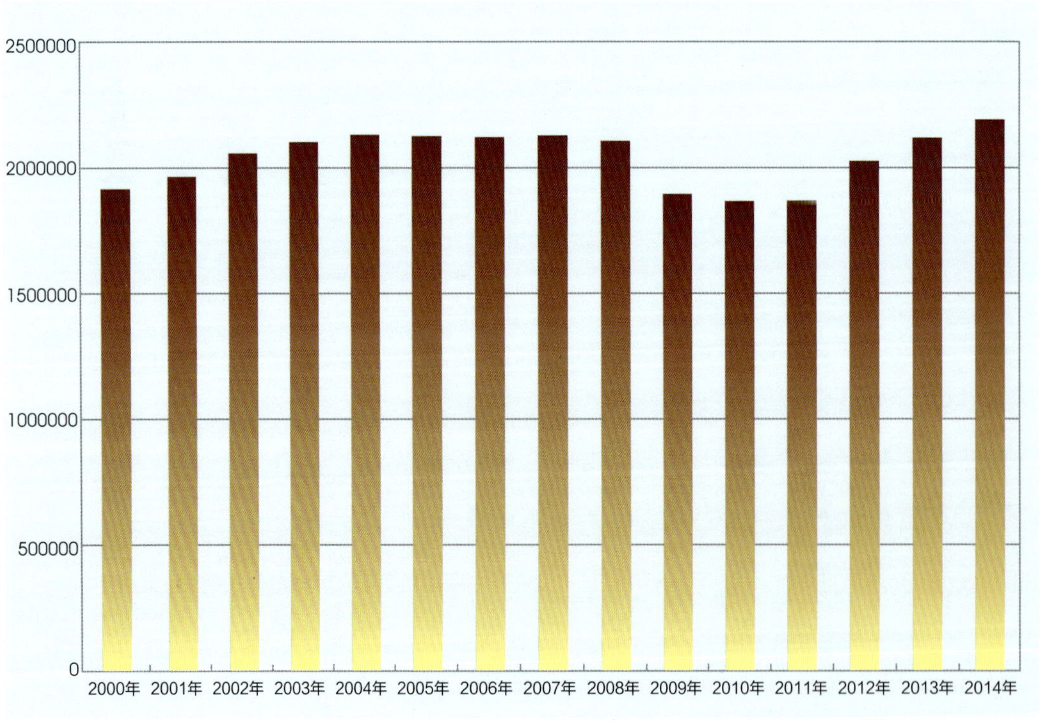

2000—2014年汽油销售量统计图（单位：吨）

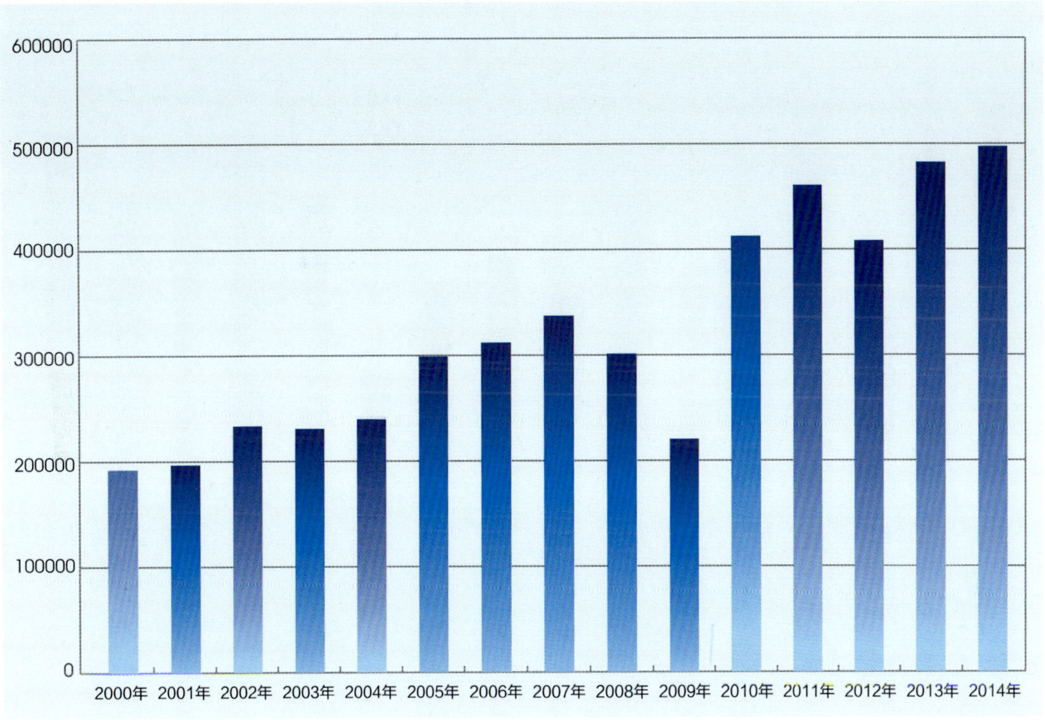

2000—2014年柴油销售量统计图（单位：吨）

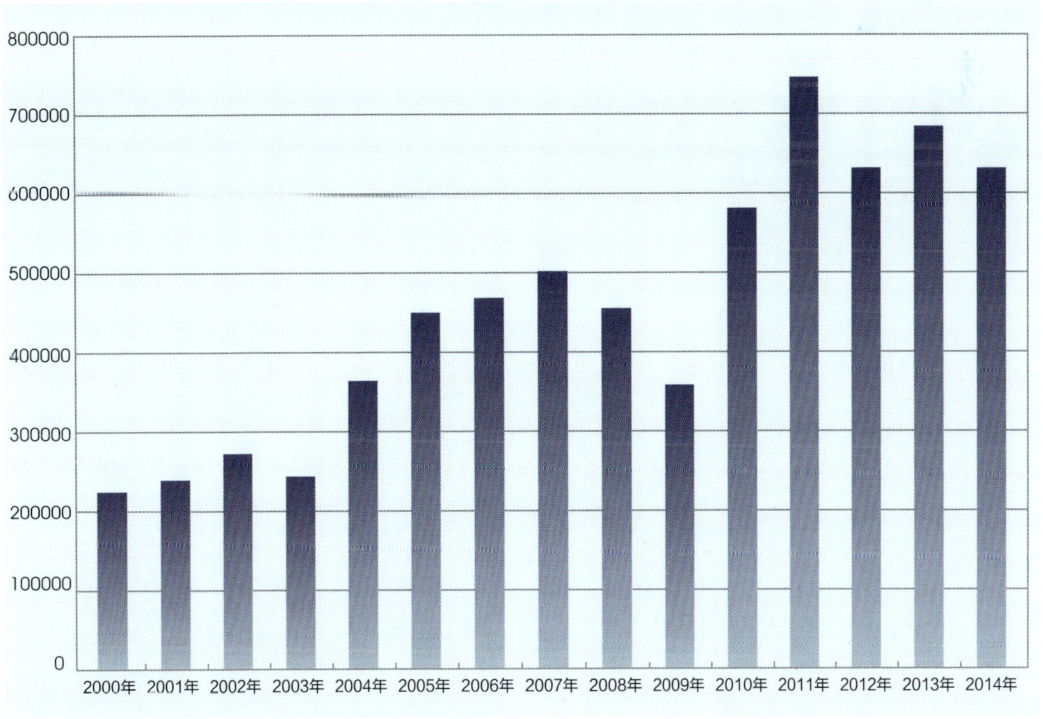

2000—2014年液化气销售统计图（单位：吨）

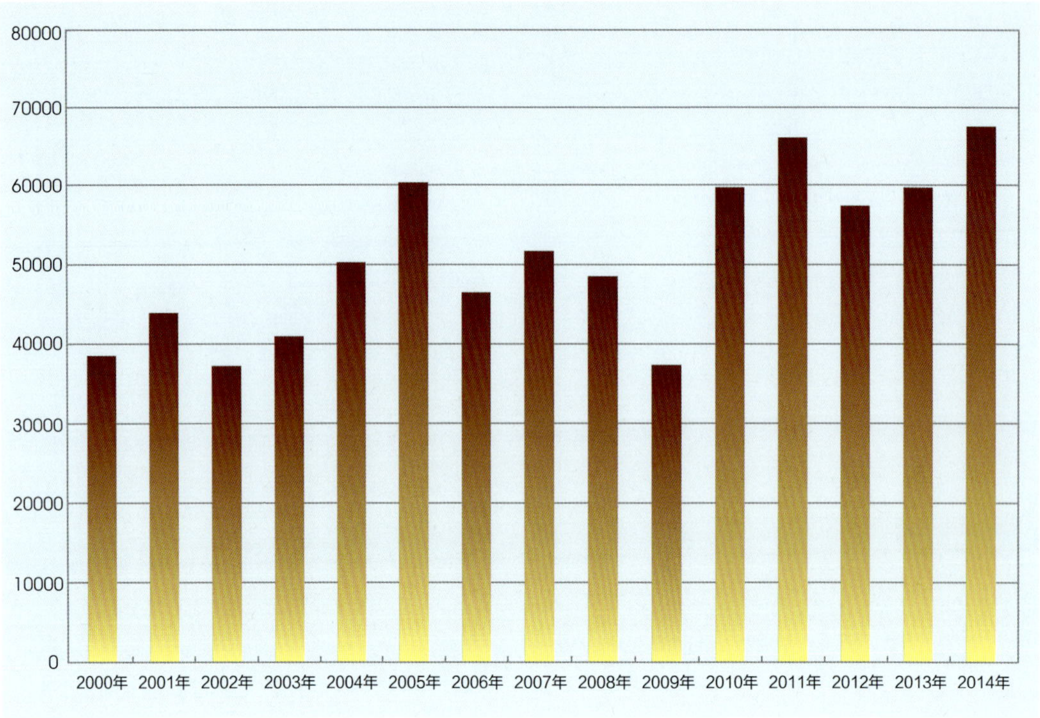

2000—2014年重油销售量统计图（单位：吨）

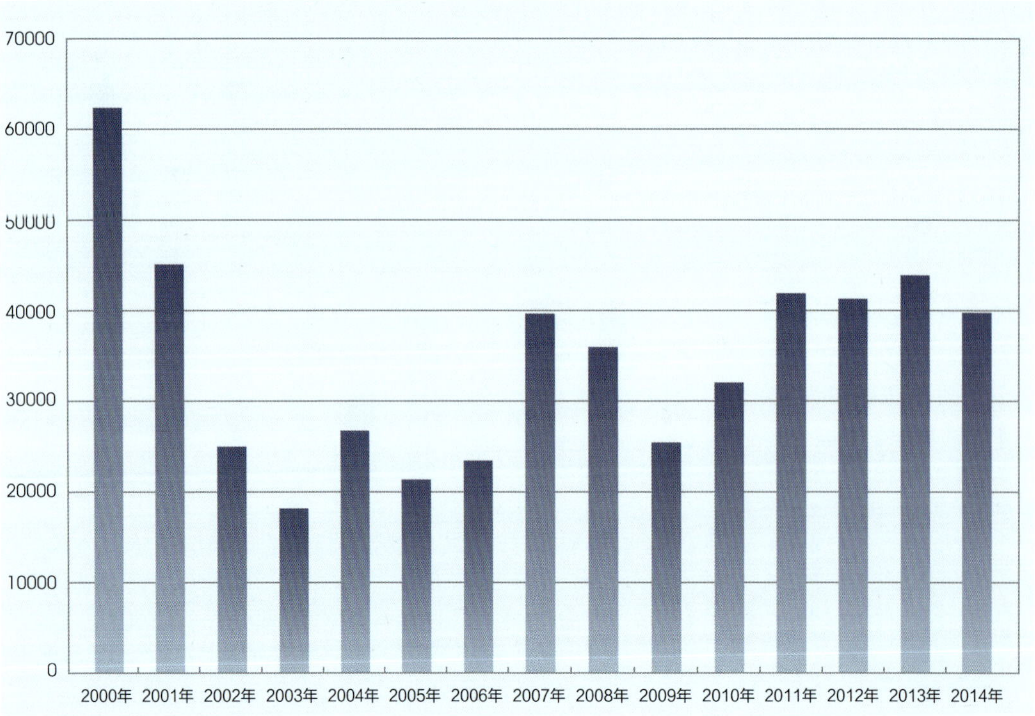

2000—2014年甲醇销售量统计图（单位：吨）

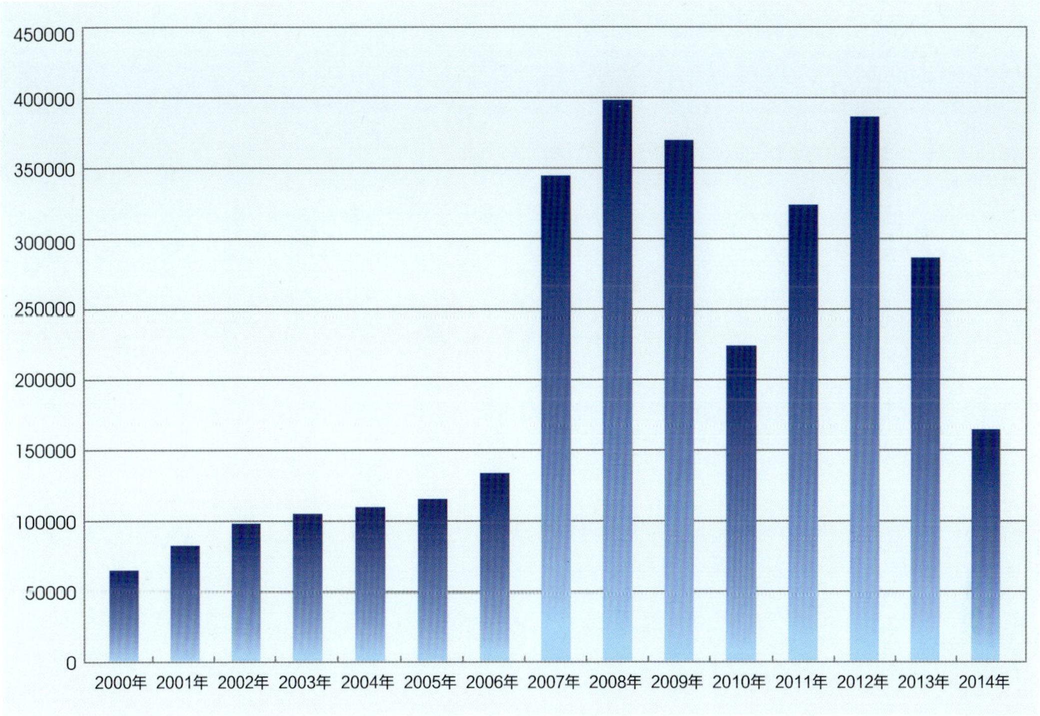

2000—2014年聚丙烯销售量统计图（单位：吨）

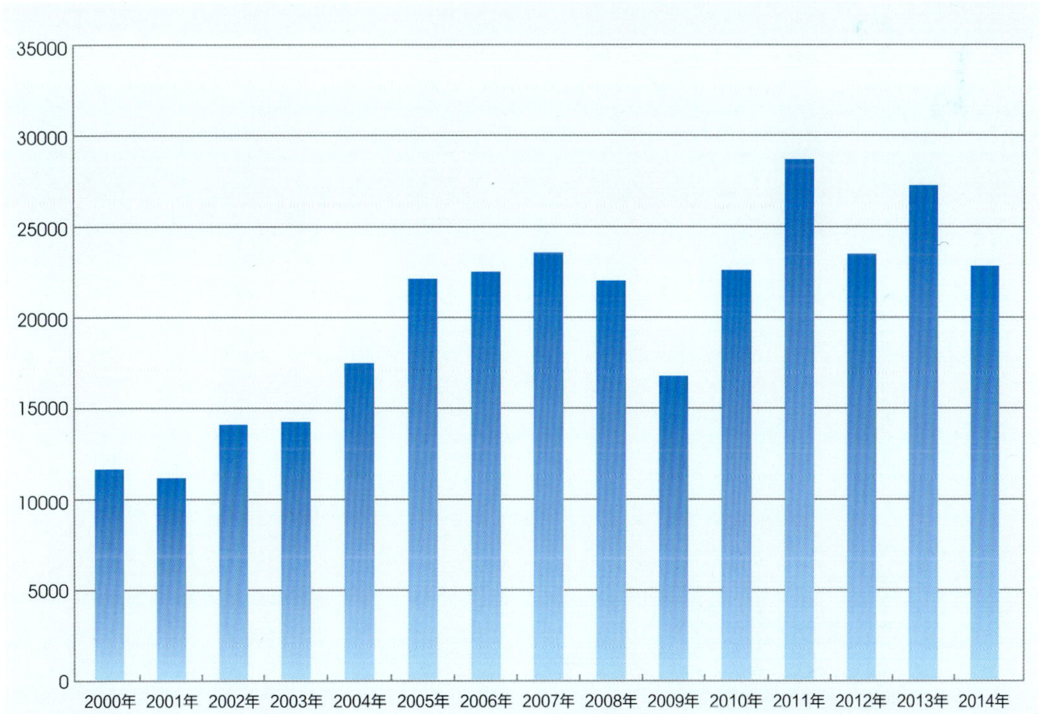

2000—2014年天然气销售量统计图（单位：万立方米）

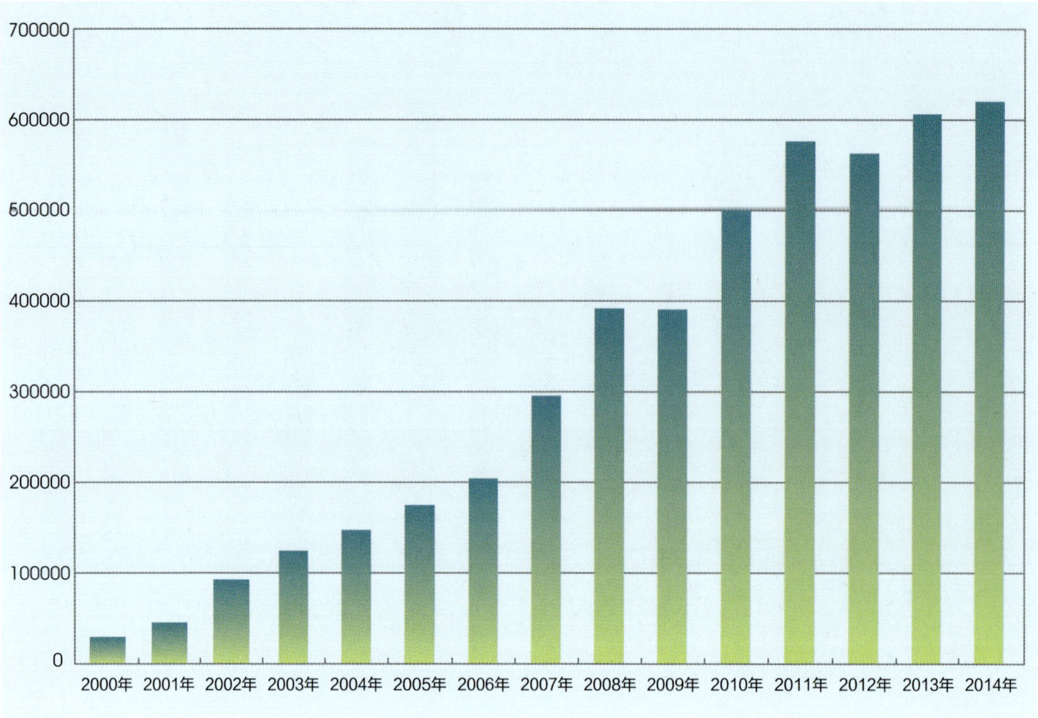

2000-2014年涩宁兰天然气销售量统计图（单位：万立方米）

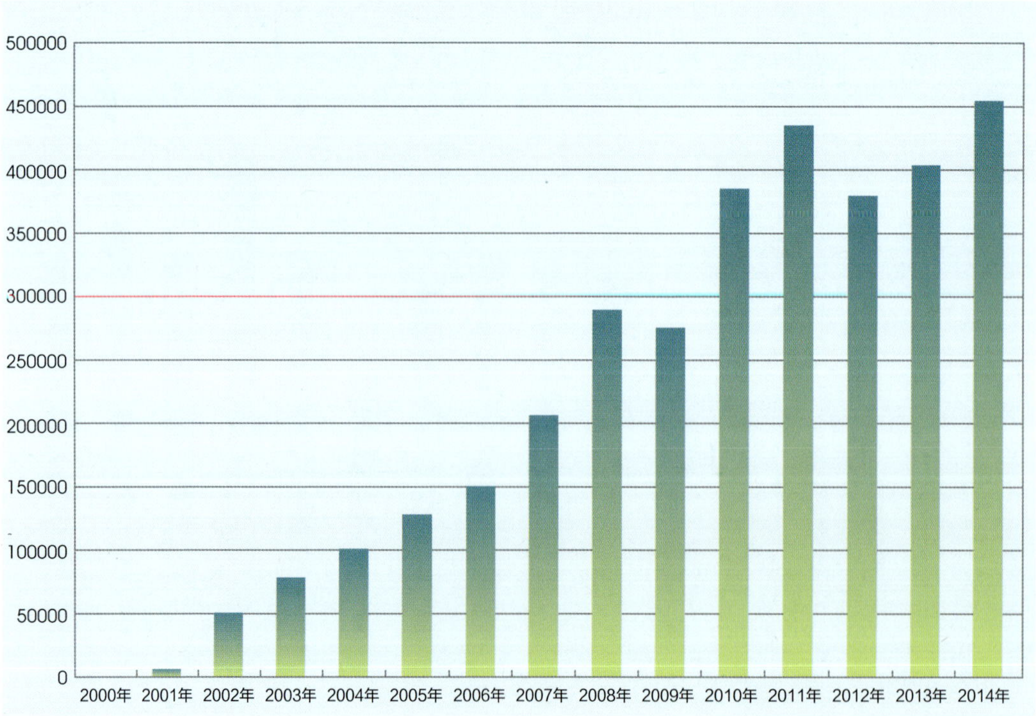

2000—2014年输油量统计图（单位：吨）

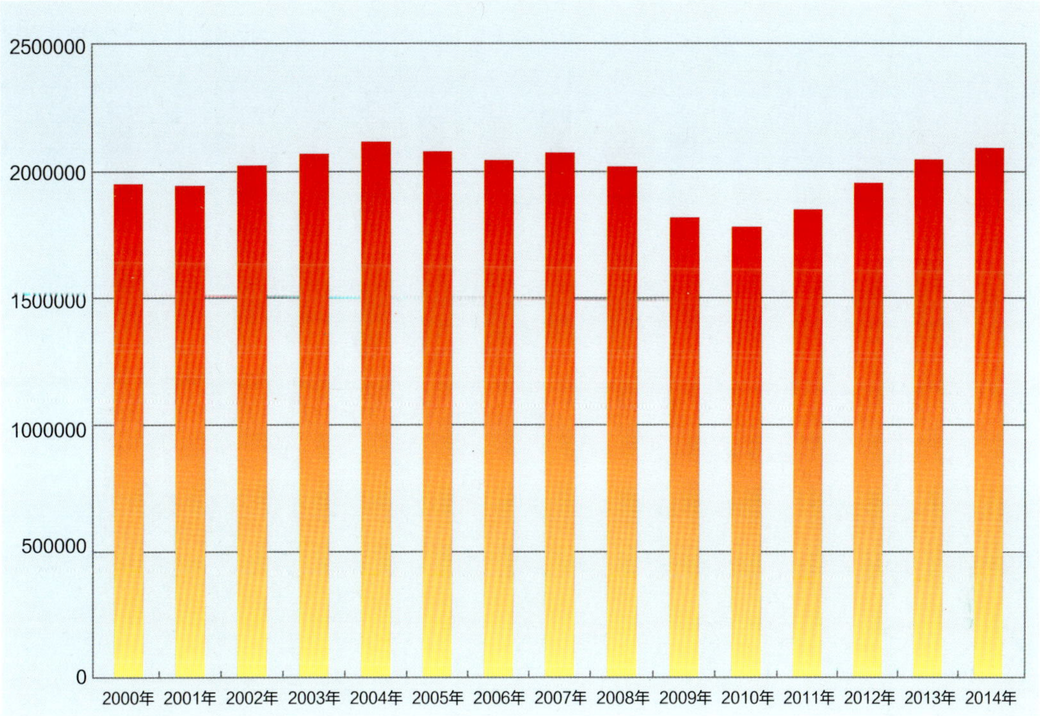

2000—2014年输气量统计图（单位：万立方米）

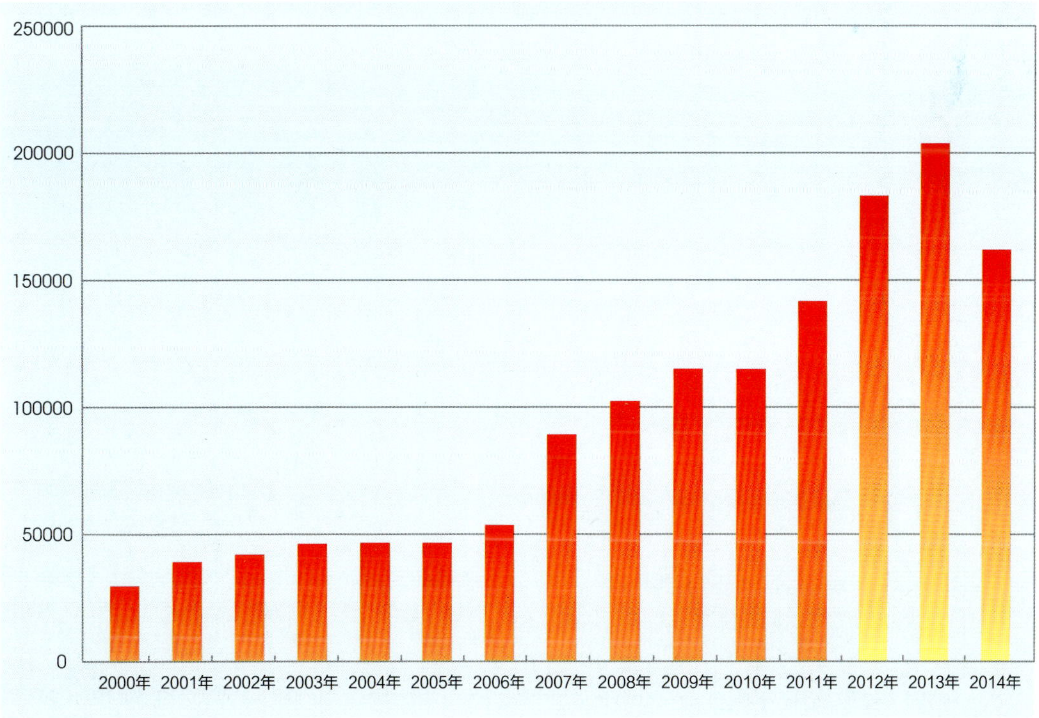

2000—2014年年末原油生产能力统计图（单位：万吨）

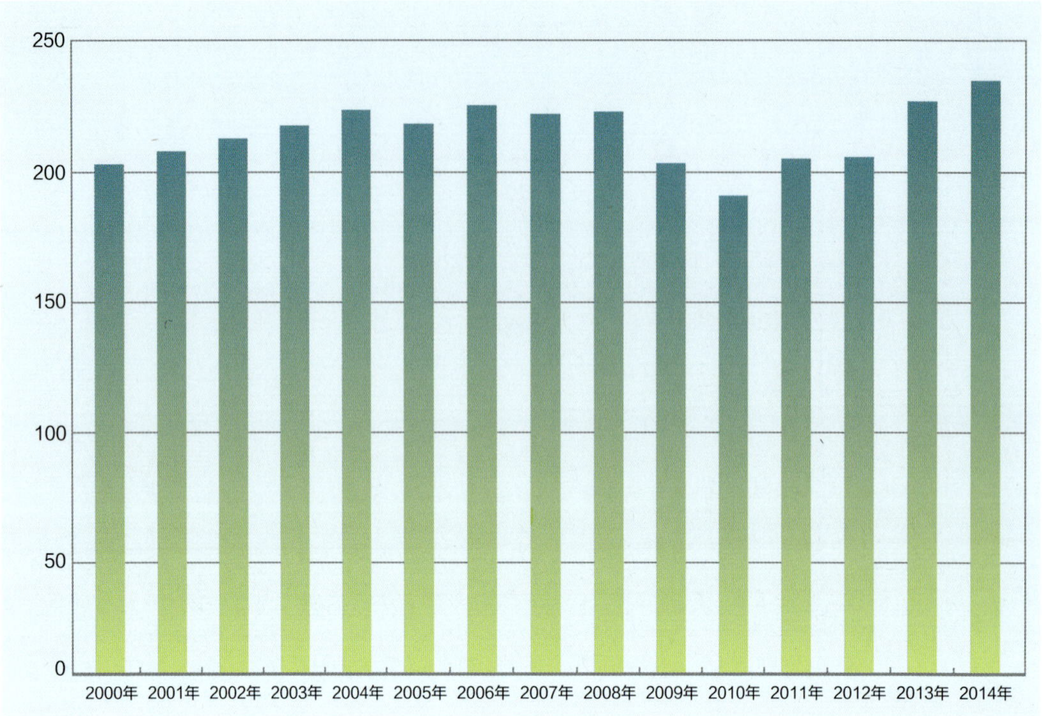

2000—2014年年末天然气生产能力统计图（单位：万立方米）

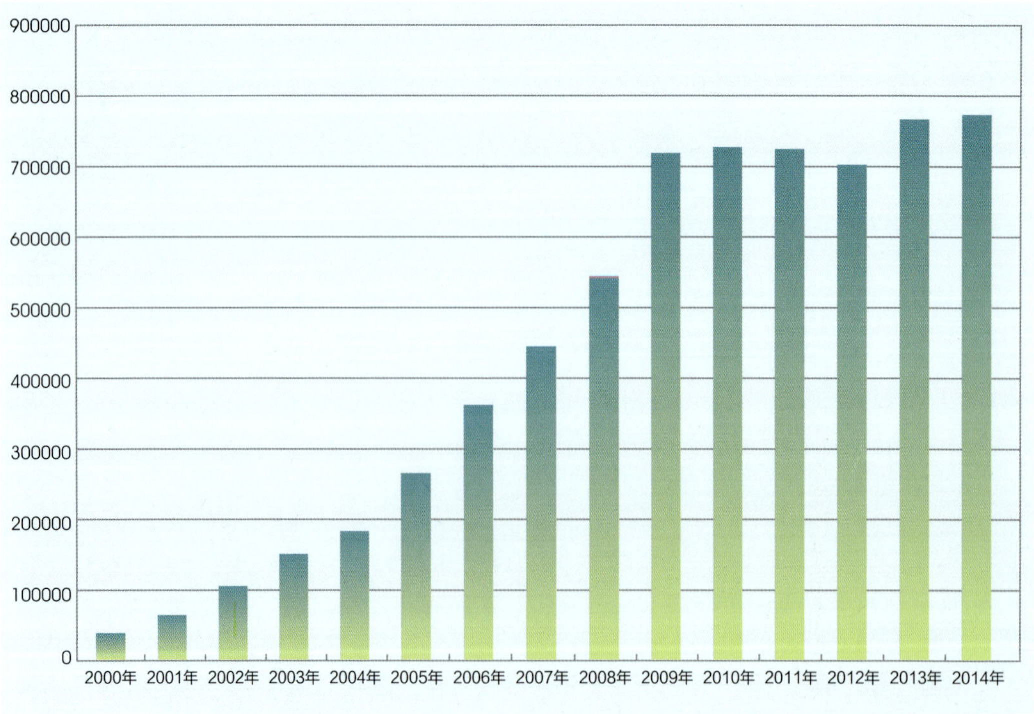

2000—2014年发现油田个数、已开发油田个数统计图(单位:个)

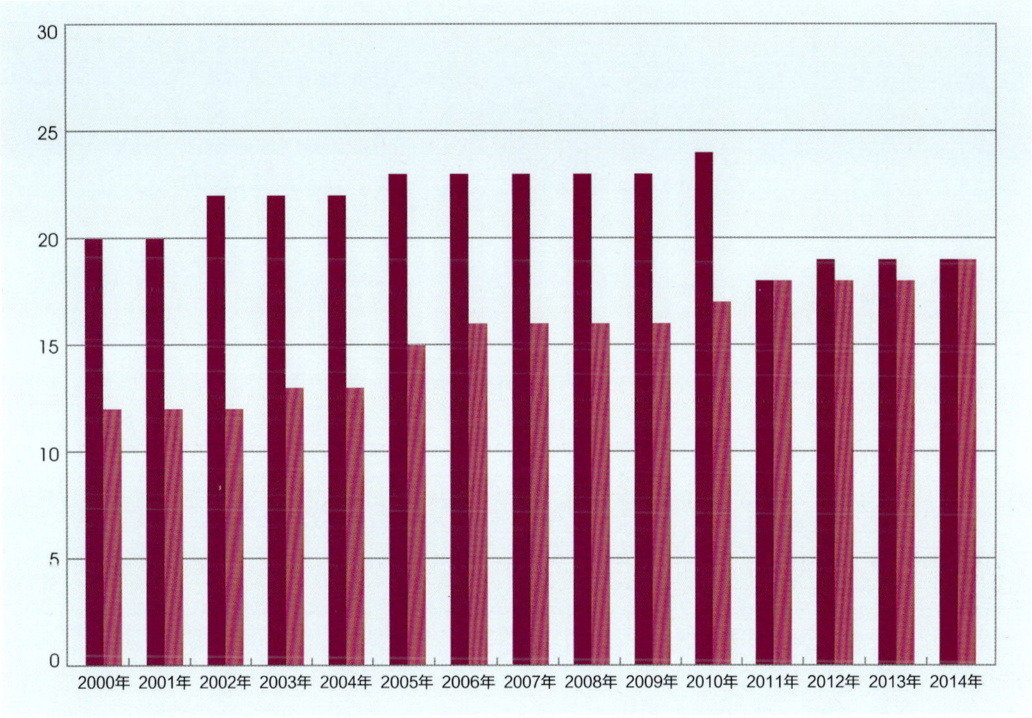

2000—2014年发现气田个数、已开发气田个数统计图（单位：个）

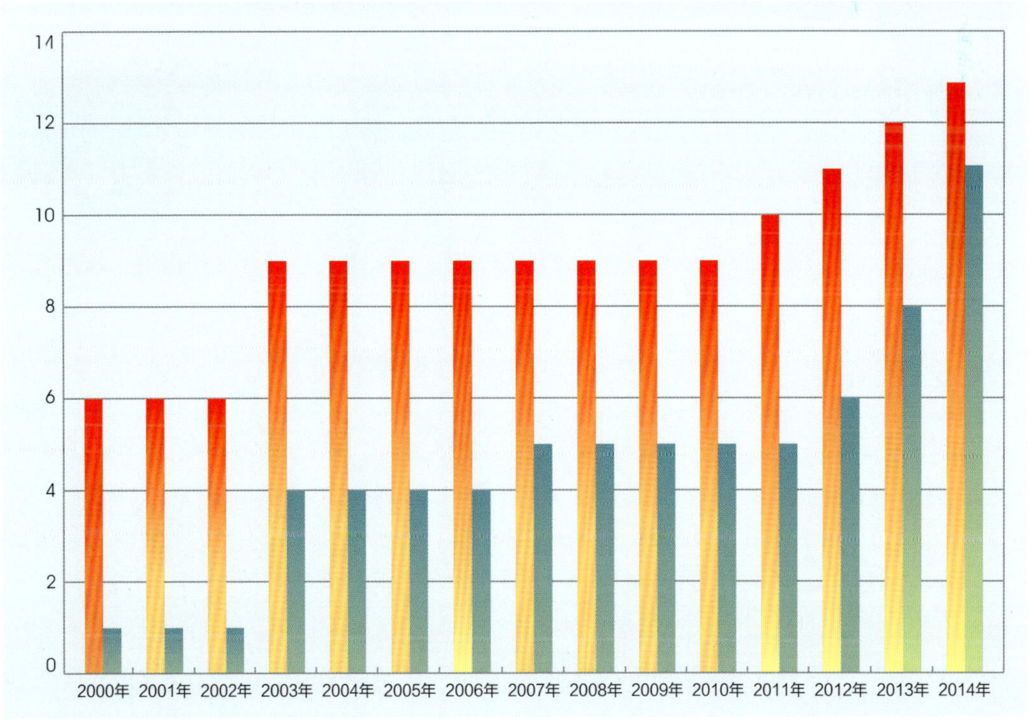

柴达木石油精神
顾全大局的爱国精神
艰苦奋斗的创业精神
为油而战的奉献精神

要 目

第一篇　总述（综述、特载、专文、专稿）

第二篇　重要会议、重大活动

第三篇　油气勘探

第四篇　油气开发

第五篇　油气储运炼化与销售

第六篇　工程技术服务

第七篇　科技、信息与外事工作

第八篇　质量安全环保与节能

第九篇　企业管理

第十篇　基地后勤服务

第十一篇　精神文明建设

第十二篇　机构与人物

第十三篇　二级单位概览

第十四篇　大事记

第十五篇　先进荣誉

第十六篇　附录

目 录

第一篇 总 述

（综述、特载、专文、专稿）

●综述

2014年中国石油青海油田公司工作综述………… 003

●特载

中国石油天然气集团公司副总经理赵政璋在听取青海油田工作汇报后的讲话……………………… 006

●专文

付锁堂在青海油田公司干部大会上的表态发言
……………………………………………………… 010
付锁堂在管理提升活动总结表彰视频会上的讲话
……………………………………………………… 011
付锁堂在油田公司处级领导干部培训班上的讲话
……………………………………………………… 013
付锁堂在油田公司务虚会上的讲话……………… 021
付锁堂在油田公司2014年度油气勘探年会上的讲话……………………………………………… 026
付锁堂在油田公司2014年度原油开发年会上的讲话
……………………………………………………… 030
党玉琪在共青团青海油田二届四次全委(扩大)会议上的讲话………………………………………… 034
党玉琪在青海油田公司干部大会上的表态发言
……………………………………………………… 037
党玉琪在青海油田创业59周年座谈会上的讲话
……………………………………………………… 038
党玉琪在庆祝中国共产党成立93周年座谈会上的讲话………………………………………………… 042
党玉琪在青海油田“老年节”座谈会上的讲话
……………………………………………………… 045
宗贻平在党委扩大会暨三届五次职代会上的报告
……………………………………………………… 047
高云建在“同心共筑中国梦、老少共话油田梦”演讲比赛上的讲话……………………………… 055
马力宁在2014年度油田开发年会上的讲话
……………………………………………………… 057
孙凌云在2014年度油田公司天然气开发年会上的讲话……………………………………………… 069
杨仁远在管理提升活动总结表彰视频会上的讲话
……………………………………………………… 075

●专稿

光荣梦想柴达木
——丝绸之路青海道的石油动力解析……… 080
青海油田找到国内最大基岩气藏………………… 082
污水变清泉 解渴大敦煌
——青海油田敦煌基地污水治理侧记……… 083
一场思维模式的变革
——青海油田采油一厂连续23年百万吨稳产的调查……………………………………………… 084
中国石油青海油田向下游用户输气逾300亿立方米
……………………………………………………… 085

第二篇 重要会议、重大活动

●重要会议

油田公司党委扩大会暨三届五次职工代表大会
……………………………………………………… 089
油田公司干部大会……………………………… 090
油田公司2014年度勘探(评价) 工作会议
……………………………………………………… 091
油田公司油田开发年会………………………… 091
油田公司气田开发工作会议…………………… 091
油田公司科学技术大会………………………… 092

油田公司质量安全环保节能工作会议…………… 092
油田公司纪委监察工作会议…………………… 093
油田公司财务决算工作会议…………………… 093

●重大活动

青海省委常委、副省长骆玉林到格尔木炼油厂调研…………………………………………… 094
油田公司庆祝创业59周年座谈会……………… 094
油田公司庆祝建党93周年座谈会……………… 095
油田公司组织柴北缘输气管道等五项工程验收会…………………………………………… 095
油田公司庆祝全国“老年节”座谈会………… 095
青海油田注水管防腐工程竣工验收…………… 096
青海油田35千伏联络线路环网供电工程竣工验收…………………………………………… 096
格尔木炼油厂国Ⅳ汽油产品质量升级改造等两个项目竣工验收……………………………… 096

●重大成果

“扎哈泉地区石油勘探”荣获股份公司2014年度重大发现一等奖……………………………… 097

第三篇　油气勘探

●油气勘探概况

勘探方针与思路………………………………… 101
部署原则………………………………………… 101
勘探特点………………………………………… 101
勘探管理………………………………………… 101
重要举措………………………………………… 101

●勘探工作量

勘探工作量……………………………………… 102

●勘探成果

勘探任务完成情况……………………………… 102
油气勘探主要成果……………………………… 102

●勘探工程技术

物探技术………………………………………… 103
钻井技术………………………………………… 103
测录井技术……………………………………… 103
试油技术………………………………………… 103

●勘探效益

勘探效益分析…………………………………… 104
探井成功率……………………………………… 104
圈闭钻探成功率………………………………… 104
勘探效益评价…………………………………… 104

●油藏评价

概况……………………………………………… 104
油藏评价成果…………………………………… 104
效益分析………………………………………… 107
工作量完成情况………………………………… 107
储量完成情况…………………………………… 107

第四篇　油气开发

●油田开发概况

油田开发现状…………………………………… 111
主要指标完成情况……………………………… 111
油田开发主要工作及成果……………………… 111
油田开发趋势简要分析………………………… 113

●各油田（藏）基本情况

尕斯库勒油田 E_3^1 油藏 …………………………… 114
尕斯库勒油田 N_1-N_2^1 油藏………………………… 114
花土沟油田……………………………………… 114
油砂山油田……………………………………… 115
尕斯库勒油田砂西区块 E_3^1 油藏 ………………… 115
尕斯库勒油田砂西区块 N_1-N_2^1 油藏……………… 115
跃进二号油田…………………………………… 115
跃西油田………………………………………… 115
乌南油田………………………………………… 115
昆北油田切六区 E_3^1 油藏 ……………………… 116

昆北油田切六区 E_{1+2} 油藏…… 116
昆北油田切十二区…… 116
昆北油田切十六区…… 116
昆北油田切四区…… 116
七个泉油田…… 117
红柳泉油田…… 117
狮子沟油田N_1油藏…… 117
南翼山浅油藏…… 117
油泉子油田…… 117
尖顶山油田…… 117
咸水泉油田…… 117
冷湖三号油田…… 118
冷湖四号油田…… 118
冷湖五号油田…… 118
南八仙油田…… 118
马北一号油田…… 118
马北八区块…… 118
英东一号…… 118

●天然气开发概况

主要指标完成情况…… 119
主要工作及其成果…… 119
天然气开发基本形势…… 120
涩北一号气田…… 120
涩北二号气田…… 120
台南气田…… 120
东坪气田…… 120
南八仙油气田…… 120
其它气田…… 120
重点气区生产动态…… 121
产能建设…… 121
年度天然气开发取得的成果…… 122

●油气田地面建设工程

概况…… 122
油、气田地面工程建设管理…… 122
主要工程项目…… 123
重点工程建设情况…… 123
标准化设计工作…… 124

●油气田开发工艺技术

开发工艺概况…… 124
钻井工艺技术…… 124
采油工艺技术…… 125
注水工艺技术…… 125
井下作业技术…… 125

第五篇　油气储运炼化与销售

●原油储运与销售

原油储运设施建设…… 129
技术进步…… 129
计量管理…… 129
原油配置与销售…… 129

●天然气输送与销售

概况…… 130
天然气市场开发…… 131
天然气价格管理…… 131

●炼化与销售

概述…… 132
炼化生产指标完成情况…… 132
化工产品生产与销售情况…… 132
炼化装置…… 132
炼化生产管理…… 132
技术改造…… 133
工程建设…… 133
炼化装置维护与检修…… 133

●液化天然气生产与销售

概述…… 133
液化天然气生产指标完成情况…… 133
装置建设…… 133
生产管理…… 134
技术改造…… 134
工程建设…… 134

第六篇　工程技术服务

●井下作业工程

概述…………………………………………………… 137
队伍人员状况………………………………………… 137
设备状况……………………………………………… 137
生产经营情况………………………………………… 137
队伍资质……………………………………………… 137
指标控制情况………………………………………… 137
技术资质情况………………………………………… 138
技术创新与管理……………………………………… 138
市场开拓……………………………………………… 138

●工程、路桥建设

概述…………………………………………………… 138
队伍人员状况………………………………………… 138
设备状况……………………………………………… 138
技术资质……………………………………………… 139
施工技术……………………………………………… 139
安全管理……………………………………………… 139

●机械修理与制造

概述…………………………………………………… 140
队伍人员状况………………………………………… 140
设备状况……………………………………………… 140
生产经营……………………………………………… 140
技术资质……………………………………………… 140
企业改革与管理……………………………………… 140
主要措施及成果……………………………………… 140
工程建设……………………………………………… 140

●供水供电

概述…………………………………………………… 141
队伍人员状况………………………………………… 141
技术资质……………………………………………… 141
设备状况……………………………………………… 141
供水生产……………………………………………… 141
供电生产……………………………………………… 141
工程建设……………………………………………… 141

第七篇
科技、信息与外事工作

●科研机构

概况…………………………………………………… 145
科学技术委员会……………………………………… 145
科技管理……………………………………………… 146

●科技发展

科技计划……………………………………………… 146
科研成果……………………………………………… 149
重大科技专项………………………………………… 155

●信息化工作

概述…………………………………………………… 155
信息化管理…………………………………………… 156
体系管理……………………………………………… 156
数据建设……………………………………………… 156
勘探与生产技术数据管理系统（A1）的运维…… 156
机房及门禁系统和视频监控系统的维护………… 156
油气生产物联网建设………………………………… 157
电子公文系统应用…………………………………… 157
HSE信息系统 ………………………………………… 157
青海油田门户网……………………………………… 157
油气水井生产数据管理系统（A2）……………… 157
勘探与生产ERP系统应用 ………………………… 157
权限内控工作………………………………………… 157
网络基础设施建设…………………………………… 157

●外事与对外合作

外事工作概述………………………………………… 158
外事接待与出国考察………………………………… 158
对外合作与交流……………………………………… 159
涉外技术及设备引进………………………………… 159

第八篇
质量安全环保与节能

●安全与环保

概述…… 167
安全生产指标完成情况…… 167
安全生产责任制…… 167
安全生产检查…… 167
安全教育与培训…… 167
风险防控…… 168
消防安全管理…… 168
特种设备管理…… 168
应急管理…… 168
作业许可管理…… 168
职业健康管理…… 168
环境保护…… 168

●技术监督

概述…… 169
标准化管理…… 169
产品质量管理…… 169
计量管理…… 169
质量月活动…… 169
教育培训…… 169

●节能节水

概述…… 170
基础管理…… 170
能效对标…… 170
宣传监测统计工作…… 170
节能节水技术…… 170
节能节水指标…… 171

第九篇　企业管理

●企业改革与管理

概述…… 175
管理创新…… 175
合同管理…… 175
招投标管理…… 175
依法治企…… 175

●招投标管理

概述…… 176
招投标管理…… 176
制度建设…… 176

●生产运行管理

概述…… 176
运行管理…… 176
运行管理亮点…… 176
组织机构…… 177
生产运行方式…… 177
会议制度…… 177
生产信息管理系统…… 178
生产日报和周生产简报…… 178

●设备管理

概述…… 178
基础管理…… 179
管理提升…… 179
新技术推广…… 179
设备修理与改造…… 179
设备资产管理…… 179

●QHSE体系管理

概述…… 180
QHSE管理体系整合…… 180
制定、细化 HSE 职责…… 180
QHSE管理体系审核…… 180
审核整改…… 180

●安全监督管理

概述…… 181
制度建设…… 181
监督业务情况…… 181
信息系统管理…… 181

●人事管理

概述…… 181
领导班子建设…… 182
人才队伍建设…… 182
劳动用工管理…… 182
组织机构、队伍结构调整…… 182
员工培训…… 182
薪酬管理…… 183
绩效考核…… 183
人事档案管理…… 183
人事信息管理…… 183
人事统计管理…… 184

●人事服务管理

职业技能竞赛与技能鉴定…… 184
劳动人才市场管理…… 184
社会保险管理…… 185

●住房、公积金管理

概述…… 185
住房管理…… 186
住房公积金管理…… 186

●规划计划管理

概述…… 187
战略研究和中长期发展规划…… 187
年度业务发展计划…… 187
投资管理…… 187
项目管理全过程…… 187
效益评价与后评价管理…… 188
生产经营计划管理…… 188
生产统计管理…… 188
土地管理…… 188
业务培训…… 188

●财务管理

概述…… 189
预算管理…… 189
会计核算…… 189
成本费用控制…… 189
价格管理…… 189
税收管理…… 189
财务稽核…… 189
财务信息管理…… 190
资产管理…… 190
清欠工作…… 190
制度建设…… 190
财务队伍建设…… 190

●资金运行管理

概述…… 190
资金管理…… 190
债务管理…… 191
资金内控管理…… 191

●内控体系管理

概述…… 191
内控体系建设…… 191
内控体系推进…… 191
内控体系测试…… 191

●炼油化工管理

概述…… 192
生产技术管理…… 192
项目管理…… 192
综合管理…… 192

●审计管理

概述…… 193
制度建设…… 193
审计质量控制…… 193
管理效益审计…… 193
支出性经济合同审计…… 193
经济责任审计…… 193
工程项目竣工结算审计…… 193
专项整治…… 193
重点审计项目及成果…… 193
审计信息化工作…… 194
业务培训…… 194

●工程监督监理

概述…… 194
工程技术监督人员机构…… 194
工程技术监督主要完成工作…… 194
工程监理人员机构…… 195
工程监理主要完成工作…… 195

●关联交易管理

概述…… 195
制度建设…… 195
定额概预算管理…… 196
关联交易协议签订…… 196
关联交易执行情况…… 196

●物资供应管理

概述…… 196
指标情况…… 196
物资采购及电子商务工作…… 196
信息化建设…… 196
仓储管理…… 197
现场供应管理…… 197
采购物资质量管理…… 197
结算管理…… 197

●通信管理

概述…… 197
网络基础建设…… 198
制度、标准建设…… 198
油田专网通信管理…… 198
小区网建设与管理…… 198
无线电管理…… 198

●档案管理

概述…… 199
档案收集…… 199
档案馆藏及利用…… 199
档案培训…… 199
档案评价工作…… 199
档案数字化…… 200
建设项目档案与专项验收…… 200
地质资料委托保管工作…… 200
档案年报…… 200
档案编研…… 200
年鉴编纂…… 200
大事记编纂…… 200

●矿区服务管理

概述…… 201
人事管理…… 202
财务管理…… 202
计划规划管理…… 202
矿区建设管理…… 202
物业管理…… 203
公益事业管理…… 203
安全环保管理…… 203
生产运行管理…… 203
离退休职工管理…… 204

●其他管理

保密工作…… 204
维稳工作…… 204
信访工作…… 205
社会责任…… 205
残疾人福利…… 205
社会治安综合治理…… 205
油田武装部工作…… 206
普法工作…… 206

第十篇 基地后勤服务

●文教卫生

新闻媒体…… 209
文联活动…… 209
职工教育培训…… 209
幼儿教育…… 210
医疗卫生…… 210
计划生育…… 211
卫生防疫…… 211
职工活动场所…… 212

●通勤

概述…… 213
客运…… 213
基地通勤…… 213

●消防保卫

概述…… 213
机构人员…… 213
装备配置…… 213
主要工作…… 213

●生活供应、后勤服务

油田生活物资采购…… 215
菜篮子供应…… 215
油田宾馆（招待所）管理…… 215
市场及商贸管理…… 216
职工公寓管理…… 217
社区食堂管理…… 217
行政服务…… 218

●基地社区

概述…… 219
文明社区建设…… 219
市政建设…… 219
水、电、气、暖供应…… 220
基地绿化…… 220
居委会管理…… 220
地震监测…… 220
污水处理…… 220

第十一篇　精神文明建设

●党的组织机构

中共中国石油青海油田委员会…… 223
工作机构…… 224
基层党组织设置…… 225
党员队伍构成情况…… 225

●党组织建设

概述…… 225
党的群众路线教育实践活动…… 225
抓攻树活动…… 225
创新活动载体…… 225
党员教育管理…… 226
党员组织发展…… 226
先进典型…… 226
党对工会、共青团的领导…… 226

●机关党委工作

党委委员构成…… 226
机关党委工作机构…… 227
党支部设置…… 227
党员队伍构成…… 227
党组织建设…… 227
先进表彰…… 228
加强对工会共青团的领导…… 228

●纪检监察

概述…… 228
党风廉政建设…… 229
惩防体系…… 229
领导干部廉洁自律…… 229
来信来访与案件查处…… 229
效能监察…… 229
队伍建设…… 229

●宣传思想工作

概述…… 230
外部宣传…… 230
内部宣传…… 230
思想政治工作…… 230
企业精神教育基地…… 230
油田公司政研会…… 230
推荐申报第二届“海西好人”…… 230
基层队伍建设…… 230

企业文化建设

概述…… 231
企业文化刊物…… 231
企业文化建设成果…… 231
编撰《企业文化辞典青海油田分册》…… 231
青洽会中国石油展区形象设计…… 231

工会工作

概述…… 232
工会组织机构…… 232
职工代表大会…… 232
民主管理、厂务公开…… 233
劳动竞赛…… 233
技术培训…… 233
小改小革…… 233
职工技术创新工作室…… 233
劳动保护…… 233
职工维权与福利保障…… 234
文体活动…… 234
女职工工作…… 234
扶贫助困工作…… 234
残疾人工作…… 235

共青团工作

概述…… 235
党建带团建…… 235
组织建设…… 235
理想信念教育…… 236
青年大讲堂活动…… 236
青工职业技能…… 236
青工岗位讲述…… 236
青年文化活动…… 236
青年志愿者活动…… 237

第十二篇　机构与人物

组织机构

2014年度油田公司组织机构图…… 241
2014年度油田公司副总师以上领导干部名录…… 242
2014年度油田公司机关处室领导干部一览表…… 242
2014年度油田公司二级单位领导干部一览表…… 244
2014年度油田公司各单位党群组织机构一览表…… 250

人物简介

油田公司领导简介…… 254
油田公司副总师简介…… 257
集团公司高级技术专家简介…… 261
油田技术专家简介…… 263
油田公司学术技术带头人简介…… 263
集团公司技能专家简介…… 267
油田公司技能专家简介…… 268

第十三篇　二级单位概览

采油一厂…… 275
采油二厂…… 277
采油三厂…… 279
边远油田开发公司…… 282
英东采油厂…… 285
冷湖油田管理处…… 287
马仙采油厂…… 289
天然气开发公司…… 291
液化天然气公司…… 292
勘探事业部(勘探处)…… 294
物资管理部（物资装备公司）…… 296
保卫部（武装部）、消防支队…… 298
格尔木炼油厂…… 299
管道输油处…… 301
涩北作业公司…… 304
勘探开发研究院…… 306
钻采工艺研究院…… 310
测试公司…… 312
井下作业公司…… 315
供水供电公司…… 317
天然气电力公司…… 319
通信公司…… 321
机械厂…… 323

建筑安装公司…… 326
客运服务公司…… 328
监督监理公司…… 330
建设项目管理中心…… 332
四方服务公司…… 334
诚信服务公司…… 336
劳动服务公司…… 338
花土沟社区管理中心…… 340
格尔木社区管理中心…… 343
社区管理中心…… 345
新闻中心…… 347
培训中心（党校、幼儿教育中心）…… 349
职工活动管理中心…… 351
职工总医院…… 353
生活服务公司…… 356
离退休管理处(老干部处)…… 358
西宁离退休基地管理处…… 360
兰州离退休基地管理处…… 362
西安离退休基地管理处…… 363
四川离退休基地管理处…… 365
北京离退休基地管理处…… 366

第十四篇　大事记

2014年大事记…… 371

第十五篇　先进荣誉

2014年度国家级先进集体和先进个人名录…… 383
2014年度省部级先进集体和先进个人名录…… 383
2014年度油田公司级各类先进集体和先进个人名录…… 386
其他奖项…… 392

第十六篇　附　录

青海油田公司党委扩大会暨四届一次职代会代表名录…… 397
2014年文件目录索引…… 403
编后记…… 415

第一篇

总　　述

（综述、特载、专文、专稿）

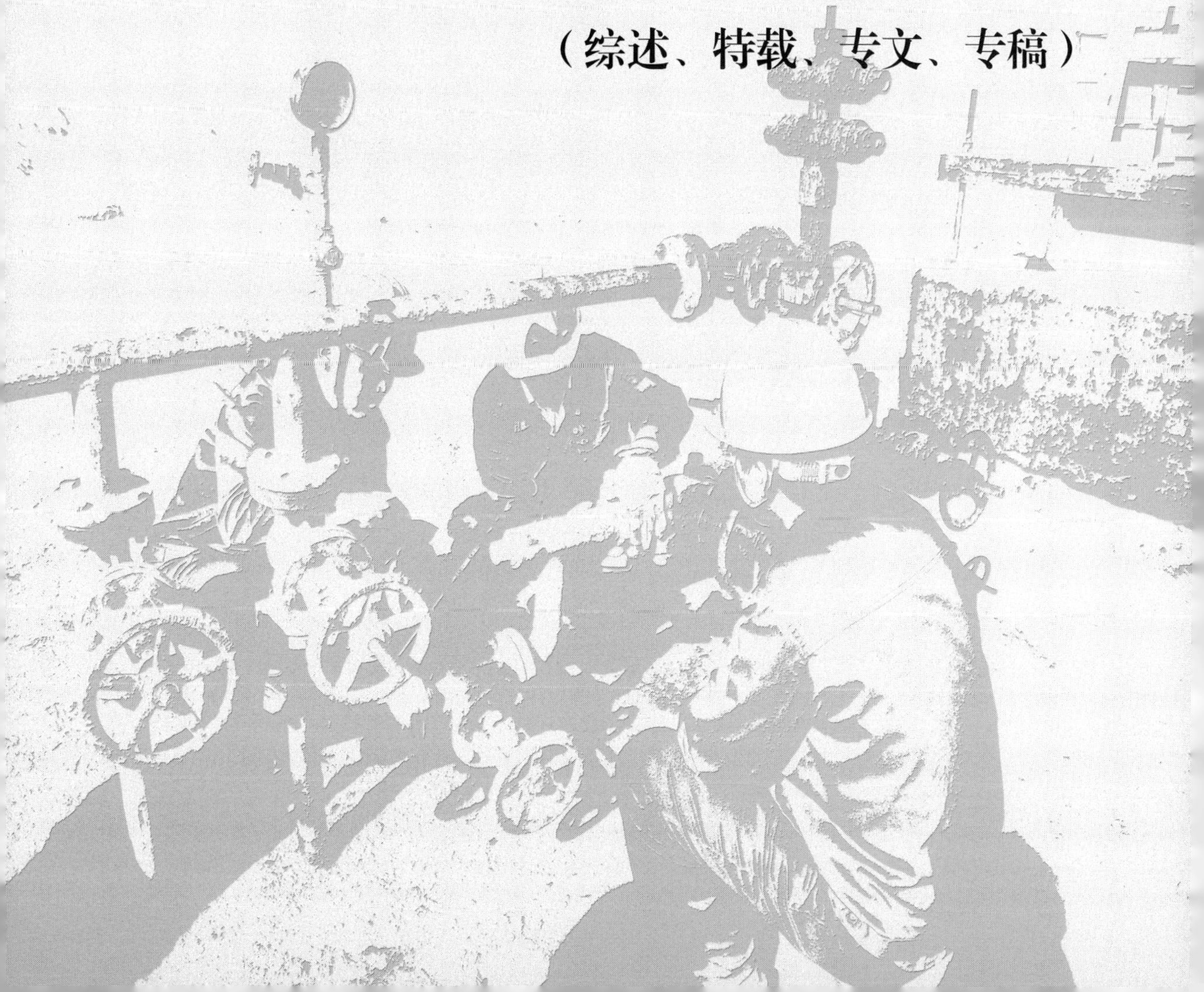

综 述

2014年中国石油青海油田公司工作综述

2014年是极不平凡、极具挑战的一年，也是业绩突出、成果丰硕的一年。这一年，紧紧围绕年度目标任务，积极应对经济下行、市场低迷、油价持续下跌等不利因素，努力克服投资紧缩、成本费用刚性增长等诸多困难，团结一心，迎难而上，奋发大干，全面完成了股份公司下达的各项生产经营任务。

2014年完成油气三级地质储量2.31亿吨，是股份公司下达计划的2.31倍。其中，探明石油地质储量6685.28万吨、控制4348万吨、预测4714万吨，探明天然气地质储量209.57亿立方米、控制208.19亿立方米、预测320.30亿立方米；生产油气当量768.92万吨，同比增加12.12万吨，其中原油220万吨、天然气68.89亿立方米；加工原油140.88万吨；实现经营收入327.82亿元（含内部收入122.33亿元）、利润66.76亿元，上缴税费60.86亿元，同比分别增加9.28亿元、12.75亿元和2.76亿元。主要取得了八个方面的成绩：

一、坚持资源为王，勘探取得新进展

持续实施储量增长高峰期工程，重点突出四大勘探领域，油气三级储量实现“七连增”，连续五年保持在2亿吨以上。勘探工作得到集团公司领导的充分肯定和高度评价。

1. 英雄岭形成优质储量富集区。英东上盘申报石油地质储量6685.28万吨，天然气地质储量61.45亿立方米，探明柴达木盆地单个油藏储量规模最大、丰度最高、物性最好、开发效益最佳的整装油气田。英中游园沟构造4口评价井均获成功，新增控制石油地质储量1036万吨。英西狮子沟地区30年勘探再现辉煌，狮42井中途测试日产油203立方米，投产后2毫米油嘴日产油30吨。

2. 扎哈泉立体勘探展现大场面。扎7、扎9甜点区控制含油面积20.10平方千米，新增基本探明石油地质储量803万吨。扎探1井、扎探2井在深层新领域实现突破，提交预测石油地质储量2131万吨。乌南浅油藏评价开发见成效，控制石油地质储量2509万吨。扎哈泉地区已落实叠合含油面积142平方千米，三级石油地质储量1.92亿吨，荣获集团公司2014年度石油勘探重大发现一等奖。

3. 阿尔金山前油气并举新扩展。东坪气藏边评价边开发，累计探明天然气地质储量519.41亿立方米，发现了国内陆上最大基岩气田，气藏厚度大、产量高、压力稳、储量优，初步建成产能15亿立方米。牛东勘探有新进展，首次在E_3^2获得工业油气流，探明天然气地质储量69.71亿立方米。牛中斜坡牛参1井区预测天然气地质储量320.30亿立方米，有望形成千亿立方米大场面。红沟子沟8井获工业油流，预测石油地质储量1359万吨。

4. 冷湖构造带及周缘初见苗头。冷东地区冷浅4井获工业油流，打破该地区井井有油、井井不流的局面，预测石油地质储量1224万吨。冷90井区探明天然气地质储量78.41亿立方米。垣1井区控制天然气地质储量208.19亿立方米，展示了良好的勘探前景。

二、坚持稳中求进，生产指标创新高

全力抓好油气生产，油气产量实现“五年旺”，年均增长47万吨，是中石油2014年油气产量同步增长的三家单位之一。

1. 原油产量稳步上升。科学制订原油生产计划，实现“安全、协调、平稳、受控”运行。日产水平从年初的5550吨上升到年底的6100吨，增幅9.9%。重上2008年亚洲金融危机前水平，全年原油产量同比增加5.5万吨。在老区硬稳产上下功夫，加强油藏地质研究，深化油藏精细描述，按照“一个理念、三个层次，三个方向、五项举措”的精细注水思路，持续开展注水专项治理，形成了13项精细油藏描述专项技术，实现注采井网、分层注水、配注方式的三个转变，开发指标持续好转，自然递减率、综合递减率分别下降了 0.5 和 0.8 个百分点，含水上升率基本持平，平均单井日产 2.88 吨，同比提高 0.01 吨。大力推进勘探开发一体化，英东一号实施勘探开发、地质研究、井位优化、生产组织、资料应用“五位一体”运行模式，促进高效建产，弥补老区递减；跟踪预探评价成果，实施“一个精细、两个提速、三个优化”组织管理模式，成立产能建设项目组，昆北切 16 区、扎哈泉甜点区和砂西 E_3^1 勘探开发一体化有序推进，全年钻井 378 口，进尺 72.24 万米，建成产能 40 万吨。

2. 天然气产销实现双增。优化运行，均衡生产，天然气产销同比增加 0.83 亿立方米和 1.3 亿立方米，产量连续四年保持在 60 亿立方米以上，创历史最高水平。深挖老区调整潜力，优化新区高效建产，全年钻井 38 口，建成产能 7.1 亿立方米。持续深化涩北主力气田精细开发和综合治理，突出措施稳产和单井管理方式转变，推广应用排水采气、防砂治砂、长停井治理和老井恢复等成熟技术，年恢复产能近 2 亿立方米，递减率控制在 7.8%。南八仙伴生气系统改造项目按时投运，天然气井产能得到全面释放，夯实了马仙地区的稳产基础。东坪气田勘探开发一体化稳步推进，天然气实现合格达标外输，产量由 2013 年的 1.7 亿立方米快速上升到 2014 年的 9.3 亿立方米。东坪 1 区块多口井获得较高自然产能，水平井平均无阻流量 200 万立方米 / 天，首口双分支水平井无阻流量高达 380 万立方米 / 天，投产后日产天然气 70 万立方米，创青海气区历史最高纪录。

3. 炼化生产平稳运行。装置平稳率达 99.41%，高出炼化板块平均水平 0.64 个百分点。狠抓对标管理和绩效考核，2014 年首次实现了扭亏增赢。优化产品结构，高效产品比例 51.45%，低凝点柴油比例、高效产品收率居中石油第一和第四位，轻质油收率、综合商品率等指标达行业中上水平。国Ⅳ柴油质量升级、催化烟气脱硫项目与装置大检修同步实施，开厂一次成功。汽柴油质量均达到国Ⅳ标准，97# 汽油和 -35# 柴油填补了青藏地区高标号汽油、低凝点柴油的生产空白。

三、坚持过程管控，生产保障根基牢

以保障油气生产为己任，强化服务意识，增强服务手段，提升服务质量，打造服务保障配套优势，有力促进油气勘探开发。

1. 工程服务保障有力。持续推进钻井提速提效，开展井身结构优化、“四合一”钻具组合推广等工作，在井深平均增加 124 米的情况下，平均机械钻速达到 9.07 米 / 小时，增幅 2.25%。推广多层多段压裂技术，开发井压裂 128 井次、288 层段，累计增油 3.75 万吨、增气 2410 万立方米。持续推进标准化设计，重点工程质量、进度、投资、安全环保全面受控。水、电、路、讯生产服务保障到位，特别是停电次数同比减少 24.36%。

2. 平安管道畅通运行。优化运行方案，推行“一机一法”、“一站一策”精确动态管控模式，确保油气管线安全平稳运行。扎实推进平安管道建设，花 - 格输油管道连续 74 个月无打孔盗油事件发生。多方协调，缓解成品油高罐位运行带来的压力，确保油田生产后路畅通。积极应对天然气市场疲软的不利局面，努力增加“涩 - 宁 - 兰”及周边销售，确保均衡生产。稳步实施天然气推价工作，增加了收入，提高了效益。

3. 数字油田有力推进。加快实施物联网建设，英东、东坪 - 牛东、涩北等油气田被列入集团公司第一批物联网示范工程，首批 770 口油气水井成功上线。理顺数字化运维机制，实施专业化服务，油水井平均上线率分别达到 95.77% 和 97.45%。网络技术迈入智能化、IP 化发展阶段，提升数字化网络支撑水平，为数字化油田建设和“三网融合”奠定了基础。

四、坚持精细管理，经营业绩稳向好

突出效益导向，强化管理创新，狠抓开源节流降本增效，继续保持青海省财政支柱企业、第一利税大户的地位。

1. 经济指标稳步增长。经营收入完成年度预算的 106.54%，同比增长 2.29%；利润完成预算的 109.15%，同比增长 23.6%。在股份公司投资规模总体压减的情况下，落实增加投资 6.6 亿元，确保了建设资金需求。严格按效益标准安排投资，优先保证重点项目和高效项目，连续 6 年投资回报率保持在 18% 以上。关停 30 万吨甲醇装置和 300 兆瓦燃机电站，减亏 2.8 亿元。深入开展“堵塞漏洞、杜绝浪费”等活动，开源节流降本增效取得成效，七项非生产性支出同比下降 23.26%，尤其是接待费用同比下降 65%；推进物资管理“三集中、三统一”，加强积压物资调剂，节约采购资金 5800 万元，废旧物资变现增加收入 1015 万元，修旧利废创效 837 万元。

2. 改革试点稳步展开。优化资源配置，提升整体效益，理顺建设项目和招标管理职能，试点盆地部分单位机关搬迁敦煌，井下作业二线百余名职工充实到生产一线，组织机构和队伍结构更趋合理。探索产能建设区块总承包模式，实行项目管理，包安全、包工期、包质量、包投资、包产量。在保障施工安全、工程质量、项目进度的前提下，从钻井、测录井、地面、投产等方面进行优化简化，降低了产能建设费用。昆北切16井区钻井工程费用下降14.97%，投产费用下降34%。

3. 合规管理稳步推进。严格落实“三重一大”决策制度，规范议事规则和决策流程，保证了决策科学民主。创新管理模式，建立合规管理月度例会制度，推行财务稽查、审计、纪检监察、内控、质量安全环保月度通报，查找问题，堵塞漏洞，风险管控实现常态化。落实制度保障，制定完善合同管理、招标管理等实施细则，进一步推进依法经营、合规管理。

五、坚持防治结合，基础工程见实效

始终把安全环保、和谐稳定、反腐倡廉作为油田发展的三大基础性工程，持续推进风险防控体系建设，夯实了油田发展的根基。安全生产事故同比下降45%，全年未发生一般A级以上事故。

1. 安全环保总体受控。层层落实安全生产责任制，推进安全生产“党政同责”和“一岗双责”，完善班组、队站、厂处和公司四级安全监督体系。大力宣传新《安全生产法》和《环境保护法》，组织开展QHSE管理提升、基层“四无”、安全生产月等活动，提高了全员安全意识和风险防控能力。严格作业许可管理，加强承包商监管，为安全生产持续好转提供保障。狠抓安全隐患治理，投入资金2.62亿元，治理隐患88项。加强油气管道占压隐患治理，分级管理，挂牌督办，治理139项，重大隐患全部得到整改。加大环保治理力度，主要生产装置实现零排放，炼厂实现“三废”达标排放，敦煌基地生活污水处理达到国家一级B标准。

2. 和谐稳定整体向好。认真落实“排查反馈制、信访交办制、首问负责制”三位一体的维稳机制，巩固“三进门”、“六个一”等维稳成果，积极接访，主动下访，共受理群众来信来访138件229人次，总经理（书记）信箱处理信件885件，搭起了连心桥，畅通了民情路。认真做好政策解释工作，依法依规解决困难，维稳工作得到职工家属的理解与支持。扎实开展帮扶助困工作，帮扶困难家庭4135户（次），解除特困家庭的后顾之忧。推进警企联防，集中打击非法盗油，维护油田正常生产秩序。开展赌博专项整治，净化社会风气，促进和谐稳定。

3. 廉洁防线持续巩固。坚持惩防并重，开展廉洁从业、反腐倡廉警示教育，从源头上加强预防，提高领导干部廉洁从业的自觉性。实施财务稽查、审计、效能监察多渠道管控，形成“大监督”格局。开展小金库专项检查和有关问题专项治理工作，严肃查处各类违规违纪行为，15个单位、27人受到处分，警示和震慑作用得到了加强，廉洁从业防线进一步牢固。

六、坚持创新驱动，科技兴油结硕果

以“自主创新、支撑发展”为方针，完善科技创新体系，搭建科研攻关平台，坚持“产学研”一体化，科研水平和支撑能力得到明显提升。连续六年获得青海省科技进步一等奖。

1. 科研攻关平台初具规模。搭建大科技平台，创建了计划安排、资金管理、立项审批、检查验收、成果共享“五统一”的科技管理模式。推进开放合作式科技创新体系建设，形成以“三院五中心”为主体的科研创新团队，科技人才队伍日益壮大。

2. 重大专项任务超额完成。重大专项二期得到股份公司“管理一流、成果一流、效益一流”的高度评价。形成14项重要成果、6个方面理论创新点、6大配套技术、7项特色技术、31项专利技术和4项软件著作权，咸化湖盆成烃成藏机理研究、山地三维地震采集攻关、基岩气藏综合勘探与评价等成果和技术达到国际先进水平。重大专项已成为推动油田发展的核心驱动力。

3. 技术应用取得显著成效。首次实施致密油多簇多段体积压裂，扎平1井创下油田单井施工液量最多、加砂量最高的纪录。尕斯E_3^1油藏深部调驱试验全面完成，初步形成高温高盐油藏深部调驱集成技术。完善疏松砂岩气藏排水采气和治砂技术，为出砂出水井治理提供了有效手段，保障了气田稳产。

七、坚持发展惠民，矿区服务上水平

强化管理提升，打造服务品牌，生产生活条件持续改善，矿区综合服务满意率96%，总经理（书记）信箱表扬信件同比增长28%。

1. 大力实施民生工程。落实集团公司投资7442万元，争取地方政府惠民资金6053万元，自筹资金10505万元，完成10项重点民生工程项目。在住宅建设方面，昆北小区547套小高层住宅完工交房，实施格尔木、花土沟176栋住宅和公寓节能保温改造，完成平开窗更换和15.6万平方米外墙保温。在小区调整改造上，完成格尔木社区监控系统改造，完善基地安防硬件设施；对敦煌基地东三村、东四村和朝阳小区“庭院式”平面小区改造；西宁七一路住宅小区实施整体改造。在基础设施建设方面，实施路网优化调整工程，对敦煌基地昆仑路和中原路、花土沟基地油龙路和前进路进行改造；敦煌基地污水处理厂改造一次性投用成功，实现了达标、除臭、降噪目标；完成第三幼儿园改造；敦煌基地便民药店建成投用；西安离退休基地采暖接入地方供暖系统；花土沟职工活动中心实现封顶。

2. 强力推进优质服务。坚持“三好三快”工作法，“440”服务品牌深入人心，实现了“两提一升零投诉”。发挥西安、北京等地就医绿色通道作用，推进远程会诊系统建设，提高医疗服务和保障水平。餐饮、公寓、市政、通勤等服务紧贴实际，不断创新，满足职工群众的多样化需求。开展基地保温大排查，完成入户普查 10098 户，保温有效投诉减少 62%。全面落实“两项待遇”，积极推进文化养老，“高原情”合唱团获全国老年节银奖，老年健身气功队获省运会团体第一名，离退休工作荣获青海省和集团公司多项表彰奖励。学前教育坚持“一切为了孩子”的理念，孩子快乐成长，家长放心满意，幼儿舞蹈队参加中韩舞蹈展演，获得少儿组最高奖项。

八、坚持党建引领，凝心聚力促发展

大力加强思想建设、组织建设、作风建设和队伍建设，党建工作引领和促进了油田发展。

1. 转变作风立竿见影。认真学习总书记习近平系列重要讲话，严格执行中央八项规定精神和集团公司党组二十条要求，建立长效机制，巩固反“四风”成果。加强对教育实践活动中反映的“四多三超”、机关作风、公款吃喝等问题的专项整治，取消了领导专车，接待费用大幅下降，清理超标办公用房 2531.50 平方米。

2. 队伍素质显著提升。推进“四好”班子创建，加大领导班子绩效考核力度，坚持德才兼备、以德为先的选人用人标准，推进公开竞聘和干部交流，干部队伍素质进一步提升。加强三支人才队伍建设，集中举办各类培训班 180 期，培训 1 万余人次，组织油田第八届职业技能竞赛，培养和选拔了一批操作能力强、技能水平高的技术能手。推进基层班组建设，持续开展“十、百、千”评选活动，夯实了基层管理基础。王锡军工作室成为国家第一批授牌工作室。

3. 党群工作扎实推进。加强企业文化建设，开展“我为千万吨做贡献”、“全员增效”主题大讨论和送文化下基层活动，增强了油田软实力。充分发挥桥梁纽带作用，依法服务保障职工权益，职工群众的主人翁意识显著增强。开展青年大讲堂、全员读书活动，开通青春柴达木微信公众平台，激发了团员青年干事创业的热情。

4. 企业责任得到彰显。认真履行经济政治社会责任，勇挑重担，主动加压，全力以赴完成省政府增加的工作任务，为地方经济社会发展做出了重要贡献。积极支持地方建设，完成冷湖地区供暖煤改气项目；企地联合实施敦煌阳关西路改造工程；出资 500 万元支持青海、甘肃两省开展党政军企共建等活动，对口支援工作得到上级充分肯定。（丁昌航）

特　载

中国石油天然气集团公司副总经理赵政璋在听取青海油田工作汇报后的讲话

2014年9月1日

（根据录音整理，未经本人审阅）

青海油田这几年上游业务做的非常好，成绩突出，勘探上连续几年发现，在此基础上，原油产量持续上升，天然气产量也在上升，特别是在涩北气田控制产量的情况下，还能保持这个水平，很不容易。安全生产、经营管理各方面都做的很好，在不同场合，集团公司、股份公司和勘探板块都对青海的工作给予了充分肯定。借此机会，我代表集团公司党组、股份公司再次表达，向青海油田在各方面取得的成绩表示充分肯定，请你们回去以后，向公司领导班子、向全体干部员工，包括离退休老同志表示慰问和衷心地感谢！党组对你们工作放心，成绩充分肯定，评价很高。由于这几年工作做的非常好，宗贻平同志调入北京，就地提拔一把手，付总和党书记是油田成长起来的干部，新的领导班子继续保持良好势头，几个月的时间，工作做的很好。

关于下一步的工作，刚才付总汇报的时候，思路很清楚。今年前八个月的工作不管是勘探开发、生产经营、安全环保、还是党风廉政建设，青海油田认真贯彻集团公司的一系列部署和要求，做得很到位，全面完成今年各项生产经营目标有把握。我赞成你们的工作思路，在今年年底或明年年初的时候，勘探上还要和大家详细地讨论。

强调几个事情：

第一，关于油气勘探。要一如既往、坚定不移地把勘探放在首位，持续夯实油田发展的资源基础。这几年油田之所以发展快，就是因为勘探上有重大突破。没有储量就没有产量，没有产量一切都是空谈。过去青海的勘探有一段时间非常艰难，甚至到了现金不足的程度，现在看来只要工作到位，深化地下认识还是有很大潜力。随着技术的不断进步，解决问题的能力也在不断提高，地下的资源潜力非常大，只要把工作做好，还会不断有新的发现。前几年我们没有想到，第一个突破是昆北，以前钻探过切 4 井，在低部位岩性打的切 6 井，没有想到现在已经建成 30 多万吨产能，英东建了 40 多万吨产能，这在过去也不敢想象。天然气除了涩北，多年来进行了大量探索，在东坪和牛东建成了 15 亿立方米生产能力，这是不可想象的。所以勘探任何时候都要解放思想、精雕细刻。青海油田的队伍非常好，要鼓励大家千方百计多找优质储量。当然地下情况我们改变不了，所有的地质家都希望找优质储量，要千方百计理顺工作部署的指导思想，把握好节奏，一步一个脚印。

勘探上的投资大家不要担心，只要有目标，需要加快的时候会逐步适时的加快。在没有大突破以前，勘探上必要的投资也要保证，关键是把工作做细做好。要坚持物探和地质结合，地质和工程结合，勘探和开发结合，生产和经营结合，逐条进行梳理。

第二，关于原油生产。青海油田地质条件复杂，这几年原油产量逐步回升，是非常了不起的事情，今年生产 220 万吨，明年油田上报计划 228 万吨。从生产情况来看，由于勘探上主动和产建配套，开发一路不懈努力，管理上采取了有效措施，自然递减得到了有效控制。从明年的情况看，实现这个目标心里面应该是有底的。我想强调的两个事情，一是老油田的稳产基础一定要夯实。这也是付总刚才一直讲的，最近板块狠抓精细注水，如果老油田的稳产基础无法夯实，新区建多少产能都会被老区吃掉，油田开发的水平最终体现在注水提高采收率，注水控制自然递减，注水提高整个队伍的团队素质上。三次采油技术属于开发后期的办法，和注水相比，属于长远考虑的，而且花费巨大。股份公司前两次会议就总结过，精细注水技术最成熟，花钱最少，潜力最大，只要工作做细做实，仍然具有很大潜力，希望你们对此重点关注。二是原油产量，经过讨论，按照 228 万吨排产没有问题。从板块的角度讲，需要提醒你们，要实现长期稳产，避免产量稳不住或者下跌，要把明年产能安排与后年、大后年三年总体考虑。避免只考虑眼前，要长远谋划后两年的自然递减、产量、产能建设问题。从新区产能建设准备情况看，产能建设还比较零碎，勘探上要多做工作，狮子沟如果有 3、4 口井能成功，要把油藏分布规律搞清楚， 40-50 吨的产量安排 10 口、20 口井就能解决大问题。要下定决心，坚定信心，结合三维地震资料，利用先进工艺技术，研究认识清楚油藏。关于明年最终的产量安排，板块还要认真进行研究，可能会比你们提出来的低一点，主要是考虑后年，不过不会影响你们的工作和产能建设安排。总体上，要在条件具备的情况下，支持青海油田持续发展，同时要考虑长期稳产的问题，最基本也要保持三年的稳产或者稳中有升。

关于天然气的产量安排，没有什么大的意见，板块的安排基本也一致。油田这一点做的很好，特别是涩北 55 亿立方米稳产，在任何时候，即使销售再困难也是不能动的。要紧盯出砂和出水问题，严格遵守开发秩序，确保不影响将来采收率。如果要对产销情况进行调整，在涩北之外的其他新投气田进行调整。根据经验，油气田开发最好的效益首先是持续稳产、稳中有升，避免稳不住或者大起大落；其次是正常的工作秩序，工作要从容，不随意变更工作制度，不抢产量，避免陷入恶性循环。此外，如果思想上乱了，还可能引起安全、环保等方面问题。因此，要严格遵守集团公司安全环保等方面的规章制度，还有很重要的两条，一是保持现场平稳正常生产秩序，不能抢产量，不能放产；二是培养脚踏实地的文化，把工作做细，做到位，彻底杜绝低老坏，持续夯实安全生产的基础。

第三，关于经营管理。集团公司最近这几年上游生产形势和经营情况都不错。从今年上半年暴露出来的情况看，下一步要实现持续发展，经营压力已经相当大，所以上游板块要持续做贡献。前几年我们考核以产量、储量为主，以油气产品价格为准。今年以来出台了挖潜增效、工效挂钩方面的规定，考核方式发生了很大变化。因此，要精打细算，控制成本，全面完成经营目标。工效“七三”挂钩十分严厉，这与大家切身利益相关，要进一步加大工作力度。青海近年来工作做得较好，好的方面要继续坚持，欠缺的方面要结合实际情况及时总结完善，及时进行调整。这次天然气电力公司机组停发，这项工作做的非常好。电厂环保隐患整改花费较大，随着天然气的推价逐步到位，整改完成后又将面临大幅亏损，企业无法承受。电厂是否开机发电，处于进退两难的境地。目前电厂运行与电网相连，7 月 9 日已经正常关闭，要及时与地方政府沟通，及时反映问题和情况。要加大周边天然气销售力度，做大省内销售总量，多缴资源税，为地方经济社会发展做贡献。同时要主动作为，甩掉亏损的包袱，积极稳妥的处理好此项工作。关于投资、成本控制方面工作，要制定并利用好各项规章制度，传递压力，强化执行，实现质量效益发展。

青海非常艰苦，大家能在这个地方工作，就是对公司最大的贡献。同时，在这种情况下，要在集团公司政策允许的范围内，千方百计、以人为本关心员工。油田这两年积极解决职工住房问题，为职工办了实事好事。政策允许、大家有需求、员工反映强烈。要抓住这个机会，在政策允许的范围内，一如既往的为职工办好事。房屋均价 2000 多元，职工能承受，要合理规划面积，以 130 平方米为宜，面积不宜过小，否则将来调整起来非常难。力争用 2-3 年时间把这个问题解决好，确保职工队伍在艰苦环境下安居乐业、和谐稳定。

关于用工总量控制问题。在员工控制问题上，青海油田这几年总体工作开展的有成效。在这样一个艰苦的特殊矿区，还需要考虑员工就业问题，但要把握总量要减少这条主线。近年来随着一线地面建设标准化设计的推广应用，涩北气田基本实现了无人值守，可不用人的尽量不用人，能少用人的少用人。集团公司多次明确“增人不增资，减人不减资”，一定量的工资总额，员工队伍增加了，大家的收入就下降了。实现减员，有人员退休、技术进步、数字化应用、无人值守等多方面因素。要不断改善一线生产环境和生活条件，可以建设一些蔬菜大篷等设施。在避免产能建设过剩的基础上，要充分保障基本生活条件，完善饮食、文体娱乐、住宿等设施。要重视员工培训，轮休期间可外送至长庆进行培训，确保员工队伍能力和素质的稳步提高。要严格执行集团公司上游业务“出五进一”的规定，给大家创造宽松的环境。广大员工在艰苦条件下为石油工业做贡献，依托条件差，相当不容易，要抓好培训工作，确保大家始终保持良好的状态。油气产量上升，相应经营情况要向好，现在油气价格不管怎么波动，总体上还处于合理的范围内。只要产量没有大的波动，还是要尽力为职工办好事。要本着对员工负责，对组织负责的态度，领导班子要考虑长期稳定，产量稳中有升，不要大起大落；员工的思想要稳定，工作生活条件要稳定，子女就业也要稳定，为大局的和谐稳定创造条件。

第四，关于难采储量。付总前一段时间专题给总法律顾问郭进平进行了汇报。油田前期进行了积极的探索，要借助集团公司规范对外合作开发的契机，按照郭总提出的大框架，进行规范。重新签订合同，重新完善程序，确保对外合作有序开展。边际储量合作开发对青海油田的发展非常重要。按照我们自己的做法没有效益，采取吨油提成机制，与集团公司在海外合作开发的实质是一样的。总体上按照这个框架，在原来的基础上尽快完善，尽快理顺，规避法律风险，直接报集团公司法律事务部。特别要注意的是，要出台管理办法，配套约束机制，避免原油流失，避免合作方倒卖劳动成果；要紧盯土炼油，一旦发现必须采取措施；要加强对员工管理，生产区职工除了保卫力量，其它岗位要采取轮换、调整机制，防止内部员工参与其中，及时规避内部管理风险。

要给所有与合作商打交道的干部员工讲清楚，廉政建设要有底线，清清白白做事情，千万不敢糊涂，发生违法违纪行为。任何时候都要记住，与合作商打交道，不要被对方施以的小恩小惠所诱惑，他们手段十分高明，善于记事记账。这次一些地区公司在这方面出了问题，检察机关一介入，涉事人员便全盘交代。现在干部职工的待遇条件不错，要教育大家在这方面一定保持清醒的头脑，严格约束自己的行为，严格约束部下的行为、家属的行为，净化朋友圈。

青海油田有很多好的制度，要避免单独作战，法律、计划、纪检、审计等部门联动起来，成立一个小组，协同开展工作，明确工作的条理、规范等方面细节，将工作做细，确保干部职工不出问题。要始终抓好对干部员工的管理，一旦出了问题，毁了自己的前途，毁了家庭。学校毕业后常年扎根盆地，很不容易；一名处级干部成长起来也不容易，大家都是出类拔萃的，工作的业绩也十分优秀，不要因为这些事情自毁前途。

中石油在这方面教训太深刻，一定要给大家讲清楚，如果发现一些苗头性的东西，工作要早做、做小，听到有反映、有显性的，要找人帮助谈话，该提醒的提醒。我们的队伍是非常好的，只要把这些给大家讲清楚，平时管理跟上去，就不会出问题，一旦出了问题，就难以收拾了。现在媒体对国企的关注程度很高，尤其是中石油，只要消息一到了媒体上面，点击率就很高，负面效应会被放大。我们的近邻，西部钻探青海钻井公司就有过类似的教训。因此，党风廉政建设一定要下功夫抓好，确保始终不出问题。

第五，关于工程技术。青海油田工程、技术以区块为单位的总包做的很好，廖总在不同场合对青海油田的工作给予了充分的肯定。现在中石油国内外施工服务企业经营压力都非常大，再大幅度增加工作量的可能性目前也很小。随着精细化管理的深入，随着公司有质量有效益可持续发展，工作量可能还会减少，在这种情况下，施工服务单位经营压力会更大。要坚持市场化运作，但要协调处理好内部工程技术服务单位可持续发展的关系。现在看来青海油田探索的这个方法是行之有效的，板块在大力推广，明年要进一步加大这方面的力度。方案部署年初尽早确定，一次形成 20-30 口井的规模，避免小范围 1-2 口井的招标，既浪费精力，也没有必要。要选好合作队伍 -- 西部钻探，按照 40-50 口井的规模一次下达。要算好账，明确集团的投资额度以及股份公司批复的投资额度，哪些是由甲方供料，扣除这部分，剩下的全额下达，便于工作组织开展。油田目前在这方面做得很好，要稳步推进，可成立联合项目团队，进一步在保证质量、保证安全环保，控制投资、降低成本方面出谋划策。齐心协力解决柴油机效率、重泥浆材料集中处理、供水保障等方面的问题。合作单位做得都是集团公司内部的事情，大家要明确共同的目标，齐心协力把工作做好，通过合作建立感情。大家有什么困难，都能够互相理解、互相支持。如果因内部协调不畅而出现了游行、告状，问题反映到了集团公司领导层，大家都是集团公司内部的队伍，处理起来也确实比较难为情。因此，要将工作组织开展好，确保降低成本；确保施工单位不亏损且有一定幅度的利润；确保在计划下达的范围内也能把工作量全部实施完。这样既完成了储量产量任务，也确保了工作量和下步发展，走活了整体一盘棋。各家单位有问题要多沟通，也不能以包代管，包了就不管，以钻井数保产量，这种事情千万不要做。要站在协同开展工作的角度，通过联合项目组，商量设计，修改方案，及时沟通，解决问题。这个做法在今后的工作过程中，无论是油的开发井、探井，还是气的开发井、探井都可以这样做，凡是具备条件的，都要大力推进。绝不能出现投资的“无底洞”，出现亏损了就以投资不够为理由，就以施工质量不合格，不按要求操作等推诿扯皮现象。要尽力做好各方面工作，实现双赢。青海油田这个工作做的很好，到年底要认真总结，为集团公司、为板块总结一些经验。总的就这些情况，你们的工作做的非常好，勘探上、开发上到年底年初专业处室会分头商量。板块一如既往全力支持青海油田的发展，大家很不容易，以前一直讲待在这个地方就是奉献，何况我们的生产经营发展形势非常好，有什么事情、有什么困难需要板块协调的，你们随时反映，我们一定支持你们把工作做好。

专　文

在青海油田公司干部大会上的表态发言

付锁堂
2014年5月17日

尊敬的廖总、尊敬的各位领导、同志们：

刚才，人事部刘总宣布了集团公司党组对青海油田公司领导班子调整的决定，我坚决服从和拥护。在此我要感谢集团公司党组对我的培养，感谢青海油田老领导对我的教育，感谢公司班子同仁对我的帮助，感谢广大职工对我的支持。

集团公司党组决定由我担任青海油田公司总经理、党委副书记，这是上级领导对我的信任和重托，也是对我的激励和考验。面对新的岗位、新的任务、新的要求，我将牢记使命和责任，讲政治，识大体，顾大局，守纪律，充分发挥油田的发展优势，正视前进中的挑战，坚定信心，恪尽职守，尽心尽力，立足新岗位，树立新形象，做出新贡献，用优异的业绩和成果回报上级组织和油田职工。

为此，我将在今后的工作中努力做到以下几点：

1. **讲政治，坚决贯彻执行党的方针政策**。坚定理想信念，旗帜鲜明，立场坚定，恪守党性原则，增强全局意识，在思想上始终与党中央保持高度的一致，在行动上与集团公司党组、青海省委保持高度的一致，坚定不移地贯彻执行上级组织的各项决策和要求，创造性地开展工作，把集团公司的部署落实到油田发展的行动中，确保政令畅通、令行禁止。

2. **谋发展，加快实现千万吨目标**。牢牢把握发展形势，切实增强忧患意识、机遇意识、进取意识和担当意识，认真履行经济、政治、社会“三大责任”，努力做到“四个坚持”，始终保持油田正确的发展方向。勇于推进改革开放，将发展作为第一要务，坚定勘探大突破、建设大油田的信心和决心，坚持资源优先战略，突出油气主业，依靠科技进步，打好油气增储上产攻坚仗，为推进青海油田有质量有效益可持续发展、为建成千万吨高原油气田不遗余力，干出优良的业绩，让集团公司党组满意，让职工群众满意。

3. **聚合力，抓好领导班子建设**。牢固树立“一盘棋”思想，严于律己，公道正派，注重团结协作，倡导“三严三实”，切实做好表率；加强班子自身建设，发挥班子整体功能。坚持民主集中制，认真落实“三重一大”，做到科学决策、民主决策；保持旺盛的斗志，密切联系群众，深入调查研究，坚决整治四风，维护班子的良好形象。牢记“两个务必”， 继承和发扬大庆精神铁人精神，忠诚事业，求真务实，廉洁自律，艰苦奋斗，建设一个有战斗力、有号召力、有凝聚力，让组织放心、受职工拥护的领导集体。

4. **强基础，营造良好发展环境**。认真落实集团公司对安全环保、和谐稳定、反腐倡廉三大基础工程的要求，打好这三个领域的持久战和攻坚战。坚持安全第一责任，强化安全管理，健全完善风险防控体系，提高本质安全水平，杜绝重大事故发生，不给集团公司抹黑，不为省政府添乱。坚持稳定第一要求，认真落实稳定责任制，维护好稳定发展大局。坚持廉洁第一准则，筑牢反腐倡廉第一防线，对腐败“零容忍”，不断完善监管制度，有效防控廉洁风险，形成廉洁从业的良好氛围。

5. **惠民生，共享发展成果**。始终把实现好、维护好、发展好职工家属的根本利益作为工作的出发点和落脚点，按照建设美丽幸福油田的规划和部署，着力保障和改善民生，重点解决好职工群众关心的住房建设、矿区美化、医疗卫生、社会保障、困难救助等热点问题，为大家创造更加温馨舒适的生产生活环境，使油田的发展成果更多地惠及到职工群众。

6. **抓学习，提高引领发展能力**。勤于学习，善于思考，进一步提高综合素质，努力做学习型、服务型、创新型的领导干部。学习石油精神，特别要向石油前辈、先进模范学习，大力弘扬柴达木石油精神，扎根高原，奉献油田；学习政治理论，勤学善思，理论联系实际，进一步提高政治素养；学习业务知识，主动掌握新本领，增长新才干，做好发展的领头人；学习管理经验，突出创新提升，突出质量效益，进一步提高自己的领导能力和管理水平。

尊敬的廖总、各位领导、同志们，建成千万吨高原油气田、实现有质量有效益可持续发展、打造美丽石油矿区，责任重大，使命光荣。我将与公司领导一起，团结带领广大干部员工，进一步解放思想，真抓实干，努力开创青海油田的美好未来，为集团公司和地方经济的发展做出新的贡献！

在管理提升活动总结表彰视频会上的讲话

付锁堂

2014年7月4日

同志们：

按照集团公司开展管理提升活动的部署和要求，油田公司为期两年的管理提升活动圆满结束。今天，我们在这里举行管理提升活动总结表彰会，目的是总结活动成果，分享先进经验，寻找管理差距，进一步提升综合管理能力和水平。刚才，杨仁远同志做了管理提升活动总结报告，先进单位代表做了经验交流发言，公司对管理提升先进单位和个人进行了表彰。会议达到了预期效果。

这里我代表公司党委、油田公司对在管理提升活动中付出辛勤劳动的广大干部职工表示衷心的感谢，对受到表彰的先进单位和个人表示热烈的祝贺！希望受到表彰的先进单位和个人珍惜荣誉，继续发挥先进管理的表率和模范带头作用，再创佳绩。公司各部门、各单位要认真学习先进经验和优秀做法，寻找短板，堵塞漏洞，切实提高管理水平。

本次管理提升活动持续时间长、参与人数多、主题鲜明、内容丰富，在油田广大干部职工的共同努力下，取得了三个方面的显著成效，值得肯定和表扬。

一是认真组织全面推进，监督考评有效落实。活动开展以来，油田公司各级组织高度重视，成立了以主要领导为组长的活动领导小组，明确了牵头责任部门，建立了“领导、组织、协调、实施”保障机制，细化了活动“三个阶段、六个环节”的具体工作，确保了活动整体推进。通过活动第一阶段工作的开展，确定了153项经济技术类指标，为持续提升奠定了良好基础。建立了严格的考核评价机制，与岗位责任制大检查、安全专项大检查紧密结合，工作组深入现场检查督导，确保了管理提升活动不走过场、不留尾巴、有效推进。

二是自我诊断切中要害，结合实际制定标准。公司各单位结合自身实际，全面开展了自我诊断工作，认真查找了存在的不足和问题，制定了切实有效的改进措施。油田公司针对基层提出的84项诊断需求，开展了专项提升活动，编制下发了诊断报告，按照“指导到基层、服务到基层”的指导思想，对基层的执行情况进行全面跟踪分析，并对好的管理方法和经验进行推广，解决了油田部分单位长期的老大难问题，达到了取长补短、互助互学的目的，不仅培养了一批基层管理人员，而且促进了各单位管理水平的提升。通过认真分析，全面总结，完成了《青海油田基准管理手册》(2011-2013)编制工作，建立了涵盖机关部门和二级单位的590项基准指标，为进一步提升管理水平奠定了坚实基础。

三是优秀做法初步应用，成果亮点逐步固化。各单位总结提炼了本单位的先进经验和优秀作法，并借助座谈会平台进行了交流分享，实现了好经验、好做法的共享和互动、学习和借鉴。通过自我评价工作的开展，再次优化了活动所取得的成果。目前，各单位已通过流程固化操作程序128项，通过制度和信息化网络固化管理事项700余项，还有许多经验和成果正在固化之中。管理提升活动的长效机制已初步建立，成果固化初显成效，随着先进经验和优秀成果的持续固化应用，管理提升活动对油田发展的重要意义和作用将逐步彰显。

管理水平的提升永无止境，管理提升活动的开展仅仅是提升管理水平的第一步，我们必须把管理提升与推动油田改革发展紧密结合起来，在深化、细化、固化上下功夫，在创新、创优、创效上做文章，在重点、难点、甜点上求突破，持续提升管理水平，促进油田有质量有效益可持续发展。下面，我就下一步构建管理提升长效机制提三点要求：

第一，提高认识，实现持续提升。当前，油田正处在建设千万吨高原油气田的关键时期，工作头绪多，任务重，各级管理人员要清醒地认识到我们的管理工作还存在诸多问题，老套路、老方法已经与现实需求不相适应，与油田的快速发展不相匹配，必须引入精益化管理理念，跳出原有的惯性思维和习惯做法，牢牢结合油田发展实际，与时俱进，开拓创新，形成主动思考、主动学习、主动改变的管理风格，积极发现和改正管理中存在的突出问题和薄弱环节，创新管理方式方法，实现用管理提升促发展、向管理提升要效益。要充分发挥财务稽查、效能监察、审计的综合优势，机关部门要深入基层，帮助二级单位发现管理中存在的薄弱环节，帮助解决问题、消除短板，帮助提高管理水平；二级单位也要提高认识，端正态度，积极迎接机关部门的检查，主动接受监督，积极整改问题和不足，切实提高自身管理水平。

第二，固化成果，实现常态长效。要确定专门的机构和人员继续抓好固化成果管理工作，将管理提升融入日常工作和生产经营全过程，以制度、流程、网络等形式，与对标管理、精细管理、信息化等工作有机结合，形成一套可复制、可学习、可应用的模版，分层次、有计划地推广。要严格遵守相关管理制度和标准，不违反规定，不逾越程序。要持续营造管理提升的良好氛围，建立激励机制，充分调动广大干部职工的聪明才智，形成全员关心油田发展、全员建言献策、全员努力工作的良好氛围，不断促成新的管理提升。

第三，统筹协调，实现质量效益发展。企业竞争归根结底是生产效率、成本控制与管理能力的竞争。当前油田面临着成本高、效率低、创新难等实际问题，我们必须切实把管理提升融入到油田工作的方方面面，融入到员工的行为习惯中，实现有质量有效益可持续发展，重点要抓好“四个”结合。一是抓好管理提升与降低成本的结合，全面实施精细管理、对标管理，开源节流，努力降低成本，实现降本增效；二是抓好管理提升与控制用工总量的结合，简化优化工作流程，调整队伍结构，优化人力资源配置，实现控人增效；三是抓好管理提升与科技创新的结合，加大科技创新力度，提升科学技术水平，实现科技增效；四是抓好管理提升与节能降耗的结合，始终坚持开发与节约并重、节约优先的原则，调整油、气、水、电的合理利用，最大限度地提高效率，降低能耗，实现节能增效。

同志们，管理是企业发展永恒的主题，有序、合理、顺畅、协调的管理是企业发展的基本保障，是指令畅通的重要支撑，是有效组织各类资源的必备手段。管理提升只有起点，没有终点，我们要紧紧围绕油田发展目标，以创新的精神，务实的态度，扎实的工作，不断提升管理水平，为早日建成千万吨高原油气田做出新的贡献！

建设高素质干部队伍 为全面深化改革、推动科学发展提供有力保证

——在油田公司处级领导干部培训班上的讲话

付锁堂

2014年7月21日

（根据录音整理）

同志们：

按照集团公司的要求，今年要完成对处级领导干部学习十八届三中全会和习近平总书记系列讲话精神的集中轮训。为落实好集团公司的要求，年初油田公司组织了第一期领导干部理论培训班，这次又在生产建设的大忙季节把大家再次集中起来进行培训，非常不易，希望各位珍惜难得的学习机会，集中精力，静下心来，努力做到学有所获、学有所得、学有进步。

党的十八大以来，以习近平同志为总书记的党中央对进一步加强领导班子和干部队伍建设，提出了一系列新思想、新观点、新要求，做出了一系列重大部署。在去年6月召开的全国组织工作会议上，习近平总书记指出：实现党的十八大确定的各项目标任务，关键在党，关键在人。关键在党，就要确保党在发展中国特色社会主义历史进程中始终成为坚强领导核心；关键在人，就要建设一支宏大的高素质干部队伍。习近平总书记还对“怎样是好干部、怎样成长为好干部、怎样把好干部用起来”等问题进行了深刻阐述，强调好干部的五条标准就是要做到“信念坚定、为民服务、勤政务实、敢于担当、清正廉洁”。

信念坚定，就是要始终保持胸怀理想的坚定志气，这是好干部的第一标准。党的干部，只有坚定理想信念，补足精神上的“钙”，才不会得“软骨病”，才能炼就“金刚不坏之身”。党员干部要把理想高高举过头顶，做共产主义远大理想和中国特色社会主义共同理想的坚定信仰者，矢志不渝为实现中华民族伟大复兴的中国梦而奋斗。

为民服务，就是要始终保持亲民爱民的真挚情感，这是好干部的第一追求。能否心系群众、服务人民，是衡量干部是否合格的试金石。党的干部，必须把宗旨意识深深烙在心里，始终坚持以人为本、执政为民的根本取向，把群众利益作为想问题、办事情、作决策的根本遵循，以人民忧乐为忧乐、以人民甘苦为甘苦，全心全意为人民服务。

勤政务实，就是要始终保持真抓实干的蓬勃朝气，这是好干部的第一要求。党的干部，要把发展紧紧抓在手中，不图虚名、不务虚功，潜心做好打基础、谋长远的实事、好事，创造无愧于人民、无愧于时代、无愧于历史的业绩。

敢于担当，就是要始终保持敢抓善成的昂扬锐气，这是好干部的第一品质。党的干部，必须把责任稳稳扛在肩上，面对大是大非敢于亮剑，面对矛盾敢于迎难而上，面对危机敢于挺身而出，面对失误敢于承担责任，面对歪风邪气敢于坚决斗争，不当“圆滑官”和“老好人”。

清正廉洁，就是要始终保持拒腐防变的浩然正气，这是好干部的第一坚守。马克思说过，“不可收买是最崇高的政治美德”。党的干部，必须把名利远远抛在身后，把修身律己作为为政做官的护身符，始终坚持“两个务必”，始终敬畏权力、管好权力、慎用权力，不断增强拒腐防变的自觉和能力。

这五条标准是着眼于新的历史时期和时代背景，对好干部标准的高度概括、深刻阐释，赋予了新时期好干部新的时代内涵。下面，我围绕深入学习十八届三中全会精神和习近平总书记系列重要讲话，结合油田生产经营实际和今后一个时期的工作，就如何建设一支高素质的干部队伍谈四个方面意见。

第一、坚持政治标准，永葆队伍本色

讲政治，对于各级领导干部来说是一项任何时候都要坚持的重大原则，也是做一个合格领导干部所应具备的重要条件。习近平总书记强调，坚持正确的政治路线、政治立场、政治方向、政治道路，是坚持党

的领导、坚持社会主义制度的头等大事。如果不绷紧讲政治这根弦，就可能在错综复杂的政治斗争面前迷失方向，就可能在个人进退去留面前患得患失，就可能在各种利益诱惑下漠视党纪国法。每个领导干部都应当从关系党和国家前途命运的高度，来认识这个问题。在政治上严格要求自己，不断提高政治素质，把讲政治贯彻于领导工作的全过程，做一名新时期合格的领导干部。对于我们青海石油人来说，讲政治就是要坚决执行党的方针政策、集团公司决策部署、省委省政府要求；就是要不打折扣，不讲条件的执行油田公司通过民主决策确定的目标任务、方法指标。

（一）加强党性修养，坚定理想信念。加强党性修养是党的优良传统。早在井冈山时期，我们党第一次提出了“思想建党”的原则，毛泽东同志亲自起草了《古田会议决议》。这个《决议》不仅是对马克思主义建党学说的新发展，也是加强红军时期党性修养的纲领性文件。在抗日战争时期，针对党内一些新党员缺乏严格的党性教育和锻炼，专门制订了《关于增强党性的决定》并开展了以反对主观主义、官僚主义和宗派主义为主要内容的延安整风运动，使全党在思想上、政治上、组织上达到了空前的统一和团结，提高了党的战斗力。建设千万高原油气田也需要我们统一思想、统一认识、统一行动，近期要在油田上下开展建设千万吨高原油气田大讨论，主要任务就是让大家进一步明确在建设千万吨高原油气田的过程中我要做什么、能做什么和做好什么。

改革开放以来，针对党内存在的资产阶级自由化思潮，我们党开展了一系列统一思想、整顿作风、加强纪律、纯洁组织的工作，对于党始终走在改革开放和社会主义现代化建设前列起到了重要作用。新的历史时期，又先后开展了一系列保持共产党员先进性专题教育活动。回顾党93年的光辉历程，贯穿其中的一条红线，就是始终把加强党性修养作为纯洁队伍、保持先进性的基本途径。反观苏联解体、东欧剧变不难看出，物必自腐而后虫生，堡垒往往是从内部被攻破的，正是由于这些国家的执政党内部出了问题，丧失了党的先进性，自毁了形象、失去了民心，才给了敌对势力以可乘之机。历史和现实一再表明，只有重视加强党性修养、树立良好形象，我们才能永远立于不败之地。

当今世界，国际政治和思想文化的斗争更加激烈。西方敌对势力始终妄图“西化”、“分化”中国，千方百计拉拢腐蚀党员干部和公职人员，通过网络霸权的侵蚀渗透，其根本目的就是全面否定四项基本原则，推翻共产党的领导，改变中国的社会主义制度。同时，价值取向的多元化也带来了严峻挑战。在改革开放、发展社会主义市场经济这一新的历史条件下，各种思想观念相互冲击碰撞，不良思想文化的干扰已经成为摆在我们面前的一种严峻现实。面对这些考验，党员领导干部必须充分认识加强党性修养的重要性和紧迫感并果断采取自觉行动。

加强党性修养，最根本的方法路径就是深入贯彻落实科学发展观，自觉践行社会主义核心价值观，坚持理论和实践相统一，坚持改造客观世界和改造主观世界相统一，坚持强化个人自律和接受纪律约束相统一。

邓小平同志说过：“不注意学习，忙于事务，思想就容易庸俗化。如果说要变质，那么思想的庸俗化就是一个危险的起点。”思想是行动的先导，理论是实践的指南。加强党性修养，最重要的就是学习党的理论、加强思想改造，学后而知之，学后而信之。我们要认真学习贯彻党的十八大精神、十八届三中全会精神，学习习近平总书记一系列重要讲话精神。学好理论没有捷径可走，就是要老老实实、扎扎实实参加学习教育和党内生活。要旗帜鲜明地反对学习上的厌烦情绪，杜绝推一推动一动、紧一阵松一阵现象，要把理论武装作为政治要求和首要任务，切实掌握马克思主义世界观和方法论，并紧密联系实际使之转化为观察、思考和处理问题的重要武器，固化为思想观念和思维方式，内化为坚定的政治信仰、正确的价值取向、立身做人的行为准则和强烈的事业心责任感。

（二）富有担当精神，发挥表率作用。习近平总书记说过：“敢于担当是党的干部必须具备的基本素质。‘为官避事平生耻。’担当大小，体现着干部的胸怀、勇气、格调”。领导就是责任，领导就要担当。有多大的担当才能干多大的事业，尽多大的责任才会有多大的成就。领导不仅是一种荣誉，更重要的是一种责任、义务，希望大家遇到问题就要勇于担当，不要推诿扯皮。担当精神体现着领导干部的党性和觉悟，体现着领导干部的胸襟和勇气，也决定着领导干部职责的履行、作用的发挥、贡献的大小。对领导干部来说，责任无处不在，担当义不容辞。作为领导干部就必须做到守土有责、守土尽责，遇到事情就要担责、负责，出了问题还要追责、问责。对职责范围的工作不认真负责，就不是一个称职的领导干部。中国共产党的根本宗旨是全心全意为人民服务，党员领导干部就应当先之劳之、以身作则，就应当敢于负责、敢于担当。

领导干部敢于担当，内涵和要求是多方面的，重

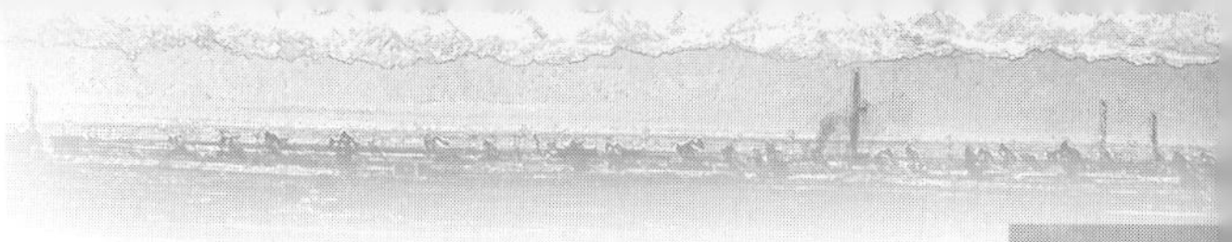

要的是坚持原则、认真负责。习近平总书记在全国组织工作会议上指出，党的干部必须坚持原则、认真负责，面对大是大非要敢于亮剑，面对矛盾要敢于迎难而上，面对危机要敢于挺身而出，面对失误要敢于承担责任，面对歪风邪气要敢于坚决斗争，敢于亮剑。这是对担当精神的科学阐释，具有很强的针对性，我们应该认真领会、自觉践行。

1. 面对大是大非敢于亮剑。衡量一个领导干部有没有担当精神，很重要的是看在大是大非问题上有没有正确立场和鲜明态度，看对中国特色社会主义的理想信念是否坚守，看对党的理论和路线方针政策的贯彻是否坚定。面对错误观点，领导干部应当敢于站出来说话，敢于表明自己的态度，并给予有理有据的正面回应，绝不能沉默失语。现在很多领导干部乐于当老好人、不敢得罪人，对于浩然正气，不敢表扬、不敢肯定；对于歪风邪气，不敢直面、不敢批评，只关注于测评成绩的好坏，这是不正确的。领导干部如果没有正确的是非观念，就是不称职的，在这一点上油田公司领导班子是旗帜鲜明的，对歪风邪气、不良现象是坚决抵制的。通过审计工作发现，在公司机关和二级单位存在一些不良行为和现象，甚至有些问题是屡改屡犯的，对于这些有损于公司形象、违反廉洁从业规定的行为我们要坚决查处。近期，中央出台了干部管理办法，集团公司即将出台对应的管理制度，在干部管理方面我们有一套行之有效的管理办法，其中很重要的一点就是干部能上能下，对于不称职的领导干部我们将进行教育、调离、甚至是降级或免职。

2. 面对矛盾敢于迎难而上。矛盾问题面前，最能考验领导干部的担当精神。敢于担当，就是遇到矛盾不怕事，碰到问题不回避，敢于直面矛盾，跳进矛盾漩涡中去解决问题。在推进全面深化改革新形势下，面对改革中的深层次难题，要知难而进，有逢山开路、遇河架桥的精神，积极寻找克服困难的具体对策，决不能被困难所吓倒。面对工作中的具体矛盾，要勇于担责负责，有明知山有虎、偏向虎山行的劲头，努力找到化解矛盾的具体办法。要敢于到困难大、矛盾多的地方去解决问题，到工作推不开、情况复杂的地方去打开局面。

3. 面对危机敢于挺身而出。敢于担当不仅要体现在平时工作中，更要体现在紧急关头上。作为领导干部，关键时刻一定能够站得出来、顶得上去，真正成为带领职工群众战风险、渡难关的主心骨。遇到紧急情况，要有胆有识、果断决策，决不能优柔寡断、患得患失，要第一时间赶赴现场，临危不惧、靠前指挥，决不能躲闪回避、贻误时机；遇到突发事件，要及时深入一线了解真实情况，抓紧研究解决办法，决不能见事迟、行动慢，敷衍塞责、激化矛盾。建成千万吨虽然困难大、压力大，但我们有良好的基础，建成千万吨油气田是我们几代石油人的奋斗目标，尤其是我们这一代人重任在肩，需要大家共同去努力。据统计，今年青海油田的效益增长率在中石油排名第一，今年年底的兑现奖励不论是按何种比例分配，都与我们业绩增长有关系，我们的业绩增长 点，油田职工的收入就会增加一些。如果到年底员工收入降低，就会影响队伍士气，就会影响稳定。为了职工群众，我们没有理由不加快发展、不增储上产，没有理由不实现千万吨目标，希望大家能够理解公司领导班子全力谋发展的苦心，支持公司党委的决策。

4. 面对失误敢于承担责任。人非圣贤，孰能无过。工作中出现失误并不可怕，可怕的是不能“思其过、改其行”，不敢正视错误、承担责任。知过能改需要勇气，面对失误敢负责也是担当。我们每个领导干部肩上都有千斤重担，人人都有可能出现这样那样的失误。这就要求我们能够勇敢地面对工作中的失误，积极主动地去改正错误，把改正错误、总结教训的过程作为成长进步的阶梯。一个敢于担当的领导干部应当是一个敢于对失误负责的干部，是一个善于从失误中汲取教训、提升能力和修养的干部。

5. 面对歪风邪气敢于坚决斗争。面对各种歪风邪气，敢不敢较真碰硬，对每个领导干部都是现实的考验。对工作中的庸懒散奢现象，对不思进取、推诿扯皮，要敢抓善管、严厉整治；对纪律观念淡薄、作风松懈涣散，要定铁规、出重拳；对违法违规违纪行为，包括各种社会丑恶现象，要不留情面、坚决依法打击。只要每个领导干部都发扬认真精神，敢于较真、敢抓敢管，歪风邪气就没有市场，就能够实现风清气正。

（三）强化责任意识，增强执行能力。执行力就是领导干部的工作能力。领导力与执行力是领导干部能力建设的重要组成部分，是党的干部队伍建设的关键环节。领导者工作能力的强弱，直接决定了其执行能力的高低，执行力又是促进领导决策最终落实的关键。随着当前领导决策工作和战略计划制订工作的日益复杂化，执行环节也呈现更加复杂化的趋势。同样的工作任务和政策，不同的领导者，不同的领导方法，不同的执行能力，会得到不同的领导效果。很多人工作上的失败，并不在于他们所作决策的失误，而在于他们未能有效落实这些决策，也就是执行力方面出现了问题。美国学者艾利森曾说过：“在实现政策目标的过程当中，方案确定的功能只占10%，而其余90%取决于政策的有效执行。”作为一个领导干部，一方面要制定科学的战略决策，把握发展的正确方向，这是对领导者的首要要求。而当正确的战略决策确定以后，另一方面的任务便是关注执行，领导者执行力的高低，是组织目标能否实现的关键。

当前一些领导干部在执行力方面还存在一些不容忽视的问题，主要表现在以下几个方面：一是机械教条地执行。有的领导干部忽视本单位实际情况，生搬硬套上级政策或者他人经验，既对政策的精神实质和他人的经验缺乏深入理解和认识，又不考虑客观因素，因而不能因时、因事、因地作出具体分析，缺乏实事求是、求真务实的精神。二是虚假敷衍地执行。有的领导干部在执行过程中，甘当“传声筒”，对于上级下达的指示，习惯用文件落实文件，以会议贯彻会议，结果是形式上轰轰烈烈，热热闹闹，实际上没有解决什么问题。有的领导干部不讲作为，不求有功，但求无过，碰到问题绕道走，歪风邪气不敢管，难事硬事不敢抓，甘当“好好先生”。三是错误歪曲地执行。有些领导干部不注意学习，不能正确理解上级的意图和政策精神，造成政策的歪曲；有的则有选择的执行，或以本单位利益为标准，或以个人利益为取舍，或者只对上级负责，不讲群众观念，致使原有政策目标难以实现，甚至收到与初衷相反的结果。通过这段时间的观察，有些单位、部门领导在受领任务时承诺的斩钉截铁，但在实际执行中却大打折扣、敷衍了事，这不是领导干部应有的作风。很多单位、领导干部都存在执行力不强的问题和存在执行不下去的情况，推诿扯皮，喜欢为自己找借口、找原因。执行力极为重要，没有执行力任何事情都难以做成，油田的领导干部、每个单位都需要提高执行力。

为政之要，贵在力行，重在履事。“三分战略，七分执行”。离开执行力，所有战略决策都将成为空谈和泡影。提升执行力，要做好以下几点。

1. 要强化自觉执行意识。执行力是一种工作态度，一种脚踏实地的行为，它需要精神信仰，需要激情和动力，需要用心去做事。领导干部要有一种“等不起”的紧迫感、“慢不起”的危机感、“坐不住”的责任感、没有任何借口的执行观。在执行上级决策、指令、部署时，要想尽一切办法，不折不扣地完成任务。要坚决杜绝不合意的就不执行，“上有政策，下有对策”的做法，带头践行“不办就是失职、慢办就是失误”的理念，

2. 要培养创新执行精神。创新是执行力的动力和源泉，是提高执行力的法宝。领导干部要致力于在学习中提高、在实践中历练，切实增强谋发展、带队伍的能力，确保公司的决策和部署不打折扣地落实到位。要解放思想，转变观念，紧跟形势，重视创新，敢于创新，开创本系统、本单位工作新局面。油田各级班子、各级干部，面对发展的要求，面对困难和挑战，要多讲责任少讲条件，多讲办法少讲困难，多讲效果少讲辛苦，始终保持良好的精神状态，成为组织放心、职工群众拥护的好干部。

3. 要健全约束执行制度。严格实行行政问责、服务承诺、首问责任、限时办结等制度，加大治庸治懒力度，做到有责必问、有错必究。提高执行力，既要有坚定性，又要有创造性，既要遵从于政策主旨、路线方针，也要力求因地制宜、策略灵活。要充分发挥主观能动性，有自己的智慧、想法和创意。要敢于突破思维定势和传统经验的束缚，善于创新体制机制和方式方法，确保执行的力度更大、速度更快、效果更好。

第二、把握发展要务，推动实干兴企

发展，是企业永恒不变的主题和不懈追求的目标，是解决所有问题的关键。不论内外部环境如何变化、前进中遇到什么困难，我们都必须始终高唱发展这个主旋律，牢牢抓住发展这个第一要务，结合油田实际，紧紧抓住客观存在的发展机遇，认真应对各种迎面而来的严峻挑战，为实现油田全面、协调、可持续发展不懈奋斗。

(一)加快发展的重要意义

1. 加快发展是油田实现有质量有效益可持续发展的必然要求。多年来，为更好地保障国家能源安全，切实履行央企的三大责任，中石油加快发展步伐，全力打造绿色、国际、可持续的中石油。青海油田是一个老油田，原油产量占中石油的不足2%，天然气产量占中石油的7.4%。要想保持油气产量在中石油的比例不降，要保持在中石油的地位，就必须提高产量，加快建成千万吨。当前油田已基本具备了实现千万吨的基础和条件，2013年生产油气当量756万吨，今年将突破800万吨大关，正朝着千万吨目标快速迈进。兄弟油田在发展，中石油在发展，青海油田也必须加快发展。

2. 加快发展是地方政府的热切期望。近年来，省委省政府领导多次与集团公司有关领导进行会晤，希望油田发展的步伐再快一点，贡献再大一点，承担责任再多一点。新班子履职以来，在短短两个月时间省委省政府领导先后8次约见我们，希望油田增加产量、炼量、销量和投资。作为新班子，奉献石油事业，奉

献柴达木，为地方经济发展作贡献，造福广大职工群众是义务，更是责任。青海油田作为甘青藏三省区重要的能源基地，在国家推进西部大开发、实施丝绸之路经济带战略中，在集团公司推进改革发展、促进地方经济社会发展进程中，肩负着光荣使命、重大责任和艰巨任务。作为新班子，我们要积极响应省委省政府的号召，加强宣传动员，统一思想，统一行动，充分发挥领导干部带头作用，自我加压，勇挑重担，敢于担当，加快油田发展，为青海省经济社会的发展壮大多做贡献。

3. 加快发展是油田职工群众的根本要求。发展是硬道理，是解决一切问题的总钥匙，更是建设和谐油田，创建幸福生活的奠基石。不发展一切难以长久，不发展就没有矿区建设、没有绩效兑现、没有驻矿单位的和谐稳定，油田就谈不上进步，就会影响到子女就业、员工收入等多方面利益。几年来，我们始终坚持落实科学发展观，持续推进储量增长高峰期和单井产量牛鼻子工程，正是因为油气产量持续增长，经营收入的不断增加，才有了持续发展的本钱，有了鼎立潮头的底气。历史的经验告诉我们，只有脚踏实地，瞄准目标，聚精会神谋发展，踌躇满志干事业，一心一意上千万，青海油田的发展才能经久不衰，职工家属的生活才能幸福美满，我们的事业才能光辉灿烂。

（二）认清所面临的形势

当前，中国石油正处于从注重规模发展向更加注重质量效益发展的转型时期，面临较为严峻的内外部挑战。

外部的挑战主要包括国际、国内两个大的方面：从国际来看，世界经济处于深度调整期，增长新动力还远没有形成，实现全面复苏的基础依然脆弱，仍存在不稳定不确定因素；受全球石油供需总体宽松、美元升值预期等影响，国际油价有高位震荡回落的可能，保持业绩稳定增长面临更大压力；中东、北非等地区持续动荡，油气资源国普遍收紧财税政策，合作模式更趋苛刻，货币汇率风险增大，“走出去”的风险和难度不断增加。从国内来看，国内经济正处于增长速度换挡期、结构调整阵痛期和前期刺激政策消化期三期叠加阶段，经济下行压力较大，产能过剩等深层次矛盾和结构性问题依然突出；国家启动财税体制改革、提高国有资本收益上缴比例、上调成品油消费税税率、加快资源税改革、推动环境保护费改税等，政策环境日益趋紧；国家大力加强生态文明建设，推进大气污染防治计划，对安全环保、节能减排等方面的监管更加严格，资源环境约束明显强化；国家逐步放开对原油、成品油、天然气进口限制，放宽资源勘探开发市场准入，鼓励和引导民间资本、外资参与油气勘探开发及管道等相关业务投资建设，市场主体更加多元，市场竞争日趋激烈。2013 年底，国资委在央企负责人会议上明确要求，国资国企改革要在发展混合所有制经济上下功夫，在完善现代企业制度上下功夫，在完善国有资产管理体制上下功夫。2 月 20 日，中石化发布公告，提出要在油品销售业务板块引入社会和民营资本参股，标志着央企实现混合所有制经营已经破冰。3 月 14 日，中石油成立了全面深化改革领导小组，积极推动关键重点领域的改革。5 月 12 日，中石油发布公告，以西气东输管道分公司管理的与西气东输一、二线相关的资产和负债，以及管道建设项目经理部核算的与西气东输二线相关的资产和负债，出资设立东部管道公司。公司成立之后，将出让 100% 的股权，以实现产权结构多元化。6 月 20 日，国务院国资委在集团公司总部召开中国石油天然气集团公司建设规范董事会工作会议，宣布聘任集团公司外部董事，集团公司董事会正式成立。这标志着集团公司向健全现代企业制度、完善法人治理结构迈出实质性步伐。

内部的挑战主要有三个方面：一是盈利创效水平持续下降。虽然规模总量不断扩大，但利润增幅和投资回报呈逐年下滑趋势。二是投资成本控制难度增大。投资强度大、资产负债率高、人工成本增长快。油气单位操作成本、吨油完全加工成本、吨油营销成本、管输成本均呈上升趋势。三是管理体制、经营机制不够健全完善，企业内在发展动力和活力不足，安全环保、和谐稳定和反腐倡廉工作基础还不够牢固。

为适应形势的新变化新要求，集团公司党组围绕坚定“一个目标”，做到“四个坚持”，实施“有质量、有效益、可持续”发展的总体战略，深入调研，积极应对，明确了优化完善公司管控模式，深化持续重组和结构调整，建立完善市场化机制，完善科技管理体制机制，深化人事劳动分配制度改革，健全权力制约监督机制等深化改革的 6 个主攻方向，以及完善公司治理结构，推进管控优化，推进业务整合和专业化重组，深化三项制度改革，推进内部市场化改革，改进科技创新管理办法，积极发展混合所有制经济，健全决策机制，加强反腐倡廉制度建设等 9 个重点方面，力争到“十三五”末，规模总量保持领先，经营业绩世界先进，技术创新优势明显，管理水平国际接轨，公司品牌全球知名，员工队伍素质优良，全面建成世界水平的综合性国际能源公司。

进入新的历史时期，油田实现什么样的发展？关于这一问题，油田公司新一届领导班子已经做出了回答，就是要认真贯彻集团党组的战略部署，集中精力做强油气主营业务，全面深化改革开放，大力推进科技和管理创新，切实抓好安全环保、和谐稳定、反腐倡廉三大基础性工程，加快建成千万吨高原油气田，在推动集团公司持续健康发展、带动和促进青海省经济社会发展中发挥更加重要的作用。这其中，有质量，就是整体价值优。油气主营业务优势突出，布局结构科学合理，生产要素优化配置，资产质量和工程、产品、服务质量优良，公司价值持续提升。有效益，就是盈利能力强。以经济效益为中心的经营理念牢固树立，投资规模适度，投入产出比高，经营利润稳定增长，长期效益与近期效益、经济效益与社会效益有机统一。可持续，就是发展后劲足。规模速度适宜适当，体制机制顺畅高效，自主创新能力强，各类风险有效防控，发展基础坚实，企业发展与资源环境社会及员工全面发展相协调。

到2017年全面建成千万吨高原油气田，是我们新一届班子对上级组织的庄严承诺，是对油田广大职工家属的郑重表态，也是我们这一代青海石油人的历史使命和现实担当。集团公司和省委省政府多次强调，柴达木盆地油气资源丰富，是第四大气区，青海油田的油气资源当量为46.5亿吨，目前石油的资源转换率只有20%多，天然气更低在10%-20%左右，发展潜力很大，集团公司将一如既往地支持青海油田加快发展，对建成千万吨高原油气田的目标不变、信心不变、投资支持力度不减。各级地方政府也将在政策和资金上一如既往地给予关注和支持，希望我们咬定千万吨目标不放松，坚定信心，加快节奏。

全面实现千万吨目标，发展任务很重，压力很大，困难很多，我们有一部分领导干部信心不足、办法不多，瞻前顾后，存在畏难情绪，缺乏大局意识、担当意识、责任意识，对此，各位领导干部必须从油田发展的大局出发，从维护员工的利益出发，进一步增强全局意识，坚定信心，敢于担当，迎难而上，咬定千万吨目标不动摇，真抓实干不懈怠，团结带领广大职工群众真抓实干，兑现我们对上级组织、对职工家属的庄严承诺。

（三）善于把握重点，明确目标方向

重点是全局的重中之重，是不可替代的中心，是工作的着力点。领导干部要学会用抓住主要矛盾或矛盾主要方面的“重点论”去把握关键、科学决策，做好正确、管用、有效的事情。当前，油田公司的工作重点和目标就是：到2017年实现油气当量1000万吨。油气上产是油田的第一要务，油气产量是油田发展壮大的重要标志，油田的勘探、工程技术、矿区服务、安全环保和党建工作等业务都要以油气上产为己任，切实做好保障工作，确保如期建成千万吨高原油气田。

1. 不断强化油气勘探开发，加快主营业务发展。坚持把资源勘探放在首位，持续推进储量增长高峰期工程，把落实优质储量、有效储量和可动用储量作为优先勘探目标，坚持勘探开发一体化，力争实现新的突破和规模发现。以质量效益为中心，以提高单井产量为重点，推广应用水平井技术、体积压裂技术、有效注水技术新工艺新技术，科学合理安排措施，确保投入产出效益，抓好老区硬稳产，实现新区快上产，积极稳妥推进合作区上产新机制，确保年均净增油气当量70万吨。明年天然气产量为75亿立方米、奋斗目标77亿立方米；原油产量为230万吨、奋斗目标235万吨，责任重大，需要大家齐心协力，攻坚克难。

2. 突出抓好科技和管理创新，提高发展质量和效益。围绕勘探开发瓶颈难题，加强科研立项的顶层设计，加大攻关力度，打造科技成果和技术利器，努力在物探、钻井、储层改造、采油采气技术上不断获得新突破。坚持把管理创新作为有质量有效益可持续发展的着力点，做好生产经营优化大文章，既要服从于集团公司上游业务的整体发展，又要加强内部资金、资本、资产的优化配置，促进各方面资源优化高效利用。加强全过程、全要素、全方位的投资成本精细化管控，落实工效挂钩机制，建立科学有效的绩效考核政策，确保经营效益进一步提升。

3. 扎实推进三大基础性工程，夯实发展基础。牢固树立红线意识，落实党政同责、一岗双责，持续加强HSE体系建设，深入排查、整治各类隐患，加强现场安全管控，坚决杜绝重特大安全环保事故。加强反腐倡廉建设，完善权力运行监督体系，强化责任追究，确保党员干部廉洁从业。完善维护稳定工作机制，主动向青海省委、省政府汇报工作，加强与地方沟通协调，统筹各方利益诉求，维护稳定大局。着力推进民生工程建设，健全完善矿区保障和养老服务体系，抓好送温暖活动，切实保障和改善民生，全力打造安居乐业、和谐稳定、阳光放心的生产生活环境。

4. 加强党建、班子和队伍建设，为发展提供坚强保证。进一步加强和改进党建工作，认真贯彻集团公司《关于进一步加强企业领导班子建设的若干意见》等制度文件，深化“四好”班子创建，推进惩治和预防腐败体系建设，增强各级干部领导管理能力。各级领导班子认真落实民主集中制，健全规范决策程序和工作制度，确保各项决策符合实际、得到干部员工真心拥护和认真执行。各级领导干部要进一步改进作风，扎实工作，努力创造经得起实践和群众检验的业绩。大力弘扬大庆精神铁人精神和柴达木石油精神，自觉践行“我为祖国献石油”的核心价值观，着力加强“三支队伍”建设，持续提升队伍凝聚力、战斗力、执行力。

第三、强化作风建设，保障健康发展

作风决定作为，作风决定成败。转变作风是深入开展群众路线教育实践活动、狠反“四风”行为的具体体现，也是提高员工素质和执行力的必然要求。党的十八大以来，以习近平同志为总书记的党中央把加强作风建设作为工作开局的重要突破口，制定出台“中央八项规定”、部署开展党的群众路线教育实践活动，查找“四风”方面突出问题，开展专项整治工作，作风建设取得明显成果。但是，我们必须认识到，作风问题具有顽固性和反复性，转变作风很难一蹴而就。如果前热后冷、前紧后松，就会功亏一篑。要真正抓好作风建设，不仅要建立机制和制度，而且要打牢思想根基。

习近平总书记在参加十二届全国人大二次会议安徽代表团审议时指出：“各级领导干部都要树立和发扬好的作风，既严以修身、严以用权、严于律己，又谋事要实、创业要实、做人要实。”这“三严三实”的重要论述，语重心长，寓意深刻，既是对领导干部的谆谆告诫，又是对新时期党的作风建设的新要求。在“三严”中，严以修身指的是要加强党性修养，坚定理想信念，提升道德境界，追求高尚情操，自觉远离低级趣味，自觉抵制歪风邪气；严以用权指的是要坚持用权为民，按规则、按制度行使权力，把权力关进制度的笼子里，任何时候都不搞特权、不以权谋私；严于律己指的是要心存敬畏、手握戒尺，慎独慎微、勤于自省，遵守党纪国法，做到为政清廉。在“三实”中，谋事要实指的是要从实际出发谋划事业和工作，使点子、政策、方案符合实际情况、符合客观规律、符合科学精神，不好高骛远，不脱离实际；创业要实指的是要脚踏实地、真抓实干，敢于担当责任，勇于直面矛盾，善于解决问题，努力创造经得起实践、人民、历史检验的实绩；做人要实指的是要对党、对组织、对人民、对同志忠诚老实，做老实人、说老实话、干老实事，襟怀坦白，公道正派。“三严三实”的要求，是对中华民族优良传统和党的优良作风的重要总结，从价值层面对作风建设提出了更高的要求。我们要充分认识“三严三实”的重大意义，深入学习领会“三严三实”的科学内涵，以“三严”祛歪风、以“三实”聚正气，不断开辟作风建设的新境界。

（一）要倡导务实高效。要大力倡导求真务实、真抓实干的工作作风，切忌空谈，切忌浮躁，杜绝弄虚作假，多做能经受起历史检验、实践检验和人民群众检验的事。要弘扬真抓实干、任劳任怨的从业精神，反对偷懒磨滑、阿谀奉承的形式主义思想；弘扬坚决落实、雷厉风行的务实作风、杜绝上有政策、下有对策的应付主义思想。在实际工作中做到“三多三少”：即：多服务少指挥，多现场少室内，多调研少检查。要带头学习，学以致用、用有所成，真正把学习成果转化为谋划工作的思路、促进工作的措施、指导工作的本领；要以全面整改“四风”为抓手，持续转变文风、会风，确保各项工作务实高效；大力倡导说了就办、定了就干、干就干好的工作作风，坚决杜绝拖沓散漫、效率低下等行为，确保决策落实到位；要从基层最满意的事情做起，从最不满意的地方改起，坚决杜绝公车私用、公款吃喝等现象，树立领导干部的形象。

（二）要倡导团结协作。团结问题事关全局，团结出凝聚力，出战斗力，出生产力，也出成绩，出人才，出干部。不团结就没有合力，就没有积极性，气不顺，劲不足，个人能力再强也发挥不出来；不团结，想干事的干不成事，想进步的也进步不了。加强团结是干事创业最基础的条件。在团结方面要努力做到“两讲、三多、四不”。“两讲”，即大事讲原则，小事讲风格。在大是大非的问题上立场要坚定，旗帜要鲜明，绝不能含糊；在小事上要多谦让，多顾全他人。“三多”，即多沟通，要勤联系，勤谈心，勤交心；多理解，人无完人，金无足赤，任何人都有优点和不足，同志相处、分析和处理问题，要多看别人的长处，多看自己的短处，多体谅他人、理解他人；多规范，工作中要时时处处，注意规范约束自己的言行，照章办事，照程序工作，既到位又不越位。“四不”，即不猜，不无故猜测他人；不疑，不乱怀疑他人；不听，不听信他人挑拨；不信，不听信谣言，不听信小道消息。从而使大家真正做到心往一处想、劲往一处使、话往一处说、事往一处做，同心同德，形成合力，完成各项工作任务。

（三）要倡导清正廉洁。奢靡之风的盛行，不仅腐蚀干部、损害形象，也危害公信、败坏风气；不仅弱化了党自身的凝聚力，也影响了社会的“精气神”。作为领导干部，我们要严字当头，砥砺名节，从小事上和细微处陶冶情操。不仅要在组织和群众监督下行得正，更要在“私下”做得端；不仅要在大事上“不触电”，也要在小事上不出格，管好自己、管好亲属、管好身边工作人员。要守住底线，无论是八小时之内还是以外，在工作圈、生活圈、社交圈，都要稳住心神、管住行为、守住清白。自觉加强党性修养和作风养成，怀德自重，保持共产党人的纯洁性和先进性。

（四）要倡导艰苦奋斗。我们要有“先天下之忧而忧，后天下之乐而乐”的为民情怀，牢记“权为民所赋、权为民所用、利为民所谋”，以造福职工群众为念，以鞠躬尽瘁萦怀。要带头弘扬大庆精神铁人精神和柴达木石油精神，始终保持昂扬向上、奋发有为的精神状态，坚守节约光荣、浪费可耻的思想观念，保持艰苦奋斗、崇尚勤俭的优良传统，不为欲望所绊，不为名利所累，坚决反对讲排场比阔气，保持健康向上的生活情趣。艰苦奋斗是大庆精神铁人精神和柴达木石油精神的核心内涵，在我们建设千万吨高原油气田的进程中，需要很好的发扬光大。艰苦奋斗更重要的是要有那么一种精神，就是面对挑战和困难一往无前的勇气和力量，一种拼搏进取、勇争胜利的精神。

第四、弘扬奉献精神，肩负现实担当

奉献是一种高尚的品德，奉献是一种党性的修养，奉献是一种鲜明的职业操守，奉献更是一个领导干部的责任。不讲奉献，何谈党性；不讲奉献，何谈服务；不讲奉献，何谈业绩；不讲奉献，何谈发展。

（一）继续传承和发扬柴达木石油精神。油田老领导尹克升讲过：“青海油田的创业史是一部从无到有、从小到大的高原油田发展史，是一部扎根戈壁荒原，战风沙、斗严寒的艰苦奋斗史，是一部敢打敢拼、具有不怕牺牲精神的无私奉献史”。油田创业时期，一大批部队转业官兵、支边青年、大专院校毕业的知识分子和许许多多的有志之士，从祖国的四面八方汇集到柴达木盆地，面对“南昆仑、北祁连，山下瀚海八百里，八百里戈壁少人烟”的恶劣环境，走戈壁、过碱滩、涉沼泽、攀高山、骑骆驼、住帐篷、吃干菜，克服了许多难以想象的艰难困苦。为寻找石油宝藏年轻的开拓者以苦为乐，以苦为荣，始终发扬革命乐观主义精神，顽强拼搏，为油而战，推动了油田的发展。

如今，我们的工作环境、生活条件已远远比油田创业当初优越了许多，但我们现在的年轻人却缺少了老前辈们的奉献精神。在建设千万吨高原油气田的进程中，不仅年轻人要讲奉献，各级领导干部更要带头讲奉献。一是要处理好“公”与“私”，在个人利益与党的利益、与集体利益发生冲突时，要把好心中的“秤”，不患得患失，不追逐名利，不阳奉阴违，坚决把个人利益放一边，不折不扣地以个人利益服从党的利益、服从集体利益。二是要处理好“旧”与“新”，工作做得好不好，不仅仅以是否完成任务为目标，而要以过程是不是最优为考量标准，敢于打破陈旧思想，开创新格局。三是要处理好“前”与“后”，对待正确的事业发展道路，不唯人而变，不分“前任”与“后任”，一任接着一任干。牢固树立功成不必在我的理念，这就是奉献，是每位共产党员必须坚定不移发扬传承的无我境界。

（二）自觉弘扬焦裕禄精神。习近平总书记在兰考指导党的群众路线教育实践活动时，将焦裕禄精神凝练为“公仆情怀、求实作风、奋斗精神和道德情操”，要求广大领导干部大力学习弘扬焦裕禄精神，为推进党和人民事业发展、实现中华民族伟大复兴的中国梦提供强大正能量。总书记的重要指示，为学习弘扬焦裕禄精神提出了明确要求、提供了重要遵循。在新的历史时期，领导干部不仅要深思、细学焦裕禄精神，更要自觉继承、积极践行，努力做党和人民需要的好干部。一是深刻领会和把握焦裕禄精神的内涵实质，自觉学习他艰苦奋斗、科学求实、迎难而上、无私奉献的公仆意识；学习他站稳群众立场，践行群众路线，时刻把群众放在心上，与人民群众同甘苦、共患难得为民情怀；学习他对党忠诚、艰苦朴素、清正廉洁，不辜负党组织重托和群众期待的高尚品德。二是自觉将焦裕禄精神作为镜子和标杆，照一照自己是不是像焦裕禄那样心系群众、亲民爱民；是不是像焦裕禄那样科学求实、真抓实干、是不是像焦裕禄那样知难而进、敢于担当；是不是像焦裕禄那样艰苦朴素、廉洁奉公。分析存在的不足，像焦裕禄那样用实际行动赢得职工群众的信赖和拥护。三是将焦裕禄精神贯穿于日常工作始终。当前，已进入油田改革发展的攻坚期，各种新矛盾，新问题都会不断出现，需要我们领导干部发扬奉献精神，把多干当成一种觉悟，把实干当成一种境界，把勤干当成一种态度，把苦干当成一种快乐，以“踏石留印、抓铁有痕”的精神，以敢于担当、勇于负责的态度推进各项工作，以真抓实干凝聚职工群众力量。

（三）强化大庆精神铁人精神教育。大庆精神铁人精神是石油工业的优良传统，也是中华民族精神的重要组成部分，其核心是“爱国”，本质是“我为祖国献石油”，精髓是艰苦奋斗，基本要求是“三老四严”、“四个一样”，从根本上回答了石油职工为谁工作、为谁产油以及怎样工作、怎样产油的重大问题。

大庆精神铁人精神孕育和发展于石油工人艰苦创业的生动实践，其丰富内涵和所折射出的强大正能量，是我们反对形式主义、官僚主义、享乐主义和奢靡之风的有力武器。“喊破嗓子不如做出样子”，要通过加强大庆精神铁人精神教育，引导党员干部从自身做起，以“宁肯少活二十年，拼命也要拿下大油田”的忘我情怀为激励，树立为油拼搏、为油奉献的坚定信念，艰苦奋斗、开拓创新，立足本职岗位创造一流业绩。认真落实“三老四严”要求，坚持以身作则、当好员工表率，营造上下同心谋发展的清风正气。要不断改进工作方法，认真做到“三个面向、五到现场”，坚持“三条要求、五项标准”，切实落实岗位责任制，坚持群众路线，注重吸取群众的智慧，全心全意依靠职工群众办企业，充分调动广大干部员工的积极性，以良好的作风推动油田各项事业再上新台阶。同志们，新形势、新任务赋予我们新的重要使命，油田领导班子对大家寄予厚望。希望同志们进一步增强事业心和责任感，牢记责任、不辱使命，埋头苦干、真抓实干，努力建设一支党性坚定、团结和谐、业务精湛、服务热情、创新奋进的高素质领导干部队伍，为推进油田有质量有效益可持续发展、全面建成千万吨高原油气田作出新的更大贡献。

在油田公司务虚会上的讲话

付锁堂

2014年8月20日

（根据录音整理）

同志们：

两天的务虚会收到了非常好的效果，达到了预期目的。一天多来，大家紧紧围绕建设千万吨高原油气田这个主题，结合分管业务，从个人到单位，从局部到全局，从技术到管理，从战术到战略，进行了深入思考，作了很好的发言，可以说发言理论联系实际，思路清晰，观点明确，分析深入，措施明确，体现了发展意识、大局意识，体现了责任和担当。

这次会议，是青海油田建成千万吨高原油气田的鼓劲会，是集团公司领导干部会议精神学习的讨论会，更是落实青海省委、省政府和集团公司党组要求的推进会。会议开得很好，收获很大，使大家看到了青海油田发展的希望，坚定了建成千万吨高原油气田的信心和决心。下面，我讲三个方面的意见。

一、实事求是，正视发展优势与困难

青海油田的发展正处于重要战略机遇期，具备多方面的优势。

一是政策优势。集团公司优先发展上游业务，在投资总量压减的情况下，对上游业务给予支持，投资要向有利润和效益的方向倾斜。集团公司明确表示对青海油田建设千万吨的信心不减、投资力度不减、工作量不减。省委省政府对油田的发展寄予厚望，先后多次要求油田加快勘探和油气生产、提高原油加工量，努力建成千万吨。省委省政府重视并且全力支持油田打造高原千万吨油气基地，在外部环境方面提供了很大的便捷条件，我们要以感恩的态度，为地方经济社会发展做出应有的贡献。

二是资源优势。柴达木盆地蕴藏着丰富的油气资源，石油探明率仅为26.7%，天然气探明率15%，油气资源探明率较低。盆地虽然地质条件复杂，但随着技术的不断进步，还有很多的资源亟待发现和探明，具备较大的发展潜力和储量优势。

三是技术优势。我们形成了柴达木特色的配套技术，为下步的发展奠定了技术优势。两期重大科技专项，取得了30个方面的重要成果，形成了14个方面的技术亮点，在山地地震、水平井钻井及体积压裂、长井段薄储层多油水系统油藏开发、疏松砂岩天然气开发等方面取得了一系列突破，形成了特色技术，将对下步增储上产起到支撑作用。

四是队伍优势。柴达木盆地恶劣的自然环境锻炼造就了青海油田“五特”石油队伍，油田上下已形成了艰苦奋斗、艰苦创业、为油而战、拼搏进取的发展氛围；打造了一支忠诚奉献、招之即来、来之能战、战之能胜的优秀团队。

五是文化优势。半个世纪以来，几代青海石油人薪火相传，孕育了以“爱国、创业、奉献”为核心的柴达木石油精神，与大庆精神铁人精神一脉相承，培育形成了独具特色的柴达木石油文化，鼓舞和激励着青海石油人扎根高原、无私奉献。

在看到自身发展优势的同时，也要清醒地认识到摆在我们面前的困难和矛盾，正视困难和矛盾，准确研判，科学把握，解决问题，寻找对策，在挑战中寻求机遇，在机遇中扩大优势，增强战略定力，坚定必胜信心。

一是油气储量相对不足。优质的储量是油田持续发展所追求的永恒主题。近年来我们在昆北、英东、东坪和牛东发现了一批规模储量，但距建成千万吨并实现稳产还有储量缺口，尚需新增石油探明储量1亿吨、新增天然气探明储量1000亿立方米。

二是老区稳产基础薄弱。老油田递减加快的趋势还没有从根本上得到遏制，上的快掉的快，上的去稳不住的问题比较突出。目前原油产量220万吨，新区贡献了近60万吨，新建的产能仅仅用来弥补了老油田的递减。凸显了地质研究、油藏认识、开发管理等诸多问题，工作基础薄弱，还需加强。

三是经营管理压力增大。建成千万吨，勘探开发面临资源劣质化的现实，面临低品位储量开发与有限的投资之间的矛盾，面临产能建设投资居高不下的矛盾。要解决矛盾，需要从两个方面入手：一是提高单井产量，利用技术稳步提高单井产量；二是降低成本，在设计上简化优化，提高工效，钻井提效、施工提效，压缩施工周期。矛盾涵盖勘探开发、工程技术、投资成本方方面面，需要各部门携手攻克解决。

四是安全环保基础不牢。安全环保工作仍然处于严格监管阶段，“三违”现象屡查屡犯、屡改屡犯、屡禁不止，安全生产事故时有发生，集团公司多次批评，环保部门多次约谈，特别是事故导致工资增量被扣减，影响了队伍的积极性，需要引起高度重视。

五是队伍素质有待提高。领导干部素质、技术队伍能力、员工敬业精神还不能适应新形势的发展和变化，由于工作缺乏积极性、主动性，工作能力不高、服务基层不够，执行力不强，影响了工作的推进和落实。

这些问题不同程度地存在，躲不掉、绕不过，必须认真加以解决。

二、真抓实干，努力实现千万吨目标

刚才党书记回顾了青海油田千万吨目标的发展形成过程，在此，我回顾一下长庆油田发展历程，1994年、1999年、2005年、2008年，集团公司根据鄂尔多斯盆地的资源潜力和发展态势分别提出了长庆油田建成1000万吨、2000万吨、3000万吨和5000万吨的奋斗目标。当时，这些目标对于一个处于低渗、低压、低产、低丰度、低效益开发的油气区而言遥不可及，但是长庆人坚持“三个重新认识”，坚持技术创新，坚持低成本战略，在“磨刀石”上走出了一条发展之路，通过努力全面完成了各个阶段的目标任务。目前长庆油田油气当量已达到了5500万吨。由此可见，目标就是旗帜，目标就是动力，没有目标就会迷茫、彷徨。目前青海油田油气当量接近800万吨，离1000万吨还差200万吨，我相信，只要我们坚定信心，努力拼搏，目标就能实现。建成千万吨，任务艰巨，使命光荣。我们必须牢固树立油气上产是根本的理念，充分调动一切因素，全力推进勘探开发上游业务。重点实施七项工程：

（一）积极实施储量增长工程。建成千万吨的基础是油气储量，今后三年需要增加可动用石油地质储量1亿吨、天然气地质储量1000亿立方米，时间短，任务重。我们必须一如既往地加大勘探力度，继续保持油气储量增长高峰期态势，为千万吨建设提供资源保障。

1. 坚持四大现实领域，落实规模储量。石油预探立足英西深层扎哈泉甜点区和扎哈泉致密油实验区，天然气主攻牛中和冷东。按照探明石油地质储量1亿吨、天然气1000亿立方米进行谋划。英西要以盐下为重点，加强地质认识，抓好目标优选，强化技术攻关，加快工作节奏，一有突破，评价、开发快速跟进，努力形成大场面；扎哈泉按照致密油、常规油兼顾的立体勘探思路，强化基础工作，抓好试采评价，制定可持续的勘探开发方案，实现增储上产同步发展；加快牛中勘探步伐，落实天然气规模储量，力争探明优质储量500亿立方米；冷东地区要坚定信心，持续抓好低压低渗低产油气藏的技术攻关，创新思路，优化方案，反复实践，争取尽快实现突破。

2. 突破四大潜在领域，谋求储量新区。优选干柴沟－咸水泉、祁连山前西段、冷湖构造带和柴西、大柴西致密油四大领域。加大地质研究力度，明确各区带成藏主控因素，力争发现新的储量增长点。

3. 准备风险勘探领域，寻找接替目标。深化研究、积极准备，瞄准基岩古隆起、英雄岭构造断裂带下盘、侏罗系源内和构造带深层等重点领域，优选目标，超前部署，积极争取股份公司支持。近期做好干柴沟、昆北下盘、尖北等地区风险勘探工作，为资源和储量的有序接替打好基础。

（二）积极实施稳产上产工程。建成千万吨，后三年要求原油产量年均增长速度大于5%，天然气年均增长速度大于10%，因此，我们必须打好稳产上产攻坚仗。

1．抓老油田稳产。老区的硬稳产是一项艰巨的任务，必须抓紧抓实抓好。要彻底改变老油田稳产靠产能建设的传统作法。一是向管理要产量。抓好油藏精细管理，加强精细描述研究，摸清剩余油分布和潜力区特征，按照滚动发展的原则，逐步将产量搞上去；加强老井管理，保持生产平稳均衡运行，突出治理长停井、套损井，提高油井开井率。二是向注水要产量。学习借鉴兄弟油田注水工作先进经验、管理办法，完善注水考核机制，确保把有效注水落到实处。明年建立尕斯油田注水综合治理试验区，抓好顶层设计、明确投资、严控成本、优化技术、强化保障，采用项目管理模式，确保质量、工期和效益，创出老油田注水工作的新路径。三是向措施要产量。抓措施管理，重在措施论证上下功夫，提高措施成功率和有效率，实现措施增产。

2．抓新油田上产。一是继续抓好英东产能建设，扩展下盘，滚动上盘，加快上产步伐；二是跟踪英西深层及游园沟中浅层评价工作，适时跟进建产；三是抓好低效、低品位储量的有效动用，采用新的机制，充分发挥市场化优势，积极走低成本建产之路，按照先肥后瘦、先易后难的原则，动用昆北、小梁山、大风山等较为整装的含油区块，明年探索新的合作机制，确保储量有效动用；四是坚持勘探开发一体化，抓好尕斯、跃进老油区挖潜工作，重新认识油气地质规律，重新部署高精度三维地震，重新研究油水系统及含油边界，重新解释有效油气层，重新计算油气储量，做到扩边与挖潜结合、增储与上产同步，延长老油田稳产时限。五是加快扎哈泉地区整装油藏开发动用节奏，优先安排高渗高产区块建设产能，积极应用水平井体积压裂技术，推广工厂化施工模式，开展致密油水平井组攻关试验，加快致密油开发步伐。工程技术部门要与钻采研究部门相结合，为致密油开发提供支持。

3．抓涩北气田稳产。目前，天然气产量已占油气产量的70%，涩北三大气田的产量已占全油田产量的56%，涩北稳、则油田兴，涩北垮、则油田危。涩北气田要通过优化生产组织运行、细化开发制度标准、强化配套技术攻关，深挖潜力，严控“三率”，平稳生产，确保55亿立方米再稳产5-7年。

4．抓新气田上产。一体化是有效开发的成功经验和成熟作法。东坪、牛东地区要持续抓好勘探开发一体化工作。坚持先建产、后增储，先产量、后储量的原则，走好一体化勘探开发之路。要总结英东油田、东坪－牛东油气田一体化运作经验，进行积极推广。要抓好东坪－牛东地区试采，精心评价，加强地质要素与开发技术的研究，完善产能建设方案；牛中地区要围绕牛参1井等重点目标，紧盯基岩气藏，坚持“边发现、边评价、边试采、边建产”的原则，加快勘探节奏，提高开发速度，实现新区天然气产量的快速攀升。

5．抓开发方式转变。坚持低成本战略，解放思想，转变思路，创新机制，依靠开放合作、引入竞争。从明年开始产能建设推行责权利相统一的项目管理，实行总承包，包投资、包安全、包质量、包进度、包产能、包产量，实现效益开发，确保产能建设到位率和贡献率，做大油气产量规模。

6．抓开发对标管理。正确认识油气开发水平和能力，实现自我完善、自我提升，就必须将油气藏参数、目前开发状态、所应用开发技术以及开发效益指标放在行业层面进行对比。通过对标，借鉴先进经验，总结技术优势，明确差距，发现问题，寻找办法，制定措施，确保实现稳步提升。

（三）积极实施配套保障工程。建成千万吨，既要抓好油气主营业务，还必须全力抓好各项配套保障业务。

1．推进炼化安稳长满优运行。优化运行方案，强化对标管理，加快产品结构调整，着力增加高标号汽油和高效产品比例，持续提升经济技术指标，努力减亏增盈；加强生产组织，切实抓好大检修工作，变“两年一修”为“三年一修”；加快汽柴油质量升级项目建设，积极谋划扩能改造项目，力争原油就近配置与加工。抓好管道安全效益运行，保障生产后路畅通。

2．做优工程技术服务业务。以增储上产为己任，按照特色化、差异化、高端化、一体化要求，推进水平井、带压作业和多层多段压裂等技术，大力推广新技术新设备的应用，提升作业能力和水平，提高劳动效率，保障油气生产需要；充分发挥市场化和一体化优势，工作重点向技术含量高、经营效益好的业务倾斜，大力实施提速提质提效提素，努力实现质量和效益同步增长。

3．统筹推进工程项目建设。充分发挥项目建设管理中心的职能和作用，高效组织，严控投资，加强监督，确保工程项目优质高效安全完工。根据油气上产规模，超前谋划，统筹安排输油气水管线、输电和通信线路、油区道路等基础设施建设，满足发展需求。

4．配套发展矿区服务业务。按照美丽、宜居、便民、效率、和谐的要求，逐步完善住房、公共设施等硬件建设，深入开展矿区社会治理，切实做好一卡通、菜篮子等便民业务，满足广大员工家属需求，努力打造美丽和谐矿区，提升服务水平和质量。

（四）积极实施管理增效工程。要牢固树立长期过紧日子的思想，强化向管理要效益的理念，持续推进精细管理、对标管理，做到精打细算、精查细找、精耕细作，进一步提升管控水平。

1．强化投资管控。完善投资决策、实施和监管体系，按照投资效益优选项目的原则，精心优选建设项目，认真做好前期论证，严控非油气主营业务投资，建立投资增量效益考核和投资项目全生命周期考核机制，努力提高投资回报，减少低效投资，杜绝无效投资。

2．强化成本管控。优化设计方案和工艺流程，全面实施物资集中采购，严格控制非生产性费用支出。加强“三控制一规范”，优化人力资源配置，严格控制用工总量，坚决遏制人工成本过高过快增长。盆地单位探索“小机关、大生产”模式，精简压缩后勤服务、机关人员，充实壮大一线。深入推进矿区市场化社会化，努力降本增效。

3.强化薪酬管控。按照“增人不增资、减人不减资”的原则，完善全员绩效考核体系，认真落实工效挂钩制度，真正形成效益导向的薪酬分配和绩效考核机制。以油气产量为核心，逐步建立各业务奖惩机制，今年建立油气产量奖惩制度，严考核、硬兑现，打破大锅饭，超产单位按一定比例给予奖励，欠产单位给予扣减。

4．强化合规管理。全面推进依法治企、合规管理，探索建立以审计、纪检监察、财务稽查、人事、内控等部门共同参与的大监督格局，对违规违纪问题要敢于亮剑、善于亮剑，严查严处严罚。近期要突出小金库的查找和治理，要准确理解和把握小金库的含义，对于小金库，不论单位大小，不论资金多少，都要严查严处。一经发现，单位领导先免职，后处理。

（五）积极实施固本强基工程。安全环保、和谐稳定和反腐倡廉，事关职工家属切实利益，事关干部队伍整体形象，事关油田自身发展。要切实抓好三项基础性工程，打牢发展基础。

1．打牢安全环保基础。一是始终坚持“安全第一、环保优先、质量至上、以人为本”的理念，强化“红线”意识，树立“底线”思维，大力宣贯新《环境保护法》，持续推进HSE体系建设，强化执行力，全面提高风险防范和应急处置能力。从现在开始新建、改建、扩建项目必须认真落实“三同时”制度。二是加强安全监管，把管道隐患排查和治理、承包商安全管控、井控安全、污染物减排作为油田安全管控的重点，通过认真排查、及时整治，确保不留死角。三是强化安全环保责任制，坚持“一岗双责”，层层分解责任，全面落实责任追究制度，确保工作落实到位。四是重新修订安全环保业绩考核办法，提高安全环保在业绩考核中的权值，把安全环保考核与员工收入、干部任用相结合。今后安全环保先进奖励原则上要严格控制数量和范围，避免“撒胡椒面”，突出奖励安全风险高、责任大的主管领导和单位。五是建立安全环保质量、审计、纪检业务部门月度统一通报会工作制度，对当月发生的重大事件进行通报，及时进行就地处理。在安全管理方面，更要严查严处，要树立“违章就是事故”的理念，加大查处，严肃处理，切实将事故消灭在萌芽状态。

2．打牢和谐稳定基础。一是要按照建设和谐矿区、平安油区的要求，加强安保防恐工作；二是认真落实维护稳定责任制，密切关注稳定工作中的新情况、新问题，注重运用法治思维和方式引导群众合理诉求，积极排查化解矛盾纠纷，消除不稳定苗头，维护好发展大局；三是强化矿区、油区综合治理，加大警企联合力度，深入推进油气生产治安秩序专项整治，坚决杜绝打孔盗油、非法偷油、人身伤害、财产损失等事件的发生；四是真心实意帮助弱势群体，要换位思考，关心他们，帮助他们，打造油田和谐发展的氛围。

3．打牢廉洁从业基础。大力加强反腐倡廉建设，以零容忍的态度坚决反对腐败，一是强力推进党风廉政建设党委主体责任和纪委监督责任的落实，构建决策科学、执行坚决、监督有力的权力运行体系，用制度管权管事管人；二是推进惩防体系建设，狠抓党风廉政建设责任制落实，形成有责必担、失职必究的工作机制，实行“一案双查”、倒查追溯和通报曝光，做到严肃问责，提升监督执纪问责的权威性、独立性和有效性；三是加大案件查办、执纪检查和惩治腐败力度，确保领导干部廉洁从业。

（六）积极实施科技创新工程。坚持科技创新战略，一是构建以重大科技专项为主体的科研攻关平台，整合优势资源，推进协同攻关，共享研究成果。二是争取集团公司支持，启动重大专项三期项目。三是激励科研自主创新，合理控制外协项目，鼓励专利申报，加大科研成果的奖励和转化，不断提高成果的转化率和贡献率。四是充分发挥技能人才和科研人员在技术创新中的生力军作用，深入开展群众性“五小”创新活动，激发全员创新创效热情。

（七）积极实施人才强企工程。加强队伍建设，为油田发展提供人才保障。一是建设高水平管理人才队伍。创新培养方式，推动管理人才在政治素质和业务素质上的不断提升，提高企业现代化管理水平。二是建设高水平技术人才队伍。完善专家工作室、创新工作室、专家数据库等平台，配套运作机制，为技术人才施展才能提供舞台。三是建设高水平操作人才队伍。组织开展形式多样的技术培训、技术比武、技能鉴定等提升活动，形成比技术、做贡献的浓厚氛围，促进岗位员工操作技能的稳步提升。要强化员工技能鉴定工作，将技能鉴定与员工定级、薪酬增长、职务提升等方面相结合，确保能力与岗位相适应。四是着力建设素质优良、作风过硬的领导干部团队，提升领导干部的引领能力、创新能力和执行能力。

（八）积极实施新的党建工程。党建工作要适应新形势新任务新要求，坚持“围绕发展抓党建，抓好党建促发展”，始终保持党建工作的活力，为发展凝聚强大动力。

1．推动基层党建与油田发展相融合。充分发挥党组织在“参与决策、带头执行、有效监督”中的定向把关作用。持续抓好党的群众路线教育实践活动整改落实，建立活动的长效机制。深入开展“一先两优”等创先争优活动，在勘探开发、经营管理、服务保障中发挥党组织、党员的战斗堡垒和先锋模范作用。

2．推动工团工作与油田发展相融合。要紧密围绕油田中心工作，充分发挥主人翁作用，广泛开展劳动竞赛、合理化建议、群众性经济技术创新等活动，为员工建功立业搭建平台。要加强新时期青年员工思想道德教育，引导广大年轻员工弘扬光荣传统，扎根高原，爱岗敬业，无私奉献，自觉投身千万吨建设。

3．推动文化宣传与油田发展相融合。积极发挥文化优势，打造四位一体的石油文化、高原文化、民族文化和军旅文化，赋予柴达木石油精神新的内涵，唱响“我为祖国献石油”的主旋律，形成文化育人、文化兴企的强大源泉。抓好宣传工作，强化舆论引导和正面宣传，抓好典型人物、先进集体、优秀经验做法的报道，讲好青海石油故事，传播青海油田精神，为千万吨建设注入正能量。

三、抓好当前，全面完成生产经营任务

今年还剩四个多月了，完成年度经营业绩指标时间紧迫。油田号召全体干部职工要发扬攻坚克难、真抓实干的作风，上下一条心，整体一盘棋，坚决完成全年生产经营任务。

1．发挥作用，确保机关工作高效运转。机关要发挥好参谋助手、指挥协调、服务基层和督促检查的职能作用，为公司科学决策提供有力支持，积极为基层分忧解难，推进业务工作有效落实，确保各项工作高效有序运转。

2．全力冲刺，全面完成生产经营任务。今年确定的业绩指标任务是刚性任务，其中原油产量 220 万吨，天然气产量72亿立方米（奋斗目标75亿立方米），原油加工量 140 万吨，必须不打折扣全面完成。各单位要抓住当前的有利时机，集中精力，全力以赴，加快推进勘探开发、施工作业、重点工程等工作，确保生产经营任务全面完成，实现油气当量 800 万吨，向820 万吨迈进。特别是原油欠产单位要自我加压，迎难而上，采取有力措施，确保产量早日踏上年度计划的运行节奏。

3．抓好谋划，实现可持续发展。科学谋划未来发展，认真抓好油田“十三五”规划和明年发展计划的编制工作，做好对上与对下的有序衔接，增强计划的前瞻性、指导性、准确性，形成指导油田有质量有效益可持续发展的纲领性文件。尽快编制明年财务预算方案，确保计划、财务两驾马车齐头并进。

4．突出重点，确保安全生产。当前盆地已全面进入汛期，安全生产形势不容乐观。相关部门和各单位要切实提高防范意识和重视程度，严格落实领导干部带岗值班制度，相关部门要及时检查监督带班制度落实情况，确保在安全严控严管时期领导干部带班制度落实到位，形成“层层有人管，层层有人控”的态势，将责任明确到人。要抓好生产组织运行，加强应急管理，强化隐患苗头巡检排查和治理，确保生产安全平稳。

同志们，青海油田的发展目标和方向已经明确。不管前进道路上有多大的困难和挑战，我们都要在集团公司的正确领导下，继续保持勇于担当的责任意识、奋发有为的精神状态、脚踏实地的工作作风，团结带领广大员工解放思想、实事求是，创新进取、奋发有为，为全面建成千万吨高原油气田而努力奋斗！

在油田公司2014年度油气勘探年会上的讲话

付锁堂
2014年12月24日
（根据录音整理）

同志们：

在大家的共同努力下，为期一天的2014年度勘探年会圆满完成了各项议程。会议传达学习了集团公司勘探年会的主要精神以及廖总、赵总的重要讲话，认真总结了油气勘探成果，分享了先进经验，寻找了工作差距，明确了明年的勘探部署和重点工作。大家的报告主题明确，重点突出，分析透彻，部署到位。这次会议取得了预期效果，达到了预期目的。

2014年是勘探的丰收年，勘探一路的广大干部职工认真贯彻落实油田公司的油气勘探总体部署，脚踏实地，埋头苦干，加强地质研究，推广先进适用技术，会同油田兄弟单位、驻矿合作单位，完成油气三级地质储量2.31亿吨，超额完成了年度目标任务，可以说勘探取得了丰硕成果，成绩来之不易。这些成绩的取得是大家共同努力的结果，凝聚着广大勘探系统科研技术人员的智慧和勤奋，凝聚着油田干部职工家属的期望和关怀，尤其是一线员工的心血和汗水。在此，我谨代表公司党委、油田公司、油田广大职工家属向你们，并通过你们向所有的勘探将士们表示衷心的感谢！

刚才，刘云田副总师对2014年勘探工作进行了总结，对2015年勘探工作进行了安排；江鲁生副总师对发挥好工程技术的引领作用谈了很好的意见建议，并提出了明确要求，希望各单位认真抓好贯彻落实。

下面，我就2015年勘探工作再谈七点意见。

一、不断解放思想，创新地质认识，谋求新的发现

从事油气勘探的地质家和管理人员，要牢固树立“认识无止境、探索无止境、创新无止境、找油无禁区”的理念，坚定柴达木盆地一定能够找到大油气田的信心和决心。只有头脑里有油，并且充满找油找气的活力和激情，我们才能逼进勘探大场面，能够找到大油田。油气勘探实践表明，勘探思想的进一步解放，找油意识的进一步增强，找油思路的进一步转变，找油思维的进一步活跃，认识局限的进一步突破，其必然结果就是找油的领域不断扩展。

以前认为潜力不大、没有希望的地区，随着配套工程技术、工艺措施的进步、科学水平的提高，就能找到大的油气田。近年来，我们陆续发现了昆北、英东、东坪、扎哈泉等油气田。大家都知道，这些地区都曾有过几上几下的勘探经历，有过希望也有过失望。面对当时的困境，我们不断解放思想，转变观念，勇于实践，持之以恒，执着追求，建立起了源外、源上成藏新模式和下坡下凹找油新认识、新理论，才有了这些看似“出乎意料”、却在“意料之中”的重大发现和突破，才开创了柴达木盆地油气勘探的新局面。这些经典的勘探战例让我们深切地感受到，油气勘探的每一个重要进展、每一项重大发现、每一个重要突破，都离不开思想的解放、思维的更新、认识的提高、技术的进步和精细的工作。柴达木盆地是个勘探潜力巨大的含油气盆地，不断解放思想、创新认识就能把这些巨大的勘探潜力变成现实储量和产量。

当前，油气勘探领域日趋多元化，勘探目标更为复杂化，油田效益发展对资源品质提出了更高的要求，如何在复杂地质条件下寻找到优质性、规模性、可升级性较好的地质储量？如何发挥致密油等非常规资源、低品位储量的经济效益？现有的理论认识和勘探技术还不能完全解决这些问题，尤其是致密油、裂缝性油气藏的勘探，我们的经验还很少。我们只有不断解放思想，打破传统思维，结合盆地实际，创新认识，通过反复实践，攻克制约盆地勘探的关键难题，以认识的创新带动勘探的突破，以锲而不舍的坚定信念和愈挫愈勇的顽强意志，实现勘探又好又快发展。

值得强调的是：油气首先是在地质家的头脑里。这不是老生常谈，而是实践证明了的真理。这一真理包含三层意思：一是找油气是探索未知事物，要先有设想，先有思路，先有未知油藏的可能模式，这些设想、思路和模式不是从天上掉下来的，而是依据从实践中得到的“已知信息”与“地质事实”，经过去粗取精、去伪存真、由此及彼、由表及里的加工、制作，上升为理性认识；二是这些设想、思路和模式是否正确，只有付诸实践，找到油气之后，在地质家大脑中首先发现的油气才能变为现实中的油气田；三是如果地质家的脑子里一开始就认为这里不可能有油有气，当然也就不会有找油找气的设想、思路和模式，就不会沉下心来下力气找油找气，也就不可能发现新的油气田。也就是说，脑子里有油不一定有油，但脑子里没有油就肯定找不到油。因此，一个盆地，一个地区，只要石油地质基本条件具备，就要求地质家脑子里要有油有气，不断涌现出各种设想、思路和模式，不断涌现出创新的思维，并且坚定信心，大胆探索，勇于实践，果断修正，总有一天就会再形成勘探突破的大场面。

二、搭建工程平台，加强技术攻关，加快勘探节奏

如果说油气在地质家的头脑里，也可以说，油气在工程技术人员的手上。工程技术是油气勘探的工具，是油气勘探的手段，是地质家实现梦想的必然途径。如何把地质家脑子里的油更多、更好、更快地拿出来？就要看工程技术这个工具是否锋利，就要看工程技术的手段是否高明，就要看工程技术的措施是否具有较强的针对性。实现勘探开发增储上产，工程技术责任重大！工程技术务必当好“逢山开路”的先行军，打造好攻坚啃硬、一往无前的利器，擦好擦亮油气发现的眼睛，踢好出油出气关的临门一脚。2015 年，我们要集中优势力量，搭建好物探、钻井、测录井、试油等四大工程技术平台，加大技术攻关力度，攻克非常规油气勘探、深井复杂井钻探、低压低渗储层改造等难题，加快勘探节奏，最大限度地发现、解放和保护好油气层。

一是搭建好物探技术支撑平台。由勘探处牵头，整合勘探开发研究院、青海物探处、敦煌分院等物探力量，联合国内外有关科研单位。主要任务是：继续完善地震采集、处理、解释一体化攻关技术，加强宽频、低频技术的应用，针对小断层识别、沉积微相及薄砂体刻画、甜点预测、复杂山地地震资料准确成像等问题，加强技术攻关，为油气钻探提供更为精准、可靠的目标，为勘探突破、油气上产提供强有力的技术支撑。

二是搭建好钻井技术支撑平台。由工程技术处牵头，以勘探事业部、钻采工艺研究院为主体，联合中石油钻井研究院和西部钻探、川庆钻探、渤海钻探以及其他相关院所。主要任务是：持续抓好钻井“三提”工作，在确保井控安全、井下安全的前提下，避免复杂事故，提高生产时效，加快钻井速度，缩短钻井周期，有效保护好油气层，做到“打得好、打得快、打出油、打出气”。要把英西、冷东等异常压力地区的钻井技术攻关作为明年的重点工程。英西地区要优化井身结构和完井方法，通过精细控压钻井技术的推广应用，克服泥浆密度“窗口”窄的难题，杜绝井漏、卡钻等工程故障，加快裂缝性油藏的勘探进程。冷东地区要针对低压低渗的特点，通过水平井、欠平衡钻井技术的综合应用，真正解放油气层，解决“井井有油、井井不流”的技术难题，开辟油气勘探新天地。

三是搭建好措施作业技术支撑平台。由工程技术处牵头，以勘探事业部、钻采工艺研究院、井下作业公司为主体，联合廊坊分院压裂中心、兄弟油田压裂改造科研生产单位。主要任务是：针对柴西北、柴北缘及阿尔金山前带的低渗、低产油气层特点，从地质、测井、储层、压裂层段表征参数、钻井液性能、压裂液体系、压裂工艺、施工排量、井下工具、压裂设备等方面进行综合研究分析，加强致密油、裂缝性油藏等特殊储层措施作业技术攻关，推广工厂化钻井、体积压裂改造、储层精确评价及“甜点”预测等适用技术，形成具有柴达木盆地特色的压裂改造技术，提高措施作业的成功率和有效率，提高单井产量，确保特殊储层、低品位储量的动用，实现效益勘探、效益开发。

四是搭建好测录井技术支撑平台。由勘探事业部牵头，以 CPL 青海事业部、勘探开发研究院、CPL 测井解释中心为主体，联合斯伦贝谢的技术力量。主要任务是：加强随钻分析研究，着力提高现场录井技术水平，确保录井资料准确率；针对复杂岩性储层，优化测井系列，强化岩电实验，细化处理方法，量化解释参数；同时，加强测、录井一体化，建立不同地区、不同层系、不同储层类型的测录井解释图版和评价标准。2015 年，特别要做好非常规储层的测井评价攻关，构建烃源岩品质、储层品质、完井品质测井评价参数体系，建立以新技术资料应用为核心的评价体系。

三、完善科研体系，深化地质认识，提高部署水平

近年来，我们引入中石油科研队伍，依据各家特长，确定切合实际的研究领域、责任区范围和考核指标，形成了以油田两院为中心、六家科研单位为主体，风险共担、利益共享的“大科技”体系，在一定程度上提升了科研和部署水平。我们要进一步完善和利用好这一体系，充分发挥好技术理论创新的引领作用。

一是加强科技大平台建设。要针对千万吨发展需求和勘探开发地质技术难点，充分发挥中石油内部科研院所的特长，整合优势资源，加强科研攻关，开展产、学、研协同创新，攻克勘探开发“瓶颈”技术，确保重大专项持续在勘探开发中发挥作用。同时，要积极争取集团公司支持，启动重大专项三期工程。

二是抓好项目顶层设计。要根据不同勘探领域和区带，以生产性科研项目为依托，联合“三院五中心”的研究力量，多学科、多专业结合，完善致密油勘探、天然气勘探、石油勘探、区域和风险勘探四大生产科研平台。科研项目设计要具有科学性、针对性和前瞻性，项目的预期目标要有形化，研究内容要紧密结合勘探生产实际，有效指导勘探生产，解决实际问题，提供有利的勘探目标。科研工作要合理分工，平衡“热点”和“冷点”地区的研究力量，把“热点”变成储量和产量，把“冷点”变成重点和热点，实现勘探的良性循环。

三是强化科研自主创新。要加大自研项目力度，激发全员创新创效热情，按照项目、人才一体化的模式创新人才培养机制，提供项目，压担子、负责任，让有识之士、有志之士有用武之地，有发挥的平台，发挥出应有的作用。要加大科研成果转化，不断提高转化率和贡献率。

四、深化项目管理，提高管理水平，提升整体效益

要实现效益勘探，就必须坚持走低成本发展之路。项目管理是实施油气勘探低成本战略的重要途径。这些年来，在油田公司的大力推进下，勘探项目管理卓有成效，工作量完成率、储量完成率、油气发现成本等指标均步入了股份公司前列，在降低成本、提高勘探效益等方面的作用得到了充分发挥。我们要认真总结和提升，持续推进勘探项目管理向纵深发展。

一是坚持低成本勘探战略。当前国际经济复苏缓慢，国内经济下行压力加大，国际油价快速下跌，集团公司投资规模将进一步缩减，油田发展面临更大的挑战。低油价意味着油气资源的经济价值降低，油气经济可动用储量将会减少，对高品位、高丰度优质储量的需求进一步加大。集团公司投资缩减，将会使油田对储量的需求、对工作量的需求与投资产生不匹配。在油价下跌、投资缩紧的情况下，我们必须采取新举措、新方法，不断降低成本，以低成本保证工作量投入和储量增长，以低成本提高投资效益和储量可动用率，实现效益增长。各单位要开展好“全员增效”大讨论活动，特别是工程技术要制订油田内外、油田上下的联动机制，按照廖总“五个一”的要求，携手合作，共同挖潜增效，走低成本之路，提高勘探效益。

二是深化项目经理负责制。继续完善以“六包”为主的项目经理负责制，强化技术支撑和经营管理，丰富项目管理工作内涵，充分发挥项目管理优势，逐级明确工作责任，做到目标到人、奖惩到人，调动每个项目管理人员的积极性，提高管控能力和执行能力，使项目管理真正成为集生产、经营于一身的经济实体。特别是要抓好现场的生产运行管理，加强检查和督导，切实提高现场解决问题的能力和水平，及时发现问题、解决问题，确保各项生产高效平稳运行。

三是持续抓好安全环保工作。国家新的《安全生产法》和《环境保护法》已经颁布实施，对企业提出了新要求，企业责任更为突出，违法担责更为严厉。我们要深入贯彻学习“两法”，理解新要求、正视新要求，理清工作思路、转变工作方法，切实增强坚守“红线”的能力。要高度重视安全环保工作，牢固树立“底线”思维，思想的放松是最大的隐患，要时刻保持如履薄冰的警觉，进一步强化责任意识、忧患意识。要严抓严管，时刻保持高压态势，全面管控风险隐患，着力强化监督监管，以平稳的安全环保形势保障油田发展。

五、重视油气勘探，积极占有资源，夯实发展基础

对油气生产企业而言，占有资源就是占有财富。建设千万吨高原油气田的基础是资源，实现油田有质量、有效益、可持续发展的核心是资源。没有资源，我们的目标就不可能实现，油田就不可能发展。从某种意义上讲，资源关乎到油田发展、油田职工家属的生活以及驻矿合作单位的生计。因此，我们要高度重视矿权保护工作，积极、稳妥、有效地占有各类矿产资源。

一是坚持资源为王。要牢固树立“资源为王”的理念，强化“地盘”意识、矿权意识、发展意识、生存意识，心怀“生存之基，发展之源、效益之本”的思想，高度重视油气核心业务发展，在寻找和落实优质、效益、规模、可动用储量上狠下功夫，争取再有新发现、再有新突破。

二是强力保护好矿权。对柴达木盆地及周边盆地的油气探矿权做好摸底排查工作，主动出击，积极占有；对已登记的矿权要积极争取上级部门的大力支持，投入一定的工作量，保护好矿权，做到守土有责、寸土不失。非常规资源是油田未来发展的增长点，在发展油气资源的同时，还要积极占领非油气资源，包括钾盐、铀矿、可燃冰等，为油田可持续发展提供后备战场。

三是全力支持勘探。各级领导、各部门都要把油气勘探放在一切工作的重中之重，把勘探作为一把手工程的首要任务，精心谋划勘探，认真研究勘探，真诚支持勘探，积极参与勘探。各科研单位、工程技术服务单位，都要围绕油气勘探抓技术、抓攻关，为油气勘探取得新的突破做强支撑、保好驾、护好航。

六、明确目标，优化部署，再创新业绩

2015 年，油气勘探的储量目标是新增三级油气储量当量 2 亿吨，即：“444”、“233”。新增储量要具备“三性”，即：规模性、可升级性、可动用性，新增控制储量要求 100% 全部升级为探明储量，新增探明储量要求在当年有 50% 储量能够投入动用，为上产做贡献。要紧紧围绕储量目标，深化地质研究，突出重点目标，科学部署，加快实施。石油方面：主攻英雄岭构造带，坚定英西地区为勘探重大领域、勘探前景广阔的信心，要做好打持久战、攻坚战的思想准备，地质上要深化研究、加大认识，提高目标的可靠程度和钻探成功率，落实储量规模；扩展扎哈泉，常非兼顾、深浅兼顾，坚持预探评价一体化、勘探开发一体化、增储建产一体化，规模建产、效益增储；探索阿尔金山前西段，干柴沟、月牙山、黄瓜峁—开特等地区要继续深化地质研究，提出可实施的勘探目标，寻找储量接替领域；积极评价游园沟、红沟子等现实区块，提交储量。天然气方面：主攻阿尔金山前东段，立足低断阶、突出下组合，牛中和牛东进行连片扩展研究，实现规模发现；扩展冷湖构造带，要坚持不懈，深、浅兼顾扩展冷东，评价冷湖五号提交探明储量；准备祁连山前带，平台、小柴旦、圆顶山等地区要深化成藏规律研究，加强区域甩开勘探，力争获得新突破。

七、具体工作安排

一是抓好牛参 1 井区和英西深层油气勘探。这两个区块是公司 2015 年油气勘探的一号工程，各相关单位要高度重视，抓好实施，确保成功。

二是成立英西地区勘探开发一体化运作机构。由物探牵头，实行市场化运作，总体承包、费用切块。地震资料处理解释方面，要引进国外先进技术，油田也要加大投入，实行双轨运行，解决关键问题。评价建产方面，部署 10 口井，单井日产量要达到 30 吨，产能到位率要求达到 85%，钻井要研究平台大斜度丛式井的工程方案，同时加强老井复查，优选井筒条件好的老井进行改造，实现全面开花。狮 41 井如果产量低，钻采研究院要研究压裂改造方案，提高单井产量。

三是转变物探工作思路。一是以三维为主、二维为辅，立足已知出油气点和有利区带加大三维地震的部署力度；二是开展复杂地区的目标攻关；三是在地表相对平缓的地区，大面积实施可控震源，降低成本。碱山地区直接实施三维地震勘探，落实构造细节。冷湖七号三维地震部署方案要进一步优化，确保构造的完整性。阿尔金山前三维地震要整体部署、分批实施，形成连片。冷东三维地震采集完成后，要结合老三维资料，进行连片融合处理解释，确保满足勘探需求。

四是冷东地区。垣 1 井区层多、点多、面多，要加强老井复查，优选层位进行老井试气，同时，抓好小层划分和对比，力争新增探明储量 300-500 亿立方米，新建产能 3-5 亿立方米。产能建设按照低产（单井产量 1 万立方米）、多井的模式，降低成本，确保效益。冷东地区针对已出气层段，部署实施 1 口欠平衡水平井，探索油气层保护、提高单井产量的新方法。冷新 1 井要物探地质结合，加强目的层段地震低频信息的研究评价，力争获得发现。

五是游园沟地区。要纳入到花土沟地区整体研究，力争实现连片。同时，抓好试采建产工作，按照英东模式，针对 N_1 地层每个出油层段合理划分单元，部署实施丛式井。

六是扎 2 井区。明年安排 3 口水平井，实施工厂化作业，整体投资控制在 1 亿元以内，单井累产要达到 1.5 万吨。

七是扎探 1 井。试油改造要组织好井下工具，优化施工方案，加快节奏，力争单井产量达到 15 吨，确保效益。

八是南翼山地区。针对 E_3^1、E_3^2 有利层段，开展老井、老资料复查，在确保井控安全的情况下，优选几口老井进行补孔作业。

九是抓好红沟子和小梁山地区的评价工作。红沟子明年要实现基本探明，小梁山明年要新增探明石油储量 3000 万吨。

同志们，2014 年即将过去，2015 年马上到来，面临的任务将更加艰巨，责任更加重大，使命更加光荣。希望大家鼓足干劲，坚定信心，开拓进取，奋发有为，以一流的水平，创造一流的业绩，全面完成年度油气勘探任务，向青海油田创业 60 周年献上一份厚礼！

在油田公司2014年度原油开发年会上的讲话

付锁堂

2014年12月26日

（根据录音整理）

同志们：

这次油田开发年会安排紧凑，内容丰富，总结了成绩，分析了问题，谋划了发展。会议期间，7家采油单位、两院和机关处室做了很好的报告，测试公司进行了发言。听了报告和发言，总体感觉到家家有亮点，家家有措施，家家有特色。对我而言，开阔了视野、拓宽了思路、受到了启发，收获非常大，感受比较深。刚才，马总对2014年油田开发工作做了全面系统的总结，对2015年工作做了详细的安排和部署，讲的非常好，非常到位，我都同意，请各单位认真抓好落实。

下面，我讲三个方面的意见。

一、2014年原油开发工作亮点

过去的一年，开发一路认真贯彻落实股份公司、油田公司一系列重要指示，以实现千万吨为己任，突出质量效益，积极转变方式，狠抓老区稳产，加快新区上产，做了大量卓有成效的工作，圆满完成了年初确定的各项工作任务。在此，我代表公司党委、油田公司向为油田开发付出辛勤劳动的所有贡献者表示崇高的敬意和衷心的感谢！

油田开发取得的主要成果，体现在六个方面：

一是原油产量达到历史最好水平。2008年金融危机后，油田开发受到巨大挑战，被迫限产，但也给了我们调整的机会，油田公司抓住有利时机，加大老区地质研究，加强精细注水工作，通过水平井开发、多层多段压裂等措施手段，提高单井产量，努力夯实老油田稳产基础；积极拓展新区，相继发现昆北、英东两个亿吨级油田，快速建产，产能建设到位率逐年靠实，趋势向好。老区实现硬稳产，新区实现快上产。今年上报原油产量220万吨，实际达到了222.46万吨，比2013年净增4.26万吨，应该说重上了2008年金融危机之前的水平，相当不错，不仅是产量上升，最主要是开发指标得到很好的控制。

二是精细注水夯实油田稳产基础。按照“一个理念、三个层次，三个方向、五项举措”的精细注水工作思路，针对注水开发的不同油藏类型，形成了13项精细油藏描述专项技术。通过完善井网、精细分注、提级分注、改善水质、检管重配等注水专项治理工作，实现注采井网、分层注水、配注方式的三个转变，开发指标持续好转，自然递减率、综合递减率分别下降了0.34，0.15个百分点，含水上升率基本持平，夯实了稳产基础。

三是产能建设取得新成效。积极转变发展方式，持续推进勘探开发一体化，变资源优势为产量优势。坚持评价与建产同步，采油与注水同步，坚持效益优先，持续优化产能建设区块；持续开展井位优化、部署及设计工作，加快钻井速度，提高单井产量，降低产建投资。新区的产量有力弥补了老区的递减，产量比例由2010年的5.37%提高至2014年的25.3%。今年，产能建设的到位率比较高，贡献率也达到了预期。

四是特色工艺技术推广应用。针对红柳泉、砂西低渗储层改造程度低等问题，借鉴致密油体积压裂理念，形成了适用新技术，措施成功率和改造效果得以提高，措施效果明显改善。尕斯E31油藏深部调驱试验实施全面完成，形成了高温高盐油藏深部调驱集成配套工艺技术。以推广多层段压裂技术为重点，开发井实施压裂增产效果均好于往年，措施增油2.53万吨。平均单井日增油2.78吨，单层日增油1.57吨，尤其是南翼山浅层效果显著，年增油5150吨，走出了一条低渗油藏提高单井产量的路子。

五是开发试验区建设取得阶段性成果。探索钻井区块整体大包，实施投资大包和切块管理，形成了“7+4+1”（西部钻探7支队伍、长城钻探4支队伍、川庆钻探1支队伍）的运行模式，实现了市场化运作，缩短了建产时间，提高了建产过程质量，达到了提速提效、降低投资的目的。英东一号上盘、切十六井区、砂西等区块，特别是油砂山，在建产速度，建产质量，投资控制方面取得了很好的效果，单井产量同比有所提高，万吨产能投资明显降低。扎哈泉通过钻井“一提两降”，机械钻速提高 95.48%，钻井周期缩短 55.2%，完井周期缩短 52.8%。切十六区加强钻井协调，生产组织无缝连接，工程指标全面提高，创造历史新高。

六是精细管理各有特色。建立了精细油藏描述研究、油田动态分析、地下地质大调查等常态化工作机制，开发管理更加精细，油藏管理更加规范。建立了油田对标管理模式，实现开发指标实时监控及考核。各单位注重油藏地质认识，与两院结合，认真开展地质特征再认识，加强储层展布、剩余油量化、水流优势通道研究，制定了合理的开发政策。采油一厂把老井稳产、措施补产、新井增产有机结合，提升了原油产量。采油二厂突出动态分析，坚持一井一法、井组一策，乌南油田降压增注、昆北油田控水增油，初见效果。采油三厂优化工艺方法，低产井、停躺井得到有效治理。边远油田在难采油田的开发上攻坚啃硬，自我加压，南翼山步入 10 万吨级油田行列。英东采油厂持续抓好勘探开发一体化，精细注水稳步推进，加强油水井维护，原油产量步入新高。马仙采油厂抓注气，促产建，科学选择工艺措施，注重措施增油，提前完成产量任务。冷湖油田管理处一手抓老区稳油、一手抓新区增气，凝析油贡献功不可没。

成绩的取得，离不开油田开发一路，解放思想、转变观念，离不开全体干部职工无私奉献、奋力拼搏。希望大家认真总结经验，发扬成绩，推动油田开发工作再上新台阶，实现有质量有效益可持续发展。

二、油田开发面临的形势

马总在报告中对青海油田开发中面临的挑战和困难做了很详细、很到位的分析。通过分析，看到了潜力，看到了方向，坚定了信心；看到了问题，看到了困难，看到了挑战，就能明晰工作的思路，确定工作的措施，制定工作的对策，使油田真正的向着科学的方向发展。

当前，油田开发工作既有难得的机遇，也有严峻的挑战，总体来看，机遇大于挑战，挑战不容忽视。

先看机遇和优势。主要体现在五个方面。

一是老区开发具备持续稳产的基础。廖总在开发年会上讲到，开发工作者要善待资源，珍惜资源，充分利用，科学动用，要保持定力，不要喜新厌旧，这对我们来说认识资源提出了要求。总体来说柴达木资源比较充足，作为一个大的盆地，我们的勘探程度比较低，资源的转化率还是比较低，特别与渤海湾、松辽这些勘探程度很高的盆地相比有优势。目前，我们已发现的老油田有 18 个，累计可采地质储量 8775 万吨，采出程度 55.4%，相比兄弟油田还有一定的优势。“三率”指标相对比较温和，特别是综合含水率为 61.96%，低于股份公司平均水平。这次在北京召开的股份公司油气开发会上，勘探总院宋新民院长编制了一张图，从一个坐标采出程度、一个坐标综合含水来分析，16 家油气田点评了 1 个点，我们综合含水 62%，采出程度大概 55%，离圆心最近，说明我们还是有潜力的，有潜力大家更要有信心。我们必须做稳老区，做足老区，持续提升采收率，把到手的储量吃干榨尽，不断夯实稳产的基础。

二是新区开发具备持续上产的潜力。近几年我们发现的昆北、英东、扎哈泉，累计三级储量达到 2.77 亿吨，其中探明地质储量 1.74 亿吨。比较整装的含油区块和油气藏，英东上盘探明 6685 万吨，昆北接近 1 亿吨，目前我们利用这些新区储量建成了 60 万吨产能，储量动用率 55%，产能到位率、贡献率、递减率在个别油藏个别区块有所不同，所以我们新区建产上产仍然有比较大的潜力。特别是青海油田的勘探，还处于常规油气勘探阶段，非常规致密油是我们未来发展的一个方向和一个领域，潜力也很大。我们必须加快新区，做优新区，努力提高动用率，卯足稳产上产的后劲。

三是难采储量具备效益开发的条件。这几年，我们在难采储量合作开发、效益开发方面做了有益的探索，每年合作区块贡献的产量都在 7 万吨以上，有力地支持了油田稳产上产。通过近几年的技术攻关、开发方式的转变，成本投资的严格管控也取得了比较好的效果。南翼山、小梁山低效的储量，红柳泉、昆北切十六井区、乌南低产的、低渗的储量都得到了有效的动用，这为我们下步盘活低效低产低渗储量提供了基本的条件和经验。我们必须理解好、运用好集团公司在合作开发方面出台的新政策，从难采储量中拿到更多的效益产量。

四是工程技术具备服务保障的能力。廖总 5 月份来油田视察，提出了“一杆旗、一盘棋、一家人、一条心、一股劲”的要求，从集团公司的层面，对我们地区公司、对青海油田提出了更高的要求，我们各个单位积极响应。驻矿企业、特别是工程技术单位真正达成了高度的一致，从技术提升、成本管控、投资的利用方面也做了积极的贡献，不管是大包模式，还是关联交易，最终达成了协议，大家都在朝一个方向努力的发展，从而保障了钻井、测井、录井、物探、包括井下作业技术能力的提升，确保了油田在未来对工程技术方面的需求。我们必须心往一处想，劲往一处使，汗往一处流，智慧一块聚，共同服务和保障好油田稳产上产工程，努力提高油田开发效益。

五是开发队伍具备担当重任的素质。廖总在集团公司油气开发年会上，系统阐述了中国石油的开发文化，集中体现在敢于担当、勇于超越、勤于实践、善于创新、忠于事业、乐于奉献。这几年，青海油田的开发队伍也展现了这样的文化气质。这几年，开发一路面对柴达木盆地世界级的开发难题，加强管理，加强培训，加强业务技术水平的提升，研究队伍、管理队伍水平上了一个大的台阶。北京勘探总院宋新民院长说，青海油田勘探开发研究院的专家与几年前相比，业务能力的上升、技术水平的提升是没有想到的。青海油田科技人员确确实实具备了和大的研究院所、大的企业和公司交流的条件，可以在同一个平台上互相交流、互相研讨，队伍素质的提升、能力和水平的提高确实不容易。

再看挑战和困难，我用七个“较”总结一下：

第一个是较差。现在的资源品位相对较差，从历史的角度来看，5 亿多的石油探明储量，大概有三分之一还要多的是属于低渗、低产、低效的，这对我们开发特别是效益开发带来了很大的压力；

第二个是较小。我们找到的油气藏的规模相对较小，亿吨级的油田比较少，现在产量上千万的油田要有亿吨级、五亿吨级、十亿吨级的油气藏作支撑。而我们大部分油气藏规模都在千万吨以下，属于小构造、小断块、小砂体，对有效开发，提高开发成功率，规模建产，效益建产带来了难度。

第三个是较快。主力油田的递减比较快，尕斯油田，无论是 E_3^1 还是中浅层、昆北切十二、切六这几个较大的油藏，自然递减都在 20% 左右，综合递减都大于 15%，这为油气开发水平的提升，油藏的管控，产量的稳定，带来了很大的困难和难题。

第四个是较高。现在青海油田产能建设的成本比较高，集团公司给我们万吨产能投资是 4160 万元，青海油田平均大概是 5300-5400 万元，比股份公司规定费用净多出三分之一到四分之一，对油田的效益发展带来了压力。国际油价持续下跌，产能建设投资成本居高不下，一降一升，大大挤压了油田开发的效益，油田效益开发任重道远。

第五个是较低。尽管工程技术有进步值得表扬和肯定，但是工程技术的针对性、有效性现在还不高，还比较低。勘探打了 4 口水平井，真正成功了 1 口，由于套管原因，压裂设计 14 段，仅完成了 7 段。开发水平井体积压裂刚刚起步，与东部油田、大油田相比，有相当的差距。套损井治理、注水工艺技术的针对性还比较低，工程技术还有很长的路要走，还有很多差距要弥补。

第六个是较大。安全环保的压力比较大，我们既是能源消耗大户，管不好又可能是污染大户，所以说这块的压力比较大。油田开发从产能建设到地面建设、从井口生产到场站管输，每个环节都存在着安全环保的隐患和风险，油田开发所处的生态环境脆弱、环保容量有限，需要大量的人财物投入。随着新《安全生产法》和《环境保护法》的实施，安全环保监管更加严格、处罚更加严厉、责任更加重大，而油田安全环保工作基础还比较薄弱，实现安全环保受控，形势不容乐观。

第七个是较难。我们发展思路，管理模式以及应对困难的思维方式转变比较难。尽管这是个软指标。思路一夜之间转变不了，一月之间转变不了，一年之间转变也很难，要慢慢来，不能强行转变。如何去转变，我觉得这个难度和挑战比前面六个方面都难。这是遇到的难点和挑战。

通过这次开发年会，我们看到，各家都很难、各家都有挑战，我们有我们的难处，别人有别人的难处。首先东部油田，东部地区，他们的困难是在没有新的、更多的储量增长或者可动用储量增长方面的困难。所以说，各有各的难处。面对困难，面对挑战，我们要保持良好的心态，客观认识、正确面对，积极应对，不要失去信心，更不能丧失信心。我们必须认清形势，把握机遇，坚定搞好油气主营业务的信心，坚持走低成本发展道路，坚持稳产上产不动摇，牢固树立油气生产第一要务，充分发挥积极性、主动性和创造性，最大限度地实现效益开发，在新常态下寻找新机遇，在新挑战下实现超常规，为千万吨建设做出新贡献。

三、下步原油开发工作要求

2015 年是原油上产的一年。明年原油产量任务是 222 万吨，奋斗目标是 225 万吨。开发一路要进一步解放思想，转变观念，打好稳产上产进攻仗，夯实稳产基础、地质基础、油藏基础、人才基础、管理基础，全面加强 “三基”工作，确保各项生产经营指标的全面完成。重点要抓好以下八个方面的工作：

1. 全面完成原油产量任务。油气产量是油田对开发部门、开发单位下达的硬指标、钢任务，要实现严考核、硬兑现，不讲条件，不讲价钱，不讲客观。2014 年油田公司各采油单位都基本完成了指标调整后的任务，包括采油一厂、边远油田开发公司等单位。明年安排原油产量 222 万吨，要按照 225 万吨去组织生产。完成原油产量是各采油单位的重大责任和第一要务，任何时候都不能动摇，必须全面完成。从现在起，各单位要围绕原油产量，早部署，早启动，早安排，抓好平稳均衡生产，打好稳产上产基础，确保每个单位每年都有增长，效益都有提高。

2. 持续推进精细注水工程。认真落实今年 8 月份股份公司精细注水推进会和这次股份公司油气开发年会精神，脚踏实地、持之以恒地抓好精细注水工作，夯实老油田稳产基础。精细注水是油田开发最成熟、最经济、最有潜力的技术，是油田开发最核心、最重要、最有效的技术，也是衡量油田开发水平的最主要标志。难采储量和新区开发的油田要加大科技攻关力度，完善注采井网，尽快注上水、注够水、注好水，确保“三率”保持在合理范围之内。回顾这几年我们在精细注水上投入了大量资金和人力物力，开展了示范区建设，取得了一些成绩，但油田开发指标居高不下，自然递减率 12%，与股份公司控制在 10% 以下的要求还有 2 个百分点的差距，主力尕斯油田在 20% 左右。水驱动用程度越来越低，只有 40% 左右，分注合格率逐年下降，只有 59%。这些指标数据说明了我们管理存在问题，有的单位某些领导的思想还未得到解放，认识不到位，重视不够，甚至不负责任。2015 年要把精细注水作为一个油田开发的长效机制来抓。有些工作可能一天两天改变不了，一月两月改变不了，一年两年会有所改变。明年老油田的稳产要从注水抓起，通过精细注水，确保老油田开发指标向好，确保老油田稳产。要把精细注水工作作为重点工程来抓，希望各单位引起足够的重视，要巩固成果，精心谋划，向注水要产量，夯实稳产基础。

3. 加快难采储量有效动用。目前资源的劣质化，从勘探讲到开发，这是个必然趋势，依靠高压、高渗、高产油田上生存的日子可能一去不复返了。高成熟探区，几乎没有可能，这个判断，应该说是个科学的判断，我们要早做准备，提前面对，积极应对。难采储量的动用，像个烫手的山芋、带刺的玫瑰，手里有这块资源，动用不起来，特别是有效动用不起来，怎么办？主要从两个方向做工作，一是技术攻关，提升产量，提升效益；二是转变发展方式，引入市场机制，降低开发成本。就这两个方面，没有别的路可走，一提一降，否则，储量摆在那儿，水中月镜中花，无法有效动用。所以，要积极引进新思路、新方法，大胆地去探索。吉林油田这方面的经验值得我们借鉴。

4. 积极转变油田发展方式。目前油田开发确实还面临着诸多的困难，下一步要靠转变发展方式，创新管理模式，突破瓶颈技术来克服。发展方式的转变，一边要研究、一边要实践、一边要探索、一边要完善。油田开发方式如何转变？如何平稳起步，有序开展，需要我们把握好方向。开发一路要勇于打破常规思维，破除条条框框的束缚，转变思路、转变方式，包括生产组织、投资使用、成本控制、效益评价、科研设计、技术攻关、合作方式等等，都要创新，都要转变，形成开发的整体优势，实现效益开发。

5. 充分发挥工程技术优势。全球油气几大历史性的革命、历史性的发展，原来认为是地质认识带来的，现在认为一部分是地质认识，更重要的部分是工程技术带来的。页岩气、致密油，都已经存在多少年了，如果没有水平井、深水钻井技术，没有体积压裂能有效开发吗？包括英雄岭的发现，如果没有工程技术，没有物探技术、钻井技术，测录井技术的发展，我们也没有现在这个结果。所以，工程技术的进步拓展了发展的空间，油气未来的发展，工程技术可能起到先导性的、决定性的作用。所以，对我们的工程技术提出了更高的要求，要有针对性、有效性。我们这一块差距还比较大，但是发展的空间还比较大。2015 年要提高工程技术能力和水平。我们在关注新技术的同时，更主要的要重视常规的适用技术，形成油田开发的配套采油、注水和地面集输的工艺技术，使青海油田的技术具有代表性、特色性、适应性，从而支撑老油田开发后期采收率不断提升，确保低效难采储量有效动用，助推油井产量、三率指标向好转。

6. 加强开发人才队伍培养。油田开发是公司利润的主体，涉及的学科多、头绪多，实践性非常强。面对挑战，有质量有效益地做好油田开发工作，需要一支勤奋敬业、脚踏实地、作风过硬、业务精湛的开发团队。开发一路这几年涌现出了一批优秀的研究人员和管理人员，这是我们的宝贵财富，各单位要加强培养，要注意在生产实践中砺练，重视思维方式、生产方式和知识更新等综合能力的培养，加强相互学习交流，通过科研项目带动能力的提高，同时，要搭建好油田开发的生产科研技术平台，尽快培养出一批敢于担当、勇于超越、勤于实践、善于创新、忠于事业、乐于奉献的优秀人才队伍，确保油田的开发事业后继有人、长盛不衰。

7. 强化建设投资成本管控。这是 2015 年最重要的一项工作。要打破已有的管控模式、管控制度、考核体系、考核办法，通过优化设计、细化组织、强化管理、量化考核，通过挖潜增效、提速增效，实现降本增效目的。油田内外要全面实行控成本、控投资。

按照廖总要求的“五个一”要求，我们一直把驻矿单位、工程技术单位当作一家人来对待。在油田发展有成果的时候，要把发展成果惠及到所有的为油田做出贡献的干部、职工及家属身上，包括油田驻矿单位，包括油田内部的工程技术服务单位。那么，当油田面临经济压力的时候，在处于经营困难的情况下，各单位都要承担降本增效、挖潜增效、降低成本、控制投资的责任，在这方面要做贡献。首先号召油田内部，从内部做起，从自我做起，包括油田内部工程技术服务单位，包括井下、测井、测试、录井、路桥、建安等单位，也包括驻矿的钻井、物探、测井、CPE等单位。与会代表有的是单位的主要领导，有的是主管领导，我在勘探会上已经做了动员要求，回去各单位要认真研究，如何为油田挖潜增效、降本增效做贡献，不要把心思和精力放在关联交易上。我们一起来优化、细化、量化、强化降本增效工作，一起来做工作，2015年所有的建设投资、项目费用要降低5-10%，生产成本、经营成本、管理成本降低5-10%，这要靠大家的智慧，靠大家的组织，靠技术进步，这个指标要大家共担。这是为青海油田的发展，为中石油的发展，我们必须要做的工作。

8. 认真落实安全环保责任。要牢固树立事故是可以避免的理念，强化安全教育，遵守操作规程，落实岗位职责；加强体系建设和风险评估，加大安全环保监管力度，建立起全员的、全方位的、全过程的安全环保防范体系，实现安全环保形势持续好转。安全实现一票否决。现已进入冬季生产，要坚持安全第一、环保优先的原则，各级领导干部对待安全环保工作要如履薄冰、尽职尽责，年底公司会议增加，服务队伍冬休，但油田开发单位还要坚守岗位，冬季组织生产的难度增大，在保持原油产量稳定生产运行的前提下，不再安排大的措施，要保持安全环保的稳定态势，做到不添乱，让公司满意、放心。

同志们，2014年即将顺利收官，2015年任务光荣而艰巨，让我们充满坚定的信心，以百倍的努力，齐心协力，脚踏实地，埋头苦干，争创一流的业绩，为建设千万吨高原油气田做出新的贡献。

在共青团青海油田二届四次全委（扩大）会议上的讲话

党玉琪

2014年1月21日

各位委员、各位团干部、同志们：

今天召开油田共青团二届四次全委扩大会议，主要任务是进一步贯彻落实油田“两会”精神，安排部署好2014年油田共青团工作，团结带领广大团员青年，围绕实现“解放思想谋勘探，储量实现两亿吨；深化改革促发展，产量突破八百万”的总体目标做出积极贡献，进一步推动油田团青组织建设科学发展。今天的会议，听取了公司团委工作报告，表彰了一批年度工作中涌现出的先进集体和个人。接下来，还要学习传达油田“两会”精神，开展团干部工作交流以及举办专题讲座，内容非常丰富。在此，我代表公司党委、油田公司，向受到表彰的先进集体和个人表示热烈的祝贺！希望大家再接再厉，以良好的精神面貌投入到新的一年工作中去，以实际行动和优异成绩向公司党委和广大团员青年交上一份满意的答卷。

过去的一年，油田坚持稳中求进、好中求快的总基调，以提高发展质量和效益为中心，主攻油气增储上产，迎难而上，打了一系列硬仗，圆满完成了各项生产经营任务，向千万吨高原油气田目标迈出了更加坚实的一步。油田各级团组织在上级团组织和公司党委、油田公司的正确领导、亲切关怀下，围绕中心、服务大局，以学习贯彻党的十八大和团十七大精神为主线，以“青工技能振兴计划”为核心，突出重点、创新载体，深入开展青工岗位讲述、创新创效、安全生产青年先行、活力团支部等工作，为油田建设发展充分发挥了生力军、突击队作用。公司党委、油田公司对油田共青团、青年工作及其取得的成绩是给予充分肯定的。

当前，青海油田正奋力朝着“十二五”末建成千万吨的目标迈进。前不久召开的油田公司党委扩大会议暨三届五次职代会，就当前的工作做了明确安排和部署。学习贯彻落实好油田“两会”精神，是油田各路工作的一项重要任务。各级团组织一定要把思想和行动迅速统一到油田“两会”精神上来，把创造性地开展共青团工作与围绕中心紧密结合起来，推动油田共青团工作不断实现新提升、新跨越。

下面，就共青团和团的干部贯彻落实“两会”精神，扎实做好青年工作代表公司党委谈几点意见。

一、强化思想教育，引导青年适应新要求

今年，青海油田仍处在一个难得的历史发展机遇期。首先，从国家宏观层面上，国家经济长期向好的基本面没有变，但处于增长速度换档期、结构调整阵痛期、前期刺激政策消化期的“三期叠加”时期，稳中有忧、稳中有险，必须积极应对，坚持稳中求进、改革创新、提质增效的工作总基调，以改革促进创新发展；其次，集团公司和股份公司将一如既往地支持青海油田加快发展，我们建成千万吨高原油气田的目标不变、信心不变、上级给予投资的支持力度不减；第三，各级地方政府特别是青海省也将在政策和资金上一如既往地给予关注和支持，希望油田咬定千万吨目标不放松，加快节奏，争取在“十二五”末向着千万吨高原油气田建设再迈出坚实的一步。同时，建成千万吨、实现油田梦，也是全体职工家属的共同愿景，更是油田发展的强大动力。但是，我们也要清醒地认识到，油田在发展前进中，存在储量不足、持续稳产、安全环保、管理薄弱等压力与挑战，这需要油田上下凝心聚力，进一步增强忧患意识、发展意识和责任意识，坚定发展的信心，牢牢把握工作主动权，更加扎实有效地做好各项工作。从共青团工作来讲，就是要找准围绕中心、服务大局、服务青年的结合点、切入点和着力点，团结带领广大团员青年在油田建设发展的历史进程中勇挑重担、争当先锋，为油田的建设发展贡献力量。

一是要以十八届三中全会精神学习为重点，武装青年头脑。要把学习宣传贯彻党的十八届三中全会精神与油田的建设发展实践紧密结合起来，与党的群众路线教育实践活动结合起来，与做好年度各项重点工作结合起来，做到学以致用、学用相长，切实增强青年思想教育引导工作的实效性。油田各级团组织在学习宣贯活动中重点要突出四个方面：抓学习，要深刻领会十八届三中全会的精神实质，引导青年深刻理解、准确把握全会提出的一系列新思想、新论断、新观点、新部署和新要求，用全会精神来统一思想、凝聚共识、指导行动。抓宣传，要采取多种形式，特别是要结合青年人特点，宣传全会精神，交流学习心得，针对不同行业，立足不同岗位，从不同的角度，诠释十八届三中全会精神，传播正能量，引领新风尚。抓贯彻，要坚持理论联系实际，把学习贯彻党的十八届三中全会与学习贯彻团的十七大精神有机结合起来，增进思想共识，创新和改进工作载体、方式方法，推进工作落实，强化实效，把全会精神转化为武装头脑、指导实践、推动工作的力量源泉和强大动力。抓落实，团干部要带头、主动、自觉学深吃透党的十八届三中全会精神，引导青年牢固树立核心价值观，帮助青年塑造积极向上的良好心态，以强烈的责任感、使命感，团结带领广大团员青年积极工作，立足岗位作贡献，成为构建和谐油田的中坚力量。

二是要以宣传油田建设发展目标为重点，凝聚青年思想。油田“两会”提出的任务目标，是紧紧围绕油田建设中心任务，实现油田有质量有效益可持续发展的重要决策和纲领，也是指导各单位、各部门做好各项工作的前提和根本。油田各级团组织和团干部，要认真扎实地在团员青年中开展油田“两会”精神的宣贯活动，使团员青年了解油田生产任务和发展形势，珍惜青春和发展机遇，坚定信心，激发热情和干劲，用强有力的行动为油田的发展做出新的成绩。要围绕油田发展目标和工作部署，切实把广大团员青年的思想、智慧和力量凝聚起来，用目标激励青年，用铁人精神、柴达木石油精神和改革创新的时代精神感召青年，汇聚青年之力，为油田发展作出更大的贡献，充分发挥好组织引导作用。

二、强化服务职能，凝聚青年展示新作为

各级团组织要主动适应油田建设发展、青年群体变化的新形势新情况，把共青团工作放在油田中心大局中来思考谋划，把调动青年的工作积极性、主动性、创造性和增强青年的政治意识、责任意识、模范意识，作为强化共青团服务职能的立足点，引领广大青年积极投身油田建设发展主战场，不断增强共青团的贡献力。

一是要带领青年成为推动发展的先锋队。各级团组织要引导广大青年勇于实践，勇于在艰苦环境磨砺锻炼，把个人的追求融入企业的发展事业，争做促进企业发展的先锋队。要准确把握工作重点，在油气勘探开发、重点工程建设、安全生产、现场管理等重点工作以及各项急难险重任务中，积极组织开展青春建功活动，创建和巩固具有青海油田共青团自身特色的活动品牌和载体；要立足生产攻坚挑重担，做“党政所需、青年所盼、共青团能为”的工作，扎实推进岗位讲述、岗位技能月等围绕青工技能提升实践、安全创优实践和自主创新实践活动，借党政组织和有关部门资源之力，创造提意识、练技能、出成果的高素质青年人才工作平台，建立健全培育优秀青年人才的工作机制。

二是要带领青年成为实践成才的排头兵。各级团组织要把组织青年学习、引导青年实践、培养青年成才作为一个根本任务来抓，引导和支持青年自觉主动钻研业务、提高技能，适应油田建设发展需要，成为勤学苦练、丰富知识、实践成才的排头兵。要建立和完善各种学习组织和机制，在青年中广泛开展政治理论、业务知识、科技知识等学习活动，向优良经验学习，在实践中学习，向身边的先进学习，鼓励和引导青年提升素养和技能本领，更要特别关注青年的技能培养、典型选树和岗位贡献，积极营造为想干事的人创造机会、能干成事的人搭建平台、帮干成事的人提升地位的氛围，努力为油田培养一支高素质青年人才队伍。

三是要带领青年成为促进和谐的主力军。各级团组织要以服务赢得尊重，以服务促进引导，及时掌握和化解青年群体中的不稳定因素，积极引领青年解放思想，服从大局，正确看待发展中存在的问题和困难，为油田发展建言献策，为加快油田发展创造和谐环境。服务青年要面向基层，真诚务实，团组织提供的服务，不仅在于帮助青年解决问题，更要让他们感受到团组织的温暖，感受到团干部的真诚，感受到油田大家庭的氛围。同时要注重人文关怀和团队精神的培养，针对盆地一线艰苦环境、青年群体的时代特征和身心特点，多开展有益于他们身心健康、成才发展、理顺情绪、缓解压力的活动，营造积极向上、和谐快乐的工作氛围，进一步提升团组织的向心力和凝聚力。

三、强化自身建设，引领青年激发新活力

团组织要不断适应工作对象和工作环境的新变化，以改革创新精神加强基层组织、青年队伍、机制建设，不断推动团的自身发展，切实发挥党联系青年的桥梁纽带作用。

一是要坚持党建带团建，保证团的正确方向。油田各级党组织要坚持和完善党建带团建工作机制，进一步把团建工作目标、任务纳入党建工作整体格局，促进党团建设同规划、同推进、同实施，带动团建在党建下实现同步发展。同时，各级团组织要站在油田建设发展的高度，把握好工作方向，着眼于新的实践和新的发展，实现工作思路、机制建设、活动载体、工作推进上的创新和突破，使共青团工作更符合油田发展的要求。各级团组织也要进一步分析团组织的整体能力、服务水平，是否达到了党建要求以及工作中存在的差距，积极学习借鉴党建工作经验，克服不足，完善团建机制，推进团的自身建设，促进团的工作思路更加开阔，工作成效更加显著。

二是要加强基层组织建设，保证团的生命活力。团的基层组织是团的全部工作和战斗力的基础。一方面要把有理想、有志向的先进青年吸纳到团的组织中来，不断扩大团的组织网络覆盖。另一方面要把青年人才团结凝聚在团组织周围，使团的活动更加贴近实际、贴近青年，增强基层团组织的吸引力、凝聚力和战斗力。各级团组织要结合油田发展的新形势，夯实基层组织建设基础，建立一支能体现共青团先进性、发挥生力军和突击队作用的团员队伍。特别是要结合特点和实际，建设、利用好团的活动阵地，使之成为青年学习、活动、培训、成长成才的重要阵地。要按照增强意识、健全组织、活跃工作的总体要求，进一步健全完善共青团各项工作制度和运行机制，深入贯彻落实团的各项工作，延展团工作的覆盖面，增强基层团组织的内在活力和吸引力。

三是要打造优秀团干部队伍，保证团的创新发展。广大团干部要怀着深厚的感情，深入青年，关心青年，依靠青年，做青年的朋友，加强调查研究，掌握青年的思想动态和多样化需求，不断提高工作的主动性和前瞻性，把服务青年的工作落到实处。一方面，要大力提高团干部的能力素质。坚持党性、先进性和群众性，是党中央对新时期共青团工作提出的基本要求。各级团干部首先要自觉加强党性锻炼，提高党性修养，始终保持清醒的政治头脑和坚定的政治立场，服从大局、服务大局。要坚持脚踏实地，深入基层，融入青年，提高工作能力，以真抓实干的工作业绩赢得党和青年的信赖。要增强政治敏锐性，带头研究，认真思考，提高政治理论水平，提升把握大局、把握政策的本领和应对青年工作的能力；另一方面，要努力锤炼过硬的工作作风。转变作风、扎实工作、提高效能，是新时期作好团的工作要求，也是团干部彰显带领青年统一思想，攻坚克难，创造业绩的先锋特质。中央在作风建设方面出台了“八项规定”，特别是在党的群众路线教育实践活动中，集中查摆和杜绝“四风”问题。油田也相继制定出台了转变作风、厉行节约、联系群众等制度，油田各级团干部务必严格遵守、严于律己，做到自重、自省、自警、自励，真正锤炼作风。要坚持真抓实干，兴调查研究之风、勤奋好学之风、勤俭节约之风、廉洁从政之风，努力提升道德修养和素质能力，做政治坚定、作风优良、工作务实、清正廉洁的青年表率，用扎实勤奋的工作作风和良好的职业素养团结凝聚青年，以过硬的作风创造一流的业绩，脚踏实地地为共青团事业发展、为油田的发展做出实实在在的贡献。

各位委员，各位团干部，新的一年充满机遇和挑战，油田的发展任重而道远。会议结束后，希望大家认真抓好工作落实，团结带领广大团员青年在新的一年中，以崭新的工作业绩为实现全面建成千万吨高原油气田宏伟目标做出新的、更大贡献！在这里，我借用50多年前毛主席曾经对青年一代发表的一个非常著名的谈话，略作修改，和大家共勉：油田是你们的，也是我们的，但归根结底是你们的。你们青年人朝气蓬勃，正在兴旺的时期，好像早晨八、九点钟的太阳，希望寄托在你们的身上，油田的发展、油田的未来，也寄托在你们身上。

最后，在2014年新春佳节来临之际，我代表公司党委、油田公司，向与会的各位团干部并通过你们向辛勤工作在各条战线上的广大团员青年表示亲切的问候，祝大家在新的一年，身体健康，事业进步！

在青海油田公司干部大会上的表态发言

党玉琪

2014年5月17日

各位领导，同志们：

首先感谢集团公司党组的信任和支持，感谢油田干部职工的信任和支持，也感谢宗总带领我们为油田下一步的发展打下了一个好基础。

我从1982年初大学毕业，就到青海油田工作，已经超过了32年，是青海油田锻炼了我、培养了我。我也亲身经历和参与了青海油田油气储量从1亿多吨到9亿多吨，油气产量从几十万吨到超过800万吨，从单一的油气勘探开发到集输储炼销为一体的综合性能源化工企业的发展过程，因此，我对青海油田有着真挚深厚的感情，也同油田干部职工家属结下了深厚的友谊。

这次集团公司党组决定由我接任党委书记一职，我深知这个工作的份量，这副担子的沉重，这份责任的重大，一定会全力配合好、支持好付锁堂总经理的工作，将组织的信任、领导的重托、群众的期望作为今后工作的动力，加倍努力学习，加倍勤奋工作，努力做到以下五点：

一是加强学习，提高素质。牢固树立终身学习的理念，用科学发展观武装头脑、指导实践，向领导学习、向基层学习、向群众学习，增强干好本职的能力，提高驾驭全局的本领，使自己思想更加解放，思路更加开阔，决策更加科学，方法更加灵活，提升加快推进油田发展的正能量。

二是突出发展，改革创新。发展是解决一切问题的总开关，要进一步凝聚广大干部员工的思想和行动，坚定信心，埋头苦干，合力推动主营业务、工程技术业务、矿区服务业务协调发展，早日建成千万吨高原油气田，实现油田有质量有效益可持续发展。

三是建好班子，带好队伍。坚持围绕油田发展抓党建，抓好党建促发展的工作思路，团结班子成员，互相信任，互相支持，互相尊重，提高班子凝聚力，进一步增强大局意识、发展意识、创新意识、责任意识，确保党的路线政策方针和集团公司党组的各项决策部署得到全面贯彻落实。同时抓好基层建设和三支队伍建设，既要建设一支素质优良、作风过硬的领导班子，又要建设一支能征善战、埋头苦干的员工队伍。

四是带头执行，廉洁自律。带头落实廉洁自律各项规定，切实加强党风廉政建设，发扬艰苦奋斗、勤俭节约的工作作风，密切党群干群关系，保证干部清正、班子清廉。不徇私情，不谋私利，自觉接受组织和员工群众监督，树立良好的干部形象，用自身行动影响和带动领导干部廉洁从业。

五是凝聚合力，推动发展。充分发挥油田各级党组织和广大党员的作用，大力弘扬大庆精神、铁人精神和柴达木石油精神，凝聚全员合力，鼓舞全员斗志，形成“人人想发展、个个建千万”的共识。坚持油田发展成果共享、和谐稳定共建的原则，正确处理改革、发展、稳定三者之间的关系，妥善处理好改革发展过程中遇到的各种困难和问题，全力维护油田矿区和谐稳定，营造发展的良好环境。

尊敬的领导、同志们，请上级组织和领导放心，我将与付锁堂总经理和班子其他成员一道，决不辜负上级组织的重托，决不辜负六万名职工家属的期望，紧紧依靠全体干部职工，锐意进取、改革创新，攻坚克难、奋发有为，加快建成千万吨高原油气田，为集团公司建成世界水平的综合性国际能源公司、推动青海地方经济发展做出新的更大的贡献。

弘扬优良传统 凝聚强大合力
为加快建成千万吨高原油气田而努力奋斗

——在青海油田创业59周年座谈会上的讲话

党玉琪

2014年5月28日

尊敬的各位老领导、老柴达木，同志们：

在油田勘探生产的大好季节，在加快建成千万吨高原油气田的关键时期，我们满怀喜悦的迎来了油田59岁生日，这是一个值得回顾和庆贺的日子，我们一起回顾59年的奋斗历程，一同分享59年的丰硕成果，共同展望催人奋进的美好未来，感到无比的高兴与自豪。借此机会，我代表公司党委、油田公司向各位老领导、老柴达木致以崇高的敬意，向关心和支持油田发展的各级领导、各级地方政府、各驻矿单位表示诚挚的谢意，向奋战在油田各条战线上的广大干部员工表示衷心的感谢！

刚才，高云建副总经理通报了油田公司1-5月生产经营情况。离退休老领导、老同志、劳动模范、职工和家属等代表踊跃发言，回顾了刻苦钻研、奋发大干的生动场景，畅谈了不断成长、追求进步的精彩历程，抒发了为建成千万吨再做贡献、再立新功的壮志豪情，不一样的工作，不一样的经历，一样的感受，使我们深受感动，深受教育，深受启发，深受鼓舞。

下面，结合大家的发言，我讲三点体会。

一、回顾历史，我们在攻坚克难、开拓进取中创造辉煌

历史是传承的，必须牢记历史、发扬传统，进一步在发展历程中继承宝贵财富。59年前的今天，青海石油勘探局在青海省西宁市正式成立。半个多世纪以来，几代柴达木石油人胸怀“我为祖国献石油”的豪情，以为国家多找多产油气为己任，攻坚克难，开拓进取，在油田发展的征途上，经历了艰难创业、打开局面；支援会战、稳中求进；三项工程、奠定基础；二次创业、加快发展；重组整合、和谐发展五个不平凡的发展历程，实现了青海油田从无到有、从小到大的整体协调发展，描绘了令人瞩目的历史画卷，谱写了自强不息的壮丽诗篇。

我们不能忘记，59年艰辛探索，就是一部矢志不渝、找油找气的奋进史。坚定信心就有突破，找油找气就是使命。59年来，以英模代表阿吉老人、“铁人式好干部”肖缠歧、当代青年的榜样秦文贵等为代表的青海石油人，用青春和热血、勤劳与智慧、忠诚乃至生命，支撑了油田的快速发展。59年来，先后发现油田18个、气田8个，累计探明石油地质储量5.76亿吨、天然气地质储量3783亿立方米。特别是最近七年来，勘探累计投资83亿元，相当于前52年投资的总和，发现了昆北、英东、东坪三个亿吨级油气田，扎哈泉致密油展现了亿吨级的储量规模。新增探明天然气地质储量788.74亿立方米，新增探明石油地质储量2.34亿吨。通过持续努力，摆脱了油气勘探举步维艰的困境，打破了近30年来天然气勘探的沉闷局面，步入良性循环的发展轨道，实现了油气储量快速增长。

我们不能忘记，59年艰苦奋斗，就是一部精神引领、不断追求的发展史。精神就是强大动力，困难面前永不退缩。59年来，青海石油人用聪明和才智培育了以“顾全大局、艰苦奋斗、为油而战”为精髓的柴达木石油精神。在这种精神的感召下，老一辈柴达木石油人用“一卷行李一口锅、骑着骆驼战沙漠，渴了吃把昆仑雪、饿了啃口青稞馍”、“勒紧裤腰带渡难关”的真实写照，表达了创业初期拓荒者的顽强斗志，书写了创业者的满腔豪情。正是有了这种支撑，1959年生产原油30万吨，一举跻身于全国四大油田行列；截至1998年底，累计探明和控制石油地质储量2.58亿吨，探明加控制天然气地质储量1900多亿立方米，柴达木盆地一举成为全国陆上四大气区之一，提前两年实现了“三个翻番”目标；2013年生产油气当量756万吨，今年将突破800万吨大关，正朝着千万吨目标快速迈进。正是有了这种支撑，锻炼造就了一支“特别能吃苦、特别能战斗、特别能忍耐、特别能团结、特别能奉献”的石油队伍，涌现出了25名全国劳动模范和17名全国五一劳动奖章获得者，油田3次荣获全国五一劳动奖状。可以说，柴达木石油精神是我们的精神支柱，是我们不断前进的强大动力。

我们不能忘记，59年开拓创新，就是一部科技领先、支撑发展的进步史。科技是第一生产力，人才是油田的第一资源。59年来，油田始终重视人才，把解放思想、解放人才作为油田发展的核心关键，形成了尊重人才、尊重劳动、尊重知识、尊重首创的良好氛围。始终高度重视创新，持续推进技术创新，形成了一系列具有油田特色勘探开发理论和实用技术。从当年骑着骆驼进盆地，用最简单的方式找油找气，到新时期探索应用新技术新方法，先后完成重点科研项目1400余项，其中获国家级奖励7项，获省部级奖励140项，获得国家专利151项。特别是近几年来，连续4年获股份公司油气勘探重大发现成果一等奖，储量升级率、油气发现成本、勘探工作量完成率等指标均排在股份公司前列；山地三维地震、水平井、欠平衡钻井、多层多段压裂、连续油管作业、不压井作业等新工艺新技术已被广泛应用于油田勘探开发、工程技术等领域。因此，科技创新是油田发展的基础，为油田发展提供了强有力的技术支撑。

我们不能忘记，59年不懈努力，就是一部履行使命、构筑和谐的创业史。奉献就是责任，和谐促进发展。59年来，几代柴达木石油人与油田同呼吸、共命运，同进步、共成长。我们的老石油、老前辈，不惧住帐篷、地窝子的艰苦生活条件，不怕人拉肩扛、战天斗地的工作环境，献了青春献终身，献了终身献子孙，创造了前无古人的奇迹。我们的干部员工，立足岗位、埋头苦干，为油田的蓬勃发展注入了新的活力。59年来，青海石油人在亘古荒原筑起了高原能源化工基地，在荒漠戈壁建起了功能完善的三大石油基地，油田综合实力显著增强，矿区面貌日新月异，职工家属生产生活条件明显改善，这是油田发展的一个美丽缩影，也是职工家属幸福生活的美好见证。在实现自身发展的同时，油田积极支持地方经济社会发展，连续19年被评为青海省财政支柱企业和第 利税大户，与各级地方政府结下了深厚友谊，较好地履行了社会责任。

在这欢庆的时刻，我们感到无比的激动与自豪。我们不能忘记，上级组织的亲切关怀和大力支持；我们不能忘记，为油田发展做出突出贡献的历届老领导、老石油和劳动模范、石油科技专家以及包括各驻矿单位在内的，为油田发展默默奉献的广大干部员工，他们在困难面前敢于担当、敢于冲锋；我们不能忘记，各级政府、各兄弟单位的积极支持、鼎力相助；我们也同样不能忘记，家属工和灵活就业人员等，为油田发展做出的贡献。正是几代柴达木石油人的无私奉献，才铸就了油田今天的辉煌。

二、牢记使命，我们在领导关怀、感恩奋进中砥砺前行

5月17日，集团公司总领导来青海油田检查指导工作，宣布对油田党政主要领导的任免决定，考察了勘探开发研究院物探中心计算机房和岩心库房、敦煌基地防护林、跃进小区，听取了油田工作汇报。这体现了集团公司对油田的关心和支持，也是对油田近年来勘探开发、生产经营取得突出成绩的充分肯定。5月20-22日，我与付锁堂总经理代表油田新一届领导班子，专程到海西州委州政府、青海省委省政府进行了工作汇报。集团公司和青海省对油田工作给予了高度评价，同时提出了更高要求。主要体现在：

一是肯定成绩，使我们加快发展的信心更足。廖总指出，集团公司党组对油田所做的工作是非常满意的。青海油田是新中国石油工业发展的先驱之一，是世界海拔最高的油气田。几十年来，几代青海石油人发扬“特别能吃苦、特别能战斗、特别能忍耐、特别能团结、特别能奉献”的精神，在自然条件艰苦的柴达木盆地建成了我国西部重要的油气生产基地。特别是2007年以来，在油田公司上届领导班子带领下，油田全体干部员工认真贯彻落实集团公司战略部署和工作要求，瞄准千万吨高原油气田目标，突出发展油气主营业务，加快推进科技进步，持续强化企业管理，狠抓安全环保工作，积极构建和谐矿区，实现了持续有效健康发展。骆玉林常务副省长组织召开了中石油、中石化销售、青海省政府职能部门等单位协调会，在争取集团公司高层协调解决原油加工量指标，青海省实现油气生产、加工、销售一体化机制，合理调整汽柴油加工量，实现效益最大化，保证成品油和天然气销售，满足青海省的发展和西藏能源的需求方面都达成了共识；辛国斌副省长高度评价了青海油田在引领海西社会经济发展做出的突出贡献和奉献精神。

二是提出要求，使我们加快发展的责任更大。廖总强调，青海油田作为我国四大天然气区之一和集团公司资源战略接替区，也是甘青藏三省区重要的能源基地，在国家推进西部大开发战略、实施丝绸之路经济带战略中，在推进集团公司改革发展、促进地方经济社会发展进程中，肩负着光荣使命、重大责任和艰巨任务。新一届领导班子和广大干部员工要以党的十八大、十八届三中全会精神为指导，进一步增强政治意识、大局意识、责任意识，集中精力做强油气主营业务，全面深化改革开放，大力推进科技和管理创新，切实抓好安全环保、和谐稳定、反腐倡廉三大基础性工程，加快建成千万吨高原油气田，在推动集团公司持续健康发展、带动和促进青海省经济社会发展中发挥更加重要的作用。骆玉林常务副省长指出，今年是经济下行对青海省影响最大的一年，青海油田的增量指标正在逐步得到落实，目标的实现需要全省相关单位，用更主动的作为、更创新的举措共同完成；辛国斌副省长要求，今年海西州实现经济增长目标任务压力较大，希望青海油田能够采取切实有效的保增稳产措施，圆满完成省、州确定的生产目标任务，努力为全州的经济增长多做贡献。

三是履行职责，我们加快发展的目标不变。上级领导的肯定就是支持、要求就是使命、鞭策就是动力。虽然油田公司领导班子进行了调整，但是油田发展的思路不变，任务不变，我们将认真贯彻落实上级领导的讲话精神，按照油田公司总体部署，继续发扬“抓铁有痕，踏石留印”的精神，发扬不怕吃苦、勤奋敬业、开拓创新的优良作风，坚持一张蓝图绘到底，瞄准加快建成千万吨高原油气田目标不动摇，突出做好六篇大文章不动摇，即“突出主营业务，做好增储上产大文章；突出发展质量，做好转变方式大文章；突出效益主题，做好深化改革大文章；突出创新驱动，做好科技人才大文章；突出风险防控，做好基础管理大文章；突出政治保障，做好和谐发展大文章。”以等不起的紧迫感、慢不得的危机感、坐不住的责任感，进一步激发全员干事创业、奉献油田的内在动力，进一步凝聚全员锐意进取、埋头苦干的坚强斗志，用实实在在的行动努力开创各项工作的新局面，不辜负集团公司党组的重托，不辜负油田广大干部员工的厚爱。

三、展望未来，我们在弘扬传统、奋发有为中实现梦想

历史是发展的，我们必须认清形势、担当重任，进一步加快建成千万吨高原油气田。要牢记上级领导的指示和要求，进一步弘扬柴达木石油精神，艰苦不能苦守苦熬，艰苦还需苦干实干，重点抓好主营业务、科技和管理创新、三大基础性工程、民生工程等工作，全力推进千万吨高原油气田建设。

一是坚持抓好增储上产，推动主营业务快速发展。增储上产是油田业务发展的重中之重，是我们的生存之基、发展之本、效益之源。要坚持资源为王，油气并举，把资源战略作为油田发展的生命线，持续推进储量增长高峰期工程，始终将勘探作为一把手工程，给予人力、财力和技术上的支持，充分发挥技术人员作用，加大阿尔金山前牛东的天然气勘探，坚持柴西南富油凹陷找油的格局不变，加快英西地区狮子沟以下组盘的工作进度，重点加大扎哈泉致密油的评价力度，坚持勘探开发一体化，加强地质与工程的结合、研究与现场的结合、勘探与开发的结合，探索工厂化建产和标准化地面一体化，地下优化，地面简化，流程优化，力争实现新的突破和规模发现，进一步夯实千万吨资源基础。科学谋划油气田开发，精心组织油气生产，坚持以质量效益为中心，以提高单井产量为重点，精细注水、有效注水、优质注水；推广应用水平井、体积压裂等新工艺新技术，科学合理安排措施，确保投入产出效益，加快产能建设步伐，确保产能建设到位率，抓好老区硬稳产，实现新区快上产，积极稳妥推进合作区上产新机制，力争年均净增油气当量60万吨。按照打造精品炼厂的思路，精细对标管理，实现安稳长满优运行；紧盯市场需求，抓好产品销售，实现量价齐增；抓好生产、加工、销售各环节工作，多产油、多产气、多加工、多销售，为推动青海地方经济社会发展做出更大贡献。

二是坚持抓好创新驱动，提高发展的质量和效益。牢固树立创新意识，持续推进管理升级、深化改革和技术创新，切实提高管控水平，提高油田发展的质量和效益。按照集团公司统一部署，积极探索符合油田实际的改革措施，着力在创新机制、释放活力、夯实基础、提质增效上下功夫，真正做到以改革促发展、促转变、促和谐。紧紧围绕制约油田勘探开发的瓶颈难题，借助柴达木盆地重大专项二期，发挥“三院五中心”作用，坚持科技攻关与效益相结合，加强科研立项的顶层设计，加大攻关力度，打造科技成果和技术利器，推进成果的有机融合和应用转化，力争在物探、钻井、储层改造、采油采气技术领域获的新突破，努力形成油田核心勘探开发技术。坚持把管理创新作为有质量有效益可持续发展的着力点，做好生产经营优化大文章，优化资金、资本、资产的配置，促进各方面资源优化高效利用。加强全过程、全要素、全方位的投资成本精细化管控，强化工效挂钩机制，形成重业绩、重效益的政策导向，建立科学有效的绩效考核政策，确保生产、经营等各项管理水平有提升、见成效。

三是坚持抓好三大基础性工程，夯实油田发展基础。持续实施安全环保、维护稳定、反腐倡廉三大基础性工程，健全完善风险防控体系，为油田发展营造安全和谐稳定的良好环境。牢固树立红线意识，落实党政同责、一岗双责，坚持对安全事故、“三违”现象、安全隐患“零容忍”，突出HSE体系建设和规范运行，抓好安全环保隐患治理和重点领域、场所的安全环保监管，加快治理“低、老、坏”现象，坚决杜绝重特大安全环保事故。加强反腐倡廉建设，完善权力运行监督体系，强化责任追究，对违法违纪和腐败问题有案必查、有贪必肃，坚持对腐败“零容忍”；认真落实廉洁从业规定，自觉执行“三重一大”决策制度，深入开展巡视、离任审计、效能监察和财务稽查活动，有效防控廉洁风险，确保党员干部廉洁从业。完善维护稳定工作机制，切实做到抓早抓小，加强与地方各级党委、政府的沟通协调，妥善处理各方利益诉求，保证大局和谐稳定。

四是坚持抓好民生工程，努力建设美丽家园。坚持以人为本，多干打基础、利长远之事，优先保障“基本民生”，真诚倾听群众呼声，真实反映群众意愿，真情关心群众利益。着力推进东坪油苑等民生工程建设，健全完善矿区保障和养老服务体系，组织开展送温暖活动，切实保障和改善民生，使油田发展成果更多、更好地惠及职工群众，不断提升职工家属的幸福指数，建设美丽矿区，营造“心齐、气顺、劲足、人和”的良好局面，全力打造安居乐业、和谐稳定、阳光放心的生产生活环境。

五是坚持弘扬柴达木石油精神，凝心聚力推动发展。柴达木石油精神是几代青海石油人创造的精神财富，是青海油田的企业之魂。青海油田过去发展离不开柴达木石油精神，今后发展仍然离不开柴达木石油精神。要大力弘扬柴达木石油精神，广泛开展学习先进英模事迹活动，教育和引导广大干部员工自觉践行“我为祖国献石油”的核心价值观，不断提升队伍的凝聚力、战斗力、执行力。深入挖掘油田历史和文化资源，积极实施企业文化创新提升工程，广泛开展文化到广场、文化送基层等系列主题活动，赋予柴达木石油精神新的时代内涵，持续增强油田文化的感召力和影响力，激发广大干部员工终生爱企、为油拼搏的工作热情。

尊敬的各位老领导、老柴达木同志们：

油田的昨天辉煌灿烂，油田的今天生机勃勃，油田的明天更加美好。站在新的起点上，让我们大力弘扬大庆精神铁人精神和柴达木石油精神，把59年的辉煌成就转化为不断创新进取的精神动力，把6万职工家属的美好愿望汇聚成发展的强大合力，锐意进取、真抓实干，为加快建成千万吨高原油气田作出新的更大的贡献。

在庆祝中国共产党成立93周年座谈会上的讲话

党玉琪
2014年6月30日

同志们：

值此中国共产党成立93周年之际，我们在这里隆重聚会，重温党的光辉历史，交流基层党建工作经验成果，表彰过去一年在油田公司党建工作中取得优异成绩的先进集体、先进个人和优秀攻关项目，这对于全面落实科学发展观，巩固和扩大教育实践活动成果，进一步激发和动员油田各级党组织和广大党员，牢记使命，勇挑重担，务实拼搏，加快推进千万吨高原油气田建设都具有十分重要的意义。

在此，我首先代表公司党委、油田公司向辛勤工作在公司各条战线上的广大共产党员致以节日的问候！向受到公司党委表彰的先进集体、先进个人表示热烈祝贺！希望油田各级党组织和全体党员认真学习先进的事迹和精神，胸怀全局，立足岗位，勇于创新，深入实践，为推进千万吨高原油气田建设而不懈奋斗！

刚才，来自基层的党委书记、党支部书记和党员代表分别交流了二级单位党委、基层党支部在党建管理和开展党员立项攻关等方面所取得的成功经验；参加会议的三位党员干部代表结合自己的工作，围绕党建工作如何为油田发展服务这一主题，畅谈了工作体会和感受，大家讲得都很好。这些成果和经验正是基层党组织发挥政治核心作用，党支部发挥战斗堡垒作用，党员发挥先锋模范作用的集中体现，这些实践成果和经验的取得，既落实了十八大关于加强基层党的建设的新要求，又展示了党的群众路线教育实践活动的成果，充分结合了油田发展实际，具有很好的示范借鉴意义。

过去的一年中，在集团公司党组和青海省委的领导下，油田各级党组织以党的十八大和十八届三中全会精神为指导，紧紧围绕油田公司生产经营中心任务开展工作，努力为油田公司完成各项任务发挥保障作用，各方面工作都取得了新进展、新成效。

一是党的群众路线教育实践活动取得明显成效。按照中央和集团公司党组部署，油田各级党组织以“为民务实清廉”为主要内容，深入扎实地开展了党的群众路线教育实践活动，公司各单位及时成立活动领导小组和工作机构，精心制订活动方案和各环节安排，扎实有序推进各项工作。活动中，坚持把学习贯穿于教育实践活动的始终，采取集中学习、分散自学、专题研讨、辅导讲座等方式，组织党员干部认真学习中央和党组文件及规定书目。一些单位通过建立活动专栏、开展征文活动、组织观看教育影片等，丰富学习内容，加强学习交流，营造学习氛围。坚持聚焦“四风”查找突出问题，通过发征求意见函、召开座谈会、设置意见箱和基层调研，广泛征求各方面意见建议417条。按照“七个避免”的要求，各单位结合征集的意见建议，联系本单位实际，深入查摆领导班子和领导干部作风方面存在的“四风”问题584个。针对领导班子和领导干部作风方面存在的突出问题，认真撰写对照检查材料，深刻剖析产生问题的思想根源，明确努力方向和改进措施。在充分准备的基础上油田公司44个二级单位党委（直属党总支）、27个机关党支部领导班子召开了高质量的专题民主生活会。在民主生活会上，班子成员之间坦诚相见，敢于揭短亮丑，不回避矛盾和问题，相互帮助，共同提高，达到了加强党性修养、增进班子团结的目的，营造了党内政治生活的健康氛围。坚持突出问题导向、狠抓整改落实，油田公司党委和各单位针对查找出来的问题逐条制定整改措施，明确了整治任务、整治目标、整治措施、责任部门和整改时间，公司党委组织召开整改落实推进会，确保了整改落实工作落到实处。在中央和集团公司党组的示范带动下，油田的教育实践活动取得了明显成效，全体党员受到了一次深刻的马克思主义群众观点和党的群众路线教育，“四风”突出问题得到有效整治，服务基层能力进一步提高，党群干群关系进一步密切，推动了油田公司各项业务工作的顺利进行。

二是学习型党组织建设扎实推进。油田公司党委认真落实上级党组织关于推进学习型党组织建设的有关要求，积极组织开展创建活动，有效促进了党员干部素质提高。公司党委加强对各单位理论学习的指导服务，及时为党员干部配发学习材料，坚持定期举办基层党支部书记、党务工作者培训班，并采取党员“流动课堂”、主题党日教育培训等多种形式加强党员干部的学习培训。坚持党委中心组、党支部“三会一课”等学习制度，采取个人自学、集中学习、理论讲座等学习方式，认真组织学习贯彻党的十八大及十八届三中全会精神、习近平总书记系列讲话精神、集团公司工作会议精神，广大党员干部的责任感、紧迫感进一步增强。在学习过程中，各单位领导班子成员充分发挥示范引领作用，深入基层广泛进行宣讲辅导，帮助基层单位组织好学习。油田各单位通过举办专题宣讲、理论研讨、专题党课、班组学习、撰写学习体会等多种形式，把学习引向深入，调动了油田广大党员干部职工的工作积极性，促进了各项工作的顺利完成。

三是基层党组织建设进一步加强。油田公司党委坚持把加强党支部建设作为基层建设的核心内容，根据各单位机构设置、项目运行方式等特点建立健全基层党组织，针对机构调整、人员变动实际，及时指导新成立单位组建党组织，油田公司党组织健全率、党员教育管理覆盖率始终保持在100%。认真落实党员发展计划，严把党员入口关，提高新党员质量，共发展党员312名。坚持把发挥党员先进性作为党建工作的主要环节，广泛开展“党员公开承诺”、“党员志愿服务”、“帮扶助困”和以“党委委员联系党支部，党支部委员联系班组，党员联系生产经营岗位”为主要内容的“党建三联示范点”等活动，促使广大党员在各项工作中走在职工群众的前列。坚持把开展党员“立项攻关”作为党员在生产过程中发挥先进性的重要载体，有效解决了一批影响油气上产、安全生产、经济效益、基层党建、企业文化建设的疑难问题，对油田生产经营目标的顺利实现起到了积极的促进作用。

四是党组织活动内容和方式不断创新。油田公司各级党组织坚持“围绕发展抓党建，抓好党建促发展”的工作方针，不断创新党组织活动内容和方式，在增强党支部工作的特色化、针对性、实效性上下功夫，使广大党员在各项工作中走在职工群众的前列，在推动油田科学发展、和谐发展中体现先进性，促进了各项生产经营工作的顺利完成。格尔木炼油厂有的放矢开展工作，借助对标管理推动全厂党建工作整体上水平，以党建对标跟进生产经营对标，进一步提升了党建管理水平。边远油田开发公司紧紧围绕生产、安全中心，集思广益开展党员立项攻关，机关科室党支部立项的《边远油田开发公司典型事故案例读本》和《岗位矩阵培训课件 flash 动画制作》对举一反三吸取事故教训，提高岗位操作员工安全意识和培训实效，筑牢安全发展根基起到了促进作用。采油一厂党委按照“党员责任区域化、党员作用现场化”的工作思路和“党员完成任务多于群众，工作质量优于群众，技术水平高于群众，奉献精神强于群众，真正成为群众楷模”的要求，对党员责任区实行挂牌考核，激发了党员的积极性，把责任区建成了“二保、三无、四带头”的示范区（保生产任务的完成，保职工队伍的稳定；党员身边无违章、无次品、无事故、无违纪；党员要带头完成本职工作，带头做好群众工作，带头讲文明礼貌，带头增收创效）。通过各级党组织的共同努力，油田基层党组织建设得到了进一步加强，广大党员的党性意识、宗旨意识和表率意识都有了新的提高，广大党员干部，特别是生产一线的党员亮身份、践承诺、创优秀、树形象，为油田发展做出了积极贡献。

2014年是全面贯彻落实十八届三中全会精神的重要一年，也是油田新一届领导班子带领油田广大干部员工实现“十二五”规划目标任务的关键一年，做好今年各项工作，对于推动油田公司实现改革发展目标，具有重要而深远的意义。油田各级党组织要进一步深入学习贯彻党的十八大和十八届三中全会精神，坚持解放思想、改革创新，坚持围绕中心、服务大局，全面加强党的思想建设、组织建设、作风建设、反腐倡廉建设和制度建设，不断提高党的建设科学化水平，确保各级党组织始终成为推动油田科学发展、和谐发展的坚强战斗堡垒，成为建设千万吨高原油气田的有力保障。重点抓好以下几方面的工作：

一、深入学习贯彻十八大精神，推进“学习型、服务型、创新型”党组织建设

党的十八大提出要“建设学习型、服务型、创新型马克思主义执政党”，推动“三型”党组织建设是新形势下加强油田党的建设的根本要求和重要任务。建设“三型”党组织，学习是前提、服务是根本、创新是关键，油田各级党组织要紧紧围绕油田公司确立的发展思路、战略目标和工作部署，始终把学习贯穿于党建工作的全过程，把服务和保障油田生产经营中心工作作为第一要务，不断创新基层党建工作机制、载体和方式方法，大力推进学习型、服务型、创新型党组织建设，做到以加强学习提高能力，以优质服务凝聚力量，以创新发展应对挑战，切实肩负起应尽的职责和使命，为油田公司实现新的更大发展提供坚强组织保证。

一是要立足提升素质，深化学习型党组织建设。要把推进学习型党组织建设，作为提高广大党员干部能力素质的重要手段，用好党委中心组学习、党支部“三会一课”、党校流动课堂等有效载体，采取灵活多样、行之有效的方式方法，营造崇尚学习的浓厚氛围。要持续深入抓好党的十八大、十八届三中全会和习近平总书记系列讲话精神的学习教育，进一步组织引导全体党员干部在领会精神实质、把握立场观点、掌握科学方法、学以致用指导实践上下功夫，努力做到内化于心、外化于行，把学习成果转化为工作动力，转化为个人的价值追求和行动指南。要以中心组学习为龙头、以党支部为基础，建立健全集体学习、个人自学、培训研讨、成果交流等学习制度，做到党委有制度、支部有方案、党员有计划、学习有落实。要不断创新学习方法，做到组织学习有板有眼，交流互动有声有色，个人自学有张有弛，不断提高广大党员干部的学习热情。

二是要围绕生产经营，推进服务型党组织建设。各级党组织要始终坚持“围绕中心，服务大局”的工作方针，认真贯彻落实中央《关于加强基层服务型党组织建设的意见》，坚持改革创新精神，努力在服务大局、服务基层、服务群众、服务党员的实践中，提升党建工作的水平。服务大局，就是要围绕建设千万吨高原油气田，切实履行好职责，认真抓好落实。服务基层，就是要把工作重心向基层倾斜，工作力量往一线投入，帮助基层解决实际问题。服务群众，就是要把服务群众和引导群众结合起来，不断拓宽和创新党员干部联系服务群众的渠道，增强党建工作的实效性。服务党员，就是要切实尊重党员的主体地位，坚持教育管理和关怀并重，完善激励关怀帮扶机制，关心帮助党员解决实际困难，增强党员的归属感、荣誉感和责任感。

三是要锐意改革，推进创新型党组织建设。党建工作要始终保持生机和活力，必须从思想观念到方法手段，从工作内容到活动方式，从制度规定到组织形式等各个方面进行改革创新。要把增强党组织的凝聚力、发挥党员的战斗力作为党建工作的重点，推进党组织设置创新、领导班子建设创新、工作机制创新，健全和完善党组织的工作机制、保障机制和考评机制，形成建设创新型党组织的长效机制。要认真落实加强和改进党员队伍教育管理的要求，健全落实党员创先争优长效机制，坚持“控制总量、优化结构、提高质量、发挥作用”的党员发展方针，严格控制发展党员的数量指标，严明工作程序和组织纪律，严把党员质量关，高质量抓好党员发展工作，确保党员队伍的先进性和纯洁性。

二、持续推进作风转变，建立作风建设的长效机制

作风问题关乎人心向背，关乎事业的兴衰成败。党的群众路线教育实践活动开展以来，通过深入查找“四风”突出问题，开展专项整治工作，作风建设取得了明显成效。但是，作风问题具有顽固性和反复性，抓作风建设只有进行时没有完成时，我们要在总结教育实践活动成功经验的基础上，持续推进作风建设。

一是要持续抓好教育实践活动整改落实，巩固扩大教育实践活动成果。开展教育实践活动，解决问题是硬道理，整改落实最关键。我们要认真落实集团公司党的群众路线教育实践活动领导小组扩大会精神，认真践行三严三实要求，做到真改、实改、彻底改。要严格对照中央和党组的明确规定进行整改，梳理整改落实情况，切实做到情况明、底数清、掌握动态、扎实整改。要从强化责任入手，建立健全严格明确的责任制，各单位党委负责人作为教育实践活动整改落实工作的第一责任人，要将深化整改纳入日常工作议程，投入足够的时间精力，带头落实本单位的整改措施，带头做好个人问题的整改，带头协调解决整改中的重点难点问题，切实做到责任明确、监督到位、保证兑现承诺。要建立定期通报制度，对整改不力的及时提醒，对久拖不改的要给予批评，对顶风违纪的要严肃查处。要加强对整改工作的宣传报道，发挥好舆论导向作用形成抓整改、促整改的良好氛围。

二是两级机关和党员干部在转变作风方面要发挥表率作用。机关作风是党风政风的直接体现。两级机关和党员干部要带头贯彻中央八项规定精神，带头改进文风会风、改进工作作风，要求基层做到的机关首先要做到，要求群众做到的党员干部首先要做到。要牢固树立为基层服务的思想，工作重心下移，深入基层了解情况，虚心听取意见和建议，主动帮助基层解决困难和问题。两级机关要把加强机关效能建设作为改进机关作风、提高机关服务水平的重要抓手，通过强化学习教育更新观念、提高素质、增强能力、有为担当；通过完善制度转变职能、创新管理、规范行为、提高效率；通过强化监督严明纪律、严格奖惩、实现效能。要认真落实公开承诺制度，建立完善首问负责制、限期办结制、责任追究制等制度，主动接受基层和群众的监督，重点整治“慵懒散”等不良风气，不断提高办事效率和服务水平。

三是要不断加强反腐倡廉建设。反腐倡廉建设是党的建设重大任务之一，也是集团公司三大基础性工程之一，是促进油田和谐稳定发展的重要保障。我们要深刻认识反腐倡廉建设的重要性和紧迫性，全面贯彻中央纪委三次全会及集团公司工作会议精神，认真落实《惩治和预防腐败体系 2013—2017 年工作规划》，积极推进反腐败体制机制创新，强化领导，突出党委的主体责任和纪委监督检查、查办案件的主要职能，扎实有效地推进党风廉政建设和反腐倡廉工作。各单位党委主要负责人要牢固树立不抓党风廉政建设就是严重失职的意识，加强对党风建设和反腐败工作的统一领导，把反腐倡廉工作与各项业务工作同部署、同落实、同检查、同考核。各级党组织要抓好组织管理，严格教育监督，引导党员干部正确处理好个人与组织的关系，增强组织纪律观念，强化纪律执行，敢抓敢管，对违反纪律的行为坚决制止、纠正。广大党员干部要自觉加强党性修养，提升境界，始终做到慎权、慎欲、慎微、慎独、慎友，要知有所趋、有所守、有所避，努力做一个组织和群众信赖的人、做一个同事和朋友敬重的人、做一个亲属和子女引以为荣的人、做一个回顾人生问心无愧的人。

三、认真落实党建工作责任制，抓好党建各项工作

抓好党建工作要有责任担当，更要有制度保证。建立健全党建工作责任制，就是要形成党委统一领导，一把手负总责，分管领导具体负责，党的各级组织抓落实的工作格局。实行集体领导与个人分工负责相结合，各级领导干部实行"一岗双责"，谁主管谁负责，一级抓一级，层层抓落实，做到党建工作与生产经营管理等工作同部署、同落实、同检查、同考核，形成齐抓共管、共同推动党建工作的强大合力。各单位党委书记要履职尽责，定期听取基层党组织的工作汇报，研究解决问题，加强具体指导。各级党组织要结合本单位实际，扎实推进"六个一"党支部建设，坚持"三会一课"、组织生活会、党员民主评议等制度，加大对党支部的量化评比考核力度，扩大党务公开范围，发挥党员主体作用，提高基层党组织工作制度化、规范化水平；要不断创新党建工作的思路、方式和载体，不断强化组织功能、拓展活动领域，想方设法开展活动，充分调动广大党员干部的积极性、创造力，完成好各项工作任务。要注重加强基层党支部书记队伍建设，选配党性强、能力强、改革意识强、服务意识强的党员担任基层党支部书记。

同志们，油田正处在全面深化改革、加快发展的关键时期，建成千万吨高原油气田，使命光荣，责任重大，任务艰巨。油田各级党组织和广大党员，一定要继承发扬党的优良作风和石油工业的优良传统，以共产党人不怕牺牲、不畏艰险、不达目的誓不罢休的英雄气概，以石油人战天斗地、甘于奉献、艰苦创业的独特品质，把握机遇，攻坚克难，埋头苦干，在建设千万吨高原油气田的征程中建功立业，奋力开创青海油田有质量、有效益、可持续发展的新局面！

在青海油田"老年节"座谈会上的讲话

党玉琪

2014年9月29日

尊敬的各位老领导、老同志：

大家好！金秋送爽，今又重阳。在全国第二个"老年节"即将到来之际，我们欢聚一堂，与老领导、老同志们一起回顾油田过去，共同畅谈美好未来，感到非常高兴。首先，我代表油田党政组织向各位并通过你们向全体离退休老同志致以节日的祝贺和亲切的慰问！向关心和支持离退休工作的各级领导和全体离退休管理工作者表示衷心的感谢和崇高的敬意！

刚才，高云建副总经理通报了油田 1-9 月份工作，特别是对离退休工作进行了全面总结。五位老领导、老同志代表的发言也都做了认真的准备，大家都十分关注油田的形势，谈成绩，讲过去，议发展，很精彩，充分体现了对曾经奋斗过的柴达木这方热土的深情厚谊，深刻折射出了源源不断的爱油情结和强油企盼，使我们深受感动，这是对我们的激励和鞭策，是加快建成千万吨高原油气田的强大动力。

青海油田59年发展史，就是一部新老青海石油人薪火相传、接续奋斗、成就辉煌的创业史、奉献史。59年来，累计发现油田19个、气田9个，探明石油地质储量 5.69亿吨、天然气地质储量3844.9亿立方米；生产原油超过5000万吨、天然气541亿立方米；加工原油2338万吨；连续19年被评为青海省财政支柱企业和第一利税大户。特别是近六年来，我们相继发现了昆北、英东、东坪三个亿吨级油气田，扎哈泉致密油展现了亿吨级的储量规模，油气产量稳步提升，安全环保稳定态势良好，和谐矿区建设扎实推进，党建工作不断深化，可以说，现在是青海油田发展最好、最快的时期之一。

这些成绩的取得，离不开老一辈青海石油人顾全大局的爱国精神。五十多年前，你们胸怀“我为祖国献石油”的豪情，以为祖国多找油气为已任，从祖国的四面八方涌来，头顶蓝天、脚踏戈壁，爬冰卧雪、人拉肩扛，用青春和汗水甚至鲜血与生命奠定了油田发展的基石，筑起了创业之路、发展之路、希望之路。

这些成绩的取得，离不开老一辈青海石油人艰苦创业的奋斗精神。在推进油田发展的进程中，你们在风沙肆虐的环境里，吃苦不叫苦，缺氧不缺精神，立志高原做贡献，千方百计多找油气，用耕耘和奉献助推了油田快速发展，用勇气和智慧挺起了油田奋进的脊梁，锻造了一支“五特”石油队伍，在亘古荒原筑起了高原能源化工基地，在荒漠戈壁建起了功能较为完善的三大石油基地。

这些成绩的取得，离不开老一辈青海石油人为油而战的奉献精神。你们“献了青春献终生，献了终生献子孙”，不仅在岗时兢兢业业、无私奉献，离开自己热爱的工作岗位后，仍然心系油田、情牵油田，关注和支持油田改革、发展和稳定工作的劲头依然强烈、不减当年，当好了督导员、参议员、宣传员、调解员，发挥了榜样的力量。你们不但为油田创造了巨大的物质财富，也为我们积聚了宝贵的精神力量。

尊老、敬老、爱老、助老，是中华民族的美德，也是油田的优良传统。近几年，我们认真落实老同志的“两项待遇”和“六个老有”，突出抓好老同志关心的住房、医疗、养老、子女就业等热点问题，建立了经常性走访、重点访、节假日访和定期登门慰问关怀机制，让“好事办好，实事办实”的承诺掷地有声。同时，深入开展各类学习、千人健步走、广场文化等活动，丰富了老同志的业余文化生活，凝聚了促进油田和谐发展的正能量。

抓好老领导、老同志的服务工作是一项长期任务。我们要本着贴近实际、贴近基层、贴近老年人的原则，传承中华美德，弘扬敬老文化，在政治上尊重、生活上照顾、精神上关怀老同志，满腔热情、一如既往的做好老同志服务工作。

一要高度重视，积极参与。目前，离退休老同志居住越来越分散，流动性增大，有些老同志离开油田基地回到老家或到子女身边异地居住，无论住在哪里，大家对油田的情感难以割舍；无论走多远，大家都心系油田。因此，要站在构建和谐油田的高度，进一步增强责任感和使命感，做到思想上重视、政策上落实、工作上支持、效果上体现，把老同志高兴不高兴、满意不满意作为检验离退休管理工作成效的主要标准，通过创新思路，扎实工作，努力做到让老同志更加满意。

二要落实待遇，主动作为。要认真落实好老同志的政治和生活“两项待遇”，创新载体，通过开展送学、座谈会、我为千万吨做贡献大讨论等活动，使大家保持政治坚定、思想常新、理想永存；进一步关心、爱护和帮助老同志，深怀敬老之情，恪尽为老之责，多办利老之事，多嘘寒问暖，多上门服务。尤其要妥善解决老同志比较关心的住房、医疗、养老、子女就业等实际问题，尽最大努力把油田发展成果惠及到广大离退休老同志。

三要尽职尽责，做好服务。各级组织尤其是离退休管理部门，要积极为老同志奉献余热搭建平台、创造条件，急老同志所急、想老同志所想，用真诚、真心、真情为老同志服务，像对待自己的父母、长辈那样关心和尊重，引导好、调动好、保护好、发挥好他们奉献油田、终生爱企的热情和愿望。要注重关心老同志的精神文化生活，充分发挥老年活动中心、老年大学和文化广场等阵地作用，多组织覆盖面广、趣味健康、参与率高的文体活动，多举办受老同志欢迎、有利于老同志身心健康的文体活动，让老同志在活动中锻炼体魄、陶冶情操、交流感情。要大力倡导组织上关心老同志，子女孝敬老同志，努力营造尊敬老同志、爱护老同志、实现老同志愿望的良好氛围，让老同志老有所养、老有所医、老有所教、老有所学、老有所为、老有所乐，切实提高老同志的生活质量，促进家庭和睦、社会和谐。

“家有一老，如有一宝”，老领导、老同志政治威望高、工作经验多、社会联系广，是我们的宝贵财富和资源，是建设和谐稳定矿区的一支重要力量，无论过去、现在和将来，青海油田的发展建设都离不开老领导、老同志的关心、支持和帮助。莫道桑榆晚，为霞尚满天。希望老领导、老同志站在全局在高度，继续发挥余热，在推动油田发展、构建和谐油田中多做贡献，体现价值。

一是继续发挥政治优势，做科学发展的引领者。老领导、老同志党性观念强、政治立场坚定、政治理论水平高，是我们学习的榜样。要带头贯彻落实党的路线、方针、政策和公司党委、油田公司的各项决策部署，大力宣传油田改革发展稳定取得的成果，做到思想上、政治上、行动上统一，营造良好的发展氛围。

二是继续发挥专长优势，做加快发展的推动者。老领导、老同志在油田各条战线上奋斗过多年，在长期的实践中积累了丰富的经验，是我们的良师益友。要利用好这一优势，多为油田勘探开发、科技创新、安全环保、矿区建设等方面献计献策，努力实现老有所为。

三是继续发挥经验优势，做优良传统的传播者。老领导、老同志是油田发展的参与者和历史见证者，用智慧和力量培育了柴达木石油精神，是我们宝贵的精神财富。要继续带头发扬和传承好传统好做法，积极关心和教育一下代，引导树立共同理想和崇高信仰，为继承、发展与创新柴达木石油精神提供有力支持。

四是继续发挥凝聚优势，做和谐发展的实践者。老领导、老同志始终坚持与油田同呼吸、共命运，心连心、共成长，奉献油田，终生为企，是我们和谐发展的重要保障。要充分利用老年大学、广场文化等活动载体，积极参加社会公益事业、矿区精神文明建设等有益活动，影响和带动油田职工群众为建设和谐文明矿区贡献力量，做打造和谐矿区、促进油田健康发展的实践者。

最美不过夕阳红，没有老领导、老同志的贡献，就没有今天油田的成就。让我们团结一心，行动起来，把柴达木石油精神、油田情结代代相传，努力打造功能完善、生活便捷、环境优美、文化繁荣、平安稳定、社区和谐的美丽矿区，加快建成千万吨高原油气田，共同开创青海油田更加美好的未来。

最后，衷心祝愿各位老领导、老同志：节日愉快、身体健康、生活幸福！

全面深化改革　突出质量效益
持续推进千万吨高原油气田建设

——在党委扩大会暨三届五次职代会上的报告

宗贻平

2014年1月6日

各位代表，同志们：

这次会议的主要任务是：深入学习贯彻党的十八届三中全会精神，认真落实集团公司股份公司、青海省委省政府的安排和要求，总结2013年工作，部署全面深化改革工作，安排2014年主要任务，动员油田广大干部职工统一思想，坚定信心，埋头苦干，为全面建成千万吨高原油气田、推进青海油田有质量有效益可持续发展而努力奋斗！

下面，我代表公司党委、油田公司作报告，请予审议。

一、2013年工作回顾

刚刚过去的一年，是改进作风、真抓实干的一年，也是生产经营积极主动、取得较好成绩的一年。一年来，我们面对国内经济环境错综复杂、下行压力较大等严峻形势，坚持稳中求进、好中求快的总基调，以提高发展质量和效益为中心，主攻油气增储上产，自我加压，迎难而上，打了一系列硬仗，圆满完成了各项生产经营任务，向千万吨高原油气田目标迈出了更加坚实的一步。

三级储量再创历史新高。持续实施储量增长高峰期工程，探明了我国陆上较大的基岩气藏－东坪气田，基本探明了英东一号油田，发现了扎哈泉较大的整装致密油田。完成油气三级储量3.35亿吨，其中基本探明石油地质储量7448.5万吨、控制7056万吨、预测7246万吨；探明天然气地质储量590.5亿立方米、控制357.9亿立方米、预测231.4亿立方米。探井成功率45%，评价井成功率78%，油气发现成本1.02美元／桶。勘探工作量、三级储量、探井成功率等指标创油田新高，储量升级率、油气发现成本、探明天然气、控制石油储量等指标都排在股份公司前三位。连续四年实现油气储量快速增长。东坪、牛东坚持勘探开发一体化，实现了快速建产，新增天然气生产能力9亿立方米。扎哈泉扎7井，试油初期日产超过50立方米，稳定日产16立方米，增强了致密油勘探的信心。冷湖五号四高点冷94井试油日产11万立方米，为储量升级奠定了基础。非常规勘探有了新进展，柴页1井在侏罗系解释页岩气层73.5米/5层，每吨含气高于全国平均水平；完成了可燃冰前期调查，扎实推进了油钾兼探。

油气生产超额完成任务。开展“油气上产，建功千万”劳动竞赛，精心组织油气生产，完成油气当量756.8万吨，其中原油214.5万吨、超产4.5万吨，天然气68.06亿立方米、超产5.56亿立方米。结合油田的实际，精准发力，为引导油气开发赢得了主动。在精细开发、精细注水、优化产能建设、优选增产方案上下功夫，三率稳中有降，自然递减率12%、综合递减率7.2%、含水上升率0.43%，注水水质合格率达到90.5%。英东上产最为给力，在控制储量的基础上，新建原油产能35万吨，目前日产超过800吨，产能贡献率、产能到位率都是近几年最好的。难采储量实现效益动用，年产净增4万吨。“牛鼻子”工程扎实推进，单井产量同比增加0.06吨。组织天然气均衡生产，主力气田峰谷差控制在1.53，同比下降0.59，自然递减率7.79%，缓解了气田稳产压力。东坪牛东地区日产突破200万立方米，为天然气上产开辟了新的战场。加快周边小气田开发，马仙地区天然气日产超过175万立方米，盐湖气田达到5万立方米。优化生产组织运行，提高了油气水井的利用率，分别达到81.9%、72.7%和87.2%。天然气推价基本到位，增收4.4亿元。管输业务实现安全平稳效益运行，花格输油管道连续62个月无打孔盗油事件发生。LNG加大市场营销力度，利润超过千万元。

炼化生产改造齐头并进。以对标管理和班组绩效考核为抓手，炼化装置基本实现了安稳长满优运行。加工原油143万吨，超计划3万吨，吨油加工费全面受控，多项指标好于预期。认真组织国Ⅳ汽油产品质量升级改造，新装置试车、投运一次成功，生产出合格的国Ⅳ汽油产品。发挥小改小革的优势，采取低辛烷值汽油二次加工、拔头油重新分离等措施，消灭了90#汽油；通过改造膜分离联合制氢工艺和解吸气当甲醇原料，天然气单耗降低***立方米／吨，年节约成本****万元以上。经营状况大为好转，全年减亏***亿元。加大污水治理力度，三级防控体系全面建成，外排污水达到了国二排放标准。

工程技术服务再添利器。优化产能建设方案，大力实施“三提”工程，东坪英东摆战场再创新纪录，机械钻速、建井周期、完井周期均达到股份公司第二阶段提速目标。推广应用水平井，东坪H102井日产突破50万立方米，创天然气单井日产之最，兑现了年初的承诺。规模应用多层多段压裂、带压作业等技术，推广应用新型膨胀管补贴、穿心打捞、井下视频等工具，充分发挥连续油管等设备的优势，加快井下作业速度，减少了占井时间，保证了正常生产。尤其是连续油管作业总工作量和单机工作量均排在集团公司前列，得到了集团公司好评。打造移动办公平台，注册用户达16431人，网上审批用户617人，实现了移动办公，提高了工作效率。英西三维采用了世界先进的“高密度、宽方位”采集技术，获得了高品质的地震资料。积极协调，全力推进电量置换，实现收入1228万元。

重点工程建设多快好省。全年安排建设项目27项，完工投运21项。柴北缘天然气管道仅用110天顺利建成投运，实现当年设计、当年开工、当年投产、当年见效的好成绩，成为柴北缘天然气外输的大通道，为天然气外输夯实了基础。加快英东油田、东坪气田产能配套工程建设，大规模应用标准化设计、模块化施工，修改标准化设计定型图32套，应用标准化模块82个，加快了建设速度，提高了施工质量，英东接转站等一批模块化工程建成投运。持续协调LNG铁路运输试验，并在青藏线格拉段试验成功，填补了国内空白。

经营管控水平稳步提升。开展管理诊断下基层活动，诊断问题及需求六大类84项，基本找准管理短板和瓶颈，制定了相应对策。建立投资成本联动机制，加强大预算管理，成本切块下达，投资规模和完成率双双创油田新高，回报率连续6年超过16%。严把市场准入关，强化合同管理，运行效率显著提高，合同数量、合同金额同比分别增加 12% 和 32%。合理确定工程造价，简化优化结算流程，实行投资全覆盖审核，审减投资 *** 亿元。开展物资清查，降库利库 *** 万元。加大财务稽查、审计、纪检联合履职力度，问题早发现、早处理，堵塞了管理漏洞。全年实现经营收入 *** 亿元（含内部收入），实现利润 *** 亿元，上缴税费 *** 亿元，完成投资 *** 亿元。

科技攻关取得新的成绩。搭建大科技平台，发挥“三院五中心”技术优势，以攻克勘探开发技术瓶颈为立足点，实行产学研联合攻关，全面完成了柴达木盆地重大科技专项二期第一阶段工作，取得了 18 个方面的重要成果，形成了 8 个方面的技术亮点，特别是在扎哈泉地区沉积储层、狮子沟和英雄岭地区成藏要素、阿尔金山前基岩风化壳等方面和研究上均达到了较高水平，为增储上产提供了有力的科技支撑。大力加强数字油田建设，三个生产指挥中心顺利投运，油气生产物联网建设有序推进，新建的集油站、集气站、注水站和老油气田改造全面实现数字化，提高了生产组织的协同性。6 项科研成果获省部级以上奖励，首次获得国家能源科技进步奖，连续 5 年获青海省科技进步一等奖，申报专利 63 项，授权 27 项。

体系执行力度持续加大。深刻吸取“4.14”、“4.19”、“6.09”事故教训，实行安全生产升级管理，严抓严管严防范，杜绝了安全事故再次发生。严格落实六条禁令，组织开展“学规范性安全规程，反习惯性违规违章”活动，全面分析查找安全隐患和管理薄弱环节，“三违”现象明显减少。持续加大 HSE 体系审核力度，组织内审 2 次，接受外审 5 次；开展岗位责任制大检查，查出问题 1794 个，整改 1734 个；加大 HSE 巡回监督力度，督促关闭隐患、整改违章，风险管控能力得到进一步提升。组织开展全员 HSE 知识竞赛，强化全员安全意识，提升风险识别和防范能力，为建立安全生产长效机制提供保障。加大环保节能工作力度，实现了主要装置生产和基地污水零排放、生产生活污水达标排放；格尔木热电联供项目顺利实施，节能降耗可达 500 万元，保温效果达到预期；完成了乌南油田油气密闭集输工艺流程改造，杜绝放空，日回收伴生气 3 万立方米，年增效 850 万元；持续推进油改气，完成修井机、车辆油改气 52 台套，节油率超过 50%，单机组年节约成本约 14 万元。

发展成果惠及职工群众。多方争取政策和资金，维修改造了部分年久失修的小区和公寓，改造住宅平面小区 2 个，完成格尔木石化基地和西宁七一路 40 栋住宅楼节能改造，新建住房 835 套，其中英东小区建成投用 288 套，开工建设昆北小区 547 套，回购配售公租房 250 套，有效缓解了基地住房紧张的矛盾；改造了花土沟 246 套公寓、维修并重新配套 203 套腾空住房，1100 名员工迁入新居，改善了一线职工的居住条件。组织了东坪游苑大规模的义务植树活动，植树 2.6 万株，新增绿化面积 8 万平方米，完成了封闭环形道路、绿化配套设施，为今后小区建设打好了基础。牛奶场改造竣工投用，为职工家属喝上“放心奶”提供了有力的保证。建成投运了“一站式”服务大厅，实现了“一卡通”水电气收费；“440”落实“三好三快”工作法，维修达 2.5 万户次，打造了矿区特色服务品牌。启动收费制度改革，实现了物业、供暖收费一次到位。医疗服务诊疗 28.78 万人次，完成健康体检 2.38 万人次，开通了小区网络体检查询系统。花土沟食堂不断改善服务质量，日供主副食品超过 100 种。积极争取地方政府惠民政策，争取资金 6437 万元，计划生育家庭养老保险补助金、高龄老人补贴等全部到位。严格落实维稳责任制，及时协调解决职工群众的利益诉求，总经理（书记）信箱信件办结率超过 96%，打造了和谐稳定的发展环境。

党建凝心聚力保障发展。深入学习贯彻习总书记系列讲话和十八大精神，用中国梦凝聚中国力量，以作风建设提振团队合力，扎实开展党的群众路线教育实践活动，深入查摆“四风”问题，认真制定整改措施，下大力气解决职工群众关心的热点问题。突出整治“文多、会多、检查多、报表多”四多和“办公室超标、公务用车超标、接待标准超标”三超问题，出台了 4 项禁止性规定，制定了转变作风、厉行节约、联系群众等配套制度，下大力气整治“舌尖上的浪费、车轮下的铺张”等突出问题，用油田的“紧日子”换取职工群众的“好日子”。端正了学风会风，清新了党风企风，发文数量和会议次数明显下降，油田公司业务招待费同比减少 20%，其中公司机关业务招待费同比减少 33.3%，勤俭节约蔚然成风。持续创建“四好班子”，基层组织的战斗堡垒作用和党员先锋模范作用得到充分发挥；工会、共青团工作成效显著，激发了全员创业热情。严格落实党风廉政建设责任制，加大惩防腐败力度，对 8 名违纪人员和 6 个单位进行了严肃处理，营造了廉洁从业良好氛围。一年来，有 6 个集体、66 名个人获省部级以上表彰，其中 2 人荣获全国“五一”劳动奖章，2 人荣获“中央企业劳动模范”称号，油田获青海省模范劳动关系和谐企业，井下作业公司获全国“五一”劳动奖状，采油一厂获“全国工人先锋号”，格尔木炼油厂赵婷获“全国道德模范”提名奖和“中央企业道德模范”称号，机械厂陈洪鑫被评为青海省“十大最美青工”。

这些成绩的取得，是集团公司党组、股份公司管理层和省委省政府高瞻远瞩、正确领导的结果，凝聚了全体职工家属和离退休老同志的共同意志、共同努力，得益于各驻矿单位和地方政府的热情支持、鼎力相助。在此，我代表油田公司党委和油田公司，向全体职工家属、离退休老同志和兄弟单位，表示衷心的感谢和崇高的敬意！

二、准确把握面临的机遇和挑战

改革开放是党在新的时代条件下带领全国人民进行的一场新的伟大革命，十八届三中全会吹响了全面深化改革的新号角，明确了今后一个时期我国改革的总体思路，拉开了国企深化改革的序幕。站在新起点，展望油田梦，实现有质量有效益可持续发展，这是时代赋予我们的神圣使命，需要准确面对改革的新形势，准确把握发展的风向标，汇集起建成千万吨、共圆油田梦的磅礴力量。

一是发展处于重要战略机遇期的基本判断更加明确。党的十八大描绘了实现中国梦的宏伟蓝图，十八届三中全会对全面深化改革作出总体部署，必将进一步解放和发展生产力，增添发展的内生动力，激发市场活力。中央经济工作会议指出，我国经济长期向好的基本面没有变，但处于增长速度换档期、结构调整阵痛期、前期刺激政策消化期的“三期叠加”时期，稳中有忧、稳中有险，必须积极应对，坚持稳中求进、改革创新、提质增效的工作总基调，以改革促进创新发展。

二是建成千万吨高原油气田的支持更加给力。集团公司和股份公司多次强调，柴达木盆地油气资源丰富，是第四大气区，发展潜力很大，将一如既往地支持青海油田加快发展，建成千万吨高原油气田的目标不变、信心不变、投资支持力度不减。各级地方政府也将在政策和资金上一如既往地给予关注和支持，希望我们咬定千万吨目标不放松，坚定信心，加快节奏，争取在“十二五”末向着千万吨迈出坚实的一步。

三是职工群众对实现油田梦的期盼更加强烈。依靠职工抓发展，全心全意惠民生，凝结了宝贵的思想基础，汇集了奋进的民意资源，保持了箭头向上的发展局面，特别是昆北、英东、东坪和扎哈泉四个亿吨级油气田的发现，进一步夯实了发展基础。建成千万吨、实现油田梦是几代青海石油人梦寐以求的美好夙愿，也是中国梦、石油梦在青海油田的具体体现，更是坚定文化自信、目标自信和能力自信的发展自觉，油田广大职工家属对此无不热切期盼。我们要不断释放改革发展的红利，营造参与者兴业、劳动者创业、奉献者有业的环境，让一切创新创造的源泉充分涌流，让每一位热爱石油事业的有志者把青海油田当成自己的梦想空间、机会空间、奋斗空间，凝聚成同心同德共筑油田梦的强大力量，共同成就油田梦的伟大实践。

发展并非坦途，挑战不容忽视。摆在我们面前的还有四个方面的压力，绕不开、躲不过，必须积极应对。

一是储量不足的压力。经过几年的努力，勘探有了实质性突破，储量有了大幅度增长。但从发现到探明、再到建成，需要有一个漫长的过程，目前已探明储量还不能支撑油田走上发展的快车道，油气储量不足的矛盾还比较突出，尤其是天然气储量更是急中之急，急需探明天然气地质储量 1000 亿立方米。

二是持续稳产的压力。虽然油气当量突破 760 万吨，但自然递减率、综合递减率居高不下，已成为影响油田有质量有效益可持续发展的主要矛盾。近几年原油产能建设区块优选难度大，加上产能建设到位率偏低，直接影响了投资回报率和产量到位率。产能到位率低、递减快仍然是油气开发的主要矛盾。上得去、稳不住依然是老大难问题。工程技术创收稳不住，矿区服务增效稳不住，都需要认真对待。

三是安全环保的压力。油田仍然处于安全严管的初级阶段，基础还很薄弱，每年都有伤亡事故的发生，无一例外都是“三违”现象导致，究其原因都表现为管理逐级弱化，执行层层衰减，操作步步走样，建立安全生产长效机制任重道远。随着国家对环保的要求和考核愈发趋紧，环保工作也需要在技术升级上做好“加法”，在污染减排上做好“减法”，实现清洁生产、绿色发展。

四是管理薄弱的压力。青海油田是老油田，却是一支新队伍，加之业务跨度大、管理战线长、队伍分布广、职工队伍新等因素的影响，发展质量效益不高，稳增长、调结构、转方式的任务依然十分艰巨；支撑发展的动力和活力不足，攻坚克难、深化改革的任务依然十分艰巨；干部队伍中作风不正、脱离群众、消极腐败现象以及能力不适应的情况依然存在，抓基层强基础、转作风提素质的任务十分艰巨。

要成改革事，先做改革人。要把中央精神理解透，把自身问题分析透，把改革方法研究透，积极承接上级改革部署，坚决执行改革决策，既要有想法还要有办法，既要提问题还要作答案。善于抓住机遇，勇于接受挑战，牢牢把握发展的主动权，树立“功成不必

在我”的意识，要有挽起袖子、甩开膀子的气势，要有踏石留印、抓铁有痕的决心，发扬“钉钉子”精神，实干、苦干加巧干，不贪一时之功，不图一时之名，坚持一锤接着一锤敲，一茬接着一茬干，把油田梦的美好蓝图一步步变为现实。

三、2014年主要工作安排

2014年是全面贯彻落实党的十八届三中全会精神、全面深化改革的开局之年，也是推进有质量有效益可持续发展的关键一年，做好今年的工作至关重要。要紧紧抓住青海省转型发展、大有可为的战略机遇期，落实全面深化改革的部署，进一步激发发展的内生动力和活力，牢牢把握各项工作的主动权，推动油气勘探开发和各项工作再上新台阶。

2014年工作的总体要求是：认真学习贯彻党的十八大精神，认真落实集团公司党组和省委的决策部署，紧紧围绕千万吨高原油气田目标，坚持稳中求进、改革创新、提质增效工作总基调，突出发展油气主营业务，着力抓好安全生产和廉洁从业，不断提高发展质量和效益，进一步提高工程技术服务水平，继续保障和改善民生，努力提升党建科学化水平，推进油田有质量有效益可持续发展。

总体思路是：解放思想谋勘探　储量实现两亿吨
深化改革促发展　产量突破八百万

主要工作目标是：

新增油气三级储量2亿吨，其中探明石油地质储量5000万吨、控制4000万吨、预测4000万吨，探明天然气地质储量200亿立方米、控制200亿立方米、预测300亿立方米。

石油液体产量220万吨、天然气产量70亿立方米（奋斗目标73亿立方米），注水量819万立方米。新建及调整原油产能40万吨，新建及调整天然气产能7亿立方米。油田综合递减率控制在7.2%以内，天然气递减率控制在8%以内。

加工原油130万吨，生产汽油43.18万吨、柴油60.53万吨、甲醇11.47万吨、聚丙烯2.12万吨。

按原油100美元/桶测算，预算收入314.03亿元（含内部收入）、预算利润61.17亿元，实现税费41亿元。完成投资50亿元，投资完成率达到95%以上。

工业生产安全事故百万工时死亡率＜0.02，杜绝一般A级及以上安全事故，“三废”达标排放，实现零污染；节能0.8万吨标煤、节水22万立方米。党员干部及关键岗位人员无重大违纪违法案件。不发生规模性群体事件和非正常赴省进京访。

为确保上述目标实现，重点抓好以下六个方面的工作：

（一）突出主营业务，做好增储上产大文章。加快发展是解决一切问题的关键和基础。省十二届五次全会上，郝鹏省长指出：“要着力提升能源和资源支撑能力，力争在石油、天然气等矿产资源勘探上取得较大进展。大力培育和发展特色产业，持续打造青藏高原千万吨级油气基地”。历史的经验再次提醒我们，只有做优做强主营业务，才能牢牢把握发展的主动权。

以效益勘探为中心，寻找规模储量。坚持“油气并举、以气为先”的勘探方针，始终把油气勘探作为重中之重，强化科学部署和精心设计，推进项目管理，立足有利区带，进一步提高探井成功率，实现规模增储，提高勘探效益，力争储量替换率大于2。把握石油勘探主动权，持续扩大勘探成果。坚持柴西南富油凹陷找油的格局不变，主攻狮子沟－英雄岭构造带，探明英东，突破英中－英西；深化致密油成藏研究，实现扎哈泉新拓展，进一步扩大含油面积和储量规模；积极探索新区，在茫东、阿尔金山前等有利区带甩开预探；精细开展老区再认识、再评价，深化砂西周缘油藏认识，实现老区新发现。打好天然气勘探攻坚战，推进储量快速增长。阿尔金山前带坚持地震先行，积极推进勘探开发一体化，以基岩和侏罗系为重点，突破牛中、拓展牛东，准备冷北、尖北，实现规模增储；祁连山山前带强化目标论证，主攻驼南断阶上下盘，实现规模发现；冷湖构造带深浅兼顾，扩展冷湖五号，实现效益增储；加大甩开预探力度，力争有新的突破。持续推进风险勘探，努力寻找新的接替区。注重前期研究，落实有利目标，探索柴西E_3^2碳酸盐岩、阿尔金山前西段、柴西北油型气等有利目标，尽早在“三新”领域实现战略性突破。加大非常规勘探力度，开辟新的储量增长点。争取国土资源部等部门支持，加大页岩气、可燃冰、钾盐、油砂等方面的投入，落实资源基础，评价有利区块，力争实现小规模工业化试生产。加强矿权管理和保护，充分利用多渠道资金投入，实现保护和发现同步。

以精细开发为手段，加快上产步伐。随着经济社会的发展，对能源的需求明显增加，为油气上产提供了难得的发展机遇。抓好老区开发，筑牢稳产基础。突出抓好精细注水，重点加大尕斯E_3^1、N_1-N_2^1油藏以及昆北油田注水专项治理力度，完善英东一号构造上盘、切十六井区注采配套，实现有效注水，提高水驱动用程度。持续开展油气藏精细描述工作，重点抓好英东一号构造上盘、砂西N_1-N_2^1、马北八区块、七个泉油田等区块的油藏精细描述，提高采收率，增加可采储量。深入推进二次开发工程，继续做好尕斯油田深部调驱工艺试验。加大排水采气力度，整体开展防水、治水先导性试验，攻克水平井找堵水难题，推进增压开采，实现气田长期稳产。优化产能建设，加快新区上产。引导产能建设向市场、管理、质量要效益，以开放促改革、促发展、促转型，实现由数量型向质量效益型的转变。进一步优化产能建设方案，优质高效抓好英东油田、东坪气区产建任务，实现当年贡献率达到50%、次年到位率达到100%的目标要求。紧紧扭住提高单井产量“牛鼻子”工程，新井平均单井日产分别达到4吨、4万立方米以上。认真组织两东、平台、冷湖五号等区域的试采评价工作，不断扩大生产区域。争取多方支持，加大改革开放力度，尝试难采储量合作开发新机制，实现规模开发。打造精品工程，增强上产后劲。认真落实“369”要求，建设柴北缘天然气管道支线和110千伏供电线路等重点工程。更新改造尕斯联合站天然气处理装置，新建涩北气田增压一期工程，论证南翼山30万吨联合站及长输管道工程，为油气“产得出、上得快、输得走”提供有力保障。

以产品升级为契机，改善炼化效益。坚持生产检修、升级改造“两手抓，两手硬”，优质高效完成炼油装置和30万吨甲醇装置大检修，抓好安全隐患整治工作，实现检修零事故、开厂一次成功，为下一个“两年一修”奠定基础；实施国Ⅳ柴油产品质量升级改造，确保质量进度安全投资全面受控，按期投产。优化产品结构，增加高效产品比例，提高综合商品率。以效益为中心，合理安排甲醇产量，控制天然气单耗，降低单位加工费和能耗。深化对标管理，全面推广班组绩效管理。抓好炼油300万吨扩能和国Ⅴ产品质量升级改造前期研究工作，力争取得实质进展。

以安全平稳为目标，抓好管输工作。科学调整运行参数，优化组合管输方式，提高输送能力。加强管道巡护，论证涩格双线高低压分输运行方案，加大油气管线占压清理工作。优化天然气供配格局，抓好产输销配供五个环节，发挥“哑铃”效应，不断满足用户需求。充分利用“三防”手段，确保安全平稳运行，杜绝打孔盗油和环境污染事件的发生。持续开展节油、节气、节电等节能降耗工作，降低管输成本。

（二）突出发展质量，做好转变方式大文章。调整业务结构和转变发展方式是油田发展的两大任务，是实现提质增效升级的治本之策，将转变发展方式作为改革创新的根本出路，优化结构调整，创新方式方法，以提质增效促进油田全面发展。

技术服务瞄准高端，推进特色化、集约化。有序退出低端、无效业务。紧紧围绕油气主营业务，配套增储上产技术保障能力，提高大修、侧钻等作业市场占有率，实现作业向技术密集型转变。坚持效益优先，推进市场化运作，钻井业务实行分块整体包干，与产能和投资挂钩；开放井下作业低端低效业务，创新措施作业管理模式，加强前期论证和过程监督，加大效益评价，与油水井免修期、产量挂钩，改善措施效果。推进测试技术进步，当好勘探开发的“眼睛”，提高测试成功率。

工程服务做优保障，推进专业化、差异化。按照保油气就是保质量保效益的要求，严格控制市场化供给程度高、投入产出比低的业务投资力度，促进资源合理配置。推进发供电、转供水专业化管理，做到合理发电、效益供电，降低运营成本。持续完善水电气路讯等基础设施，提高生产保障能力。加大机械设备、化学助剂等产品研发力度，推进产品质量升级，形成特色产品。实施物资采供专业化管理，集中采购达到90%以上，降低采购成本，盘活积压库存。严格控制工程技术服务队伍用工总量，严禁转包、分包工程量，突出效益发展。

矿区服务提升质量，推进市场化、社会化。做好民生工作是一项长期任务，只有起点，没有终点。引进社会职能，落实惠民政策，引入社会资源，提升服务质量，平稳推进收费制度改革。开展水电气对标管理，降低损耗。做好医疗保险移交地方工作，保持待遇，平稳移交。进一步完善住房工作，抓好公租房的配售。酒店服务业务要增强市场意识和品牌意识，提高增收创效能力。发挥“一站式”服务大厅、“440”热线的优势，进一步完善投诉责任追究制度。

机关服务贴近一线，推进规范化、高效化。以提升服务水平为重点，明确管理职责，落实首问负责制、限时办结制，强化服务职能，提高运行效率。大力倡导为民务实清廉的作风，规范调研、检查、会议的行为，完善各类活动的审批管理办法。减少内地出差，鼓励深入盆地、深入一线、深入车间队站，与职工群众同吃同住同劳动，构建机关与基层联动的工作机制，解难题、办实事，提高管理质量和效率。

（三）突出效益主题，做好深化改革大文章。今年是改革之年，要树立效益意识，提升创新能力，从职工群众最期盼的领域抓起，从制约油田发展最突出的问题改起，推出一些立竿见影的改革，切实做到胆子大、步子稳。

优化投资结构，向管理要效益。把有限的资金用到打基础、调结构、增后劲上，优化完善公司管控模式，认真落实规模服从质量效益的要求，将投资向效益好、产出比高的业务倾斜，确保投资内部收益率大于12%，杜绝计划外项目和超计划投资，减少低效无效投入。推行项目全生命周期考核，持续实施“设计+施工+监理”施工模式，建立项目考核与业绩兑现挂钩机制，保证新上项目达产达标可追溯，引导从要投资向要效益转变。加大无效和低效资产清理处置力度，提高资产质量。充分发挥内控、稽查、审计和效能监察的作用，有效防范经营风险。强化造价管理，加快工程结算进度，加大资金管理和清欠力度，防范资金风险。

优化成本结构，向节约要效益。加强源头控制和过程管理，建立全面预算、对标管理、决算考核的全过程成本管控机制，实行投资、成本、薪酬总额切块管理，强化生产经营分析，有效遏制成本过快增长，降低各环节的成本费用。加强财务管理，完善成本效益激励机制，加大费用性支出的管控力度，发挥成本最大效能。严格市场准入审查，规范招投标管理，加大公开招投标选商力度，确保公开公平公正。树立节约意识，从节约一张纸、一度电、一滴水做起，让节约成为每个人的自觉行动。强化非生产性费用管控，非生产性费用下降10%，其中业务招待费压缩50%。

优化体制机制，向转变要效益。加大工效挂钩力度，简化优化考核指标体系，提高效益类指标权重，形成重业绩、重贡献、重效益的政策导向。建立完善薪酬与利润、油气商品量、工作量等指标挂钩的考核机制，以薪酬杠杆调动油气生产单位增产增效、工程技术服务单位创收增效、矿区服务单位降本增效的积极性。发挥市场在资源配置中的决定性作用，使关联交易价格贴近市场。

优化组织运行，向市场要效益。按照效益最大化原则，调整销气结构，提高商用比例，实现量价齐增。注重均衡生产，减少生产波动，缩小天然气峰谷差，合理利用价格机制，调整供配格局，抓好产输销关键环节，拓展周边市场，积极发展冬季可中断用户和夏季高峰用户，削峰填谷，确保平稳运行。LNG、CNG依托青海、开拓周边，寻找高效益地区，做到最佳产量与价格相匹配。持续完善服务功能，探索社会化、市场化服务新机制，有序推进环卫、保洁、绿化等业务外包，组织好幼儿园社会化经营改革试点。

（四）突出创新驱动，做好科技人才大文章。加强科技资源统筹融合，建立油田为主体、市场为导向、产学研紧密结合的技术创新体系，改革科技管理体制，促进管理科学化和资源高效利用，建立以能力和成果为主的人才评价体系。

加大科技攻关力度，提供技术保障。借助柴达木盆地重大专项二期，发挥“三院五中心”作用，坚持科技攻关与效益相结合，培育具有盆地特色勘探开发理论，推进成果的有机融合和应用转化，攻克山地地震、水平井、体积压裂改造、精细注水和长周期免修技术，加大页岩气、致密油等技术配套，完善理论支撑和技术储备，打造油田核心勘探开发技术。认真研究科研经费管理和使用办法，鼓励自主创新、自主研究，逐步加大自研项目比重，严格控制外协项目和经费，均控制在25%以内。落实项目长负责制，做好项目跟踪，加快成果转化和后评估，提高科研项目投资回报率。科研成果应用率大于85%，科技增效8000万元以上，申报专利不低于10项，获得省部级奖励不少于2项，组织申报国家级奖项，争取早日实现“零”的突破。

加大数字油田建设力度，提升运行水平。按照“统一设计、分步实施、集中建设”的原则，加强顶层设计，整合相关资源，推进数字油田建设应用一体化。充分发挥三个生产指挥中心的作用，优化数据处理平台，提升准确传输、快速查询的能力。加快以ERP为核心的信息系统应用集成和物联网建设，积极引进云计算等技术，启动油田开发平台和数据库建设，抓好综合管理信息共享平台建设与应用。完善信息安全体系，健全信息标准规范，确保数据采集传输、远程控制、深度应用的实时性和准确性，借助信息技术促进科技创新、管理创新，实现资源共享、数据共享，提高劳动生产率和管理效率。

加大人才培养力度，提供智力支持。加强“三支”队伍建设，倡导广大员工体面劳动、舒心工作、全面发展，不断提高全员素质。充分发挥党校和实训基地作用，坚持理论培训与实践锻炼相结合、岗位培养与派外学习相结合、短期培训与职业教育相结合，实行“订单式”培养，加快培养一批复合型管理人才、专家型技术骨干和领军型技能人才。打破身份界限，实施专业技术岗位竞聘，易岗易薪，激发活力，多做贡献。继续开展职业技能竞赛、专家工作室、职工技术创新工作室、命名班组等活动，鼓励岗位成才。充分发挥班组长的作用，打牢基层安全生产、效益发展的基石。改进人才选拔使用和监管制度，建立优胜劣汰、能上能下的用人机制。统筹优化盆地内外人力资源配置，鼓励优秀人才向盆地一线合理流动。

（五）突出风险防控，做好基础管理大文章。实施安全环保、维护稳定、反腐倡廉三大基础性工程，健全完善风险防控体系，提高本质安全水平，营造和谐矿区，建设阳光油田，为深化改革创造良好发展环境。

坚持安全第一责任，实现安全发展。认真汲取事故教训，积极推进安全生产"党政同责"和"一岗双责"，坚持对安全事故、"三违"现象、安全隐患"零容忍"，进一步完善安全生产量化考核体系，实行安全生产和重大安全生产事故风险"一票否决"。抓好HSE体系建设和规范运行，探索体系审核和评估定级，并与考核挂钩。认真落实有感领导、直线责任、属地管理，严格执行"六条"禁令，加大挂牌督办和安全隐患排查力度，加快治理"低老坏"现象，加大对重点领域、关键环节、要害部位的监管，特别要加大对炼化装置、油气场站、长输管道、居民用气等重大风险源的实时监控。突出应急预案的适应性和可操作性，开展公司级应急演练不少于5次。严格作业许可和升级管理，强化工艺安全和承包商安全管理，有效防范和坚决遏制违规行为导致的安全事故，构建安全生产长效机制。

坚持环保第一要求，实现绿色发展。坚持在保护中发展、在发展中保护，不断加大环保工作力度，牢固树立环保优先的发展理念，既要"金山银山"，又要"绿水青山"，努力打造美丽油田。加大节能减排力度，加快推进加热炉提效、"以气代油"和伴生气回收等工作进度，抓好绿色队站、绿色装置创建活动，淘汰高耗能、低效生产设备，提高能源利用效率。加大环境隐患整改力度，实施格炼催化裂化装置烟气脱硫脱硝项目、污水稳定达标排放，加快实施涩北气田生产污水回注工程，充分发挥污水处理厂和油泥处理厂的作用，加强重点排放口、重点污染源和重大风险源的监管和整治，力争消灭"三黑"，确保油气生产零排放、施工作业零污染、厂区、矿区达标排放，杜绝环境污染事件的发生。

坚持稳定第一防线，实现平安发展。稳定是底线，需要用铁的纪律来保证。广大党员干部都要不折不扣地贯彻执行集团公司党组和油田公司党委的决策部署，做到任何情况下政治信仰不变、政治立场不变、政治方向不偏，牢记肩负的责任，强化执行力，确保稳定职责落地见效。要坚持重心下移、关口前移、主动下访，及时关注和掌握重点时段、重点群体和重点人员的动态，并进行重点帮扶，将不稳定因素消除在萌芽状态，减少重访、缠访，杜绝规模性群体访。规范劳务用工管理，杜绝违法用工，降低用工风险，同时要加强施工队伍的用工管理，防止拖欠农民工工资。落实24小时值班制度，加强舆情监测。畅通民生民情民意反映渠道，提高总经理（书记）信箱信件办结率。抓好"三防"工作，加大社会管理综合治理力度，打造平安油田。

坚持廉洁第一准则，实现健康发展。反腐倡廉是执政第一防线，认真落实一把手不直接分管财务和个人事项报告制度，推行"七项经费"支出常态化监管，创新纪检干部管理方式，加大渎职查处、失职追究、不尽职问责的力度，对违法违纪和腐败问题有案必查、有贪必肃，坚持对腐败"零容忍"，凝聚反腐倡廉的正能量。认真落实廉洁从业规定，抓好正反典型和警示教育，尤其要加强对重点部位和关键环节的监控，自觉落实"三重一大"决策制度，探索建立大监督格局，组织开展专项监督检查，杜绝违反财经纪律的行为。深入开展巡视、离任审计、效能监察和稽查活动，有效防控廉洁风险，促进干部清正、企业清廉、政治清明，油田上下风清气正。

（六）突出政治保障，做好和谐发展大文章。推动事业发展，党的领导是关键。习近平总书记明确提出：党要管党才能管好党、从严治党才能治好党。共产党人要坚定信念，补好精神上的"钙"，对作风之弊、行为之垢来一次大排查大检查大扫除，切实增强从严管党治党的高度自觉。

学习贯彻全会精神，坚定改革发展信心。把学习贯彻习近平总书记系列讲话和十八大精神结合起来，坚持领导干部带头学，学习上深一步、认识上高一筹、实践上先一着，深刻领会精神实质，把握其中的立场观点和方法。带着问题学，努力解决油田发展建设中的重大问题、职工群众反映的突出问题。抓好广大党员和职工群众的学习，采取巡回宣讲、座谈讨论、网上答题等方式，向广大职工群众讲形势送政策、讲任务送措施、讲目标送信心，激励干部职工为实现油田梦贡献力量。

巩固教育实践活动成果，提高党建工作水平。坚持"严"字当头，集中力量彻底整改"四多三超"等问题，确保整改成效让职工群众看得见、感受得到，让大多数人满意。加强基层党建工作，大力倡导爱国敬业诚信友善，注重宣传教育和示范引领，推动社会主义核心价值观内化于心、外化于行，成为共同价值追求和自觉行动。深化"六个一"党支部创建，进一步增强凝聚力、战斗力。认真贯彻执行中央八项规定和集团公司二十条规定，形成反"四风"的长效机制，促进作风进一步转变。按照信念坚定、为民服务、勤政务实、敢于担当、清正廉洁的好干部标准，完善理论测试、一线锻炼、初始提名、考德考绩等机制，选准用好干部，加强“四好”班子建设，推进干部交流，抓好后备干部和优秀年轻干部的培养，增强破难题、引领发展的能力。

大力弘扬优良传统，提升发展软实力。大力实施文化兴油战略，学习大庆精神铁人精神，弘扬柴达木石油精神，广泛开展学习先进英模事迹活动，激发职工热爱石油、奉献石油的干劲。实施“企业文化创新提升工程”，重点推进安全文化、廉洁文化、节约文化建设，不断创新理论武装人、舆论引导人、精神激励人、文化塑造人的工作，赋予柴达木石油精神新的时代内涵。组织创业59周年、送文化下基层等系列活动，持续充实广场文化内容，丰富职工家属的业余文化生活。邀请国内主流媒体到油田采访，宣传重大发展成果。深入推进“十、百、千”班组创建活动，选树典型，激发热情，形成“比学赶帮超”的良好氛围。

积极推进民生建设，努力构建和谐油田。保增长就是保民生、保生态、保稳定，在追求发展的同时，多干打基础、利长远的事情，努力把实事办成好事，优先保障“基本民生”，加大扶贫力度；切实关注“热点民生”，争取在就业和薪酬增长上取得新进步。重点抓好东坪游苑千套住宅建设，规划好格尔木创业家园，进一步改善住房条件；做好盆地大龄员工和困难家庭员工的有序退出，妥善解决子女就业问题，解除职工家属的后顾之忧；建好平价药店，方便职工群众；做好有偿解除劳动合同退休人员与正常退休人员的并轨管理；丰富菜篮子供应品种，开辟绿色蔬菜直供渠道；组织实施住宅小区、单身公寓和基地硬件配套改造，进一步改善生产生活环境。持续开展“送温暖”活动，帮扶特困群体。加强食品药品安全监管，完善15分钟社区医疗圈，组织好全员健康体检。认真落实老同志“两项待遇”、“六个老有”。认真履行“三大责任”，推进企地共建，支持新农村建设，树立央企的良好形象。

发挥桥梁纽带作用，掀起建功立业新热潮。发展需要实干，改革需要行动。面对改革大考和发展重任，各级干部和广大党员都要有矢志不移、敢打必胜的决心，调动一切力量，推进厂务公开、党务公开，签订好集体劳动合同，深化民主管理，充分发挥主人翁作用，维护好职工群众的合法权益。持续推进“三赛”、“三评”活动，调动职工群众创业的主动性和积极性。深入开展“巾帼建功五个一”活动，促进女工岗位成才。加强青工思想教育，深化技能提升、自主创新、安全创优等实践活动，充分发挥突击队和生力军作用，引导广大团员青年为油田发展建功立业。

各位代表、同志们，我们的事业任重道远，我们的未来充满希望。让我们紧密团结在以习近平同志为总书记的党中央周围，在集团公司党组和青海省委的坚强领导下，锐意进取、改革创新，谱写改革开放的新篇章，创造勘探开发的新业绩，为实现青海油田有质量有效益可持续发展而努力奋斗！

在“同心共筑中国梦、老少共话油田梦”演讲比赛上的讲话

高云建

2014年5月28日

各位来宾、同志们、同学们，大家好！

刚才，聆听了一场精彩的演讲，我很有感触。这是青海油田老年、青年、少年三代石油人共聚一堂同心同德憧憬“中国梦”、“油田梦”聚集正能量的活动。44位选手的演讲，内容丰富，形式多样，有的畅谈了人生梦想，也有的畅想了油田和祖国的未来，抒发了爱国情怀。虽然演讲内容角度不同，侧重不同，但都与油田梦和中国梦联系在一起，表达了对油田美好未来的期盼，实现强国之梦的信心，达到了展示风采、教育引导、增强信念的目的。

演讲的老同志充分展现了老一代柴达木石油人的爱国创业奉献、心系油田老有所为的精神面貌，青年员工展示了年轻人“接过枪、站好岗”建功立业的蓬勃朝气，青少年表现出旺盛的思想活力和奋发图强的壮志。按照演讲比赛规则，评出了一等奖、二等奖、三等奖及优秀奖。整体而言，演讲比赛很成功，选手们精心准备、充分思考，下了一番功夫，精彩的演讲让人感动，出色的表现赢得喝彩。在此，我代表油田公司党委、油田公司及油田关心下一代工作委员会向所有的获奖选手表示热烈的祝贺！

多年来，油田公司党委一贯重视关心下一代工作。2012 年集团公司关心下一代工作会议召开之后，根据集团公司关于关心下一代工作指导意见，油田公司制定了实施意见，对油田关心下一代工作提出总体要求，明确了主要任务，制定了工作原则，完善了组织建设。油田关工委坚持以党的十八大精神为指导，深入贯彻落实科学发展观，以全面提高青少年的思想道德素质、科学文化素质和健康素质为基本目标，围绕领导班子建设好、骨干队伍作用好、制度健全执行好、积极探索创新好、活动经常效果好“五好”行为准则，充分发挥老干部、老专家、老教师、老模范、老工人“五老”传帮带作用，多方联手，以丰富多彩的活动形式开展革命传统、爱国主义、集体主义、社会公德、民主法制和科学技术教育，尽心尽力关心引导下一代健康成长。

“同心共筑中国梦、老少共话油田梦”系列主题活动是油田关工委系统深入学习习近平总书记讲话，将深化中国梦的宣传教育，同展示老年、青年、少年的精神风貌结合起来，引导青少年坚定理想信念、构筑精神支柱，积极投身实现“中国梦”、“油田梦”的生动实践。一是在油田全体中小学生中开展《美丽中国，我的中国梦》读书活动。二是组织动员 “五老”人员开展以“我的梦、油田梦、中国梦”为主题的征文活动，广大老同志以亲身故事、先进典型和鲜活事例为蓝本，认真撰写回忆录和心得感想文章，抒发对中国共产党的无限忠诚与热爱，歌颂伟大祖国繁荣昌盛和青海石油人的幸福生活。三是在读书和征文两项活动的基础上，在基地学校组织开展“老少共话中国梦”读书宣讲活动，引导青少年将个人梦想融入中国梦，体现出老少共同享有人生出彩的机会，共同享有梦想成真的机会，共同享有与祖国和时代一起成长和进步的机会，展示了老一辈石油人和青少年为实现共同理想而奋斗的坚定信心和决心。四是号召全体青工结合工作开展岗位讲述和学习大庆精神铁人精神及柴达木石油精神，坚定勤奋工作、敬业奉献、奋发大干的决心，引领青年员工继承发扬石油工业优良传统和作风，激发为油而战的热情，更好地为建设和发展美丽油田贡献力量。

成功和荣誉是付与有思想准备和付之行动的智慧者。活动的圆满是大家共同努力的结果。除了选手们的出色表现，离不开油田关工委对宣贯中国梦教育活动的高度认识、认真策划和精心组织，离不开油田公司团委、青海油田教育管理中心的协助配合，在此，我代表油田关工委向你们表示衷心的感谢！

深入开展中国梦的宣传教育活动，是贯彻落实党的十八大精神的重要内容，也是油田关工委今后一个时期的工作重点。青少年是祖国的未来、民族的希望。关心教育下一代，事关党的事业薪火相传，事关中国特色社会主义事业兴旺发达。油田关工委要在集团公司、青海省关工委组织的领导下，本着服务大局，解放思想，实事求是的精神，把理想信念的教育贯穿于中国梦宣传教育的全过程，紧紧围绕以下三个方面扎实推进关心下一代工作。

一是必须带着“功在当代，利在千秋”的强烈事业心和责任感抓工作，这是做好关心下一代工作的关键。要充分认识做好关心下一代工作的重要性和紧迫性，坚持与时俱进，把关心下一代工作作为基础工程来抓、作为希望工程来抓，作为战略工程来抓，并且要抓紧抓实抓好。

二是必须坚定“打铁须得自身硬”的决心切实抓好组织建设和“五老”队伍建设，这是做好关心下一代工作的基础。要主动协调有关部门相互联手，优势互补，资源整合，履行职责，更加有效地发挥“五老”的政治优势、经验优势、智力优势、威望优势，以重温《为人民服务》的精神，当好校外辅导员、社会监督员和服务员，积极参与面对面、心贴心、实打实的身体力行的公益行动，营造温馨和谐的社会氛围。

三是必须“把好中国梦时代脉搏”紧紧抓住用社会主义核心价值体系教育青少年这条主线，谋划好青少年喜闻乐见的活动，有重点地开展青少年思想教育，这是做好关心下一代工作的主要任务。“五老”队伍要以昔日为油而战的激情和风采，以亲身经历现身说法，引导激励广大青少年为实现中国梦贡献智慧和力量，动员油田广大青年团员立足岗位、勇于创新、锐意进取、扎实工作， 为千万吨油气田发展建功立业。倡导全体青少年志高存远，脚踏实地，从自身做起，从小事做起，从现在做起，把个人的抱负与实现中华民族伟大复兴的中国梦紧密联系起来，为实现国家富强、民族复兴、人民幸福的伟大“中国梦”而发奋图强，放飞青春梦想。

同志们、同学们，中国梦的本质是国家富强，民族振兴，人民幸福，实现中国梦要靠一代又一代有志青少年努力奋斗。新中国成立近65年、改革开放30多年，我们圆了民族独立梦、圆了百年奥运梦、圆了飞天航海梦，一个个更加美丽的梦想将会在一代一代中国人的不懈努力中梦想成真！建成千万吨的“油田梦”也必将在不远的明天得以实现！

在2014年度油田开发年会上的讲话

马力宁

2014年12月26日

各位领导、与会代表：

这次油田开发年会的主要任务是：总结交流2014年度油田开发的工作与成果，明确2015年的任务和重点工作部署，动员大家面对复杂的开发对象，进一步解放思想，积极应对挑战，加快改革创新，努力提质增效，推进油田开发业务“有质量、有效益、可持续”发展。

本次会议开的非常紧凑，它是一个学习会、交流会，更主要是一个总结会和鼓劲加油会。各单位 把手都亲自在台上讲，讲的都非常好，展现了一年来围绕油田开发所开展的工作和取得的成绩。不但总结了工作亮点，也剖析了工作中存在的问题，对2015年工作部署安排精心、到位。对下一步围绕存在问题和瓶颈怎么去解决，怎么去攻克，思路比较清晰，方法到位。在此对你们精彩的汇报以及原油生产单位、科研单位、工程技术服务单位一年来围绕油田开发所做的工作表示衷心的感谢！

2014年通过转变发展方式，创新工作思路，持续推进精细注水专项治理活动，大力开展精细油藏描述工作，稳步推进新老区产能建设、二次开发、措施优化及精细化管理等重点工程，各项工作有序推进，努力完成全年各项生产经营目标。预计到年底，完成石油液体产量***万吨，完成年计划的101.13%。比上年净增***万吨，重上2008年金融危机前水平。

根据会议安排，我代表油田公司作2014年度油田开发工作总结及2015年重点工作部署的报告。

第一部分 2014年油田开发主要工作与成果

一、原油生产指标完成情况

(一)原油产量

油田公司计划原油产量220万吨，全年预计生产石油液体产量***万吨，完成年度计划的***%。自然递减率**%，综合递减率**%，含水上升率**%，三率指标控制在计划范围之内；动态监测工作量完成100%。

采油一厂：计划生产原油107万吨，预计全年完成104万吨，完成计划的97%，欠产3万吨。采油一厂全年生产被动，尕斯主力油藏因精细注水符合率低，欠注井多；方案水井、更新水井转注不及时，导致注采井网不完善，井点储量损失，压力下降；井下封隔器密封率低，分层注水合格率低，主力层水淹进一步加剧，水驱储量动用程度进一步下降，油田递减又开始加大，自然递减17.2%，综合递减8.73%，较去年分别上升4.79、1.79个百分点。其中，尕斯E_3^1油藏年产油量较去年减少2.51万吨，自然递减21.18%，综合递减10.79%，较去年上分别上升13.41、6.29个百分点；含水上升率0.73%，较去年上升0.35个百分点。尕斯$N_1-N_2^1$油藏年产油量较去年减少2.43万吨，自然递减19.13%，综合递减11.3%，较去年分别上升2.72、1.62个百分点；含水上升率1.69%，较去年上升1.38个百分点。

采油二厂：计划生产原油32万吨，预计全年完成32万吨，完成100%；由于切六、切十二砾岩油藏整体水驱效果差，注水突进现象普遍，含水整体上升、液量总体下降，产量递减过快。二厂2014年自然递减率20.3%，较去年下降0.83个百分点，综合递减18.23%，较去年上升2.64个百分点。其中，昆北油田切六区E_{1+2}油藏自然递减 37.31%，较去年下降14.51个百分点，综合递减率36.65%，较去年下降10.41个百分点；切十二区自然递减32.37%，综合递减率30.38%，分别较去年上升9.81、10.29个百分点；切十六区、切四区自然递减8.57%，综合递减率6.8%，较去年分别降低2.48、1.98个百分点；乌南油田自然递减15.45%，较去年下降1.43个百分点，综合递减12.87%，较去年上升0.25个百分点。

采油三厂：计划生产原油28.7万吨，预计生产原油28.7万吨，完成100%。采油三厂今年原油产量开始变得被动，通过贴库完成全年原油任务。尽管采油三厂精细注水开发在公司处于领先，但七个泉油田井网调整后未及时实施层系归位，导致油田含水上升加快，油藏开发管理水平还有待加强。采油三厂2014年自然递减率5.82%，较去年上升1.55个百分点，综合递减1.87%，较去年下降0.18个百分点。花土沟油田较去年少产油0.47万吨，自然递减率3.53%，较去年上升1.91个百分点，综合递减率0.14%，较去年下降0.05个百分点；七个泉油田较去年少产油0.63万吨，自然递减率11.5%，综合递减率7.38%，较去年分别上升6.56、6.92个百分点，是采油三厂欠产的主要原因。

边远油田开发公司：计划生产原油20.5万吨，预计全年完成18.52万吨，欠产2万吨。其中自营区10.66万吨，完成全年计划任务，并略有超产。合作区因合作方式没有确定，完成7.86万吨，欠产2.34万吨。自营区产量虽然完成任务，但南翼山油田老井递减加大，自然递减率20.21%，综合递减率15.83%，较去年分别上升3.47、3.09个百分点。

英东采油厂：计划生产原油26.5万吨，预计全年生产原油31.82万吨，超产5.32万吨。英东采油厂目前产量正处于上升阶段。随着产能建设的陆续完成，产能建设符合率高，但油藏受地下复杂情况及断层影响等，会存在着诸多不利因素，油藏水驱储量控制程度不会太高。从油藏“二率”看，自然递减率13.59%、综合递减率8.49%，递减偏大。英东采油厂目前应静下心来进行精细地质研究、合理注采、提高储层动用程度等，对油田进行科学开发，确保持续稳产。

马仙采油厂：计划生产原油4.6万吨，预计生产原油4.63万吨，超计划产量0.03万吨，圆满完成产量任务。通过抓老井稳产和产能建设工作，超额完成全年生产任务。自然递减率11.21%，综合递减率8.72%，较去年分别下降5.15、1.24个百分点。

冷湖油田管理处：计划生产原油0.7万吨，预计生产原油2.82万吨（含凝析油）。其中，冷湖三、四、五号计划生产原油0.7万吨，实际完成0.5762万吨。自然递减率7.65%，综合递减率7.14%，较去年分别上升23.18、28.74个百分点。2014年东坪、牛东天然气开发带来的凝析油的强力支持及以冷湖三号为主的老区通过抓常规维护作业和捞油工作到位，圆满、超额完成了全年生产任务。

总体来讲，油田公司原油产量持续上升，老区油田目前正处于中高含水阶段，稳产难度加大，因此抓精细注水，保老区稳产任重而道远；新区通过加快勘探开发一体化，产能建设快速推进，效果明显。

（二）注水量

油田公司全年计划注水819万立方米，预计完成792.2万立方米，完成年度计划的96.7%。

采油一厂计划注水493万立方米，预计完成453.7万立方米，欠注39.3万立方米，完成年度计划的92%；采油二厂计划注水102万立方米，预计完成102.8万立方米，完成年度计划的100.0%；采油三厂计划注水130万立方米，预计完成130.3万立方米，完成年度计划的100%；边远油田开发公司计划注水44万立方米，预计完成47.6万立方米，完成年度计划的108.2%；英东采油厂计划注水38万立方米，预计完成44.8万立方米，完成年度计划的117.9%；冷湖油田管理处计划注水8万立方米，预计完成8.6万立方米，完成年度计划的107.5%；马仙采油厂计划注水4万立方米，预计完成4.4万立方米，完成年度计划的110%。

除采油一厂外，其它单位均能完成全年注水任务，注水运行平稳。采油一厂欠注的主要原因是尕斯E_3^1、尕斯$N_1-N_2^1$、砂西E_3^1油藏欠注井多、水井转注滞后、套损影响关停井多等导致。其中尕斯E_3^1油藏年计划注水153.8万立方米，预计完成137.2万立方米，欠注16.6万立方米，尕斯$N_1-N_2^1$油藏年计划注水196.8万立方米，预计完成182.50万立方米，欠注14.3万立方米；砂西深层计划注水14.6万立方米，预计完成6.52万立方米，欠注8.08万立方米。

（三）动态监测

2014年动态监测安排工作量2695井次，预计完成 2695 井次，完成计划的 100%。其中，重点测试项目油井定点压力测试计划 667 井次（较上年计划增加 64 井次），完成 581 井次，完成率 87.1%，较上年提高 42.1 个百分点；注入剖面测试计划 935 井次（年计划增加了 155 井次），完成 989 井次，完成率 105.8%；产出剖面计划 336 井次，完成 354 井次，预计完成率 106%。

采油一厂计划 1140 井次，预计完成 1055 井次，完成年度计划的 92.54%。主要是油井定点与非定点压力测试未完成计划，完成率 69.5%；采油二厂计划 536 井次，预计完成 573 井次，完成年度计划的 106.9%；采油三厂计划 477 井次，预计完成 485 井次，完成年度计划的 101.7%；边远油田开发公司计划 195 井次，预计完成 212 井次，完成年度计划的 108.7%；英东采油厂计划 215 井次，预计完成 221 井次，完成年度计划的 102.8%；冷湖油田管理处计划 20 井次，预计完成 28 井次，完成年度计划的 140%；马仙采油厂计划 112 井次，预计完成 121 井次，完成年度计划的 108.4%。

二、主要工作与成果

（一）加强管理，精心组织，原油日产水平稳步上升

以年度计划为目标，统筹平衡，科学制定月季度原油生产计划，确保原油生产“安全、协调、平稳、受控”运行。各生产单位按照公司要求，制定了产量运行和钻井、新井投产等主要工作量进度安排。提前做好预案，积极应对雨雪、沙尘暴等自然灾害，千方百计降低损失。2014 年原油产量继续保持上产态势，原油日产水平从年初 5553 吨 / 天不断上台阶，年底达到 6100 吨 / 天左右的水平，确保了全年生产任务完成。

一是在老区硬稳产上下功夫。坚持“一藏一略、一井一策”，加强油藏地质研究，深化油藏精细描述，建立油田精细注水长效机制，认真落实“注好水、注够水，精细注水、有效注水”的总要求，有效控制“三率”。采油一厂面对原油生产的艰难局面，紧密围绕年度生产目标，强化管理、稳定老井、优化措施、加快水井转注力度，提高执行力，日产水平逐步上升。采油二厂加强精细注水调控、突出动态分析、制定针对性措施，较好地完成了年度任务。采油三厂扎实推进精细注水工作，加强七个泉油田的综合治理，上半年递减加大的趋势得到扼制，8 月份开始日产水平逐步接近年均计划水平，较好地完成了年度任务。英东采油厂立足实际，科学安排，逐步推进精细注水工作，原油产量一路攀升，由年初的 805 吨 / 天提升至目前的 980 吨 / 天。边远油田开发公司科学督导、攻坚克难，自营区块主动加压，精细注水见到实效，南翼山油田首次步入“十万吨”级油田行列。马仙采油厂科学选择工艺措施、注重措施增油，圆满完成年度任务。冷湖油田管理处加强老井维护，强化凝析油生产管理，为油田的原油上产做出了积极贡献。

二是在新区快上产上下功夫。尽管 2014 年产能建设工作因为钻井服务合同未签，影响了总体开钻时间。从 4 月初开钻后，按照“整体部署、分批实施、骨架先行、滚动调整”的原则，加快 40 万吨原油产能建设步伐。一是优化部署，在井位论证上下功夫；二是加快钻井速度，通过“承包”模式，缩短了建产时间，确保产能建设到位率。2014 年实际产能到位率达到 98%。

三是在措施优化方面下功夫。各生产单位根据油田公司的整体部署，和两院一起召开措施专题讨论会，完善措施实施方案，积极组织劳动竞赛，全力以赴抓落实，确保措施增产。2014 年完成措施产量 11.79 万吨，较上年增加 1.79 万吨。

四是周密组织，时刻警惕，千方百计减少自然灾害、突发事件等对产量的影响。抓线路春检，排除隐患；做电网调整，优化运行，电力技术指标有所向好。2014 年非计划停电 90 路次，停电时间 190 小时，影响产量 884 吨，与 2013 年同期相比，停电次数减少了 24.36%，停电时间缩短 5.94%，影响原油产量下降 39.08%。开展汛前工作调研，扎实有效地做好防范工作；转变思想观念，变被动抗洪为主动防汛；多方面寻求资金来源，及时下达专项资金，防洪工程顺利实施；利用信息系统，快速掌握汛情，为最大限度地减轻洪水带来的损失提供了有力保障。各生产单位强化应急管理，进一步修订完善自然灾害、井喷失控、油气管线泄露、大面积停电事故、防恐等专项预案，不断完善预案体系，更加注重预警的科学性，提高整体应对能力。

（二）科学部署、精心组织，确保原油产能建设顺利完成

2014 年原油产能建设遵循“整体部署，先肥后瘦，骨架先行，水井优先，分批实施”的原则，公司分别于 2013 年 12 月、2014 年 6 月和 10 月分三批下达全年产能计划，2014 年 11 月又对产能计划进行了调整，调整后 2014 年计划新钻井 414 口，进尺 84.7 万米，计划产能 45.0 万吨（含扎哈泉 5.0 万吨，不包含尕斯 N_1-N_2^1 油藏新增 10 口注水更新井），下达投

资 **.** 亿元。

预计 2014 年底，自营区（不含扎哈泉）上钻 *** 口，完钻 *** 口，完钻进尺 *** 万米，投产油井 *** 口，平均单井产量 *** 吨 / 天，建成产能 ** 万吨。

劳务承包区上钻 ** 口，完钻 ** 口，完钻进尺 ** 万米，投产油井 ** 口，建成产能 ** 万吨。

扎哈泉上钻 ** 口，预计完钻 ** 口，完钻进尺 ** 万米，投产油井 ** 口，平均单井产量 ** 吨 / 天，建成产能 ** 万吨。

一是强化方案部署，精细井位论证。坚持效益优先，精细研究，持续优化产能建设区块；持续开展井位优化、部署及设计工作，努力做到少打低效井、杜绝落空井，千方百计提高单井产量，降低投资。2014 年老区产能建设平均单井日产 ** 吨，比 2013 年高 ** 吨 / 天。

二是加强跟踪分析，及时进行调整。加强新区的跟踪分析，对出现的异常情况，加强分析、研究，及时调整，以确保产能到位率。加强设计技术论证，将每口井设计当作一项工程、当作一个项目做，实现设计个性化，从设计上降低产能风险和安全风险。2014 年新区产能建设平均单井日产 ** 吨，符合率达到计划目标的 **%（不计扎 7、扎 9 新井）。

三是坚持勘探开发一体化，提高产能建设效果。扎哈泉 5 万吨产能建设过程中，通过成立产能建设项目组，将勘探与开发、工程与地质、研究与现场有机结合起来，加快了储量向产量转化、研究成果向效益转化的速度，加快了产能建设进度和提高产能建设效果。

四是实施超前注水，培育了优质区块，产能建设见到实效。在昆北切十六区、南翼山Ⅲ + Ⅳ油组、油砂山Ⅴ、Ⅵ断块等开展早期或同期注水，以提高新井单井产量，降低开发投资，提升开发效果。2014 年在南翼山Ⅲ + Ⅳ油组和昆北切十六井区新钻井见到好的效果，新井单井产量较 2013 年分别提高 0.24 吨 / 天和 0.12 吨 / 天。

五是对产能井优化工艺措施，提高产能效果。地质与工程结合，积极开展多层、多段压裂，提高低渗难采油田单井产量，实现效益开发。在砂西 E_3^1、南翼山Ⅲ + Ⅳ油组、切十六等区块产能建设中见到好的效果。

六是转变思路，实行项目化管理，降低投资与成本。2014 年在砂西 E_3^1、切十六井区、扎哈泉等区块开展项目化管理，取得了好的效果。提速提效工作见到成效，单井产量同比有所提高，万吨产能投资控制在 **** 万元目标（不计后期关联补进尺），达到了降低投资的目的。

切十六区通过“包安全、包工期、包质量、包投资和包产量”五包”机制和“钻井、测录井、投产、地面”四个简化，同时加强钻井协调，生产组织无缝连接，工程指标全面提高，机械钻速提高 1.32 米 / 小时，钻井周期缩短 0.5 天，完井周期缩短 0.27 天。总费用下降 20.7%，单井产量同比有所提高，达到了降低投资的目的。

扎哈泉扎 7、扎 9 区块加快建产进度，9 月份上钻，通过钻井“一提两降”，机械钻速提高 95.48%，钻井周期缩短 55.2%，完井周期缩短 52.8%。计划钻井 36 口，预计完钻 26 口。

砂西 E31 油藏 2014 年钻井 11 口（6 口油井，5 口水井），投产油井 5 口，平均单井产量 8.48 吨 / 天，高于 6.60 吨 / 天的计划产量，各项指标优于 2013 年。

（三）新区做贡献，老区控递减，“牛鼻子”工程稳中有升

2014 年是实施稳定并提高单井产量“牛鼻子”工程的第五年，通过各相关单位共同努力，在新、老区围绕地质研究、方案优化、工程设计、措施改造、组织管理等方面做了大量的工作。油田公司平均单井日产油达到 ** 吨，平均单井日产油较去年提高 0.01 吨。其中，新井平均单井日产为 ** 吨，老井平均日产 ** 吨。

2014 年，我们在老井的治理上做了大量工作，稳产也见到了实效。由于精细注水、措施增油、油水井管理等方面与油田精细开发的需求还存在较大的差距，油田稳产基础还不牢。特别是主力油田尕斯 2 个油藏、昆北、七个泉油田单井日产量都在下降，所以老区的稳产对于稳定并提高单井日产量至关重要。

（四）持续开展油田注水专项治理活动，常态化治理，夯实油田稳产基础

2014 年油田公司继续对油田精细注水专项治理工作给予大力支持，下达了专项资金。上年末组织编写了《青海油田 2014 年精细配注及注水工作实施方案》，将工作量细化到月、旬、周，保障了此项工作的有序开展。2014 年下达注水总工作量 873 口，总费用 ***** 万元，其中：套损水井更新 36 口，费用 ***** 万元，注水井措施工作量 837 井次，费用 ***** 万元。预计年底将完成注水井工作量 909 口，完成下达计划（873 口）的 104.1%。工作量完成较好，但从 2014 年整体情况看，公司分注率 74.6%，分注合格率 59%，井口水质合格率 86.6%，自然递减 12.32%，含水上升率 0.4%，同比除自然递减外，其他指标均有所下降。

大部分油藏的水驱储量动用程度在50%以下，达不到开发管理纲要要求。主力油藏如尕斯E_3^1油藏、尕斯$N_1-N_2^1$油藏，花土沟油田、跃进二号东高点在45%以下。大部分注水开发油藏的自然递减明显有上升趋势，特别是尕斯主力油藏自然递减达到20%左右，花土沟、跃进二号东高点等油田的自然递减率也有所上升，油田开发效果变差。主要存在以下几个问题：

一是管理不严格，执行不到位。部分单位在方案实施过程中明显存在落实不到位，执行马马虎虎，管理得过且过。没有踏踏实实抓老区稳产、抓精细注水，更新井长期排液不转注，对井网损失点未及时恢复。有些区块注采比不按方案实施，随意调整，注水符合率低。

各采油厂基本形成了“今天的注水质量是明天的原油产量”，“油井出问题，水井找原因”的工作理念，但在实际操作与落实上，重新区轻老区、重油井轻水井的倾向依然严重，精细注水理念认识仍浮于表面。有些单位没有水井管理预警，造成油井高含水后才进行找堵水，补孔、高含水井关井等措施，不进行井组综合治理，不在水井上取资料，找原因，定措施。

二是监督不落实，考核不到位。各单位在油水井资料检查、洗井、封隔器密封率状况、套损井注水压力、制度落实等方面，没有形成检查周期与考核，或者是有制度，监督、检查不落实，不清楚哪个节点出的问题。

各采油单位必须做到全员牢固树立精细注水是油田开发灵魂的理念，加大理念宣贯，明确管理层、技术层、操作层的管理职能、管理目标、管理方法和绩效考核。水井管理上，自上而下健全组织机构，清晰岗位职责，分工明确，协调配合，齐心协力抓质量，通过完善制度，理顺流程，把控运行，运用监督、检查、考核等手段，强化注水井过程与节点管理，实现提质增效。

（五）持续推进油藏精细描述工作，为油田精细开发奠定基础

2004-2014年，按照股份公司精细油藏描述工作的总体安排，青海油田已开发油田精细油藏描述工作有序推进，精细油藏描述工作已覆盖包括英东一号油田上盘在内的全部已开发油田，部分主力油田已进入第三阶段描述。截至2014年底，已描述油田（油藏）单元共21个，含油面积共***平方千米，覆盖地质储量****万吨，累计增加地质储量****万吨，累计增加可采储量****万吨，提高采收率3.40个百分点。

近三年来，除了股份公司支持，青海油田自筹资金，给各采油单位投入精细油藏描述项目资金近****万元，在软件配置方面，逐步配备DICOVERY、PETREL、ECLIPSE以及石文、卡奔、GEOMAP等地质表征、建模、数值模拟等软件；逐步配备了部分台式工作站等硬件设备，参加了股份公司、油田公司等组织的各类精细油藏描述培训班，培养了一批采油厂和研究单位的精细油藏描述人才，提高了精细油藏描述总体水平。

通过近几年不断加大精细油藏描述培训，各采油生产单位都不同程度地靠自身力量着手开展了精细油藏描述工作，在油田措施挖潜、产能建设等方面都取得了较好的效果，成果在今年多次动态分析会上得到了展示。

（六）扎实开展油水井地下大调查工作，指导下一年度油田开发部署

2011年8月，赵总在大庆油田召开的“油田开发基础年与注水专项治理现场推进会”上提出了全面开展年末油田开发地下大调查的工作要求。油田公司高度重视大调查工作，组织、制定工作计划，细化相关的部门和单位，调查结果作为公司下一年度油田开发部署与工作安排的主要依据，目前已形成常态化工作。

在大调查过程中充分利用油水井生产动态资料、监测资料和新钻井测井资料等信息，调查现状，深入分析油田开发地下形势，找出影响油田开发效果的主要因素，摸清各类调整措施潜力，为编制年度综合治理方案提供依据。通过地下大调查做到“6个清楚”、“2个落实”。“6个清楚”即储量动用状况清楚、地层能量保持状况清楚、注采结构调整潜力清楚、配套技术应用现状清楚、油田开发存在主要问题清楚、下步调整方向清楚。“2个落实”即重点工作落实，单井措施方案落实。根据开发指标变化规律，确定下年各项开发指标及调整原则；依据当年工作量效果及潜力，确定下年的各项措施工作量的调整。

2014年9月，在全油田范围内开展油田开发地下大调查，通过调查发现油田平面、层间、层内矛盾突出，超注、欠注井数多，单井注水符合率平均为53.3%，主力油藏的单井注水符合率均低于50%，油田精细注水工作粗放，落实程度低。水质方面：普遍存在水处理系统及沿程水质二次污染。油田分注井方面：顶封失效率平均为52.6%，大部分油田的顶封失效率超过50%，其中尕斯E_3^1、砂西$N_1-N_2^1$、红柳泉油田顶封全部失效，尕斯$N_1-N_2^1$油藏顶封失效率为83.3%，跃进二号顶封失效率为80.0%。针对这种现状，三季度公司迅速行动，展开讨论，安排专题会，解决问题，明年此项工作要有力推进，着力改善。

（七）优化队伍结构、注重技术创新，测试能力进一步提升

油田开发动态监测是一项系统工程，贯穿于油田开发的整个过程，对于青海油田大部分油藏进入中高含水、高含水阶段，资料的录取质量决定着对油藏的认识深度。随着注水开发的深入，对油藏的信息的获取要求越来越高。2014 年测试公司为全力保障油田动态监测工作，解放思想、重质提效，加快队伍结构调整及技术创新。在优化队伍结构方面：组建新的测试队伍，增强竞争力，减员增机，增加测试力量。在技术创新方面：一是加强科研攻关，破解生产难题，开展了压力计缠绕及解缠机理研究，全年实现解缠 60 多支，目前压力计缠绕留在井内现象已经彻底杜绝了。二是开展低注入量相关示踪再研究，取得一定效果。三是解决了高压注水井仪器下放困难的问题，改进密封装置及工艺，实现了高压注水井注入剖面测井施工。四是加大了测调联动和免投捞同心分注测调技术的力度，完成 184 口井，占分注井的 20%，测调效率相比常规桥式偏心提高 53.7%，测调井投捞成功率达到了 87.1%。

（八）突出效益，实现双赢，积极探索“承包”模式

一是钻井区块整体大包，开创钻井运作新模式。按照集团公司和股份公司要求，确定了昆北切十六区块按市场化由西部钻探钻井大包；英东上盘部分井按关联由西部钻探承包，其余由长城钻探和川庆钻探二家钻探公司共同施工，形成“7+4+1”的运行模式；油砂山浅层由渤海钻探总体承包。从运行看，缩短了建产时间，提高建产过程质量，达到了公司下达的相应投资计划指标。

二是小修维护作业承包试点初见成效。为实现“互惠双赢”，采油一厂“尕斯一、二、三区井下作业包保模式”和“跃进二号油区井下作业托管模式”，成立了井下作业运行协调“联合管理委员会”，全面协调保障运行工作，确保两个模式的顺利运行。从运行效果看，加快了施工进度，缩短了作业占井周期，提升了作业质量，作业一次成功率达到 99%。跃进托管区块机组安排及时，维护到位，为该区块稳产提供了坚实可靠的保障。

（九）强化地面建设组织管理，确保油田产能地面配套工程建设顺利实施，持续推进标准化设计工作

一是加强工程协调力度、确保油田建设项目顺利实施。统筹安排项目整体建设计划，发布《基建工作要点》及《2014 年项目运行计划表》，明确各项目施工承包模式及施工建设周期，各阶段时间节点。运行中，充分发挥管理协调职能，加强工程进度跟踪，每周对油田公司重点工程的进度、质量进行统计分析，对进度滞后的情况追责原因并协调解决，确保工程的顺利实施。目前发布《重点工程周报》29 期周报，办理油田施工许可证 275 份，审批工程开工报告 45 份，工程质量检查 5 次，全年未发生工程建设安全、质量事故。

二是持续推进标准化设计，完成年度设计任务。至 2014 年 11 月底完成 6 项 45 个模块共 125.5 标张的三维图纸设计工作，发布标准化设计定型图 10 套，标准化设计覆盖率 85%。在英东油田 16 万吨产能地面配套工程中，推广应用标准化设计定型图，新建标准化注水站 1 座，新建标准化采油井场 36 座（采油井 45 口），应用丛式井场一体化集成控制柜、注水撬等，实现英东油田丛式井计量求产、远程监控；同时采用标准化设计成果中的注水站标准化设计，使场站占地面积减少了 35%，现场操作人员减少了 40%，管理人员能够远程进行管理，管理模式变为厂、区域中心两级，实现了管理组织机构的扁平化。

（十）狠抓安全环保基础工作，提升油田开发的本质安全水平

一是稳步推进 QHSE 体系建设，强化审核，践行有感领导，促进管理提升。2014 年本着“规范管理、简单实用、控制有效”的管理思路，对油田公司 QHSE 管理体系文件进行了换版修改，增强了体系文件的指导性、实用性、可操作性。油田公司组织开展两次 HSE 体系内部审核，对 24 个机关处室、直属单位、附属单位和 37 个二级单位的体系运行的符合性和有效性进行了审核。公司各级领导干部以“七个带头”作为推动有感领导的有效手段，制定和公示了个人安全行动计划 1711 份。业务管理部门加强业务指导，开展专项检查，参与 HSE 体系审核，履行直线管理职能。

二是加强风险管控，强化安全环保隐患项目治理。一方面开展风险辨识、抓好风险防控；抓好特殊时段升级管理；实施了“个人无违章、岗位无隐患、班组无违纪、基层无事故”的（四无）管理活动，严格承包商开工前安全检查，强化了作业现场“四级”监督；强化 HSE 工具方法应用；持续开展安全生产预警工作。另一方面，继续加强油气管道隐患治理，实行挂牌督办，督促各相关单位加快治理进度。公司主管领导亲自带队与阿克塞、敦煌、格尔木地方政府进行了 9 次协商，申请地方政府对相关二级单位管道隐患治理给予协助和支持，2014 年落实了安全环保隐患治理项目，

安排 ***** 万元实施 83 项安全隐患治理项目，安排 ***** 万元实施 5 项环境隐患治理项目。

三是加强建设项目“三同时”管理，确保合法合规生产。开展建设项目安全、环保、职业健康、能评“三同时”的监管，对 2014 年油田建设重点工程的环境影响评价开展情况进行了调查，对 15 项需要进行环评的项目以文件形式进行了明确，监督 16 项未完成相关环保手续的建设项目实施整改。完成了“采油一厂污水综合利用项目”、“采油三厂污水综合利用项目”等青海油田污染减排项目的申报。

三、油田开发的几点启示

(一) 精细注水是事关全局的基础工程

公司原油产量中 95% 是注水开发的产量，精细注水工作做的如何，既是油田开发水平的集中体现，更是未来持续发展的关键。这项工作做不好，老区自然递减控制不住，在目前老井原油产量 190 多万吨的背景下，新区产能建设再多，也只能被老区递减吃掉。油田开发的最终目标是原油产量，而开发水平的高低却集中体现在自然递减率上。大量实践证明，哪个油田精细注水的基础工作夯得实，水驱储量控制程度和动用程度就高，地层压力保持水平就好，自然递减就控制得好，产量就主动，采收率就高，开发工作也就比较从容；精细注水工作抓得不好，递减很难控制，产量压力就大，正常的开发秩序、合理的开发指标都无从谈起，反过来又会进一步加剧不合理的开发，进而影响基础工作的落实，最终造成恶性循环。这充分说明了注水是一项事关全局的基础工程，必须做精做细。采油三厂近几年对精细地质研究及精细注水抓的较到位，在 2014 年股份公司精细注水工作检查中得到好评，排名前三，精细注水保证了老油田稳产，尝到甜头，也是对注水老油田管理取得的成绩和经验最好的验证。

(二) 新区产能建设是原油上产的物质保障

这几年的勘探工作对我们油田的发展可谓是雪中送炭，2012 年新区产量以昆北切十二区为代表，贡献产量 ** 万吨；2013 年以英东为代表的新区，贡献 ** 万吨左右的原油产量；2014 年英东、昆北等新区产量贡献 ** 万吨。如果没有新区的发现，我们的原油产量将很难增长，新区产量 4 年平均增幅达 59.7%，实现了快速高效上产，有力支撑了青海油田原油产量持续稳定上升。

(三) 抓管理，抓落实是油田各项工作推进的保证

从今年的开发工作看，部分单位明显存在方案落实不到位，执行不到位，管理不到位。有的单位在领导现场办公时只展示自己的亮点，而真正的基础工作，存在的问题，避而不谈，不去落实，存在讨好领导、有令不行的现象。各单位要深度体会大庆油田“三老四严”的优良传统、在工作中必须要形成脚踏实地的工作作风和严谨过细的科学态度，这是油田各项工作推进的前提与保障。

四、油田开发面临的问题与挑战

截至 2014 年底，青海油田公司累积探明石油地质储量 ***** 万吨，技术可采储量 ***** 万吨，标定采收率 **%；动用石油地质储量 ***** 万吨，技术可采储量 ***** 万吨，累积产油 **** 万吨，动用地质储量采出程度 ***%，可采储量采出程度 ***%，剩余可采储量采油速度 3.06%；年产液量 *** 万吨，综合含水 ***%；年注水 792 万米，注采比 ***，累积注采比 ***；采油井总井数 **** 口（含报废利用），开井 **** 口（含报废利用）；注水井总井数 **** 口，开井 **** 口，平均单井口注水 16.2 立方米。

近年来，老油田逐步进入“双高”开发阶段，产建效果和投资回报率呈逐年下降趋势，给油田开发有质量有效益可持续发展带来了严峻的挑战。

(一) 产量结构呈多元化格局，“双高”程度进一步加深

近年来，低渗、断块和砂砾岩等油藏投入开发储量规模逐步扩大，原油产量结构呈多元化格局。中高渗砂岩油藏产量占 35.7% ，中高渗断块油藏产量占 34.9%，低渗透油藏产量占 21.9%，砂砾岩油藏产量占 7.5%。油田综合含水目前为 61.96%，可采储量采出程度 41.28%。按含水状况分级，17 个高含水期油藏产量占总产量的 58%，低含水期油田产量只占 22.3%。按采出状况看，8 个高采出程度的油藏占总产量的 42.6%，

尕斯、跃进二号、昆北、花土沟、七个泉等 8 个主力油田整体进入“双高”开发阶段，年产油量占公司总产量的 ***%，平均综合含水率达到 ***%，可采储量采出程度达到 ***%。

(二) 递减依然较大，稳产基础不牢靠

近几年在油田精细注水方面取得了一些成绩，但注水油田自然递减依然偏高，油田保压率偏低，水驱储量动用程度低。

2014 年公司油田自然递减为 12.32%，股份公司级治理区块尕斯 E_3^1 油藏、$N_1-N_2^1$ 油藏自然递减 2014 年达到 21.18% 和 19.13%，10 万吨级老油田（藏）中，跃进二号东高点、乌南油田、南翼山浅油藏自然递减分别达到 ***%、***%、***%。

尕斯 E_3^1 油藏目前地层压力为 32.50 兆帕，较 2013年下降0.20兆帕，目前存水率0.56，呈下降趋势，水驱指数 1.70，表明地层能量在下降，开发效果在变差，每采 1 吨油需要在地下存水 1.7 吨；尕斯 N_1-N_2^1 油藏目前地层压力 12.78 兆帕，较上年降低 0.37 兆帕，目前存水率 0.56，呈下降趋势，水驱指数 1.09，每采 1 吨油需要在地下存水 1.09 吨，要提升地层能量，首要的是要注够水；花土沟油田目前地层压力6.75兆帕，较去年略有下降，目前存水率为 0.78，较去年有所下降，水驱指数 2.15，表明每采 1 吨油需要在地下存水 2.15 吨，要做好稳油控水工作；跃进二号东高点目前的地层压力为 9.38 兆帕，较上年提高 0.17 兆帕，但目前存水率仅为 0.42，地层亏空较大，水驱指数 2.15，表明每采 1 吨油需要在地下存水 2.15 吨，在高含水期，要做好有效注水工作。

上述油田的自然递减与股份公司要求的 2015 年将老油田自然递减控制在 10% 以内有很大差距。目前主力油田产能部署及加密调整余地越来越小、措施选井选层难度加大，措施产量逐年降低，补孔潜力变小，措施结构开始向压裂、调驱、侧钻等挖掘剩余油的措施转换。“三大矛盾”依然是老区面临的主要问题。若老区自然递减能够控制在 10% 以内，老区将多贡献 10-12 万吨原油，相当于老区至少少部署产能 20-25 万吨。

注水工艺不能满足油田精细注水需求，水驱储量动用程度低。全油田水驱动用程度在逐年下降，目前的平均水平只有 46.2%，尤其是股份公司重点治理区块尕斯油田，尽管近 8 年在资金与政策上给予了大力倾斜，但目前结果不容乐观，尕斯 E_3^1 油藏目前水驱动用程度仅 41.87%，尕斯中浅层仅为 45.5%，层间矛盾突出。

一是分注井管柱密封率低。统计 2014 年全油田分注井密封率情况，验封总层段数 3234，合格层段数 1246，密封率 38.5%。从分厂处看，采油一厂的密封率 33.3%，其中尕斯 E_3^1 油藏仅为 25.3%，尕斯 N_1-N_2^1 油藏只有 18.3%，油砂山 55.6%，跃进二号 53.0%；采油二厂密封率为 39.1%，其中乌南油田 60%，切六 E_{1+2} 油藏为 24.4%，切十二 E_3^1 油藏为 34.9%，切十六区为 43.6%；采油三厂密封率 51.9%，其中花土沟为 46.2%，七个泉为 53.2%。边远油田密封率为 36.1%，其中南翼山为 32.2%，油泉子为 54.5%；英东油田密封率为 50.6%；南八仙油田密封率为 76.2%。

二是分注合格率低。全油田验封合格井的分注合格率为 59%，其中采油一厂分注合格率 49%，采油二厂分层配注合格率 42.4%。采油三厂分层配注合格率 69.6%，边远油田 93.7%，英东采油厂为 92%，马仙采油厂 69.2%。

三是分注井测试调配技术与力量还无法满足精细注水需求。目前，油田分注井年平均单井测调次数只有 0.89 次，达不到注水管理规定 2-3 次要求。全油田测试成功率 56.7%，整体较低，其中采油一厂测试成功率为 67.1%，采油二厂测试成功率为 44.4%，采油三厂测试成功率为 49.4%，边远油田测试成功率 80.3%。

井况条件逐年变差，套变井增多，密封难度大，有效期短，投捞测试遇阻遇卡、坐不住捞不出井次多，给正常调配带来困难。

四是油水井套损依然比较严重。截止 2014 年底，套损、套变比例达到 ***%，套损井比例达到 ***%，对油田分注实施造成一定的影响。套管修复技术、改善井筒条件、异径分注工艺的技术应用少，不能满足层段均衡吸水。

（三）规模建产区块逐步缩减，投资控制难度越来越大

一是优选难度越来越大，规模建产的区块逐步缩减。以尕斯库勒油田为代表的老区缺少整体细分加密潜力，部署难度进一步加大；以乌南、南翼山油田为代表的低渗透油田，目前井距按有效压力驱替已加密到 200 米，基本无进一步加密的潜力；以昆北、英东油田为代表新区，井网一次到位，注采调整余地小；扎哈泉、英中、英西等新区地质情况复杂，不确定性因素多，建产的风险大。

2012-2014 年老区优质区块建产规模越来越小，2012 年主要的建产区块为尕斯 $N_1-N_2^1$ 油藏、尕斯 E_3^1 油藏、乌南、南翼山Ⅴ油组、七个泉，占老区建产的 79.1%，其中难采储量建产安排占老区的 64.5%；2013 年难采储量建产占老区的 36.0%，难采储量的挖潜难度也在加大，规模建产区块仅为尕斯 $N_1-N_2^1$ 油藏、尕斯 E_3^1 油藏剩余油挖潜，占老区建产的 46.0%；2014 年规模建产的区块仍为尕斯 E_3^1、尕斯 $N_1-N_2^1$ 油藏，占老区建产的 38.0%；2015 年预计为 25.8%。优质储量建产规模进一步缩减。

二是单井产量呈逐年下降越势，万吨投资控制难度在加大。老区建产产能进尺比 2012 年为 1.85 万米 / 万吨，2013 年为 1.86 万米 / 万吨，2014 年预计达到 1.98 万米 / 万吨，建成万吨所需的进尺在逐年增加。2014 万吨产能投资 **** 万元 / 万吨，较 2013 年的 **** 万元 / 万吨提高 4.87 个百分点；新区的万吨

产能投资为 **** 万元／万吨，较 2013 年的 **** 万元／万吨大幅度提高，产能投资控制难度越来越大。

(四)主力油田进入中高含水阶段，现场还没有形成“二三”结合的开发技术，进一步提高采收率难度大

以尕斯 E_3^1 油藏为代表的高温、高盐油藏 2013-2014 年开展二次开发，在 15 个井组上进行了深部调驱试验，但调驱有效期短（1-3 个月），效果差。还没有形成高温、高盐、高含水油藏整体调驱的配套有效体系。

以昆北油田为代表的砾岩油藏，层内裂缝及人工裂缝分布复杂，含水上升快，产量递减快，利用深部调驱堵塞大孔道，进行层内液流转向，提高采收率的手段目前还没有形成。以尕斯 N_1-N_2^1 油藏、花土沟油田等代表的中浅常温油藏通过重大专项开展了微生物驱及化学驱的室内试验，矿场还未进行试验，有效性有待验证。

(五)低渗难采油田开发成本高的问题制约有效开发

低渗难采储量在不同区块储层物性差异明显，平面非均质性强，措施后效果较差，钻井及压裂费用高，目前还没有形成提高单井产量、降低措施成本的综合配套技术，进一步提高采油速度的手段缺少。

(六)人才培养与需求的矛盾

油田开发一路缺少青年技术专家和学术带头人。管理型、复合型、开发地震、测井等人才极缺，存在部分生产性课题与精描课题要靠外部力量来解决完成。

同志们：2014 年通过持续推进勘探开发一体化、精细油藏描述、精细化管理等工程，逐步夯实油田开发基础，进一步提高油田开发水平，圆满完成了原油生产经营任务。这些成果的取得，得益于油田公司的正确领导和科学决策，得益于相关处室密切配合，得益于广大干部职工的辛勤努力。在这里，我代表油田公司向长期奋战在开发战线的广大干部员工表示衷心的感谢！

第二部分 2015 年油田开发工作部署

2015 年是青海油田实现千万吨高原油气田关键的一年，也是“十二五”收官之年。要按照股份公司总体部署，进一步解放思想，转变发展方式，精细开发硬稳老区，高效建产快上新区。突出抓好勘探开发一体化、精细注水示范区、产能建设优化等工作，攻关油田开发“瓶颈”技术，加快提升油田开发水平，确保油田开发业务有质量、有效益、可持续发展。

总体工作思路：2015 年按照公司对油田开发的战略部署和“有质量、有效益、可持续”的发展要求，围绕“222 万吨原油生产、793 万立方米注水、40 万吨产能建设”，加快勘探开发一体化，持续推进精细注水工作、精细油藏描述等重点工作，努力做到科学开发、效益开发，确保油田开发各项指标的好转和经营任务的完成。

一、主要开发指标

(一)总体目标

1. 石油液体产量：222 万吨，其中老井 199.75 万吨，新井 12.80 万吨，措施 9.45 万吨；

2. 注水量：793 万立方米，注采比 1.29；

3. 产能建设：计划安排 40 万吨，新钻油水井 426 口，进尺 79.0 万米。

新区产能：22.11 万吨，新钻油水井 176 口，进尺 39.9 万米。

其中扎哈泉 9.5 万吨、狮子沟深层 5.0 万吨、英东 4.15 万吨、游园沟 1.96 万吨、沟八区块 1 万吨，冷东区块 0.5 万吨。

老区建调整产能：17.89万吨，新钻油水井250口，进尺39.1万米。

其中尕斯 E_3^1 油藏 0.80 万吨、尕斯 N_1-N_2^1 油藏 3.62 万吨、尕斯 E_3^2 油藏 0.20 万吨、砂西 E_3^1 油藏 3.73 万吨、油砂山 1.44 万吨、跃进二号东高点 0.51 万吨、乌南 1.11 万吨、切十六 0.40 万吨、花土沟 0.65 万吨、七个泉 1.40 万吨、红柳泉 0.60 万吨、南翼山Ⅰ＋Ⅱ油组 0.25 万吨、南翼山Ⅲ＋Ⅳ油组 2.53 万吨。南八仙 0.20 万吨、马八 0.50 万吨。

4. 三率指标：自然递减≤ 12.00%，综合递减≤ 7.50%，含水上升率≤ 1.50%；

5. 注水专项工作量安排：根据《2015 年精细注水实施方案》安排实施。

6. 动态监测安排：2015 年动态监测工作量安排 3061 井次，费用 ***** 万元；其中油井定点安排 706 井次，产液剖面 451(其中水平井 5 井次)、吸水剖面 1024 井次。

(二)分单位生产指标

采油一厂：原油产量 103 万吨，注水量 450.2 万立方米，自然递减率 12.02%，综合递减率 5.94%，产能 12.21 万吨。

采油二厂：原油产量 32.0 万吨，注水量 102.1 万立方米，自然递减率 18.24%，综合递减率

16.68%，产能 11.01 万吨。

采油三厂：原油产量 28.7 万吨，注水量 125.0 万立方米，自然递减率 6.81%，综合递减率 4.64%，产能 7.65 万吨。

边远油田开发公司：原油产量 16.2 万吨，注水量 51.0 万立方米，自然递减率 24.24%，综合递减率 22.37%，产能 3.78 万吨。其中：自营区原油产量 10.77 万吨，注水量 51.0 万立方米，自然递减率 20.87%，综合递减率 17.72%；合作区：原油产量 5.43 万吨，无注水量，自然递减率 29.11，综合递减率 29.11%。

英东采油厂：原油产量 35.2 万吨，注水量 51.0 万立方米，自然递减率 9.19%，综合递减率 5.0%，产能 4.15 万吨。

冷湖油田管理处：原油产量 2.75 万吨，注水量 3.5 万立方米，自然递减率 5.82%，综合递减率 2.40%，产能 0.50 万吨。

马仙采油厂：原油产量 4.2 万吨，注水量 8.0 万立方米，自然递减率 12.42%，综合递减率 10.17%，产能 0.70 万吨。

二、抓好的几项重点工作

（一）科学组织原油生产，确保实现原油产量持续稳定增长

根据 2015 年度原油生产计划，一季度安排生产原油 53.9 万吨，保持日产水平在 2014 年年底的基础上相对稳定、不滑坡。1 月计划日产 6027 吨，2 月 5969 吨，三月 5965 吨。各采油单位要按照油田公司 2015 年原油产量计划安排，排出分月的产量运行曲线，合理安排钻井、油水井投产、老井措施、地面建设等主要工作量进度。加强生产组织运行，把握好生产组织节奏，制定油田开发预案。超前做好应对冬防保温、夏季防风、防洪等自然灾害预案，提高保障能力，做好应对新建产能、增产措施等风险预案；做好各种作业施工间的衔接，提高油水井运行效率，避免生产运行出现大的起伏，确保全年产量任务的完成。各相关机关处室实时跟踪分析各单位产量运行状况，及时发现问题，研究制定对策。

（二）强化管理，严抓落实，推进“项目”管理模式

1、突出效益优先原则，推进“产能建设”项目管理，优质高效建成产能 40 万吨。

2014 年在扎哈泉、切十六、砂西 E_3^1 油藏进行产能建设项目管理的试行，通过“包安全、包工期、包质量、包投资和包产量”五包机制和“钻井、测录井、投产、地面”四个简化，取得了一定的成绩。

2015 年总结切十六区、扎哈泉、砂西 E_3^1 油藏项目管理模式的经验和不足，进一步健全管理模式，推广至全油田。针对产能建设“投资有限、新井单井产量下降、万吨产能建设投资上升、布井难度加大以及钻井合同、钻机运行”等问题，对油田开发产能项目从投资、合同管理、钻井运行等全方位管理，确保“产能到位、工程优质、投资不超、运行顺畅”的目标。

2、各采油厂成立“注水项目组”，抓落实，促管理，持续抓好精细注水，夯实老油田稳产基础。

从 2009 年油田开发基础年活动与注水专项治理工作开展以来，公司成立了以主管开发的领导为组长的精细注水及注水专项治理项目领导小组，集中专项资金和技术力量，加大注水专项治理。

共投入注水专项治理费用 **.** 亿元，其中股份公司投入 *.* 亿元，公司自己投入 *.** 亿元。按照“三级治理、重点投放”的原则，将费用块到各采油单位，保证股份公司级和油田公司级治理区块费用。近年来公司像抓原油产量一样抓注水，像重视原油产量一样重视注水，并把注水技术指标纳入到采油厂业绩指标体系中进行考核。

从目前开发指标及形势看，老油田还是没有稳住，指标变差，部分单位从思想上还是没有转变“重油轻水、重新区建设轻老区治理”的观念，没有形成“稳油必先重水”的共识，精细注水理念只是一句口号，现场执行与落实变味、走样，实施效果变差。

2015 年各采油厂要成立专门的注水项目组，针对目前精细注水从地质认识、油藏管理、井筒状况、分注工具、投捞调配、水质达标、地面配套等方面存在问题，形成成本管理、方案实施、地面、井筒、地下、测调、验封、工具选择及相应工作考核为一体的精细注水项目管理，进行专人专管，严考核硬兑现。

（三）持续推进精细油藏描述水平上台阶，指导油田潜力挖潜

精细油藏描述工作已推动近 10 年，但目前油藏精细描述水平还达不到“高、精、准、深”水平。地质建模和数值模拟水平不论是研究院还是采油厂，水平都不精，部分项目依赖外协，尽管外面队伍可以带来新技术、新方法，但工作不能延续开展，数据体变成猴子掰包米边掰边丢，油藏研究无延续性。

2015 年勘探开发研究院除了要完成股份公司下达的精细油藏描述任务外，也要加大其他主力油田的精细研究。要重视并加大培养精细油藏描述的专业人才，要形成青海油田精描专家与队伍。在研究对象上，要加强单砂体及剩余油分布的精细描述，建立和完善以单砂体为单元的注采井网系统；要形成不同类型油藏在不同开发阶段的开发技术政策；要超前储备技术，既要满足目前各油藏开发技术的需求，还要研究进一步提高采收率的试验与技术对策。要有长远规划，从容应对各阶段油藏出现的问题。

各采油厂也要继续加强精细油藏描述研究，成果要指导精细注水与产能建设。要根据动态分析及剩余油量化结果，纵向上要准确判断注水调整的加强层、均衡层和控制层；平面上根据不同部位的动用状况进行加强、控制、均衡注水。通过精细地质与剩余油分布量化研究、细分分注标准建立、精细注水调控的实施、注水效果分析与评价方法的运用，为油田注水开发上水平从源头上提供技术支撑。

（四）扎实推进市场化运作，缓解投资和费用紧张问题

2014 年在这方面迈出了一大步，从过去全力保障关联方西部钻探，到现在将部分工作量进行市场化，这是一个进步。不仅是在投资方面，在成本方面也必须坚定不移的走市场化，井下作业这一块业务，必须瘦身，要甩开一些低效低收入的业务，人要压缩，工作也要交出去，热洗业务就已主体要退出。过去我们认为都是油田内部单位，是一个左兜装右兜的问题，现在看来这种观念是有偏差的，油田总消耗在上升，就不符合效益发展的要求，不论由谁来承包工作业务，只要油田的总消耗下降，那么就是效益发展。2015 年持续推进市场化工作，达到控投稳本的效果。

（五）加快勘探开发一体化工作，为增储上产奠定基础

近年来，这方面的工作做的比较到位，2007 年 11 月份发现的切六区块，2008 年开发和评价同步进行，钻水平井、建井网；切十二、切十六区块的开发，也都是尽快建设相应的开发实验井组。目前扎哈泉实验性建产 5 万吨，为后续开发和加深扎哈泉地区的地质认识奠定基础。开发必须紧跟勘探发现，以评价和开发同步运行做好勘探开发一体化工作，落实资源的同时进一步加强油藏评价与开发生产的紧密结合，积极开展开发前期准备工作，建立试验井组，为开发方案的编制提供保障。

2015 年重点对扎哈泉、英西、游园沟、红沟子、冷东等的构造、储层及油气水分布加强认识，做好试采、试注评价工作，编制开发概念设计方案，落实建产规模。

（六）加强长停井措施改造，恢复生产，进一步挖掘潜力

深入开展地质大调查，全面分析长停井分布、停产原因和井筒状况，分类制定恢复措施。目前共有长停油井 *** 口，主要是供液不足，高含水和套管有问题。水井有 *** 口，主要是套损、注不进，待大修及一线油井水窜。

长停井治理和恢复不是简单的恢复开井，不能只把眼光盯在油井上，既要关注油井的恢复，又要关注水井的恢复，更要从井网完善和储量动用的整体考虑问题，将油藏综合治理与单井措施挖潜相结合，着力改善油藏开发效果。要坚持生产管理与经营管理相结合，详细进行事前油藏研究和经济评估。要做好复产后的跟踪管理和日常维护工作，及时分析生产动态、优化生产参数、强化注采调整，确保长停井治理恢复以后能够稳定生产。

（七）加快开展重大开发现场试验，超前储备战略接替技术

主力油田已进入中高含水阶段，部分区块（狮子沟浅层、跃西等）已进入特高含水采油阶段。目前的常规工艺技术已无法解决油层深部和平面矛盾等问题，进一步提高采收率的手段不足。针对这种情况，2014 年在尕斯 E_3^1 油藏开展二次开发深部调驱试验和马北一号油田的注气试验，其它油田也借助重大专项一期与二期研究，储备了一些提高采收率的室内试验。2015 年要继续加大马北一号注气试验和尕斯 E_3^1 油藏高含水井组深部调驱试验。

两院在研究中要注重面向生产的应用性技术研究与生产发展的紧密性相结合，要开展现场试验、成熟技术推广应用和超前储备技术研究，攻克制约油田开发的瓶颈技术，坚持依靠技术进步来解决新的油田开发问题和矛盾。一是要开展针对性的开发试验。攻关一批，完善一批，推广一批，真正在油田增储上产中发挥作用；二是攻关老油田深度挖潜接替技术。高含水油田聚（复）合驱、气驱技术还不成熟，还需要在理论研究和现场实践中不断发展完善，形成配套技术。

昆北砾岩油藏切六 E_{1+2} 油藏、切十二区 E_3^1 油藏，无低含水开发阶段期，油田建产刚结束，就进入中高含水期，部分注采井组含水已达 **% 以上，单靠注水开发，驱替效果差。2015 年要借鉴国内砂砾岩油藏深部调驱和三次采油技术，深部调驱技术早期介入、区块整体进行深部调驱，逐年扩大处理半径的治理思路，控制高渗水流通道的无效水循环，进一步提高注水效率。

（八）加大科研技术攻关，提高动态监测技术水平

2015年动态监测工作任务依然繁重，特别是油井的定点井测压、产液剖面、吸水剖面测试等方面要有新的提高。一要针对低流量、三相流、井口高压、水平井测试及剩余油监测等在工艺技术上攻关。二要加大高温高矿化度油藏的资料录取，创新力度，提高资料录取的准确率。三要加大投捞调配力量，要解决遇阻问题。

（九）加大油藏管理力度，强化油田“三级”动态分析

油田开发动态分析是认识油藏、改造油藏，科学开发油藏的重要手段。以齐全准确的静态、动态及监测资料为依据，应用相关分析技术，分析油藏的开采特点，研究不同开发阶段的主要矛盾，不断深化对油藏特征及其内在规律的认识，明确开发潜力，进而提出下步调整方向与措施，实现油藏开发的最优化。

注采井组是油田注水开发分析的基本单元。采油厂要加强井组动态分析，要做到“一井一策，一个井组为一个工程”的目标。

研究院要开展分类油藏开发技术对策与规律研究。针对低渗透油藏：要建立有效压力驱替系统，以提高水驱储量控制程度和动用程度为目标进行研究；中高渗透油藏：要突出抓好高含水及特高含水阶段有效注水研究；砾岩油藏：重点以控制高渗水流通道的无效水循环加大研究；边底水油藏：要加强平衡边底水开采技术政策界限为目标进行研究。

（十）加强地面建设组织管理，抓好油田地面配套建设，持续推进地面标准化设计

2015年基建工作要紧紧围绕油田上产，全面完成油田地面建设任务，推行“建管分离”，加强基础管理力度，工程建设“质量、进度、投资、安全环保”全面受控，为建成千万吨高原油气田奠定坚实基础。

认真开展现场调研，积极参与项目方案、初步设计审查工作，加强勘察测量及设计管理协调力度，强化施工图设计的程序管理。

加强基本建设程序合规管理，提前部署实施阶段工作安排，做到项目前期和实施阶段的无缝衔接，抓好工期计划编制质量，建立畅通的沟通协调渠道，对工程进展情况及时汇总，认真分析、发现和协调解决工程建设中存在的问题，确保工程的顺利实施。

（十一）全面贯彻新《安全生产法》和新《环境保护法》，严格落实安全环保责任制，努力实现安全环保形势稳定

2015年新环保法即将实施，一是加强新环保法的宣传，保证在用污染治理设施、建设项目三同时等各项环保工作达到新环保法的要求。二是结合勘探与生产分公司新修订的环境保护管理办法，油田公司将对环境保护实施细则进行修订。针对股份公司对钻井泥浆的新要求，制定油田公司废弃钻井泥浆、井下压裂液管理细则。三是加强应急监测站的建设，全面达到集团公司应急监测站的要求，完成集团公司应急监测任务。

在安全方面抓好以下几项工作：一是深化推进QHSE管理体系建设，规范体系运行。二是 强化责任归位，建设责任明确、考核到位的责任体系。三是加大员工教育培训，提升安全技能。四是突出加强承包商QHSE监管。五是强化安全生产基础管理，严查“三违”行为，打牢安全生产基础六是深入推进节能节水工作。七是强化质量监管，严守质量红线。八是大力做好污染减排工作，确保合法合规生产。

各位代表、同志们，2015年公司目标已经明确，各单位要认真学习领会开发年会精神，按照公司部署的总体要求，解放思想、超前谋划、大胆实践、努力工作，全面完成2015年各项生产经营任务，为青海油田早日建成千万吨级高原油气田创佳绩，立新功！

在2014年度油田公司天然气开发年会上的讲话

孙凌云

2014年12月23日

各位领导、与会代表：

2014 年，在集团公司、股份公司和油田公司的正确领导下，油田干部员工自我加压、拼搏奉献，努力克服发展中调到的各种困难，牢牢把握“老区稳产、新区上产”的总基调，扎实推进气田开发各项工作，全面完成了年度生产经营任务。

今年 11 月 13 日，股份公司在北京召开了 2014 年度天然气开发年会，青海油田天然气开发得到股份公司副总裁赵政璋的表扬和认可。他说，最近这几年，青海天然气的产量持续上升到 70 亿立方米，是非常了不起的，这得益于勘探的发现，得益于开发的精细化管理，一井一策，均衡采气，小层挖潜，在治砂方面，有很大的进展，对治水也做了积极的探索。对于这样一个非常特殊的气田，工作到这么个程度，反映了青海油田精细管理，脚踏实地，多少年来形成的工作作风，甚至是油田的一种文化，做得非常好，做出了很大的贡献，向大家表示感谢。

会期一天的油田公司 2014 年气田开发年会收到了非常好的效果，达到了预期目的。这次会议是在油田天然气业务发展面临的新形势下召开的一次会议，目的很明确，就是要通过大会的交流与讨论，全面总结 2014 年天然气开发成果和经验，凝聚力量、超前谋划，进一步落实 2015 年的重点工作部署，突出加强基础地质研究、突出配套成熟采气工艺、突出开发生产的精细管理，突出天然气开发前期评价，实现涩北气田的长期稳产、新区气田的快速上产，共同谋划青海天然气事业有质量有效益可持续发展。

第一部分 天然气业务形势及青海天然气开发现状

一、国内天然气业务形势

2014 年天然气的销售形势廖总用“四个期”做了很好的描述，一是用气结构的调整期，前几年是不管什么企业都要用气，现在是用煤，用电，能源结构有了部份的调整。同时供求平衡和局部供大于求的现象也在今年开始出现。二是天然气价格的消化期，由于天然气的涨价，部份企业亏损而关停。我们的格尔木电厂、30 万吨甲醇、中浩 60 万吨甲醇都关停了。三是增速的换档期，2013 年以前，天然气的增速都在 17% 以上，而 2014 年 1-9 月降到了 7%，10 月更是降到了 1.7%，全年在 9% 左右，天然气增速放缓。四是冬夏峰谷差加剧期，冬夏季需求更不平衡，淡季更淡，旺季更旺，北京地区最大峰谷差将达到 12:1，冬季平稳保供困难。

天然气开发趋势。天然气生产持续保持快速增长，国内天然气产量连续三年保持在 *** 亿立方米以上，每年近百亿立方米的产量递增，2014 年天然气产量达到 *** 亿立方米，四大气区产量占中石油国内总产量的 86.3%。规划到 2015 年国内天然气产量将达到 *** 亿立方米，届时天然气产量占中石油油气当量的比例将接近一半，成为中石油业务的半壁江山。

新增探明地质储量。2014 年新增探明 *** 亿立方米，连续 8 年超过 *** 亿立方米。在鄂尔多斯盆地苏里格、四川盆地高石梯 - 磨溪、塔里木盆地克拉苏深层形成 X 个万亿立方米储量区，巩固了天然气持续增长的资源基础。

各地区公司产量。长庆完成 *** 亿立方米，同比增长 9.9%；塔里木完成 *** 亿立方米，同比增长 5.4%；西南完成 *** 亿立方米，同比增长 7.9%；青海完成 ** 亿立方米，同比增长 * 亿立方米；大庆 ** 亿立方米、新疆 ** 亿立方米、吉林 ** 亿立方米，均完成产量任务。以上数据说明青海气区虽然是第四大气区，但产量差距还很大，前三家全是百亿立方米以上规模。

二、青海天然气开发形势

天然气产量平稳增长。青海气区天然气年产量从2011年至今，年产气量保持在60亿立方米之上，近四年年增产3.10亿立方米，产量年增长率5.3%，推动了油田公司整体业务的快速发展，形成年产能力76.20亿立方米，截至年底累计生产天然气523.98亿立方米，地质储量采出程度13.63%，可采储量采出程度25.87%，平均单井日产量3.40万立方米/天，高于股份公司平均水平（2.16万立方米/天），储采比保持在25.87，大于警戒值（≥15），储采比和负荷因子受控。

开发指标向好。深入开展气藏出水动态拟合，研究气水分布规律，实施均衡采气，随着近三年的挖潜产能建设和开发指标调控，平均年递减率控制在8%以内。

储量动用程度提高。通过对涩北和南八仙老区的精细地质描述，使储量动用程度较低的小层和砂体以及三类难采储量得到进一步动用。涩北气田储量动用率从93.4%提高1.3%，南八仙气田储量动用率从51%提高6%。

新区建产效果明显。东坪－牛东新区地层压力高（43.87兆帕），压力系数高（1.38），直井与水平井单井日产气分别达到12.40万立方米、27.10万立方米，生产过程中产量和压力稳定，成为天然气调峰上产的主力，形成13亿立方米产能。

经济效益持续提升。天然气产能建设投资*.***亿元，天然气业务利润**.**亿元，其中天然气开发利润**亿元，天然气与管道利润**.*亿元，管输利润****万元。

第二部分 2014年天然气开发取得的成果和亮点

2014年天然气开发按照油田公司工作部署，积极落实股份公司天然气年会精神，突出涩北气田稳产、马仙地区的保产和东坪－牛东新区快速上产，狠抓安全生产、气藏管理、前期评价、新技术应用等工作，涩北气田具备年产55亿立方米稳产能力，东坪区块快速实现13亿立方米年产能力，坪H-2-7井单井产量突破60万立方米，马仙区块天然气日产稳定在150万立方米，整体天然气开发水平全面提升，呈现以下几大亮点。

一、全面完成天然气调整产量销量任务，气区指标整体受控

始终把天然气产销量和气区指标保持水平作为各项工作的重中之重，大力推进市场销售力度和均衡采气工程，天然气产量运行平稳，气区开发指标整体受控。今年受市场低迷和天然气推价的影响，天然气销售不畅。油田周边格尔木炼油厂30万吨甲醇、中浩60万吨甲醇装置停产，格尔木燃气电站停止发电。10月份涩宁兰降低外输量，日销量仅为1000万立方米。青海油田欠销量达到了2.59亿立方米。为此我们在10月8日，12月2日报请股份公司调整年度天然气产销计划，得到了股份公司的认可。

1. 青海气区完成调整产量销量任务。12月底青海气区年生产天然气69.10亿立方米（相当于产油量550.6万吨），完成股份公司调整天然气产量计划任务。目前各生产单位保供得力，生产正常，天然气日产气量在2200万立方米以上平稳运行，产量销量双双踏上股份公司调整计划目标。

涩北气田年产55亿立方米水平稳定生产。紧密跟踪下游用气需求，合理编制供气方案，实施月月对标，明确调控重点，推进单井分类管理，落实均衡采气。天然气开发公司全年完成产气量54.16亿立方米，目前天然气日产能力1760万立方米，为冬季安全生产保供做足了准备。

东坪－牛东新区快速上产日产330万立方米。落实勘探开发一体化工作思路，加强随钻跟踪和试采跟踪分析，部署上优化调整，运行上靠前指挥，实施上常抓不懈，各项工作的有序开展，使新区产、建、销工作得以安全、平稳、高效运行。冷湖油田管理处全年完成产气量9.31亿立方米，完成计划产气量的109.5%，目前日产能力踏上360万立方米水平。

马仙区块日产气量150万立方米平稳生产。近两年坚持老井恢复利用，充分挖掘老井潜力；坚持机抽排水采气，实施低成本战略；提前部署低压伴生气系统扩能改造工程、主动协调作业力量、克服冬季生产管线冻堵等一系列工作，马仙采油厂全年完成产气量4.5亿立方米（不包括自用气3000万立方米）。

2. 开发指标相对稳定，主力气田产能递减率可控在7.8%。12月底，涩北气田平均单井产气量3.05万立方米/天（高于股份平均单井产气量2.16万立方米/天），水平井平均单井产气量9.15万立方米/天，产能递减率7.79%；东坪区块平均单井产气量13.0万立方米/天，水平井平均单井产气量27.10万立方米/天，具备少井高产的条件，但需注意压力保持水平；马仙区块平均单井产气量2.12万立方米/天，水平井平均单井产气量3.98万立方米/天，产能递减率13.9%。，递减率保持稳定。

二、多次论证优化部署，确保新建产能7亿立方米顺利实施

老区全面完成产能建设钻井工作量。面对老区未动用储量少和井控程度高的困难，开展多次井位优化论证。实际工作中突出“尽早论证部署，强化统筹安排”，尤其是“结合措施上产”，摸索出老区产能建设“投资可控、目标实现”新的产能建设模式，老井挖潜建产占到老区产能建设的20%，为老区3.0亿立方米产建任务的顺利实现打下坚实基础。

涩北1.5亿立方米产能建设共部署15口新钻井（水平井7口），实际完钻井数15口（水平井6口），进尺2.16万米（水平井进尺0.99万米），建成产能1.32亿立方米，产能到位率88%。马仙区块1.5亿立方米产能建设共部署8口新钻井（4口水平井），实际完钻8口（水平井2口），完成进尺1.50万米，建成产能1.49亿立方米，产能到位率99.3%。

新区抓紧“牛鼻子”工程，水平井优化建产，实现少井高产。冷湖东坪牛东区块4亿立方米产能共部署15口，其中东坪牛东区块部署新钻井9口，实际完钻11口（水平井5口），日产水平达到150万立方米以上，建成产能4亿立方米，产能到位率100%；冷湖－平台部署新钻评价井10口，实际完钻4口，完成进尺0.96万米。从地质研究、工程设计、钻井工程、和完井投产四个方面采取综合性措施，优化部署水平井5口，（含1口双分支水平井）全部获得了成功，投产4口井平均单井日产量35万立方米，是周围直井的2.5倍，特别是坪1H-2-7井作为青海油田第一口双分支水平井11月6日顺利投产，无阻流量达到300万立方米以上，10毫米气嘴日产天然气69万立方米，油套压30兆帕，创青海气区气井单井产量新高。

三、精雕细刻抓气田开发，开发水平整体上台阶

2014年继续强化气藏开发精细管理，加大措施增气攻关力度，推行均衡采气技术、立足气田挖潜增效、坚持勘探开发一体化，开发水平不断提高，具体体现在：

精细管理，均衡采气，开发指标基本受控。一是完善并推行气田开发技术规范，结合青海气区气田开发特点，编制并下发《天然气关键指标计算方法》、《青海油田天然气动态分析实施细则》及涩北气田15个相关开发技术规范，使气藏管理工作更加精细。二是开展单井有效循环管理。生产中以“实时观察、及时反馈、及时分析、及时处理、及时评价”为一个有效循环，进行单井精细管理。全年单井分析近200井次，开关井优化近600井次，高低压流程切换近120井次。三是开展节点分析，实施预警机制，合理单井配产管理。利用节点分析，结合气井的构造位置、水淹状况、携液流量、采气速度、主动防砂等因数确定合理产量。合理配产139井次，减少积液井26口。四是推行均衡采气，通过开关井优化与产量合理配置，实现“区域、纵向、平面、时间”四维度均衡，调控了25个采速高、出水多的层组，递减率控制在7.8%以内，为气田递减踩住了刹车。

强化基础，深挖潜力，稳产基础不断夯实。老区的稳产是工作的重中之重，积极挖潜剩余储量建产潜力是保持老区稳产的重要手段。通过精细测井解释研究，积极探索潜力层和薄差层的有效动用，开展现场试采评价工作。一是开展涩北气田精细描述，深化流体分布认识，实现储量精细评价，重新解释出可疑层22个，优选出7个小层开展试气工作，其中台南气田2-18小层控制储量30.81亿立方米，对报废井台1-4井2-18小层防砂压裂试气，获得工业气流日产气3.2万立方米，据此部署的台4-8完钻投产后日产气3.50万立方米，预计可建调整产能0.5亿立方米；二是通过对南八仙气田储层精细描述，气砂体分布规律、储量动用程度研究，部署产能2.7亿立方米，其中水平井5口。三是对马北303、马北107、马八3-13井开展试采工作，落实区块开发潜力，目前马八3-13井试采日产1.8万立方米。

精心组织，完善配套，保障能力逐步提升。精心组织科学施工，重点工程按期完成。各施工单位克服了工期紧、任务重、自然环境恶劣等困难，精心组织、科学施工，各项工程按照计划节点控制。完成了涩北增压集输工程（一期）、涩北采出水回注试验工程、南八仙伴生气系统改造工程，并陆续投运。气区的天然气配套保障能力得到进一步提升。

紧跟现场，方案配套，高效开发技术保障。一是编制完成涩北气田3个典型层组的整体治水方案，目前现场正在实施涩北二号气田Ⅲ-1-2层组整体治水方案，通过各项措施作业31口井，日增产气量20.4万立方米，该层组产能综合递减率由2013年16.6%下降到11.6%，延缓产能递减率5%。二是编制完成马北8区块油气开发方案，指导现场产建的顺利实施，形成年油气当量10万吨的生产能力。三是编制完成《东坪区块初步开发方案及牛1井区试采方案》，目前建成13亿立方米生产能力。方案的配套为气田开发提供有效的技术保障。

持续攻关，技术集成，采气工艺支撑稳产。老区逐步完善治水治砂稳产配套技术，新区积极储备钻完

井、改造投产等增产配套技术。

老区：持续攻关，一是形成涩北疏松砂岩气藏排水采气技术系列。2014年“规模推广间歇泡排，重点试验连续泡排，大力攻关连续气举”，工艺技术日趋成熟，措施贡献率逐年提高，实施效果日益显著，全年间歇泡排1300余井次，增气9972万立方米，投入产出比达到1:7；毛细管连续泡排5井次，单井增气0.43万立方米，增排水3立方米/天，大幅改善泡排效果；压缩机连续气举恢复停躺井4口，单井恢复产能1.15万立方米，该工艺取得重大进展，成为治理水淹停躺井的有效手段。二是形成以连续油管冲砂和压裂充填防砂为主的疏松砂岩气藏治砂技术系列，防砂工艺趋于成熟，做到“自主设计、自主施工”，措施作业连续三年有效率突破90%，今年开展15井次压裂充填防砂，日增气20.15万立方米，投入产出比达到1:5。

新区：不断完善，一是初步形成东坪新区优快钻井技术。通过持续开展井身结构优化、推广“四合一”钻具组合、个性化钻头设计等工作，初步形成了配套的安全优快钻井技术。水平井平均机械钻速较2013年由2.76米/小时提高至3.72米/小时，提高34.78%，钻井周期由150.4天缩短至126.8天，缩短15.7%；完井周期由159.6天缩短至138.4天，缩短13.3%。二是新型钻完井工艺成功应用，有效提高单井产量。2014年采用新技术试验的坪1H-2-7双分支水平井，采用裸眼完井方式，投产后10毫米工作制度，日产气69万立方米，为气田少井高产探索出了新路。三是形成基岩气藏直井封隔器分层和水平井水力喷射分段压裂技术，同时开展了液氮泡沫复合压裂和纤维转向分段压裂技术试验，有效提高了返排率及措施效果。东坪105井措施后平均日增气23.9万立方米，返排率64.7%，较该区平均返排率高出29个百分点。

四、坚持勘探开发一体化，推进新区试采评价建产

东坪-牛东区块自开展勘探开发一体化工作以来，按照公司“六个统一和三个联动”的要求，定期召开一体化会议，及时协调解决勘探开发工作中存在的问题。将气藏开发前期试采评价工作与储量上报工作紧密结合，在井位论证、完井讨论、系统取芯等工作上充分沟通协调，既保证了储量研究工作的顺利开展，又对气井产能规模进行了详细评价，这种建产、试采、评价一体化的高效模式，为新区快速上产奠定了基础。

实际部署新井16口。东坪1井区部署新井10口井，新增日产能力120万立方米，建成产能4亿立方米；牛东地区加深、测钻（牛1-2-20和牛1-2-22)2口评价井，试采平均日产气9.7万立方米；冷90区—平台区块部署评价产能井4口，完成4口井试采（平1、平101、平3和冷90)，冷90井试采3毫米工作制度稳定日产气2万立方米；平3井试采4毫米工作制度稳定日产气1.84万立方米。

地质研究中突出井震结合和测井的精细解释，加强基岩储层特征及有利储层预测分布研究，及时调整井位部署，确保产能建设稳步推进，先后部署了5口水平井全部获得成功，完钻水平井平均单井产气量35万立方米，是周围邻井的2.5倍。

五、落实安全生产，冬季保供运行良好

一是通过全面推进QHSE体系的建设与运行，围绕重大危险源、隐患治理等方面，扎实开展定期及专项安全检查，确保了气田安全平稳生产。天然气开发公司完成检修三甘醇脱水装置10台（套），检修分离器5台套，检修各类阀门600余只；冷湖油田管理处完成检修200万立方米换热器1台（套），加装散热器1台（套）、水套炉2台（套）；马仙采油厂完成检修压缩机3台（套），清理燃烧炉3台（套），这些工作是提高设备运行安全系数、筑牢安全防线的基础，从源头上消除隐患，实现本质安全。二是根据年度生产任务，编制生产运行方案及运行大表，按照“保周边，控下游”的冬季供气方针，结合气田生产实际，反复论证编制方案，进行流程切换，实现高低压分输，提高马仙及两东输气能力，目前全油田年底生产能力可达到2300万立方米，供气能力达到2050万立方米，确保安全平稳供气。三是保证管道畅通，做好天然气输气管道清管及内检测工作。按照油田公司的总体安排和部署，天然气长输管道完成了仙翼西段输气管道、柴北缘输气管道、马仙输气管道的清管及内检测工作；城市燃气管道检测方面，格尔木、敦煌、花土沟3个社区完成了管道检测；LNG燃料气管线4月中旬也检测完成；10万吨甲醇、30万吨甲醇管线6月初完成检测。管线清罐和检测工作的开展，保障了管道输送，安全平稳运行。

第三部分　天然气开发面临的挑战

目前老区出水出砂矛盾加剧，新区开发的对象日趋复杂，已暴露出一些影响天然气事业持续健康发展问题，主要表现在以下五个方面：

1. 老气田多年满负荷运行，保持稳产的压力越来越大。未动用储量规模小，待开发区缺少整装。目前青海气区探明未动用储量172.49亿立方米，主要分布在涩北浅层和深层，以及非主力小气田，后期产建接替区少。

2. 主力气藏含水上升快，控水稳气难度大。近三年涩北一号、二号、台南气田年水气比呈逐年上升趋势，目前分别为122.70、193.20、123立方米/百万立方米。

3. 基岩气藏类型复杂，需进一步加强评价攻关。东坪气田88%的探明天然气地质储量分布在基岩中，基岩深部含气性及气水界面分布有待进一步评价；以裂缝及溶蚀孔洞为储层主要储集空间的气藏精细描述、合理开发技术及增产措施需要进行攻关。

4. 水平井配套采气技术有待进一步提高。涩北气田水平井产量占总产量1/3，产量递减快，水平井的稳产工艺亟待突破；东坪基岩储层机械钻速有待进一步提高；低压气井的储层措施改造效果需进一步提高。

5. 勘探开发一体化，配套时间短快速上产的风险依然存在。实施勘探开发一体化加快了增储上产步伐，在东坪新区快速建产中起到了很好的效果。但明年评价建产的潜力区块储量未探明，地质条件相对更差，经营成本和建产成本更高（东坪区块产能建设亿立方米投资达到****-*****万元），快速上产的风险依然存在。

第四部分 天然气“十三五”规划

青海油田气区“十三五”天然气规划紧紧围绕“十三五”期间建成和发展千万吨高原油气田的总目标，充分考虑产能建设规模、经济效益、地面配套，并兼顾市场对天然气的需求，进行部署安排。

一、“十三五”规划目标

1. 产量。2019年天然气产量**亿立方米。

2. 产能建设。五年累计建设产能**亿立方米，2016年新建产能**亿立方米。

3. 储量。新增探明储量****亿立方米，2016年新增探明储量****亿立方米。

二、“十三五”保障措施

1. 精细开发管理。老区年产**亿立方米硬稳产到2017年，重点抓好均衡开发和三类层挖潜。

2. 加大先导试验。工艺技术配套年增加产能***亿立方米，重点形成排水采气主体工艺、低压气井增压开采工艺、水平井治理一体化工艺、基岩储层钻完井压裂改造一体化工艺。

3. 谋求勘探突破。五年落实****亿立方米储量资源保障，开发跟紧勘探有利区域，快评价滚动开发，重点跟紧勘探有利条带，关注准备条带，积极部署评价井，开发快速跟上建产。

4. 优化地面流程。为开发快速建产跟进，有效发挥储量优势夯实基础。完善老气田地面工艺流程，解决好气田大量产水、湿气长管道集输等工艺，重点建设撬装化场站建产模式，适应开发快速建产需求。

第五部分 2015年天然气开发工作部署

2015年是“十二五”计划的最后一年，是“全面深化改革”的开局之年，也是加快建成“千万吨高原油气田”的攻坚之年，天然气开发业务将面临国际国内经济形势多变、供需矛盾突出、提质增效压力变大等多重考验。在可变因素较多的情况下，我们一定要以完成全年任务为工作核心，强化统筹规划，突出精细管理，坚持效益主体地位不动摇。

总体工作思路。深入学习贯彻党的十八大精神，认真落实集团公司、股份公司发展战略和规划部署，提升管理促发展，抓好气田精细管理稳住老区，精细组织勘探开发一体化发展新区，抓实采气工艺技术配套，提高工艺措施对老区稳产的支撑能力，强化前期评价的实施，奠定增储上产的基础，确保天然气生产稳定，努力提高气田开发的整体效益。

开发工作目标

1. 天然气产量

股份公司指标。2015年股份公司总产量****亿立方米，同比增长6.3%。其中长庆***亿立方米、塔里木***亿立方米、西南***亿立方米、大庆***亿立方米。

青海油田指标。2015年股份公司下达计划天然气产量72亿立方米，油田公司目标产量72亿立方米，与2013年相比，产量增加**亿立方米，同比增长**%。

2. 新建产能

股份公司指标。新建产能***亿立方米，钻井***口，进尺***万米。

青海油田指标。2015年股份公司下达计划天然气新建产能**亿立方米，钻井**口。

总体工作部署

1. 精心组织生产，加强产运销协调，确保安全平稳供气仍是工作重中之重

2015年计划生产天然气72.0亿立方米，涩宁兰管线销售**亿立方米，油田周边销售**亿立方米。

根据年度生产计划，一季度安排生产天然气 ** 亿立方米，平均日产 **** 万立方米；二季度安排生产天然气 ** 亿立方米，平均日产 **** 万立方米；三季度安排生产天然气 ** 亿立方米，平均日产 **** 万立方米；四季度安排生产天然气 ** 亿立方米，平均日产 **** 万立方米。

全年产量任务已经明确，各单位要进一步结合油田公司产量计划和下游销售计划，认真细化和完善各区分月日均产量运行计划，做好月度运行跟踪分析，加强气井、管线、站场完整性管理和年度检修计划工作，重视控制系统的安全运行。

2. 加强地质研究，不断深化气藏认识，优化井位部署是提升产建效果的关键

2015年股份计划青海气区产能建设**亿立方米，设计总井数 ** 口（水平井 3 口），进尺 ** 万米，利用老井 * 口。其中老区调整产能 ** 亿立方米，钻井 ** 口（水平井 3 口），计划进尺 ** 万米；新区新建产能 ** 亿立方米，钻井 ** 口，进尺 ** 万米。

产能建设以项目进行管理，成立区块项目部。突出效益意识，提高建设质量，以项目建设投资和生产运营成本最优化、整体综合效益最大化为目标，严格执行产能项目立项程序和投资计划，加强实施过程控制和现场组织管理。涩北、马仙地区加强综合地质研究，强化部署论证，优选优质目的层；东坪牛东加强新技术推广应用，优先考虑水平井建产，努力降低开发成本。通过提高产能建设到位率达到降本增效。

3. 勘探开发一体化，加快新区试采建产，力争评价区块取得实效是筑牢稳定发展的基石

持续推进勘探开发一体化，强化冷 90、平台潜力新区试采评价，严格控制低效井；关注牛中和冷东区块进展，紧跟近期天然气勘探主攻方向，强化地质、测录井、试气试采等前期评价工作，力争在有利的建产区块再实现增储上产，建成试采产能 * 亿立方米，确保天然气开发业务的有序、合理接替，筑牢增储上产稳定发展的基石。

抓好天然气前期评价项目。股份公司前期评价项目钻评价井 1 口、试采 3 井次、专题研究 5 个、开发试验 9 项；油田公司生产性项目 13 项，重点突出科研指导生产，加强课题成果的应用，提高气田开发效果。

4. 加大工艺试验，逐步形成技术配套，实现工艺技术支撑老区稳产助力新区上产

经过近几年采气工艺的不断探索，基本形成了初步的一些配套技术：“涩北重点推广连续油管冲砂和泡沫排水采气成熟技术，马仙重点完善机抽排水采气技术，东坪重点推广多段压裂技术”。但是我们的认识还不完善，配套的一些工艺技术还不能完全解决老区存在的开发矛盾、新区面临的开发挑战，下步涩北重点攻关整体增压排水和连续排水采气技术，东坪区块重点在优化压裂施工规模降成本上下功夫，同时强化储层保护，开展青海气区入井流体研究，解决储层伤害，积极攻关水平井稳产工艺技术，从而提升青海气区工艺服务支撑能力，助力稳产上产。

5. 严格执行新版“两法”，实现安全环保形势稳定。

各单位要严格按照国家新的“安全法”、“环保法”的相关要求开展工作，切实创造良好的安全环保生产环境。持续完善 HSE 体系建设。特别是排除安全隐患，狠抓油气管道隐患治理的工作。从年初开始，油田公司就着手调查和落实格尔木、花土沟、敦煌、阿克塞等地油气管道隐患情况，编制多媒体汇报材料，分别与格尔木、敦煌、阿克塞地方政府已经各省市县相关部门汇报，共同协商、协调和处理油气管道隐患。同时多次深入现场解决存在的问题。截止 12 月 16 日，对查处的 318 处油气管道隐患（其中：敦煌地区 7 处、格尔木地区 293 处、阿克塞地区 6 处、花土沟地区 12 处），其中重大隐患 10 处；通过油田自行清理和与地方政府沟通、协商解决隐患 139 处，其中 10 处重大隐患全部清理，还有 179 处需要在 2015-2016 年后续工作中清理解决。

各单位重点工作安排

天然气开发公司：计划生产天然气产量 ** 亿立方米，调整产能 ** 亿立方米，钻井 ** 口，进尺 ** 万米。突出抓好四项工作：一是继续坚持气田 55 亿立方米稳产的思路不动摇，重点做好气田均衡开采和精细管理。二是抓好 ** 亿立方米调整产能建设项目，充分论证涩北浅层建产工作，效益开发。三是继续实施好典型层组整体治水试验、污水回注试验、11 号站整体增压开采试验。四是增压一期工程投运和管理工作，采用冬季增压保供，夏季检修维护的节能方式运行，努力降低采气成本。五是完成涩北污水回注工程建设，2015 年所有气田产出水全部回注，达到环保指标。

冷湖油田管理处：计划生产天然气产量 ** 亿立方米，新建产能 * 亿立方米，进尺 ** 万米，其中东坪 1 井区新建产能 * 亿立方米，钻井 * 口，进尺 ** 万米；牛 1 井区新建产能 * 亿立方米，钻井 * 口，进尺 ** 万米。突出抓好四项工作：一是东坪－牛东区块 3 亿立方米产能建设工作，抓好跟踪研究和实施过程管理，控制建设投资。二是进一步加强东坪区块动态监测与分析

工作，保持气田稳产和合理开发。三是配合建设好东坪－牛东地面调整工程，东坪倒班公寓工程要求三月底开工，十月前投产。四是开展好冷湖、平台的开发评价工作，力争在有利的建产区块再实现增储上产，建成试采产能＊亿立方米，确保天然气开发业务的有序、合理接替。

马仙采油厂：计划生产天然气产量＊＊亿立方米，调整产能＊亿立方米，钻井＊＊口（水平井3口），计划进尺＊＊万米，利用老井＊口。突出抓好三项工作：一是继续深化南八仙挖潜工作，努力减缓气田递减，尤其是抓好低压气井产气的回收工作，增加产气量。二是抓好马北区块气藏评价工作，优选建产富集区，为产能建设打好基础。三是做好地面湿气输送工程的评价和改造研究工作，适时改造，满足冬季平稳生产。

涩北作业公司：以提高工程技术服务质量为宗旨，完善修井、测试及措施作业配套技术，提高保障能力。突出抓好三项工作：一是积极配合钻采工艺研究院做好低压力系数作业井入井液的研究与试验工作，完成现场试验5-8井次；二是合理安排测井测试工作，满足生产需求，并开展精细解释研究，发挥气田开发“眼睛”的重要作用，同时控制测试风险；三是不断改进泡沫排水采气、压缩机气举工艺，有效满足生产的同时降低成本8%。

勘探开发研究院：以科研支撑气田开发和生产，坚持老区稳产的开发对策和以三类层为主的挖潜研究；加快新区的试采评价工作，寻求储量接替区。突出抓好三项工作：一是深入开展2015年产能论证，不断优化，保证产能到位率90%以上；二是做实科研项目，提高科研成果转换率指导开发生产；三是立足老区细挖潜，新区快评价，具体指标为老区年挖潜产能3亿立方米，新区年建试采产能1亿立方米，为“十三五”整体规划的实现夯实基础。

钻采工艺研究院：以提升工程技术对气田稳产上产的保障能力为工作重点，进行工艺技术配套研究和储备。突出抓好三项工作：一是围绕涩北气田形成成熟排水采气主体技术，年恢复积液停躺井5-10口，措施增加产能2-3亿立方米；二是围绕上新区形成自主的钻完井压裂投产一体化技术，钻井提速5%，单井产量提高10%；三是积极储备水平井防砂技术和排水采气技术，保证水平井需要工程技术支撑时能够上得去，保得上。

管道输油处：要加强管线的巡护工作，处理好和地方的关系，决不能形成新的占压。输气管线的占压处置工作是我们的重中之重。由于征地、安评、环评的审批，今年推迟了移线工程的建设时间。2015年初要完成所有前期工作，8月完成占压管线的移线建设工程。同时所涉及的各单位管线占压问题2015年也都要完成整治工作。

各位领导、同志们，2014年青海天然气开发取得了丰硕成果，老区实现安全平稳生产、新区实现快速高效上产。现在天然气开发又进入了新的阶段，在新的一年，让我们以更加饱满的工作热情，按照集团公司党组和股份公司管理层的战略部署，紧紧围绕发展目标，精细气藏管理，努力提升气田开发效益，为青海油田天然气事业作出新的更大贡献。

在管理提升活动总结表彰视频会上的讲话

杨仁远

2014年7月4日

同志们：

2012年，油田公司按照集团公司的统一部署，开展了为期两年的管理提升活动。两年来，公司高度重视，主要领导亲自研究部署，成立了领导小组和管理提升办公室，制定了“全面提升三基管理水平、三基工作明显加强，全面提升安全环保业绩和水平、安全环保形势持续好转，全面提升生产经营管理水平、综合绩效显著提高，全面提升矿区管理水平、综合服务保障能力不断提高”的活动总目标，按照“全面启动、自我诊断，专项提升、协同推进，持续改进、总结评比”

三个阶段，进行全面落实推进。两年来活动卓有成效，工作有声有色，提升指标全面完成，青海油田受到集团公司通报表彰，被评为“中国石油天然气集团公司管理提升活动先进单位”。下面我就公司两年来管理提升活动情况总结如下：

一、组织推进方面

油田公司及所属各单位切实加强管理提升活动的组织领导，实现管理提升活动扎实开展、有序推进。

(一)加强领导，统筹安排，建立活动保障机制

集团公司召开管理提升活动视频会后，油田公司成立了以公司领导为组长的领导小组，明确了牵头责任部门，抽调专门人员组建了办公机构。认真学习、深刻领会管理提升活动的精神实质，将其作为建设高原油气田的重要举措之一，作为长期战略任务深入推进。编制了管理提升活动推进计划和工作职责，组建了工作网络，建立了活动例会、报告、考核评价等制度，形成了“领导、组织、协调、实施”的组织运行机制，为油田公司管理提升活动的有效开展提供了保障。

(二)精心组织，周密部署，做好活动整体规划

油田公司结合“三基”工作要求，细化了 “三个阶段、六个环节”的具体工作措施，制定了《青海油田公司开展管理提升活动实施意见》和“任务分解表”，明确了各阶段、各环节的工作内容和要求、关键控制点、完成时段和责任部门。结合实际，提出了“固本强基、提升效率、转型升级、降本增效、跨上千万、科学发展”的活动主题。活动第一阶段，通过自我诊断，共发现6大类，516个问题，据此公司确定了六个专项提升方案、十个重点领域及二级单位153项提升指标，并与已开展的基础管理建设工程、对标管理、精细化管理等工作进行了有机结合，推动管理提升活动全面协调发展。

(三)搭建平台，有效推进，营造良好活动氛围

活动充分利用网络、媒体等多种途径，进行了有声有色、重点突出的宣传报道和经验交流，促进了活动扎实有效开展，达到了广泛动员、全员参与的目的和效果。一是在公司主页开辟了“管理提升活动专栏”，及时发布管理提升活动的有关信息共155篇。二是向集团公司上报工作总结、诊断报告、工作方案及工作简报共19份。三是精心策划、同步跟进，加强宣传报道，活动期间播发有关电视报道75条、专题栏目4期，青海石油报每期刊登活动相关报道。

(四)深入现场，查找短板，帮助基层排忧解难

按照集团公司要求，全面部署，结合实际，认真组织开展管理诊断下基层工作，成立了管理诊断下基层领导小组，明确责任、落实人员，按照梳理诊断需求、现场诊断、编制报告三个阶段推进实施。第一阶段，在征集所属单位诊断需求的基础上，确定了84个基层反映突出的问题；第二阶段，组织机关各部门有经验的管理人员进行现场诊断，共发现问题400余个，现场解决240余个，159个问题在诊断报告中提出了解决方法；第三阶段，针对84项需求编写了诊断报告，并下发执行。通过对诊断报告的执行和推广学习，不但帮助基层单位分析了管理短板的根源，提出了合理的改善方案，同时让各单位掌握了管理诊断的基本方法，更形成了一套可以复制推广的工作方法。

(五)围绕重点，不断推进，实现管理模式创新

管理提升活动实施过程中，坚持把提升科学管理水平放在突出位置，转变思维方式，强化管理转型升级，走创新驱动的发展路子，推动管理模式向标准化、精细化转变，管理手段从速度、规模扩张向质量和效益转变，持续推进管理信息化和管理现代化。在继承发挥传统管理优势的同时，全面加强内部对标管理基准数据库建立工作，收集先进数据，从运行机制、实现环境、管控体系等方面不断查找差距，进行对标管理。如：进一步完善了制度管理体系，明晰公司机关、二级单位管理界面；完善了以突出业绩为导向的运行机制，激发各二级单位开拓市场、增收创效的积极性。

(六)加强监督，严格考核，确保活动扎实有效

一是制定《青海油田公司管理提升考核评价办法》，建立考核评价机制，严格责任考核，做好各阶段各环节的验收评估。在第三阶段，管理提升办公室组织六个专业办公室和各二级单位，从组织、经济技术类指标的完成及绩效类指标完成情况等三个方面，对各单位进行了考核评价，保障管理提升活动有效推进；二是通过岗位责任制大检查、专项检查，对所属单位管理提升工作现场检查督促，促进活动的深入推进；三是重点加强对专项提升、诊断报告实施的跟踪监督，确保管理提升方案组织实施到位、整改措施落实到位。

二、专项提升方面

按照集团公司确定的重点提升领域，制定了六个专项提升方案，确定了十个重点领域，这些方案的实施初步实现了各专业管理短板消除和瓶颈突破。

(一)投资预算管理全面细化，决策支持作用增强

积极推进管理性支出标准化体系建设，大力提高成本费用管理的精细化和规范化。进一步完善优化预算指标体系，建立预算管理信息系统，细化预算管理项目，强化预算过程管控，实现了财务预算的信息化

管理。突出投资回报和资源优化，提高效益类指标考核权重，通过测算不同投资额度对EVA指标的影响，为投资决策及出台考核政策提供了支持。

（二）科技创新管理成果丰硕，促进生产能力提升

全面搭建大科技平台，发挥技术优势。以攻克勘探开发技术瓶颈为立足点，实行产、学、研联合攻关，取得了18个方面的重要成果，形成了8个方面的技术亮点，特别是在个别区块地质研究上达到了较高水平，为增储上产提供了有力的科技支撑。大力加强数字油田建设，油气生产物联网建设有序推进，提高了生产组织的协同性。2013年组织实施了94项重点科技攻关项目，科技项目完成率在95%以上，申报专利63项，获授权49项，创历史最好水平；首次获得国家能源科技进步奖，6项科研成果获省部级以上奖励。

（三）人力资源管理创新机制，提升素质保障效益

全面加强“三支”队伍建设，倡导广大员工体面劳动、舒心工作、全面发展，不断提高全员素质。充分发挥培训机构作用，坚持理论与实践相结合、岗位培养与派外学习相结合、短期培训与职业教育相结合，实行“订单式”培养，加快培养一批复合型管理人才、专家型技术骨干和领军型技能人才。持续开展职业技能竞赛、专家工作室、命名班组等活动，积极参加集团公司职业技能竞赛，鼓励岗位成才。改进人才选拔和监管制度，建立优胜劣汰、能上能下的用人机制。统筹优化盆地内外人力资源配置，鼓励优秀人才向盆地一线合理流动。绩效考核制度渐趋完备，指标体系进一步优化，建立健全了油田各业务单元的关键业绩指标库，精选指标近280项，突出效益质量，满足发展需要。

（四）法律管理作用凸显，保障防控作用增强

紧紧围绕集团公司新三年法制建设工作要求，以深化法律管理为重点，突出诚信合规建设和法律风险岗位防控，提高法律风险防控能力，维护了企业权益。先后举办了法律工作人员和主管法律领导人员培训班2期，深入学习了相关法律内容，进一步强化现代企业法治理念，提高了领导人员法律工作意识，两级机关专职人员法律顾问持证率从50%提高到了75%。；深化合同等法律业务管理，规避经营风险，持续提升法律管理能力和水平；强化案件管理和法律事务工作，2013年未发生重大法律诉讼，诉讼案件办理及时率100%。

（五）采购管理严格规范，供应保障能力提升

严格执行集团公司一级物资采购管理规定，每月定期考核，及时监控一级物资情况，确保了集团公司要求一级物资网上采购率90%要求。按集团公司“三集中”采购要求，积极推行二级物资集中采购工作，对常用物资实施了集中招标采购，两级采购集中度达98%。按照“管办分离”的要求，完善制度体系，实行由法律、监察、审计和职能部门共同参与、协同把关的机制，规范招标管理和操作流程。2013年物资采购招标率达到70%以上，节约采购资金4.05%。

（六）安全生产重点突出，体系执行能力增强

积极推行标准化设计和建设，完善安全生产预警机制。建立了以责任落实为基础、以风险管控为核心、以应急保障为重点的一体化安全环保管理架构，大力推动安全环保责任落实、风险分级防控机制建设以及专兼职应急救援队伍建设等三项重点工作，全面推广矩阵培训，开展形式多样的教育、竞赛活动，切实提高全员、全过程的安全环保风险管控能力；安全生产制度、流程、机制等基础管理工作明显加强，针对近年事故和油田实际，先后修订完善10余项管理办法；全面推行以“一岗双责”为核心的全员安全环保责任制，进一步明确安全环保各方责任，1286名领导干部和管理人员制定实施了个人安全行动计划，开展安全观察与沟通活动3680次；HSE体系建设更加完善、运行更加高效，审核标准更加规范，审核质量逐步提高，问题整改完成率达99.5%；建立四级安全监督网络，形成四大业务模块“监管分离”格局；应急管理水平持续提高，应急演练计划完成率100%。

（七）管理信息化实现跨越，效率、价值有效提升

按照“统一设计、分步实施、集中建设”的原则，加强顶层设计，加快信息化建设步伐，整合相关资源，推进数字油田建设应用一体化；加快以ERP为核心的信息系统应用集成和物联网建设，积极引进云计算等技术，启动油田开发平台和数据库建设，抓好综合管理信息共享平台建设与应用；完善信息安全体系，健全信息标准规范，确保数据采集传输、远程控制、深度应用的实时性和准确性，借助信息技术促进科技创新、管理创新，提高了劳动生产率和管理效率。

（八）党建管理科学全面，保障油田和谐发展

强化宣传教育和示范引领，持续开展“党员责任区”、“党员先锋岗”等活动，推动社会主义核心价值观成为共同价值追求和自觉行动；明确标准，完善机制，进一步规范制度和流程，编制了《青海油田公司党建工作管理体系》，提升党建管理水平。深入推进“六个一”党支部创建，达标率由90%提高到92%，进一步增强了凝聚力、战斗力；加强“四好”班子建设，抓好干部培养，增强了破难题、引领发展的能力；积极开展基层建设千队示范工程实践活动，努力探索创新，油田55个示范任务全部完成，创新成果31个；两个队站荣获集团公司基层建设“百个标杆单位”荣誉称号，“员工岗位讲述”被评为集团公司“基层建设十大案例”。进一步加大“五型”班组和“安康型”班组创建活动力度，完成技术革新60余项，发明创造10余项，创造经济效益500多万元。认真贯彻执行中央和集团公司有关规定，形成反“四风”的长效机制，进一步转变作风，各级党组织集中力量整改“四多三超”等问题，坚持“严”字当头，确保整改成效。

(九)反腐倡廉管理深入扎实，监督管控严格有效

严格落实中央“八项规定”和集团公司相关规定，形成不敢腐的惩戒机制、不能腐的防范机制、不易腐的保障机制。推行“七项经费”支出常态化监管，加大渎职查处、失职追究、不尽职问责的力度，对违法违纪和腐败问题有案必查、有贪必肃，坚持对腐败“零容忍”，认真落实一把手不直接分管财务和个人事项报告制度，凝聚反腐倡廉的正能量。认真落实廉洁从业规定，抓好正反典型和警示教育，加强对重点部位和关键环节的监控，落实“三重一大”决策制度，组织开展专项监督检查，杜绝违反财经纪律的行为。深入开展巡视、离任审计、效能监察和稽查活动，有效防控廉洁风险，促进干部清正、企业清廉，油田上下风清气正。

(十)和谐矿区基本创建，服务能力切实增强

矿区服务意识不断强化，通过深化思想教育，树立服务为客户的理念，做到主动服务、跟踪服务、高效服务、优质服务，创建和谐矿区。落实五字方针，宣传引导突出“广”字，过程管控突出“严”字，多措并举突出“细”字，专项提升突出“实”字，围绕大局突出“好”字。紧密结合全年49项重点工作，开展“找短板、定措施、上水平”、“矿区服务示范窗口创建”等主题活动，找准切入点和着力点，制定切实有效的方案，加强整体协调稳步推进。对重点领域、关键指标和瓶颈问题进行确认，确定优先级别，找差距、抓整改，重点突破，做实专项提升，推动管理水平持续提升。抓好水电气暖生产、维修关键环节，优化运行参数，水电损耗率同比分别下降0.64%、0.35%。规范计量、收费管理，开展电和天然气量差问题专项审计，堵塞管理漏洞。市政维修、环卫、食品供应、离退休管理、医疗卫生、培训教育、职工活动、疗养接待等各业务均结合实际开展了重点工作，得到广大职工家属的好评。明确了2013年矿区文化建设十个方面的推进项目，营造了良好的矿区文化氛围。加大各类困难群体帮扶力度，矿区和谐稳定基础进一步夯实。

三、活动取得的综合成效及下步工作

管理提升活动启动以来，各单位上下联动，全面深入地组织推进管理提升活动，通过开展管理诊断，推进专项提升，推动活动深入基层，全力做好降本增效，着力构建长效机制，持续提升管理水平等工作，活动初期制定的“四大”目标得到全面落实，有力保证了全年生产经营任务的全面完成。

(一)基础管理水平稳步提升

通过开展以“规章制度、流程、质量、计量、标准化”为主要内容的基础管理建设工程，构建规范管理平台、完善基础管理体系，基础业务能力不断提升。

制度管理方面。持续规范制度立、改、废工作，制度质量和体系结构得到较大改善，形成了用制度管人、管事的管理格局和长效机制。几年来，先后制定、修订公司级管理制度45项，废止不适用制度37项，二级单位管理制度从6000余项整合优化到2300余项。通过一系列制度建设有效措施的实施，公司制度管理初步实现集约化、专业化、一体化和信息化。

流程风险管理方面。以全面风险管理为核心的内部控制体系架构全面形成。一是业务流程管理不断完善，业务流程质量较大程度提高，流程管理责任清晰明确；二是建立动态的风险评估及报告机制，推进风险管理由“静”向“动”转变，确保重大风险及时辨识、职责和措施到位、风险管控方案落实；三是健全完善了满足体系建设目标的内控测试、缺陷评估与报告规范，加大了内控测试和责任追究力度，保障内控体系持续有效运行。2013年，实质性漏洞为零，关键控制点测试覆盖率99.63%，关键控制点测试通过率97.42%；四是实现了企业风险管理报告全覆盖，进一步完善了重大风险评估认定标准，强化风险管理从“定性”向“定量”方式转变。

质量方面。完善了质量管理体系建设和运行，进一步落实质量责任和质量目标。严把质量关，2013年重点工程建设质量一次合格率达91.5%。天然气产品质量合格率100%，采购质量抽检合格率达92.73%；格尔炼油厂、诚信服务公司等产品生产单位，自产的主导产品出厂合格率100%。格尔木炼油厂国Ⅳ汽油产品质量升级项目实现了“当年设计、当年建设、当年投产、当年创效”的目标。

计量方面。计量器具不断完善升级，各类计量器具缺配问题得到有效解决，计量器具配备和技术性能整体达到地方政府要求，强制受检率达100%。计量手段持续完善，为公司利益不受侵害提供了有效的保障。

标准化方面。加强技术标准的配备和宣贯力度、积极采用国际、行业先进标准，2013年采购336项4196份有关标准配发机关相关部门，为标准化管理提供了指引。全面推行岗位标准化管理，制定发布23项共计305个岗位的工作标准，覆盖率达90%以上，建成了统一的基层岗位操作标准，提高了各系统集约化水平。建立了包含公司层面基准指标153项、所属单位基准指标590项的《青海油田基准管理手册》，为精细化对标管理奠定了基础。

（二）降本增效见到显著成效

通过认真查找短板和瓶颈问题，制定有效整改措施，努力打造低成本高效运营体系。推进精细化管理、管理创新等工作，降低了成本，实现了效益稳步增长。精心组织油气生产，油气生产超额完成任务，2013年，完成油气当量756.8万吨，其中原油214.5万吨、超产4.5万吨，天然气68.06亿立方米、超产5.56亿立方米。结合实际，精准发力，在精细开发、精细注水、优化产能建设、优选增产方案上下功夫，三率稳中有降，自然递减率12%、综合递减率7.2%、含水上升率0.43%，注水水质合格率达到90.5%，个别区块产能到位率达到近几年最好水平。难采储量实现效益动用，年产净增4万吨。LNG加大市场营销力度，利润超过千万元。通过持续的深入挖潜，大力开展精益管理，严控各项费用，固化管理经验，2013年公司实现营业收入增长8.78%，利润增长7.72%。这在公司近年来的发展态势中是少有的，为完成公司今后的发展目标奠定了良好的基础。

（三）科学管理水平得到提升

将管理提升与日常经营、重点工作相结合，从管理提升角度重新审视发展方向、未来目标以及各项重点工作的落实情况，促进各项管理水平稳步提升。一是通过引入和应用对标管理、管理诊断等现代管理方法，设定对标指标，选择关键环节重点突破，系统解决管理短板和瓶颈问题，不少长期影响和制约发展的突出问题得到初步解决，现代企业管理理念进一步深入；二是紧紧围绕"三基"工作，把标准化、制度化、流程化、信息化建设作为管理提升的重要内容，使企业的基础管理水平跃上新台阶，管理基础进一步夯实；三是紧密结合自身实际，查找专业管理领域存在的差距和不足，集中力量开展重点整改，专业化管理水平显著提升；四是更加重视管理队伍建设，一批懂技术、会经营、善管理的复合型人才得到了锻炼，综合素质得到提高。

（四）管理提升长效机制建设持续推进

以管理提升活动为契机，建立了持续推动管理提升的工作机制，促进新的管理提升。一是将管理提升作为长期战略任务深入推进。不断完善体制机制，推广应用现代先进管理方式方法，实现管理水平和质量效益的全面提升；二是及时强化成果的推广与应用，以标准、流程、制度、信息技术固化管理提升成果，不断提升管理水平。管理提升活动过程中，各单位以流程固化操作程序128项，以制度固化管理事项700余个，通过信息化网络固化成果1项；三是积极开展管理改善和管理创新活动，建立持续开展"合理化建议"工作机制和奖励措施，初步形成了持续开展管理提升的氛围；四是建立持续管理对标工作机制，开展对标数据库和对标信息网络化建设，制定对标管理办法，促进对标工作的制度化、科学化、规范化；五是建立灵活多样经营指标评价体系，奠定科学决策基础和依据。

下步工作要求：

1．认真落实本次会议精神，各级管理提升主管部门持续做好管理提升工作。在注重学习借鉴典型单位的先进经验基础上，密切结合本单位实际情况，研究提出管理提升成果固化、长效机制建立的具体措施。

2．深入宣传，让管理提升成为广大员工的自觉行动。两年的管理提升活动充分证明，没有一线员工的参与，各项工作难以落到实处，因此，无论在下一步具体措施的制定，还是在措施实施过程中，都要吸引广大员工积极参与，真正将活动。

管理提升活动虽然已经告一段落，但活动开展期间主抓工作取得的成效要加以固化，持续改进。各单位要把活动的终点当作新的管理提升的起点，持续将管理提升活动中取得的成果和先进经验融入日常工作，固化并推广，建立管理提升活动长效机制，坚持推进管理创新，促进管理水平持续提升。

企管法规处已将活动开展期间的几项成果，作为今后企业管理的几项重点工作安排部署，形成长效管理机制，常抓不懈。重点将从以下2点进行。

1．处室有专门的机构和人员持续抓好几项固化成果的日常管理工作。各二级单位的企管部门也要把这几项工作做为企业管理的基础工作持续开展。如对标基准库的数据统计汇总，对标指标的确定等等。

2．以制度、流程、网络等形式，固化有关工作和管理成果。如制定对标管理办法、建立网络信息对标数据库、建立网络绩效评价信息系统等。

同志们，管理提升活动是油田质量效益可持续发展的重要基础。下一步，我们要以党的十八大、十八届三中全会精神为指导，认真贯彻落实集团公司、股份公司、油田公司的决策部署，紧紧围绕千万吨发展目标，在认真总结管理提升活动成绩和不足的基础上，提高认识、统一思想，攻坚克难、开拓进取，进一步明确优化管理、持续实现管理提升的目标和方向，不断提升油田各项管理水平，为全面建成千万吨高原油气田、为实现“油田梦”作出更大的贡献！

专　稿

光荣梦想柴达木
——丝绸之路青海道的石油动力解析

王得刚　刘培国　杨孜孜

昆仑、祁连、阿尔金，三山紧锁柴达木。这里是貌似月球的亘古荒原，这里是空气稀薄的海拔高地，这里是寸草不生的生命禁区，这里也是成就传奇的追梦热土。

东西贯穿柴达木盆地的青海道，作为河西道重要的辅路，在丝绸之路上最具神秘传奇色彩——只有最勇敢、最坚韧、最强悍的驼队才能走完这段艰辛旅程，到达成功彼岸。曾几何时，悠悠驼铃回响在“天空之旅”，激励着追梦者砥砺前行，直至古丝路逐渐衰败，柴达木寂寥如初……

60年前，驼铃再度响起。石油人走进盆地，艰苦跋涉，找到并建成了新中国成立初期四大油气基地之一的青海油田。60年过去了，经过几代创业者的不懈努力，青海油田又成长为有望跨入千万吨级的大油气田。

“青海经济看海西，海西关键看油田。”青海油田已成为丝绸之路青海道再度繁荣的主力军。

寻梦之源

一方水土养一方人，一方资源也要造福一方人。近年来，随着甘、青、藏经济的持续发展，油气资源需求不断增加。面对新丝路经济带建设的历史新机遇，作为地区经济发展“能源引擎”的青海油田，描绘了建设高原大油气田的新蓝图和建成千万吨高原油气田的发展规划。

青海石油人常说，青海油田是一个老油田、苦油田，但同时也是一个充满希望的好油田。青海石油人之所以能有这样的底气，是因为柴达木盆地是我国七大含油气盆地之一，盆地油气总资源量近50亿吨，但石油探明率仅26.7%，天然气探明率不足15%，具备建设大型油气田的资源基础。

西部大开发战略助力青海、西藏社会经济步入高速发展快车道。2013年，青海省生产总值首次突破2000亿元大关。随着地方经济快速发展，随之而来的就是对油气能源需求量的急剧增加。青海油田对青藏两省区的社会进步、经济发展的作用愈加凸显，成为地方经济发展的助推器。

青海油田诞生于20世纪50年代。为了发展新中国石油工业，几代石油人前赴后继，在“天上无飞鸟，地上不长草，风吹石头跑，氧气吃不饱”的生命禁区，扎根高原，砥砺青春，书写了一部“顾全大局、艰苦奋斗、为油而战”的壮丽史诗；用鲜血、生命和汗水，在世界屋脊和生命禁区成就了油涌逐浪、气啸高原、炼塔比肩、管道纵横的能源基地，也铸就了青海石油人建成大油田的不懈追求和坚定信念。

青海油田是老油田。在中国石油加快发展步伐，

全力打造绿色、国际、可持续的国际大公司的当下，青海油田必须加快发展步伐。发展是解决一切问题的金钥匙，是建设和谐油田、创建幸福生活的奠基石。因此，建成千万吨高原油气田不仅是地方政府的热切期望，而且是油田自身发展的需求，更是几代青海石油人的热切期盼。

追梦之路

“建设高原大油气田是一个科学命题，既要有储量当后盾，又要有人才和技术做保障，更要有科学高效的开发做前提。”青海油田公司总经理付锁堂如是说。

柴达木盆地油气勘探领域广、面积大，高原地质构造异常复杂，许多地质构造属于世界级难题。在建设高原大油气田的圆梦之旅中，青海油田立足于解放思想，突出油气并举，深化成藏主控因素研究和适用工程技术应用，向千万吨油气田建设迈出了坚实的一步。

青海油田“柴达木盆地油气勘探开发关键技术研究”重大科技专项一、二期项目集聚国内10多名院士，通过产、学、研联合攻关，搭建地质与工程综合研究平台，形成了14个技术亮点、30个重要成果；创建了柴达木盆地源外构造－岩性复合成藏新模式，提出新构造晚期复式成藏找油理论。

形成了“高覆盖、高密度、宽方位、激发接收联合组合”两高一宽的英东油田山地三维采集技术；综合应用成像、核磁、ECS、DSI测井技术，认识了东坪、牛东地区基岩岩性，形成了多方法流体识别技术。水平井多段压裂、连续油管作业、欠平衡钻井、带压作业、开窗侧钻、排水采气、井下节流等工艺技术得到推广应用，其中连续油管年作业量达到世界先进水平。

随着科研投入的不断加大和勘探、开发技术体系的初步建立，3年来，青海油田相继找到了昆北、英东、扎哈泉及东坪－牛东4个亿吨级油气田，打破了天然气勘探30多年的沉寂局面；扎哈泉探明致密油储量超过1亿吨，一举成为中国石油全国第四大致密油区块；6年累计探明石油储量是前53年的1.16倍，勘探成功率50%以上，勘探形成了多点开花、多处结果的喜人局面，夯实了青海油田的发展根基。青海石油人在追求大油气田的征程中又一次写下了“大气”的一笔。

在2012年集团公司勘探年会上，青海的经验让人印象深刻：青海油田敢于攻坚啃硬，年年有新亮点，继昆北、英东等发现之后，东坪地区天然气勘探又取得新发现，必将为建设千万吨级高原油气田发挥重要作用。

作为一个开发了近60年的老油田，如何抓好老区稳产、新区上产和难采储量的挖潜，是摆在青海石油人面前必须攻克的重要课题。

青海油田借助技术进步，解放思想，深化地质认识，完善注采井网，合理调控，精细配注，3年来，累计完成注水主干工作量2628井次，自然递减率、综合递减率和含水上升率分别同比下降1.8%、0.13%和2.28%，平均单井日产上升到2.81吨，同比增加0.03吨；难采储量开发探索形成五大特色技术，激活了难采储量，今年上半年，青海油田累计实施难采储量压裂作业23井次58层段，平均单井日增油5吨以上；在新区上产方面，青海油田依靠科技进步，积极推广应用水平井，仅2013年就完钻水平井55口，平均单井产量7.26吨，是相邻直井产量的2倍以上，3年累计新建产能油气当量近百万吨，为油田持续上产提供了动力。

气增则油田兴，气减则油田衰——这句话充分证明了天然气在青海油田发展中所占的分量。采访了解到，目前天然气占青海油田油气当量的70%以上，是实现高原大油气田梦的重要保障。

2012年以来，青海油田先后对南翼山、涩北、台南、盐湖、南八仙、牛东、东坪等气田进行了规模开发，建成了贯穿柴达木盆地的天然气长输管道，输气管道总长超过3000千米，年输气能力超百亿立方米；青海油田加大气田管理力度，实施均衡采气，开井率达到95%以上，综合递减率控制在8%以内，同比下降0.91个百分点。2000年—2014年上半年，青海油田累计生产天然气516亿立方米，天然气远输西宁、兰州、银川和北京等地，成为青、甘、宁、藏四省区重要的能源生产基地。

圆梦之基

建成千万吨高原油气田，对于地方上来说，是石油企业更全面、更深入地融入地方经济社会发展；对于油田自身来说，无论是储量的增长，还是产量的增长，都是一次历史性的大跨越。

付锁堂介绍说：“若要建成千万吨高原油气田，青海油田需要实现原油300万吨和天然气90亿立方米的年生产能力。青海石油人用58年的时间，累计探明石油储量5亿吨，探明天然气储量3264亿立方米。在今后几年内，我们必须要探明石油可采储量1亿-1.5亿吨，探明天然气可采储量1000亿-1500亿立方米，任务前所未有，难度更是前所未有！”

经过近60年的发展，青海油田虽然已经成为地方经济发展的“引擎”，但在中国石油仍是一个小油田。在中国石油更加注重质量、效益发展的今天，青海油田要想跟上中国石油发展的步伐，充分发挥青藏高原新丝路能源基地的作用，在实现大油气田梦的征途中，青海石油人还需要克服油气探明储量不足、老区稳产基础薄弱、精细管理有待提高、技术创新及人才队伍需要加强等难题。

在破解油气储量不足的难题中，青海油田立足英西深层、扎哈泉甜点区、牛中和冷东四大现实领域，规模落实储量。突破干柴沟-咸水泉、祁连山前西段、冷湖构造带和柴西、大柴西致密油四大潜在领域，力争发现新的储量增长点。深化研究，瞄准基岩古隆起、英雄岭构造断裂带下盘、侏罗系源内和构造带深层等重点风险勘探领域，为资源和储量的有序接替打好基础。

建成千万吨，今后3年要求原油产量年均增长速度必须大于5%，天然气年均增长速度大于10%。这是青海石油人必须打赢的稳产上产攻坚战。

为此，青海油田向管理要产量、向注水要产量、向措施要产量，夯实老区稳产基础。目前，天然气产量已占青海油田油气产量的70%，涩北气田的产量占全油田产量的56%，涩北稳则油田安，涩北垮则油田危。涩北气田通过优化生产组织运行、细化开发制度标准、强化配套技术攻关，深挖潜力，严控“三率”，平稳生产，确保年产55亿立方米再稳产5至7年；狠抓开发对标管理和开发方式的转变，坚持低成本战略，解放思想，创新机制，引入竞争机制，实行总承包，包投资、包安全、包质量、包进度、包产能、包产量，实现效益开发，确保产能建设到位率和贡献率，做大油气产量规模。

科技是第一生产力，也是建成高原大油气田的根本保障。青海油田以重大科技专项为主体的科研攻关平台为基础，整合优势资源，推进协同攻关，共享研究成果；激励科研自主创新，加大科研成果的奖励和转化，充分发挥技能人才和科研人员在技术创新中的生力军作用，深入开展群众性“五小”创新活动，激发全员创新创效热情；努力建设高水平管理人才队伍、高水平技术人才队伍、高水平操作人才队伍，积极实施人才强企工程，夯实油田发展根基。

付锁堂说：“一方水土养育一方人，一方资源也要造福一方群众。在新丝路经济带建设中，青海油田要以感恩回报之心，加快千万吨建设，促进青藏社会进步和经济发展，保护高原生态和‘中华水塔’，造福高原人民。”

青海油田找到国内最大基岩气藏

吉海坚

2014年11月17日，已经进站投产10天的东坪基岩气藏坪1H-2-7井，日产天然气60万立方米，一举夺得了青海油田勘探发现60年来天然气单井日产量最高的桂冠，有力证实了青海东坪基岩气藏蕴藏着丰富的天然气资源。

东坪是青海油田于2012年勘探发现的一个基岩天然气含气区，位于柴达木盆地西北区阿尔金山前东段。东坪基岩气藏埋藏深、岩性为致密的花岗岩或花岗片麻岩，储集空间以基质溶蚀孔和裂缝为主，气藏含气井段长、地层温度高、压力大，勘探开发的难度十分大。

为了用最短的时间、最科学的部署、最效益的建产方式勘探开发东坪基岩气藏，青海油田从东坪基岩气藏地质研究、工程设计、钻井工程以及完井投产四个方面采取综合性措施。在钻井工程上利用最新的勘探开发地质研究认识，优化论证水平井的目的层、方位、及水平段长度。今年已经投产的4口水平井的产量是周围邻井的2.5倍。在投产工艺技术上针对东坪1井区基岩有效储层厚度大的特点，优化射孔井段，采取分层簇式射孔压裂技术，今年以来共实施压裂措施改造8井次，日增气34万立方米。位于构造边部的坪105井措施前无产量，措施后日产量稳定在15万立方米。坪1H-2-5井采取斯伦贝谢纤维转向新技术，分五级压裂，措施后日产天然气9立方米。

经过两年多时间的不懈努力，东坪基岩气藏已经探明含气基岩面积18.85平方千米，属于国内最大的基岩气藏，已累计生产天然气7.2亿立方米，日产天然气达到326万立方米。今年计划建成年产9.3亿立方米天然气的生产能力。

污水变清泉 解渴大敦煌

——青海油田敦煌基地污水治理侧记

王得刚

“真没想到生活污水经过处理竟然变成了汩汩的清泉，不但能绿化灌溉，还能用来养鱼，太神奇了！”8月25日，退休职工刘大妈参观完青海油田敦煌基地污水处理厂后感慨地说。

经过半年多的试运行，截至8月31日，青海油田敦煌基地污水处理厂已经累计处理生活污水118.5万立方米，经甘肃省环保厅和酒泉市环保局联合抽样化验，处理后的污水符合国家生活污水一级A类排放标准。

敦煌位于甘肃省河西走廊最西端，是古丝绸之路上的名城重镇。敦煌也是一个水资源严重匮乏的沙漠绿洲，年降水量不足40毫米，年蒸发量却高达2480毫米。由于缺水，目前，敦煌绿洲的天然林、草场、湿地面积均有较大幅度减少。

青海油田敦煌基地是一个集文教、体育、医疗、轮休、退休、商贸于一体的综合性生活基地，常住人口5万多人。基地年转供水800万立方米，每年产生的生活污水200多万立方米，给敦煌带来了不小的负担。

对此，青海油田投资2500多万元引进日本先进的污水处理工艺技术，2013年8月对原有的污水处理工艺进行了升级改造，并于12月底投入试运行，每天处理生活污水最大设计量1.2万吨。

污水处理厂副厂长徐海生介绍说：“我们经过大量调研、技术论证和方案比选，最终选择了日本JSBC工艺技术，也就是生物转盘+活性污泥处理法。我们仅用不到4个月时间就完成了选定工艺、建设施工和投产试运行工作，且出水合格率一次性达到设计要求。”

JSBC工艺技术首先是在生活污水进入格栅间后，打捞漂浮物及垃圾，然后由机泵再把污水提升到一定高度，自流到网格精细格栅间和沉沙池，沉淀去除污水中的泥沙。经过预处理的污水再进入 JSBC 装置，也就是生物膜法装置，通过芽包杆菌吸附、分解水中的有机物、氨、氮和磷酸盐等，去除率可达40%-70%。随后污水自流入 JSBC 生化池，并通过对溶解氧等条件的控制，保证芽包杆菌最高效的去除剩余的有机物、磷、氮等。生化池的出水自流入二沉池，在二沉池内泥水进行分离，处理后的水最后进入紫外线消毒渠，至此生活污水完成“华丽转身”，一缕清泉由此产生。

改造工程试运以来，敦煌基地污水处理厂已累计削减COD554.32吨，消减氨氮24.2吨，生活污水处理率100%，处理合格率100%，绿化灌溉回收利用率100%。

目前，青海油田敦煌基地绿化面积达204.48公顷，其中的防护林绿化用水全部来源于净化处理后的生活污水。敦煌基地已经成为河西走廊建设绿色、环保、节约、和谐型社区的典范。

一场思维模式的变革

——青海油田采油一厂连续23年百万吨稳产的调查

王得刚　刘培国

截至7月23日，青海油田采油一厂原油年产量连续23年稳产百万吨，累计生产原油超3500万吨，平均单井日产量为3.7吨，自然递减率、综合递减率和含水上升率得到有效控制，注采比达1.23。

“采油一厂之所以连续稳产23年，得益于油田紧跟变化，及时转变观念，不断突破认识‘禁区’、走出思想‘误区’、破解开发‘盲区’，高科技集成控‘三率’。”采油一厂厂长张小军如是说。

地质研究：突破挖潜认识“禁区”

“柴达木盆地地质结构复杂，储油层凌乱、分散。而采油一厂负责的尕斯库勒油田、油砂山油田、砂西油田及跃进二号油田都是这些‘碎片’中的小片。因此，精细地层认识是老油田稳产的关键。”青海油田采油一厂总地质师李吉军形象地说。

1991年，青海油田采油一厂原油年产量突破100万吨。经过10多年稳产后，产量开始下滑，尤其从2000年以来，采油一厂资源量更是一路回落，综合含水率一度达到75%以上。对于采出率达86.69%的老油田来说，稳产难度日益增大，挖掘潜力、找出接替资源量迫在眉睫。

面对原油产量“跌跌不休”的情况，采油一厂发出“在老油田增储上做文章，在二次开发上做文章，在难采储量上做文章，再造一个全新的采油一厂”的号召。

开发部门打破以往老油田调整挖潜仅仅是以原井网和原方式为依托进行综合治理和老区局部调整的思维禁锢，不断强化地质和剩余油分布研究。通过开展精细地层对比和储层再认识，对油田的剩余油分布、小层沉积微相、砂体注采对应关系、挖潜方向等都做到了然于胸。

思想的转变，带来地质认识的变化。通过精细刻画层内、层间非均质特征，精确剩余油分布状态，老油田重新焕发出青春活力，老井日产量一直稳定在2600吨以上，探明储量转化率突破70%。

精细注水：走出重油轻水“误区”

对于老油田来说，注水不仅是保证地层能量、降低自然递减速度的有效举措，而且是提高采收率、实现稳产增产的制胜法宝。

“老油田稳产不能只盯着油井做文章，2008年以来，青海油田连续开展注水专项治理，走出了‘重油轻水’的误区，树立了‘先水后油，油水并重、注水先行’的新理念。采油一厂原油产量止跌回升，开发指标持续向好。”谈及注水带来的效果，青海油田开发处副处长陈永海告诉记者。

向今天的水要明天的油。采油一厂开发部门在注水管理考核上转变方式，不再单以当年原油产量论英雄，更加注重油田开发指标的考核，引导各采油作业区“注够水、注好水、有效注水”。青海油田勘探开发研究人员精细油藏描述，形成“一井一法、一层一策”的精细注水管理制度；建立起监测油田注入水水质长效机制，全力开展不同油藏的水处理工艺研究，提高注入水与储层的配伍性，水质达标率达85.3%，让不同油藏喝上“对胃口”的放心水。

功夫用在水上，效果出在油上。6年来，采油一厂共完成水井增注措施271井次，酸化有效率93%，累计增注75万立方米，平均有效期90天，125井次恢复正常注水，自然递减率从2008年的21.4%降至目前的12.5%，综合递减率从14.1%降至6.9%，累计增油26.29万吨。

技术集成：破解储量接替“盲区”

“在油田储量接替日益紧张、含水不断增加、稳产难度不断增大的背景下，我们仍能完成百万吨稳产目标，靠的就是科技创新和集成。”李吉军说。

技术创新不能单打独斗，要向技术集成要油。采油一厂深化油田地质认识，精细刻画砂体、沉积相研究，在老区内找新区，在旧层中找新层，突破了以往油藏储量的“盲区和盲点”；加强钻井技术研究，精选区块和层位，开发配套系列技术，依靠技术集成形成完善的水平井、直井开发技术体系。如今，采油一厂可针对不同类型储层，选用水平井设计、钻完井及措施改造等多项工艺，形成各具特色的长井段多油层水平井优化及选井选层技术方案，同时形成了防砂堵水、压裂防砂复合工艺、基岩压裂改造、分段酸化等多项储层改造技术。

技术集成“组合拳”打出了名堂。2013 年，采油一厂在扩边增储建产工作中，完钻投产（注）井 84 口，完成产能 13.2 万吨，产能到位率 86.4%，新井年产量 6.5 万吨，产能贡献率达 52%，实现了次非主力油藏产量有效接替。在措施改造增油中，仅 2013 年就完成压裂、堵水补孔、大修、防砂等油井措施 172 井次，措施有效率达 80.8%，增油 5.7 万吨。

中国石油青海油田向下游用户输气逾300亿立方米

张三民

截至 3 月 31 日，中国石油青海油田公司涩北气田已累计向涩宁兰管道下游的青海、甘肃、宁夏、北京等地用户输气 331.43 亿立方米。

据介绍，柴达木盆地预测天然气资源总量约 2.5 万亿立方米，主要集中在涩北气区。2011 年以来，涩北气田天然气年产量保持在 60 亿立方米以上，年均增长率 22%。

目前，涩北气田已建成东到兰州、西到柴达木盆地南翼山、南到格尔木、北到甘肃敦煌的 6 条总长为 3000 千米、年输气能力 107 亿立方米的长输管道。2001 年建成投产的涩宁兰管道是国家西部大开发重点工程，承担着甘、青、宁三省区的天然气输送任务。

第二篇

重要会议
重大活动

重要会议

【油田公司党委扩大会暨三届五次职工代表大会】 2014年1月6日，油田公司党委扩大会暨三届五次职代会在敦煌基地召开。油田公司总经理、党委书记宗贻平作工作报告，副总经理高云建主持会议。油田公司党政领导、副总师、二级单位党政领导和油田各条战线上的职工代表、特邀代表共294人参加。

油田公司总经理、党委书记宗贻平作题为《全面深化改革，突出质量效益，持续推进千万吨高原油气田建设》的工作报告；油田公司党委副书记、纪委书记、工会主席党玉琪作职代会工作报告；总会计师杨仁远作财务预决算报告；副总经理马力宁作绩效考核说明。

会议主要任务是：深入学习贯彻党的十八届三中全会精神，认真落实集团公司股份公司、青海省委省政府的安排和要求，总结2013年工作，部署全面深化改革工作，安排2014年主要任务，动员油田广大干部职工统一思想，坚定信心，埋头苦干，为全面建成千万吨高原油气田、推进青海油田有质量有效益可持续发展而努力奋斗。

总经理宗贻平指出，2013年，是改进作风、真抓实干的一年，也是生产经营积极主动、取得较好成绩的一年。一是三级储量再创历史新高。持续实施储量增长高峰期工程，探明陆上较大的基岩气藏　东坪气田，探明英东一号油田，发现扎哈泉较大的整装致密油田。完成油气三级储量3.35亿吨，其中基本探明石油地质储量7448.5万吨、控制7056万吨、预测7246万吨；探明天然气地质储量590.5亿立方米、控制357.9亿立方米、预测231.4亿立方米。二是油气生产超额完成任务。开展“油气上产，建功千万”劳动竞赛，精心组织油气生产，完成油气当量756.8万吨，其中原油214.5万吨、超产4.5万吨，天然气68.06亿立方米、超产5.56亿立方米。三是炼化生产改造齐头并进。以对标管理和班组绩效考核为抓手，炼化装置实现安稳长满优运行。加工原油143万吨，超计划3万吨，吨油加工费全面受控，多项指标好于预期。四是工程技术服务再添利器。优化产能建设方案，大力实施“三提”工程，东坪英东摆战场再创新纪录，机械钻速、建井周期、完井周期均达到股份公司第二阶段提速目标。推广应用水平井，东坪H102井日产突破50万立方米，创天然气单井日产之最，兑现了年初的承诺。规模应用多层多段压裂、带压作业等技术，推广应用新型膨胀管补贴、穿心打捞、井下视频等工具，充分发挥连续油管等设备的优势，加快井下作业速度，减少占井时间，保证正常生产。五是重点工程建设多快好省。全年安排建设项目27项，完工投运21项。柴北缘天然气管道用110天顺利建成投运，实现当年设计、当年开工、当年投产、当年见效的好成绩。六是经营管控水平稳步提升。全年实现经营收入***亿元（含内部收入），实现利润***亿元，上缴税费***亿元，完成投资***亿元。七是科技攻关取得新的成绩。搭建大科技平台，以攻克勘探开发技术瓶颈为立足点，实行产学研联合攻关，全面完成柴达木盆地重大科技专项二期第一阶段工作。6项科研成果获省部级以上奖励，首次获得国家能源科技进步奖，连续5年获青海省科技进步一等奖，申报专利63项，授权27项。八是发展成果惠及职工群众。多方争取政策和资金，维修改造部分年久失修小区和公寓，改造住宅平面小区2个，完成格尔木石化基地和西宁七一路40栋住宅楼节能改造，新建住房835套，其中英东小区建成投用288套，开工建设昆北小区547套，回购配售公租房250套；改造花土沟246套公寓、维修并重新配套203套腾空住房，1100名员工迁入新居。

会议分析面临的机遇和挑战，总经理宗贻平强调，要求油田公司上下共同努力，做好六篇大文章。

一是突出主营业务，做好增储上产大文章。加快发展是解决一切问题的关键和基础。省十二届五次全会上，青海省省长郝鹏指出：“要着力提升能源和资源支撑能力，力争在石油、天然气等矿产资源勘探上取得较大进展。大力培育和发展特色产业，持续打造青藏高原千万吨级油气基地”。只有做优做强主营业务，才能牢牢把握发展的主动权。

二是突出发展质量，做好转变方式大文章。调整业务结构和转变发展方式是油田发展的两大任务，是实现提质增效升级的治本之策，将转变发展方式作为改革创新的根本出路，优化结构调整，创新方式方法，以提质增效促进油田全面发展。

三是突出效益主题，做好深化改革大文章。今年是改革之年，要树立效益意识，提升创新能力，从职工群众最期盼的领域抓起，从制约油田发展最突出的问题改起，推出一些立竿见影的改革，切实做到胆子大、步子稳。

四是突出创新驱动，做好科技人才大文章。加强科技资源统筹融合，建立油田为主体、市场为导向、产学研紧密结合的技术创新体系，改革科技管理体制，促进管理科学化和资源高效利用，建立以能力和成果为主的人才评价体系。

五是突出风险防控，做好基础管理大文章。实施安全环保、维护稳定、反腐倡廉三大基础性工程，健全完善风险防控体系，提高本质安全水平，营造和谐矿区，建设阳光油田，为深化改革创造良好发展环境。

六是突出政治保障，做好和谐发展大文章。推动事业发展，党的领导是关键。习近平总书记明确提出：党要管党才能管好党、从严治党才能治好党。共产党人要坚定信念，补好精神上的“钙”，对作风之弊、行为之垢来一次大排查大检查大扫除，切实增强从严管党治党的高度自觉。

讨论、审议并通过总经理宗贻平所作的油田公司工作报告、党玉琪所作的职代会工作报告以及杨仁远所作的财务预决算报告；签订油田公司集体合同以及绩效合同；分享经典案例；表彰文明建设先进单位和个人；发出“我为‘油田梦’作贡献”的倡议。

会议最后发出号召，让我们肩负起时代赋予的重任，以时不我待的紧迫感，永不懈怠的责任感，咬定目标，真抓实干，为全面建成千万吨高原油气田、推进青海油田有质量有效益可持续发展而努力奋斗。（丁昌航）

【油田公司干部大会】 2014 年 5 月 17 日，油田公司在敦煌基地召开干部大会，集团公司领导出席会议并作讲话，油田公司总经理宗贻平主持会议。

集团公司人事部门负责人宣布集团公司党组对青海油田党政主要领导的任免决定：付锁堂任青海油田公司总经理、党委副书记、青海石油管理局局长；党玉琪任青海油田公司党委书记、副总经理；免去宗贻平青海油田公司总经理、党委书记、青海石油管理局局长职务，另有任用。

宗贻平、付锁堂、党玉琪作表态发言，表示坚决服从和拥护集团公司党组的决定。油田领导高云建、马力宁、孙凌云、杨仁远及油田公司副总师，油田公司机关、附属单位、直属单位、矿区服务事业部副处级以上领导，敦煌地区各单位副处级以上领导，盆地各单位党政主要领导出席会议。

集团公司领导在会上作讲话，对青海油田近期工作给予充分肯定，集团公司领导强调，青海油田是世界海拔最高的油田，60 年来，几代青海石油人，充分发扬特别能吃苦、特别能战斗、特别能忍耐、特别能创新和特别能团结的柴达木石油精神，建成西部地区重要的能源基地。近年来，油田认真贯彻落实集团公司工作要求，瞄准千万吨发展目标，突出油气发展主营业务，加快推进科技进步，持续强化企业管理，狠抓安全环保，积极构建和谐矿区，实现了可持续、有效益和健康发展。

青海油田在勘探上发现昆北、英东、“两东”3 个亿吨级油气田，扎哈泉致密油展现亿吨级的储量规模，各项工作指标均排在股份公司前列；着力打造高原炼油化工，年原油加工能力由 100 万吨，提高到 150 万吨；经营管理业绩持续提升，各专业板块高效运行；不断深化对标管理，完善内控体系建设，管控水平稳步提高；科技创新成果显著，油气勘探曾获得国家科技能源进步奖；安全环保基础更加稳固，狠抓安全生产“天字号”工程，认真落实责任制、HSE 体系审核和隐患治理；党的建设、和谐矿区建设进一步加强，扎实开展党的群众路线教育实践活动，扎实推进“四好班子”建设；大力实施民生工程，生产一线员工生活条件得到很好改善，油田呈现和谐稳定局面。

集团公司领导要求，青海油田要按照集团公司战略部署，充分发挥特殊地理位置优势，要以党的十八大和十八届三中全会精神为指针，增强政治意识和大局意识，切实抓好“三大基础性工程”，加快发展。认真贯彻落实习近平总书记一系列讲话精神，推进改革创新，着力在机制创新、释放活力、夯实基础、提质增效上下功夫，做到改革促发展、促转变、促和谐；不断强化油气勘探开发和主营业务发展，持续推进储量增长高峰期工程，做好扎哈泉致密油的评价工作，坚持勘探开发一体化工作思路；突出抓好科技创新，加大科技攻关力度，在关键问题上获得新突破；做好生产经营优化大文章，促进资源高效利用，强化精细化管控；不断夯实发展基础，持续加强安全生产工作，深入排查各种隐患，加强反腐倡廉建设，维护稳定大局；实施好民生工程，要打造安居乐业，阳光放心，和谐稳定的生产生活环境。进一步加强班子和党建工作，扎实抓好党的群众路线教育实践活动的整改工作，进一步改进工作作风，努力创造经得起实践和群众检验的业绩，要大力弘扬大庆精神、铁人精神和柴达木石油精神，自觉践行社会主义核心价值观，持续提升队伍的凝聚力、战斗力和执行力，抓住机遇，乘势而上，再创新业绩，为集团公司全面建成世界水平综合性国际能源公司作出新的更大贡献。

油田公司领导作表态发言时说，面对新岗位、新任务和新要求，将牢记使命和责任，讲政治，坚决贯彻执行党的各项方针政策，倡导“三严三实”，提高引领发展能力，扎根高原奉献油田，加快实现千万吨，努力开创青海油田美好未来。（丁昌航）

【油田公司2014年度勘探（评价）工作会议】 2014年12月24日，青海油田2014年油气勘探（评价）年会在敦煌基地召开。油田公司总经理付锁堂、副总工程师江鲁生、副总地质师刘云田及各相关单位共计120人参加。

勘探处传达集团公司2014年油气勘探年会精神，勘探事业部、研究院就2014年的工作成效及2015年的工作安排作专题汇报，总结成果，分析潜力，明确方向，提出意见和建议。钻采院、中油测井等单位就物探、钻井、试油、测录井技术在油田勘探中的作用、进展及明年的重点工作作专题报告。

副总地质师刘云田作题为《深化地质研究，突出规模效益，夯实千万吨高原油气田发展根基》的报告，总结油田勘探2014年取得的4大勘探成果、4项专业技术进展及5个管理平台；客观分析油田勘探面临的宏观发展环境、地质条件和人才储备不足的矛盾，提出下步勘探的领域目标，安排2015年的勘探部署和重点工作。

总经理付锁堂就解放思想、搭建平台、深化管理和重视勘探等问题作重要讲话，要求勘探工作者要牢固树立“认识无止境、探索无止境、创新无止境、找油无禁区”的理念，充满找油找气的活力和激情，坚定柴达木盆地找到大油气田的信心和决心，依靠管理和技术不断寻找规模性、可升级性、可动用性的优质储量，新增控制储量要求能够全部升级为探明储量，新增探明储量要求在当年有一半储量能够投入动用。

最后总经理付锁堂号召大家在新的一年里鼓足干劲，坚定信心，开拓进取，奋发有为，以一流的水平，创造一流的业绩，全面完成年度油气勘探任务。（管斌）

【油田公司油田开发年会】 2014年12月25-26日，青海油田油田开发年会在敦煌基地召开。油田公司总经理付锁堂、副总经理兼安全总监马力宁、副总工程师李战明及其他副总师、中油CPL、西部钻探以及油田公司机关和二级单位共120人参加。

会议主要任务：各原油生产单位围绕2014年老油田硬稳产、新区块快上所开展的原油生产、精细注水、产能建设、精细化管理等重点工作，总结2014年油田开发所取得的成果和经验，并安排部署2015年工作。传达股份公司油气开发年会精神，听取开发处、工程技术处、原油生产单位、勘探开发研究院、钻采工艺研究院、工程技术服务等13家单位的报告发言。油田公司副总经理、安全总监马力宁代表油田公司作题为《2014年油田开发工作总结及2015年重点工作安排》的报告。客观分析油田开发过程中存在的问题和难点，并结合油田公司“十二五”发展规划、股份公司开发年会会议精神和总体部署，梳理工作思路，科学安排2015年的工作和具体部署。

油田公司总经理付锁堂对油田开发工作面临的形势进行分析，老区开发具备持续稳产的基础、新区开发具备持续上产的潜力、难采储量具备效益开发的条件、工程技术具备服务保障的能力、开发队伍具备担当重任的素质。为确保2015年各项生产经营指标的完成，付锁堂强调重点抓好8个方面的工作：一是全面完成原油产量，2015年计划完成原油产量225万吨；二是持续推进精细注水工程，把精细注水做为油田开发的一个长效机制，确保老油田稳产；三是从“一提一降”2个方向，加快难采储量的有效动用；四是积极转变油田发展方式，边研究、边实践、边探索、边完善；五是充分发挥工程技术优势；六是加强开发人才队伍的培养，培养一批敢于担当，勇于超越，勤于实践，善于创新，忠诚事业，乐于奉献的优秀的人才队伍，确保油田开发队伍后继有人，长盛不衰；七是强化建设投资成本管控，打破已有的管控模式、管控制度、考核体系、考核办法，控成本，控投资；八是认真落实安全环保责任。（文秀廷）

【油田公司气田开发工作会议】 2014年12月23日，青海油田2014年天然气开发年会在敦煌基地召开，油田公司总经理付锁堂、总工程师孙凌云、副总工程师江鲁生、机关相关处室、天然气生产单位以及相关单位主要领导和技术人员共78人参加，油田公司副总工程师江鲁生主持会议。

会议传达学习股份公司油气开发年会精神，各生产单位结合实际对年度开展的工作进行了总结汇报，勘探开发研究院和钻采工艺研究院分别从地质和工程方面为青海气区持续发展提出了思路和对策。

总工程师孙凌云作题为《深挖潜力稳老区，强化评价上新区，努力实现青海天然气事业健康发展》的开发工作报告。系统总结了2014年天然气开发取得的成绩、经验和好的做法，客观分析了天然气开发工作面临的矛盾和挑战，并对2015年度的工作进行了安排和部署。

2014年，天然气开发按照油田公司工作部署，认真落实股份公司天然气年会精神，突出涩北气田稳产、马仙地区保产和东坪－牛东新区快速上产，狠抓安全生产、气藏管理、前期评价、新技术应用等工作，天然气开发整体水平全面提升。总工程师孙凌云在对天然气“十三五”规划进行安排的基础上，科学部署了2015年天然气开发工作，对重点工作提出了具体要求，明确了各单位天然气生产指标。2015年，总体工作思路是深入学习贯彻党的十八大精神，认真落实集团公司、股份公司发展战略和规划部署，提升管理促发展，精细管理稳老区。持续抓好勘探开发一体化发展新区，抓实采气工艺技术配套攻关，提高工艺措施对老区稳产的支撑能力。强化前期评价项目的实施，奠定增储上产基础，确保天然气生产稳定，努力提高气田开发的整体效益。

总经理付锁堂作总结讲话，从4个方面总结了天然气开发工作的主要成绩。一是60亿立方米持续稳产4年；二是东坪等新区建成15亿立方米产能；三是天然气配套特色开发技术逐步形成；四是实施提高单井产量牛鼻子工程再创佳绩。会议要求认真分析天然气开发面临的形势，强调做好坚持稳产上产不动摇，牢固树立“油气上产第一要务”的理念，通过调动一切积极因素，继续保持青海气区天然气产量持续增长的态势。（苏静）

【油田公司科学技术大会】 2014年12月16日，油田公司在敦煌基地召开科学技术大会。油田公司领导、部分副总师、机关处室和各二级单位领导，以及部分油田公司专家、优秀科技工作者代表参加。会议由油田公司党委书记、纪委书记、工会主席党玉琪主持会议。会议听取油田公司副总地质师刘云田作题为《加快自主创新，推进科技进步，为建设千万吨高原油气田提供强有力技术支撑》的工作报告。报告对2010年以来科技工作进行总结，指出：2010年以来，按照油田“十二？五”科技发展规划发展目标，积极组织科研攻关取得重要进展，有力支撑主营业务发展，通过开展《柴达木盆地建设千万吨油气田综合配套技术研究》、《柴达木盆地基础地质深化研究》、《尕斯库勒油田百万吨长期稳产攻关技术研究》等重大项目攻关，丰富柴达木盆地石油天然气地质理论，深化盆地的整体认识，优选出英东、东坪－牛东、扎哈泉凹陷等多个重点区带与勘探目标，实现主力油气田的持续稳产，推动新油气田的快速建产，炼化管输平稳安全运行，形成多项具有柴达木盆地特色的系列配套技术，工艺技术水平稳步提高，生产保障能力不断增强。通过加强科研项目管理，构建大科技平台，有效提高科研创新能力和研发水平，保障科研攻关项目的顺利实施。报告总结科技工作中存在的问题，对2015年和“十三·五”期间油田各项科技工作进行安排部署。会上，对科技工作先进单位和优秀科技工作者进行表彰，科技管理先进单位做经验交流，交流部分科研成果。

油田公司总经理付锁堂作总结讲话，并指出会议的目的是总结经验，查找不足，谋划长远，大力实施科技创新驱动战略，破解制约油田发展的瓶颈难题，推进油田有质量、有效益、可持续发展。付锁堂对科技工作所取得的攻关成果和对生产的支撑作用给予的高度肯定，指出科技工作存在的薄弱环节，并对下步科技工作提出具体要求。油田“十三·五”科技发展的战略重点是寻求油气勘探大突破，实现油气开发持续增产，促进炼油化工效益发展。面对新的形式任务，要牢固树立科技兴企、科技兴油的理念，进一步解放思想，创新研究方法，解除传统思想的束缚，在已有认识的基础上，坚持实事求是，大胆推动，精心求证，积极引入国内外先进理念、思路、方法、技术，全力打好勘探开发、炼油化工、工程技术等攻坚战，为全面实现千万吨油气田打下坚实基础。科技肩负重托，创新成就未来，实现千万吨目标任重道远，尽管在前进道路上存在很大困难和挑战，但只要坚持创新驱动，推进科技进步，始终保持攻坚克难的勇气，勇于胜利的豪气，求真务实的底气，就一定能够实现有质量、有效益、可持续发展的油田梦。（梅洪）

【油田公司质量安全环保节能工作会议】 2015年1月6日上午，油田公司2014年度质量安全环保节能工作会议在敦煌基地召开。油田公司领导、副总师、机关处室负责人、各二级单位主要领导、安全总监、副总监以及安全部门负责人共210名代表参加。

会议由油田公司总经理付锁堂主持。会议贯彻落实国家和集团公司相关要求，回顾2014年工作，部署2015年工作，表彰先进，交流经验，进一步统一认识，坚定信心和决心，推进管理提升，强化责任落实，推进质量安全环保节能工作稳步提升，确保安全环保形势持续稳定好转。

质量安全环保处负责人作安全经验分享；油田公司安全副总监张培平传达学习上级文件精神、对油田公司安全保命条款、环保禁令进行解释说明；油田公司副总经理、安全总监马力宁作题为《推进管理提升 强化责任落实　确保安全生产形势持续稳定好转》的工作报告，总结2014年度质量安全环保节能指标完成情况，对2014年质量安全环保节能重点工作进行回顾，深刻分析油田面临的安全环保形势及存在的问题，并对2015年质量安全环保节能工作进行安排部署。井下作业公司、供电供水公司等单位作安全环保节能管理经验介绍。油田公司党委书记党玉琪宣读“关于2014年度质量安全环保节能先进单位、先进集体、先进个人的表彰决定”。油田公司领导为先进单位进行颁奖。

油田公司总经理付锁堂作重要讲话。对2015年质量安全环保节能工作提出三点要求：一是认清形势，提高认识，强化全员的责任意识。二是加强领导，落实责任，确保安全环保工作扎实有效。三是转变观念，养成习惯，着力培养油田安全环保文化。（赵黎明）

【油田公司纪委监察工作会议】 2014年2月28日，油田公司召开2014年反腐倡廉建设工作视频会，油田公司领导班子成员、副总师、机关处室、直属、附属单位以及3个基地各二级单位副处级以上领导干部、纪委副书记、专兼职纪检监察干部278人参加。油田公司党委委员、总地质师付锁堂主持会议；党委书记、总经理宗贻平作重要讲话；党委副书记、纪委书记、工会主席党玉琪作题为《围绕中心任务，强化执纪监督，深入推进油田公司党风廉政建设》的工作报告；纪委监察处负责人传达青海省纪委十二届三次全会、集团公司2014年反腐倡廉建设工作会议精神。

党玉琪在报告中，从6个方面总结回顾2013年的反腐倡廉建设工作，一是加强教育，注重实效，营造风清气正的廉洁文化环境；二是突出重点，加强督导，促进各项活动取得实效；三是强化监督，重点防控，持续推进惩防体系建设；四是规范管理，防范风险，效能监察成效显著；五是畅通渠道，秉公执纪，严肃查处违纪违规问题；六是加强学习，改进作风，努力提高纪检干部履职能力。报告明确指出，2014年油田党风廉政建设和反腐倡廉工作的总体思路是：深入贯彻党的十八大、中央纪委三次全会和集团公司2014年反腐倡廉建设工作会议精神，认真学习贯彻习近平总书记系列重要讲话精神，坚持党要管党、从严治党，加强对党风建设和反腐倡廉工作统一领导；改革创新，加强反腐倡廉体制机制建设和制度保障。严明党的各项纪律，坚决克服组织涣散、纪律松弛现象；持之以恒落实中央八项规定精神，加强作风建设，坚持不懈纠正“四风”；加大查办违纪违法案件力度，保持惩治腐败高压态势。为早日建成千万吨高原油气田提供纪律保障。

宗贻平在讲话中指出，各级党委要强化主体责任，切实发挥好领导职能，在思想上高度重视，牢固树立不抓党风廉政建设就是严重失职的责任意识，把党风廉政建设摆在突出位置，纳入重要议事日程，真正当成份内之事、必尽之责，做到两手抓，两手硬。班子成员要发挥好表率作用，带头落实党风廉政建设的整体部署，带头廉洁自律。各级纪检监察部门要切实发挥好监督职能，认真履行党章赋予的重要职责，主动适应新形势新任务的要求，切实履行好监督的责任，承担起协助党委加强党风建设和组织协调反腐败工作的重任。宗贻平强调，当前油田反腐倡廉面临着新形势、新情况，必须进一步强化党风廉政建设和反腐败工作的政治责任，坚持以零容忍的态度惩治腐败。要建立健全制度，从源头上预防和治理腐败。狠抓制度落实，构建纪检工作长效机制。强化廉洁自律意识，不断增强领导干部拒腐防变能力。做到有腐必反，有案必查，有贪必肃，以更加坚定的决心、更加务实的作风、更加有力的措施，推动党风廉政建设和反腐倡廉工作取得新成效。宗贻平要求，要进一步巩固反“四风”成果，反腐倡廉坚持从细微处着手，从小事入手、从细节入手、从苗头性问题入手，不留空间，不留死角，为油田发展营造风清气正的干事创业环境。各级领导干部务必进一步严明党的纪律，弘扬大庆精神铁人精神和柴达木石油精神，做好表率，带好队伍，凝聚合力，共谋发展。

付锁堂就贯彻落实会议精神提出要求，各单位、各部门要雷厉风行抓贯彻，及时召开干部职工大会，通过集中学习、分组讨论等形式，将会议精神迅速传达到干部群众中去。要扑下身子抓落实，进一步深化认识，克服畏难情绪，切实转变工作作风。要坚持和完善反腐败领导体制和工作机制，明确目标，强化责任，扎实开展党风廉政建设和反腐败工作。每一位共产党员要以坚定的政治信念，身体力行，按照党风廉政建设的有关规定，自觉抵制歪风邪气；要始终牢记“两个务必”，做到自重、自省、自警、自励；要防微杜渐，慎待小事，看重细节，始终绷紧廉政高压线，做到慎权、慎欲、慎微、慎独。（闫芳）

【油田公司财务决算工作会议】 2014年12月9日，油田公司财务工作会议在敦煌基地召开。油田公司总会计师杨仁远、副总会计师高瑞宁、总法律顾问刘海滨，财务处、规划计划处、概预算管理部和资金结算中心等机关部门负责人和二级单位经营主管领导、财务部门负责人、主办会计等190人参加会议，副总会计师高瑞宁主持会议。

听取油田公司总会计师杨仁远所作题为《规范管理，开源节流，降本增效，全力推进公司有质量有效益可持续发展》的工作报告。报告指出，油田公司经营工作贯彻落实集团公司工作会议精神，按照油田公司整体工作部署，坚持效益导向，突出油气主业，强化管理创新，狠抓开源节流、降本增效，统筹推进各项工作。在全面梳理油田公司经营取得的主要工作业绩的基础上，重点通报油田公司经营管理工作中存在的主要矛盾和问题，分析研判油田公司经营管理面临的新形势，明确2015年油田公司经营管理工作思路，安排部署2015年经营管理10项重点工作。杨仁远围绕"加快结算速度，提高结算效率和质量"作专题讲话。总结分析影响油田公司结算工作滞后的主要原因，通报结算工作中存在的主要问题，对下一步结算工作提出明确要求。杨仁远强调，油田公司结算工作涉及多方面的业务，其工作效率的提高，必然带来投资计划、招投标与合同、造价与审计、结算与财务处理、物资管理等工作流程优化和效率的提高，最终实现油田公司经济安全和管理水平的全面提升。听取规划计划处、概预算管理部负责人作的专题发言，邀请中油保险公司专家举办保险业务专题讲座，并组织业务人员参加会计报表专题培训。（王华）

重大活动

【青海省委常委、副省长骆玉林到格尔木炼油厂调研】 2014年5月7日，青海省委常委、副省长骆玉林一行，在海西州州委、州政府，格尔木市委、市政府主要领导和青海油田公司总经理宗贻平、总地质师付锁堂的陪同下到格尔木炼油厂调研指导工作。

副省长骆玉林一行对青海油田30万吨/年催化重整装置、炼油厂国Ⅳ质量升级改造项目、DCS控制中心运行等情况进行具体的询问和了解，对青海油田在合理配置原油加工、炼化生产指标、为青海省加快经济发展增加动力等方面提出希望和要求。

副省长骆玉林高度评价青海油田在青海省经济发展中主动加压、勇于奉献，为全省经济社会和谐发展做出的突出贡献。指出，青海油田讲政治、讲大局，讲社会责任，只要是青海省提出的要求，下达的任务，油田公司从来不讲条件，承担很大的压力接受任务。油田公司承担压力，在完成集团公司要求的各项指标的同时，助力青海省经济建设发展；完成青海省的经济提升指标。海西州在青海省发展中，困难问题多，压力大。省委、省政府决定举全省之力帮助海西州解决发展中的突出问题和困难，省委、省政府对海西地区油气化工产业的发展要求，在青海油田迅速得到了贯彻落实。油田公司在戈壁大漠，默默奉献，为我们青海经济社会发展做出很大贡献，我代表青海省委、省政府，向油田干部职工家属问好，转达我们的深深谢意，同时也祝愿青海油田在新的工作中再创辉煌，共建美好的未来。

【油田公司庆祝创业59周年座谈会】 2014年5月28日，油田公司在敦煌石油基地召开庆祝创业59周年座谈会，庆祝59年来取得的辉煌成就，激励广大干部工人牢记责任使命，继承优良传统，凝聚智慧力量，共创美好未来，推动油田在历史的传承中创造新业绩，作出新贡献。油田公司总经理付琐堂主持座谈会，党委书记党玉琪作重要讲话。油田公司副总经理高云建，部分机关处室长、机关附（直）属单位负责人，驻矿单位、离退休职工、劳动模范、科技工作者、基层岗位员工、家属和灵活就业人员代表共75人参加。

副总经理高云建通报油田公司今年前5个月的生产经营情况。与会各条战线上的代表分别作发言，回顾刻苦钻研、奋发大干的生动场景，畅谈不断成长、追求进步的精彩历程，抒发为建成千万吨高原油气田再作贡献、再立新功的豪情壮志。表示要以实际行动和主人翁的精神做好各项工作，为油田又好有快发展贡献自己的力量。

党委书记党玉琪作讲话，指出在油田发展的征途上，经历了艰难创业、打开局面；支援会战、稳中求进；三项工程、奠定基础；二次创业、加快发展；重组整合、和谐发展5个不平凡的发展历程，先后发现油田18个、气田8个，累计探明石油地质储量5.76亿吨、天然气地质储量3783亿立方米，实现油气储量快速增长，涌现出25名全国劳动模范和17名全国“五·一”劳动奖章获得者，油田3次荣获全国五一劳动奖状。完成重点科研项目1400余项，连续4年获股份公司油气勘探重大发现成果一等奖，储量升级率、油气发现成本、勘探工作量完成率等指标均排在股份公司前列；山地三维地震、水平井、多层多段压裂、连续油管作业等新工艺新技术已被广泛应用于油田勘探开发、工程技术等领域。连续19年被评为青海省财政支柱企业和第一利税大户，与地方政府结下深厚友谊，较好地履行社会责任。

党委书记党玉琪强调，集团公司领导来青海油田检查指导工作，对油田工作给予高度评价，也提出更高的要求。各单位、各部门要履行职责，加快发展目标的实现。贯彻落实上级领导的讲话精神，按照油田公司总体部署，坚持一张蓝图绘到底，瞄准加快建成千万吨高原油气田目标不动摇，突出做好6篇大文章不动摇，以等不起的紧迫感、慢不得的危机感、坐不住的责任感，激发全员干事创业、奉献油田的内在动力，凝聚全员锐意进取、埋头苦干的坚强斗志，用实际行动开创各项工作新局面，为实现油田有效益有质量可持续发展再立新功。

【油田公司庆祝建党93周年座谈会】 2014年6月30日，油田公司在敦煌基地召开庆祝建党93周年座谈会，会议由油田公司总经理付锁堂主持，党委书记党玉琪、副总经理高云建以及机关处室、各二级单位党委负责人、基层党支部书记和党员代表100人参加。

会议回顾党的光辉历史，总结油田党建工作，表彰先进，宣读油田党委2013-2014年度党建工作先进集体、个人和优秀攻关项目的表彰决定，党委书记党玉琪为先进党委代表颁奖并赠送党建图书。格尔木炼油厂、采油一厂尕斯第一采油作业区、马仙采油厂南八仙试采作业区分别交流单位党委、基层党支部在党建管理和开展党员立项攻关等方面取得的成功经验；来自二级单位的3名党员干部代表结合自己的工作，围绕党建工作如何为油田发展服务畅谈了体会和感受。

党委书记党玉琪总结油田一年来党建工作取得的成绩，指出目前工作存在的不足和薄弱环节，对今后一个时期的党建工作进行部署，要求油田上下各级党组织进一步学习贯彻党的理论知识，用理论武装头脑；进一步加强机关的作风建设和基层的执行力建设，用目标武装行动；进一步加强基层党组织建设，用凝聚解决问题；进一步加强宣传教育和政策引导工作，用精神鼓舞士气。希望油田各级党组织和全体共产党员肩负起油田发展的历史使命充分发挥党组织的政治核心、战斗堡垒作用和党员的先锋模范作用，重人本、重安全、重稳定，团结带领广大员工以高昂的热情和务实的作风，众志成城，为开创油田和谐发展的新局面，早日建成千万吨高原油气田而努力奋斗。

总经理付锁堂对党建工作提出三点要求，一是党员干部要牢固树立建设千万吨高原油气田的信心和决心；二是要充分发挥党组织的战斗堡垒作用和党员的先锋模范作用；三是要始终坚持党的群众路线。希望油田各级党组织和广大党员在集团公司党组、青海省委的正确领导下，团结带领油田全体干部员工立足当前、着眼未来、开拓创新、主动作为，为集团公司全面建成世界水平的综合性国际能源公司不断作出新贡献。

【油田公司组织柴北缘输气管道等五项工程验收会】 2014年8月5-8日，油田公司组织柴北缘输气管道工程、两东输气管道工程、东坪天然气产能建设地面配套工程、牛东天然气产能建设地面配套工程、东坪试采地面集输配套工程竣工（预）验收。油田公司基建工程处、规划计划处及参建单位人员参加验收。2014年8月6-7日，竣工验收委员会对柴北缘输气管道工程等5项工程现场察验工程建设情况，对工程质量、档案资料、消防、安全设施、竣工决算和试运行考核等方面进行检查验收。2014年8月8日，在冷湖油田管理处召开竣工验收总结会。各小组报告竣工验收意见，监理单位作工程质量评估报告，油田质量监督站作工程质量监督报告。在工程设计、建设、监理、施工等参建单位的共同努力下，按照施工组织设计要求，实现工程质量、工期、投资的有效控制。这5项工程建设中，通过强化实施质量、投资、进度、安全等控制措施，施工顺利、协调、安全，为天然气上产和两东天然气外输奠定基础。柴北缘输气管道工程实现当年设计、施工、投产，实现油田公司管径最大、工期最短、距离最长的纪录。

【油田公司庆祝全国“老年节”座谈会】 2014年9月29日，在敦煌基地石油大厦召开庆祝全国“老年节”座谈会，油田公司党委书记党玉琪、副总经理高云建，机关处室代表、驻矿各单位代表、离退休职工代表50多人参加。

副总经理高云建在座谈会上作油田工作情况通报，2014年1-9月，油田油气勘探形势喜人、油气开发稳中有进、廉政建设扎实推进、稳定责任得到落实、党群工作凝心聚力、民心工程加快推进、服务水平稳步提升、矿区改革造福群众、离退休工作受到集团公司肯定。

离退休职工踊跃发言，对油田的关怀表示衷心的感谢，对油田勘探开发、矿区建设方面取得的成绩感到极大的欣慰。建成千万吨，任重道远，是全体青海石油人的责任。将一如既往地支持青海油田的发展，不遗余力地发挥余热。

党委书记党玉琪向离退休老领导、老职工、老石油致以节日的问候，对老一辈石油人在青海油田发展中作出的贡献及关心和支持离退休工作的各级组织表示感谢。要求将离退休工作作为一项长期的任务来抓，传承中华美德，弘扬敬老文化，让老一辈石油人能够老有所依，老有所养，尽情享受油田发展的成果。党玉琪强调指出，没有离退休老领导、老职工的贡献，就没有今天油田的成就。让我们团结一心，行动起来，把柴达木石油精神、油田情结代代相传，努力打造功能完善、生活便捷、环境优美、文化繁荣、平安稳定、社区和谐的美丽矿区，加快建成千万吨高原油气田，共同开创青海油田更加美好的未来。

【青海油田注水管防腐工程竣工验收】 2014年12月20日，青海油田注水管防腐工程竣工验收委员会对注水管防腐工程进行竣工验收。竣工验收委员会由基建工程处、规划计划处、企管法规处、质量安全环保处、生产运行处、CPE等单位代表以及有关专家组成。听取工程建设、勘察、设计、施工、工程监理等单位的汇报，查阅工程建设相关文件和竣工资料，并实地查看验收。充分讨论形成《青海油田注水管防腐工程竣工鉴定书》。青海油田注水管防腐工程项目较好地执行国家基本建设程序，工程质量、安全、消防、运行、工程资料通过专项验收，建设管理较为规范，按要求完成各项建设任务，竣工资料齐全，工程质量合格，统一通过竣工验收，正式交付使用。验收委员会要求建设单位和施工单位要对竣工验收提出的问题彻底整改，确保无患，在运行中将加强设备管理，提高操作水平，完善操作规程，规范工艺流程，制定配件标准，充分发挥工程综合效益。

【青海油田35千伏联络线路环网供电工程竣工验收】 2014年12月21日，油田公司组成竣工验收委员会，对昆北切十二至切六变电站35千伏联络线路环网供电工程进行竣工验收。验收委员会成员审阅、听取35千伏联络线路环网供电工程的竣工验收报告书，听取建设、设计、施工、监理、生产试运行总结报告，并分成工程质量、安全消防、工程资料、经济4个小组，对工程质量、档案资料、消防、环境、安全设施等方面进行现场检查和验收。竣工验收会议在验收过程中发现的问题，明确整改时限。并审议工程质量评估报告、工程质量监督报告和竣工验收鉴定书。昆北切十二变电站至切六变电站35千伏联络环网供电工程的建成投运，形成昆北油区环网供电，保证35千伏线路的供电有效半径，提高了昆北切十二区、切六区的供电质量和可靠性，工程建设执行基本建设程序，采用三相组合式过电压保护器技术，科学有效的组织工程建设满足设计要求和生产实际需要。工程竣工资料基本齐全，完整、准确，分类整理比较规范，符合国家及股份公司相关规定。

【格尔木炼油厂国Ⅳ汽油产品质量升级改造等两个项目竣工验收】 2014年12月23-24日，由油田公司各相关处室组成的竣工验收委员会，对格尔木炼油厂国Ⅳ汽油产品质量升级改造项目及污水外输管线更换项目进行验收检查。听取两个项目的工程汇报和工程勘察、设计、建设、施工、无损检测、监理等方面的工作报告，查看工程管理文件、工程竣工资料及工程财务审计等资料。通过现场查看、查阅资料、核实数据等方式，对两个项目的工程质量、安全、环保、运行、工程竣工资料和资金管理情况等方面进行评定。验收小组对存在的问题提出整改建议。验收委员会认为格尔木炼油厂国Ⅳ汽油产品质量升级改造项目及污水外输管线更换项目按工程设计文件全部建成。新建和改造装置平面布置合理、工艺成熟、技术可靠，经过试生产考核，达到设计要求。验收委员会要求，各项目参建单位要明确责任，落实责任人，对存在的问题尽快整改，加强项目运行管理，发挥好项目的效益。

（丁昌航）

重大成果

【“扎哈泉地区石油勘探”荣获股份公司2014年度重大发现一等奖】 2014年，勘探战线广大干部员工按照股份公司和油田公司勘探工作总体部署，发扬刻苦钻研、开拓创新、大力协作、与时俱进、勇攀高峰的精神，取得青海油田年度勘探成果，柴达木盆地多个区域的油气勘探获得重大发现，新增油气三级地质储量2.31亿吨，其中探明石油地质储量6685万吨。扎哈泉地区的油气勘探，按照“深层浅层兼顾、常规非常规并举”的思路，在扎哈泉地区部署探井14口。其中针对N_1致密油部署的扎9井等多口井获工业油流，发现扎208、扎7、扎9等3个甜点区，N_1新增控制石油地质储量803万吨。扎探1井在E_3^1解释油层28.50米，4466-4478米常规试油，日产原油10.60立方米，实现深层勘探的突破，打破柴达木盆地常规储层深度界限，拓展勘探领域，新增预测石油地质储量2131万吨。针对深部钻探的多口井同时扩展了浅部N_2^1油藏规模，其中扎11井Ⅳ层组射孔后3毫米油嘴放喷，日产油27.40立方米，发现乌南N_2^1油藏产量最高的油层，扩大N_2^1油藏Ⅲ－Ⅳ油组的含油面积，升级Ⅴ－Ⅷ油组的预测储量，新增控制石油地质储量2509万吨。扎哈泉地区已经形成勘探开发同步、深层浅层并进、致密油与常规油并驾齐驱的局面，落实三级储量1.92亿吨，荣获股份公司2014年油气勘探重大发现一等奖。（管斌）

第三篇

油气勘探

油气勘探概况

【勘探方针与思路】 2014年，青海油田以十八届二中全会精神为统领，围绕千万吨高原油气田发展目标，持续推进油气储量增长高峰期工程。坚持油气并举，确保效益优先；突出重点目标，落实规模储量；加强区域甩开，主攻有利区带；推进风险勘探，寻找接替领域。

【部署原则】 2014年，油田公司油气并举、以气为先，加强前期研究，坚持效益勘探，石油勘探主攻英雄岭构造带，加大致密油的勘探，甩开预探茫东、阿尔金山前等有利区。天然气勘探主攻阿尔金山前东段，积极准备冷北、尖北、东陵丘等一批新目标。

【勘探特点】 2014年，青海油田认真贯彻落实集团公司领导现场办公指示精神和股份公司油气预探总体设计，深化成藏主控因素认识，推广先进适用工程技术，科学部署，强化管理，全面完成年度勘探任务，新增油气三级地质储量当量2.31亿吨。

【勘探管理】 2014年，以效益勘探为中心，以落实权责为抓手，试行单井项目经理制度，进一步调动项目管理人员的积极性，继续总结项目管理运行过程中的成功经验，充分发挥项目管理优势。强化组织运行，提高工作效率，为勘探任务的完成提供保障。一是继续推进项目管理，落实“六包”措施和项目经理责任制，丰富项目管理工作内涵，积极推广应用适用技术，坚持区块招标，严格现场签认和结算管理，落实成本管理措施，确保勘探投资效益。积极完善、优化对标管理指标体系，细化考核体系和考核办法，加大“严考核、硬兑现”力度，严格把关工程结算，细化合同条款。促进勘探项目管理、成本管理和对标管理的不断融合，实现高效益勘探。二是加强资料收集，规范管理，努力实现标准化。严格把握单井资料的重要性和完整性，做到标准规范、完整统一。收集整理的资料要有说服力，要能够反映出单井的生产运行过程情况，形成完整的资料链，使资料规范统一、内容充实、谨防空洞，严格制定出相应的措施、抓好基础资料，生产记录台账实现标准化规范化。切实落实责任，做到查漏补缺。三是要把每口井的管理任务分配到项目部每个人，由单井负责人负责单井的监督、管理施工质量、进度、安全、成本、管理等一切工作顺利正常运行，明确单井负责人在项目的整个施工中的责任、权利、利益、工作目标及考核标准。四是按照“有激情、有思路、有创新、有担当”的四有标准，着力提升勘探事业部干部职工的工作效率和工作水平，提升职工队伍综合素质和能力；认真实施人才培养战略，着力加大对专业技术拔尖人才的培养力度，充分发挥师带徒、老带青工作，相互学习、共同提高，让勘探工作有更好的延续性；抓好制度的创新和落实，把权力关进制度的笼子里。要按照科学、管用、易于操作的原则，完善监督、检查、管理、控制等方面的制度，形成环环相扣的制度框架，注重制度落实的日常考核与检查，确保制度的严肃性。

【重要举措】 2014年勘探方面重点抓好五大平台构建工作，提升勘探系统运行效益。一是通过引入中石油科研队伍，依据各家特长，确定切合实际的研究领域、责任区范围和中长期指标，形成以油田公司钻采工艺研究院、勘探开发研究院为核心、其余6家科研单位为主体、风险共担、利益共享的“大科技”体系。二是通过整合中石油工程技术力量，分工协作，形成勘探“四大工程技术支撑平台”，攻克制约盆地勘探的“瓶颈”技术难题，保障施工质量，加快施工速度，缩短施工周期，提高施工效率。三是通过强化成本控制，实施“一级减法、四级切块、三级运作、层层监督”及“科学估算，合理预算，精细测算，严格结算”为核心的成本控制体系，各级、各类、各专业成本均得到有效控制，油气发现成本连续多年低于股份公司平均水平。四是通过强化项目管理，逐步形成和完善“三个联动”、“六个一体化”工作模式和“三抓四查五到场”工作方法，先产量后储量，在英东、东坪、扎哈泉等地区，实现当年发现、当年试采、当年基本探明、当年建成配套产能的目标。五是通过完善对标管理制度、指标监控制度和指标考核制度，形成《青海油田对标工作管理办法》。按照“26911”时间节点，优化指标，量化指标，严考核，硬兑现，勘探部署节奏和工作效率明显提升，油气勘探成功率一直保持在较高水平。

勘探工作量

【勘探工作量】 2014年，青海油田计划二维地震勘探1680千米，三维地震勘探550平方千米，预探井29口，进尺9.26万米，评价井15口，进尺4.30万米。

2014年，油田公司油气储量任务：新增油气三级地质储量当量2亿吨，其中探明石油地质储量5000万吨，控制4000万吨，预测4000万吨；探明天然气地质储量200亿立方米，控制200亿立方米，预测300立方米。

勘探成果

【勘探任务完成情况】 2014年，完成二维地震1461千米，是油田公司计划的87%；三维地震550平方千米，是油田公司计划的100%；预探井36口，评价井19口，进尺16.05万米，是油田公司计划的118%；试油气102层组。新增石油探明地质储量6685万吨、控制4348万吨、预测4714万吨；天然气基本探明地质储量209.57亿立方米，控制208.19亿立方米、预测320.30亿立方米；完成油气三级储量当量2.31亿吨，是油田公司储量任务的116%，是股份公司储量任务的157%。

【油气勘探主要成果】 2014年，勘探事业部按照股份公司、油田公司的总体要求，围绕富油气凹陷，坚持勘探开发一体化，突出四大领域，整体部署、整体实施，取得四项重要成果。

按照“探明英东，规模建产；扩展英中，效益增储；探索英西，突破深层”的思路，整体勘探英雄岭取得明显进展。东段英东一号N_1-N_2^1探明石油地质储量6685.28万吨，探明天然气61.45亿立方米。中段重新评价游园沟，部署评价井4口均获成功，其中游评3井试油5个层组均获工业油流，新增控制石油地质储量1036万吨。西段立足新三维资料和老井分析，加强成藏研究，明确断裂、脆性地层和盐岩盖层的有效时空组合是英西深层油气成藏的主控因素，部署的狮40等6口井均见良好油气显示，其中狮42井8毫米油嘴中途测试，油压4.5兆帕，日产油203立方米、日产气1.55万立方米。英雄岭东中西整体突破，上中下全面扩展，整个构造带已形成两亿吨勘探场面。

按照“深层浅层兼顾、常规非常规并举”的思路，在扎哈泉地区部署探井14口。其中针对N_1致密油部署的扎9井等多口井获工业油流，发现扎208、扎7、扎9等3个甜点区，N_1新增控制石油地质储量803万吨。扎探1井在E_3^1解释油层28.50米，4466-4478米常规试油，日产原油10.60立方米，实现深层勘探的突破，打破柴达木盆地常规储层深度界限，拓展勘探领域，新增预测石油地质储量2131万吨。针对深部钻探的多口井同时扩展了浅部N_2^1油藏规模，其中扎11井Ⅳ层组射孔后3毫米油嘴放喷，日产油27.40立方米，发现乌南N_2^1油藏产量最高的油层，扩大N_2^1油藏III－Ⅳ油组的含油面积，升级Ⅴ－Ⅷ油组的预测储量，新增控制石油地质储量2509万吨。扎哈泉地区已经形成勘探开发同步、深层浅层并进、致密油与常规油并驾齐驱的局面，落实三级储量1.92亿吨，荣获股份公司2014年油气勘探重大发现一等奖。

按照“评价建产一体，增储上产同步”的思路，在东坪探明天然气储量519.41亿立方米，快速建成产能15亿立方米。牛东构造侏罗系3口井试采，日产天然气 9.70 万立方米，产量压力稳定，基本探明天然气地质储量 69.70 亿立方米。牛 101 井在 E_3^2 试气日产 1.70 万立方米，牛 105 井两个层组获工业油流，其中Ⅵ层组 4 毫米油嘴日产油 8 立方米，牛东 E_3^2 获得突破，证明阿尔金山前东段有较大勘探潜力。沟 8 井在 N_2^2 取出含油岩心 4.26 米，试油 4 个层组均获得工业油流，新增预测石油地质储量 1359 万吨。

按照“评价五号落实规模，探索冷东实现突破”的思路，在冷 90 井区部署冷 901、冷 902 两口评价井，分别在 N_1 层位解释气层 15.50 米和 20.40 米，落实基本探明天然气储量 78.41 亿立方米。五号二高点垣 1 井在 E_3^2 获日产 3163 立方米的工业气流，垣 2 井中途测试日产天然气 2623 立方米，新增控制天然气地质储量 208.19 亿立方米。冷浅 4 井在 E_3^2 试油两个层组均获工业油流，其中Ⅲ层组（656-660、665-669 米井段）4 毫米油嘴放喷日产油 10.16 立方米，新增预测石油地质储量 1244 万吨。冷东 1 等井在深层 E_{1+2}- 基岩见到较好显示。

勘探工程技术

【物探技术】 2014 年，地震采集全面推广“两高一宽”山地地震采集技术和可控震源，在确保高品质地震资料的基础上，显著提升施工速度，46 天完成牛中三维 19 万炮采集任务，最高日效 7428 炮。处理突出综合静校正、精细速度建模及叠前偏移等技术，改善英雄岭下组合和冷湖断裂带下盘地震成像精度。针对裂缝、致密油甜点和薄层砂体的目标处理，提高地质体预测精度和准确性。解释突出构造建模、断层综合识别和圈闭描述，准确落实构造样式、断层特征、圈闭形态及有利储层展布，2014 年共落实圈闭 109 个，单层圈闭总面积 1923.25 平方千米。

【钻井技术】 2014 年，扎平 1 井采用 LWD 及 BH-WEI 钻井液等技术，顺利完成 820 米水平段钻井任务，创油田探井水平段长度纪录。气钾 1 井改进取心工具、优化取心工艺，取心总进尺 3200 米，总心长 2965.50 米，平均收获率 92.66%。狮子沟地区通过优化井身结构实施储层专打、推广 BH-WEI 钻井液体系、采用四合一钻具组合等措施，钻井指标大幅提升，特别是狮 42 井生产时效 97.87%，平均机械钻速 6.68 米 / 小时，61 天钻达 4009 米井深，和同区块历史平均水平相比，机械钻速提高五倍，钻井周期下降 70%。通过井身结构、钻头选型、钻具组合、钻井参数和钻井液体系等 5 个优化及欠平衡钻井的实施，在平均井深同比增加 349 米的情况下，机械钻速达到 5.05 米 / 小时。在动用钻机月同比基本不变的情况下，完成进尺 16.05 万米。

【测录井技术】 2014 年，发挥测录井优势，研究油藏储层分布、油水关系及储层物性特征，针对致密油储层岩性复杂，烃源岩评价难度大等问题，采取规模采集岩性扫描、核磁及成像测井等技术，准确计算源岩 TOC、储层岩石矿物成分及脆性指数，形成咸化湖盆烃源岩测井识别与定量评价技术和储层测井评价技术。借鉴小梁山、东坪等地区的成熟测井评价方法，应用岩石骨架交会计算孔隙度等储层流体性质识别技术，精细评价红沟子、北缘基岩复杂岩性储层。原始剖面符合率由 2013 年的 68.7% 提高到 78.6%。录井综合运用多种技术，现场快速评价储层，在英西深层、柴北缘等地区钻探中发现良好的油气显示，为油气发现提供重要信息。

【试油技术】 2014 年，“一体化管柱”等常规试油技术的应用能力不断提升，试油效率不断提高，试油效果不断扩大。在沟 8 井、冷浅 4 井、游评 3 井等 23 口井获得工业油气流。扎哈泉通过致密油储层改造技术攻关，形成三类七项配套技术，解决施工压力高、加砂难度大等难题，措施成功率从去年的 45% 提高到 86.7%。扎平 1 井首次运用现场配液、桥塞、砂塞压裂及多段多簇压裂等四项技术，分 5 段 14 簇实施大型体积压裂，用液 7853 立方米、加砂 511 立方米，压后 3 毫米油嘴放喷日产油 24.79 吨，初步形成致密油水平井体积压裂技术体系，为致密油勘探进行有益的探索。

勘探效益

【勘探效益分析】 2014年，青海油田完成勘探投资113367.41万元，完成年计划的98.89%。其中勘探工程投资110448.54万元，勘探配套投资2918.27万元。油气发现成本1.28美元/桶。

【探井成功率】 2014年，青海油田油气预探和油藏评价取得良好勘探效果。共完成试油预探井28口，评价井16口，22口井获得工业油气流，探井成功率50%。

【圈闭钻探成功率】 2014年，通过对新、老地震资料精细解释，新发现各类圈闭14个，即：存迹断鼻、干中1井断背斜、红东一号构造、冷湖五号二高点、冷湖五号一高点、牛东异常1号、狮24井断背斜、狮35背斜、狮36北断鼻、狮41井地层圈闭、乌南斜坡区岩性、小柴旦构造、野马构造、扎11井区岩性。

2014年度钻探圈闭21个，即东陵丘、干中1井断背斜、红东一号构造、红沟子背斜、冷北十一号圈闭、冷湖五号二高点、冷湖五号一高点、绿参1南岩性、马海尕秀南断鼻、牛1井西断鼻、牛参1断背斜、牛东鼻隆三号构造、平西二号、潜西1号、鹊南断鼻、狮24井断背斜、狮41井地层圈闭、狮子沟构造、土疙瘩、乌南斜坡区岩性、扎11井区岩性。其中红沟子背斜、冷湖五号二高点、绿参1南岩性、潜西1号、狮24井断背斜、扎11井区岩性圈闭为新获工业油气流圈闭。圈闭钻探成功率28.6%。

【勘探效益评价】 2014年，勘探系统继续创新勘探成本管理模式，不断总结勘探成本控制经验，在坚持“减法原则”、“切块管理”的同时，为实现效益勘探，根据勘探生产过程，逐步理清生产经营层次，明确成本控制责任主体，初步确立勘探事业部控制投资、项目部控制成本、单井项目经理控制措施投入，覆盖勘探项目运行全过程的成本控制体系。通过加强招议标、现场签认和结算审核管理，实施区块招标、结算通报和三级审核制度，严格控制成本支出，确保各勘探成本均控制在切块范围之内，物探在计划投资范围内完成计划工作量；钻井在平均井深比2013年增加349米、投资未超的情况下，完成111%的计划工作量。

油藏评价

【概况】 2014年，青海油田认真落实股份公司对柴达木盆地油藏评价工作的指示精神，精心制定出“探明英东，规模建产；扩展英中，效益增储；探索英西，突破深层”的部署思路，分3个层次5个目标区开展油藏评价部署。

【油藏评价成果】

1. 持续英雄岭探索形成优质储量富集区。英东油田按照股份公司“整体评价、整体探明、整体开发”的部署要求，评价与试采同步、储量与建产同步，现场工作快速推进，主力区块投入开发。2014年1-6月英东上盘探明储量通过股份公司和国家储委评审，新增叠合含油面积8.06平方千米，石油地质储量6685.28万吨，溶解气储量55.79亿立方米；叠合含气面积1.05平方千米，天然气地质储量5.66亿立方米。

英东油田以油砂山断层为界，分为上、下两盘。上盘为多个断块叠置油气藏，下盘为断层遮挡油藏。油藏埋藏浅、单井含油井段长（640-2277米）。在对英东油气藏特征进行精细描述的基础上，通过勘探开发一体化，强化试采评价，在英东油田一号上盘建成产能40万吨。275口开发井无一落空。平均钻遇油气层厚度175米，单井最厚达415米，钻遇层位、断层位置、油层厚度与开发方案高度吻合。英东一号油田日产能力超过1200吨，年产能力超过40吨，产能到位率100%。由于油藏饱和压差小，部分井由于气油比高，为保压稳产而关井，目前开井134口，日产油891吨，平均单井日产油6.70吨（方案设计6.50吨），综合含水9.1%，预计全年生产原油31吨。

在A、B、C三个生产区块中，产量以B区块为主，占总产量的67.8%。其中，A区块开井53口井，平均单井日产油5.10吨；B区块开井75口，平均单井日产油8.10吨。

油砂山断层下盘平面上被次级断层分割成为5个平面单元，油气富集于断块高部位，纵向上油气层分布井段长，层位各异；2013年新增控制含油面积7.50平方千米，石油地质储量2491万吨，溶解气和气层气地质储量25.08亿立方米。2013年开始在下盘开展产能建设工作。

英东下盘开发方案计划建产10万吨，2013年已建1.50万吨；2014年产建完钻井22口，建成产能3.80万吨，全年实施油水井26口，共完成4.90万吨产能。2014年完钻井平均钻遇油层厚度20.20米，差油层9.70米；油藏主体部位油层钻遇与部署论证基本一致。截至2014年11月底，英东下盘投产油井28口，开井15口，平均日产油95.14吨，平均单井日产量6.30吨，含水20%，累计生产原油2.87万吨。

2. 整体部署，扎哈泉立体勘探展现大场面。2014年扎哈泉地区强化勘探开发一体化，突出致密油评价研究，加强试采和开发动用，推进深层风险勘探，按照“深浅兼顾、非常规与常规兼顾、增储与建产兼顾”的原则，部署预探井3口，评价井12口，取得三项进展：针对Ⅳ、Ⅵ砂组，实施4口评价井（扎205井、扎206井、扎208井、扎211井），1口水平井（扎平1井），完试的扎208井和扎平1井获得工业油流。扎208井测井解释油层12.5米/6层，对3472.50-3475.00米井段常规试油，日喷油5.32立方米；压裂后直径3毫米油嘴放喷，日产油39.78立方米，试油试采累计产油1467.46吨。扎2井Ⅳ-3主力油层钻探的扎平1井，完钻井深4220米，水平段长度820米，水平段解释油层689.40米，油层钻遇率为84.1%，岩性为细砂岩，孔隙度在4-12%之间，平均8%，渗透率在0.10-0.80毫达西之间，平均0.4毫达西。扎平1井分5段14簇进行体积压裂，总液量7853立方米，加砂511立方米。3毫米油嘴日产油22.86吨，油压3.10兆帕，累计产油1244.50吨，返排总液量4992.50立方米。

西区油层集中分布在Ⅳ、Ⅵ砂组；Ⅳ砂组油层全区发育，控制含油面积20.60平方千米；Ⅵ砂组油层发育在西南翼，控制含油面积10.30平方千米。针对中区、东区分2个层次展开部署：中区精细评价甜点区，落实高产油层展布；东区积极甩开评价，实现外围快速扩展。围绕扎7高产井实施4口评价井（扎207井、扎209井、扎210井、扎212井），扎207井对应扎7井高产层取心见1.90米油浸细砂岩，含油岩心孔隙度平均13.5%，渗透率平均65.60毫达西。扎207井解释油层11.80米/3层，对取心段Ⅲ-5小层（3564-3568米）压裂试油，日产油14.84立方米，试油试采累计产油1431.91吨。扎209井解释油层20.90米/9层，分布在Ⅲ-Ⅳ砂组，对取心段Ⅲ-5小层（3480-3485米）常规试油，抽汲日产油3.68立方米，试油试采累计产油114.50吨。扎212井解释油层22.90米/9层，分布在Ⅲ-Ⅳ砂组。东区发育Ⅲ、Ⅳ两套油层，落实Ⅲ油层组含油面积11.70平方千米，提交控制石油地质储量403万吨。

中区甩开钻探的扎9井解释油层37.30米/15层，对Ⅰ砂组（2862-2870米）压裂后直径4毫米油嘴日产油34.84立方米，油压3.34兆帕，累计试油试采产油3950.65吨，发现新的高产区和含油层系。为落实扎9井区展布，钻探的扎102井、扎104井、乌104井分别解释油层27.40米/13层、24.70米/7层、12.70米/4层，实现Ⅰ砂组的扩展。老井加深钻探的乌104井，在N_1-Ⅰ砂组见到较好油气显示，与扎9区Ⅰ砂组油层对应较好，压裂后抽汲日产油6.88立方米，累计产油41.92立方米。扎9井区油层主要集中在Ⅰ砂组，已落实Ⅰ油层组含油面积11.70平方千米，提交控制石油地质储量400万吨。

东区多口老井复查出油层，为落实油藏规模部署实施扎101井、扎103井、扎探2井，其中N_1测井解释油层厚度10.30-30.20米，油层分布在Ⅰ、Ⅲ、Ⅳ、Ⅴ砂组，初步落实含油面积60.80平方千米，实现外围规模扩展。

在勘探评价不断扩展的同时，对探井、评价井试采，试采产量稳定，优选中部扎7、扎9建产。扎哈泉地区针对探井前后共试采12口井，开井10口，日产油60.04吨，截至2014年年底，试油试采累计产油2.23万吨。为落实产能，开发早期介入，针对扎7、扎9区开展产能建设，2014年计划先期建产5万吨，部署开发井36口，目前完钻16口，油层钻遇率

100%，投产7口。

扎哈泉地区N_1油藏各类井共计17口井试采，日产油110吨，平均单井日产油6.50吨，累计试油试采产油2.32万吨，产量稳定。扎哈泉西区致密油集中在Ⅳ、Ⅵ砂组，落实叠合含油面积25平方千米，中区扎7的Ⅲ砂组、扎9的Ⅰ砂组落实甜点含油面积23.90平方千米，东区潜力区Ⅰ－Ⅵ砂组初步落实含油面积60.80平方千米。

3. 效益为先，柴西北浅层预探评价双丰收。柴西北区浅层构造发育，平面上构造圈闭成排、成带，发育碳酸盐岩和碎屑岩两类储层。勘探面积约6000平方千米，石油资源量5.60亿吨。已探明咸水泉、南翼山、油泉子、红沟子等油田，探明石油地质储量8279万吨，是油气勘探的重要接替领域。2014年在该区以浅层为重点，预探评价一体，在小梁山和红沟子取得较好效果：

在N_2^3油藏西南部外缘钻探的12口开发井，试采证实油藏受构造与岩性双重控制，靠近断层附近油气相对富集，扩大了含油面积。通过系统开展四性关系研究，满足了探明储量提交要求。

针对小梁山N_2^2-N_2^3油藏储层岩性复杂，砂泥灰混积的特点，在6口井上进行系统取心。累计取心进尺386.60米，累计心长364.74米，收获率95.06%，含油岩心长64.27米。结合薄片、ECS测井等资料，开展岩心精细描述，将岩性划分为砂岩、泥岩、碳酸盐3大类，用常规测井资料建立岩性识别图版。加强试油、试采力度，强化四性关系和测井参数研究：小梁山N_2^2-N_2^3油藏开展16口井32个层组的试油工作。N_2^3共完成试油8口井14个层组，获工业油流9个层组。N_2^2共完成试油8口井18个层组，获工业油流6个层组。N_2^3油藏开展试采开发，先后钻探201口井，平均单井日产油1.04吨，累计生产原油16.16万吨，N_2^2共有5口井开展试采。

利用试油试采、物性分析资料分层系建立准确的测井解释图版。小梁山N_2^2-N_2^3油藏整体受构造控制，局部受岩性、物性影响。

重新认识红沟子浅层圈闭，红沟子位于柴西北区，靠近阿尔金山前，地面为一向山前抬升的鼻状构造，发现中6井区N_2^1油藏，探明含油面积2.65平方千米，石油地质储量601.86万吨。通过三维地震资料重新处理，落实红沟子浅层背斜，部署钻探沟8井，完钻井深2000米。该井在N_2^2解释油层59.60米/18层，优选不同类型的4个层组试油均获工业油流，发现新的含油层系。其中Ⅱ层组1773-1775米试油，日产油4.80立方米。

沟8井北西向甩开钻探的沟9井解释油层108.80米/31层（$N_2^2$90.4米/24层，$N_2^1$8.4米/7层），平面上扩展N_2^2油藏范围，纵向上发现N_2^1含油层系。根据沟8井、沟9井钻探情况，对沟7井重新认识，全井复查解释出油层21.20米/6层。展现油层往主体方向扩展的潜力。在沟8井区N_2^2新增预测含油面积6.40平方千米，石油地质储量1359万吨。钻探证实红沟子N_2^1-N_2^2、油藏纵向含油井段长（680米），平面分布稳定，预计含油面积达21平方千米。

4. 精细研究，柴西南老油藏评价成效显著。柴西南斜坡区发现尕斯、跃进、砂西等油田，累计探明石油地质储量近2亿吨。按照股份公司加强老区再评价再认识工作的要求，优选砂西－跃进斜坡区，针对砂西深层E_3^1和跃进二号基岩2个油藏重点开展此项工作，砂西地区为多块三维地震结合部，方位各异、资料品质较差，2014年利用新的三维资料队构造主体进行重新解释，落实构造细节，虽然构造整体形态变化不大，但认识到分控制油藏边界的断层与原来有本质区别。开展E_3^1油藏老井复查，发现油藏边部和外围生产井情况较好，含油面积外位置较低的砂6井试油也获得日产7.96吨的工业油流，跃19井试采累计产油1.07万吨。2014年在探明含油面积之外，部署钻探评价井砂102井、砂103井。砂102井钻至井深3965米完钻，E_3^1主力油层Ⅰ-6小层取得含油岩心2.40米，其中油浸岩心2.20米，分析岩心孔隙度为14-17%，渗透率20-55毫达西。共解释油层59.40米/12层，其中E_3^1解释出油层27.80米/4层。砂103井钻至井深4100米完钻，解释油层12.90米/4层，油水层21.80米/2层，其中E_3^1解释油层2.20米/1层，油水层21.80米/2层。砂102井、103井的钻探扩大砂西老油田含油面积和规模，取得老区再评价、再认识的新进展。

跃进二号基岩开发成效显著，评价部署探规模。柴达木盆地在盆缘古隆起发现多个基岩油气藏（跃进二号、马北、昆北、东坪），尤其2013年在东坪基岩探明天然气规模储量，揭示出基岩具有广阔的勘探前景；跃进二号基岩油藏有4口开发井单采日产油2.50-22.50吨，其中跃Ⅱ8-22井累计生产油1.26万吨。

为落实跃进二号基岩油藏规模，同时搞清基岩内幕，在构造高部位和翼部分别部署一口评价井，纵向探索基岩油藏最大厚度，平面探索含油范围。跃Ⅱ评1井在基岩解释油层292.60米，跃Ⅱ评2井解释油层

71.10米。跃Ⅱ评1井、跃Ⅱ评2井钻探解释出油层，纵向上明确跃进二号基岩油藏油水界面，平面上扩展了含油范围。

5. 深化认识，冷东地区油气兼顾获得突破。冷东地区位于冷湖油田东侧，紧邻侏罗系生烃凹陷，勘探面积约500平方千米。本区油气勘探始于20世纪60年代初，截至2014年年底共有40余口井，绝大部分为二十世纪六七十年代的老井。钻探不同程度见到油气显示。在深化成藏研究基础上重上冷东，油气兼顾、深浅兼探、碎屑岩基岩兼顾，钻探的冷东1井深层E_{1+2}和基岩见到良好的气显示，浅层E_3^2解释出油层。冷东1井钻探在浅层900米以上连续气测和油砂显示，槽面见油花和气泡。针对浅层评价部署冷浅4井，在850米内解释油层43.20米/14层，3个层组获工业油流，其中656-669米井段4毫米油嘴自喷日产油10.20立方米。分析认为，E_3^2油藏为鼻状斜坡背景上的岩性油藏，分布面积大，压力较低，物性变化大。2014年新增预测含油面积17.40平方千米，石油地质储量1224万吨。

【效益分析】 2014年，青海油田油藏评价计划投资26350万元，实际完成26037.20万元，完成年计划的98.81%。其中：三维地震完成投资4999.97万元，钻井工程完成投资17626.83万元，评价配套工程788.40万元。均控制在计划范围内。

【工作量完成情况】 2014年，油田公司油藏评价计划部署钻井15口，进尺4.30万米，实际完成钻井19口，进尺5.76万米，完成计划进尺的133.9%；累计完成试油16口/32层组，油气层改造12口井/16层组，获工业油气流井10口/16层组。评价井成功率62.5%。

【储量完成情况】 2014年，通过一体化工作英东油田砂37区块落实$N_2^1-N_2^2$油气藏探明叠合含油面积8.06平方千米，地质储量6685.28万吨，溶解气地质储量55.79亿立方米；叠合含气面积1.05平方千米，地质储量5.66亿立方米；含油面积内有90口井控制，井控面积0.09平方千米/口；含气面积内有18口井控制，井控面积0.06平方千米/口，申报范围内井控程度高，井网完善，建产效果好，储量落实程度高。在乌南油田上交石油控制叠合含油面积59.30平方千米，控制地质储量3312万吨。其中绿10井区N_2^1油藏控制叠合含油面积17.50平方千米，控制地质储量1161万吨；乌26井区N_2^1油藏控制含油面积33.30平方千米，控制地质储量1051万吨；扎探2井区N_2^1油藏控制含油面积5.90平方千米，控制地质储量297万吨；扎9井区N_2^1油藏控制含油面积11.70平方千米，控制地质储量400万吨；扎7井区N_1油藏控制含油面积7.80平方千米，控制地质储量403万吨。在游园沟油田游评3井区N_2^1-N_1油藏上交石油控制叠合含油面积4.40平方千米，控制地质储量1036万吨。（管斌）

第四篇

油气开发

油田开发概况

【油田开发现状】 青海油田经过近60年的勘探开发，在柴达木盆地找到不同圈闭类型、多种储集类型的油田19个（油藏区块36个）。截至2014年年底，已累计探明叠合含油面积337.72平方千米，石油探明地质储量56866.14万吨，技术可采储量12552.80万吨，其中已动用19个油田（31个油藏区块），共动用叠合含油面积211.37平方千米，累计动用石油探明地质储量42485.88万吨，累计动用石油技术可采储量9983.66万吨，已动用油田（藏）有尕斯库勒、跃进二号、乌南、昆北、花土沟、七个泉、红柳泉、狮子沟、红沟子、南翼山、尖顶山、油泉子、咸水泉、开特米里克、冷湖、南八仙、马北一号、鱼卡、英东油田。动用地质储量占探明储量的74.71%，技术可采储量占总探明技术可采储量的79.52%。储采平衡系数为1.09。

2014年新投入石油开发地质储量924.97万吨，新投入石油技术可采储量239.57万吨。截至2014年年底，油田共有采油井总数3718口，开井数2061口，年均日产油6027.50吨，年产石油液体产量220万吨，累计产油5052.68万吨，年产液582.33万吨，累计产液11002.06万吨。动用地质储量采油速度0.58%；综合含水65.02%，平均含水62.12%；动用地质储量采出程度为13.3%，动用可采储量采出程度为56.65%。注水井总数1358口，开井数1111口，年平均日注水平21776.47立方米，年注水量794.84万立方米，累计注水量11380.08万立方米。油田已建成年生产原油235.43万吨的配套生产能力。

【主要指标完成情况】

1. 石油液体产量：2014年计划生产石油液体产量220.0万吨，实际完成220万吨（包含液化气1.54万吨），完成年度计划的100%。

2. 油田注水量：2014年计划年注水量819万立方米，实际注水794.84万立方米，完成年度计划的97.05%，年平均注采比1.15，累计注采比0.77。

3. 原油产能建设：2014年计划建原油产能45万吨，计划钻井414口，进尺84.70万米。2014年实际完钻404口，进尺80.87万米，截至2014年年底新井投产油井332口，新投注水井71口。新井日产水平650.94吨/天，产能建设新井产油15.16万吨，2014年建成37.61万吨的原油生产能力。

4. 油水井措施：采油井措施完成366井次，有效292井次，有效率79.78%，年增油10.60万吨，平均每井次增油289.73吨；注水井措施完成318井次，年增注水量18.39万立方米。

5. 新增可采储量与储采平衡状况：2014年新投入石油开发地质储量4506.78万吨，新投入石油技术可采储量1049.59万吨，经济可采储量1181.71万吨。开发储采比18.76，储采平衡系数1.09。

6. 含水上升与含水上升率：2014年年均含水62.12%，比2013年年均含水61.79%，上升0.33个百分点；2014年年均含水上升率为0.63%。

7. 产量递减率：2014年自然递减12.73%、综合递减7.93%。自然递减较23年（12.74%）下降0.01个百分点；综合递减较2013年（8.47%）上升0.54个百分点。

【油田开发主要工作及成果】 原油产能建设：青海油田2014年计划45万吨，钻井404口，进尺80.87万米。其中，新区（英东油田、昆北切十六区、马北八号）计划产能16.59万吨，钻井166口，进尺32.38万米；勘探开发一体化新区扎哈泉油田计划产能5万吨，钻井36口，进尺11.80万米。老区计划产能23.42万吨，钻井212口（其中水平井2口），进尺40.52万米，单井日产4.24吨/天。

截至2014年年底，原油产能建设共开钻404口（其中水平井2口），完钻404口，完钻进尺80.87万米，建成产能37.61万米。其中新区（英东油田、昆北油田切十六区、马北八号）原油产能建设完钻166口，完钻进尺32.40万米，建成产能13.70万吨，平均单井日产3.54吨/天；勘探开发一体化新区扎哈泉油田原油产能建设完钻井26口，完钻进尺8.73万米，建成产能3.99万吨。老区原油产能建设共开钻212口（其中水平井2口），完钻212口，完钻进尺39.74万米，建成产能19.93万吨。

为保证产能建设任务的完成，一是加强开发方案的编制，将“方案的节约是最大的节约”的理念贯穿于方案的编制工作中。在方案实施中，按照“整体部署，分批实施，骨架井先行、滚动调整、降低地质风险”的原则实施。2014 年在“英东油田一号构造下盘开发方案”的编制和实施过程中，继续借鉴上盘的成功经验，确保油田的产能到位率和稳产时间。二是加强井位论证工作，坚持效益优先，精细研究，持续优化产能建设区块；持续开展井位优化、部署及设计工作，努力做到少打低效井、杜绝落空井，千方百计提高单井产量，降低投资。2014 年老区产能建设平均单井日产 3.60 吨 / 天，比 2013 年提高 0.11 吨 / 天。三是坚持勘探开发一体化，提高产能建设效果。扎哈泉油田 5 万吨产能建设过程中，通过成立产能建设项目组，将勘探与开发、工程与地质、研究与现场有机结合起来，加快储量向产量转化、研究成果向效益的转化速度，加快产能建设进度和提高产能建设效果。四是加强跟踪分析，及时调整。全面时时跟踪产能建设过程，特别是加强新区的跟踪分析，对出现的异常情况，加强分析、研究，及时调整，以确保产能到位率。五是转变思路，实行钻井总承包，不断降低钻井成本。2014 年在砂西 E_3^1 油藏、切十六区、油砂山、扎哈泉等区块开展钻井总承包试验。通过“承包”模式，缩短了建产时间，确保产能建设到位率。并且提速提效工作见到成效，单井产量同比有所提高，万吨产能投资控制在 5600 万元目标。切十六区通过“包安全、包工期、包质量、包投资和包产量”五包机制和“钻井、测录井、投产、地面”四个简化，同时加强钻井协调，生产组织无缝连接，工程指标全面提高，机械钻速提高 1.32 米 / 小时，钻井周期缩短 0.5 天，完井周期缩短 0.27 天。总费用下降 20.7%，单井产量同比有所提高，达到降低投资的目的。扎哈泉扎 7、扎 9 区块加快建产进度，通过钻井“一提两降”，机械钻速提高 95.48%，钻井周期缩短 55.2%，完井周期缩短 52.8%。计划钻井 36 口，完钻 26 口。砂西 E31 油藏 2014 年钻井 11 口（6 口油井，5 口水井），投产油井 5 口，平均单井产量 8.48 吨 / 天，高于 6.60 吨 / 天的计划产量，各项指标优于 2013 年。

精细油藏描述：按照股份公司精细油藏描述工作的总体安排，青海油田自 2004 年开展精细油藏描述工作以来，已开发油田完成第一、第二阶段工作，部分主力油田（尕斯 E_3^1 油藏）开展第三阶段的精细油藏描述工作。通过深化油藏认识、细化研究单元、完善特色技术，形成具有青海油田特点的长井段、薄互层、多油层油藏精细油藏描述技术，取得了一系列成果和经验，在油田开发基础年、老油田二次开发、产能调整及新区开发方案编制等方面得到了较好的成效。截至 2014 年年底，已描述油田（油藏）单元共 21 个，含油面积共 275.26 平方千米，覆盖地质储量 45776.87 万吨，累计增加地质储量 1172 万吨，累计增加可采储量 1556 万吨，提高采收率 3.4%。其中，完成二次及以上精细油藏描述单元 12 个，含油面积共 140.06 平方千米，覆盖地质储量 28231.84 万吨。

2014 年，开展英东一号上盘、七个泉油田、砂西 N_1-N_2^1 油藏和马北八区块 E_3^1 油藏共 4 个区块精细油藏描述研究工作。4 个区块油水井 564 口，覆盖地质储量 10707.36 万吨，年产油 41.37 万吨，采油速度 0.39%。2014 年精细油藏描述取得的主要成果：①应用多信息综合构造精细解释技术，落实微构造，提高构造解释精度，有效指导英东油田和砂西 N_1-N_2^1 油藏产能建设。②七个泉油田加密井网区采取以精细地层对比为主，结合地震资料，修正断层空间展布和 K3 不整合面。③基于区域构造背景、沉积特征利用储层反演、多属性分析技术，进行储层预测，分析控制油藏储层分布与变化的主要因素。针对砂西 N_1-N_2^1 油藏层多、层薄、井段长的特点，应用地震反演，在反演数据体上实施精细小层解释。砂西 N_1-N_2^1 油藏通过构造、精细岩性反演、地震属性分析、含油性检测等一系列深入研究，利用各种成果对油藏有利区域进行综合分析，在下盘提交钻探目标井 5 口，已实施 1 口；上盘提交钻探目标井 1 口，已经实施，单井日产 8.40 吨 / 天。④分地层建立储层解释图版，提高了储层及流体识别精度，实现不同储层的分类解释。七个泉油田通过测井二次解释，精细储层参数，修正原测井解释图版，分地层建立储层解释模型 8 个，定量解释图版 5 个，对 100 余口新井开展测井二次解释及 200 多口老井进行复核，油层数减少 766 层，差油层和油水同层分别增加 254、363 层。英东一号构造纵向跨度大，具有多个油气水系统。油气水纵向分布受断层影响大，油气响应特征不明显。利用流动带指数分类计算法，提高长井段薄互层渗透率计算精度，利用测井解释孔隙度的绝对误差≤ 1.5%，渗透率计算误差控制在半个数量级之内。应用 107 个试油点、14 个 MDT 泵出点、14 个 CHDT 泵出点资料，建立 K26-K3、K3-K4、K4- 油砂山断层、油砂山断层以下 4 套测井解释图版。⑤开展砂体展布特征研究，为油田精细注水工作提供指导。七个泉油田 E_3^1 油藏依据新的构造解释和储层流体解释图版，建立三维地质模型（精度为 25×25×0.50 米）

和油藏数值模拟模型，开展历史拟合工作。结合分段明显的储层纵向特征，建立“2365”的细分注水标准，即隔层厚度大于2米，分注层段内小层渗透率均质系数大于0.3，分注层段内小层数不大于6，吸水厚度动用程度达到50%以上。英东油田一号构造上盘针对储层薄、多，纵向跨度大，含油井段长的特点，在之前沉积认识的基础上，分断块分油组以小层为单元，开展储层沉积单元及油砂体分布研究，以精细刻画各个断块各个层系内部砂体结构和展布特征。同时建立完钻井小层劈分数据库，已完成251口井测井数据、分层数据的加载。

注水专项治理及精细注水：2014年，围绕注水专项治理与推广精细注水，坚持“立足水驱，夯实基础，效益优选”原则，针对不同注水开发油田，按照股份公司、油田公司及采油厂3个层次，常态化开展以“注好水、精细注水、有效注水”为主要内容注水专项治理和精细注水工作，打好油田开发的“资源基础、技术基础、人才基础、增效基础”，实现“三提”、“三控”目标，即提高单井日产量、提高油田采收率、提高投资效益，控制递减、控制投资、控制成本。

在2013年年底油田开发与注水管理大调查的基础上，编制《青海油田2014年精细配注和注水工作实施方案》，加强注水井转注、分注、换封、大修、套损井更新等工作力度，油田公司支持投入注水专项治理费用1.33亿元，安排治理工作量873井次。2014年年底，完成主体注水井工作量885井次，老井转注67口 、老井分注15口、水井检管（重配）10口、水井大修61口、调剖调驱74口、换封388口、水井套损井更新23口。

2014年注水专项主干工作量完成情况表

内容	更新	转注	水井大修	分注	换封	调剖调驱	检管	其它	合计
	口	口	口	口	井次	井次	井次	井次	井次
计划	36	53	97	12	345	65	64	201	873
完成	23	67	61	15	388	74	10	247	885

通过完善井网、精细分注、提级分注、改善水质、检管重配等专项治理工作，巩固了前期治理成果，注水开发油田稳产基础逐步得到巩固。2014年自然递减12.73%、综合递减7.93%。自然递减较2013年（12.74%）下降0.01个百分点；综合递减较2013年（8.47%）下降0.54个百分点。年均含水62.12%，和2013年年均含水61.79%基本持平。

【油田开发趋势简要分析】 已开发油田剩余可采储量5030.33万吨，年产油198.24万吨，占全油田年产油的90.1%。其中Ⅰ类开发单元8个，技术可采储量5217.26万吨，占开发技术可采储量的52.26%，年产油106.74万吨，占已开发的48.86%；Ⅱ类开发单元4个，技术可采储量1945.61万吨，占开发技术可采储量的19.49%，年产油47.84万吨，占已开发产量的21.90%；Ⅲ类开发单元35个，技术可采储量2820.89万吨，占开发储量的28.25%，年产油63.89万吨，占已开发的29.25%。青海油田Ⅰ类开发单元占52.26%的技术可采储量，产量贡献达到48.86%（较2013年下降9.53个百分点），而Ⅱ＋Ⅲ类开发单元39个，可采储量4766.50万吨，占开发可采储量的47.74%，产量贡献为51.14%（较2013年提高3.01个百分点）。Ⅰ类开发单元的可采储量与产量比例在下降，Ⅱ＋Ⅲ类单元在提高。因此，在做好Ⅰ类开发单元综合治理的同时，继续加大Ⅱ＋Ⅲ类单元开发力度，提高产量贡献额度。

截至2014年年底，青海油田全面注水开发油田（油藏）区块16个（尕斯深层油藏、尕斯中浅层油藏、油砂山油田、跃进二号东高点、跃西油田、乌南油田、昆北切六E_3^1、昆北切六E_{1+2}、昆北切十二E_3^1、花土沟、七个泉、狮子沟浅层、马北一号、游园沟、南翼山、冷湖三号）；部分注水或试注水开发油田（油藏）区块7个（砂西中浅层油藏、砂西深层油藏、红柳泉、油泉子、南八仙、冷湖四号、冷湖五号），未注水开发的区块7个（咸水泉、尖顶山、红沟子、开特米里克、鱼卡、跃东、马北8区块）。水驱开发储量33546.61万吨，占已开发储量的88.33%，注水开发油田年产油188.25万吨，占全油田产量的84.04%。

2014年，青海油田年注水794.84万立方米，年产液582.33万立方米，年平均注采比1.19，累计注采比0.77，存水率0.56，水驱指数1.07。

2014年油田自然递减12.73%，综合递减7.93%，自然递减较2013年（12.74%）下降0.01个百分点2.54

吨/天，较2013年（2.87吨/天）下降0.33吨。从产量构成分析来看：老井自然产量为192.71万吨（未含液化气），较2013年的增长3.25万吨；新井产量15.16万吨，较2013年下降9.28万吨；老井措施产量为10.60万吨，较2013年增长1.80万吨。主力油藏中尕斯E_3^1、尕斯N_1-N_2^1、切六E_{1+2}、七个泉、油砂山等油田（藏）的递减加大；跃进二号东高点、切六E_3^1、花土沟等油田（藏）的递减控制较好。

（李能武　文秀廷）

各油田（藏）基本情况

【尕斯库勒油田E_3^1油藏】 尕斯库勒油田位于青海省柴达木盆地西部南区。构造位置属于西部茫崖拗陷区尕斯断陷亚区，其北端以XI断层为界，东南翼与扎哈凹陷相接，南端以阿拉尔断裂与跃进二号油田相邻，西翼南端以III号断层为界，西翼北端与红柳泉油田相望接。1978年，钻探跃深1 井至3253米井深处发生强烈井喷，畅喷日产油800吨/天左右，用14毫米油嘴试油405吨/天，从而发现E_3^1油藏。

2014年，尕斯库勒油田E_3^1油藏以精细注水为主线，恢复油藏注水及提高水驱动用程度；持续推进二次开发工作，通过剩余油精细描述，完善剩余油富集区的注采对应关系，采出层内剩余油。2014年油井措施32井次，增油2.61万吨。新井共投产8口，累计产油0.41万吨。通过“二次开发”工程的进一步推进，油藏自然递减、含水控制较好。油藏地层压力整体保持稳定，油田开发效果趋于好转。

2014年，尕斯库勒油田E_3^1油藏新钻采油井9口（2口水平井），总进尺3.36万米，调整产能1.76万吨。截至2014年年底，尕斯E_3^1油藏油水井共219口（采油井152口，注水井67口），开油井124口，年产油22.05万吨，累计产油1651.90万吨；年产液94.63万吨，累计产液2952.93万吨；开注水井47口，年注水137.34万立方米，累计注水4113.45万立方米，累计注采比0.87；采油速度0.57%，采出程度42.60%，综合含水76.20%，自然递减22.43%，综合递减14.98%。

【尕斯库勒油田N_1-N_2^1油藏】 1977年，在跃参1井N_1地层中发现2个油层，随后在跃深2井、中38井的N_2^1地层中见到工业油流，正式揭开尕斯库勒油田N_1-N_2^1油藏的序幕。

2014年尕斯库勒油田N_1-N_2^1油藏以精细注水为主线，积极开展水井综合治理工作，通过大修、酸化、老井转注，套损更新等工作，平面注水井点有所恢复，逐步向“温和”注够水靠拢，地层压力大幅下降的势头得到遏制，综合含水控制在合理范围内；通过换封、分酸、调驱调剖、合理控制转注井射开层位，油藏水驱动用程度有所提高。尕斯库勒油田N_1-N_2^1油藏产量有所下降，主要是老井、新井产量下降。受注水工艺水平的影响，自然递减偏高，稳产基础薄弱。为扭转此局面，勘探开发研究院与采油一厂开发所共同组建精细注水方案编制小组，集中办公，确保精细注水方案科学、合理，实现夯实油藏稳产基础的目的。

2014年，尕斯库勒油田N_1-N_2^1油藏新钻井38口，投产油井32口，投转注水井6口，总进尺8.49万米，平均单井日产7.02吨，日产能力224.6吨/天，调整产能6.74万吨。油水井563口（采油井391口，注水井172口），开采油井341口，年产油52.53万吨，累计产油1119.68万吨；年产液166.67万吨，累计产液2110.75万吨；开注水井132口，年注水183.18万立方米，累计注水2220.29万立方米，累计注采比0.68；采油速度1.14%，采出程度24.32%，综合含水67.68%，自然递减19.27%，综合递减12.66%。

【花土沟油田】 花土沟油田位于青海省柴达木盆地西部南区，行政隶属青海省海西洲茫崖行委。距花土沟镇东北方向约4千米处。油田地面为山地地形，沟壑纵横，地形复杂，海拔3050-3300米，相对高差50-200米，山地坡度在30-70度之间。该构造是柴达木盆地西部坳陷区茫崖坳陷亚区狮子沟-油砂山背斜带狮子沟三级构造上的3个浅层主高点之一，南北相邻的狮子沟和游园沟高点均有探明油田。

2014年，新钻井18口，投产油井15口，投转注水井3口，进尺2.07万米，新建产能0.81万吨。截至 2014 年年底，共有油水井 421 口（采油井 255 口，注水井 166 口），开采油井 213 口，年底日产油 427.13 吨 / 天，年产油 16.31 万吨，累计产油 473.87 万吨；年产液 43.41 万吨，累计产液 738.22 万吨；开注水井 154 口，年底日注水 2120.58 立方米 / 天，年注水 74.68 万立方米，累计注水 1182.89 万立方米，累计注采比 1.20；采油速度 0.44%，采出程度 12.82%，综合含水 62.44%，自然递减 1.11%。

【油砂山油田】 油砂山油田位于柴达木盆地西部坳陷亚区狮子沟 - 油砂山二级构造带油砂山高点，构造重叠在尕斯库勒油田之上。自浅 1 井获得工业油流后，油砂山油田经历了 57 年的开发历程。

2014 年，油砂山计划调整产能 1.10 万吨，新钻井 38 口。实际新钻井 18 口，投产油井 15 口，投转注水井 3 口，总进尺 1.20 万米，平均单井日产 1.87 吨 / 天，日产能力 28 吨 / 天，调整产能 0.84 万吨。

截至 2014 年年底，油砂山油田有油水井 386 口，采油井 252 口，开采油井 230 口，年底日产油 261.74 吨 / 天，年产油 10.29 万吨，累计产油量 187.05 万吨；年产液 19.26 万吨，累计产液 312.73 万吨；注水井 134 口，开注水井 126 口，年底日注水 1402.65 立方米 / 天，年注水 51.96 万立方米，累计注水 514.12 万立方米，累计注采比 1.35；采油速度 0.43%，采出程度 7.91%，综合含水 46.69%，自然递减 10.33%，综合递减 4.93%。

【尕斯库勒油田砂西区块 E_3^1 油藏】 尕斯库勒油田砂西区块 E_3^1 油藏位于盆地西部拗陷区尕斯断陷内的一个三级潜伏构造，油藏构造东侧隔Ⅻ断层与尕斯库勒油田 E_3^1 油藏相邻；北翼以Ⅺ号逆断层为界和狮子沟构造游园沟高点相邻。构造南翼以Ⅵ号逆断层为界，西端与红柳泉毗邻。砂西构造是 1970 年二维地震勘探解释发现的一个潜伏构造。

2014 年新钻井 11 口，投产油井 7 口，进尺 4.35 万米，新建产能 1.51 万吨。

截至 2014 年年底，共有油水井 29 口（油井 26 口，水井 3 口），开采油井 20 口，年产油 2.48 万吨，累计产油 44.86 万吨，年产液 6.92 万吨，累计产液 89.76 万吨；采油速度 0.35%，采出程度 6.26%，综合含水 64.19%，自然递减 12.6%，综合递减 6.08%；开水井 1 口，年注水 6.51 万立方米，累计注水 57.45 万立方米，累计注采比 0.50。

【尕斯库勒油田砂西区块 N_1–N_2^1 油藏】 尕斯库勒油田砂西区块 N_1-N_2^1 油藏位于盆地西部坳陷区尕斯库勒断陷亚区内的一个三级潜伏构造。是尕斯库勒 N_1-N_2^1 油藏的向西延伸的一部分。

2014 年，尕斯库勒油田砂西 N_1-N_2^1 油藏新钻井 2 口，投产油井 2 口，总进尺 0.48 万米，单井日产 7.80 吨 / 天，日产能力 15.60 吨 / 天，调整产能 0.47 万吨。

截至 2014 年年底，尕斯库勒油田砂西 N_1-N_2^1 油藏共有油水井 54 口，油井 42 口，开油井 32 口，年产油 3.84 万吨，累计产油 68.41 万吨，年产液 12.28 万吨，累计产液 166.08 万吨，注水井 12 口，开注水井 9 口，年注水 14.55 万立方米，累计注水 138.10 万立方米，采油速度 0.52%，采出程度 9.35%，综合含水 68.98%，自然递减 6.76%，综合递减 -5.73%。

【跃进二号油田】 跃进二号油田东高点位于盆地西部南区阿拉尔断裂上盘，为昆北断阶亚区铁木里克凸起内的一个三级构造。油田东邻跃东构造，北邻尕斯库勒油田，西为铁木里克尕南，南面为跃进三号构造。跃进二号构造是 1985 年地震统层时发现的一个潜伏构造。

2014 年，跃进二号油田新钻井 6 口，投产油井 5 口，投转注水井 1 口，总进尺 0.93 万米，调整产能 0.53 万吨。截至 2014 年年底，跃进二号油田有油水井 222 口，采油井 167 口，开井 96 口，年底日产 225.55 吨 / 天，年产油 9.58 万吨，累计产油 409.92 万吨；年产液 34.64 万吨，累计产液 983.37 万吨；注水井 55 口，开井 44 口，日注水 1139.45 立方米 / 天，年注水 42.58 万立方米，累计注水 990.03 万立方米，累计注采比 0.84；采油速度 0.45%，采出程度 19.17%，自然递减 13.19%，综合递减 3.96%，综合含水 72.51%。

【跃西油田】 跃西油田位于柴达木盆地茫崖坳陷昆北断阶亚区阿拉尔断裂上盘铁木里克凸起上的一个三级构造。该油田始探于 1958 年，1998 年前处于零星试采阶段，1998 年对三维地震资料进行重复处理，并进行精细构造解释、储层横向预测和含油气性预测等工作。

截至 2014 年年底，跃西油田共有油水井 31 口，采油井 21 口，开采油井 9 口，年底日产油 32.60 吨 / 天，年产油 0.93 万吨，累计产油 77.24 万吨；年产液 5.10 万吨，累计产液 454.26 万吨；注水井 10 口，开注水井 7 口，年底日注水 532.03 立方米 / 天，年注水 13.10 万立方米，累计注水 418.04 万立方米；采油速度 0.27%，采出程度 22.58%，综合含水 81.66%。

【乌南油田】 乌南油田位于柴达木盆地茫崖坳陷区昆北断阶亚区乌南 - 绿草滩断鼻带上的一个三级构造。

2014 年，乌南油田新钻井 37 口，投产油井 35 口，投转注水井 2 口，进尺 7.25 万米，新建产能 1.93 万吨。

截至2014年年底，乌南油田共有油水井321口，其中采油井232口，开油井198口，日产油217.19吨/天，年产油8.95万吨，累计产油88.05万吨，年产液13.77万吨，累计产液127.44万吨；注水井89口，开注水井73口，日注水711立方米/天，年注水25.47万立方米，累计注水185.93万立方米，累计注采比1.08；采油速度0.37%，采出程度3.67%，自然递减15.42%，综合递减12.66%，综合含水35.65%。

【昆北油田切六区 E_3^1 油藏】 昆北油田切六区E31油藏位于柴达木盆地西部昆北断阶带，西南背靠祁漫塔格山，东北方向自西向东靠近跃进四号、扎哈泉、绿草滩、乌南、东柴山含油构造。西北东南方向为一个条形地带展布的干旱荒漠草地，切六区是位于昆北断阶带西区的一个三级构造。截至2014年年底，昆北油田切六区 E_3^1 油藏有油水井24口（采油井12口，注水井12口），开采油井12口，年产油3.84万吨，累计产油30.17万吨；年产液6.58万吨，年综合含水41.55%，累计产液41.74万吨；开注水井12口，年注水5.84万立方米，累计注水43.07万立方米，累计注采比0.86。

【昆北油田切六区 E_{1+2} 油藏】 昆北油田切六区 E_{1+2} 油藏位于柴达木盆地西部昆北断阶带，西南背靠祁漫塔格山，东北方向自西向东靠近跃进四号、扎哈泉、绿草滩、乌南、东柴山含油构造。西北东南方向为一个条形地带展布的干旱荒漠草地，切六区是位于昆北断阶带西区的一个三级构造。2013年，昆北油田切六区 E_{1+2} 油藏以油砂体研究为基础，指导切六区 E_{1+2} 油藏构造边部小井距开发试验，当年完钻油井4口，进尺0.86万米，新建产能0.09万吨。针对油藏产量递减和含水上升均偏快的问题，开展注采井网精细调整和综合治理工作。2013年，转注4口水井，油水井数比从2.62降至2.34，使油藏井网更加合理，四向受效井数增加，注水效果得到改善。

截至2014年年底，昆北油田切六区 E_{1+2} 油藏油水井共133口（采油井90口，注水井43口），开采油井50口，年产油2.59万吨，累计产油30.35万吨；年综合含水80.39%，年产液13.26万吨，累计产液66.22万吨；开注水井38口，年注水18.79万立方米，累计注水96.85万立方米，累计注采比1.25。

【昆北油田切十二区】 昆北油田切十二区是位于昆北断阶带西区的一个三级构造。2008年，在昆北断阶带部署实施三维地震，证实切十二号构造。2013年，昆北油田切十二井区 E_3^1 油藏南区新增动用含油面积6.90平方千米，动用地质储量1656.13万立方米，技术可采储量367.66万立方米，经济可采储量244.15万立方米。

2014年，切十二井区 E_3^1 油藏新钻井3口，投产油井3口，累计进尺0.60万米，新建产能0.21万吨，新井单井日产2.30吨/天，当年产油0.0114万吨。

截至2014年年底，昆北油田切十二区有油水井150口（采油井82口，注水井68口），开采油井70口，年底日产190.52吨/天，年产油9.37万吨，累计产油48.70万吨；年产液18.99万吨，累计产液72.42万吨；开注水井57口，年注水34.49万立方米，累计注水107.82万立方米，累计注采比1.24；自然递减22.83%，综合递减21.11%，综合含水50.74%。

【昆北油田切十六区】 昆北油田切四-切十六号构造是西区北倾斜坡背景上由反冲断层控制的一个三级构造。

2013年，昆北油田切十六区通过多轮次储层跟踪反演，进一步明确有利储层富集区，综合沉积相、测井二次解释及试采评价成果，指导切十六区产能部署及优化。2013年，昆北油田切十六井区 E_{1+2} 油藏完钻井31口，投产油井16口，投转注水井14口，进尺6.42万立方米，平均单井日产1.66吨/天，日产能力26.53吨/天，当年产油0.76万吨，新建产能0.80万吨。

2014年，昆北油田切十六井区 E_{1+2} 油藏完钻井94口，投产油井76口，投转注水井18口，进尺18.05万米，平均单井日产2.02吨/天，新建产能4.61万吨。

截至2014年年底，昆北油田切十六井区 E_{1+2} 油藏共有油水井186口，其中油井134口，水井52口；开采油井106口，年底核实日产油199.55吨，年产油5.05万吨，累计产油219.35万吨；开注水井49口，平均日注水565.48立方米，年注水18.28万立方米，累计注水36.90万立方米，综合含水55.66%，累计注采比1.37。

【昆北油田切四区】 昆北油田切四-切十六号构造是西区北倾斜坡背景上由反冲断层控制的一个三级构造。

2013年，昆北油田切四区积极开展储层预测与水平井论证工作，实施中加强钻井轨迹的跟踪、调整等，准确钻遇目的层段，油层实现高钻遇率。利用储层预测成果指导切四井区基岩风化壳第一口水平井部署获得成功。切4H1井稳定日产油9吨/天，含水12%，产量是直井的5倍。

2014年，昆北油田切四区块基岩风化壳油藏共有油井5口，开采油井3口，核实日产液量11.16吨/天，核实日产油5.65吨，综合含水48.91%，油藏年产油0.21万吨，累计产油0.65万吨。

【七个泉油田】 七个泉油田位于柴达木盆地西部坳陷区尕斯断陷亚区，小红山－阿哈堤－七个泉背斜带上的一个三级构造，为一南陡北缓的不对称短轴背斜构造。

截至2014年年底，七个泉油田探明石油地质储量2538万吨，可采储量404.22万吨，含油面积9.90平方千米。Ⅱ、Ⅲ层系细分部署钻井19口，投产油井15口，投转注水井4口，进尺2.23万米，平均单井日产油1.41吨，建成产能0.63万吨。油水井241口（油井174口，水井67口），开油井122口，年底日产油212.74吨/天，年产油7.99万吨，累计产油132.23万吨，年产液22.24万吨，累计产液269.79万吨；开注水井59口，日注水1265.32立方米/天，年注水42.16万立方米，累计注水512.25万立方米，累计注采比1.45，采油速度0.31%，采出程度5.21%，综合含水63.93%，综合递减8.35%，自然递减12.68%。

【红柳泉油田】 红柳泉油田是柴达木盆地西部坳陷区尕斯断陷七个泉－红柳泉断鼻带上的一个三级构造。

2014年，开展高精度叠前属性反演解决复杂岩性油藏横向预测问题，尤其是针对薄层进行自适应AVO分析及弹性参数反演，为复杂岩性油藏砂体预测探索出新的方法，提高预测精度。累计探明石油地质储量1709.28万吨，可采储量308.01万吨，含油面积26.78平方千米。

2014年，红柳泉油田新钻井4口，进尺1.19万米，新建产能0.48万吨。

截至2014年年底，红柳泉油田生产总井数36口，油井30口，开油井13口，年产油2.18万吨，累计产油29.18万吨；年产液3.38万吨，累计产液43.72万吨；注水井6口，开注水井4口，年注水2.82万立方米，累计注水27.72万立方米，采油速度0.47%，采出程度6.29%，综合含水35.40%。

【狮子沟油田 N_1 油藏】 狮子沟油田位于柴达木盆地西部拗陷区茫崖拗陷亚区，狮子沟－油砂山背斜构造带上的一个三级构造。截至2014年年底，狮子沟油田油田共有油水井65口，采油井40口，开采油井26口，年产原油1.64万吨，累计产油44.64万吨，年产液7.16万立方米，累计产液119.33万立方米；注水井25口，开注水井16口，年注水量10.73万立方米，累计注水150.39万立方米，累计注采比0.97，采油速度0.76%，采出程度20.57%，综合含水76.77%。

【南翼山浅油藏】 南翼山构造位于柴达木盆地西部坳陷区茫崖坳陷亚区，属于南翼山背斜带上的一个三级构造。南翼山构造于1955年地面调查发现。

2014年，南翼山构造Ⅲ+Ⅳ油组新钻井46口，投产油井44口，进尺7.41万米，调整产能4.01万吨。截至2014年年底，Ⅰ+Ⅱ油组开油井178口，年产油1.49万吨，累计产油26.10万吨，年产液4.93万吨，累计产液56.06万吨，开注水井89口，年注水14.62万立方米，累计注水126.31万立方米，累计注采比1.77，采油速度0.11%，采出程度1.88%；Ⅲ+Ⅳ油组开油井79口，年产油6.42万吨，累计产油41.57万吨，年产液14.59万吨，累计产液82.43万吨；开注水井34口，年注水16.97万立方米，累计注水116.96万立方米，累计注采比1.14，采油速度0.57%，采出程度3.69%；Ⅴ油组开油井41口，年产油2.13万吨，累计产油7.43万吨，年产液11.84万吨，累计产液31.46万吨，开注水井18口，年注水9.71万立方米，累计注水24.03万立方米，自然递减25.50%，综合递减23.27%。

【油泉子油田】 油泉子油田位于柴达木盆地西部拗陷区茫崖拗陷亚区，为一北陡南缓顶部宽缓的半箱状构造。1954年发现油泉子构造。

2014年，油泉子油田油水井总数为104口，油井52口，开井32口，年产油0.58万吨，累计产油19.97万吨；年产液1.04万吨，累计产液47万吨，综合含水83.85%；注水井52口，开注水井36口，年注水5.94万立方米，累计注水49.72万立方米，累计注采比1.01，采油速度0.03%，采出程度1.14%。

【尖顶山油田】 1955年发现尖顶山构造，1957年5月钻尖中3井，在井深60-320米发现大量油气，证实为尖顶山油田。

截至2014年年底，尖顶山油田共有采油井266口，开井119口，年产油0.26万吨，累计产油42.91万吨，年产液0.97万吨，累计产液214.06万吨；采油速度0.07%，采出程度12.30%，综合含水55.99%，自然递减41.53%，综合递减41.53%。

【咸水泉油田】 咸水泉油田位于柴达木盆地西部拗陷区茫崖拗陷亚区咸水泉构造华岩山高点。1958年开始钻探，1966年咸深2井获工业油流，证实为咸水泉油田。

2014年，咸水泉油田油井共计136口，开采油井106口，年产油0.97万吨，累计产油15.81万吨，年产液2.42万吨，累计产液35.39万吨，采油速度0.12%，采出程度 1.97%，综合含水 55.46%。

【冷湖三号油田】 冷湖三号油田构造于 1959 年 1 月发现，同年 7 月钻心 2 井试油见油气显示。

2013 年冷湖三号油田共有分注井 9 口，混注井 4 口，分注率从 2012 年的 58.3% 提高到 2013 年的 69.2%。

截至 2014 年，冷湖三号油田油井 22 口，开井 21 口，年产油 0.38 万吨，累计产油 31.89 万吨，年产液 1.72 万吨，累计产液 434.02 万吨；注水井 13 口，开井 13 口，年注水 6.42 万立方米，累计注水 61.54 万立方米；采油速度 0.16%，采出程度 13.11%，综合含水 77.78%。

【冷湖四号油田】 冷油四号油田于 1965 年开始钻探，1959 年在中区下盘发现高产区，1960 年开始以消耗天然能量试采评价生产。

截至 2014 年年底，冷油四号油田年产油 0.04 万吨，累计产油 73.24 万吨，年产液 0.60 万吨，累计产液 487.48 万吨；年注水 0.77 万立方米，累计注水 17.04 万立方米；采油速度 0.01%，采出程度 10.67%，综合含水 93.84%。

【冷湖五号油田】 冷湖五号油田于 1958 年开始钻探，同年 9 月地中 4 井喜喷高产油流，投入开发。

截至 2014 年年底，冷湖五号油田有油井 13 口，开井 9 口，年产油 0.22 万吨，累计产油 133.84 万吨，年产液 3.02 万吨，累计产液 607.78 万吨；注水井 1 口，开井 1 口，采用灌注，年注水 1.44 万立方米，累计注水 18.28 万立方米；采油速度 0.05%，采出程度 27.60%，综合含水 92.61%。

【南八仙油田】 南八仙油田 1955 年勘探发现地面构造，1958 年完成了 1:25000 地面细测，落实南八仙地面构造。南八仙油田 2006 年开始注水，注水井位于边部。采用点状面积注水，注水层位主要集中在 N_2^1，注水效果不明显。

截至 2014 年底，南八仙油田油田共有采油井 49 口，开采油井 42 口，年产油 3.16 万吨，累计产油 49.37 万吨，年产液 4.92 万吨，累计产液 79.19 万吨；注水井 8 口，开注水井 5 口，年注水 4.39 万立方米，累计注水 36.66 万立方米。采油速度 0.32%，采出程度 5.06%，综合含水 35.60%；共有气井 83 口，开井 52 口，年产气 3.54 亿立方米，累计产气 21.74 亿立方米。

【马北一号油田】 马北一号构造是柴达木盆地北缘块断带马海－大红沟凸起区马海－南八仙背斜带上一个三级构造。1955 年 632 地质队在地面地质调查时发现马海地面构造。油田于 2003 年开始试采，2006 年开始试注水开发。

2014 年开展顶部注烃气重力驱注气试验，截至 2014 年年底实施 2 口注气井，马 H4-1 井、马 6-8 井，平均日注气 3 万立方米 / 天。根据注气方案要求全油藏关井，全年未安排原油生产任务。

【马北八区块】 马北油田马北八区块位于柴达木盆地北缘块断带马海大红沟凸起区－马北隆起带，整体表现为一自北西向南东倾没的斜坡，以北受多条断裂联合控制下的鼻状构造背景。

马北八区块从 2012 年 3 月投入试采，2013 年，新钻油井 8 口，投产油井 8 口，进尺 1.40 万米，新建产能 0.5 万吨。

2014 年，马北八区块 E_3^1 油气藏新钻采油井 5 口，进尺 0.75 万米，新建原油产能 0.50 万吨。截至 2014 年底，共有油井 28 口，开井 15 口，年产油 1.43 万吨，累计产油 2.51 万吨，年产液 2.31 万吨，累计产液 4.21 万吨，综合含水 38.40%；共有气井 10 口，开井 8 口，年产气 0.74 万立方米，累计产气 1.01 万立方米。

【英东一号】 英东一号构造位于柴达木盆地西部茫崖坳陷区油砂山－大乌斯构造带油砂山地面构造东段，西邻尕斯库勒油田、南邻乌南油田。

2014 年，英东油田上盘，共计完钻开发井 41 口（油井 30 口，水井 11 口），进尺 5.93 万米，投产油井平均单井产量达到 5 吨 / 天，新建产能 4.50 万吨；英东油田下盘，共计完钻开发井 24 口（油井 17 口，水井 7 口），进尺 7.17 万米，投产油井平均单井产量达到 8 吨 / 天，新建产能 4.08 万吨

截至 2014 年年底，英东油田一号构造完钻各类井 301 口。投产油井 243 口，开井 155 口，年产油 29.38 万吨，累计产油 46.92 万吨，年产液 32.15 万吨，累计产液 51.83 万吨，综合含水 8.75%；注水井 58 口，开井 53 口，年注水 45.32 万吨，累计注水 63.16 万吨。（李能武　文秀廷）

天然气开发概况

【主要指标完成情况】 2014年，受市场低迷和天然气推价的影响，股份公司调整年度天然气产销计划为产量68.80亿立方米、销量61.60亿立方米。实际全年完成产量68.90亿立方米，完成销量61.65亿立方米，完成了股份公司调整的产销计划。其中"涩北－西宁－兰州"及复线销售45.44亿立方米，油田周边销售天然气16.21亿立方米。

截至2014年年底，青海油田累计生产天然气553.60亿立方米，销售天然气417.32亿立方米。其中，涩北气田累计生产天然气441.90亿立方米，"涩北－西宁－兰州"及复线累计销售338.62亿立方米。

气田开发动态监测工作以"满足气田开发需求"为原则，紧密结合气田开发动态分析、精细油藏描述需要，突出动态监测项目的针对性和实用性，全年完成工作量3591井次，完成年度计划的101.4%。

【主要工作及其成果】 老区生产平稳，新区上产给力，开发指标整体受控。涩北气田推进单井分类管理，落实均衡采气，2014年完成产气量54.07亿立方米。马仙区块充分挖掘老井潜力，提前部署低压伴生气系统扩能改造工程，全年完成产气量4.45亿立方米。东坪－牛东新区落实勘探开发一体化工作思路，加强随钻跟踪和试采分析，各项工作有序开展，全年完成产气量9.28亿立方米。涩北气田产能递减率7.79%，南八仙气田产能递减率9.6%，递减率保持稳定。涩北主力气田平均单井产量3.05万立方米／天（股份平均单井产量2.16万立方米／天），水平井平均单井产量9.15万立方米／天；东坪区块直井平均单井产量14.50万立方米／天，水平井平均单井产量23万立方米／天，实现少井高产。

产能建设优化论证部署，突出前期评价，积极推进勘探开发一体化工作，加快产建和试采评价步伐。老区强化统筹安排，结合措施产能，摸索出一条"投资可控、挖潜调整"新的产能建设模式。新区抓紧"牛鼻子"工程，积极推行水平井优化建产，实现少井高产，达到"上产加快、规模增长"的阶段要求。按照油田公司要求，东坪－牛东区块将气藏开发前期试采评价工作与储量上报工作紧密结合，大力实施建产、试采、评价一体化的高效模式，既保证了储量研究工作的顺利开展，又建成了一定的试采产能，牛东、冷湖和平台全年共完成6口评价井的钻井和试采。

精细气田开发管理，开发水平再上台阶。编制下发了《天然气关键指标计算方法》、《青海油田天然气动态分析实施细则》及涩北气田15个相关开发技术规范，气藏管理工作更加科学、精细。开展单井有效循环管理，通过开关井优化与产量合理配置，全面推行均衡采气。老区强化基础研究，积极挖潜剩余储量建产潜力，稳产基础不断夯实。完成涩北增压集输工程（一期）、涩北采出水回注试验工程、南八仙伴生气系统改造工程并陆续投运。编制完成涩北气田3个典型层组的整体治水方案、马北8区块油气开发方案、《东坪区块初步开发方案及牛1井区试采方案》，为气田开发提供了有效的技术保障。

持续攻关，技术集成，采气工艺支撑稳产。老区形成涩北疏松砂岩气藏排水采气技术系列，规模推广间歇泡排，重点试验连续泡排，大力攻关连续气举，成为治理水淹停躺井的有效手段；形成以连续油管冲砂和压裂充填防砂为主的疏松砂岩气藏治砂技术系列，防砂工艺趋于成熟，措施作业连续3年有效率突破90%。新区通过持续开展井身结构优化、推广"四合一"钻具组合、个性化钻头设计等工作，形成了配套的安全优快钻井技术，有效提高了单井产量。首次采用新技术试验的坪1H-2-7双分支水平井，采用裸眼完井方式，投产后10毫米工作制度，日产气69万立方米。初步形成基岩气藏直井封隔器分层和水平井水力喷射分段压裂技术，液氮泡沫复合压裂和纤维转向分段压裂技术试验，有效提高了返排率及措施效果。

强力推进安全生产，保运能力不断夯实。全面推进QHSE体系的建设与运行，围绕重大危险源、隐患治理，开展定期及专项安全检查，共检测各类装置25台（套），检修各类阀门600只。根据年度生产任务，编制了生产运行方案及运行大表，按照"保周边，控下游"的冬季供气方针，实现高低压分输，提高了马仙及两东输气能力，确保了安全平稳输气。天然气长输管道完成仙－翼西段输气管道、柴北缘输气管道、马－仙输气管道的清管及内检测工作，保障了管道输送安全运行。

【天然气开发基本形势】 截至2014年年底，青海省柴达木盆地探明不同类型的气田13个（涩北一号、涩北二号、台南、南八仙、乌南、南翼山、马海、盐湖、驼峰山、马西、马北8区块、东坪气田〈东坪1、东坪3区块〉、英东砂37区块），累计探明天然气地质储量3844.89亿立方米。其中，探明气层气地质储量3610.81亿立方米，探明溶解气地质储量234.08亿立方米。累计探明天然气可采储量2020.56亿立方米，气层气可采储量1967.10亿立方米，溶解气可采储量58.46亿立方米。投入开发的气田有涩北一号、涩北二号、台南、台南浅层、台南深层、南八仙和乌南、马西、马北8、盐湖、东坪等气田，累计开发动用天然气地质储量3212.04亿立方米，其中气层气3059.28亿立方米，溶解气152.76亿立方米。累计开发动用天然气可采储量1700.14亿立方米，气层气可采储量1658.68亿立方米，溶解气41.46亿立方米。

【涩北一号气田】 涩北一号气田位于柴达木盆地中东部三湖地区，1957年发现构造，1964年10月首钻北参3井获高产工业气流发现涩北一号气田，含气面积46.70平方千米，探明天然气地质储量990.61亿立方米，可采储量535.99亿立方米，气藏埋深433-1599米，原始地层压力4.90-18.22兆帕，地层温度24.11-68.11℃。自1995年11月涩深15井投产以来，于1999年编制《青海省柴达木盆地涩北一号气田开发方案》，2004年编制完成《涩北一号气田开发实施方案》，气田开发从试采评价阶段进入方案实施全面开发阶段，2009年编制完成《涩北一号气田32亿立方米产能扩建方案》。截至2014年年底，开发动用天然气地质储量990.61亿立方米，开发动用可采储量535.99亿立方米，核实天然气年产能力14.50亿立方米。

【涩北二号气田】 涩北二号气田位于柴达木盆地中东部三湖拗陷北斜坡区，为涩北构造带上的一个三级构造。涩北二号气田于1975年根据卫星照片显示进行地面调查细测发现，首钻涩中1井获工业气流，证实为气田。含气面积44.60平方千米，探明天然气地质储量826.33亿立方米，可采储量432.96亿立方米，气藏埋深408.60-1419.30米，原始地层压力4.40-15.63兆帕，地层温度28.04-63.44℃。自1998年4月涩26井开始试采，2004年编制完成《涩北二号气田开发实施方案》，2005-2006年进行产能建设，2007-2008年气田由试采评价阶段进入开发实施阶段，2009年依据《涩北气田100亿立方米产能总体开发框架方案》，完成《涩北二号气田产能扩建方案》，并实施产能扩建。截至2014年，开发动用天然气地质储量789.17亿立方米，开发动用可采储量416.73亿立方米，核实天然气年产能力13.80亿立方米。

【台南气田】 台南气田位于柴达木盆地中东部三湖地区，1987年11月首钻台中1井获得高产工业气流发现该气田。含气面积35.90平方千米，探明天然气地质储量1061.88亿立方米，可采储量588.29亿立方米，气藏埋深833-1740.70米，原始地层压力10.23-20.33兆帕，地层温度 39-67℃。自1995年5月台5井开始试采，于2005年、2008年分别编制完成《台南气田开发实施方案》、《青海省柴达木盆地台南气田36亿立方米产能开发方案》，截至2014年年底，开发动用天然气地质储量1061.88亿立方米，开发动用可采储量588.29亿立方米，核实天然气年产能力31亿立方米。

【东坪气田】 东坪气田位于柴达木盆地阿尔金山前东段，天然气类型为煤型气，下侏罗统是其主力气源岩。于2011年钻探获得工业气流。2013年在E_3^2-基岩气藏新增叠合含气面积33.23平方千米，新增天然气探明地质储量519.41亿立方米，可采储量298.29亿立方米。其中东坪3区块E_3^2-基岩气藏叠合含气面积10.14平方千米，天然气地质储量65.27亿立方米；东坪1区块E_{1+2}-基岩气藏叠合含气面积22.53平方千米，天然气地质储量454.65亿立方米。东坪气田于2012年投入试采，截至2014年年底，已动用地质储量65.27亿立方米，动用可采储量35.12亿立方米，核实天然气年生产能力13亿立方米。

【南八仙油气田】 1955年区域地质普查发现南八仙构造，1995年开始综合勘探阶段，2001年南八仙油气田开始试采气。截至2014年年底，南八仙油气田含气面积9.10平方千米，探明地质储量124.39亿立方米，可采储量69.22亿立方米，已探明地质储量和可采储量全部投入开发，核实天然气年生产能力4亿立方米。

【其它气田】 盐湖气田位于柴达木盆地三湖地区，分布于第四系浅部，1958-1974年共钻探井18口，浅层获工业气流井6口。1974年申报探明天然气地质储量1.87亿立方米，可采储量1.12亿立方米。2011年申报探明含气面积10.80平方千米，地质储量18.37亿立方米，技术采收率45%，技术可采储量8.28亿立方米，新增含气面积4.80平方千米，新增探明地质储

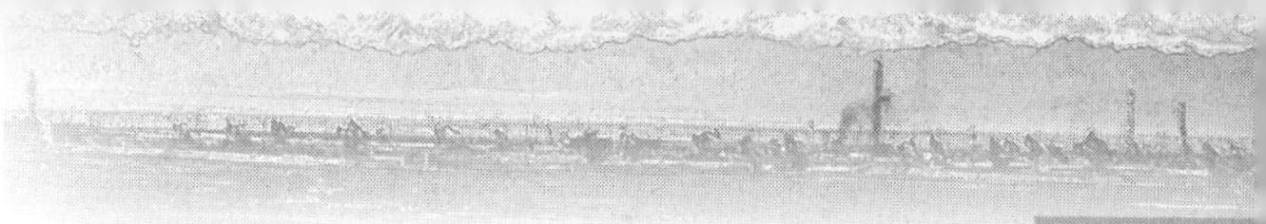

量16.50亿立方米，新增技术可采储量7.16亿立方米。截至2014年年底，年产能力0.13亿立方米。

马西气田位于柴达木盆地北缘地区，2004年钻探的马西1井获得高产工业气流，为边水驱动背斜型层状气藏。2011年马西气田E_3、E_{1+2}气藏申报叠合含气面积13.71平方千米，新增叠合天然气探明地质储量28.97亿立方米，技术可采储量14.30亿立方米。2012年马西气田产能部署井10口，其中老井利用5口，新钻井5口，钻井进尺0.67万米，新建产能0.50亿立方米。

【重点气区生产动态】 截至2014年年底，涩北三大气田开发井总数615口（包括水平井97口），已形成天然气年产能力58.20亿立方米，平均单井产量3.05万立方米／天；累计生产天然气495.81亿立方米，已开发地质储量采出程度15.84%，已开发可采储量采出程度29.2%。已开发地质储量的采气速度1.71%，已开发可采储量的采气速度3.2%。

涩北一号气田，共有生产井194口（其中水平井29口），年产天然气13.81亿立方米，累计生产天然气172.79亿立方米，年产水15.11万立方米，累计产水73.11万立方米，平均单井产量2.40万立方米／天，平均单井产水2.70 立方米／天，已开发地质储量采出程度为15.52%，已开发可采储量的采出程度为28.69%，已开发地质储量的采气速度1.26%，已开发可采储量的采气速度2.32%，年水气比1.21立方米／万立方米。

涩北二号气田，共有生产井232口（其中水平井11口），年产天然气11.71亿立方米，累计生产天然气136.15亿立方米，年产水20.61万立方米，累计产水85.42万立方米，平均单井产量1.79万立方米／天，平均单井产水3.52立方米／天，已开发地质储量采出程度为15.19%，已开发可采储量的采出程度为28.99%，已开发地质储量的采气速度1.27%，可采储量的采气速度2.42%，年水气比1.96立方米／万立方米。

台南气田，共有生产井189口(其中水平井57口)，年产天然气28.38亿立方米，累计生产天然气186.88亿立方米，年产水32.44万立方米，累计产水87.45万立方米，平均单井产量5.21万立方米／天，平均单井产水9.60 立方米／天，已开发地质储量采出程度为16.07%，可采储量的采出程度为29.01%，已开发地质储量的采气速度2.41%，可采储量的采气速度4.35%，年水气比1.27立方米／万立方米。

东坪气田，气田共有气井31口，年生产天然气8.88亿立方米，累计生产天然气10.59亿立方米，年井口产水267立方米，累计产水2726万立方米，平均单井产量14.50万立方米／天，地质储量采气速度为1.72%，可采储量采气速度为2.99%；地质储量采出程度为2.12%，可采储量的采出程度为3.70%。

南八仙油气田，油气田共有气井83口，年生产天然气3.60亿立方米，累计生产天然气22.37亿立方米，年井口产水367立方米，累计产水1.31万立方米，平均单井产量1.51万立方米／天，平均单井产水0.02立方米／天，已开发地质储量采气速度为2.84%，可采储量采气速度为5.11%；已开发地质储量采出程度为17.48%，可采储量的采出程度为31.41%，年水气比0.01立方米／万立方米。

【产能建设】 2014年天然气产能建设计划7亿立方米，利用老井8口，新钻井54口，进尺11.37万米。实际完成钻井38口，进尺8.53万米（其中水平井15口，进尺3.62万米），利用老井8口，建成产能7.10亿立方米。

为完成全年产能建设任务，老区强化气藏精细管理，深化地质综合研究；新区突出效益发展思路，以增储上产为目标，科研攻关多措并举，通过优化顶层设计、优选钻井液、积极应用完井、测井、措施新工艺等方式取得理想的建产效果。

青海油田2014年天然气产能建设执行情况表

区块	2014年计划			2014年实际				
	新建产能	钻井（口）	进尺	新建产能	钻井（口）			进尺
	（亿立方米）	小计	（万米）	（亿立方米）	小计	直井	水平井	（万米）
涩北一号	0.5	9	1.20	0.6	8	6	2	0.9966
台南	1.0	6	1.02	0.7	7	3	4	1.1649
南八仙	1.2	8	1.77	1.17	6	4	2	1.1436
马北八区块	0.3	2	0.35	0.33	2		2	0.3517
东坪－牛东	3.0	9	3.15	4.3	11	6	5	3.9157
冷湖－平台	1.0	20	3.88		4	4		0.96
合计	7.0	54	11.37	7.1	38	23	15	8.5325

2014年产能建设在整体开工相比2013年晚30多天的情况下，通过抓工期促进度，紧跟钻井进度，加快产建配套，及时投产新井，当年新井投产32 口，完成新井产量3.84亿立方米。

地面建设以产能建设为核心，开展老区地面配套和新区场站建设，主要完成6项工程：涩北气田产能地面配套工程、涩北增压集输工程（一期）和涩北采出水回注试验、南八仙气田产能地面配套工程、南八仙伴生气系统改造工程、东坪－牛东区块和冷湖－平台区块产能地面配套工程。

青海油田2014年天然气重点地面工程完成情况表

名　称	完成情况
涩北气田1.5亿立方米产能建设配套工程	2014年6月16日项目建设开工，11月25日投产运行。
涩北采出水回注试验工程	2014年3月27日正式试注，目前试注2口井，单井日注量200立方米。
涩北增压集输工程（一期）	2014年7月11日开工建设，建设5号增压站和9号增压站各1座，规模260万立方米，12月27日5号站进行联合试运行、投运投产。
南八仙伴生气系统改造工程	2014年8月12日开工，10月8日投产运行，处理量为40万立方米。
南八仙、马北八区块1.5亿立方米产能建设配套工程	2014年5月12日开工，10月15日投产试运行，项目投运完善了南八仙、马北地区天然气生产管网。
冷湖地区4亿立方米产能建设配套工程	2014年5月6日开工，12月10日投产运行。

【年度天然气开发取得的成果】

青海油田历年天然气产能、产量、销量历年完成情况统计表

单位：亿立方米

年　份	2000	2001	2002	2003	2004	2005	2006	2007	2008	2009	2010	2011	2012	2013	2014
新建产能	1.50	3	3.50	3	9	8	9.50	10	26	6.50	5	11	6.50	12	7.10
核实产能	6.50	9	13.05	17.30	20.50	28.53	37.80	45.9	55.50	72.40	73.20	72.90	70.90	77	77.60
销　售	2.36	4.31	9.34	12.24	14.85	17.09	20.04	29.56	39.18	39.07	50.03	57.65	56.28	60.34	61.65
产　量	3.91	5.87	11.51	15.41	17.94	21.21	24.50	34.02	43.65	43.07	56.10	65.01	63.50	68.06	68.90

油气田地面建设工程

【概况】 2014年，根据青海油田对基建工作的总体部署要求，应对经济下行、油价持续下跌、投资紧缩等不利因素，围绕油气上产，按照优化简化的原则完成油气田地面建设任务，确保油气“输的走，走的畅”，为油田建成千万吨奠定坚实的基础。

【油、气田地面工程建设管理】 2014年油气田地面工程建设管理主要工作：一是修订完善《油气田地面工程建设管理办法》、《基本建设工程质量管理办法》等7项基建工程管理制度，使工程参建各方有章可循；二是对拟进入油田建设市场的承包商进行考核准入，发布获准进入油田从事地面建设施工的92家外部施工企业名单、3家无损检测准入厂商名单、5家钢结构预制安装技术准入企业名单；三是抓好施工图设计质量关，项目的勘察、测量工作关，加大设计单位内审监管力度，督促设计单位内部质量审查完整可追溯，减少设计过程中的错、漏、碰、缺等问题。统一规范标准目录，发布适用于油气田地面建设工作的标准目录，保障设计标准的一致性。施工图审查结合油田实际，分批次对完成的施工图开展审查工作。截至2014年11月30日，共组织施工图审查29次，委托二级单位自行审查10次，基建工程施工图审查率达到100%；组织工程项目岩土勘察、测量方案审查25次，组织勘察、测量成果验收20次，审查意见980条；四是统筹安排项目整体建设计划，及时编制项目实施阶段进度计划，实现项目前期和实施阶段的无缝衔接。根据重点工程特点，结合油田实际，发布《基建工作要点》及《2014年项目运行计划表》，明确各项目施工承包模式及施工建设周期，各阶段时间节点。五是以检查为依托，开展年度工程质量检查，对在建的9项重点工程进行质量、安全检查，检查发现各类质量、安全问题共270条，问题已整改完毕；六是加大责任主体行为监督力度，2014年对69项建设工程（含矿区及成本项目）进行质量监督工作，其中新建项目59项，2013年跨年项目10项。结合年度项目总体安排、工程特点及所掌握的参建单位技术力量、管理能力情况，按照差别化监督管理模式，开展有针对性的专项检查。累计形成监督记录千余份，发现质量问题91个，其中质量行为问题31个、实体质量问题60个发出整改通知书累计42份。七是组织相关单位对新疆塔里木油田天然气湿气输送工艺进行考察、调研，为马仙采油厂、冷湖油田管理处的冬季生产及天然气管道日常维护提供借鉴。八是加强基建管理培训，于2014年1月20日和2014年5月4日分别在敦煌培训中心和西南石油大学组织工程项目管理培训班，共计培训51人次。

【主要工程项目】 2014年，青海油田公司重点工程建设项目有20项，当年开工17项，开工率85%，截至2014年11月末已完工9项，完工率70%（当年计划完工项目13项）。主要原因是受国内及市场环境影响，项目开工时间普遍滞后。建成原油产能37.8万吨，天然气产能7.1亿立方米，集输管道36千米，输配电线路37千米，通讯线路96千米，油田道路83千米。

主要工程项目见下表：

2014年度青海油田公司主要工程项目统计表

序号	建设单位	工程项目名称	建设地点
1	采油二厂	宽沟水源站扩建及切16区至切12区供水管线工程	乌南
2	采油二厂	宽沟－乌南联合站供水管线工程	乌南
3	劳动服务公司	劳动服务公司厂房设施维修维护工程	敦煌
4	格尔木炼油厂	柴油产品质量升级	格尔木
5	物资装备公司	格尔木中心库维修工程	格尔木
6	英东采油厂	英东油田16万吨产能建设地面配套工程	英东
7	格尔木炼油厂	催化裂化装置烟气脱硫脱硝项目	格尔木
8	采油一厂	尕斯联合站伴生气处理装置建设工程	花土沟
9	天然气开发公司	涩北气田增压集输一期工程	涩北
10	供水供电公司	花土沟沟口水站水罐更新工程	花土沟
11	冷湖油田管理处	冷湖二招维修工程	冷湖
12	客运服务公司	花土沟汽车检测线	花土沟
13	采油三厂	花土沟油田集输系统改造工程	花土沟
14	采油一厂	尕斯联合站2×2万立方米原油储罐工程	花土沟
15	花土沟社区管理中心	花土沟基地职工活动中心工程	花土沟
16	社区管理中心	敦煌基地昆北小区住房建设工程	敦煌
17	西宁办事处	西宁石油大厦工程	西宁

【重点工程建设情况】 2014年，青海油田公司英东油田16万吨产能建设地面配套工程的建成；宽沟水源站扩建及切十六区至切十二区供水管线工程、宽沟－乌南联合站供水管线工程的建成，拓展宽沟水源供水辐射范围，完善油田生产保障能力；柴油产品质量升级工程的实施，汽柴油质量均达到国Ⅳ标准，97#汽油和-35#柴油填补青藏地区高标号汽油、低凝点柴油的生产空白；催化裂化装置烟气脱硫项目减少S02排放1140吨/年，减少固体颗粒物排放294吨，更好的履行了社会责任；格尔木中心库维修工程改善了

格尔木中心库的仓储条件，全面提升油田生产建设物资的仓储、中转能力；昆北小区 547 套小高层住宅完工交房，改善了安居条件。

【标准化设计工作】 对已完成的标准化设计定型图进行修改、完善，新增 3 套标准化定型图，修改 8 套标准化定型图。截至 2014 年 12 月底完成 6 项 45 个模块共 125.5 标张的三维图纸设计工作，发布标准化设计定型图 10 套，标准化设计覆盖率 85%。

在英东油田 16 万吨产能地面配套工程中，推广应用标准化设计定型图，新建标准化注水站 1 座，新建标准化采油井场 36 座（采油井 45 口），应用 13 面丛式井场一体化集成控制柜、注水撬等，实现英东油田丛式井计量求产、远程监控；同时采用标准化设计成果中的注水站标准化设计，使场站占地面积减少 35%，现场操作人员减少 40%，实现管理人员远程进行管理。（杨国骏）

油气田开发工艺技术

【开发工艺概况】 2014 年，开发工艺技术围绕“全面深化改革，突出质量效益，持续推进千万吨级高原油气田建设”这个中心，转变观念，规范工程技术管理，提高管理水平，在提速提效的基础上，推进钻井市场化、运行井下作业“整体包保”及“队伍托管”模式，创造了工程技术新业绩。

钻井方面：青海油田全年共动用钻机 76 部，其中：中石油内部国营钻井公司 4 家共 57 部，油田外部民营钻井公司 11 家共 19 部；油田全年共开钻 515 口，完井 510 口，余留跨年井 17 口，钻井总进尺 109.78 万米；开发井开钻 468 口，完井 460 口，总进尺 93.74 万米，平均机械钻速 10.74 米 / 小时，平均月速度为 2545.15 米 / 台月，钻井周期和建井周期分别为 17.46 天和 26.8 天；探井和评价井共开钻 47 口，完井 50 口，总进尺 16.04 万米，平均机械钻速 4.52 米 / 小时，平均月速度 1158.17 米 / 台月，钻井周期和建井周期分别为 63.22 天和 84.08 天；水平井：开钻 18 口，完井 18 口，总进尺 4.5 万米，平均机械钻速 4.41 米 / 小时，平均月速度为 1047.94 米 / 台月，钻井周期和建井周期分别为 65.17 天和 77.48 天；风险井：完成南翼山浅层钻井南浅 46 口，74020 米和油砂山浅层 17 口，11485 米。

采油方面：措施作业 570 井次，有效 436 井次，措施有效率 76.5%，措施增油 17.96 万吨；机采井系统效率 26.11%。

注水方面：油田公司注水井配注合格率 89.3%，分注率 72.7%，分注合格率 59.2%，水质达标率 84.7%，水井措施有效率 91.6%，注水方案水井措施作业完成率达到 97.3%。

井下作业方面：油田油水井总工作量3769井次（其中油井2719井次，水井1050井次），试油气155层组(地质层101层组)，带压作业45井次（气井25井次，水井20井次），连续油管作业474井次，大修148井次，侧钻完成1口。

酸化压裂：压裂395层段/199井次；酸化172井次。

井控方面：井喷事故为零。聘请华北井控培训中心的教师，在格尔木、涩北、花土沟地区举办 2 期 24 个井控培训班，培训各类人员 1851 人次。

【钻井工艺技术】 按照股份公司的要求，结合油田实际，精选 3 个区块推进钻井区块总承包工作。昆北切十六区块按市场化由西部钻探钻井大包，2014 年完成钻井 94 口，进尺 18.15 万米，完成计划的 100%，与 2013 年相比，机械钻速提高 7.71%，钻井周期、完井周期都有缩短，保持钻井提速效果。英东上盘部分建产 6.5 万吨，钻井 61 口，进尺 9.35 万米，由西部、长城、川庆三家钻探公司承包，共同施工。油砂山浅层 1.1 万吨产能建设由渤海钻探公司对 38 口产能建设井实施整体承包。

2014 年扎哈泉 5 万吨产能建设部署钻井 36 口，通过地层压力和岩石可钻性分析，井身结构优化和钻头优选，井身结构由三层优化为两层，平均机械钻速提高 112%，平均完井周期缩短 54.95%。

加强水平井随钻定向施工精细化管理工作，与 2013 年相比，水平井主要钻井技术指标有所提高。尤其在坪 1H-2-7 分支水平井、坪 1H-2-1 井、坪 1H-2-2

井及马八 H2-1、仙平 5 等 5 口水平井上效果更加明显，应用 BH-WEI 钻井液，油气层保护效果明显；缩短了钻井周期，提速、提效明显。

【采油工艺技术】 完成《青海油田抽油机柔性优化运行工艺试验应用》立项及施工前准备工作。完成项目开题立项、调研国内成熟的抽油机柔性运行工艺技术；开展抽油机柔性运行工艺技术资料收集，针对青海高原油田抽油机柔性运行的可行技术及设备进行优选；完成青海油田抽油机系统采油工艺、能耗现状及存在问题等现状分析；完成抽油机柔性运行控制设备技术要求及购置准备工作。

【注水工艺技术】 完成《青海油田高效、智能分注测调技术》推广应用。2014 年完成桥式偏心 + 高效测调工艺设计及现场施工 80 口井，测调 145 井次；完成免投捞同心分注设计及现场施工 24 口井，测调验封 56 井次。通过免投捞同心分注智能工艺和桥式偏心 + 高效测调工艺的现场试验，测调成功率和测调效率得到提升。

对已完成 24 口同心井验封进行分析，验封 56 井次，完成 40 井次，验封成功率 71.43%。加强推广井的测调跟踪。高效测调井测调成功率 80.79%，免投捞同心分注测调对接成功率 92%。

针对油田开发注水工作出现的新问题，及时调整管理控制指标，制定《注水效果评价考核细则》。一方面避免注水考核指标的繁多给相关单位造成工作压力；另一方面控制注水工作的关键节点，确保注水工作的合理正常进行。针对采油一厂 2014 年上半年油田生产开发形势被动的局面，油田公司成立调研小组，以尕斯库勒 E_3^1、尕斯库勒 N_1-N_2^1 油藏为重点，对近年来的注水井措施工作量、水质达标情况、配注量、动态监测工作量、分注工艺、验封调配情况、现场检查等 7 个方面进行系统调研。对采油一厂注水管网二次污染、注采井网不完善、动态监测工作量完成较差、分注井换封验封比例低、现场管理不规范等问题，提出建议和工作要求。

组织各生产单位、钻采工艺研究院等相关人员对 2014 年注水工具中标厂商在花土沟库房中的注水工具进行抽检，提高入井注水工具质量。

【井下作业技术】 2014 年，侧钻完成 1 口井。完成带压作业 45 井次，其中注水井带压作业 17 井次，气井带压换闸阀及冲砂作业 28 井次。注水井平均施工周期 20.1 天，施工压力最低 4 兆帕，最高达到 11 兆帕。通过实施带压作业，减少排放污水 1.89 万立方米，节省罐车拉运 1488 台次。2014 年共完成大修施工 148 井次，修复合格率为 92.56%，比去年增长 3.17%。平均占井周期为 16.8 天，缩短 0.09 天（2013 年度大修井平均周期为 16.89 天）。

大修井工作指标对比表

年度	完成井次	大修成功井次	未修成功井次	修复率 %
2011 年	60	47	13	78.33
2012 年	130	100	30	76.92
2013 年	132	118	14	89.39
2014 年	148	137	11	92.56

为缩短大修周期，恢复生产，采用连续油管带机械割刀（威德福石油工具），下入油管或钻杆内，实施水力切割，将卡点以上的管柱割断后起出，然后对剩余管柱进行解卡打捞。2014 年与威德福石油技术有限公司合作在跃 2430 井井深 1568 米处实施连续油管切割作业。

2014 年，自主进行可膨胀管补贴施工 5 井次，其中扎 205 井补贴深度为 3306.00-3314.42 米，扎 3 井补贴井深为 2999.20-3008.43 米；继续推广应用连续油管作业工艺，共施工 474 井次，同比增加 126 井次，增幅 35.3%。连续油管完成通洗井一体化 212 井次；气举排液 83 井次；常规冲砂 16 井次；氮气泡沫冲砂 68 井次；喷砂射孔及环空压裂 4 井次；热洗解堵（洗井）11 井次；拖动酸化（替酸）4 井次；速度管柱（起下）9 井次；切割解卡磨铣 4 井次；其他 62 井次。

在昆北油田开展连续油管喷砂射孔环空分层压裂技术试验应用，利用连续油管进行通井、刮削、替泥浆、喷砂射孔 - 分层压裂 - 冲砂等工艺；为评价速度管柱和悬挂器的使用状况及剩余寿命，在涩 2-24 井开展速度管柱带压起管试验。不断探索试油(气)工艺技术，有针对性的对试气井、试油井、预探井、评价井开展测射联作 + 地层改造 + 抽汲排液组合工艺、带封隔器

负压射孔 + 地层改造 + 抽汲排液组合工艺及水平井连续油管复合桥多簇分段射孔压裂试油等工艺技术，大力推广应用快速封层、通井刮削一体化等成熟快速试油配套技术，提高试油气效率。

在尕斯一、二、三区共完成小修维护性作业 574 井次，完成全年工作量总承包 595 井次的 96.5%；平均施工周期 3.58 天，同比缩短 0.47 天。跃进油区完成小修维护性作业 221 井次，完成全年工作量总承包 297 井次的 74.4%；平均施工周期 3.62 天，同比缩短 0.23 天。开展英东油田小修维护性承包工作示范区试点运行，实际作业 80 井次，完成全年工作量总承包 107 井次的 74.8%，平均施工周期 4.23 天。七个泉油田完成小修维护性对外包保作业 176 井次，完成全年工作量总承包 172 井次的 102.3%；平均施工周期 2.93 天，同比缩短 0.43 天。通过维护性承包作业上修及时率达到 100%，作业前后产量达到作业前正常生产水平，一次作业合格率 100%。

在包保区通过工艺技术应用解决部分技术难题：一是开展微生物清防蜡工艺应用；二是水井上积极应用三防装置即防腐防垢防蜡器；三是开展高效防水锁洗井液试验应用，缩短返排时间，防止油井作业后产量的下降。（胡昌德）

第五篇

油气储运
炼化与销售

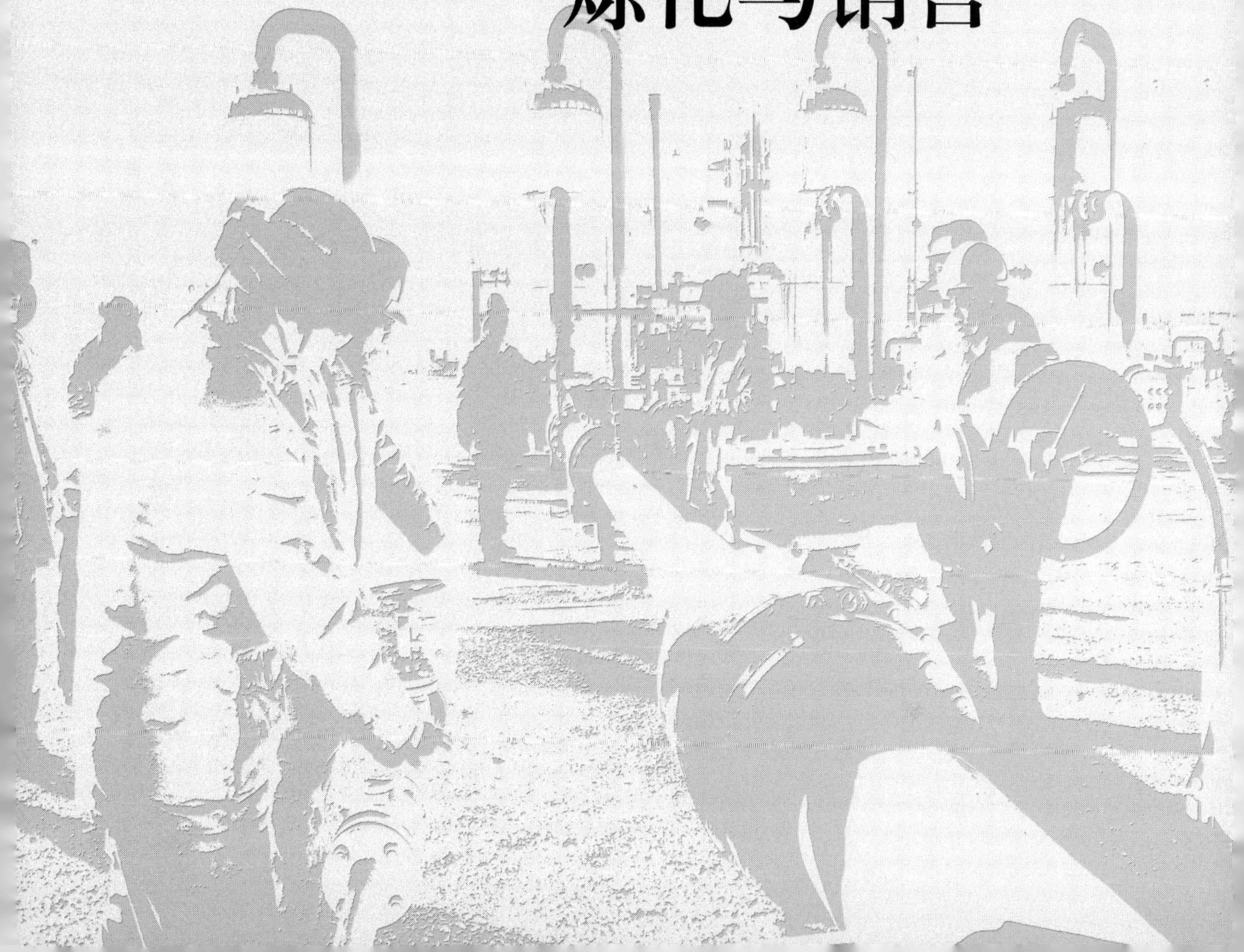

原油储运与销售

【原油储运设施建设】 2014年，青海油田建成原油产能37.61万吨，其中，新区17.69万吨；老区19.92万吨。原油库容能力总计41.79万立方米，基本满足油田生产、储运、炼化的需求。天然气新建产能7.10亿立方米，其中台南气田0.70亿立方米，涩北1号气田0.60亿立方米，南八仙气田1.17亿立方米，马北八区块0.33亿立方米，东坪一区块4.30亿立方米。

【技术进步】 2014年，油气储运以服务油气生产、满足生产急需为中心，以"安全、可靠、高效"为原则，为解决格尔木配气总站工控（SCADA）系统自2005年使用至今，各种故障及问题日渐增多，且随着计算机软硬件的不断更新和上位机软件本身存在的限制，新的计算机服务器不能安装工控软件所需要的windows2000英文版系统，可以安装该系统的计算机已经停产无法购置等问题，开展《格尔木配气总站流量调节可行性研究及工控系统升级完善》项目研究，并全部完成，工控系统升级完善后，系统整体运行平稳，没有异常事故发生，能够满足生产所需。先后完成《青海油田管道信息电子地图绘制》、《管道输油处后台系统隐患整治工程技术改造》、《G11型燃烧器电机叶轮拆卸工具的设计制作》等11项技术革新，撰写科技论文11篇。其中，青海油田管道信息电子地图绘制，包含柴达木盆地和格尔木地区所有的管道走向、重大地点信息以及所有地点的照片、联系方式，系统地展示青海油田柴达木地区和格尔木地区所有的管道信息和地理位置信息，信息全面、准确，为广大工作人员提供精确的地图数据信息，为青海油田公司的生产提供有力保障。管道输油处后台系统隐患整治工程技术改造后，增强5座变电站综合自动化、保护等系统的现代化水平、提高运行稳定性、可靠性，解除生产中的隐患。

【计量管理】 2014年，对1000千米的输气管道涉及的20个集配气场站，36家供用气单位，92条计量交接回路和660台计量仪表以及花土沟－格尔木输油管道涉及的5个交接油单位，14条计量回路，335台计量仪表进行专业化科学管理。主要工作有：定期检定计量仪表，处理计量纠纷，维护计量器具，计量资料管理，计量数据分析，计量软件维护等。建立有效的油气计量对比措施，每日对油气输配计量情况进行有效监控，建立下游客户有效沟通机制，完成计量人员取证工作；有效控制原油天然气输差；妥当处理与上下游用户的关系，全年未发生计量纠纷。

配合大庆计量检定机构人员完成12台次原油流量计现场检定工作，合格率100%；外送检定天然气流量计71台次，合格率100%，其中超声波流量计7台次，涡轮流量计1台次，涡街流量计45台次，旋进旋涡流量计18台次；检定贸易计量用温变、压变170块次，外送检定其它仪表352台支；中心检定精密压力表（工作压力表）、双金属温度计258块支；强检计量器具检定率100%。

【原油配置与销售】 2014年，油田公司生产原油220万吨，其中管道输送207.34万吨，汽车拉运12.66万吨；格尔木炼油厂加工140.86万吨，兰石化分公司加工73.31万吨。原油销售214.17万吨，其中轻质油1.54万吨。（郭连华）

天然气输送与销售

【概况】 2014年，天然气长输管线共输气61.65亿立方米，其中属于管道输油处管辖的涩北－格尔木线、涩北－格尔木复线和涩北－南八仙－敦煌线3条长输管线共销售天然气15.85亿立方米（涩北－格尔木线及其复线天然气管道输气量为14.16亿立方米，涩北－南八仙－敦煌管线天然气输气量为3.21亿立方米）。

边远油田开发公司管辖的南八仙－花土沟输气量8116万立方米；冷湖油田管理处管辖的马北－冷湖年输气量157.60万立方米、东坪－牛东年输气量8亿立方米、牛东－涩北5号站年输气量8.4亿立方米；南翼山管线天然气输气量为8116亿立方米；涩北－西宁－兰州及复线天然气输气量为45.44亿立方米。

涩北－格尔木管线1996年建成投产，管径377毫米，全长189.30千米，供气市场主要为格尔木，设计年输气能力为8亿立方米。

涩北－格尔木复线2007年建成投产，管径559毫米，全长177.25千米，设计年输气能力为20亿立方米。

涩北－南八仙－敦煌管线1998年建成投产，管径323.90毫米，全长345.60千米，供气市场主要为甘肃省阿克塞县、敦煌，设计年输气能力为3亿立方米。

涩北－西宁－兰州管线2000年建成，管径660毫米，全长930千米，设计年输气能力为20亿立方米，经加压后输气能力可达30亿立方米，供气市场主要为青海省西宁，甘肃省兰州市，与西气东输管线并网。

涩北－西宁－兰州复线2009年建成，管径660毫米，全长930千米，设计年输气能力为30亿立方米。

南八仙－南翼山管线年2001建成，管径273/245毫米，全长360.67千米，供气市场主要为花土沟，设计年输气能力为2亿立方米。

柴达木盆地天然气长输管道主要技术参数

管道名称	投产时间（年）	管径（毫米）	长度（千米）	承压（兆帕）	输气能力（亿立方米／年）
涩北－格尔木线	1996	377	189.3	6.40	8
涩北－格尔木复线	2007	559	177.25	6.40	20
涩北－南八仙－敦煌线	1998	323	345.60	6.40	3
涩北－西宁－兰州线	2000	660	930	6.40	30
涩北－西宁－兰州复线	2007	660	930	6.40	30
南八仙－南翼山	2001	273/245	360.67	6.40	2
合计			2932.82		93

除上述6条主要输气管线外，还有涩北－锂业、涩北－西台、涩北－台东3条输气管线及南八仙－敦煌3号阀井－冷湖、花土沟－格尔木、马北－南八仙、东坪－一里沟、东坪－牛东、柴北缘等6条内部输气管线。

涩北－锂业管线管径159毫米，全长14.90千米，年输气能力0.45亿立方米。

涩北－台西管线管径159毫米，全长80千米，年输气能力1.12亿立方米。

涩北－台东管线管径159毫米，全长15.50千米，年输气能力0.60亿立方米。

仙敦3号阀井－冷湖管线管径89×4毫米，全长93.46千米，主要用于满足冷湖油田管理处用气。

花土沟－格尔木管线是由花土沟－格尔木输油管道老线修复改造而成，与花土沟配气站、格尔木配气站双向贯通，管线全长445千米，管径237×6毫米，中间与泵站采用管径159×5毫米管线跨接，作为昆北油区、乌南油区及大乌斯站、甘森站、中灶火站、甘森加气站、中灶火加气站的供气管线。

马北－南八仙输气管线全长44千米，设计压力为6.30兆帕，起点压力5.30兆帕，终点压力5兆帕，管径377×7毫米，设计输量5亿立方米/年。

东坪－一里沟输气管线全长63.80千米，管径为559×7.10毫米，设计压力6.30兆帕，设计输量2.3亿立方米/年。

东坪－一牛东集气干线工程，管道起点牛东气区，终点东坪试采站。干线全长58.80千米，设计输量10亿立方米/年。

柴北缘输气管线全长217.30千米，设计压力6.30兆帕，设计输19.8亿立方米/年。

【天然气市场开发】 2014年，青海油田管道输油处销售业务人员在市场开发中树立"用优质服务换取市场扩展"的工作理念，通过市场调研，全面、深入、准确掌握现有用户的用气信息，发掘潜在的用户市场，拓展天然气销售市场的发展空间，明确下游市场快速拓展的方向。管道输油处下游市场共有大小直供用户18家，分为油田内部市场和油田外部市场。2014年，油田内部市场共有用户8家，油田外部市场共有用户10家。敦煌末站所属阿克塞配气站还承担着阿克塞哈萨克族自治县城镇居民的燃气销售及配送业务，合计2614户。

管道输油处管理的油田周边下游用户内外部统计表（表1）

分类	用　户	数量
油田内部	青海油田社区管理中心、青海油田格尔木社区管理中心、四方服务公司（加气站及敦煌市天然气有限责任公司）、格尔木炼油厂、管道输油处、边远油田、冷湖油田管理处、天然气开发公司	8
油田外部	青海盐湖工业股份有限公司（下属7家分公司：盐湖钾肥、晶达科技、三元公司、盐云公司、盐湖发展公司、盐湖化工公司、海虹公司）、青海中浩天然气化工有限公司、格尔木藏格钾肥有限公司、格尔木环能有限责任公司、格尔木华润燃气有限公司、昆仑能源青海有限公司、国家广播电影电视总局916电台、阿克塞哈萨克族自治县供热公司、阿克塞县绿源新能源有限责任公司、中油测井青海事业部	10

管道输油处管理的油田周边下游用户按用气数量统计（表2）

分类	用　户	数量
超过1亿立方米	青海盐湖工业股份有限公司、青海中浩天然气化工有限公司、格尔木炼油厂、天然气开发公司	4
超过1千万立方米	格尔木华润燃气有限公司、格尔木社区管理中心、社区管理中心、四方服务公司（市配）、昆仑能源青海有限公司、边远油田、格尔木藏格钾肥有限公司	7
超过1百万立方米	格尔木环能有限责任公司、管道输油处、阿克塞哈萨克族自治县供热公司	3
不足1百万立方米	国家广播电影电视总局916电台、阿克塞县绿源新能源有限责任公司、冷湖油田管理处、中油测井青海事业部	4

为确保下游用户天然气供给，管道输油处结合油田周边下游运行情况及油田公司计划安排，编制分季度销售方案。针对下游大型工业用户尤其是天然气电力停机，下游市场不景气，冬季停产等情况。管道输油处与用户单位进行沟通与交流，深入市场调研，及时掌握用户生产组织、用气安排、产品销售等第一手资料，提升市场分析和销售预测，将气量合理安排至盐湖集团、藏格钾肥等企业进行消化，做到合理、细致、科学分解任务，保障天然气的平稳均衡供给。为保障全年天然气销售任务的圆满完成，要求各用户单位积极配合，错开检修时间并压缩检修时间，联系上游供气单位预留气量保障检修完成后投产，确保2014年天然气销售任务工作的完成。

【天然气价格管理】 2014年8月10日国家发改委下发《国家发展改革委关于调整非居民用存量天然气价格的通知》（发改价格［2014］1835号）文件，要求自9月1日起非居民用存量气最高门站价格每千立方米提高400元。截至9月底管道输油处与油田外部下游天然气用户全部签订《天然气销售合同补充协议》。

管道输油处推价小组按照油田公司对天然气推价工作的指示精神，研究制定天然气推价实施方案，召开天然气推价座谈会，向下游用户宣传天然气价格改革文件精神，对用户提出的困难及时反馈并向上级反映。针对城市燃气企业和一些用气量较大的工业用户，推价小组深入到用气单位进行交流和沟通，取得了用户单位的理解和支持，确保天然气推价工作的有序进行。2014年9月1日后销售天然气17854万立方米，推价增加收入1429万元。（肖海娟　卢建强）

炼化与销售

【概述】 截至2014年年底，青海油田格尔木炼油厂以平稳生产和检修建设为抓手，整体运行平稳、检修及施工顺利，完成国Ⅳ柴油产品质量升级改造和国Ⅳ汽油产品质量升级主要配套改造项目，工程质量、安全、投资、进度实现全面受控。以对标管理为抓手，扭住“降本、增效”两条效益线不放松，创造了盈利的历史好成绩。消灭石脑油外销，同比减少拔头油，生产出 -35# 国Ⅳ柴油。2014年未发生非计划停车事故，30万吨／年甲醇装置实现“三年一修”，其余装置实现“两年一修”。炼化装置数量19套，具备180万吨／年加工能力。

【炼化生产指标完成情况】 2014年，格尔木炼油厂完成原油加工量140.88万吨；生产汽油49.34万吨，柴油61.97万吨，液化气6.71万吨，燃料油3.81万吨；轻质油收率79.21%，炼油综合能耗73.97千克•标油／吨，综合商品率92.38%，加工损失率0.59%，高效产品收率51.98%，装置操作平稳率99.37%。

【化工产品生产与销售情况】 2014年，格尔木炼油厂生产甲醇16.98万吨，聚丙烯2.33万吨，苯0.62万吨，硫磺0.35万吨。销售甲醇16.24万吨，聚丙烯2.27万吨，苯0.62万吨，硫磺0.35万吨。实现销售收入 *** 亿元。

【炼化装置】 截至2014年年底，格尔木炼油厂有150万吨／年常减压蒸馏、90万吨／年催化裂化、25万吨／年汽油加氢醚化、30万吨／年催化重整、80万吨／年加氢改质、25万吨／年重汽油补充加氢脱硫、15万吨／年加氢精制、6万吨／年苯抽提、10万吨／年气体分馏、2万吨／年聚丙烯、2万吨／年MTBE（甲基叔丁基醚）、8万吨／年干气、20万吨／年液化气脱硫、42万吨／年酸性水汽提、5000吨／年硫磺回收、10万吨／年甲醇、30万吨／年甲醇、6万标准立方米／小时甲醇弛放气提氢、1.2万标准立方米／小时混合气提氢装置，以及相应的水、电、气、风、路、讯、储运等配套设施。可生产93#、97#汽油；0#、-10#、-20#、-35#柴油；甲醇、聚丙烯、纯苯、MTBE（甲基叔丁基醚）、硫磺等炼油、化工产品。

【炼化生产管理】 2014年，格尔木炼油厂出色地完成各项生产经营任务。

生产管理：精心组织生产运行，在完善制度的基础上强化考核力度，做到“产运储销”全过程受控管理，确保格尔木炼油厂的均衡生产。通过干部走动式管理和员工不间断巡检，及时发现、解决问题，将隐患遏制在萌芽状态。持续开展操作规程修订和工艺卡片评审工作，为平稳生产提供科学、完善的操作依据。通过MES系统统计、分析波动曲线，及时调整操作，主要装置操作平稳率达到99.37%，超过股份公司平均水平。以开展设备现场标准化管理为重点，持续提升设备管理水平，荣获油田公司设备状态监测先进单位称号。以“每周车间自查整改一次，每周集中检查一套装置”的方式，做到全面自查、重点检查；经验共享、问题共勉。通过强化基础资料管理、维护保养管理、计划检修管理、腐蚀管理，2014年格尔木炼油厂设备完好率同比上升0.2%，仪表完好率提高0.99%、仪表使用率提高3%、仪表泄漏率降低0.03‰、仪表控制率上升13.18%。

安全管理：制定安全职责，建立“党政同责、一岗双责、齐抓共管”的责任体系；积极推进HSE体系建设，做到滚动审核与集中审核相结合；在厂网开辟安全环保工作专题，带动全员安全意识的增强；完善五级防控体系，层层防范，加大检修及项目安全管理力度，严把各项关口，突出承包商管理，突出重点区域、重要节点的管控与监督，实现大检修及项目建设的安全无事故；通过开展安全经验分享、组织事故案例学习、学习新《安全生产法》等活动，全员安全意识进一步提升；通过安全监护、应急救护等培训，增强全员安全技能；组织应急演练55次，一般A级以上事故为零，完成安全任务指标。

学习新《环境保护法》，开展环保知识宣传教育，“违规排放就是犯罪”的意识更加深入人心，实现污水外排100%达标；实施多项工艺改造，实现硫磺回收装置烟气达标排放；通过委托处理，固废实现环保处置；“三废”排放达标率达到100%。在大检修中首次实施排污许可制度，杜绝无序排放，实现“气不上天、油不落地、水不超排、渣不乱丢”的环保目标。

质量计量管理：“以质量就是生命”的理念强化产品质量管理，严把生产源头关、油品调和关、分析检验关、出厂程序关，认真监督油品调和工艺卡片的执行情况，实现出厂产品质量合格率、出厂分析准确率、质量抽检合格率三个百分之百，2014 年无质量投诉。对计量仪表进行摸底排查，提高物料平衡计量的准确性。

管理提升：以建设“法治央企”为目标的合规管理逐步展开，抓管理促提升，及时梳理、更新法律法规及标准，健全和修订各项规章制度，明确工作流程，在厂网发布法律法规 356 项、现行标准 2924 项、规章制度 259 项。及时查找安全生产和经营管理中的短板和瓶颈问题，积极落实整改措施，全面提升基础管理工作水平。加强对制度落实情况的监管，及时通报劳动纪律、工艺纪律等规章制度的执行情况。持续完善内控体系，切实开展自测工作，测试覆盖率 95%，测试通过率 97%，重大缺陷和实质性漏洞为零。合同及招投标管理细化制度、规范流程、完善机制、提高人员素质，抗风险及管控能力得到提升。对格尔木炼油厂 157 台计量表进行排查、校正，完成 4 座新建储罐的鉴定工作，新更换 15 台流量计。

【技术改造】 2014 年，格尔木炼油厂不断加强科技管理，荣获油田公司“十二五”期间科技工作先进单位；收集整理科技、技改项目 50 余项，立项 26 项，完成 17 项；甲醇膜分离系统的运用、油浆系统结焦问题分获油田公司科技进步一、二等奖。通过技术攻关解决油浆系统结焦问题，油浆蒸汽发生器连续运行 370 天。

【工程建设】 2014 年，格尔木炼油厂重点建设项目包括国Ⅳ汽油质量升级配套项目、烟气脱硫项目以及柴油升级项目建设，与大检修同步进行。9 月 29 日，生产出国 IV 柴油产品，完成国 IV 柴油产品质量升级改造，柴油质量全面升级；烟气脱硫项目于 12 月 2 日投产，烟气排放按时达到国标要求；80 万吨 / 年加氢裂化装置升级改造后，推进了炼油厂柴油质量的升级，11 月 5 日，炼油厂生产出 -35# 国Ⅳ低凝柴油，为今冬青藏两省区的低凝点柴油供应提供有力的保障；完成国 IV 汽油产品质量升级主要配套改造项目。

【炼化装置维护与检修】 在 2014 年的大检修及项目建设中，格尔木炼油厂做到前期准备与施工组织的紧密衔接，细致安排 1.60 万台套设备的检修方案和规程。做到大检修、项目建设、生产运行间的紧密配合，建立各自指挥、统一领导的组织结构，开停厂一次性成功，实现大检修及项目进度目标。在施工现场全面实施封闭式管理、目视化管理、标准化管理。在检修及项目建设密切配合，内外紧密协作，历时 50 天，格尔木炼油厂完成 19 套炼化生产装置的检修、13 大类 1.60 万台（套）设备的维护保养、170 余公里管道检验检测、117 项工艺技改和安全项目等工作。（陈利平）

液化石油天然气生产与销售

【概述】 2014 年，液化天然气公司面对天然气价格大幅上涨，加工量减半、LNG 市场减弱等不利局面，为达到集中生产，降低成本的目标，综合考虑藏区保供、能耗及加工成本等因素，大胆探索尝试，确定以产定销、间断满负荷的生产运行模式。并综合市场走向，择优选择高价月集中进行生产销售，完成各项业绩指标。

【液化天然气生产指标完成情况】 青海公司：计划加工天然气 6507 万立方米，销售天然气 6298 万立方米，实现销售收入 1.32 亿元，实现利润 446 万元。实际完成加工天然气 6249 万立方米，销售天然气 6230 万立方米，实现销售收入 1.41 亿元，实现利润 1700 万元。

西藏公司：计划销售天然气 4826 万立方米（其中拉萨 540 万立方米），销售收入 1.14 亿元，利润总额 -199 万元。实际完成销售天然气 2063 万立方米（其中拉萨 719 万立方米），实现销售收入 5226 万元，完成利润 -621 万元。

【装置建设】 2014 年，检维护机泵类设备 48 台（次），润滑设备 200 余台（次），对液化工厂、拉萨天然气站特种设备、压力容器、仪器、仪表等进行了校验维护，对再生气加热器、导热油锅炉等关键设备进行了清洗和更换，消除设备事故隐患，保障了各类设备的安全、有效和长周期运转。

【生产管理】 2014年，液化天然气公司天然气加工量有限，仅为设计负荷的54%，产销矛盾突出，为保障市场销售的连续性和利益的最大化，液化天然气公司精心组织，合理安排，认真筹划，综合考虑藏区保供、能耗及加工成本等因素，制定了以产定销、间断满负荷的低负荷运行模式。运行达到集中生产，降低成本的目标，保障了全年效益指标的顺利完成；持续推进QHSE管理，认真落实日常和特殊时段的安全监管工作，及时排除影响安全生产的各种隐患，2014年专项安全检查和外部检查34次，发现问题125个，完成整改119个，整改完成率95.2%。通过了青海油田公司QHSE管理体系内部审核及三星9000认证，实现安全生产无事故；针对西藏公司前期流量计安装存在计量前后直管段不足，流量计计量产生误差的问题，对流量计进行改造，做到不停产完成改造，保证对外输气不受影响，确保拉萨各线的平稳供气。

【技术改造】 完成110千伏出线间隔改迁及拉萨天然气站计量、液化工厂自备电源等6项技术改造，特别是拉萨天然气站计量改造，彻底解决贸易交接误差，保证了液化天然气公司的利益；自备电源改造的完成，降低停工期间电费的支出，每年可节约基本电费57万元。

【工程建设】 完成大柴旦LNG加注站的建设，包含LNG撬装装置一套，并配备控制室及员工休息室等相关设施，加注能力2万立方米/天；完成德令哈LNG加气站的建设，包含撬装设备一套，加注能力3万立方米/天。(吴龙堂)

第六篇

工程技术服务

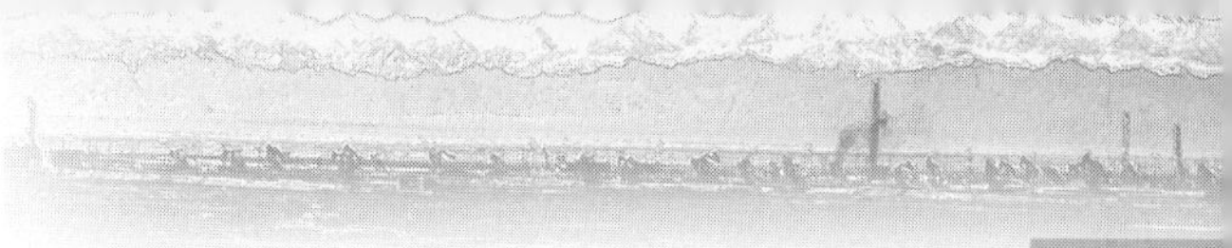

井下作业工程

【概述】 井下作业公司是一家专业化的工程技术服务单位。主要从事油田试油气作业（包括地层测试）、大修侧钻作业、油、水井投产维护作业（包括投产、检泵、维护等）、连续油管作业、压裂酸化作业、油管杆清洗、修复、供送，生产内衬防腐管等业务，提供蒸汽特车、货物运输等服务。

涩北作业公司主要负责柴达木盆地东部地区井下作业和测试作业，具备完成投产维护300井次、大修10井次、测试3500井次的作业能力，能满足涩北气田、冷湖、南八仙、马北地区的常规井下、大修及测试作业；采气工艺作业队主要担负着涩北气田一号、二号、台南采气作业区的泡沫排水采气和压缩机增压采气等工程技术服务工作，是涩北气田增储上产的主力队伍，具有年泡沫排水采气作业800井次的生产服务能力。

【队伍人员状况】 2014年，井下作业公司有员工1873人，其中：男员工1797人，女员工76人；管理人员286人；专业技术人员75名，其中副高级职称2人、中级职称17人、初级职称56人；研究生学历2人、本科学历411人、大专学历671人、大专以下学历782人。

涩北作业公司井下作业大队下设4个作业机组，1个作业队，员工123人，其中：合同化员工51人，市场化员工72人（企业员工53人，子女工19人）；综合测试队下设8个测试车组，2个测井车组，1个资料解释组，员工有53人，其中：合同化员工27人，市场化员工26人（企业员工26人）；采气工艺作业队下设2个泡沫排水采气作业车组，员工有18人，其中：合同化员工7人，市场化员工11人（企业员工9人，子女工2人）；平均年龄29岁。

【设备状况】 2014年，井下作业公司拥有各类修井机62台，其中X-J650修井机2台、XJ-550修井机1台、XJ-450修井机20台、XJ-350修井机2台、XJ-250修井机21台、XJ-150修井机16台；压裂及配套设备54台，其中压裂机组3套（1400型1套、2000型1套、2500型1套，共计30台）、液氮泵车1台、液氮罐车2台、运砂车14台、打液车3台、背罐车4台；连续油管作业设备3套（6台）、制氮设备2套（3台）；油田专用车辆37台，其中热油清蜡车14台，蒸汽清蜡车11台、水泥车9台、三用车2台、试井车1台；运输车辆134台，其中罐车69台、卡车40台、牵引车6台、半挂罐车10台、平板车1台、随车起重机8台；汽车起重机13台。

涩北作业公司拥有固定资产原值8114.03万元，净值2855.84万元，新度系数井下作业设备0.28、测试设备0.42。拥有修井机8台；测试车7辆、测井仪器车3辆、试井车2辆、投捞车1辆、井架车1辆、泡排车2辆。

【生产经营情况】 2014年，井下作业公司完成试油（气）120层组，为年计划115层组的104.3%；完成大修126井次，为年计划125井次的100.8%；完成投产维护1812井次，为年计划1800井次的100.7%；完成压裂酸化657层段/371井次，为年计划400层段的164.3%。

【队伍资质】 2014年，井下作业公司取得集团公司资质认证证书的队伍总数为47支，其中，甲级试油队1支，乙级试油队6支；甲级大修队3支，乙级大修队6支，丙级大修队1支；乙级带压大修队1支；甲级侧钻队1支，乙级侧钻队1支；甲级小修队2支，乙级小修队19支，丙级小修队1支；乙级压裂队1支；乙级地层测试队1支；乙级试井队1支；乙级地面计量队1支；甲级井控车间1个。

涩北作业公司有3支乙级资质井下作业队伍，所属井下作业大队，具有18年的气井作业经验，下设6个作业机组；综合测试队在涩北、马仙、东坪地区从事测试测井作业；采气工艺作业队主要担负涩北气田一号、二号、台南采气作业区的泡沫排水采气和压缩机增压采气等工程技术服务工作；维护大队能够保证涩北作业公司设备维护维修及涩北基地车辆的CNG加气任务；物业管理中心具有满足500人同时入住、就餐的服务能力，并担负涩北基地供水、供暖的任务；保安中队能够确保涩北气田的治安保卫工作。

【指标控制情况】 2014年，井下作业公司各项指标均控制在油田公司下达指标范围内。安全环保指标：上报油田公司生产安全责任事故10起（一般事故B级1起，一般事故 C级9起），井喷失控事故为零，火灾爆炸事故为零，交通安全事故为零。重特大职业危害事故为零。质量计量指标：试油资料合格率100%，试油施工工序一次成功率99.96%；大修施工合格率99.2%，大修周期20.67天；投产维护作业有效率98.7%，二次作业19井次，作业周期3.66天；压裂酸化成功率为97.8%。生产防腐内衬管26304米。强制检定计量器具检定达标率100%。环保节能指标：污染物COD排放量＜0.5吨，氨氮＜0.05吨，氮氧化物＜6吨，实现“三废”排放达标率100%；能耗控制1.3万吨标煤。职业健康指标：职业健康体检达标率100%，作业场所职业病危害因素检测率100%。QHSE体系审核不合格项整改完成率100%。

【技术资质情况】 2014年，井下作业公司试油气具备常规地层测试、斜井试油测试、中途测试工艺技术，初步掌握高温、高压和水平井试油气工艺技术。大修侧钻具备套损井综合诊断、井下注采工具打捞、裸眼取套换套、打通道膨胀管深井补贴、液压整形修复套管技术等，形成了大修特色技术体系，井下视频诊断技术也得到初步应用，动力水龙头的引进应用也是大修施工的得力助手；侧钻技术基本成熟，能够实现自主施工。压裂施工能力和水平均得到提高，形成了多项成熟的施工技术，如多段塞、小粒径压裂，纤维复合压裂防砂，薄互层压裂，体积压裂，滑套分层压裂等技术。配备了2500型压裂车组1套、PNT－640K液氮泵车及1400型井口1套，整体施工设备能力得到提升，具备红柳泉、鄂博梁、扎哈泉等高压井致密层压裂的施工要求。连续油管技术平均单车年施工井次达到国内领先水平。作业范围涉及井下作业15个施工类型，其中连续油管氮气泡沫冲砂工艺、油水井常规冲砂工艺、替浆－通井一体化工艺、速度管柱排水采气工艺得到推广。 不压井带压作业继续在以往施工技术应用的基础上，重点抓好注水井的带压作业，培养队伍处置复杂情况的施工技术与应对措施，逐步形成带压作业配套技术，完全实现自主施工。

【技术创新与管理】 井下作业公司以提升企业核心技术创新能力和成果转化为抓手，围绕主营业务，加快提升自主创新能力，扎实推进“四新”技术的推广应用，2014年推广21项“四新”技术，有效推广应用17项，推广率80%，推广应用1033井次，创收1253万元，创造效益720万元。有效降低了劳动强度、安全风险和作业污染。

细化规范“四新”技术的推广管理制度，既注重新技术推广应用又不忽视经济效益的取得，将“四新”技术推广过程中发生的部分工具费用和机加工费用切入井下作业公司科研专项费用，不计入各单位成本，对参与“四新”技术推广的人员进行奖励，调动了各单位新技术应用和广大员工参与“四新”技术推广的积极性，促进了新技术的推广应用工作。

（司小军　陈翠青　贾海莉　唐伟）

【市场开拓】 2014年，涩北作业公司克服站点多、战线长、人手紧、天气恶劣等困难，组织精干力量到涩北、台南、马仙、东坪、南八仙、盐湖等区块的投产维护作业；同时开展泡排实验，增压气举完成18口井，成功恢复水淹停躺井4口，连续气举工艺在水淹停躺井的治理上取得新进展。（马永祥）

工程、路桥建设

【概述】 建筑安装公司拥有石油化工设备管道安装工程总承包一级和管道工程专业承包一级企业资质、公路工程施工总承包二级资质、市政公用工程施工总承包二级资质、市政公用工程施工总承包三级、混凝土预制构件专业三级、机电设备安装工程专业二级、土石方工程专业二级、公路路基工程专业三级资质。

【队伍人员状况】 截至2014年底，在册职（员）工总数575人；具有高级职称12人，中级职称92人，初级职称73人；具有管理人员126人，技术干部58人，操作工391人。

【设备状况】 2014年，建筑安装公司现有设备531台（套），新度系数0.21，主要工程机械设备238台（套），主要施工车辆66台，主要为施工机械、运输设备、动力设备及设施、工具及仪器、其它设备及房屋等。

其中非经营性资产原值2616.30万元，净值1590.27万元，经营性资产原值1.33亿元，净值2996.73万元。

【技术资质】2014年，建筑安装公司持有资质如下表：

技术资质一览表

单位	序号	资质名称	等级	核准机构名称
建筑安装公司	1	化工石油工程施工总承包	一级	中华人民共和国建设部
	2	化工石油设备管道安装工程专业承包	一级	中华人民共和国建设部
	3	管道工程专业承包	一级	中华人民共和国建设部
	4	防腐保温工程专业承包	二级	中华人民共和国建设部
	5	送变电工程专业承包	三级	中华人民共和国建设部
	6	锅炉安装改造维修许可证		青海省质量技术监督局
	7	质量管理体系认证证书		北京三星九千认证中心
	8	环境管理体系认证证书		北京三星九千认证中心
	9	健康安全环境管理体系认证证书		北京三星九千认证中心
	10	压力管道安装改造维修许可证	GA1 GB1、GB2、GC1	中华人民共和国国家质量监督检验检疫总局
	11	公路工程施工总承包	二级	青海省建设厅
	12	市政公用工程施工总承包	二级	青海省建设厅
	13	建筑防水工程专业承包	二级	青海省建设厅
	14	公路路面工程专业承包	二级	青海省建设厅
	15	公路路基工程专业承包	二级	青海省建设厅
	16	房屋建筑施工总承包	二级	青海省建设厅
	17	市政公用工程施工总承包	三级	青海省建设厅
	18	机电设备安装工程	二级	青海省建设厅
	19	土石方工程专业承包	二级	青海省建设厅
	20	混凝土预制构件专业承包	三级	青海省建设厅
	21	建筑装修装饰工程专业承包	三级	青海省建设厅
	22	公路路基工程专业承包	三级	青海省建设厅
	23	建筑企业实验资质	二级	青海省建设厅
	24	物业管理资质	二级	青海省建设厅

【施工技术】2014年建筑安装公司成立RMD加细丝半自动焊技术攻关小组，对不同规格小口径管线进行焊接攻关试验，在集输管线等工程推广应用RMD加细丝半自动焊接技术，使焊接速度得到了大幅提升，缩减了焊工需求数量，改变了小口径管线人工焊的被动局面，取得良好效果。经过推广应用，使12毫米厚的直径114管线每道焊口焊接用时从20-30分钟降低到8分钟，焊接速度提高3倍以上。在大型储罐制作安装上，采用干式正装法，实现罐壁与浮顶同时施工安装。单体罐主体焊接由120天缩短为45天，满足了全自动焊接技术应用条件，降低了安全风险，提升了工作效率。“干式正装法”获油田公司优秀攻关项目。

【安全管理】2014年，建筑安装公司建立健全各项安全管理制度，推行安全监督人员跟项目走的“走动式安全管理”模式，将标准、规范送到基层、送到岗位，严格落实“有感领导、直线责任、属地管理、一岗双责”的安全管理制度，全面推广HSE管理新工具、新方法，不断夯实安全管理基础。修订完善QHSE职责，编制下发《建筑安装公司违章及生产安全事件管理办法》、《建筑安装公司承包商管理细则》等管理制度，大力实施“走动式安全管理”；与职工和分包商分别签订《安全环保责任书》、《交通安全承诺保证书》、

《安全生产合同》，建立承包商安全业绩台账；督导处、科两级干部制定个人安全行动计划，扎实开展各项安全工作。开展“四无”、“安全生产警示日”、“交通安全专项整治”、新《安全生产法》与新《环境保护法》宣贯等活动，实现全年安全生产无事故。
（蔡飞叶　李辉）

机械修理与制造

【概述】 青海油田机械修理与制造是由机械厂承担，主要是对油田钻井、采油、炼油、水电、地面建设等配套设备和常用工机具的加工制造，年设计加工能力为2000吨；金属结构件、油田地面建设、非标件以及一、二类压力容器制造，年设计和制造能力为400台（套）；抽油机年设计制造能力为300标准台（五型）；野营房设计制造能力为150标准栋；石油套管年设计加工能力2万吨，套管头年设计加工制造能力150台（套）。

【队伍人员状况】 截至2014年年底，机械修理制造业务共有员工533人，其中：男员工365人，女员工168人；高级专业技术职务资格17人，中级专业技术职务资格84人，初级职务资格40人；管理岗位91人（不含处级领导岗位），专业技术干部41人，操作服务岗位 396人。

【设备状况】 2014年，机械修理制造业有固定资产原值1.13亿元，净值0.37亿元。有生产设备396台（套），设备原值0.60亿元，设备净值0.20亿元，新度系数0.34，完好率为99.84%。其中主要有金属切削、焊接及切割、工程机械、锻压、起重搬运机械、动力设备、运输、工业炉、喷涂、检测等11个大类的设备。修订完善《机械厂设备管理实施细则》。

【生产经营】 2014年，机械修理制造业务完成工业生产总值4.41亿元。实现财务收入4.48亿元，实现减亏1298万元。抽油机制造266台，套管螺纹加工2.20万吨，激光割缝管加工1914米，成套制作及压力容器制造135台（套），套管头制造251台（套），野营房及井口保温房95栋；145台老式抽油机改造，1776套抽油机维护平台优化改造，抽油机运安657台，1166台抽油机二级维护保养。

【技术资质】 2014年，机械修理制造业务有行政许可权证5类共14项，分别为工商类1项、技术监督类1项、工业生产许可类1项、安全生产许可类1项、企业资质类10项，资质主要包括：ISO9001：2000质量标准体系认证证书；HSE健康安全环境体系认证证书；GB/T24001环境管理体系证书一、二类压力容器制造许可证；压力容器安装（气瓶安装）许可证；石油化工工程总承包二级资质证；GA1、GA2、GBI、GB2压力管道安装许可证；抽油机和套管螺纹加工中国石油一级供应商；汽车二级维护保养许可证等。

【企业改革与管理】 2014年，机械修理制造业务牢固树立为油田服务的理念，建立以“用心做事”为核心价值的企业文化体系；坚持生产经营管理超前谋划，形成生产经营管理有组织、有计划、有步骤、有落实的管理模式；坚持实施全天候个人安全行动，把安全风险管理落实到每个岗位、每个员工的工作和生活行为之中；坚持实施质量提升工程，建立和完善主导产品质量控制体系；坚持生产运行现场指挥，确保生产运行高效；坚持推行单项产品、单项工程经济效益核算，使得成本费用、管理漏洞、重大风险得到有效控制，财务绩效指标不断改善。通过加快推进集约化、精细化管理，全面提升企业管理水平。

【主要措施及成果】 2014年，机械修理制造业务将油田生产信息作为重中之重，加强同油气生产单位、机关处室沟通联系，定期召开敦煌、花土沟两地视频会议沟通协调，提前做好人力资源、生产设备、工位调整、物资采购、人员培训等准备工作，为抽油机、石油套管、非标容器等主要产品制造赢得生产主动权，实现了全年均衡生产。推行“谁主管、谁负责”、“谁经手、谁一抓到底”的工作方法，推进领导干部重心下移、深入现场，贴近“一线”服务，了解产品运行情况，倾听用户意见，有效制定整改措施，提升服务油田的能力和水平，拓展机械厂服务领域。2014年度，机械修理制造业务综合服务满意率93.33%，生产计划完成率111%。

【工程建设】 2014年，机械厂承建南八仙低压伴生气处理系统扩能改造工程，工程在不停产、半停产的

情况下施工，通过采取有效措施规避安全风险，于 10 月 15 日投产。（程继红）

供水供电

【概述】 供水供电公司主要负责花土沟生产基地及茫崖地区经济发展和居民的发供电、供转水任务及工程技术服务保障工作。

【队伍人员状况】 2014 年，供水供电公司有员工 515 人，其中男员工 410 人、女员工 106 人；具有高级职称 8 人、中级职称 74 人、初级职称 47 人；管理人员 94 人、技术人员 56 人、操作服务人员 380 人。

【技术资质】 供水供电公司拥有国家电力监管委员会颁发的《电力业务许可证》(3031207-00001)；青海省经济委员会颁发的《供电营业许可证》；青海省水利厅颁发的《取水许可证》；青海省海西蒙古族藏族自治州质量技术监管局颁发的《中华人民共和国专项计量授权证书》；青海省海西蒙古族藏族自治州环境保护局颁发的《青海省排放污染物许可证》。

【设备状况】 2014 年，供水供电公司 A 类设备 25 台（套），B 类设备 57 台（套），C 类设备 2130 台（套）。主要生产设备 159 台（套）。其中：发电主要设备 63 台（套），总装机容量为 87 兆瓦，包括 3 台 6 兆瓦汽轮发电机组，3 台 13 兆瓦燃气发电机组，2 台 15 兆瓦燃气发电机组，设备新度系数为 0.16，年度最高负荷为 6.1 万千瓦，年最低负荷为 4.3 万千瓦；供电主要设备 34 台（套），主要包括高压变配电设备及高压输电线路，设备新度系数 0.45；供转水主要设备 62 台（套），主要包括水井，高低压变配电控制设备，水泵和电机，储水罐，输水管道等，设备新度系数 0.42。主要生产设备实现完好率 98.66%，利用率 72.08%，重特大设备责任事故 0 次，故障停机率为 0.05%，流程装置动、静密封点泄漏率 0.28‰。设备保养对号入座率 100%。

【供水生产】 供水供电公司供水生产在花土沟地区有切克里克、阿拉尔 2 个水源，供转水泵站 5 座，其中：切克里克水源有 11 口水井，在用 8 口，备用 3 口，允许最大开采量 3.2 万立方米，现日供水量 2.5 万立方米；阿拉尔水源有 10 口水井，全部备用，允许最大开采量 2.6 万立方米，自 2013 年 7 月切克里克水源供水系统改造后，花土沟全部使用切克里克水以来，阿拉尔水源停用现处于备用状态。

花土沟地区主供水管线共 126 千米，分别为切克里克－油砂山（直径 529×7）输水管道 22 千米，（直径 426×7）输水管道 22 千米；切克里克－跃进 2 号油田（直径 377×7）输水管道 12 千米，（直径 273×7）输水管道 12 千米；油砂山－沟口（直径 457×7）输水管道 13.8 千米，（直径 377×7）输水管道 13.8 千米；阿拉尔－红柳泉（直径 426×7）输水管道 21 千米；红柳泉－沟口（直径 426×7）输水管道 9.4 千米。所有输水管线均为一次性管沟埋土，管堤防护。供水面积覆盖整个花土沟及七个泉、狮子沟、小梁山和南翼山等区域。

2014 年，供水供电公司日均供水量 2.32 万立方米，实际完成供水量 848 万吨。

【供电生产】 供水供电公司供电生产分自发电和从青海省海西州电力公司外购电两部分。2014 年，完成发购电量 4.92 亿千瓦时，完成年计划的 105 %；其中自发电量提前两个月完成任务。供电系统花土沟地区有变电所 18 座，其中，无人值守变电所 15 座，有人值守 3 座。涩北地区现有 110 千伏变电所 1 座、35 千伏变电所 3 座。输电线路总长（包括涩北地区）2025.11 千米。

【工程建设】 围绕油田公司项目建设 369 工作目标，坚持“标准化设计、工厂化预制、模块化施工、规范化结算”的建设模式，通过采取项目经理负责制，制订总体施工进度计划表等措施，确保工程始终处于循环动态可控之中。2014 年 7 月 26 日，英东 110 千伏供电工程投产，为英东油田增储上产提供可靠的电力保障。红柳泉－南翼山输水管线扩能改造工程、切克里克水源井工程、花土沟沟口水站水罐更新工程的按期完成投产，标志着油田生产、生活用水更加稳固畅通。（袁华　任志强）

第七篇

科技、信息与外事工作

科研机构

【概况】 2014年，青海油田科技工作认真贯彻落实集团公司工作会议和油田科学技术委员会会议的部署要求，紧密围绕油田总体思路和发展目标，按照“自主创新、重点跨越、支撑发展、引领未来”的科技发展方针，以攻克勘探开发技术瓶颈为立足点，集中力量组织各类项目的攻关与实施，不断深化科技体制改革，完善科技创新体系，为推进油田公司发展方式转变和主营业务快速发展提供有力的科技支撑和技术保障。全年组织实施82项科技攻关项目，按计划完成工程形象进度80项，年度科研计划完成率97.6%，科技成果年度增效12000万元。评出油田公司科技进步奖63项；获得省部级及以上科技奖励6项；授权专利34项。

【科学技术委员会】

青海油田公司科学技术委员会

主任委员：宗贻平

副主任委员：付锁堂

委　　员：孙晓岗　党玉琪　高云建　马力宁　孙凌云　杨仁远　郭俊武　高瑞宁　李　莉　张培平　李林昌　江鲁生　张永军　刘云田　李　永　张道伟　黄生远　贾英兰　张世彪　熊国存　赵元才　潘存宏　徐　根　刘义发　刘公民　高海梅　胡　勇　刘国友　苏　晖　田选章　郑德祥　马达德　贾锁刚　涂述培　刘善录　李战明　贺志平　王卫军　张小军　刘海滨　王天文　李得信　叶光辉　刘双鹏　李战海　王增斋

油气勘探专业委员会

主任委员：付锁堂

副主任委员：刘云田

委　　员：张道伟　马达德　邢培俊　胡　杰　马建海　梅建森　张　祥　冯云发　汪立群　杨少勇　张金岗　彭德华　蒋武明　徐子远　张永庶　薛建勤　王传武　濮人龙

油气田开发地质专业委员会

主任委员：马力宁

副主任委员：张培平

委　　员：黄生远　贾英兰　张国成　陈永海　赵国梅　屈信忠　李江涛　李吉军　朱思俊　樊仓栓　芮华松　徐国防　张智峰　王小鲁　杨生柄　刘青文　李　清　王卫星　姜义权　张彩庆

油气田工程专业委员会

主任委员：孙凌云

副主任委员：李　莉　江鲁生

委　　员：赵元才　潘存宏　贾锁刚　贺得才　李永贵　张启汉　饶　鹏　张立会　杨国辉　王龙罡　李松涛　刘金海　张文斌　程长坤　应忠才仁　刘凤和　汪天游　许吉瑞　杨应奎　陈微熙　阿召林

油气管输、机电及炼化专业委员会

主任委员：高云建

副主任委员：李林昌

委　　员：张世彪　李洪洋　郑德祥　张明会　徐　根　熊国存　刘双鹏　刘海滨　王增斋　周钰清　谷晓峰　覃海涛　李春平　陆蒙湘　夏永胜　廖精华　程庆林　魏玉文　袁文艺　高　颖

信息、经营管理及综合专业委员会

主任委员：杨仁远

副主任委员：高瑞宁

委　　员：高海梅　刘公民　胡　勇　刘义发　田选章　苏　晖　刘国友　石　力　周和生　朱火明　邓龙兵　张国栋　薛西武　陈　萍　李延琛　周华俊　孙小平　孙兆平

科学技术委员会办公室

主　任：李　永

副主任：张　祥　薛西武

成　员：濮人龙　张彩庆　高　颖　梅　洪
阿召林　武　勇　武丽萍　杨春燕

【科技管理】2014年12月16日，召开油田公司科技大会，全面总结“十二·五”科技管理工作和取得的科研成果，总结经验，查找出不足，明确油田公司今后一个时期科技工作思路和任务，重点是要大力实施科技创新驱动战略，破解制约油田发展的瓶颈难题，助推勘探重大突破、支撑开发持续增产、促进炼化效益发展，推进油田有质量有效益可持续发展。修改完善《青海油田公司科技管理办法》，出台《青海油田公司科研项目经费管理实施细则》、《青海油田公司科研项目对外合作管理实施细则》、《青海油田公司科研成果奖惩实施细则》、《青海油田公司科研成果后评估管理实施细则》和《重大科研专项管理实施细则》，进一步理顺科技攻关运行管理，配套完善科技管理和技术创新激励约束机制，有力地调动广大科研工作者的科研积极性，为推动油田科技进步、建立完善科技创新体系奠定良好的科技管理基础。编制青海油田“十三·五”科技发展规划，明确油田科技需求、科技发展的战略构思和目标，确定油田公司“油气勘探、油气开发、工程技术、炼油化工”等9个板块的主体技术发展方向和250项重点攻关项目，提出科技规划实施的保证措施。组织油田公司专家对运行的82个科研项目进行中期检查，对其中的25个重点项目组织专家重点进行会议评估，对项目进展情况、研究成果、存在问题和下步工作思路进行检查，以及所有项目受控并能如期顺利完成。

科技发展

【科技计划】2014年青海油田公司计划科研项目82项。（见表1）

表1　2014年青海油田公司科技项目计划表

序号	编号	项　目　名　称	级别	起止时间	承担单位及负责人	科技项目总经费（万元）	2014年科技补助经费（万元）	备注
1	2013K01	青海省东部外围盆地石油地质条件综合研究及评价	油田公司	2013.01-2014.06	勘探开发研究院 蒋武明	36	16	接转
2	2013K04	地震地质建模方法应用与研究	油田公司	2013.01-2014.06	勘探开发研究院 黄青宇 张启全	38	18	接转
3	2013K05	特殊测井技术在油气勘探评价中的应用	油田公司	2013.01-2014.12	勘探开发研究院 杨体源	50	20	接转
4	2013K08	东坪地区油气成藏特征与富集规律研究	油田公司	2013.01-2014.12	勘探开发研究院 司 丹	35	15	接转
5	2013K09	柴北缘天然气资源潜力评价与勘探目标优选	油田公司	2013.01-2014.12	勘探开发研究院 翟志伟	34	15	接转
6	2013K10	东坪－牛东地区储层微观特征及地层伤害评价研究	油田公司	2013.01 -2014.06	勘探开发研究院 崔 俊	33	15	接转
7	2013K14	尕斯库勒油田百万吨长期稳产攻关技术研究	油田公司	2013.01-2014.12	勘探开发研究院 廖 春 杨 云	70	40	接转
8	2013K15	尕斯库勒油田E_3^2储层油水分布及有效动用攻关技术研究	油田公司	2013.01-2014.12	勘探开发研究院 刘青文 史玉成	50	25	接转
9	2013K16	马北一号油藏注气方案及跟踪评价研究	油田公司	2013.01-2014.06	勘探开发研究院 张建东	48	24	接转
10	2013K17	南八仙油气田深层上产潜力研究	油田公司	2013.01-2014.06	勘探开发研究院 马富强	46	23	接转

序号	编号	项　目　名　称	级别	起止时间	承担单位及负责人	科技项目总经费（万元）	2014年科技补助经费（万元）	备注
11	2013K27	七个泉油田产能接替区滚动开发潜力评价	油田公司	2013.01-2014.06	勘探开发研究院 柳金城	55	25	接转
12	2013K33	涩北二号气田高含水开发单元水侵状况及对策研究	油田公司	2013.01-2014.06	勘探开发研究院 孙虎法	40	20	接转
13	2014K01	英雄岭构造带油气成藏主控因素研究	油田公司	2014.02-2015.09	勘探开发研究院 杨乾政　薛建勤	50	25	新开
14	2014K02	阿尔金山前中、新生界生物地层学研究	油田公司	2014.02-2015.12	勘探开发研究院 杨　平	49	25	新开
15	2014K03	柴西南 E_3^1 末－ N_1 早期沉积微相及烃源岩研究	油田公司	2014.02-2015.12	勘探开发研究院 张国卿　张海龙	60	31	新开
16	2014K04	柴达木盆地油气富集规律研究	油田公司	2014.02-2015.06	勘探开发研究院 张永庶	56	28	新开
17	2014K07	敦煌盆地页岩气勘探前景评价	油田公司	2014.02-2015.12	勘探开发研究院 铁占元	45	23	新开
18	2014K08	中祁连木里地区天然气水合物及油砂形成地质条件研究	油田公司	2014.02-2015.12	勘探开发研究院 滕贤清	52	26	新开
19	2014K10	尕斯库勒油田 N_1-N_2^1 油藏Ⅲ、Ⅳ层系单砂体挖潜研究	油田公司	2014.02-2015.03	勘探开发研究院 门宏建　姜明忠	48	25	新开
20	2014K17	昆北油田切十二区 E_3^1 油藏储层内部构型研究	油田公司	2014.02-2015.09	勘探开发研究院 周　艳	49	24	新开
21	2014K24	乌南油田Ⅴ油组储层精细评价	油田公司	2014.02-2015.06	勘探开发研究院 周　燕	45	22	新开
22	2014K25	台南气田稳产能力评价及潜力研究	油田公司	2014.02-2015.03	勘探开发研究院 严焕德	51	26	新开
23	2014K26	东坪基岩气藏试采评价及开发技术政策研究	油田公司	2014.02-2015.03	勘探开发研究院 熊　宇	39	20	新开
24	2013K30	低渗透油田提高改造体积压裂技术研究与试验	油田公司	2013.01-2014.12	钻采工艺研究院 贾锁刚　郭子义	36	16	接转
25	2013K55	青海油田压裂液重复利用处理技术研究	油田公司	2013.08-2014.12	钻采工艺研究院 郭子义	45	15	接转
26	2014K05	扎哈泉地区致密油钻井配套技术研究	油田公司	2014.02-2015.12	钻采工艺研究院 谯世均　杨启恩	48	25	新开
27	2014K06	冷湖五号构造钻井井壁稳定性及优化钻井技术研究	油田公司	2014.02-2015.12	钻采工艺研究院 杨国辉　周　平	60	31	新开
28	2014K14	青海油田原油集输系统能耗现状分析及节能对策研究	油田公司	2014.02-2015.12	钻采工艺研究院 邢　台　李春保	43	22	新开
29	2014K15	青海油田不同区块压裂液体系适应性研究	油田公司	2014.02-2014.12	钻采工艺研究院 彭　继　张成娟	39	39	新开
30	2014K16	青海油田油气新区钻井液体系评价与优化研究	油田公司	2014.02-2015.12	钻采工艺研究院 窦红梅　谯世均	45	23	新开
31	2014K19	昆北油田找堵水技术研究与应用	油田公司	2014.02-2015.12	钻采工艺研究院 袁永文	45	23	新开
32	2014K30	东坪牛东低渗气藏压裂技术研究与试验	油田公司	2014.02-2015.12	钻采工艺研究院 张启汉	48	25	新开
33	2014K31	东坪牛东采气工艺研究与先导试验	油田公司	2014.02-2015.12	钻采工艺研究院 冯胜利　杜　竞	45	23	新开
34	2014K09	地层卤水提钾工艺技术与综合利用试验研究	油田公司	2014.02-2015.06	勘探事业部 郭　璞　高雪峰	52	26	新开
35	2013K18	提高尕斯库勒油田 N_1-N_2^1 油藏注水开发效果研究	油田公司	2013.01-2014.10	采油一厂 李吉军　王龙罡	42	21	接转

序号	编号	项目名称	级别	起止时间	承担单位及负责人	科技项目总经费（万元）	2014年科技补助经费（万元）	备注
36	2013K56	尕斯联合站水质技术指标优化综合研究	油田公司	2013.08-2014.07	采油一厂 王龙罡	32	12	接转
37	2014K11	提高尕斯E_3^1油藏分注技术指标综合研究与应用	油田公司	2014.02-2015.12	采油一厂 王龙罡　薛世团	45	23	新开
38	2014T01	采油一厂多功能取样阀门等专利技术推广应用	油田公司	2014.09-2014.12	采油一厂	45	45	新开
39	2014K18	昆北油田切十六区E_{1+2}油藏地质特征再认识及目标区优选	油田公司	2014.02-2015.06	采油二厂 朱思俊	58	35	新开
40	2013K28	乌南油田乌4断块低阻层解释与增产挖潜研究	油田公司	2013.01-2014.06	采油二厂 朱思俊	53	23	接转
41	2014K22	七个泉油田Ⅲ层系综合治理方案	油田公司	2014.02-2014.12	采油三厂 樊仓栓	43	43	新开
42	2014K46	花土沟油田地震精细解释及断裂系统再认识	油田公司	2014.09-2015.09	采油三厂 唐士跃	66	30	新开
43	2013K37	连续油管快速带压作业技术在气田的应用	油田公司	2013.01-2014.12	井下作业公司 鲁明春	40	20	接转
44	2014T02	井下作业公司油管举升机液压装置等专利技术推广应用	油田公司	2014.09-2014.12	井下作业公司	55	55	新开
45	2014K12	尕斯库勒油田中浅层套损井大修治理	油田公司	2014.02-2015.12	井下作业公司 杨　勇	41	23	新开
46	2014K13	套后饱和度测井水淹层解释技术研究与应用	油田公司	2014.02-2014.12	测试公司 邱金权	42	42	新开
47	2013K24	英东复杂断块油气藏储层精细试井解释研究	油田公司	2013.01-2013.12	英东采油厂 石东升　王　勇	53	23	接转
48	2013K25	英东油田一号构造油砂体分布规律研究	油田公司	2013.01-2013.12	英东采油厂 马建海　于　航	52	3	接转
49	2014K20	英东油田一号构造上盘30万吨产能建设实施效果分析及评价	油田公司	2014.02-2014.12	英东采油厂 王　勇	38	38	新开
50	2014K21	英东油田一号构造上盘油藏描述	油田公司	2014.02-2014.12	英东采油厂 于　航　王　勇	55	55	新开
51	2013K29	柴西北区小梁山油田储层评价与油气富集规律研究	油田公司	2013.01-2014.06	边远油田开发公司 吴昌吉	44	21	接转
52	2014K23	南翼山浅油藏Ⅲ+Ⅳ油组酸化增注综合技术研究与应用	油田公司	2014.02-2015.12	边远油田公司 黎　宁	42	23	新开
53	2013K31	冷湖三号油田及周缘开发潜力评价及区块优选	油田公司	2013.01-2014.08	冷湖油田管理处 杨国军	40	20	接转
54	2013K32	冷湖四、五号油田深层开发潜力评价及区块优选	油田公司	2013.01-2014.08	冷湖油田管理处 邓　奎	38	18	接转
55	2013K40	东坪天然气开发试采评价研究	油田公司	2013.01-2014.12	冷湖油田管理处 蓝春连	38	18	接转
56	2013K20	马8区块四性关系及流体分布规律研究	油田公司	2013.01-2014.06	马仙采油厂 沈生福　宋彦海	45	23	接转
57	2014K28	马北八区天然气试采评价及潜力研究	油田公司	2014.02-2014.12	马仙采油厂 沈生福	43	43	新开
58	2013K35	涩北气田均衡采气开发技术研究	油田公司	2013.01-2014.12	天然气开发公司 奎明清	72	35	接转
59	2014K27	涩北二号气田典型层组边水侵入及治水对策研究	油田公司	2014.02-2014.12	天然气开发公司 邓成刚	45	45	新开
60	2013K38	涩北气田水平井井下作业技术研究与应用	油田公司	2013.01-2014.06	涩北作业公司 徐海昌	35	18	接转

序号	编号	项　目　名　称	级别	起止时间	承担单位及负责人	科技项目总经费（万元）	2014年科技补助经费（万元）	备注
61	2014K29	生产测井技术在涩北气田的研究应用	油田公司	2014.02-2014.12	涩北作业公司 张天君　周治岳	39	39	新开
62	2014K32	甲醇装置与PSA装置配套优化运行研究	油田公司	2014.02-2014.12	格尔木炼油厂 陈家岭	38	38	新开
63	2014K33	冷却塔节能应用研究	油田公司	2014.02-2014.12	格尔木炼油厂 王　焕	43	43	新开
64	2014K34	柴油产品质量升级方案研究	油田公司	2014.02-2014.12	格尔木炼油厂 陈家岭	42	42	新开
65	2014K35	格尔木配气总站流量调节可行性研究及工控系统升级完善	油田公司	2014.02-2014.12	管道输油处 李　亮	42	42	新开
66	2013K61	花土沟油区电力网数字模型建设与开发	油田公司	2013.08-2014.07	供水供电公司 刘又喜	48	23	接转
67	2014K36	花土沟油区供电系统安全稳定保障技术应用	油田公司	2014.02-2014.12	供水供电公司 赵如旭	39	39	新开
68	2014K37	花土沟重要油区配网管理系统应用及可靠性研究	油田公司	2014.02-2014.12	供水供电公司 宋青川　邓翔飞	34	34	新开
69	2014K38	双（单）级套管头本体螺纹加工工艺研究	油田公司	2014.02-2014.12	机械厂 解海潮　肖开阳	30	30	新开
70	2014K39	抽油机尾平衡节能研究	油田公司	2014.02-2014.12	机械厂 史志峰　薛多山	32	32	新开
71	2014K40	集油掺水撬的研制	油田公司	2014.02-2014.12	机械厂 史志峰　邱俊杰	33	33	新开
72	2013K45	大型储罐干式正装全自动焊接工艺应用	油田公司	2013.01-2014.06	建筑安装公司 干　晖	35	17	接转
73	2013K60	青海油田职业技能鉴定无纸化（办公）鉴定系统	油田公司	2013.08-2014.07	职业技能鉴定中心 李金平	45	45	接转
74	2013K62	青海油田野外职工膳食营养调查及干预评价	油田公司	2013.08-2014.07	矿区服务事业部 许常平	35	19	接转
75	2013K49	尿道前列腺电切术（TUPK）临床应用研究	油田公司	2013.01-2014.10	职工总医院 朱火明　蔡德刚	33	18	接转
76	2013K46	钢制管道和储罐的防腐保温研究	油田公司	2013.01-2014.06	基建工程处 骆建武	42	19	接转
77	2013K51	青海油田管理体系融合研究	油田公司	2013.01-2014.12	企管法规处 张国栋	30	10	接转
78	2014K41	花土沟地区水源及供水管网综合调整研究	油田公司	2014.02-2014.12	规划计划处 刘公民	30	30	新开
79	2014K43	青海油田综合管理信息共享平台的研发与应用	油田公司	2014.02-2015.12	档案信息管理部 张能学　郑志斌	36	19	新开
80	2014K47	昆北联合站外输管线低输量条件下安全运行研究	油田公司	2014.09-2015.09	基建工程处 刘恩国	50	30	新开
81	2014K42	青海油田云服务平台系统建设	油田公司	2014.02-2014.12	通信公司 李延琛	35	35	新开
82	2014K48	青海油田物资ERP辅助管理平台	油田公司	2014.03-2015.06	物资管理部 董国钊　王德文	250	180	新开

【科研成果】 2014年，按照超前储备、技术攻关、配套推广3个层次科学部署，组织实施油田公司级重点科技攻关项目82项、国家级油气专项2个课题、股份公司重大科技专项2项10个课题、股份公司重大推广专项1项，取得一批新的研究成果：

1. 油气勘探方面，开展《柴达木盆地重大风险勘探领域研究与风险勘探目标优选》、《柴达木盆地石油勘探领域评价与目标优选》等项目攻关，通过加强盆地油气源对比、沉积储层研究、油气成藏主控因素分析和油气分布富集规律等方面的研究，强化领域分析和目标评价，梳理出盆缘古隆起及斜坡带、盆内晚期构造带、盆内凹陷及斜坡区带三大盆地石油勘探领域和昆北断阶带、阿拉尔－尖北斜坡带等20个重点勘探区带，优选出英东、东坪－牛东、扎哈泉凹陷等多个重点区带与勘探目标，支撑勘探部署与重大发现。通过钻探在东坪－牛东、马仙、平台隆起斜坡带，盆内英雄岭晚期构造带和扎哈泉凹陷斜坡区取得勘探重大突破。同时，积极加强勘探技术攻关，深化配套技术研究，通过开展《复杂山地地震采集试验攻关研究》、《天然气预测地震技术和含气检测方法研究》等科研攻关，攻克柴达木盆地地震勘探领域中的部分地震勘探技术难题，形成复杂山地地震采集配套技术、复杂构造偏移成像与低信噪比资料处理技术、岩性地层圈闭和岩性油气藏目标处理解释技术等配套技术，全面提高重大勘探领域地震资料品质，剖面优质率大于90%，发现和落实多个有利圈闭目标，有效支撑勘探突破。

2. 油气开发方面，通过加强老区油田油藏控水稳油综合研究，建立三维地质模型，精细识别油藏构造，强化油藏剩余油分布认识，确定油藏精细调控技术政策，提出油藏挖潜方案，加大剩余油储量的有效动用，为稳产提供技术支撑。通过老油田注采调整、细分注水、调驱调剖等一系列稳油控水技术的研究与应用，水驱控制程度、水驱动用程度和采收率得到进一步提高，开发效果明显改善。新区油田针对储层内部构型复杂、定量表征难度大、油气水系统复杂、油水分布认识不清、钻完井工艺技术水平不完善等问题，按照“边勘探、边评价、边试采、边建设”的一体化思路，实施勘探开发一体化研究，有力地推动新区油田快速建产。对于涩北主力气田重点开展了涩北气田出水、出砂规律研究和治水、治砂工艺技术研究及试验推广，形成以泡排为主的排水采气复产、保产工艺和以连续油管冲砂为主的稳产工艺技术，保障青海气区的高产稳产。

3. 工程技术方面，坚持开展技术创新，持续改进工程技术服务方法，努力提升工程技术服务水平，在井下作业、工程建设、物资供应、水电供应、通信服务、机械制造等方面都取得重要进展，技术水平稳步提高，生产保障能力不断增强，为增储上产提供保障。特别是《连续油管技术》广泛应用于油田后，在充分体现连续油管作业机安全、快捷、高效优势的同时，提高施工作业速度，降低作业成本。《下偏复合平衡抽油机的研制》项目，自主研发具有自主产权的三型、五型、八型、十型、十二型、十四型和十六型新型抽油机共1669台，得到油田各生产单位的认可，已在油田广泛使用，创造工业价值4.90亿元。

4. 炼油化工方面，围绕优化产品结构，提高产品质量，增加经济效益，降低生产成本，开展《国Ⅳ汽油产品质量升级》等科技项目，解决汽油硫含量问题，使汽油调和池硫含量由150PPm下降至50PPm以下；醚化重汽油的硫含量从500PPm以上降低至60PPm以下，且脱硫后汽油的辛烷值损失较小；MTBE硫含量从300PPm下降至10PPm，该组分满足国Ⅴ汽油调和要求，可调和出97#汽油产品，减少拔头油外销量，结束石脑油外销的历史，尤其是纤维膜脱硫醇系统投用后，固碱消耗量由200吨/年降低到80吨/年。

5. 输油管道方面，通过升级SCADA系统支持平台、优化运行方式、加大自动化监控力度、完善安全运行技术，使安全防护、应急抢险、节能降耗等方面得到改善，保证了长输管道的安全平稳经济运行。

6. 2014年，青海油田授权专利技术34项。（见表2）

表2 2014年授权专利一览表

序号	发明单位	专利名称	专利号（申请）	专利类型	申请日	授权日	备注
1	钻采工艺研究院	一种C形液压管子台虎钳	201320538265.8	实用新型	2013.08.30	2014.04.26	
2	钻采工艺研究院	天然气井后置式节流器	ZL201420420957.7	实用新型	2014.07.29	2014.12.24	获证
3	钻采工艺研究院	一种油井打捞装置	ZL201420427562.X	实用新型	2014.07.31	2014.12.24	获证
4	采油一厂	一种通讯发电测调一体化智能配水器	201320320624.2	实用新型	2013.06.05	2014.01.15	
5	采油一厂	一种铅封封隔器	201320320623.8	实用新型	2013.06.05	2014.01.15	
6	采油一厂	冲砂通井器	ZL201420402715.5	实用新型	2014.07.21	2014.12.24	获证
7	井下作业公司	一种油管液压钳推送装置	201320485313.1	实用新型	2013.08.09	2014.01.15	
8	井下作业公司	油管液压举升装置	201320416194.4	实用新型	2013.07.12	2014.01.15	

序号	发明单位	专利名称	专利号（申请）	专利类型	申请日	授权日	备注
9	井下作业公司	一种旁通开关组合阀	201320413974.3	实用新型	2013.07.12	2014.01.15	
10	井下作业公司	一种压差式泄压阀	201320319866.X	实用新型	2013.06.05	2014.01.15	
11	井下作业公司	一种液压油管支架装置	201320320574.8	实用新型	2013.06.05	2014.01.15	
12	井下作业公司	一种油管连接扣装置	201320320300.9	实用新型	2013.06.05	2014.01.15	
13	井下作业公司	一种无绳抽油杆防脱吊钩	201320320313.6	实用新型	2013.06.05	2014.01.15	
14	井下作业公司	一种试油作业油管排液取样器	201320602508.X	实用新型	2013.09.27	2014.04.02	
15	井下作业公司	一种自密封式井口套管悬挂装置	201320602509.4	实用新型	2013.09.27	2014.04.02	
16	井下作业公司	一种套管回接导向扶正器	201320799497.9	实用新型	2013.12.06	2014.11.19	
17	井下作业公司	一种半圆套铣钻头	201320578605.X	实用新型	2013.09.18	2014.04.02	
18	井下作业公司	一种吊卡销子防脱保护装置	201320799349.7	实用新型	2013.12.06	2014.11.26	
19	井下作业公司	一种地面管线地锚固定器	201320799491.1	实用新型	2013.12.06	2014.11.19	
20	井下作业公司	一种液压钳活门自动开关装置	201320799682.8	实用新型	2013.12.06	2014.11.12	
21	井下作业公司	一种穿芯双滑块打捞筒	201320799668.8	实用新型	2013.12.06	2014.08.06	
22	井下作业公司	可退式穿芯卡瓦打捞筒	201320799389.1	实用新型	2013.12.06	2014.11.19	
23	井下作业公司	一种注水井油管内壁除垢刮削装置及刮削器	ZL201420410497.X	实用新型	2014.07.23	2014.12.24	获证
24	井下作业公司	一种钻具吊卡	ZL201420427398.2	实用新型	2014.07.30	2014.12.24	获证
25	井下作业公司	一种绳卡	ZL201420428994.2	实用新型	2014.07.31	2014.12.24	获证
26	格尔木炼油厂	一种焊接随弧排烟装置	201320602981.8	实用新型	2013.09.27	2014.04.02	
27	格尔木炼油厂	一种冷却空气再次利用装置	201320320456.7	实用新型	2013.06.05	2014.01.15	
28	格尔木炼油厂	一种浮头式及U型管式换热器试压用管箱端连接结构	201320320490.4	实用新型	2013.06.05	2014.01.15	
29	格尔木炼油厂	一种手摇式双头氧--乙炔割枪	201320320419.6	实用新型	2013.06.05	2014.01.15	
30	格尔木炼油厂	一种管道密封装置	ZL201420427497.0	实用新型	2014.07.30	2014.12.24	获证
31	格尔木炼油厂	甲醇合成催化剂活性低温利用装置	ZL201420445761.3	实用新型	2014.08.08	2014.12.24	获证
32	涩北作业公司	一种井下常规作业与试压一体化装置	201320320061.7	实用新型	2013.06.05	2014.01.15	
33	涩北作业公司	一种塑型打捞筒	201320319886.7	实用新型	2013.06.05	2014.01.15	
34	涩北作业公司	一种水平井测试滚轮式柔性滑行器	201320578604.5	实用新型	2013.09.18	2014.04.02	

7. 2014年获得青海油田公司科技进步奖63项，其中特等奖1项、一等奖7项、二等奖20项、二等奖35项。（见表3）

表3 2014年青海油田公司科技进步奖获奖项目

序号	项目名称	完成单位	主要完成者
特等奖（1项）			
1	青海省柴达木盆地英东油田一号构造上盘开发方案	勘探开发研究院；钻采工艺研究院	张国成 黄生远 王 琳 汪立群 贾锁刚 张立会 马建海 李程程 王宝利 王生香 魏学斌 梁晓宇 谯世均 袁永文 李兴彦 马凤春 余荣富 于 航 贾碧霞 王 勇

序号	项目名称	完成单位	主要完成者
一等奖（7 项）			
1	青海油田水平井、直井分层压裂工艺技术研究与试验	钻采工艺研究院；工程技术处；井下作业公司；边远油田开发公司；采油三厂；采油二厂；冷湖油田管理处；采油一厂；勘探事业部	马力宁 江鲁生 贾锁刚 张启汉 郭子义 贺得才 林 海 熊廷松 王国庆 万有余 路彦森 包慧涛 赵鹏飞 应忠才仁 彭礼斌
2	扎哈泉地区致密油成藏条件及勘探成效	勘探开发研究院	刘云田 马达德 贾锁刚 冯云发 张启汉 杨少勇 薛建勤 吴颜雄 吴剑峰 王国民 闪旭光 徐 峰 郭子义 于永刚 谯世均
3	30 万吨 / 年甲醇装置膜分离系统非渗透气的研究与应用	格尔木炼油厂	赵如政 刘海滨 淡明昌 徐继峰 陈家岭 李海建 张明耀 李柏林 张忠林 周永明 桂 勇 李光春 张 敏 孙本阔 茹晓峰
4	南翼山Ⅲ +Ⅳ油层组精细油藏描述	边远油田开发公司	何建红 宋良利 段立锋 吴昌吉 陈 军 金吉成 杜生林 杨文能 芮华松 张 童 高雪江 张海宁 王德麟 梅 洪 于康健
5	阿尔金山前成藏地质条件及勘探技术	勘探开发研究院	汪立群 陶永金 张永庶 段生盛 司 丹 赵 健 邹开真 石正灏 吴志雄 马进业 王 牧 袁贵德 李 丽 李亚锋 王振强
6	尕斯库勒油田 E_3^1 油藏精细数值模拟剩余油分布研究	勘探开发研究院	史玉成 屈信忠 廖 春 胡国强 龙安林 黄 艳 许姗姗 胡小燕 郭华粘 李 虹 马素敏 陈续琴 魏金兰 杜晓炜 钱 磊
7	勘探与生产 ERP 系统在青海油田推广及应用	档案信息管理部；财务处；规划计划处；物资管理部；设备管理处；格尔木炼油厂	刘国友 蔡新红 王英贤 杨 成 董荣昌 程 胜 孙小平 张能学 王建平 王海红 刘玉玲 陈海菊 顾 炜 何艳芳 季海燕
二等奖（20 项）			
1	涩北气田排水采气工艺研究与先导性试验	钻采工艺研究院	贾锁刚 贾英兰 张立会 许吉瑞 冯胜利 廖 丽 马国兴 姜义权 邓创国 黄麒钧 郑俊枥 马洪奎
2	英东、昆北地区沉积储层特征及渗流机理研究	勘探开发研究院	郑永仙 臧士宾 张国卿 崔 俊 寇福德 张越清 许文梅 雷宏伟 毛建英 黄 耀 张小波 邓 文
3	七个泉油田Ⅱ区块地震资料目标处理及储层预测	采油三厂	樊仓栓 李战明 鲍远敦 周海生 唐士跃 李武胜 许正恩 谢刘静 吴 军 陈 杰 丁富寿 蔡 亚
4	台南气田Ⅴ、Ⅵ开发层系数值模拟跟踪评价	勘探开发研究院	李江涛 贾英兰 秦 涛 柴小颖 李 清 马富强 季 赟 赵军年 严焕德 毛凤华 连运晓 顾端阳
5	七个泉油田Ⅲ层系精细描述	采油三厂	唐士跃 蔡 亚 崔荣龙 周海生 鲍远敦 杨鲜鲜 任强燕 王海生 付黎明 彭 莲 于保禄 谢 岩
6	PSSL 全谱饱和度测井工艺方法及解释技术研究	测试公司	张智峰 张 洪 邱金权 黎 明 雷 刚 陈宗群 李 波 王青川 吴朝全 杨西娟 谢建华
7	马北一号油田精细油藏描述	马仙采油厂	宋彦海 沈生福 李 伟 颉永琛 张 飞 赵 雯 孙晓军 马正才 李宝山 钱战宏 刘金滚 董 翱
8	尕斯库勒油田可控注水配套工艺技术研究	采油一厂	王龙罡 薛世团 刘献东 马振勇 王 昭 谢代培 王宗涛 彭元奎 左小鹏 王 伟 申陈州 高 明
9	柴西北复杂油水薄互层分层压裂改造技术研究及应用	钻采工艺研究院	林 海 万有余 彭 继 王国庆 熊廷松 张成娟 李 丽 罗 勇 罗敬兵 万 永 张 煜 刘世铎
10	深探井和风险井钻井配套技术研究	钻采工艺研究院；勘探事业部	杨国辉 周 平 陶永金 谯世均 陈泽勇 杨启恩 于永刚 徐成金 徐卫强 张顺世 姜双奎 赵生秀
11	东坪 - 牛东地区复杂储层储量计算参数方法研究	勘探开发研究院	寇福德 李亚锋 谢 梅 王玉珍 赵国忠 朱 军 郝小梅 年秀清 陈园园 徐 丽 朱文军 李金华
12	青海油田尕斯、花土沟、跃进二号水质调查及水质配伍性研究	钻采工艺研究院 采油一厂；采油三厂；诚信服务公司	贾锁刚 窦红梅 王龙罡 刘献东 应忠才仁 王龙飞 侯子志 孙未国 江 林 荆冬锋 隋国杰 毛锦龙
13	系列撬装注水系统的研制和应用	机械厂	陆蒙湘 高 辉 骆建武 石东升 刘金海 赵永丰 邵海芬 胡定荣 李麟祥 吴双乐 张庆耀 陈 兵
14	催化裂化装置油浆系统优化	格尔木炼油厂	徐继峰 杨小令 陈家岭 李小平 袁声明 涂 定 王 宇 王胜潮 徐英山 余 健 吴建国 杨胜利

序号	项目名称	完成单位	主要完成者
15	昆北油田切六、切十二井区完整项目管理研究	规划计划处	刘公民　高海梅　王志亮　马富平　谭建华　王建平　丁小峰　宋吉兰　王彩华　王伟民　武丽萍　徐正惠
16	柴达木盆地阿尔金山前高精度三维地震方法研究	勘探事业部	胡　杰　张金岗　李光耀　黄叶秋　王永生　朱　波　程宝学　李松楠　李业全　李　岩　韩春瑞　王婷婷
17	敦煌基地保温系统节能技术研究	社区管理中心	青　山　包生昌　晋　江　沙　坤　王洪华　张小玲　李怀黎　徐海生　李炳洪　周泽铸　张福喜　王国栋
18	乌南油田密闭集输工艺研究与应用	钻采工艺研究院	李　莉　贾锁刚　骆建武　曹书瑜　昝　英　马杨洋　赵雪坤　吴云海　焦敏青　费明远　任兴发　刘恩国
19	英东复杂构造油气藏岩石物理综合研究	勘探事业部	高　荐　张审琴　梁晓宇　应鑫业　邹卓峰　邢　超　李　强　张庆尧　管　斌　付艳双　郝　斐　房国庆
20	涩北一号气田流体分布特征与三维地质建模	天然气开发公司	王小鲁　何　艳　奎明清　杨喜彦　刘俊丰　聂鹏程　朱秋琳　温中林　门春娟　李延华　黄晓玲　冯晓东
三等奖（35 项）			
1	南翼山Ⅴ油组水平井优化技术研究	勘探开发研究院	李江涛　白金莲　张庆辉　陈晓冬　项燚伟　张庆丰　姜明玉　李显明　李惠霞　郭　宁
2	涩北二号气田水侵特征研究及调整对策	天然气开发公司	华锐湘　邓成刚　杨喜彦　赵军年　陈勇全　梁艳萍　李延华　朱秋琳　黄晓玲　李拉毛才旦
3	涩北气田生产动态分析及开发诊断系统	勘探开发研究院	李江涛　李　清　柴小颖　徐晓玲　毛凤华　姜义权　严焕德　季　赟　顾端阳　连运晓
4	柴北缘页岩气钻探工程与地质评价	勘探事业部	陶永金　梅建森　杨国辉　张长好　徐成金　段生盛　袁广程　赵为永　周　平　王　凯
5	昆北油田储层酸化改造技术研究	采油二厂	赵连臣　左入文　彭　亮　哈海怡　陈　飞　曹玉波　孟　媛　石振军　钟尚伦　史骏飞
6	涩北一号气田主力产层边界条件及水驱特征研究	天然气开发公司	刘俊丰　赵军年　田会民　聂鹏程　孙　勇　何　艳　王贵冬　温中林　李拉毛才旦　门春娟
7	英东油田产能建设地面集输工艺简化优化	钻采工艺研究院	李　莉　骆建武　张立会　刘金海　任兴发　陈　兵　魏文勇　晁　斌　骆　涛　刘恩国
8	青海油田职工口腔健康调查及干预措施的研究	职工总医院	张有建　杨　敏　马成祥　宋东霞　韩海青　李　蕙　乔纪春　张红怡　林　丰　董新利
9	柴西南区典型油气输导体系研究及预测分析	勘探开发研究院	薛建勤　杨乾政　高先志　袁　莉　刘海珍　姚文倩　姜营海　王　凯　姜雪萌　王志华
10	油砂山油田地质建模及数值模拟研究	勘探开发研究院	许姗姗　史玉成　宋祖勇　张　煜　李　虹　魏金兰　林益康　邹海燕　姜明忠　柴　新
11	涩北气田压井液、冲砂液、封堵剂配方研究与先导试验	钻采工艺研究院	窦红梅　牛　壮　史国宏　曾立军　刘　鹏　何正林　郝少军　胡海敏　毛建军
12	格尔木 300 兆瓦燃气电站智能换热控制系统在 DCS 上的实现	天然气电力公司	孙向前　何晓青　曾信桥　孙锡祥　赵建春　叶立军　程　辉　宋吉龙　张国松　李　戈
13	波分技术在专网的融合研究	通信公司	李战海　杨　平　陶俊魁　柴　勇　李迎星　牛晓君　宋吉福　阳爱民　廖小文　曾　亮
14	英雄岭复杂山地地震资料处理解释攻关研究	勘探开发研究院	王传武　张启全　康　平　李元奎　谭力金　杨玉芹　姜人亮　李　丽　戴向峰　武　锋
15	花土沟油田Ⅳ层系细分开发层系可行性论证	勘探开发研究院	李江涛　项燚伟　陈晓冬　郭　宁　吴　军　李国艳　张庆辉　左　磊　白金莲　张清兵
16	马西三维目标精细处理解释及储层预测	勘探开发研究院	李江涛　李　清　季　赟　马富强　秦彩虹　连运晓　顾端阳　钱战宏　张建东　王丽娟
17	盐碱地水淹天然气管道保护性打捞	机械厂	王增斋　刘德勇　张小军　魏炳奎　陈　杰　付　宽　王卫平　李　力　解海潮　王增军
18	客车车载视频监控系统	客运服务公司	李惠民　陈永发　杨继安　杜建亚　张亚东　刘联平　李振久　田丰蓉　王继成　王　佳
19	柴西南区坡折带对岩性油气藏分布的控制作用研究	勘探开发研究院	张勤学　刘　震　杨乾政　王　鹏　周　刚　张越清　丁旭光　吴　瑾　张　娜　王海峰

序号	项目名称	完成单位	主要完成者
20	油水井多段多层压裂技术	钻采工艺研究院	马国兴 刘彦平 宁朝华 乔根才 陈微熙 郭子义 文忠选 王晓军 景亚光 丁 娜
21	数值试井在涩北气田的研究与应用（台南气田）	涩北作业公司	单永乐 吴胜利 高创波 张 瑞 任玉林 奎明清 冯 毅 张天君 刘 健 魏永霞
22	封堵设备在油气管道上的引进应用	管道输油处	马晓斌 李 亮 腾金端 吕黎军 方杏兰 梅 洪 赵建春 刘 伟 邢振华 王银霞
23	小梁山三维地震资料处理解释及综合评价	勘探开发研究院	侯安平 壮春龙 赵为永 戴向峰 王振强 张良庆 熊业刚 张德兰 吕 玮 张狄杰
24	马北油田马北 8 区块 E_3^1 油气藏构造及储层研究	马仙采油厂	沈生福 宋彦海 李 伟 张 飞 赵 雯 连运晓 颜学刚 刘小军 李 骏 张 毅
25	涩北一号气田薄层与低阻气层识别技术	勘探开发研究院	毛凤华 秦彩虹 顾端阳 徐晓玲 连运晓 严焕德 柴小颖 季 赟 秦 涛 陈汾君
26	青海油田 2012 年度上市储量自评估	勘探开发研究院	王玉珍 周显春 赵国忠 寇福德 刘昊石 李 丽 刘 健 王建平 柴京超 许 刚
27	油砂山油田开发技术调整及优化研究	勘探开发研究院	张 煜 李 虹 魏金兰 林益康 丁晓军 邹海燕 李兴彦 刘青文 于 海 李艳萍
28	柴达木盆地古近纪新近纪腹足类化石研究	勘探开发研究院	乔子真 随源太 路艳丽 张海泉 袁秀军 江小青 曾 妮 乔柏翰 朱叶倩 刘 军
29	中低温复杂砂岩油藏深部调驱技术优化与应用效果研究	钻采工艺研究院	张启汉 施晓雯 何 佳 扈福堂 王海涛 曾立军 牛 壮 吴 琪 王龙飞 朱秀雨
30	鄂博梁地区天然气成藏条件及富集规律研究	勘探开发研究院	孔红喜 翟志伟 沙 威 申玉山 侯泽生 周 飞 雷宏伟 潘 科 肖 强 沈晓双
31	储量标定结果与评估结果对比分析研究及 2012 年新增动用可采储量标定合理性论证	勘探开发研究院	屈信忠 周显春 李兴彦 王玉珍 雷 光 刘昊石 赵国忠 杨书逸 寇福德 李 丽
32	南翼山浅层油藏增产措施工艺技术研究与应用	边远油田开发公司	王德麟 叶文刚 赵鹏飞 汪剑武 冶维青 杨健彬 江 飞 袁 伟 梁 勇 高红枫
33	英东油田产能试井测试工艺及解释方法研究	测试公司	张 洪 杨西娟 李得信 王 燕 陈宗群 甘常建 罗 娜 孙 超 涂建成 王青川
34	强水敏难采油藏补充地层能量技术研究	钻采工艺研究院	窦红梅 袁永文 彭礼斌 江 林 谢建军 曾立军 张 平 兰 珺 许大能 王龙飞
35	七个泉油田七 30- 七东 1 区块地震资料目标处理及储层预测	采油三厂	李武胜 宫志宏 陈 杰 韩晋伟 郭 龙 敖 炜 谭振波 杜光辉 张梦麟 钟 萍

8．2014 年，青海油田获得省、部级科技进步奖项目。（见表 4）

表 4　2014 年获得省、部级科技进步奖成果表

序号	项目名称	获奖等级	获奖人员
1	扎哈泉地区致密油成藏条件及勘探成效	青海省科技进步一等奖	付锁堂 刘云田 马达德 贾锁刚 汪立群 薛建勤 杨少勇 吴颜雄 王国民 郭子义
2	尕斯库勒油田 E_3^1 油藏精细数值模拟剩余油分布研究	青海省科技进步二等奖	马力宁 史玉成 屈信忠 马达德 张国成 廖 春 胡国强 龙安林
3	英雄岭复杂山地极低信噪比区三维地震勘探技术研究及应用	中国石油天然气集团公司科技进步一等奖	张 玮 唐东磊 胡 杰 宁宏晓 李洪革 冯云发 蔡锡伟 尹吴海 李成武 何永清 王海立 王传武 李光耀 张金岗 哈祥云
4	连续管作业增产技术与配套工具	中国石油天然气集团公司科技进步一等奖	胡强法 谭多鸿 朱 峰 鲁明春 吕维平 白晓弘 盖志亮 黎宗琪 兰建平 辛永安 钟连全 于东兵 马洪钟 张 炎 张士彬
5	英东复杂断块油藏高效开发配套技术研究与应用	中国石油天然气集团公司科技进步二等奖	张国成 王 琳 马达德 黄生远 汪立群 贾锁刚 张立会 马建海 王生香 谯世均
6	阿尔金山前成藏地质条件及勘探技术	中国石油和化学工业联合会科技进步三等奖	汪立群 陶永金 张永庶 邹开真 石正灏

【重大科技专项】 股份公司《柴达木盆地建设千万吨油气田综合配套技术研究》重大科技专项由于经费拨付相对滞后，外协项目启动晚，项目运行过程中，油田勘探生产出现了新发现和新问题，实物工作量大幅增加，现场试验实施及评价晚于设计预期，特申请专项延长第一阶段研究周期。经股份公司科技管理部批准，研究周期由 2011 年 1 月 -2013 年 12 月调整为 2011 年 1 月 -2014 年 9 月。

2014 年 3 月 1-2 日，由青海油田公司组织对重大科技专项所属油气勘探专业中的 18 个专题进行验收评审，18 个专题全部通过验收。其中《英雄岭复杂山地地震采集试验攻关》、《英雄岭地区目标识别与技术攻关》等 8 个专题被评为优秀成果。

2014 年 3 月 4-5 日，由青海油田公司组织对重大科技专项所属油气开发专业中的 16 个专题进行验收评审，16 个专题均被评为良好成果，全部通过验收。

2014 年 8 月 1 日，由青海油田公司组织对重大专项所属 9 个课题进行自验收，通过专家认真评审，认为各课题能够按照开题设计及计划任务书的要求完成各项工作任务，取得了多项重大成果，成果及时应用于生产，取得较好的经济效益，理论认识、技术创新、知识产权、生产实效、人才培养等考核指标基本完成，为青海油田勘探开发生产发挥出了积极的支撑作用，产学研紧密结合，一体化的管理体系基本形成，确保重大专项的顺利推进。9 个课题全部通过验收。

2014 年 11 月 13-15 日，受股份公司科技管理部委托，由集团公司科技评估中心组织专家对重大科技专项进行现场检查验收。验收专家分别到青海油田勘探开发研究院与钻采工艺研究院、以及西北分院、东方物探和中油测井驻青海油田研究机构抽查部分课题技术创新点在创新过程中产生的实验数据、试验过程记录、设备运行记录、设计方案等原始资料的完整性与真实性；检查了引进的重大装备与软件到位与运行情况；核查外协项目合同验收与成果应用情况；抽查课题财务台账。经现场验收组检查认为，《柴达木盆地建设千万吨油气田综合配套技术研究》重大科技专项达到正式验收条件。

2015 年 1 月 15 日，由中国石油天然气股份有限公司科技管理部在北京组织召开重大科技项目验收会。专家组在听取青海油田分公司关于《柴达木盆地建设千万吨油气田综合配套技术研究》重大科技专项成果汇报后，经认真讨论认为，该专项通过 3 年多攻关，完成各项任务与考核指标，取得 7 个方面的重要成果及创新点，实现油田资源接替、原油稳产增产和天然气快速上产提供了重要科技支撑。验收委员会同意通过验收。（梅洪）

信息化工作

【概述】 2014 年，档案信息管理部深入贯彻落实集团公司档案、信息工作要求和油田公司“两会”精神，认真贯彻落实中央八项规定和集团公司二十条要求，深入开展群众路线教育实践活动，查找“四风”方面突出问题，开展专项整治工作，充分发挥党支部的政治核心作用，认真履行工作职责，不断加强领导班子自身建设，努力提升思想政治素质和领导能力，解决好领导班子在思想、组织、作风和反腐倡廉方面存在的问题，增强班子的凝聚力和战斗力。加快推进以 ERP 为核心的系统集成应用，围绕油气生产物联网（A11）、地理信息系统 A4 等项目的建设、云技术平台的搭建、已建信息系统的深化应用和运行维护，档案管理工作评级达 A 等重点任务开展工作。为油田提供优质、可靠、高效的信息、档案服务，全面完成油田公司下达的各项业绩指标。根据青海油田档案、信息化各类应用系统需要，2014 年在油田举办档案、信息化培训班 10 期，培训人员达 500 人次，有力的支持了各类系统应用；2014 年在油田信息网站上发布新闻、通知通告、行业动态和百味话题共计 22502 条，做到及时准确，舆情检测和负面网络信息检测中未发生任何异情，保证油田门户舆论导向的正确性；到兰州区域中心完成电信 34M 升级为 1000M 链路，铁通链路业务割接到 155M 链路的任务。积极参与自建信息系统等级保护定级工作及入侵保护系统（IPS）升级工作。改造油田中心机房。加强邮件账户 VPN 身份认证工作，截至 2014 年年底，青海油田 UK 用户总计 4875

个，邮件用户数24852人。按照集团公司信息化项目的统一安排，圆满完成集团公司油气生产物联网（A11）系统、油气水井生产数据管理系统A2 V2.0、企业门户等应用系统的推广、升级、培训工作。加强考核管理，理清了集团公司26个统建系统的主管部门和责任人，建立业务部门和信息部门齐抓共管、责任分担的机制，实现集团公司统建应用系统的考核排名达到油气田企业前6名的目标，并且有12个应用系统在集团公司统建应用系统考核中获得第一名。精心组织准备、积极主动争取，油田信息化重大专项TD-LTE产业化项目获批。加强档案业务管理，加快推进档案数字化工作，根据集团公司《2014年档案工作要点》及《集团公司档案工作评价实施细则（2014年）》，严格按照档案评价实施细则6大项30小项的要求，成功迁移和合并档案目录数据库档案数据25.92万条，目录数据库建设达到100%。确立归档范围确认制和备案审批制，实现机关处室文件的集中统一管理；在档案馆维修改造期间安全有效地完成近80万件档案的搬迁移库工作。如期完成历史档案数字化项目（一期、二期）工作，完成5600期《青海石油报》和1500卷基建档案约53万页的数字化加工、扫描、迁移及电子附件的导入工作，对约280万页基建档案、16万件文书档案、8万张底图档案进行整理、录入、扫描。2014年10月23日，集团公司档案评价组的检查评价得分105.80分，圆满完成达A的目标。加强档案编撰工作，全面完成油田史志编研任务，完成《中国石油天然气集团公司年鉴》、《青海地方志》、《青海经济年鉴》、《青海省海西州政协委员会文史资料》、《青海省海西州和格尔木市地方志》等上级部门要求稿件的编撰和呈报；《青海油田年鉴》（2014卷）编撰已完成稿件的编审工作；《青海油田（1954年-2014年）大事记》的编撰，完成初稿并交印刷样书。截至2014年年底，档案信息管理部员工35人，其中高级职称7人、中级职称 25人、初级职称2人，高级工1人。

【信息化管理】 坚持把科学谋划顶层设计作为青海油田信息化发展的核心，为确保青海油田信息化工作的持续健康发展，青海油田信息化管理部门多次与中油瑞飞、新疆红有等中石油信息内部信息支持公司的专家进行技术交流。从油田信息化取得的成果、存在的问题、面临的形势、信息规划、实施保障几个方面做了详细的分析和规划，编写完成《青海油田公司信息技术总体规划》，为切实做好数字青海油田的顶层设计，明确数字青海油田建设的总体架构和油田信息化建设指明方向。开展油田云平台应用的技术研究和测试，多次邀请国内外知名厂商来油田对云平台技术进行交流，编制完成《存储服务器虚拟化方案》，利用现有的服务器资源对油田许多业务提供虚拟化服务，在未增加硬件的情况下，通过采用先进技术（虚拟化），利用5台物理服务器，向油田各单位信息化工作提供30台虚拟服务器，为油田节约大量的资金，油田信息工作迈上新技术台阶。

【体系管理】 按照油田公司要求修订和完善内控手册信息与沟通控制部分的信息业务流程工作。

（左小明　曹芳）

【数据建设】 整理加载地震数据，2014年共加载3个三维地震工区成果数据，数据量865.30GB，满覆盖面积7298.20平方千米；加载20个二维地震工区588条测线的成果数据，数据量57.27GB，测线程度15313.27千米。测井数据录入加载，2014年测井整理493口井，共1299条，加载328口井测井LAS文件，数据量共89.23GB。A1系统运维中心技术人员共同开展LandMark测井数据检查，验证2223口井，7655个LAS文件。使用SEGY-Manage软件，对所有LAS文件做加载前后比较，共计2994口井，4626个LAS文件，编写《测井数据整改与验证方案》。勘探开发综合数据汇交库录入983口井，审核523口井，整理、加载565口井；井史录入724口，28991页，一审742口井，30236页，二审841口井，34476页，数据量22.3GB；井文档（钻井、录井、测井、试油、测试）整理4026口，数据量73.3GB；测井、岩心档案信息整理5493口井，6299条。

【勘探与生产技术数据管理系统（A1）的运维】 日常维护与管理中严格按照管理标准与操作规范，每周定期对所管系统硬件设备进行巡回检查。定期对应用服务器进行补丁检查与更新，对巡检中发现的几个问题提交运行维护申请，配合运维中心的人员进行相应的处理。对于巡检中发现的P570电源模块与EMC存储控制器模块损坏问题，配合IBM工程师对2个电源模块和控制器进行更换。配合中油瑞飞实施现场巡检2次，对巡检报告中发现的PetroBank数据库表空间不足，警告日志等问题进行逐一解决。 根据《中国石油A1系统应急演练总体方案》配合总部进行模拟《系统服务器突然断电》与《A1系统主数据库服务器Oracle数据库表空间数据文件丢失及数据库表误删除》应急演练。

【机房及门禁系统和视频监控系统的维护】 对档案馆门禁系统进行维护升级，联系厂家解决门禁使用过程中的一些问题，并对新来人员的门禁卡发放和离开人

员的门禁卡进行调整。对档案馆视频监控系统进行维护和调整，保证系统的正常运行

【油气生产物联网建设】 根据集团公司 A11 项目组总体要求与工作安排，组织、协调 A11 项目的正常进行并完成相关建设工作。（何作峰）

【电子公文系统应用】 2014 年，电子公文系统共发文 3121 份，收文 168884 份，为油田实现快捷化无纸化办公提供保障。在运行维护过程中，根据组织机构人员变动情况，档案信息管理部及时调整系统设置。同时，针对用户多、客户端复杂的实际情况，档案信息管理部进一步强化故障响应要求，基本做到随叫随到，实现系统平稳运行。2014 年 12 月，根据业务部门需求，电子公文系统进行全面升级，优化流程设计，从而实现系统更贴近实际办公环境。2014 年，在集团公司电子公文系统全年考核中，青海油田始终排在前列。

【HSE 信息系统】 自投运以来，HSE 信息系统在青海油田 HSE 管理中发挥着重要的作用。截至 2014 年年底，HSE 信息系统用户 1063 个；登录系统用户次数 14874 次，全年系统登录次数 49543，新增数据信息 37682 条。2014 年 5 月，配合集团公司 HSE 信息系统（2.0 版）项目实施，青海油田对原有 47 个功能模块进行升级完善。

【青海油田门户网】 2014 年完成青海油田主门户及机关处室、二级单位、办事处等 74 家企业门户的设计、搭建、培训、运行、维护、考核等工作。2014 年 9 月完成《青海油田新闻报送平台系统》的设计、编研、测试、培训、运行等工作。2 次培训参加人数共 230 人。协助油田公司办公室、企业文化处、油田团委、油田工会等处室单位完成《2014 年油田公司两会专题》、《“我为千万吨做贡献”主题大讨论》、《青海油田摄影展》、《“书香宝石花，点亮青春梦”网络答题》、《文明引领新生活，齐心共筑“油田梦”》、《油田公司形势目标主题教育活动网上答题竞赛》等专题的制作。

【油气水井生产数据管理系统（A2）】 2014 年，油气水井生产数据管理系统（A2）顺利完成 A2 系统 1.0 到 2.0 的升级切换，系统运行更加平稳；举办 2 期 A2 系统培训班，对系统架构、功能和操作方法进行讲解，用户反应良好；全年系统考核平均分为 98.16，较 2013 年增长 0.52 分，在油气田企业排名第八，较 2013 年排名提升两位。管理和应用水平得到新提升。（王广智）

【勘探与生产 ERP 系统应用】 勘探与生产 ERP 系统运行维护人员按照运行维护管理办法和实施细则认真开展工作，协助业务部门处理解决系统使用过程中的各种问题，及时与上级部门协调处理解决有关问题，受理解决问题 5500 多个，做好日常运行维护：一是组织开展 ERP 系统设备模块和财务模块的培训班，对 ERP 用户进行培训，使业务人员熟悉系统操作、了解系统考核指标的评定方法、掌握常见问题的解决方法，集中培训人员 270 人次。二是新增及部分单位由于人员变动及新业务变化，按需求进行专业、单一的培训，培训单位 5 个，了解并掌握具体操作与新业务的变化，确保业务正常有序展开。三是了解掌握业务需求，与业务部门及时沟通，不断深化 ERP 在实际工作的应用，完成新增 4 个单位（项目建设管理中心、北京时腾酒店、兰州蓝宝石宾馆、西安金岛酒店）的系统配置、权限及业务测试工作，保证新单位按时上线；完成财务传输集成凭证约 31.89 万个；完成全年各月的月结、2013 年的年结和 2014 年的初始工作。四是按集团公司统一部署，2014 年 12 月集成应用权限管理平台青海油田为第一批推广单位，部分人员在大港油田集中办公，通过与现场人员不断的沟通、协调，完成油田数据整理。对使用勘探与生产 ERP 系统的 50 个单位做好 6 个模块的各个岗位与相关角色对应，当月开展工作并且实现当月系统上线。五是指导各单位的 ERP 系统使用，通过相关部门、应用单位的通力合作、扎实有效的工作，月度考核落到实处，系统运行平稳顺畅。

【权限内控工作】 认真做好 ERP 权限管理工作，及时处理 ERP 用户的账号申请、撤销、权限变更、口令解锁、角色变更、ADOBE 权限申请等工作。对新增角色、事务码在测试系统认真测试，尤其对运行维护过程中用户的权限变更需求及时进行处理，新增和删除权限 12122 条，保证业务的及时处理。按期对系统用户进行检查，对 3 个月无动态的用户进行冻结，及时梳理孤儿账号，与各单位用户沟通、了解实际情况，对孤儿账号进行分析。管理员按内控管理要求，定期对岗位角色对应关系、职责分离矩阵和敏感事务权限规则进行检查，对权限分配不符合职责分离原则的用户进行整改，股份公司的互斥完全整改，防患于未然，保证系统的高效、安全运行。（程胜）

【网络基础设施建设】 2014 年，进行中心核心机房电源故障整改工作，更换 1 台 UPS 和市电 ATS 切换开关，维修柴油发电机相关配件，更换机关 5# 楼、1# 楼、档案馆 3 个机房的后备电源电池，保障中心机房电源的稳定和设备的正常运行。配合新闻中心完成机房两路市电接入工作，减少发电机的使用次数。完成井下作业公司托运公司、社区管理中心机关楼、油田

公司保密办集团公司与省政府专网搬迁、四方公司3个酒店后厨、党校6所幼儿园食堂食品卫生网络监控等24项零星网络联网、光缆熔接、互联网IP地址分配网络工程；开展3次兰州区域中心网络和1次A8勘探与生产交互环境会议室应急演练。完成5个驻外办事处与敦煌核心机房专线带宽由2兆到4兆扩容工作，一定程度上解决办事处访问油田办公系统网速慢的问题。完成油田视频会议专网新设备安装调试独立组网和油田公司“十二五”网络基础设施需求调研。及时跟踪和落实科室所管集团公司统建桌面安全、视频会议、电子邮件、局域网、数据中心、身份认证等8个系统考核相关事宜，加强与集团公司项目组和各二级单位相关人员的沟通，加强系统管理，提高主要管理系统考核在集团公司的排名。根据集团公司信息安全建设总体要求，地区公司需关闭自建互联网出口，迁移至单位所在区域中心。完成到兰州区域中心电信34M升级为1000M链路，将铁通链路业务割接到155M链路。结合油田公司实际，充分利旧已有网络安全设备，购置相关安全设备，完成青海油田网络安全域建设项目。（陈彬　李运财）

外事与对外合作

【外事工作概述】 2014年，对外合作部认真贯彻学习十八届三中全会、油田公司两会精神，围绕处室年度业绩考核目标，发挥对外联络窗口和支持保障作用，以严谨认真的工作态度，求真务实的工作作风，认真履行职责，齐心协力，较好地完成各项工作任务。

【外事接待与出国考察】 为深入贯彻落实中央“八项规定”和集团公司党组“若干规定”，根据外交部和集团公司外事相关文件，为进一步加强油田公司因公出国（境）管理工作，于2014年4月下发石油青外〔2014〕119号《青海油田公司因公出国（境）管理办法》。按照新下发的管理办法，对油田公司2014年4月15日之后的出国团组都进行了首次公示和回国公示，并对因公出国人员实行出国人员备案制，进一步规范出国管理的程序。

2014年，油田公司共有19人8团组分别赴加拿大、美国、法国、俄罗斯及韩国等国家分别完成了上游地面开发、设计和维护技术培训、致密油气开采技术培训、SKUA-GOCAD建模软件培训以及青少年舞蹈才艺展演等出国任务，因公出国团组高效、务实。2014年油田公司因公出国费用为58.94万元，控制在全年的因公出国费用预算内。因公出国人员中专业技术人员占出国人员总数的82%，培训类项目占出国项目总数的75%，出国人员按要求完成各种与油气生产相关的培训，完整的出国学习报告在因公出国团组回国公示中分享。

在按团组定期召开出国教育会的同时，不断对因公出国教育的材料和手段进行更新和改进。2014年，对油田公司的出国知识手册进行修订和重新印刷，在总结归纳已有经验的基础上，不断丰富、完善和创新外事教育体系和内容，有效提升外事教育的全面性和实效性。（见2014年度因公出国人员一览表）

2014年度因公出国人员一览表

团次	时间	出访国家	出访目的	技术培训人数	考察人数
1	2014年1月	乍得	RONIER油田现场工作任务	2	
2	2014年6月	加拿大	上游地面开发、设计和维护技术培训	2	
3	2014年6月	法国	SKUA-GOCAD建模软件培训	6	
4	2014年8月	韩国	五彩梦-中韩青少儿舞蹈才艺展演比赛		3
5	2014年8月	美国	致密油气开采技术培训	1	
6	2014年9月	美国	致密油气开采技术培训	1	
7	2014年9月	加拿大、美国	职业技能培训	1	
8	2014年10月	美国	燃机发动机返厂大修		3
合　计				13	6

【对外合作与交流】 2014年3月13日，对外合作部组织威德福（中国）能源服务有限公司和斯伦贝谢公司与青海油田公司在北京签订《战略合作框架协议》。这两份《战略合作框架协议》的签订，揭开青海油田与国际石油工程服务公司的合作新篇章。在对外合作部、天然气处的推动下，斯伦贝谢公司与冷湖油田管理处签订坪1H-2-7井一趟钻完成上分支水平井段涡轮钻井技术服务合同、东坪井区坪1H-2-5等3口井压裂工程技术服务合同。以上述工作为基础，对外合作部组织青海油田与斯伦贝谢高层会晤及座谈会，总结双方合作取得的成就，展望下步合作前景，并就合作原则、合作模式等方面意见达成一致。

2014年，针对青海油田的技术需求，积极联络外国油田服务公司、外籍油田专家到青海油田进行技术交流和项目合作。为落实与外国油田服务公司签订的战略合作框架协议，先后组织"斯伦贝谢公司新技术交流会"、"页岩气勘探开发学术讲座"、"水平井分段压裂技术培训"。油田公司近200名技术人员参加技术交流和新技术培训，学习斯伦贝谢公司复杂储层测井评价、致密油压裂改造实践、固井、M-I水基泥浆、涡轮钻井提速、SMITH钻头、动态负压射孔、随钻测井、地质导向、旋转导向等国际领先技术，了解加拿大滑铁卢大学教授带来的北美、印尼、澳洲、欧洲等地的页岩气勘探开发最新成果，体会加拿大油田开发专家带来的水平井分段压裂技术在北美的实践经验。与出国培训相比，邀请外籍专家到油田培训，单人培训成本只有国外培训的1/6，接受培训的人数增加30倍。

为确保柴达木非开放地区涉外项目的顺利开展，在外国专家来访前，制定周密的接待计划和活动日程，在计划工作时间内顺利办理了外国人通行证。并按照青海省有关部门的要求，派专人到外籍专家施工现场进行政策宣传和检查，为外籍专家赴盆地非开放地区按期开展科研生产项目提供了保障。截至2014年10月，共接待来访外国公司、外籍专家7团次，共37人。（见2014年来访专家一览表）

2014年来访专家一览表

批次	时间	来访专家或机构名称	来访目的	来访人数
1	2014年2月20日-3月20日	俄罗斯电法勘探专家	《柴西南扎哈泉地区DHIP电法勘探油气检测》	2
2	2014年2月25日-3月25日	斯伦贝谢公司	《柴达木盆地西部坳陷区英东一号构造井间地震》	2
3	2014年3月3日	斯伦贝谢公司	工作会谈	5
4	2014年4月10-11日	斯伦贝谢公司	新技术交流	14
5	2014年6月15日	加拿大阿尔伯达大学 加拿大滑铁卢大学	学术讲座	3
6	2014年7月21-24日	中加石油中心	学术讲座	1
7	2014年9月4日	斯伦贝谢公司	高层会晤	10
合　计				37

在办理完成格尔木300兆瓦燃气轮机电站第一期核证减排量发改委管理费缴纳手续后，按照油田公司关于《关于进行格尔木300兆瓦燃气轮机电站第二期碳减排量核证的请示》的批示和2013年10月28日油田公司领导办公会议确定的事项，组织完成格尔木燃气电站第二期核证资料准备工作；组织天然气电力公司与ERM核证服务公司、法国电力贸易公司就格尔木燃气电站第二期核证合同条款进行商讨和确认；组织签订格尔木燃气电站核证合同。组织ERM核证服务公司、法国电力贸易公司对格尔木燃气电站自2012年1月1日-2013年7月31日期间产生的减排量进行核证，核证报告初稿中核定的格尔木燃气电站产生的减排量为24.30万吨二氧化碳当量。油田公司根据欧盟碳减排交易规定和国际碳减排量交易市场行情确定"现货期货分批交易"方案。

【涉外技术及设备引进】 2014年，组织学习国家新招投标办法《机电产品国际招标投标实施办法》（商务部令［2014］第1号）和集团公司相关文件，结合油田实际，完善青海油田进口业务流程图，为进口业务操作人员提供执行依据。赴花土沟、格尔木等生产现场进口物资的商检的同时，分别向井下作业公司、格尔木炼油厂等相关单位就近期出台的新政策和文件进行及时宣贯。

根据生产单位提供的年度引进设备（配件）购置计划，将属于集团公司的国际招标、谈判采购项目及时上报集团公司物资管理部进行审批并参加评标工作。将属于油田自行组织的采购项目向油田公司申报和立项，组织开展由机关相关处室和使用单位参加的进口采购设备（配件）招标及谈判工作。

完成高端全身螺旋CT扫描系统、核磁共振成像系统、3#燃气轮机返厂大修以及2#燃气轮机低氮燃烧改造升级等进口采购项目。2014年，油田公司共组织进口采购招标和谈判会议10次，参加集团公司组织的进口谈判会议6次，上报国际招标项目5个。委托中油物资公司签订进口合同共计96个，合同金额约2000万美元（按汇率6.2折合人民币约为1.20亿万元）。办理进口免税合同5批次，免税金额约为22万人民币（详见2014年度进口产品一览表）。

2014年度进口产品一览表

序号	合同号码	签字日期	产品名称	数量	销售厂家	用户单位	生产厂家
1	CPM14-EPF09-001HK	2014.1.23	科研仪器（电子天平、分光光度计）	3台	香港凯达	钻采院	瑞士梅特勒、美国哈希、PE
2	CPM14-EPF09-002US	2014.2.11	压裂车配件	3批	美国HUFF	井下作业	美国双S
3	CPM14-EPF09-003US	2014.2.28	万通滴定仪配件	1批	美国EUTECH ALLIANCE	钻采院	瑞士万通
4	CPM14-EPF09-004CN	2014.2.19	全球卫星定位仪(GPS)	2台	达恒（中国）有限公司	勘探开发研究院	美国天宝
5	CPM14-EPF09-005HK	2014.2.11	德国莱驰粉碎机	1台	香港凯达国际有限公司	勘探开发研究院	德国莱驰
6	CPM14-EPF09-006HK	2014.2.11	混合球磨仪	1台	香港凯达国际有限公司	勘探开发研究院	德国莱驰
7	CPM14-EPF09-007IS	2014.1.27	地质建模软件	2套	以色列帕拉代姆公司	勘探开发研究院	帕拉代姆地球物理公司
8	CPM14-EPF09-008IS	2014.1.27	地质建模软件	1套	以色列帕拉代姆公司	勘探开发研究院	帕拉代姆地球物理公司
9	CPM14-EPF09-009HK	2014.2.15	切割机	1台	金骏升科技国际有限公司	勘探开发研究院	法国BROT公司
10	CPM14-EPF09-010US	2014.3.04	燃机返修	1台	美国索拉透平公司	供水供电公司	美国索拉透平公司
11	CPM14-EPF09-011HK	2014.2.28	工作量规	2套	香港联成国际有限公司	机械厂	日本黑田精工株式会社
12	CPM14-EPF09-012BV	2014.3.18	地质包裹体冷热台显微镜系统	1套	普瑞赛司仪器有限公司	勘探开发研究院	德国蔡司公司
13	CPM14-EPF09-013HK	2014.4.23	质量流量计	3台	香港瑞峰伟业集团有限公司	采油一厂	美国艾默生电气集团
14	CPM14-EPF09-014HK	2014.4.23	雷达液位计、电子天平	各1台	香港瑞峰伟业集团有限公司	采油一厂	德国E+H\瑞士梅特勒－托利多
15	CPM14-EPF09-015US	2014.4.21	脱水撬配件	1批	美国隆泰石油设备有限公司	天然气开发公司	加拿大普帕克
16	CPM14-EPF09-016HK	2014.4.23	涡轮流量计	2台	香港凯萌科技集团有限公司	采油一厂	德国RMG燃气设备有限公司
17	CPM14-EPF09-017HK	2014.4.24	分析小屋	1套	丰泉科技(香港)有限公司	采油一厂	美国艾默生电气集团
18	CPM14-EPF09-018HK	2014.5.9	美国FIL液位开关、艾默生分析仪器配件、阿美特克硫酸比值仪配件等	1批	香港瑞峰伟业集团有限公司	格尔木炼油厂	美国FIL、艾默生、阿美特克
19	CPM14-EPF09-019US	2014.4.22	连续油管车配件	1批	美国HUFF	井下作业	美国海德瑞
20	CPM14-EPF09-020US	2014.5.9	ABB氧气分析仪、MTL安全栅、IDEAL智能液位变送器等	1批	EUTECH ALLIANCE INC	格尔木炼油厂	ABB、MTL、IDEAL

序号	合同号码	签字日期	产品名称	数量	销售厂家	用户单位	生产厂家
21	CPM14-EPF09-021MH	2014.5.5	压力变送器、温度变送器	24	德国传奇科技有限公司	天然气开发公司	罗斯蒙特
22	CPM14-EPF09-022MH	2014.5.9	雷达液位计、压力变送器、阿牛巴等	1批	德国传奇科技集团有限公司	格尔木炼油厂	美国艾默生
23	CPM14-EPF09-023HK	2014.4.28	RMG超声波流量计探头	4支	凯萌科技集团有限公司	天然气开发公司	德国RMG
24	CPM14-EPF09-024HK	2014.5.21	美国GF传感器、ASCO电磁阀、本特利探头等	1批	凯萌科技集团有限公司	格尔木炼油厂	美国GF、ASCO、本特利
25	CPM14-EPF09-025HK	2014.5.6	瑞侃电热带	1400M	香港联成国际有限公司	格尔木炼油厂	美国瑞侃
26	CPM14-EPF09-026HK	2014.5.22	三菱压缩机配件	1批	日贸产业香港有限公司	格尔木炼油厂	日本三菱
27	CPM14-EPF09-027HK	2014.5.26	福克斯波罗控制站、通讯卡、主机柜、卡件等	1批	香港福润德机械进出口公司	格尔木炼油厂	福克斯波罗
28	CPM14-EPF09-028HK	2014.5.22	GE燃机配件	2批	南港动力公司	天然气电力	美国GE
29	CPM14-EPF09-029HK	2014.6.6	燃烧器	6台	大东能源香港有限公司	机械厂	意大利尤尼瓦斯
30	CPM14-EPF09-030MH	2014.6.5	阿牛巴流量计	2台	德国传奇科技集团有限公司	天然气电力公司	美国艾默生电气集团
31	CPM14-EPF09-031MH	2014.6.11	雷达液位计、阿牛巴流量计、超声波液位计	各1	德国传奇科技集团有限公司	格尔木炼油厂	美国艾默生电气集团
32	CPM14-EPF09-032MH	2014.6.11	温度变送器、压力变送器、差压变送器	26台	德国传奇科技集团有限公司	管道输油处	美国艾默生电气集团
33	CPM14-EPF09-033HK	2014.6.6	涡街流量计	4台	香港瑞峰伟业集团有限公司	管道输油处	德国E+H\
34	CPM14-EPF09-034HK	2014.6.6	自动化控制系统模块及可编程序控制器配件	1批	香港瑞峰伟业集团有限公司	管道输油处	美国罗克韦尔及艾默生
35	CPM14-EPF09-035HK	2014.6.12	调节阀配件等	1批	凯萌科技集团有限公司	格尔木炼油厂	美国艾默生公司、施耐德U
36	CPM14-EPF09-036UK	2014.6.13	E6010纤维素焊条4.0/3.2	3吨	英属群岛SWP贸易公司	建筑安装公司	奥地利奥钢联盟
37	CPM14-EPF09-037HK	2014.6.13	福克斯波罗控制站、通讯卡、主机柜、卡件等	1批	香港福润德机械进出口公司	格尔木炼油厂	美国福克斯波罗公司
38	CPM14-EPF09-038UK	2014.6.18	电动执行机构	6台	创实集团有限公司（英属）	管道输油处	美国利密托克
39	HQC/QHYT-2014-TA-070		合成催化剂	44立方米	丹麦托普索	格尔木炼油厂	丹麦托普索
40	CPM14-EPF09-039HK	2014.6.20	电动机保护器、浮筒液位计等配件及电磁阀	1批	香港瑞峰伟业集团有限公司	格尔木炼油厂	韩国ELECSON、美国ASCO公司
41	CPM14-EPF09-040HK	2014.6.24	仪表隐患整改项目配件	1批	香港石油化工设备贸易有限公司	格尔木炼油厂	美国MTL公司、美国ABB公司
42	CPM14-EPF09-041HK	2014.6.24	PH在线分析仪	4台	香港石油化工设备贸易有限公司	格尔木炼油厂	德国E+H
43	CPM14-EPF09-042HK	2014.6.13	3060型搅拌机浆叶总成	20套	香港凯达国际有限公司	钻采工艺研究院	美国千德乐

序号	合同号码	签字日期	产品名称	数量	销售厂家	用户单位	生产厂家
44	CPM14-EPF09-043HK	2014.6.26	DCS 配件	1 批	香港福润德机械进出口公司	格尔木炼油厂	美国福克斯波罗公司
45	CPM14-EPF09-044MH	2014.6.26	雷达液位计、音叉开关	各 4 套	德国传奇科技集团有限公司	格尔木炼油厂	美国艾默生－罗斯蒙特
46	CPM14-EPF09-045US	2014.8.5	燃机返修	1 台	美国索拉透平公司	供水供电公司	美国索拉透平公司
47	CPM14-EPF09-046HK	2014.6.26	火焰探测器及配件	12\2	香港瑞峰伟业集团有限公司	天然气开发公司	美国艾默生
48	CPM14-EPF09-047HK	2014.8.5	燃烧器	3 台	大东能源香港有限公司	英东采油厂	意大利尤尼瓦斯
49	CPM14-EPF09-048HK	2014.8.5	钳式功率计	1 套	香港瑞峰伟业集团有限公司	英东采油厂	日本日置
50	CPM14-EPF09-049US	2014.8.13	蒸汽轮机配件	1 批	美国 HUFF 石油设备有限公司	格尔木炼油厂	美国 COPPUS 公司
51	CPM14-EPF09-050HK	2014.8.13	射频导纳界面仪	1 台	香港建兰贸易有限公司	机械厂	美国 AMETEK DREXELBROOK 公司
52	CPM14-EPF09-051HK	2014.8.13	电动调节执行机构、射频导纳界面仪		香港建兰贸易有限公司	采油二厂	美国 AMETEK DREXELBROOK、罗托克
53	CPM14-EPF09-052HK	2014.8.18	燃烧器配件	1 批	大东能源香港有限公司	采油二厂	意大利尤尼瓦斯
54	CPM14-EPF09-053HK	2014.8.18	气动调节阀	4 台	凯萌科技集团有限公司	机械厂	美国艾默生公司费舍尔
55	CPM14-EPF09-054HK	2014.8.12	水质检测仪及配件	1 批	香港凯达国际有限公司	社区管理中心	美国哈希公司
56	CPM14-EPF09-055MH	2014.9.1	雷达液位计、电磁阀等	1 批	德国传奇科技集团有限公司	格尔木炼油厂	美国艾默生－罗斯蒙特、AirTac
57	CPM14-EPF09-056HK	2014.9.10	APR 测试工具配件	1 批	香港兴业科贸有限公司	井下作业公司	美国哈里伯顿国际公司
58	CPM14-EPF09-057HK	2014.9.1	罗杰斯特测井电缆	4 盘	大东能源香港有限公司	测试公司	美国罗杰斯特
59	CPM14-EPF09-058HK	2014.9.1	DCS 卡件	1 批	香港福润德机械进出口公司	格尔木炼油厂	美国福克斯波罗公司
60	CPM14-EPF09-059HK	2014.9.1	中子管	2 支	香港时富投资有限公司	测试公司	奥地利 HOTWELL 公司
61	CPM14-EPF09-060HK	2014.8.27	超声波流量计探头	4 支	凯萌科技集团有限公司	天然气开发公司	德国 RMG
62	CPM14-EPF09-061US	2014.9.1	压裂车后轮副、仪表车后钢板	各 2 支	美国 HUFF 石油设备有限公司	井下作业公司	美国双 S
63	CPM14-EPF09-062HK	2014.9.22	超声波流量计	1 台	香港瑞峰伟业集团有限公司	机械厂	美国艾默生公司
64	CPM14-EPF09-063HK	2014.9.19	优尼瓦斯燃烧器、佰德燃烧器	7 台	大东能源香港有限公司	机械厂	意大利优尼瓦斯、佰德
65	CPM14-EPF09-064US	2014.10.16	索拉燃机配件	1 批（40 项）	美国索拉透平公司	供水供电公司	美国索拉透平公司
66	CPM14-EPF09-065HK	2014.9.12	压裂车、混砂车钢板总成	1 批	美国 HUFF 石油设备有限公司	井下作业公司	美国 SS（肯沃斯）
67	CPM14-EPF09-066HK	2014.9.25	电导率分析仪	2 台	香港凯达国际有限公司	格尔木炼油厂	美国哈希公司
68	CPM14-EPF09-067US	2014.12.29	内燃焊机	3 台	美国米勒电气制造公司	建筑安装公司	美国米勒电气制造公司

序号	合同号码	签字日期	产品名称	数量	销售厂家	用户单位	生产厂家
69	CPM14-EPF09-068HK	2014.10.16	燃烧器配件（二厂）	5 项	大东能源香港有限公司	采油二厂	意大利百得公司
70	CPM14-EPF09-069HK	2014.10.16	优尼瓦斯燃烧器 4 台	4 台	大东能源香港有限公司	机械厂	意大利尤尼瓦斯
71	CPM14-EPF09-070HK	2014.11.3	空气悬浮离心鼓风机	1 台	韩国 NEX-D 株式会社	社区管理中心	兆祥国际贸易有限公司
72	CPM14-EPF09-071US	2014.10.16	压裂车、混砂车后刹车蹄总成、修理包、平衡轴等配件	1 批	美国 HUFF 石油设备有限公司	井下作业公司	美国 SS（肯沃斯）
73	CPM14-EPF09-072US	2014.10.16	连续油管车配件	1 批	美国 HUFF 石油设备有限公司	井下作业公司	美国海德瑞
74	CPM14-EPF09-073HK	2014.10.20	吹扫捕集浓缩仪、甲烷与非甲烷烃测定仪	各 1 台	益佳国际(香港)有限公司	监督监理公司	意大利 DANI\ 美国 CDS
75	CPM14-EPF09-074HK	2014.10.16	ICS 卡件等	1 批	香港瑞峰伟业集团有限公司	格尔木炼油厂	美国罗克韦尔 / 德国西门子
76	CPM14-EPF09-075US	2014.10.29	索拉燃机配件 4 项		美国索拉透平公司	供水供电公司	美国索拉透平公司
77	CPM14-EPF09-076HK	2014.11.5	RMG 超声波流量计探头	6 支	凯萌科技集团有限公司	天然气开发公司	德国 RMG
78	CPM14-EPF09-077HK	2014.11.25	环境监测应急仪器 7 项	10 台	香港凯达国际有限公司	监督监理公司	美国哈希
79	CPM14-EPF09-078CN	2014.10.29	德图－烟气分析仪、可燃气体报警仪、红外测温仪	3 台	德图仪器国际贸易（上海）	监督监理公司	德国德图仪器
80	CPM14-EPF09-079CN	2014.11.25	科隆雷达液位计	3 台	科隆仪器上海有限公司	采油二厂	德国科隆仪器公司
81	CPM14-EPF09-080US	2014.11.6	沃尔沃卡车配件	1 批	美国 HUFF 石油设备有限公司	物资装备公司	瑞典沃尔沃
82	CPM14-EPF09-081US	2014.11.28	低氮改造撬组改装配件	4 项	美国索拉透平公司	供水工地盎司	美国索拉透平公司
83	CPM14-EPF09-082US	2014.11.25	双 S 搅拌池总成、机油滤芯	2 套、40 只	美国 HUFF 石油设备有限公司	井下作业公司	美国 SS
84	CPM14-EPF09-083HK	2014.11.25	电子天平	2 台	香港建兰贸易有限公司	钻采工艺研究院	德国赛多利斯
85	CPM14-EPF09-084HK	2014.12.5	燃气过滤器、调压阀	2 台、1 台	大东能源香港有限公司	采油二厂	意大利朱利安尼、美国爱创
86	WZG14-SCY09-001QH	2014.11.27	井架逃生装置	40 套	北京杰利阳能源设备公司	井下作业公司	温州米特曼
87	CPM14-EPF09-087HK	2014.12.12	水质自动检测仪	1 套	香港瑞峰伟业集团有限公司	建筑安装公司	美国哈希公司
89	CPM14-EPF09-088HK	2014.12.12	射频导纳界面仪及电子单元	各 2 台	香港建兰贸易有限公司	采油二厂	美国 AMETEK DREXELBROOK 公司
90	CPM14-EPF09-089US	2014.12.23	卡特等配件	1 批	美国 HUFF 石油设备有限公司	井下作业公司	卡特彼勒、艾利逊
91	CPM14-EPF09-090US	2014.12.23	连续油管车配件	1 批（36 项）	美国 HUFF 石油设备有限公司	井下作业公司	国民油井
92	CPM14-EPF09-091US	2014.12.16	脱水撬配件	1 批	美国隆泰石油设备有限公司	天然气开发公司	加拿大普帕克
93	CPM14-EPF09-092US	2014.12.23	砂斗液压缸等	4 项	美国 HUFF 石油设备有限公司	井下作业公司	美国双 S

序号	合同号码	签字日期	产品名称	数量	销售厂家	用户单位	生产厂家
94	CPM14-EPF09-093HK	2014.12.16	低温涡街流量计	1套	香港瑞峰伟业集团有限公司	采油一厂	美国艾默生公司
95	CPM14-EPF09-094HK	2014.12.16	丹尼尔超声波流量计配件	5项	香港瑞峰伟业集团有限公司	天然气开发公司	美国艾默生公司

（韩成　郑海鹏　彭晓群　刘燕）

第八篇

质量安全 环保与节能

安全与环保

【概述】 2014年，安全环保工作大力实施QHSE管理提升，促进体系规范有效运行；积极践行有感领导，构建领导重视的安全文化；监督检查重拳出击，高压威慑违章行为；全面启动“四无”管理，推动基层安全管理；组建专业安全评价室，强化“三同时”管理；加大隐患治理投入，提高本质安全水平；深入开展交通专项整治，保持交通安全平稳态势；严格承包商管理，确保属地安全；加快环保隐患治理，夯实清洁型企业基础。扎实开展减排基础工作，全面完成“十二五”减排指标。

【生产安全指标完成情况】 2014年，工业生产安全事故百万工时死亡率为零；千台车死亡率为零；千人职业病发病率为零；特种作业人员持证率100%，重点监控特种设备定期检验率100%；井喷失控着火事故为零。杜绝较大火灾爆炸事故，井喷失控事故，较大油气泄漏事故，较大及以上环境污染事故，较大及以上亡人生产安全事故，一般（B、C级）事故和“三违”现象大幅度降低；确保重点领域、关键装置、要害部位生产安全、公众聚集场所和居民住宅区安全。

【安全生产责任制】 编制《有感领导实施工作手册》，给二级单位机关科级以上、油田公司机关副处级以上领导干部每人配发1册；1341名管理人员制定、公示并实施个人安全行动计划（包括292名副处级以上领导），宣贯QHSE理念3687次，学习QHSE知识25146课时，开展安全观察与沟通2736次，安全联系点活动8234次，5213人次讲授QHSE课，178人次处级干部参加审核，各级领导发表电视讲话9次、署名文章260篇，有感领导引领表率作用得以进一步发挥。根据风险大小将各单位分为三类，细化责任指标，重新制定安全环保责任书，油田公司与42个单位、各单位与全体员工签订《安全环保责任书》2.1万余份。按照“一岗双责”要求，机关处室和各单位修订完善岗位QHSE职责。油田公司制订《安全生产和环境保护业绩考核暂行办法》，强化过程管理，形成过程与结果双并重的绩效考核体系。进一步明确属地职责，划分属地范围，采用属地标识，人机对话等落实属地管理职责。

【安全生产检查】 以体系审核的方式进行检查，以安全检查的形式强化体系审核，全年开展2次内部审核、5次外部审核，共发现问题2312个，通过举一反三抓整改，整改完成率96.7%，有力地促进体系运行。在基层开展“个人无违章、岗位无隐患、班组无违纪、基层无事故”管理活动，将“四无”管理作为基层安全管理日常性工作，2014年共查处违章违规行为976人次，开展隐患排查1193次，发现整改问题8683个。各级监督机构充分利用人防、技防，采取夜查等监督方式，监督检查不分白天、黑夜和节假日，不受范围、区域限制，直奔现场，安全监督中心发现问题1337项，各单位监督发现整改各类问题4596项。对监督检查出的讳章行为、重复性问题，当场下达整改通知，并对严重违章的违章人员、现场负责人和管理人员进行处罚。油田公司以正式文件处罚二级单位17个、三级单位66个、处罚责任人110人次。井下作业公司加大处罚力度，2014年开除厂籍6人、干部免职2人、离岗培训17人，通过加大处罚和通报力度形成高压威慑，促进安全环保管理制度的执行。开展承包商专项监督18次，发现整改问题218项，下达停工整改通知单7份。

【安全教育与培训】 通过开展安全警示日、安全生产月、质量月、环境日等主题活动，制播油田同期声等宣教片35部，新闻报道5560余条，事故案例教育382场，发放宣传材料30974份，12408人参加知识竞赛，征集安全理念、卡通创意作品和警句628个，作品“安安”入选全国安全生产卡通形象创意大赛。深入推进矩阵培训，组建内部兼职培训师队伍986人，对各单位推荐的144个优秀矩阵培训课件进行评选。以QHSE管理提升、“四无”管理和交通安全专项治理活动为载体抓好全员培训，共培训处级干部292人，安全环保节能培训1.57万人次，应急管理236人，特殊作业人员1956人，操作技能5.98万人次。油田公司对90名承包商主要负责人进行HSE知识培训，各单位对承包商作业人员进行入场教育4658人次。

【风险防控】2014年应用标准化定型图模块56个，小型场站标准化设计覆盖率达到95%以上，油气水井井场标准化率达到100%。逐步规范“三同时”管理，油田成立安全环保评价室，完成35个项目的安全评价和2 个设计专篇审查备案、12项安全专项验收；加强项目前期协调，对2015年项目“三同时”工作进行安排，已完成4个安全预评价。开发26项QHSE工具方法培训课件，分三地培训500人次。以危险源辨识、风险评估和油田近几年发生的事故事件统计分析为基础，针对当前安全生产存在的风险和薄弱环节，结合气候、上级相关要求等，每月定期或在气候突变、重要时段及时开展风险预警，全年发布安全预警11期、安全生产通报12期、发送安全警示短信71次370余万条。利用巡检、监督检查、专项检查、体系审核等开展隐患排查，各单位上报安全、环保、节能隐患177项，油田下达99项2.17亿元，实行挂牌督办和动态管理，已完成77项。借助技术手段，提高隐患排查质量，开展8个单位安全现状评价、3个建设项目HAZOP分析，开展管道清管及内检测工作，完成柴北缘等3条输气管道清管及内检测工作，3个社区城市燃气管道检测，LNG燃料气管线检测，10万吨和30万吨甲醇管线检测。开展管道隐患专项排查治理，查出隐患318项，积极与地方政府沟通协调，完善方案，落实资金2226万元，已治理完成139项，10项重大隐患已全部治理，其余179项正在实施。为加强重要风险防控，对油田公司级的13项重大危害因素、7项重要环境因素、44项重大危险源重新进行辨识评价，完善防控措施。落实“积极井控”理念，强化开工前检查、安全巡视和现场监督，全年开展5次井控检查和巡视，发现整改问题248个。开展交通安全专项治理活动，准驾证复审2678个，交通安全教育培训167次，GPS通报40次，督查726次10524车次，查处违章行为2643辆次，在油田电视上曝光3次；建立私家车辆管理台账，3970名私家车主签订安全保证承诺书；完善基地交通标志标线，规范基地交通秩序。

【消防安全管理】2014年，开展以值勤战备、操作维护和灭火救援为主要内容的“达标创优”活动，现场监护432次，对重点单位检查198次、重点部位检查392次，发现整改问题268个，强化了消防安全监管。

【特种设备管理】2014年，加强特种设备安全监管，检验特种设备3113台套（检验计划完成率100%），制订设备变更和完整性管理办法，在油田企业率先实施设备变更和完整性管理，制修订操作与维护规程67项。

【应急管理】2014年，油田公司制定《生产安全事故应急预案管理办法》，对37个单位预案制修订、演练、应急物资储备等进行专项检查，培训应急管理人员236人、应急预案审核员8人，开展危险化学品严重泄漏失控和中毒突发事件等5项油田公司级应急演练。应急物资实行分类定点储存、统一标志、分级管理、专项使用，定期对应急物资进行检查保养，保证应急物资储备完好。各单位采取联合、实战、桌面等方式演练965次、参加2.10万人次，根据演练结果修订完善预案，全面推动区域应急响应能力。

【作业许可管理】2014年，油田公司加强作业许可制度的转化和贯彻落实，大力推行工作前安全分析、启动前安全检查等风险管理工具方法，完善安全生产预警机制，提高风险源头管控能力。

【职业健康管理】油田公司按照《2014年职业健康管理工作要点》的安排，加大接触职业危害员工的体检工作力度，职业健康疗养649人，建立单位职业卫生档案33份，职业健康体检5114人。 职业危害场所检测118个。

【环境保护】2014年，油田公司全面落实环保主体责任，深化主要污染物总量减排，认真贯彻落实国家、集团公司对环境保护工作要求，严格执行国家建设项目“环境影响评价”和“三同时”制度，加快污染隐患治理力度，确保污染减排见到实效，努力实现企业清洁发展、和谐发展。

2014年油田公司下达环保隐患治理资金1.09亿元，用于格尔木炼油厂催化再生烟气脱硫，油田含油污泥综合处理，涩北基地污水处理系统改造，涩北基地环境治理等工程。除在线监测项目暂停，其它项目均按时建成投用。敦煌污水处理厂已改造完成，主要污染物控制指标监测全部达标，并由酒泉市环保局进行专项环保验收；油泥砂处理厂工程项目于2014年5月10日正式试运行，装置能够正常运行，处理后尾砂和泥含油率低于2%。环保隐患治理项目的实施，改善油田区的环境，提高油田环境风险的防控能力。

为切实做好污染减排工作，油田公司开展污染减排工作，2014年年初向海西州环保局、青海省环保厅申请将采油一厂污水综合利用项目、采油三厂污水综合利用项目作为青海油田污染减排项目，通过多次积极与地方政府沟通，顺利完成项目的申报工作，通过认真准备减排资料，2014年年底得到国家环保部认定减排量：COD：715吨、氨氮：59吨，全面完成油田公司“十二五”减排任务。针对天然气电力公司发电机组氮氧化物超标问题，油田公司积极与上级部门沟通，于2014年7月关停该电厂，氮氧化物排放量得到大幅下降；格尔木炼油厂催化烟气脱硫项目的实施，二氧化硫排放量也大幅度降低。

按照石油青质安 2014（76）号文件《关于开展危害因素和环境因素识别、评价工作的通知》的精神，在油田公司范围内组织开展环境因素识别与评价工作，共识别环境因素 2775 个，评价重要环境因素 74 个，对 74 个重要环境因素采用评价因子打分法进行再次辨识及评价，最终形成 5 个油田公司级的重要环境因素，分别制定相应的风险控制措施和管理方案。

以“6·5”世界环境日为契机，开展环保宣传工作，以文件形式下发《关于开展 2014 年世界环境日、全国节能宣传周和全国低碳日活动的通知》，对宣传活动进行详细的安排，并提出具体要求；同时给二级单位配发宣传挂图 200 幅，宣传手册 1000 本，努力营造良好的宣传氛围，提高员工的环境保护意识，倡导清洁生产和绿色消费的环保理念。

针对 2015 年即将实施新环保法，积极开展形式多样的培训：在油田公司第二期副处级以上领导干部培训班上聘请集团公司安全环保研究院的专家进行新环保法的宣贯；在油田公司安全视频会上，通过视频方式，向三地各级安全环保管理人员，讲解新环保法；油田公司安委会上，进行新环保法的经验分享；2014 年 11 月，结合油田实际，分别在格尔木、花土沟、敦煌对集团公司新环保法培训课件进行培训。同时，购买 1000 册新环保法知识读本下发至二级单位进行全员学习，收到良好的效果。

青海油田始终坚持抓好环境监测重要工作。2014 年，完成各类监测点源 7900 个。其中地下水分析数据 1250 个；废水分析样品 1650 个；固定污染源废气及工艺废气分析样品 170 个；空气质量分析样品 2900 个；固体废物分析数据 300 个；噪声分析数据 2850 个，为污水达标排放保驾护航。（王海军）

技术监督

【概述】 2014 年，青海油田质量计量标准化工作围绕集团公司总体目标，以油田公司管理提升为契机，坚持以“计量、标准化为基础，质量为中心”的工作方针和“质量至上”的理念，夯实基础、精细管理，严守质量、计量红线，根据青海油田分公司《2014 年质量安全环保节能工作要点》，编制 2014 年度质量计量标准化工作运行大表，制定下发油田公司 2014 年度《质量监督抽查计划》、《重点标准实施目录》、《强制检定计量器具检定计划》，计划下发后各项工作都取得较好成绩。自产的主导产品出厂合格率 100%；采购物资抽检合格率 93.94%；产品质量监督抽查计划完成率 100%；不合格产品后处理率 100%；强制检定计量器具周检率 103.2%。

【标准化管理】 2014 年，根据油田安排，统计汇总机关各部门所需标准，统一采购 119 项，共计 119 份，进行统一配发，重点标准的实施率达到 100%。

【产品质量管理】 按照青海油田公司 2014 年度《产品质量监督抽查计划》，以民营和重点探井的工程技术服务队伍为重点，加大加密钻井液原材料的产品质量监督抽查工作，全年共抽检 252 个样品，合格 197 个样品，不合格 15 个样品，合格率为 93.94%。对不合格产品进行后处理，不合格产品后处理率达到 100%，切实维护油田的合法权益。

【计量管理】 按照《2014 年青海油田强制检定计量器具检定计划》的检定计划要求，通过月度监督，全年共检定计量器具 5104 台（套），检定计划平均完成率 103.2%。针对 2013 年 12 月 -2014 年 6 月期间格尔木炼油厂与管道输油处之间天然气计量交接发生的计量纠纷，2 次派人现场调研，解决纠纷，确保准确计量和公平计量，保证油田公司产、运、炼、销的均衡运行。

【质量月活动】 根据集团公司《关于在集团公司组织开展 2014 年全国“质量月”活动的通知》的具体要求，结合“推动‘三个转变’，建设质量强国”的活动主题，2014 年 9 月在青海油田开展“质量月”活动，活动期间录制以质量为主题的专题片一部并在油田电视台播放一周，悬挂“质量月”活动宣传横幅 34 条，办黑板报 83 块，组织计量、标准化管理人员 12 人次送外培训，营造人人重视质量、人人享受质量的良好氛围，增强全员的质量意识。

【教育培训】 根据 2014 年集团公司和油田公司培训

计划，结合油田实际情况，为提高油田公司员工的整体业务素质，有重点、有针对性、有时间节点地排出2014年度的质量计量标准化和资质管理培训运行大表。在上岗前人员资格培训上下足功夫，全年计量交接、质量检验、化验人员换发证共计161人次，持证率达到98%以上；下大力气进行集团公司A7资质管理子系统的应用培训，培训油田内外部专业人员78人次；响应集团公司质量计量标准化管理部培训要求，外派培训质量、计量考核员人数8人次，参加人员均为各单位和部门的质量计量标准化专兼职管理和技术骨干，培训效果良好，油田公司质量计量标准化系统上线率达到98%以上。油田质量计量标准化管理和专业技术人员的基本素质都有所提高。（樊启银）

节能节水

【概述】 2014年，在建设千万吨高原油气田的进程中，青海油田将节能节水工作作为“有质量、有效益、可持续”发展的重要抓手，贯彻国家资源节约的各项法律、法规与方针、政策，认真落实中石油关于节能节水工作部署，坚持以科学发展观为指导，秉承“奉献能源、创造和谐”的企业宗旨，不断加大节能节水工作力度，能耗总量得到有效控制，能源利用效率不断提高。“十二五”连续第3次被青海省授予节能管理工作先进企业称号，连续第3次被集团公司授予节能节水先进企业称号。

【基础管理】 2014年，在进一步加强节能节水组织领导，强化节能节水指标管理的基础上，按照GB/T23331-2012《能源管理体系要求》，修订完善QHSE管理体系，将能源管理体系整合到QHSE管理体系，使能源管理体系更符合标准要求。2014年8月在质量安全环保处组建成立安全环保评价室，专门从事建设项目安全环保节能及职业卫生的“三同时”管理。从制度上、组织上，保障固定资产投资项目节能评估和审查制度的顺利实施。

【能效对标】 气田运行组对标工作开展情况：青海油田是被列入勘探与生产公司气田运行对标组成员单位之一，选取对标区块为天然气开发公司台南采气作业区，同塔里木油田、西南油气田开展能效对标工作。经能效现状评价、建立能效对标体系、确定标杆、差距分析、制定措施。如：2014年以加热炉节能改造为重点进行提效措施现场实践。实施《天然气开发公司加热炉提效节能改造工程》，经对标区块47台加热炉节能改造，使热效率由70.2%提升到80%以上。内部对标工作开展情况：在机采系统，持续运用能耗最低优化软件进行抽油机井优化设计，在确保油井产液量不变的前提下，以追求系统最低能耗为目标，综合考虑影响油井能耗的15个参数，对井下管、杆、泵及地面参数进行优化设计和实施。经2014年对1835口机采井节能监测，平均系统效率达26.11%，在测试覆盖率大幅提高的同时，平均机采系统效率保持历史较好水平。

【宣传监测统计工作】 2014年举办节能监测技术培训班，强化69名专兼职节能监测人员的能力。深入开展以“践行节能低碳，建设美丽家园”为主题的全国节能宣传周和全国低碳日活动。2014年对1835口机采井、28套注水系统以及33台加热炉的现场节能监测，为摸清油田能耗现状和深挖节能潜力提供依据。严格执行集团公司及青海省能源消耗统计制度，准确、真实、全面系统地收集和分析能源和水资源在开发、生产、贮运、转换、消费等环节的数据，及时报送万家企业及集团公司能耗统计报表，为科学合理用能用水提供依据。

【节能节水技术】 2014年，青海油田立足“系统优化、技术进步、精细管理”三篇文章，加强合理用能管理，能效水平逐步提高。立项实施《青海油田加热炉提效节能改造工程》，以优化核减、设备更新、技术改造、运行管理为重点对油气田362台加热炉进行系统提效工作，确保加热炉热效率由73.9%提高到81%。实施《南八仙低压伴生气处理系统扩能改造工程》，实现不同的压力系统独立平稳运行，南八仙油田低压气和伴生气得到最大化回收处理利用。推进建筑外墙保温节能改造，实施《花土沟生产基地职工公寓外墙保温节能改造项目》和《格尔木石化基地住宅棚户区改造工程》。

储备技术，拓展节能降耗手段。在采油二厂、英东采油厂试验应用永磁复合电机，取代游梁式抽油机的电机、皮带和减速箱，实现直接驱动曲柄运转。在冷湖油田等区块试验应用“吉能倍力磁”高效节能阻垢技术，寻求解决加热炉换热管结垢的问题，提高加热炉及管网效率。

【节能节水指标】 经青海省按产值节能量核定，截至2014年油田公司累计完成节能10.21万吨标煤，完成进度目标的118%。经集团公司核定，油田公司2014年实现节能量1.58万吨标煤，完成指标0.8万吨标煤的198%；实现节水量22.98万立方米，完成指标22万立方米的104%。（刚永恒）

第九篇
企业管理

企业改革与管理

【概述】 2014年，青海油田企业管理工作根据集团公司、股份公司总体工作部署，围绕油田公司年度工作目标，固化成果，强化对标管理，建立管理提升长效机制；夯实管理基础，深化市场、合同、法律、风险等规章制度建设，强化制度执行力建设；优化顶层设计，全面推进企业风险管理报告制度；突出法律风险岗位防控体系建设和诚信合规建设，深化法律业务管理，持续推进依法治企；严格市场准入审查，规范招投标和合同管理，规避法律风险。通过加强各项基础管理工作，不断提高管理效率和效果，为实现油田公司年度目标提供坚实保障。

【管理创新】 2014年，通过进行管理诊断，推进专项提升，深入基层，降本增效，构建长效机制等措施，管理提升活动卓有成效，在基础管理、财务投资管理、工程技术服务、安全管理、矿区管理等方面，受到集团公司通报表彰。制度初步实现集约化、专业化、一体化、信息化管理模式。建立涵盖了机关部门和二级单位743项基准指标的《青海油田基准管理手册》。管理提升活动的长效机制初步建立，成果固化初显成效。在中国石油企业杂志上出版了管理提升专刊，收录现代化管理成果17个，管理诊断下基层方案8个，管理论文25篇。召开管理提升活动总结表彰视频会，对8个单位、24个先进集体、285名先进个人予以表彰奖励。

【合同管理】 以“细节决定成败，忠诚高于一切”为基本理念，坚持合同合规合法、科学高效运行，按照“节奏可以加快，程序不可逾越”原则，不断强化合同立项、授权、签订、履行管理的全过程管理，杜绝网下合同。2014年，青海油田公司共签订合同8200份，合同审查、盖章准确率100%；全员绩效考核覆盖率100%，综合服务满意率≥90%，荣获全国、青海省及海西州三级工商局表彰的“守合同、重信用”先进单位。

【招投标管理】 2014年，根据青海油田分公司领导班子调整情况，及时调整市场管理委员会、招标管理委员会，明确管理机构职责权限。

2014年8月成立招标管理部，为青海油田公司直属机构、招标实施机构，奠定了全面合规管理的基础。2014年下半年以法律法规为主要依据，修订了《青海油田分公司招标管理实施细则》、建立了《青海油田分公司招标管理部招标管理工作规定》，招标管理工作由各二级厂处组织的分散招标模式转变为由招标管理部集中统一招标模式，制定了公开招标、邀请招标和谈判等业务的流程，明确项目单位和招标部门的职责。同时优化各专业部门审核的内容，强化对招标文件的完整性、合规性审核，重点审核商务标和技术标的客观性和可操作性，为规范化管理提供科学依据。

【依法治企】 认真落实法制建设3年目标，全年共举办2期经营领导法律知识培训班，学习了合同法、招投标法等相关内容，提高了经营领导掌握法律知识、依法办事的能力。2014年，油田公司共有诉讼案件10起，其中：一审待判7起，发回重审1起，结案2起。协助执行案件6起，提起执行异议4起。未发生重大法律诉讼，诉讼案件办理及时率100%。按照集团公司合规管理工作总体部署，成立油田公司合规管理领导小组，明确总体要求和工作措施，全面启动油田公司合规管理工作。（董峰　高永海　吴爱平　殷睿）

招投标管理

【概述】 为规范招标工作，优化资源配置，实行专业化管理，提高招标效率，2014年8月10日，青海油田公司成立招标管理部（正处级），隶属于青海油田公司直属单位。主要职能：1. 贯彻执行国家有关招投标的法律法规和上级组织有关规定。2. 建立健全油田公司招标管理体系，制定油田公司招标工作制度及流程。3. 负责组织油田公司范围内所有符合招标管理规定的经济活动的招标工作，包括油田工程、建设工程、物资采购、技术服务和其他项目招标。4. 根据招标申请，组织编制招标文件和制定评标办法。5. 负责办理招标授权和审批，发布招标信息。6. 负责对投标人进行资质初审和推荐工作。7. 负责组建评标委员会，组织招标会议，并发布中标结果。8. 负责将中标结果移交给项目管理单位。9. 负责组织油田公司招标文件资料的建档、归档工作。10. 负责油田公司评标专家库的建立及维护工作。

【招投标管理】 招标管理部作为油田公司专业招标管理机构，按照油田公司工作整体部署，对同地区、同类型项目实行集中招标，减少招标次数和廉洁风险，提高招标效率与效益，合理统一同一地区、同一项目价格。使招标资源的整体优势和整体效益得到充分的发挥。

2014年11月20日，招标管理部首次集中招标业务在花土沟石油大厦1楼1号会议室组织进行，完成花土沟地区2015年的车辆维护修理项目的集中招标工作。此次招标将花土沟地区9家二级单位的车辆维护修理集中一次招标，按照相关制度，严格招标程序，实现统一招标、统一选商、统一价格的目的。

【制度建设】 为提高招标工作管理水平，严格规范招标行为，切实维护油田公司合法权益，预防和治理腐败，确保招标工作能够"公开、公平、公正"地进行，制定下发《招标管理部招标工作纪律》。要求负责组织和参与招标工作的有关人员，严格执行招投标的法律法规和相关管理规定，遵守工作纪律。并且要求参与招标项目的投标人，应严格遵守招投标法律法规和相关管理规定，认真遵守职业道德和职业纪律。（招投标管理部）

生产运行管理

【概述】 2014年，生产运行系统按照油田公司的总体部署，以完成年度生产经营任务为目标，认真履行"协调、监督、组织、指挥、服务"管理职责，严格落实生产运行"36524"值班管理和汇报制度。全面履行生产运行各项业务管理职能，做好油气生产运行的组织、协调，实现油田"产储输炼销"综合平衡。

【运行管理】 2014年，生产运行系统以确保油气生产协调运行为重点，以提高生产运行质量为目标，始终把油气产量、产储输炼销综合平衡作为生产运行首要任务抓实抓好。建立完善生产运行工作制度，编制下发《2014年青海油田生产运行工作要点》、《2014年青海油田水电信汛工作要点》、《2014年青海油田公路运输工作要点》、《2014年青海油田应急管理工作要点》等文件，体现"勤奋敬业、敢于负责；处事果断、工作到位"的生产运行职能要求，始终立足于原油产量平稳上升、天然气产销快速增长。

【运行管理亮点】 严格生产运行管理，实现年度工作目标。原油产量同期增加8.27万吨，涨幅5.08%，超额完成计划；完成油气当量700万工作目标。天然气是以市场定产量，以销量定产量的系统工程。 2014年初开展周边天然气市场调研工作，完成并上报调研报告，为天然气产销运行奠定基础。根据不同时期的用气变化，大力拓展周边市场，并积极与板块公司、北调中心等部门沟通，争取支持，多产多销，圆满完成年度天然气产销任务。坚持西部抓现场运行组织，敦煌总体协调指挥的工作思路，加大花土沟前线的生产指挥组织协调力度。充分发挥在前指固定的处级、科级、值班人员在一线，能够及时下基层，跑现场的优势，在前指统一领导下，抓稳产，促上产，及时迅捷处理、解决生产难点问题，保证油田公司政令畅通。做好日常生产运行组织协调，落实节假日等特殊时段的生产（应急）组织工作，对生产情况通报做到数据准确，信息及时；对安排的工作做到件件有着落，事事有回音，保证生产有序开展。了解、掌握油气各生产环节运行参数，加强上下游运行衔接协调，合理调整生产运行方式、促进油气生产平稳运行。坚持周生产、月小结，在分析计划执行情况的同时，及时发现生产计划执行过程中存在的问题，预见性地制定应对措施；及时准确收集、整理、分析日生产信息动态，完成油田公司生产日报的编制、上报和发布工作，为上级领导和管理部门的生产决策提供相关的信息支持。原油综合平衡率受控于40-70%，未发生任何生产运行环节失衡现象，确保油气生产过程的安全、平稳运行。存储平衡，为炼化装置如期检修奠定坚实基础，保证炼化产品圆满完成年度各项指标计划。抓好油田水、电、信、汛、暖、路的生产保障，通过扎实的工作，各项组织保障坚强有力。抓线路春检，排除隐患；做电网调整，优化运行，电力技术指标有所向好，与2013年同期相比，非计划停电次数下降74%，原油损失下降77%。做好汛前防范工作，变被动抗洪为主动防汛，做到组织、方案、措施、人员、机具“五到位”，为最大限度地减轻洪水带来的损失提供有力保障。加强货物运输单位和车辆的管理，迎接青海省道路运输协会对油田运输单位的检查考核，再获年度青海省道路货物运输AAA级企业。通过全面排查油田所辖油气管道安全隐患，对存在的重大隐患问题，通过整改、评估、收购等措施，已逐步消除。按照天然气板块要求，稳步推进青海油田管道完整性系统建设，体系文件框架已完成，系统编程正在进行中；依据油田管道的完整性评价，已完成柴北缘输气管道、牛东－东坪管线、南八仙－南翼山西段管线的内检测，其他管道内检测有计划开展。稳步推进应急管理，提高员工快速反应和应急处置能力。在特殊时段、重要时期，及时完成信息上报，做好应急准备和预警工作。做好应急预案演练，重点抓好现场处置预案和岗位应急处置程序的实战演练，切实提高基层班组和岗位员工处置突发事件的能力，为提升油田公司应急管理奠定基础，组织油田公司级花土沟－格尔木输油管道原油泄漏抢险等应急演练7次，完成计划安排140%。结合各单位业务特点，补充完善应急物资和装备，定期开展应急物资和装备的检查，对存在问题及时整改。组织开展2期236人参加的应急指挥人员和专业队伍应急培训。

【组织机构】 2014年，生产运行处编制为处级干部3人，人员总数18人；科室设置从专业化管理出发，成立生产运行科、公路运输科、生产保障科、生产管理科和应急管理科5个科室。

【生产运行方式】 2014年，油田公司确定生产原油220万吨，生产天然气70亿立方米的计划目标。按照油田公司下达的季度生产计划指标，根据生产运行实际情况，以原油天然气生产、加工、储输、销售综合平稳运行为基础，严格按计划组织油气生产运行。全年共下达月度生产计划12份；重点做好油气产销上下游的平衡和“产储输炼销”各个环节的协调。深入基层、实际及生产一线进行广泛调研，查进度、查质量，掌握生产运行实际情况，在敦煌、花土沟两地同时实行24小时生产值班，掌握油气生产动态，做好产储输炼销各个环节的平稳与协调，及时处理和解决生产中和基层反映的情况；坚持召开周生产碰头会、周生产协调会、月度生产分析会、季度生产电视电话会，对周、月、季油气产销任务完成情况进行分析，把握生产运行节奏，掌握生产运行规律，预测生产趋势，有针对性的安排部署下阶段的工作；每天通过现有的生产信息管理系统，及时将油田原油、天然气生产、注水、油气储运、原油加工、油气销售、油品库存、钻井、井下作业、物探施工、供水供电等生产信息收集、汇总，编制完成青海油田生产日报，及时将生产信息发布到油田公司网页上，为各级领导了解和掌握生产进度，分析及正确决策提供真实依据；作为油田公司应急反应计划和响应控制的主控部门，认真履行职责，确保油田公司应急指挥灵敏和应急信息系统畅通。

【会议制度】 每季度初召开生产电视电话会，由油田公司领导主持，油田公司领导、副总师、机关处室长、二级单位厂（处）长、主管生产副厂（处）长和生产运行科长、计划科长、安全科长等人员参加。会议主要内容是通报上季度油气产量、管道输油、炼油化工、油气销售、钻井试油、发电供水、施工作业等生产指标完成情况，以及勘探开发、产能建设、重点工程施工进度等。安排部署下一季度主要生产计划和重点工作。2014 年，召开季度电视电话会议 3 次，6 个二级单位在会议上进行典型发言，生产运行处在会上做安全经验分享。

每周一下午在花土沟生产基地召开前指生产周会。由生产运行处领导主持，油田公司前线指挥部固定领导、机关处室负责人和西部各油气生产、施工作业、发供电、后勤保障以及相关联单位的主管生产领导、生产运行科长参加。各参加单位首先汇报上周油气产量，施工作业进度及开展的主要工作和取得的成效，本周产量计划和工作安排，提出需要油田公司协调解决的事宜。会议按照油田公司下达的月度生产计划和重点工作要求，检查落实上周各项工作的完成情况，分析存在的问题，落实保障措施，对需要油田公司协调解决的问题在会上给予答复和解决。每周生产会议纪要挂在油田公司主页上，以供各类生产管理人员参考。

油田公司生产例会于每周五在敦煌石油基地召开。会议由生产运行处组织，油田公司领导主持。听取生产运行处对一周来油田的油气生产、施工作业、技术服务等情况通报，并由机关其他专业处室就各路工作开展情况进行汇报。会后由油田公司领导总结本周工作成绩，作出下周工作安排，提出工作要求；由生产运行处根据会议内容编写《青海油田分公司生产例会纪要》，主持会议领导签发，发布在《青海油田主页-生产运行》上，同时上报勘探与生产分公司领导。

【生产信息管理系统】 生产信息系统覆盖油气勘探、开发、油气储运、原油及成品油销售、天然气生产及销售、炼油化工、钻井工程、井下作业 10 个专业，涉及 15 个与之相关的二级厂处、5 个关系紧密的机关处室。具有用户权限、数据检查、自动分析、自动检测、生产指标分析、生产控制、跟踪查询、报表打印、系统日志等多种功能。实现油田生产信息收集、分析、处理、上报及时、准确和信息资源共享，为生产管理、生产指挥起到辅助决策作用。

信息系统运行由油田公司各三级单位的生产值班人员负责将当天的生产信息录入到计算机，上传至二级单位生产运行科审核无误后上传油田公司生产运行处，生产运行处审核无误后将自动生成的生产日报发布。提取生产日报中的主要生产指标导入股份公司的生产信息系统，完成上报股份公司勘探与生产分公司、管道与销售分公司以及短信通报本公司各位生产管理者。系统可分时间段、项目实现查询、分析生产技术指标。

【生产日报和周生产简报】 生产日报是反映青海油田当日主要生产指标完成和油气生产动态的重要资料。以青海油田内部通信光缆为信息传输通道，由油田各二级生产单位将当天生产信息录入到计算机，通过网络传输至生产运行处，由生产值班室负责汇总编制完成青海油田生产日报，每日 12 时前在油田公司网页上发布。生产日报涵盖油田公司油气生产、加工、销售、库存、管输、油田注水、物探、钻井、施工作业、发电供水及重点情况反映等各方面内容。并对主要生产指标的当日完成、月累计、年累计等数据进行统计核实，自动计算出今后完成月度、年度生产指标应达到的日产量。每日 14 时以前，将当日主要生产指标完成情况通过短信向各主管生产领导汇报。

周生产简报是反映油田公司一周采油、采气、注水、管输、加工、销售、钻井等主要生产指标完成情况的综合性报表，每周五编制完成，送油田公司主要领导参阅。周生产简报以一周时间为统计时段，重点将一周主要生产指标完成数据与计划指标和上周生产完成数据相对比，通过对比，对一周生产进行简要分析，找出制约生产正常运行的主要因素，制定解决措施和办法，实现按计划协调平稳运行。（郭连华）

设备管理

【概述】 中国石油青海油田公司设备管理处是油田公司的设备主管部门，下设装备设备科、修造管理科、资产管理科（综合科）3 个科室。编制各级管理人员 11 人。2014 年，设备管理处按照年初制定的工作目标，从基础管理、HSE 直线责任落实、新技术推广应用、设备维修和技术改造、设备资产管理等方面做了大量工作，有效提升油田整体设备管理水平。截至2014年年底，青海油田公司共有在册设备11716台（套），原值60.99亿元，净值20.37亿元，新度系数0.33。全年完成设备购置239台（套），资金6968万元，设备投资完成率达95.08%。完成设备油改气40台(套)，闲置设备调拨29台（套），培训设备管理及操作维护人员230人次。完成设备维修15629台/次，发生维修费用7916万元，其中车辆维修费用1998万元。实现千台设备事故率为零的目标。

【基础管理】 通过不断改进设备管理工作方法，创新工作思路，油田设备管理主要指标持续向好，其中设备完好率达99.05%，设备利用率达73.12%。油田公司所属41家二级单位，仅有2家单位设备完好率未达油田公司要求的95%。设备利用率不达标的单位由2013年的22家，下降到17家，其中客运服务公司、马仙采油厂等9单位的设备利用率超过80%。通过制定和完善油田设备管理制度，形成覆盖设备完整生命周期的管理机制，设备管理工作日益规范。通过不断强化设备现场管理的监督检查工作，采用二级单位设备管理部门日常监督与油田公司定期检查考核相结合的模式，依托油田公司HSE体系审核，构建起设备管理监督检查体系。全面完成油田各单位设备的操作维护规程的修订和下发，进一步规范设备岗位人员的操作与维护程序，减少误操作，提高生产作业的安全性。油田公司组织的设备管理检查，查出121个问题。设备违章操作、维护保养不到位的问题等所占比重相比往年有较大程度的下降，设备管理的基础工作得到进一步加强。根据现代企业设备管理的需要，结合油田实际，在油田公司层面先后组织设备ERP管理系统操作培训班、设备管理知识培训班、天然气压缩机知识培训班，3期设备管理培训，完成培训230余人次，有效提高设备管理队伍的整体素质。

【管理提升】 油田设备管理系统以设备的本质安全为出发点，从严格新购置设备技术论证把关、落实设备变更的分级管理和推广设备设施完整性管理等几个方面推动设备管理工作从单纯的技术管理，向以落实设备管理HSE直线责任，确保设备安全平稳运行的全过程、全方位管理转变。率先在油田各单位逐步建立起设备设施使用、检维修、材料与备件的质量控制、检测、监测及可靠性分析等一整套管理规范和要求，确保油田设备、配套设施（装置）齐全完整，设备始终处于满足安全生产要求的状态。通过持续开展隐患排查工作，建立设备隐患台账，根据设备的使用年限和技术状况制定有针对性的维护保养方案和预防性的维护保养计划。加强重点、关键设备的运行监控，基本做到防患于未然。针对采油一厂和采油三厂抽油机横梁轴承固定螺栓断裂的事故，经现场调查论证，认真分析事故原因，确定整改方案，完成全部495台Ⅱ CYJW型隐患抽油机的整改工作，有效消减抽油机运行中的安全隐患。

【新技术推广】 2014年，组织超导热油清蜡车、电子除垢、可视防尘罩、抽油机永磁复合电机等多项设备新技术交流。在采油二厂、英东采油厂开展多项节能设备的现场试验。根据青海油田加热炉场站具体设置和生产实际负荷，在优化简化加热炉工艺流程、提高单台加热炉负荷的基础上，经过现场试验论证，优选提效改造方案。并分别在管道输油处甘森站和涩北气田13号站进行加热炉提效改造的先导试验，通过改造后2处加热炉运行时烟气中的氧含量由10%下降至2-4.2%之间，过剩空气系数控制在1.2-1.5范围内，耗气量由9.40立方米/小时降低为5.40立方米/小时，加热炉热效率由76.8%提高到85.4%。达到股份公司的要求，实现加热炉在高原地区经济高效运行。

【设备修理与改造】 通过下达各单位修理费用控制指标，严考核硬兑现，严控修理费用，确保2014年油田修理费用总和不超过8500万元。从车辆维修入手，经过精心组织，完成油田花土沟地区车辆维修统一招标。通过统一招标解决以往各单位车辆维修“各自为政”导致承包商水平参差不齐，同样配件和维修项目各单位价格不一致的问题，规范设备修理程序，保证修理质量。严格设备检维修承包商的QHSE监督管理，下发《关于加强设备检维修承包商安全监督管理工作的通知》，对修理承包商管理提出具体要求，防止和减少由修理承包商引起的各类事故的发生。

【设备资产管理】 开展闲置设备调剂，通过对油田各单位进行闲置资产清查，摸清家底，及时更新闲置设备台账，在油田公司网页上对6批次闲置设备进行公示，完成调拨23批次，盘活闲置设备29台套，设备原值640.7万元。实现闲置设备在油田公司内部有效地调剂利用，减少浪费，提高了经济效益。严控设备非正常报废，降低运行成本。共鉴定拟报废设备2726台套，原值1.82亿元，净值4061.89万元。其中：延期报废设备315台套，同意报废2411台套。（邢振华　赵建春）

QHSE体系管理

【概述】 2014年，油田公司QHSE体系管理工作认真贯彻落实集团公司、股份公司QHSE有关会议精神和工作部署，结合油田生产经营实际，强力推进QHSE体系有效运行，持续改进QHSE管理，积极培育有感领导，落实直线责任，强化属地管理，激励全员参与向全员负责，着力以转变观念、养成习惯、提高个人综合能力为重点，以风险管控为核心，不断加大QHSE管理体系的审核力度，努力提升QHSE管理水平，2014年全面整合QHSE管理体系，通过体系建设全面系统的规范质量、健康、安全、环保、节能、能源、标准化管理工作，为建立健全QHSE长效机制筑牢根基。

【QHSE管理体系整合】 按照《青海油田公司QHSE管理提升2014-2015年工作方案》的总体安排，油田公司成立QHSE提升办公室，按照“高效、简洁、实用、通俗易懂”的原则，广泛吸收借鉴先进经验，充分融合新的管理理念，结合青海油田勘探、开发、炼化上下游一体化的特征和管理要求，循序渐进进行体系整合换版。从有感领导、职责归位、宣传教育、制度完善、体系修订、工具方法、全员培训、绩效考核、体系审核等9个方面183项重点工作全面开展体系管理提升。制定下发《青海油田公司2014年质量安全环保节能工作要点》，明确管理提升的主要工作任务，狠抓责任落实，强化过程控制，全面提升油田公司QHSE体系管理整体水平；根据油田公司领导分工、生产经营性质、专业分布和风险特点编制HSE分委会方案；编制下发《关于收集油田公司规章制度的通知》，收集集团公司、勘探与生产分公司HSE管理制度90项和油田公司相关制度132项，对照分析集团公司55项HSE管理规范，确认油田公司适用的38项；下发《青海油田公司内部培训师管理办法》，组建986人的油田公司内部兼职培训师队伍；完成青海油田QHSE管理现状调研工作（采用会议座谈交流、调查问卷的形式）；收集整理油田公司C版39个程序文件，110项制度，梳理制度存在问题，提出修订意见等工作。截至2014年年底，完成油田公司《QHSE管理手册》修订换版，对29个要素按照综述、职责划分、管理要求三方面逐个进行详细描述，对支持性文件进行全面梳理；根据油田生产经营的实际，修订完善21个《QHSE程序文件》，已发布实施。

【制定、细化HSE职责】 2014年初，根据油田公司QHSE工作要点部署安排，按照国家安全生产“党政同责，一岗双责”和“管工作必须管安全”的要求，对油田公司各级管理部门、各岗位按照业务管理界面、业务流程、工作职责进行修订、完善、细化油田公司各级QHSE职责，并以文件形式下发执行。

【QHSE管理体系审核】 为有效地评价青海油田QHSE管理体系运行的符合性和有效性，强化风险管控，进一步规范现场管理标准化，增强全员的HSE意识，促进日常管理体系化，体系运行日常化，2014年油田公司组织开展QHSE体系内部审核2次；迎接股份公司勘探与生产分公司、炼油与化工分公司监督审核各2次，北京三星九千认证中心的体系认证审核1次。为提高QHSE体系审核质量，转变以往审核模式，在以往审核现场审核、查资料、与员工沟通、现场演示的基础上，开展边审核边指导，及时发现问题和隐患、及时整改，引领各单位进行相互观摩学习，针对重大风险进行现场应急演习，提出有针对性的整改建议，带头开展行为安全观察与沟通等活动，对存在的问题查找管理中的短板和不足，大大促进审核质量的提升。油田公司通过QHSE审核强力推动、HSE管理工具方法培训及应用、QHSE管理提升、风险预警、“四无”活动、隐患治理等一系列举措，不断强化作业过程风险管理、细化岗位责任、明确管理方法、提高安全风险防控能力，使安全环保管理基础进一步夯实、基层风险控制水平进一步提升，油田公司整体的安全环保形势向好发展，QHSE业绩进一步改善。

【审核整改】 对于审核问题的整改，按照审核有方案、有标准、有培训、有讲评的PDCA闭环审核管理要求，推动体系的执行力，查找管理中的短板和管理缺陷，对审核问题的整改做到“举一反三”，2014年，油田公司内部审核，勘探与生产分公司、炼油与化工分公司监督审核，北京三星9000认证中心的体系认证审核发现问题1564项，整改1564项，整改率为100%，由安全监督中心负责对审核问题整改现场监督检查，质量安全环保处负责审核问题现场验证，并将整改情况及时输入HSE信息系统，有效地促进体系运行质量的全面提升。

审核力度的不断加大，审核形式转变，围绕“转变观念、提高能力、养成习惯”三项工作目标，对体系建设和运行中QHSE体系建设和推进中主体作用不明显，积极性不高，主动性不强，制度执行力逐级衰减的问题，对QHSE体系管理与企业生产经营孤立运行，体系思想没有融入生产经营全过程，风险管理没有落实到生产经的各个环节等QHSE体系管理与生产经营“两张皮”的现象逐步得到扭转。在审核、检查中发现各单位、各部门规章制度和操作文件的执行中进一步得到落实，现场管理规范化得到明显提升，QHSE管理体系的运行质量在逐年提高。（张坤厚）

安全监督管理

【概述】 2014年，安全监督中心以“安全监督水平提高年”为契机，实施安全生产目标管理，健全各项安全生产规章制度，落实安全生产责任制，完善安全监督机制，采用先进适用安全技术、装备，抓好安全生产培训教育，坚持安全生产检查，保证安全生产投入，加大事故隐患整改和重大危险源监控力度，提高安全生产管理水平。重点围绕“一条主线”、实现“二个提高”、规范“三项工作”、做到“四个强化”，不断促进油田安全监督工作标准化，规范化。

【制度建设】 安全监督中心总结成立、运行以来的典型经验和有效做法，结合油田公司生产安全实际，提出合理化建议，要求各级管理人员自觉将环保禁令和安全管理制度落实到日常工作中，加大安全环保工作的整治力度，确保生产现场存在的各类问题和隐患得到有效治理，真正实现安全、清洁生产。并制定印发《安全监督实施细则》，进一步明确严重违章和停工整改标准，增强制度可操作性。

【监督业务情况】 2014年，安全监督中心计划安全监督频次960次/年，实际完成1101次，完成计划的115%。通过巡回监督、专项监督，发现问题和隐患1337项。刊发《安全监督周报》49期、《安全监督月报》12期、《车辆GPS监控通报》12期和《安全监督年报》1期，下达《停工整改通知单》11份。

【信息系统管理】 按照油田公司要求，更换安全监督中心主页，并在主页设置相应功能版块，内容包括“通知通告、监督周报、监督月报、车辆GPS监控”等方面。（安全监督中心）

人事管理

【概述】 2014年，人事组织工作紧紧围绕油田公司改革发展目标和有质量有效益可持续发展的方针，突出严格控制用工总量、加大功效挂钩力度、规范人事业务管理等重点工作，深化干部选拔任用、员工教育培训、组织机构、绩效考核和薪酬分配机制改革，进一步挖掘内部潜力，优化资源配置，不断提高组织运行效率、员工劳动效率和人工成本产出效率，为建成千万吨级高原油气田提供有力的组织保障和人力资源支持，持续提升油田公司党的建设科学化水平。截至2014年年底，人事处（党委组织部）有员工30人。（组织机构见下图）

2014 年人事处（党委组织部）组织机构图

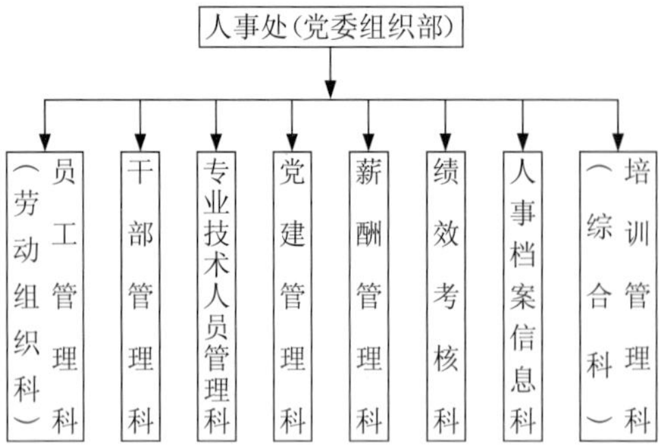

【领导班子建设】 2014 年，油田公司领导班子建设工作以全国组织工作会议、集团公司干部工作会议精神为指导，贯彻落实油田公司总体工作部署，深化干部队伍建设和各级领导班子建设，围绕建设千万吨级高原油气田发展目标，求真务实，扎实工作。建立健全《关于进一步加强所属单位领导班子建设的意见》、《青海油田公司所属领导班子和领导人员综合考核评价办法》等 4 项规章制度。加强作风建设，完善议事规则，坚持“三重一大”决策制度；强化干部教育培训，选送中高层管理人员参加集团公司中青年干部和专业知识培训，聘请中央党校等高校教授授课，举办处级管理人员培训班 2 期，副处级后备干部培训班 1 期，科级干部培训班 4 期。干部选拔任用的原则、程序和方法更加科学规范，坚持德才兼备、以德为先的选人用人标准，采取竞争性选拔和组织选拔相结合的方式进行选人用人，竞争性选拔成为干部选拔的主要渠道；推进处级领导干部交流，加大单位之间、机关与单位之间，党群与行政干部之间的岗位交流。（李春庆）

【人才队伍建设】 2014 年，人才队伍建设工作围绕油田公司“十二五”工作大局，结合油田公司实际，落实集团公司人才队伍建设工作的部署，进行集团高级技术专家年度考核和推荐工作、两级技能专家年度考核工作、专业技术人员岗位竞聘试点工作，专业技术人员聘任引入竞争激励机制，打破身份界限，探索符合油田公司发展需要的用人机制，提高专业技术人员队伍整体素质，优化专业技术人才队伍。

有集团公司高级技术专家5人；集团公司技能专家4人；油田公司技术专家3人；学术技术带头人20人；油田公司技能专家17人。专业技术人员通过转正定级、职称评审和资格考试，有690名员工取得中、初级职称，49名员工取得高级职称；技能操作人员通过考评，有9名取得高级技师资格，35名取得技师。（李军立）

【劳动用工管理】 2014 年，青海油田用工总量比 2013 年减少 564 人，严格控制在集团公司下达的 21757 人以内。2014 年上报审批离退休人员 501 人，上报职教幼教生活补贴 8 人，发放职教幼教生活补贴 84 人，完成油田公司 2013 年的劳动年检工作。做好 2014 年高校毕业生的分配和入职工作，并编制完成 2015 年高校毕业生招聘工作计划方案。以劳务子女工的形式安置 193 名青海油田待业子女就业。积极做好 10 名转业军人的安置工作；按照油田公司规定，安置一线困难职工 146 人，内部流动人员 120 人；为盘活人力资源，将井下 126 人划转到测试公司、英东采油厂、冷湖油田管理处，年龄大的划转到敦煌单位。（兰晓华）

【组织机构、队伍结构调整】 2014 年，油田公司组织机构优化、队伍结构调整工作严格按照集团公司“三控制一规范”要求稳步推进。将青海油田玉树液化天然气分公司划转到管道输油处，优化资源配置，实行专业化管理，提高招标效率，成立招标管理部、工程项目建设管理中心和安全监督中心；为加快扎哈泉产能建设，降低产能建设费用，确保投资、质量、工期完全受控，成立扎哈泉 5 万吨产能建设项目部；优化资源配置，合理调配人力资源，完成格尔木地区物资集中仓储，业务、人员、资产的划转工作；将油田公司 5 个驻外办事处撤销，其职能划入到驻外离退休基地管理处。根据《关于进一步调整完善天然气销售业务体制有关问题的通知》精神，为保证调整完善天然气销售业务体制工作的顺利进行，成立青海油田公司调整完善天然气销售业务体制工作领导小组。（兰晓华）

【员工培训】 2014 年度员工培训工作围绕油田公司“解放思想谋勘探，储量实现两亿吨，深化改革促发展，产量突破八百万”的年度工作目标，以油田公司“两会”精神为指导，以思想建设和素质能力提升为主线，以岗位培训为重点，完善培训机制，落实培训直线责任，提高培训质量。2014 年油田公司集中举办各类培训班 179 期，培训 10214 人（次），其中：举办经营管理人员培训班 42 期，培训 2712 人（次）；专业技术人员培训班 51 期，培训 3608 人（次）；技能操作人员培训班 86 期，培训 3894 人（次）。参加集团公司各类送外培训班 77 期，培训 180 人（次）。举办十八届三中全会及油田公司两会精神宣讲 8 场（次），听课人数 2270 人（次）。

根据培训承办单位课程设置的意见，拓宽培训渠道，在 2014 年举办的后备干部培训班、科级干部培训班、绩效管理培训班、办公室主任及文秘人员培训班中，聘请陕西彼岸企业管理咨询有限公司有实践经验的专家教授进行授课。

2014 年，油田主体工种培训改变以往各单位选派人员参加集中培训的方式，将培训主动权交给二级单位。培训中心与各单位就培训时间、课程设置、培训人员等方面进行沟通后，按单位需求设置培训课程，分单位进行培训。

理论教学和实际现场相结合，操作骨干与技师培训培训班由华北油田承担。解决培训设计上的突出问题和现场经验总结交流，培训内容上特别加强现场队站的技术问题处理与新工艺、新技术的应用。(罗连军)

【薪酬管理】 根据集团公司《关于进一步完善工效挂钩机制有关问题的通知》精神，对油田公司工效挂钩考核指标完成率与工资总额兑现的挂钩兑现关系进行测算，并协助油田公司有关部门及时调整相关经营计划指标，确保油田公司工资总额达到集团公司盈利企业最高增幅。按照集团公司《关于做好 2014 年职工薪酬调查工作的通知》要求，上报青海油田公司 2013 年度职工薪酬相关信息。

为发挥油气稳超产奖的激励作用，制定下发《油气稳超产奖兑现办法》。根据国家有关法律法规和青海省、集团公司有关规定，在对油田公司现行薪酬管理制度进行归并和梳理基础上，制定下发《青海油田公司薪酬管理暂行办法》。为规范薪酬制度运行，油田公司在各单位对薪酬制度运行自查基础上，对重点单位的薪酬管理工作进行专项检查，发现个别单位在薪酬制度运行中，存在不严格执行薪酬管理制度、考勤管理制度等现象，并针对发现存在的问题下发《关于薪酬管理制度及相关规定执行情况检查情况的通报》、《关于严格执行酬薪管理相关制度的通知》。为做好操作与服务人员岗技工资考核晋档，下发《关于操作与服务人员岗技工资考核晋档的通知》。依据 2013 年度个人收入情况的核查结果，确定 2014 年度员工社会保险及住房公积金的个人缴费基数。(宋生彪)

【绩效考核】 2014 年，为构建驱动油田公司业绩增长的考核体系，突出以经济效益为中心，发挥绩效考核的导向和激励作用，确保“保增长、保效益”战略目标的实现，按照突出重点、分类设计、衔接配套的原则，组织制定和签订油田公司领导班子副职、副总师、机关部门及二级单位主要负责人年度绩效合同 67 份；对油田公司绩效考核体系进行完善，配套制定《青海油田公司中级管理人员绩效指标配套考核细则》、《青海油田公司绩效合同关键绩效指标解释》，下发《青海油田公司机关中级以下各类人员绩效考核指导意见》；举办绩效管理理论与实务操作培训班一期，培训各单位主管绩效考核的科室长、业务人员 45 人；加强对各单位关键绩效指标完成情况的跟踪和监控，全年共下发考核通报 11 期。(解永忠)

【人事档案管理】 2014 年，青海油田人事档案工作大力推进制度化、规范化和信息化建设，按照人事档案集中管理，信档一致要求，全年累计接收归档材料 2.64 万份。整理人事档案 1629 卷（其中对新分大中专院校毕业生学籍档案 291 卷，招聘录用市场化用工人员人事档案 193 卷；部队复员转业军人人事档案 40 卷人事档案）并接收、立档、完成信息录入工作。完成市场化用工 1725 人次学历认证，及时对青海油田取得教授级及高级专业技术资格人员信息进行补充、修改维护，核对已通过国家教育部学历认证的 206 人学历信息，进行系统数据录入汇总。

对油田公司格尔木地区 7 家单位人事档案进行专项审核及材料收缴工作。清查油田各单位处分人员材料，共审核处分人员人事档案 298 卷并接受集团公司检查。按照集团公司人力资源管理系统（2.0）版人事档案功能基础数据准备工作对油田 4 座库房存放 2.19 万卷档案进行整理，核对库房所管档案卷数、柜号，组织运维人员完成“人事档案室系统架构”创建及信息维护，完成人事档案位置确认及信息导入，做到信档一致。（王丽）

【人事信息管理】 2014 年，重点加强对 ERP 人力资源管理系统运行管理、数据质量、人事档案管理等基础工作的监督和管控，结合集团公司人事部系统应用季度考核办法、油田公司内部 ERP 人力资源管理系统考核细则，建立人事档案员考核、系统运行监控机制。

优化运维流程，加强表单管理，转变运维模式，加大历史信息审核、历史材料监控、催交力度。严密监控 OA 中任免批复、文件下发，采取运维表单流转方式，实现材料运维、材料催交、材料接收登记流程化运转，确保信息维护及时、材料移交不缺失。全年累计运维 12411 条信息。深化系统应用和功能提升工作，完善后台配置，调整工资项个税计算规则、企业年金缴纳比例。积极参与集团公司报表新功能、人事档案改版配套功能测试。在集团公司人事部、信息管理部两部门考核要求基础上，加强账户登录监控，提高账户使用效率。通过定期账户登录监控，账户配置情况进行梳理，清理长期不登录账户等方式，青海油田账户数由年初的 1288 个压缩为 1198 个，节省账户使用费 7%。全年累计处理账户权限相关事宜 426 人次，处理工资结果删除1856人次，其他相关考勤、工资项处理60人次；协助专业技术科进行职称英语考试系统内报名信息维护，提供“无纸化职称报名系统”所需的员工信息。（刘大福）

【人事统计管理】 2014年，青海油田人事统计工作结合中国石油人力资源管理系统应用，完善人事统计工作管理制度。年初人事统计业务划入人事档案信息科，跟上级主管部门对口业务支持，理顺人事统计业务流程与规范，提升了人事统计的信息服务能力。按照人事统计工作的发展趋势与油田公司内部需求，开发新的青海油田人事统计内部报表，并结合系统使用，规范系统运维标准，提升系统运维准确性，对关键统计指标进行多次专项整改，提升了人事统计工作的准确性，为人力资源决策提供更加精准的数据支持。

2014年，青海油田落实集团公司人事统计工作任务和安排部署，着重推进“业务主导、共同参与”的人事统计新平台报表。通过对当前人事统计工作现状的梳理，结合人事工作业务在系统中的开展情况，经过人事处专题会议的讨论、研究，明确各个报表的对应科室和相关负责人。由相关业务科室直接负责对口业务报表的汇总和审核，直观的检查业务开展的结果以及二级单位的执行情况，对于发现的问题和不足，及时整改。这种填报机制的推行促进了业务开展水平和统计报表的数据质量的提高，也促进人事工作信息化管理水平的提高，充分发挥人事统计工作的服务、监督和预警职能。在油田公司两级人事部门统计人员按要求向国家统计局，国资委，集团公司，青海省、海西州及格尔木统计局上报各类定期报表18套，共计96张，填报油田公司内部报表12套，共计84张。（师俊）

人事服务管理

【职业技能竞赛与技能鉴定】 2014年，油田公司技能鉴定工作按照职业技能鉴定要求，举办第八届职业技能竞赛。油田公司各单位的400名选手参加10个工种的竞赛活动，41名选手获得名次，14名选手被授予“青海油田技术能手”荣誉称号，4名选手由劳务子女工身份转为企业员工。举办一期考评员培训班，集团公司鉴定指导中心领导赴青海油田授课，400人参加培训并取得考评员资质。职业技能鉴定无纸化系统列入油田公司2014年科技项目，结合青海油田鉴定工作实际，开发出职业技能鉴定无纸化考试软件，软件已交付并安装，年底前完成人员培训和系统调试。

2014年，油田公司对现有工种进行调查。通过调查将油田现有工种与中石油《工种目录调查管理系统》进行核对，筛选出集团公司《工种目录》中没有的工种，并对从业人员进行统计，为集团公司题库开发提供参考。

2014年，正常晋升职业资格等级鉴定、验证鉴定共计3321人报名，2014年6月、2014年10月先后2次在敦煌、花土沟、格尔木、涩北、冷湖和南八仙7个考区开展鉴定工作，实际鉴定人员2951人，鉴定完成率88.9%，合格人员2019人，鉴定合格率68.42%。组织开展技师、高级技师职业资格技能鉴定考评工作，参加技师考评53人，合格39人，合格率为73.58%；参加高级技师考评5人，合格5人，合格率为100%。

【劳动人才市场管理】 2014年，油田公司多次赴青海省人社厅主管部门汇报就业再就业工作，争取各项就业再就业扶持政策在油田的落实，得到省厅主管部门的理解和支持，理顺了资金支持渠道，资金支持工作常态化。2013年油田吸纳的269名青海省籍高校毕业生就业补贴资金384.96万元。其中，吸纳省籍高校毕业生岗位补贴32.28万元，社保补贴352.68万元。2013年“3+1”培训项目的补贴资金57.34万元核拨到位70%，计40.13万元。

为引导油田待业人员树立正确的择业与就业观念，提升职业素养，掌握职业思路，受青海省就业局委托，举办2期油田矿区待业人员能力素质提升培训班，207人参加培训，其中待业子女183人，二次就业24人。办理符合条件的油田待业子女求职登记工作，人才劳动力市场登记待业子女425人。开展2015年油田子女高校毕业生调查摸底工作。开展待业子女招聘工作，经过理论考试及面试，共安置待业子女193人，其中：男 100 人，女 93 人。有偿解除劳动合同人员共有 2557 人实现灵活就业，分别安置在三大社区和各驻外离退休基地管理处。除去退休和死亡人员，还有 53 人未实现灵活就业，每人每月发给 240 元补助金，再就业安置率达 98%。

【社会保险管理】 2014 年，油田矿区居民基本医疗保险参保 15899 人，同比增加 308 人，完成海西州人社局下达的参保增加 100 人的扩面任务；油田家属补充医疗保险共有 15967 人参保，参保率为 99%，同比增长 0.2%；有偿解除劳动合同人员基本养老保险应接续 2849 人，实际接续缴费 2622 人，接续率 92%。基本医疗保险应参保 5313 人，实际参保缴费 5046 人，参保率 95%；家属参加社会养老保险新增参保 52 人，实际缴费达 1941 人。

2014 年，油田公司实际养老参保 23659 人，同比减少 399 人；医疗参保 24362 人，同比减少 356 人；失业参保 24258 人，同比减少 440 人；工伤参保 23590 人，同比减少 321 人；生育参保 23658 人，同比减少 296 人；补充医疗参保 23444 人，同比增加 255 人。退休职工 8145 人（含建国前老职工 30 人、二级乙等革命伤残军人 3 人），同比增加 494 人；离休职工 44 人，同比减少 6 人。油田职工家属居民养老参保 6474 人，同比增加 65 人，参保率达到 99%；居民基本医疗参保 15899 人，同比增加 308 人，参保率达到 98.8%；家属补充医疗保险参保人数 15967 人，同比增加 348 人，参保率达到 99%。

医疗、工伤、生育、有偿解除劳动合同人员劳务费、节日慰问等各项待遇及时发放。服务各类人群 41.44 万人（次），较 2013 年同期增长 8.3%。其中：职工基本医疗报销 32.98 万人（次），大病医疗报销 4638 人（次），补充医疗报销 4565 人（次）；企业年金待遇支付 20361 人；工伤待遇支付 2407 人（次）；生育待遇支付 553 人（次）；矿区居民基本医疗报销 4.16 万人（次），大病医疗报销 154 人（次），家属补充医疗报销 2.98 万人（次）；节日慰问 8983 人（次）。

基本医疗保险和生育保险移交地方管理工作，涉及到油田和广大职工家属切身利益。油田公司在深入调研、认真梳理的基础上，充分考虑到油田矿区特殊的地域性，在即保障油田职工的利益又确保业务经办的便捷性的前提下，提出多套方案，经油田公司决定，将其中的 1 个建议方案上报青海省厅主管部门。油田公司主管领导带队多次赴省厅向省主管部门和主管领导汇报油田医疗保险移交有关事宜，并根据国家关于移交的有关要求，争取上级主管部门在政策上的支持，确保顺利移交，平稳过渡，维护油田和广大职工的切身利益。

2014 年，油田共退休 915 人，其中，在职职工 456 人，有偿解除人员 382 人，驻矿托管单位 77 人。截至 2014 年年底，完成退休审批 915 人，完成待遇核算 859 人。工伤认定 8 批次共计 23 人；工伤职工伤残鉴定医疗检查工作 2 次，检查 41 人；完成工伤保险定期待遇的普调工作，一共调整 197 人，补发费用 26.60 万元；完成油田 1-4 级工伤职工及工亡职工的供养亲属进行生存状况调查，共查出 7 人丧失领取抚恤金条件，并追回抚恤金 2.49 万元。为方便驻外机构及周边退休人员相对集中地区职工家属看病购药，落实驻外机构当地政策情况，根据实际情况选择定点药店并公布。油田工亡人员供养直系亲属资格认证工作，通过信件调查等方式对 1000 多名工亡供养直系亲属认证。

2014 年，根据职工基本医疗保险制度调整情况，修订《企业补充医疗保险实施办法》，并呈报集团公司人事部审批同意后，下发《关于印发〈青海油田企业补充医疗保险实施办法〉的通知》。（鲁玉伟）

住房、公积金管理

【概述】 中国石油青海油田公司住房公积金管理中心围绕“加强住房管理，加强公积金管理”两大主题，抓好“资金安全管理、服务质量管理、职工来信来访、政策制度宣传”等四项工作，完成管委会确定的年度主要目标任务。2014 年住房公积金归集 6.50 亿元，较 2013 年同期增长 4.5%，完成年度计划的 104.8%。提取、结算 5.20 亿元，较 2013 年同期增长 15.6%。发放贷款 1.20 亿元，较 2013 年同期增长 9.1%，完成年度计划的120%。回收贷款0.70亿元。贷款余额2.80亿元。产生增值收益4483万元。签订“东坪油苑”新建住房及腾退住房购房协议书2440份。完成住房交易手续140套、租改购手续33户，赠与手续80套、过户手续85套，履行租房合同596套。其中：公租房租赁合同98套，保障性住房租赁合同38套。

【住房管理】 2014年，住房管理工作按照解除职工后顾之忧、调动职工群众工作积极性的总体布局，牢固树立“保住房就是保民生、保稳定，就是为千万吨油气田做贡献“的工作理念，切实支持和帮助职工解决住房问题。

严格新建住房配售工作全过程管理。对住房需求作了翔实的调查工作。制定切实可行的住房配售方案。自觉接受监督。细化腾空住房配售（租）分配方案。对每个群体住房分配按照腾空住房的户型面积、楼层、区域及交房时间等方面进行细化，并进行合理搭配切块。满足职工住房需求。油田内部住房市场环境进一步改善。一是住房刚性需求得到有力的解决。二是住房交易价格得到有效遏制。三是油田住房市场进一步活跃。油田住房市场呈现健康、有序的良性循环发展。

强化住房维修基金使用，保障住房功能正常发挥。加强维修项目计划编制的前期调查工作。积极组织维修单位上报年度住房维修项目计划。在住房维修项目计划编制过程中严格落实工作量，严格核实维修费用，力争使维修计划与实际相吻合，解决住房存在较为突出的问题。

抓好信访工作，研究解决职工群众实际问题。按照“分级负责、归口办理，谁主管、谁负责”的原则，住房公积金管理中心抓好职工来信来访工作。形成住房公积金管理中心主要领导亲自动手做信访工作，科室协同配合的工作落实机制，共同研究解决职工群众实际问题。2014年住房公积金管理中心共收到总经理、书记信箱信件129封，接待职工来访7000余人次。针对职工来信来访较为集中的几类问题，住房公积金管理中心在总经理（书记）信箱网页中专门开辟“关于对东坪油苑住房配售问题的回复意见”专栏，及时对职工关心的热点问题依据有关政策给予集中答复。

【住房公积金管理】 2014年，住房公积金管理中心加强住房公积金归集管理，简化购房提取手续，大力支持保障性提取和降低贷款“门槛”，进一步提高职工支付能力和居住水平，增强职工解决自身住房能力，保障困难人员的生活需要。加强住房公积金归集管理。及时督促住房公积金建账和资金上缴工作、及时调整住房公积金缴存基数。持续提高住房公积金使用力度。继续简化提取办事程序。降低“贷款”门槛。通过上述举措住房公积金2014年使用率达到98.5%与2013年同期相比提高4.5%，有效保障职工对资金的需求。充分发挥公积金保障的作用。2014年共为109人次困难职工提取住房公积金，提取金额为605万元，。

抓好住房资金安全管理，筑牢资金安全防线。继续完善内控机制，加强风险防控。住房公积金管理中心结合自身实际，采取多种形式对住房公积金归集、提取、贷款发放等业务的风险点进行设置和排查工作，采取各种强有力措施加强贷款回收工作，保障住房公积金安全运行。严格审核把关防范骗提骗贷。对利用虚假购房合同、收款收据，房产证、契税发票，住房按揭贷款借款合同、还款记录，住房交易行为等骗取、骗贷公积金行为采取必要手段及时甄别，防范违规行为发生。加强“银企”合作，推出短信告知制度。自觉接受监督，做到资金运作公开化。开展财务专项检查工作，确保资金安全运行。

抓好服务质量管理，塑造住房公积金管理中心良好形象。针对住房公积金管理中心格尔木营业点办公场所空间小，服务条件差等情况，住房公积金管理中心对营业点进行迁移，改善办公环境，方便石化基地职工的业务办理。根据2014年住房配售的特点，住房公积金管理中心安排专人到选房现场负责引导选房家庭，提供咨询等服务，确保选房工作的顺利开展。进一步优化住房协议签订业务程序，为购房人员提供“一对一服务”。严格窗口服务制度，提升住房公积金管理中心形象。认真执行首问负责制、首办负责制、月度考核及职工评议制度，增强员工服务意识。（住房公积金管理中心）

规划计划管理

【概述】 2014年，规划计划处围绕“三级储量四亿吨、油气当量八百万”的年度发展目标，深入贯彻油田公司“有质量、有效益、可持续”的发展方针，以提高投资质量和效益为核心，油田投资水平再创历史新高，重点项目进展顺利，生产计划执行情况良好，“决策参谋、综合平衡”职能发挥充分，完成各项生产经营任务。

【战略研究和中长期发展规划】 适时启动“十三五”规划编制，描绘油田发展蓝图。青海油田于2014年6月正式启动十三五规划编制工作，成立编制机构，下发总体规划和业务规划编制大纲，明确各业务发展思路，落实关键控制节点和技术经济指标，使编制工作充分体现油田公司千万吨发展战略；同时，在编制过程中，着重解决各业务之间的衔接与匹配关系，召开2次协调会，进一步明确各业务的发展思路，解决各规划之间的平衡关系。

为加强地面生产系统管理，提高新、老油气田建设项目的预见性，2014年2月启动2015-2017年油气田地面建设规划，提出解决系统问题、弥补短板、消除瓶颈的建设规划思路，于2014年3月10-28日组织开发处、天然气处、基建工程处、工程技术处、生产运行处、钻采院标准化室、设计院等单位现场调研，全面了解现状，深入分析问题，详细提取资料。将对新油气田地面工程进行系统布局，对现有油（气）田地面系统适应性进行全面分析，确保地面系统适应油气开发需要，着力解决油（气）田地面建设系统性问题，整体规划油气田地面建设项目，为油田公司在十三五期间的油气开发业务夯实基础。

【年度业务发展计划】 2014年，完成油气三级储量2.31亿吨，其中：基本探明石油地质储量6685.20万吨、控制4348万吨、预测4714万吨；探明天然气地质储量201.79亿立方米、控制208.19亿立方米、预测320.30亿立方米。探井成功率45.4%，评价井成功率66.7%，油气发现成本1.28美元/桶。

生产油气当量768.97万吨，完成年计划的100.01%。其中：原油220.00万吨，天然气68.90亿立方米。加工原油140.88万吨，超计划10.88万吨。

【投资管理】 2014年，股份公司下达投资计划50.09万元，油田公司实际完成47.91亿元，完成计划的95.65%。投资管理以建立促进效益持续增长的良性投资机制为目标，抓好投资基础工作合规性管理，深化投资切块管理，强化投资监管。在集团公司大幅压缩投资总规模形势下，通过勘探、英东产能等项目较框架计划多争取投资5.60亿元，完成落实投资50亿元的目标，有效保障油田公司勘探开发业务。规范投资管理作为年度投资管理的重点之一，清理回收项目节余投资1.90亿元。把加强投资过程监管和投资结算决算管理作为投资管理的重点之一，加大重点项目对投资具体核算内容的审查力度，实现对重点项目实际完成工作量全覆盖审查。

【项目管理全过程】 加强前期管理，努力保障前期进度和质量。强化现场调研，避免设计与现场脱节，提高设计质量。2014年，先后组织安排项目现场调研10余次，深入现场实际，与建设单位充分沟通，提取第一手资料。坚持项目前期协调机制，及时协调解决存在问题、分歧等，召开项目前期协调会17次，赴设计院调研3次，落实问题62项，有效保障设计进度和质量。落实项目论证的建设单位初审关、职能部门预审关、主管领导审查关和总经理办公会决策关的“四把关”机制，努力提高项目1次审查通过率。2014年，共审查项目54项次，审减投资1.45亿元，审减率12.56%。争取限上项目审查权限，股份公司先后授权委托油田公司审查报备柴西北区110千伏供电工程、原油外输管道工程的初步设计，有效促进项目进度。加大利库平库力度，对各积压、无动态物资进行梳理分析，可替代物资利库平库使用，在东坪牛东地区调剂使用天然气发电机组3台、压缩机2台，节约资金约600万元。2014年5月20日启动2015年建设项目征集工作，经过专业处室和总经理办公会论证，确定25个建设项目，并于2014年8月12日下达2015年项目前期工作的通知。按照年度项目运行大表逐项抓落实，细化项目分类，明确项目责任人，责任人全过程跟踪项目，掌握项目关键环节及主要内容，提高项目前期管理水平和设计质量。

【效益评价与后评价管理】 2014年，下达项目后评价17项，简化后评价87项，基本实现应评尽评，覆盖率达到95%。英东勘探项目后评价通过集团公司后评价报告验收；发布建设项目存在问题总结1期，提出建议6项。整理发布2012-2013年度后评价公报，为建设单位提供较为详细全面的评价结论。下达2012-2013年度表彰文件，表彰后评价先进单位4个，优胜单位9个，先进个人60名。召开2014年度效益评价年会，表彰优秀报告8份和先进个人24名。组织研究院编制《规模经济产量研究》，获油田公司科技创新一等奖。通过开展产量成本结构联动管理，操作成本大幅攀升的势头得到遏制，效益结构明显好转。与软件公司合作编制"开发规划效益优化管理系统"软件，并开展"单井效益评价系统"软件升级工作。党支部荣获机关党委优秀党支部，内控工作进展有序，处室管理提升情况良好，被油田公司评选为优秀专业管理提升单位，1人荣获管理提升先进个人。

【生产经营计划管理】 2014年，在生产计划管理上，坚持"早筹划、早安排、早落实"的原则，按照股份公司的总体部署，结合油田生产实际，在目标任务实施过程中强化跟踪分析，分季度适时进行调整，编制并下达季度计划4次。2014年1月，对油田周边重点用户进行走访调研，及时掌握天然气用户需求，使88.24%的周边销售量得到进一步核实。通过及时掌握天然气用户需求，核实分月销售情况，优化资源配置，发挥整体优势，并根据用户生产特点编写分月销售计划。2014年9月由股份统一部署，涩北－西宁－兰州管道天然气销售量大幅度降低，直接影响到油田公司年度天然气产销任务指标完成，为了防止年底工作被动，通过与生产经营部、天然气管道板块等上级部门沟通协调，及时向股份公司请示申请调整年度生产任务指标，天然气产量由70亿立方米调整为68.80亿立方米，销售量由62.60亿立方米调整为61.60亿立方米。

【生产统计管理】 发挥统计服务职能，对复杂的各类数据进行科学、完整地统计，按时完成月、季、年各类统计报表的编报工作，统计及时率达到100%。制定《青海油田公司2014年综合统计核算制度》，规范2014年年报及2015年定期报表，编制全年统计工作计划，每月在油田公司网站发布统计信息快报，供机关各部门获取统计信息；每月1-3日向集团公司出具油气生产、炼油化工、工程技术服务、装备制造等业务产量和投资完成情况等统计品；3-5日出具产品销售、增加值、产值方面的核算产品。按照青海省统计局、省经贸委经济运行局、省发改委等政府部门的安排和要求，提供不同的统计产品；不定期向各种会议材料和领导讲话提供不同的统计信息产品，并对其数据质量进行把关审核。完成油田50个普查点的第三次经济普查工作，油田公司被评为普查工作先进单位，3人被评为普查工作先进个人。2014年，推荐集团公司优秀统计分析7篇，获奖3篇，其中二等奖1篇，三等奖2篇。

【土地管理】 2014年，土地管理部门积极研究政策、采取措施，促进节约集约用地，有效降低生产建设成本，保障油田生产建设用地需求。结合油田实际，严格执行油田公司《土地管理实施细则》、《临时用地管理办法（试行）》。督促12家油气生产单位办理临时用地申请手续及签订临时用地协议，对300公顷临时用地及申请表进行审核。开展节约集约用地工作，组织、指导及协调各单位及时完成建设项目用地申报、规划等工作，优化油田基地土地规划利用，组织协调敦煌基地东坪油苑住宅建设土地变性、全油田输油气管道清查统计及格尔木管道隐患整改征地前期协调、井下维修站和废旧回收站用地、花土沟铁路专用线项目前期用地置换及选址、昆仑能源花土沟LNG加气站用地和四方花土沟加气站换证等工作，为油田公司生产经营与建设营造良好的用地环境。

在年度产能建设用地办证期间，规划计划处组织资质单位和油气生产单位逐宗、逐井场开展土地勘测定界工作，仔细核对有关费用收取范围和标准，主动邀请青海省国土厅、海西州国土局来油田考察指导，在征地费价格、土地办证程序简化方面与其进行协商，对95宗108公顷产能建设用地进行办证。

2014年，在昆北油田、马北油田、扎哈泉油田勘探、花土沟油区供电线路建设过程中，茫崖行委当地牧民反复阻挠施工、要求草原占地补偿费，及时协调茫崖行委政府及发改局、国土局解决油田勘探开发占用草原补偿的问题，有效地避免与牧民的草原用地权属纠纷。

盘活土地资产，增加土地收益，组织各社区和生活服务公司按照油田公司《关于进一步加强土地管理工作的通知》（石油青计〔2012〕213号）要求抓好土地清查和维护工作，将低效利用场院收回、盘活并开展租赁工作，全年土地租赁收益401.30万元。

【业务培训】 2014年，青海省统计局在上海组织的统计业务培训，有44人参加。培训内容为统计基础知识、统计分析方法及其应用、财务管理知识及案例分析等。（李艳）

财务管理

【概述】 2014年，财务管理工作按照有质量、有效益可持续的发展方针，主动适应经济发展新常态，坚持以经济效益为中心，着力提升财务管控能力，全力推进开源节流降本增效工作，强化预算管控，规范会计核算，突出降本增效，积极争取政策，规避税收风险，加强统筹协调，主动服务基层，有效发挥决策支持和价值引领作用。

【预算管理】 深化预算管理，按照“以月保季、以季保年”的原则，将年度预算目标分解细化到季度执行预算，确保预算目标受控运行。以经济效益为中心，加强油价、产量、投资、成本、效益的动态衔接，合理配置资源，加大向效益好的业务投入力度，减少低效无效投入，提高投入产出效益。继续坚持措施作业费与产量效益挂钩机制，促使油气单位优选作业井、优化设计、优质施工，提高措施有效率，控制措施成本。根据集团公司的总体要求，制订开源节流降本增效实施方案，结合各业务实际情况，以年度预算为基础，测算、下达各单位降本增效指标，纳入业绩指标。大力压缩非生产性支出，2014年，差旅费、业务接待费分别在2013年预算基础上压缩10%和50%。坚持生产经营分析会制度，针对油田发展中存在的主要问题，及时提出切实有效的改进措施，推动油田有质量、有效益可持续发展。

【会计核算】 2014年，修订下发了职工福利费管理办法、禁止发放有关费用等文件，规范福利、评审验收等费用支出的管理；强化财务监管，规范会计核算和经营管理行为，将驻外酒店（宾馆）纳入油田财务信息系统集中核算。为保证会计信息更加真实、准确、及时、完整，规范会计核算，组织编写《青海油田公司会计业务手册》，统一油气生产、炼油化工、输油输气、科研、投资、资产、税费、往来、关联交易、安全生产费用等21项业务的操作流程；结合股份公司、油田公司业务变化及预算分析需求，编写下发2014年主要会计业务变化及相关核算要求，完成建设项目管理中心、招标管理部等新增单位的建账方案及核算流程。结合股份公司考核体系要求，研究、完成《EVA导向下的青海油田经营管理行为研究》课题，分析油田的经营特点及对EVA的影响，为加强油田财务管理提供理论支持。

【成本费用控制】 强化成本费用管控，坚持低成本战略，针对措施作业成本逐年上升的趋势，对措施作业费实施专项预算、专项考核，提高油气生产单位的效益意识，有效控制措施作业费的持续增长，吨油措施作业费支出同比降低8.53%；严格财务、预算管理，针对不规范成本费用支出及时调整相关单位预算指标，加强成本费用管控；牢固树立长期“过紧日子、苦日子”的思想，认真贯彻落实中央八项规定、集团公司二十条要求，大力压缩非生产性支出，非生产性支出比2013年下降23.26%，尤其是接待费用比2013年下降65%。

【价格管理】 严格执行国家发改委、股份公司关于原油、天然气、成品油的价格文件。按照集团公司非居民用天然气价格调整工作安排，制定油田天然气调价工作实施方案，加强与用户的沟通和政策宣传，推进天然气价格调整工作，实现直供周边用户天然气价格调整到位，并结回全部销售款项。完善油田内部结算价格体系，下发“英东 、昆北小区”物业费、停车费、电梯费的等收费标准，明确了油田工程用水价格。

【税收管理】 根据国家税务总局开展税收风险管理工作的要求，对照石油和天然气开采行业928个风险点组织开展自查，配合税务机关税收风险管理现场复核稽查、消费税、进项税专项检查等工作，及时整改存在的问题，规范纳税行为，降低油田涉税风险。争取财税优惠政策，先后落实城市维护建设税、价格调节基金、管道运输增值税即征即退返还资金以及矿产资源补偿费减免等优惠政策。实现油田电信业务“营改增”。启用个人所得税管理系统，实现网上申报并纳入地方个人所得税监管体系。

【财务稽核】 2014年，开展“小金库”、表外资金、福利费支出、会计档案等财务专项检查，配合相关部门完成应付款项、工程建设项目、合同管理等专项审计。对于检查中发现的投资、合同、招投标、财务管理、税收管理、物资采购、资金管理等方面存在的问题，分析原因，制定切实可行的整改措施，逐一落实整改，加大问题整改监督力度，防范经营风险。

【财务信息管理】 2014年，完成中国石油财务统一界面系统推广上线运行工作，实现财务用户统一入口、统一身份认证、统一权限、统一用户登录的集中管理，解决财务人员需要记录多套用户名密码及财务业务处理时登录多套系统的问题。优化集中报销信息系统业务流程，减少审批环节，使集中报销系统更好的服务油田。及时解决油田财务工作遇到的系统问题；严格信息数据运维的审批流程，提高信息数据维护的及时性和准确性，保障财务系统的安全平稳运行。

【资产管理】 2014年，以推进资产轻量化管理、盘活存量资产为目标，积极开展资产清查，清理分析存量资产，确定油田低效、无效资产轻量化实施重点；组织开展环能加气站天然气管线占压资产评估及清理工作，采取竞标方式，以高出评估值15%的价格取得转让收入；开展年度资产清查报废工作，自批报废固定（油气）资产2411项，股份公司批复固定资产报废494项。开展资产调剂、处置工作，充分利用现有报废资产零部件，拆件利用，降低成本费用支出，部件利用6批次；调剂（调拨）资产215项；处置报废资产及废旧物资取得处置收入***万元。

【清欠工作】 围绕2014年清欠任务，加强与重点清欠单位的沟通与联系，及时掌握清欠动态，积极跟踪督办清欠事项，狠抓落实。建立清欠情况定期通报机制，采取清欠发生的差旅等费用先挂账后核销等措施，实现压力层层传递。截至2014年年底，已全部清回历史陈欠款和到期的质保金，清欠工作取得显著效果，主要清欠任务已完成。

【制度建设】 2014年，对现行使用的26个规章制度进行全面清理，从文体、内容、合法性、必要性、规范性和操作性等方面，逐文进行审核，根据核算内容的变化修订《青海油田公司职工福利费管理办法》（石油青财〔2014〕32号），同时废止《青海油田公司职工福利费管理暂行办法》（石油青财〔2011〕259号）。

【财务队伍建设】 以综合素质提升为核心，强化财务人员业务培训，采取内部培训、参加集团公司组织培训及委托外部培训等多种形式，对油田财务人员的财务管理能力、专业技能、职业操守等进行全面培训。2014年举办预算、税收、会计核算、资产及资金管理培训班5期、培训财务人员197人次；参加集团公司组织的各类培训班24人次，培训内容涉及关联交易、会计核算及交易平台、企业会计准则体系、财务政策、中国石油财务统一界面系统、资产管理、资金管理、税收知识、商业保险知识等。继续加强职业道德教育，增强廉洁从业意识，带头执行中央八项规定和集团公司二十条要求，增强自我约束力，自觉执行国家财经法律法规，维护财经纪律的严肃性。（王华）

资金运行管理

【概述】 2014年，资金运行管理主要工作，一是开源节流降本增效，严格资金计划运行，减少资金占用，实行商业承兑汇票对外支付、加强合同履约保证金管理和银行存款账户管理，有效控减有息债务，节约财务费用；二是严格执行各项规章制度，推动资金的合规管理，加强资金的内部控制。

【资金管理】 2014年的资金管理主要是合理筹划资金，开源节流降本增效，降低资金成本，提高资金效益。严格资金计划运行，杜绝计划外支出，有效节流资金支出。做好资金管理与业务管理的融合，将资金管理渗透到投资、采购、生产、销售等业务环节，强化资金全过程、分要素、精细化管理，最大限度减少资金额度不足或资金额度的浪费，提高油田公司资金的运行效率；减少资金占用，提高资金使用效率。采用物资集中采购和代储代销管理等模式，减少库存物资资金占用。控制原油、成品油和化工产品等存货。强化应收账款清欠与管理，加快资金回笼，减少各种应收款项占用。开展票据转让支付，减少经营环节现金支付，相应减少利息负担，降低资金成本，提高资金使用效率。

在保证资金安全的基础上，在对外支付中加大使用委托昆仑银行付款的商业承兑汇票，除格尔木地区暂时不具备条件外，按照对外购买支出15%的额度使用商业承兑汇票进行对外支付，有效控减有息债务，节约财务费用。为维护中石油的商业信誉，对支付的商业承兑汇票按银行承兑汇票进行管理，按期解付；下发《关于进一步压减存货的通知》，以价值管理为手段和目标，减少存货资金的沉淀积累，提高油田公司的经济效益；加强合同履约保证金管理，配合相关部门，督促有关单位及时收取、记录合同履约保证金，确保制度的有效执行。加强账户管理，对油田公司各单位的账户进行核查和梳理，及时撤销不再使用的银行账户，堵塞资金管理漏洞，避免经营管理中的相关风险。根据青海油田驻外办事处所属宾馆酒店账务纳入油田公司财务系统统一核算的要求，组织宾馆酒店账户的构架整合工作。

【债务管理】 内部负债以满足油田公司投资建设的资金需要为目标，2014年内部长期负债规模比2013年增长13.90%。对应付款项继续合理控制付款节奏，通过规范支付程序，加强对应付款项的管理。

【资金内控管理】 资金内控管理的重点是抓好制度落实，提高资金内控管理水平。通过严格执行《青海油田分公司合同管理办法》、《关于进一步加强合同管理的通知》等制度，既按约履行合同，又避免通过违反内部管理规定的方式履行合同。加强沟通和协调，做好制度的宣贯，提高内部控制管理意识，规范内部管理，规避外部法律风险，严格按油田公司相关制度规范开展工作。（韩一布）

内控体系管理

【概述】 2014年，内控与风险管理工作，以狠抓基础管理，着力提升内控执行力，有序推进内控体系建设和风险管理工作为重点，统筹安排，积极推进，为油田公司有质量有效益可持续发展提供了保障。

【内控体系建设】 2014年，经股份公司审批备案和总经理宗贻平签署发布令后，印发石油青企管〔2014〕2号《关于发布内部控制管理手册（2014版）的通知》，正式发布油田公司2014版内控管理手册。开展风险报告编制工作，加强重大风险识别和评估，印发青油企管〔2014〕1号《关于开展2014年公司层面重大风险评估工作的通知》，编制完成《青海油田公司2014年度风险管理报告》。组织开展专项流程梳理工作，补充完善工会、公积金、社保等相关流程12个。

【内控体系推进】 编写下发青油企管〔2014〕3号关于印发《2014年企业管理和内控与风险管理工作要点》的通知，从“突出风险，优化流程，持续加强内控日常监管”等3个方面，明确工作思路，合理安排油田公司2014年内控与风险管理重点工作。加强业务培训，培育风险文化，2014年，油田公司先后举办各类培训班30期，培训人员906人。

【内控体系测试】 2014年7月14日－8月3日，油田公司组织开展自我测试1次，测试范围涉及油田公司41家单位，内容涵盖公司层面、业务层面、信息层面和权限控制等业务流程和控制主题。测试结束后，油田公司及时下发青油企管〔2014〕9号《关于对油田公司2014年内控自我测试发现问题进行通报和整改的通知》，对发现的例外实行进行全面整改，确保控制到位和执行有力。（单军亭）

炼油化工管理

【概述】 2014年，中国石油青海油田公司炼油化工处，以股份公司炼化板块相关会议精神为指导，围绕油田公司“两会”确定的目标和工作部署，以降本增效为目标，狠抓炼化装置安全平稳运行，强化生产技术过程管控，督促项目建设按计划推进，推进节能降耗，改善经济技术指标，不断提高炼化业务管理水平，较好地完成年度工作目标。

炼化装置未发生一起非计划停工，装置平稳率达99.41%，比股份公司平均水平98.77%高0.64%，炼油装置于2014年7月底实现第2个“两年一修”，30万吨/年甲醇装置于2014年6月底实现首次“三年一修”。2014年3月7日，成功调和出97#汽油，高标号汽油实现零突破。2014年1-6月盈利132.22万元，7-12月，由于受国际市场原油价格急剧下挫影响，国内成品油和化工市场持续走低，成品油出厂价格连续10次下调，其中2次国家上调成品油消费税，油田炼化业务形势陡转直下，亏损急剧增加，突破股份公司下达的1.9亿元控亏目标，亏损2.97亿元。

【生产技术管理】 2014年，炼化业务加强工艺卡片管理，修订完善新版操作规程，通过MES系统、TM系统以及现场检查等措施，对各装置操作平稳率加强监控。根据炼化板块催化裂化装置2014年长周期运行攻关工作计划，成立催化裂化装置长周期运行攻关小组，编制攻关方案，重点针对油浆系统结焦问题进行攻关。通过降低常减压装置拔出率，提高剂油比，增加循环剂量等优化措施，油浆系统结焦问题大幅缓解。按照炼化板块2014年达标管理工作要求，制订方案，从产品收率、能源密度指数、机械耐用度等达标指标，找出差距和存在的主要问题，制订措施，持续实现专业管理和装置管理的优化。制订“消灭石脑油，减少拔头油”的汽油生产方案，结束了脑油外销的历史。将重整装置部分拔头油改进汽油组分参与调和，最大限度地转变成高标号汽油，减少拔头油外供。紧跟市场价格和需求，结合汽油产品销售利润高于柴油利润的实际情况，大幅降低柴汽比例，柴汽比下降到1.26。通过结构优化，高效产品比例达到51.98%。2014年，由于油品市场疲软，格尔木炼油厂库存一直处于高罐位运行，面对复杂多变的铁路运输状况，产、储、装、运、销各个环节间无缝对接，以高效率、高水平的管理促进销售业务流程的高效运行，确保油田生产后路畅通。落实“一岗双责制”，强化HSE体系执行力度，参加股份公司炼化板块组织的炼化业务HSE体系审核和复审。复查上次炼化板块检查存在问题的整改情况，全程参加炼化板块组织的HSE体系审核，对股份公司安全环保巡视组检查出的储罐存在问题，督促格尔木炼油厂整改，对整改情况进行复查。

【项目管理】 2014年，炼化业务实施国Ⅳ柴油质量升级工程，与催化项目烟气脱硫项目、炼化装置大修同步实施。在施工过程中，克服诸多困难，通过与设计、施工、监理、检测等单位通力协作、精心施工，在45天内完成柴油质量升级和装置大检修。各界面衔接有序，2014年9月18日，一次投产成功，2014年10月28日，成功调和出国Ⅳ、国Ⅴ-20#柴油。催化裂化烟气脱硫项目在检修期间完成相关接口预留和流程改造，装置投产后，生产与施工交叉进行，于2014年12月2日建成投运。项目进度、质量、安全、投资得到很好控制，大检修施工实现“安全、绿色、全面、受控”检修，为下一个“三年一修”目标奠定坚实基础。立足于建设燃料型炼厂，以扭亏增盈、持续提升技术经济指标为目标，抓住产品质量升级改造契机，在保证产品适销对路的前提下，削减高能耗等短板，对炼化业务的规模、品种、结构、工艺等方面进行深入研究、完善和提升，科学组织安排，组织编制炼化业务“十三五”规划，并通过油田公司的评审。

【综合管理】 炼化业务班组绩效管理系统（TM系统）运行正常，对炼化业务生产经营发挥积极作用。扎实开展季度经营分析活动，对炼化板块月度生产经营活动分析对标数据整理分析，查找短板，总结经验。研究和制订炼化业务绩效考核方案，开展炼化业务月度绩效考核，并与处室业绩指标挂钩，制定处室绩效考核办法，签订业绩合同，实行全员绩效考核。持续开展管理业务提升活动，查找管理中存在的主要问题，制订整改方案；抓好年度重点任务分解和落实，油田公司领导碰头会纪要事项的督办；对炼化业务运行情况按期进行总结，按时完成炼化业务业绩公告（中期及年度）、2013 年度年鉴的撰稿工作。以“转变观念、端正作风、优化服务、提高效率、勤政廉政”为重点，持续开展党的群众路线教育实践活动，加强处室作风建设，切实提高服务质量，提高办事效率和管理水平。（王维寿）

审计管理

【概述】 青海油田公司审计业务包括：管理效益审计、经济责任审计、工程项目竣工结算审计、合同审计和集团公司重大专项审计。2014 年，审计部完成各类审计项目 46 项，取得直接经济成果 4783.85 万元，其中：管理效益审计 5 项，集团公司重大专项审计 1 项，经济责任审计 16 项，工程项目竣工结算审计 26 项。荣获青海省 2014 年度审计通联宣传工作先进单位、青海省 2014 年内部审计先进单位、集团公司 2012-2014 年审计工作先进集体称号。

【制度建设】 根据集团公司审计职业道德规范和审计组审计纪律规定，制订下发《青海油田公司审计人员职业道德规范》、《青海油田公司审计组审计纪律规定》；认真学习新修订的《中国内部审计准则》、《内部审计项目审理工作暂行办法》、《审计项目管理办法》等规章制度，贯彻执行集团公司内部审计规范、财务收支审计、建设工程项目审计、计算机辅助审计、内部控制审计、审计档案管理、信息化工作等管理办法。

【审计质量控制】 抓好审前调查、审计方案、审计实施、审计报告、审计复核等各个环节的工作，不断加强审计质量控制，规范审计行为。通过现场走访、问卷调查、统计分析等审前调查，确定审计重点，完善审计方案；做好现场实施，重要审计发现集中讨论，准确定性；重视审计文书质量，反复加工提炼，提高报告水平；开展后续跟踪，督促被审计单位及时整改。

【管理效益审计】 根据集团公司 2014 年审计工作编制意见以及油田公司工作重点，结合近年来审计中发现的管理薄弱环节和主要风险，通过征求意见、发放调查表、基层调研等方式，在风险等级、金额大小、资产性质、内部控制质量等风险因素的基础上，立项开展应付款项、2013 年审计问题整改情况、油田建设工程对外劳务分包、合同履约及跟踪审计、英东一号油田产能建设工程专项审计 5 项专项审计与调查；完成集团公司安排的多种经营、职工持股及假集体企业等各类具有实质性控制权公司专项审计。

【支出性经济合同审计】 确立以风险评估为基础的支出性经济合同抽审计划，对管理薄弱的单位、信誉欠佳的供应商和容易出现问题的合同进行重点审计；履行招议标项目过程监督职能。2014 年抽审支出性经济合同 601 份，审计标的金额 22.90 亿元，审减合同价款 576.61 万元；参加物资采购、承揽修理、技术服务等招议标会议 216 人（次）。

【经济责任审计】 2014 年，经济责任审计分别从业绩考核、重大经营决策、内部控制等方面入手，把经济责任审计与工程项目审计、合同审计、专项审计以及往年审计发现问题整改情况有机结合起来，重点对被审计单位财务收支的真实性、完整性、准确性，内部控制制度的建立及执行情况，资产质量变动状况及遵守有关廉洁从业的规定情况开展审计，客观评价领导干部任期内的履职情况。全年完成 16 名领导干部离任经济责任审计。

【工程项目竣工结算审计】 对 2014 年开工建设和实施审计的工程项目，深入现场调查，关注项目过程管理，及时调整审计计划和进度。全年完成 21 个单位的 26 项工程项目竣工结算审计，审计总造价 10.03 亿元，审减工程造价 3569.38 万元，综合审计减率 3.56%。

【专项整治】 根据集团公司要求，结合 2013 年审计发现问题整改调查，开展油田公司审计发现问题专项整治工作，梳理出油田公司 2012 年以来开展的各类审计、检查项目 71 个，发现问题 520 个，涉及金额 44760.40 万元。已整改问题 367 个，无法整改问题 153 个。

【重点审计项目及成果】 2014 年，青海油田重点审计项目分别为：2014 年油田重点工程项目审计，应付款项专项审计、油田建设工程对外劳务分包、2013年审计发现问题整改情况审计调查。

油田重点工程项目审计主要是花土沟基地钻东区员工倒班公寓维修及职工食堂配套工程等7个单位的8项结算审计项目，审计总造价6.16亿元，审减造价2964.11万元。

2014年重点工程项目审计

序号	项目名称	审计文件	建设单位
1	敦煌基地体育公园、东五村小区改造等工程竣工结算审计	青油审〔2014〕3号	社区管理中心
2	昆仑大酒店维修改造工程	青油审〔2014〕25号	四方服务公司
3	花土沟基地钻东区员工倒班公寓维修及职工食堂配套工程	青油审〔2014〕26号	花土沟社区管理中心
4	青海油田注水管防腐工程	青油审〔2014〕32号	井下作业公司
5	2012年乌南油田调整产能、切六、切十二、切十六区产能建设地面工程	青油审〔2014〕33号	采油二厂
6	青海油田档案馆维修改造工程	青油审〔2014〕39号	档案信息管理部
7	采油二厂2013年乌南油田地面集输系统建设、放空天然气回收治理工程	青油审〔2014〕44号	采油二厂
8	2012年英东油田试采、2013年英东一号油田产能建设地面配套、英东项目部办公楼工程	青油审〔2014〕46号	英东采油厂

应付款项专项审计：对油田近年来应付款项真实性、合规性的检查、分析，发现虚列投资（成本）、长期挂账、计划管理、物资采购等25类83个问题，涉及金额65419.73万元，整改问题金额45498.46万元，为集团公司开展离任经济责任审计做好准备。

油田建设工程对外劳务分包审计：发现工程劳务分包过程中的招投标、合同签订、施工管理、材料管理、工程结算及财务挂账付款等方面存在的13类23个问题，审计建议和意见全部采纳整改，整改金额1451.40万元，促进油田对外劳务分包的管理水平。

2013年审计发现问题整改情况审计调查：对2013年开展的38个审计项目发现问题的整改情况进行现场检查，核实被审计单位整改落实情况，分析部分审计建议未整改到位的原因，为油田公司落实集团公司审计发现问题专项整治要求奠定基础。

【审计信息化工作】 认真做好新版审计管理系统的上线运行和维护工作，总结归纳系统运行中出现的问题，及时与集团公司审计部、项目组沟通联系。通过现场讲解、培训演示、实际操作等方式，确保审计项目上线的及时性和准确性。

【业务培训】 组织油田两级审计人员、相关职能处室的业务骨干50人在南京审计学院开展审计理论与实务培训学习；认真学习新版《中国内部审计准则》、审计管理系统实务操作、税务知识及公司相关制度；派外培训的人员继续讲解学习内容；鼓励部室人员积极参加CIA、注册造价师、高级会（审）计师等执业资格考试，2014年参加职称、执业资格考试18人（次），参加、组织各类培训学习268人（次）。（赵玉凤）

工程监督监理

【概述】 青海油田工程监督监理工作主要由监督监理公司工程建设监理分公司和监督监理公司石油工程技术监督分公司承担。承担主要业务范围是：物探、钻井、试油等施工作业项目的工程监督管理工作；油气田产能建设及矿区地面建设工程的监理工作。

【工程技术监督人员机构】 2014年，从事石油工程技术监督人员141人，勘探82人次，开发59人次。外聘监督102人次，自主现场监督38人次。监督工作时间1170人月，服务满意率98.6%。

【工程技术监督主要完成工作】 2014年，承担三维地震采集***平方千米，二维地震采集****千米，非地震***千米（****个点）；钻井***口，其中探井**口，开发井***口；综合录井47口，地质录井49口，气测录井49口，测井102口；试油层数***层组；

井下作业 **** 井次，大修 54 井次，压裂 *** 层，试采 *** 口，其它 ****。工程监督到位率 100%。完成监督工程项目 **** 个，工程质量合格率 100%，施工周期符合率 100%。主要承担重点工作有：英东产能建设的钻井工程、昆北产能建设的钻井工程、扎哈泉产能建设的钻井工程、东坪产能建设的钻井工程、马仙产能建设的钻井工程、涩北天然气产能建设的钻井工程；石油、天然气勘探钻井、试油工程；牛中地区三维地震 *** 平方千米；冷湖五号四高点地区三维地震 *** 平方千米。

【工程监理人员机构】 2014 年从事工程监理人员 80 人，其中职工 55 人，外聘监理人员 25 人；先后任命总监 15 人。

【工程监理主要完成工作】 2014 年承担地面工程监理项目 90 项，全年审核施工组织设计、专项施工方案 162 个，提出审核意见 322 条，对 337 个重要部位实施旁站监理。建设工程质量合格率 100%。主要承担的重点工程有：敦煌基地昆北住宅小区建设工程；花土沟基地职工活动中心工程；格尔木炼油厂国Ⅳ汽油产品质量升级配套改造项目，切克里克水站水井集水管线工程；2014 年马仙采油厂产能建设工程；青海油田防腐保温生产线建设工程。（张德江）

关联交易管理

【概述】 2014 年，概预算管理部（定额站）贯彻落实油田公司“两会”和干部大会精神，统一思想，坚定信心，增强服务意识；贯彻造价政策，落实岗位责任；加大精细化管理力度，不断提高工程造价管理水平和服务质量，经过部室全体员工的共同努力，各项工作均超额完成年度考核指标。

【制度建设】 2014 年，概预算管理部（定额站）结合油田实际，制定下发规范造价编制、审核、结算流程等制度性文件，提高造价管理水平，主要工作是：

一是根据《石油建设安装工程预算定额（2013 版）》，结合油田工程建设的实际，经过多方案测算和对比分析，编制《石油建设安装工程预算定额青海油田单位估价表（2015 版）》。修订并发布《青海油田工程结算管理办法》，按照专业制定下发《2014 年建筑安装工程造价编制办法》、《2014 年建筑安装工程招标计价规则》、《2014 年建筑安装工程取费表》、《2014 年勘探钻井工程造价编制办法》等相关造价文件，为实际操作提供政策依据。为加强造价专业人员资格管理，明确工作职责，规范从业行为，提高专业素质，制定下发《青海油田公司造价专业人员资格管理办法（暂行）》，同时依据管理办法建立油田造价专业人员动态信息资料库，对造价人员实行动态管理，从而不断加强造价队伍稳定，提高造价人员专业水平和业务素质。为保证关联交易工作有序开展、加强关联交易管理，探索并完成“建立长效机制解决关联交易问题”的意见。

二是规范结算制度、加快结算流程，发布“2014 年开发井钻井工程指导价格”、“2014 年水平井钻井技术服务指导价格”、“2014 年开发井测井工程结算价格”，《井下作业工程指导价格》，作为标底测算和工程结算的最高限价，为 2014 年油气田开发钻井工程进一步推进市场开放、提高工程结算效率，提供价格依据。为规范油田内部工程结算，发布青海油田《压裂（酸化）工程内部计价标准》、《油水气井带压作业内部计价标准》和《连续油管作业内部计价标准》。组织编制发布 52 项 668 条地面建设常规项目招标控制指标，作为油气田地面建设及维护常规项目招标的最高限价。

三是按照油田公司标准化设计要求，完成青海油田《50 万 / 年联合站》模块标准化设计计价的编制与发布

四是为规范承包商自购材料价格管理， 2014 年 4 月修订并下发《青海油田公司建筑安装工程承包商自购材料价格管理办法》。根据地方主管部门的文件精神，在收集资料和调研分析的基础上，及时调整、补充和完善建筑安装工程材料指导价格，发布 2 期油田建筑安装工程材料指导价格。

五是勘探钻井工程造价管理软件逐步完善流程步骤、节点控制，修改、优化和完善新增需求，实现工程造价网上编制、上报、审核和批复。建筑安装工程

造价计价软件在广泛征求意见的基础上，已确定并正式使用广联达算量软件，应用培训和软件完善、升级工作基本完成。

【定额概预算管理】 2014年，概预算管理部（定额站）共审核估算、概（预）算、标的、自购料价格、结算及成本费用项目3658项计83.29亿元，审减费用3.41亿元，综合审减率4.09%。

建筑安装工程共审查631个工程项目38.88亿元，审减费用2.88亿元（其中：结算审查369项，送审金额17.56亿元，审减1.43亿元，审减率8.13%；标底审查196份，审查金额2.49亿元，审减0.3亿元，审减率12.05%）。

勘探钻井工程共审查1718项44亿元，审减费用0.43亿元（其中：结算审查批复1542项，报审费用35.63亿元，审批35.33亿元，审减0.30亿元，审减率0.84%；标底审查176项，报审费用8.37亿元，审批8.24亿元，审减0.13亿元，审减率1.46%）。

承包商自购料价格共审查1309项，报审金额0.41亿元，审减金额0.1亿元，审减率24.39%。与2013年相比，审查项数减少939项，报审金额减少0.54亿元。

【关联交易协议签订】 2014年，根据油田公司各相关部门和四家关联单位的反馈意见对部分协议文本进行修订和完善，提前准备2014年协议文本，在充分沟通、协商的基础上，共签订关联交易协议14份。其中：与西部钻探公司签订“钻井工程技术服务关联交易协议”等4份；与东方物探公司签订“地球物理勘探工程技术服务协议”等3份；与中油测井公司签订“测井录井工程技术服务协议”等4份；与中油设计公司签订“勘察设计技术服务协议”等3份。

【关联交易执行情况】 2014年，实现关联交易金额25.23亿元。其中：西部钻探青海钻井公司完成进尺61.16万米，实现关联交易金额18.12亿元；东方物探青海分公司完成二维1460.83千米，完成三维699.68平方千米，实现关联交易总额3.23亿元；中油测井青海事业部实现关联交易总额3.53亿元；CPE青海油田分公司实现关联交易总额0.73亿元。
（李德明）

物资供应管理

【概述】 2014年，物资管理部按照集团公司物资采购管理工作的总体要求，强化计划管理，规范招标工作，严格落实“先平库、后采购，不平库、不采购”原则，实施物资计划跟踪管理，严考核、硬兑现。完善制度建设，严格自购资金、物资质量、针线笸箩管理，加强供应商的管控，优化物资供应链。全面推进集中仓储，减少管理层级，缩短业务流程，降低资金占用，形成归口管理、集中采购、统一仓储的管理机制，为油田的生产建设提供有力的物资保障。（桑霖　蒋焕印　卢杰）

【指标情况】 2014年，物资管理部完成物资购进量18.40亿元，完成年计划的96 %；售出量20.07亿元，完成年计划的109%。实现利润3059万元，完成年计划的101%；物资库存1.97亿元，物资周转8.86次，吞吐量80.80万吨；两级集中采购度98.85%，一级物资网上采购率100%；合同履约率达到82%；招标率79.22%；入库检验率100%。（刘云高　李青秀）

【物资采购及电子商务工作】 2014年，物资管理部强化计划跟踪考核，加快计划落实效率，严考核、硬兑现，计划处理及时率达到95%。及时了解油田工程建设及生产进度，加快物资采购、提前采购、储备大宗物资，保障油田各项工程建设物资到位。做好一级物资采购管理，坚持月度考核制度，两级集中采购度保持在98%以上，一级物资采购率达到100%，一级物资全部实现网上采购。规范业务操作，梳理ERP系统内30万条物料数据，对非标计量单位、错码、重码的库存及未清业务调整清理，确保ERP物资模块、物资采购信息系统的运行平稳。加强合同管理，2014年签订买卖合同3901份，金额22.07亿元，招标率达79.22%，资金节约率4.5%，节约采购资金8460万元。（郭影）

【信息化建设】 物资管理部组织完成青海油田物资ERP辅助管理平台开发工作，2014年6月上线试运行，2014年10月正式单轨运行，扩展和延伸ERP物资管理模块功能，实现油田物资信息共享以及油田各单位对物资采购供应全过程的控制。为提升油田各单位物资 ERP 辅助管理平台用户的操作能力，举办物资 ERP 辅助管理平台培训班，共培训 620 人（次）。按照油田公司第八届职业技能仓库保管工大赛活动安排，完成物料、转储订单、转储发货、寄售订单等大量考题准备及测试工作。根据集团公司物资采购管理部《关于补填业务标准化字段的通知》要求，从 ERP 系统内 4.80 万条采购订单数据中，梳理出 3.60 万条待补填业务标准化字段数据，补填业务字段数据 3.20 万条。组织完成物资采购信息系统进口采购管理模块、统计报表模块及权限应用管理系统上线工作。（王德文）

【仓储管理】 2014 年，物资管理部下发《油田公司 2014 年物资管理工作要点》、《关于下达 2014 年物资储备定额及利库指标的通知》，明确全年物资仓储工作重点，强化指标管控，积极平库利库，实现降库 3281 万元，调剂利用积压无动态物资 1269 万元。针线管箩物资库存 2068 万元，比年初下降 53.1%。组织对物资装备公司、采油一厂等 25 个单位仓储达标、物资计划、物码清理、储备定额控制、指标完成、物资验收、现场管理、自购资金进行检查考核。检查库房、料场 71 个，物资按保管要求存放率 96.8%，物资四对口率 98.9%。物资装备公司 29 个库房（料场）仓储达标考核项目达到三级及以上标准，其中：23 个库房（料场）达到二级标准，6 个料场达到三级标准，三级及以上标准达标率 100%，二级标准达标率 79.3%。按照油田公司的工作部署，组织完成格尔木炼油厂、管道输油处、格尔木社区管理中心 3 个单位仓储物资划转接收工作，形成《关于格尔木地区物资仓储业务划转情况的报告》，物资交接工作平稳有序。（刘云高　李青秀）

【现场供应管理】 2014 年，物资管理部为加强现场管理工作，提高现场管理水平，建立合理有效的组织机构和现场管理体系，逐步实现现场管理标准化、制度化和规范化，达到现场材料实行“四号定位”、“五五摆放”，“三线一面”，“账、卡、物、资金”四对口以及按规范操作，按制度管理，消除不利因素，实现现场行为的规范化、管理流程的程序化、厂容厂貌的秩序化和作业现场安全防护的标准化管理。（刘云高　李青秀）

【采购物资质量管理】 2014 年，物资管理部强化物资采购质量管理，严格执行国家和企业的技术标准、强检产品的资质审查制度。通过加强制度建设，落实质量管理责任，加大问题处理力度，严格物资入库质量检验，严格不合格品管理，严格质量责任追究。全年物资质量检验率 100%，采购物资质量抽检合格率 99.84%。处理质量问题及争议 29 起，挽回经济损失 53.76 万元，质量问题处理及时率 100%。积极与专业检验机构合作，提升油套管到货检验能力。开展采购标准的梳理、备案工作，整理物资采购标准 13637 条，将无法查询的企标及非标产品纳入采购标准管理内容，确保合同标的质量属性真实有效。加强验收队伍专业化建设，组织培训检验、保管及采购人员 70 人（次），检验人员专业能力得以有效提升。（郑斌）

【结算管理】 2014 年，物资管理部推行采购项目结算制度，建立物资采购进度跟踪，限定各节点工作时间，树立优质的物资服务、优质结算的理念，梳理、优化结算流程。建立结算考核机制，强化物资计划、采购、验收、发放、物资 ERP 系统表单创建、账务处理等各环节的有效沟通及衔接，加强直供物资、代储代销物资的结算工作，与用户沟通，解决结算中出现的各类问题，物资结算流程逐步完善，结算速度大幅度提高。（王青建）

通信管理

【概述】 青海油田通信是油田勘探开发和生产建设的重要的基础设施，是油田信息化发展的支撑保证体系。截至 2014 年年底，油田通信光缆线路 3178 千米，语音交换机总容量25930线，油田 VSAT 卫星远端站 45 座，油田 CDMA 移动基站 72 个，GSM 基站 47 个，WCDMA 基站 4 个，小区公众网接入容量 4.7 万线，出口总带宽 6.1G，应急通信车和 BGAN 单兵通信装备各 1 台（套）。拥有各类通信业务用户 98876 户，其中固定电话 18608 户，移动手机用户 5.04 万户，小区网宽带用户 2.41 万户，油水井、车辆 GPS 数据用户 5649 户。

【网络基础建设】 2014年，围绕油田信息化建设和数字化发展，新建光缆线路120千米，达到3178千米，组织完成敦煌－涩北OTN扩容项目，与西部管道光传输网共同构建中石油通信专网OTN3波分环网；深入实施油田移动补点建站工程，新建牛参1、扎哈泉、切6、冷90、切可里克、小梁山6个CDMA基站；选用IMS智能网技术，统一实施油田交换网络IP多媒体子系统改造项目，使油田通信网络技术迈入智能化、IP化发展阶段。围绕油气物联网（A11）建设，重点完成英东、两东（东坪、牛东）、涩北试点油气区无线传输子系统、有线传输子系统和井口采集子系统施工安装任务，共敷设光缆线路26千米，建设TD-LTE基站10座、核心网系统2套，安装油水井物联网设备209口，气井377口，确保青海油田第一批油气物联网示范工程在集团公司成功上线。

【制度、标准建设】 2014年，通信公司开展HSE体系内审、岗位责任制自查等活动12次，整改体系内审问题26个，深入推进体系建设和有效运行；建立每月生产运行通报制度，进一步强化对工程建设任务和服务保障工作的落实。从狠抓常态化应急演练入手，健全完善油田应急通信保障预案，开展应急调测和演练21次，提高油田通信快速响应能力和应急保障水平。围绕数字化油气水井运维服务开展，按照就地保障、就近支持运维模式，分油区组建运维服务队伍，认真进行运维服务工作界面划分，并研究编制《数字化油气水维护服务标准》，使运维保障工作从起步开始切实做到制度化、流程化、规范化，提高专业化服务水平。

【油田专网通信管理】 2014年，通过强化全程全网运行管理，不断完善基础资料，抓好设备监控和线路维修整治，提高网络运行质量和水平，降低各类故障的发生率，通信畅通率达到99.3%。组织安全检查12次，整治光缆线路隐患25处，完成线路应急抢修4次，重防范、强管理、促安全，确保油田专网安全稳定畅通。加强科技进步与管理，围绕云计算、物联网、移动互联网、大数据、数字油田及通信信息安全等技术，组织开展《青海油田通信“十三五”发展规划》编制工作，加强规划引领，同步明确科技工作目标和技术应用项目，依靠科技推动油田通信发展。深化通信服务质量管理，细化关键岗位、重点环节服务规范和流程，狠抓服务过程的监督和日常考核，通信服务满意率保持93%。

【小区网建设与管理】 2014年，青海油田小区网整体运行良好，网络畅通率99.5%。小区网用户不断增长，新增家庭宽带用户1731户、达到2.41万户，小区网出口总带宽6.1G，较好地满足用户日益增长的网络数据流量需求。先后完成东坪、牛东、南八仙油区以及四方商厦2楼商铺的小区网接入宽带等建设任务。同时在小区网范围内安装360企业版安全管理软件，部署绿盟安全审计系统，实现对网络信息的智能关联分析、评估及安全事件跟踪定位，网络安全得到进一步增强。

【无线电管理】 2014年，油田无线电管理处以规范台站管理、维护电波秩序、扩大业务宣传为重点，不断强化油田无线电管理与保障工作，共审批无线电台站12台站，年审电台执照701本，进一步规范油田无线电频率和台站管理。加强油田无线电监管，累计安排监测值班62天，日常监测690小时，排查处理英东油田和油砂山油区异常无线电干扰问题1起，有效维护油田空中电波秩序。先后出动监测车辆5车次、启用监测设备8台套，组织完成全国高考、会计和经济技术专业计算机资格考试油田考点的无线电安全保障工作。以第三个“世界无线电日”为契机，开展“珍惜频谱资源，保护电磁环境”为主题的无线电科普知识宣传活动，积极营造油田无线电管理工作的良好氛围。坚持抓好对业务人员的无线电监测技术培训，提高技术能力和水平，在青海省第八届无线电检测技术演练竞赛中，分别取得徒步查找信号源竞赛科目和电磁环境测试竞赛科目第三名，并获得优秀组织奖，展示了油田无线电管理队伍技术水平和精神风貌。

（李默颖）

档案管理

【概述】 2014年，青海油田公司档案管理工作以党的十八大和十八届三中全会精神为指导，贯彻落实油田“两会”精神，在集团公司办公厅和青海省档案局的业务指导下，围绕油田中心工作，以集团公司档案工作考评达A为目标，加快档案目录数据库建设，稳步推进档案数字化建设，强化基础、突出服务、加强档案组织体系、资源体系、利用体系与安全体系建设，为青海油田有质量、有效益、可持续发展提供档案信息资源保障。

【档案收集】 2014年，档案信息管理部共收集公文电子文件4140件；勘探开发生产性研究、科研、单井类电子文件光盘1225张；各类纸质档案4021卷，67093件；实物档案160件。档案资料归档率为99.3%，完整率为100%，准确率为99.8%，利用率为15%。

加强机关各部门文件材料的收集归档工作。一是印发《关于做好2014年度机关文件材料归档工作的通知》，对相关工作进行安排；二是对每个处室进行指导，反复沟通，最终形成《机关文件材料归档范围》；三是对机关处室的归档工作进行督促，及时收集相关文件并上传到E6系统，保证机关文件材料的集中统一管理。

【档案馆藏及利用】 截至2014年年底，青海油田档案馆（室）藏档案145.33万卷（件），其中：以卷为保管单位22.34万卷，排架长度17012米，以件为保管单位122.99万件，排架长度14965.60米；底图10.13万张；照片3.18万张；磁带、磁盘6.02万盘；录音、录像带327盘；资料3.11万册；电子文件2.37万份。

档案信息管理部利用档案信息资源，主动为“三个文明”建设服务。2014年，围绕油田公司勘探开发、科学研究、生产建设等生产经营的需要，坚持以档案资源开发利用为中心，强化服务观念，明确服务对象，找准服务重点，积极主动地做好档案的提供利用工作，为青海油田科技兴油、勘探突破、老区稳产、新区上产、生产改扩建、经营决策等顺利进行，提供可靠的信息和依据，并取得比较好的经济效益和社会效益。2014年工作量较大主要是：井史录入、油田大事记、青海油田组织史、企业文化词典、档案数字化等项目的提供利用。据统计，2014年共接待利用者2823人次，提供利用26896卷（件）次。

【档案培训】 为贯彻落实《中国石油天然气集团公司档案管理手册》（2014版）相关内容，根据《青海油田公司年培训工作安排意见》（青油人〔2014〕41号）和《青海油田公司年信息档案工作要点》（青油信息〔2014〕3号）要求，于2014年5月5日在敦煌七里镇培训中心实训基地举办档案管理业务培训班。对《集团公司档案管理手册》（2014版）、《集团公司2014年档案工作要点》、《集团公司档案工作评价实施细则》、《档案信息化规范》、《档案管理业务规范》、《管理类档案归档范围确认制》、《档案管理系统应用及新增功能》、《系统常见问题及处理方法》、《建设项目档案整理》、《会计档案业务》等相关内容进行讲解。

【档案评价工作】 2014年初，集团公司档案工作要点下发后，对照集团公司档案工作评价实施细则（2014年版），6大项30小项的相关内容，逐条逐项进行梳理，逐条逐项进行安排。一是主动汇报，积极争取油田公司领导重视，为档案评价达A提供组织保障。2014年2月11日青海油田召开档案工作专题会议，听取档案工作汇报。油田公司总地质师付锁堂主持会议，副总地质师刘云田及相关处室领导参加会议。总地质师付锁堂强调指出：2014年青海油田档案工作重点就是全力达A，要求相关处室给予大力支持。二是下发《关于落实归档范围确认制和备案审批制的通知》、《关于印发青海油田档案工作评价实施细则的通知》和《关于开展档案工作评价安排的通知》。三是收集迎检工作所需的各类基础材料，如档案利用事例的收集汇编、档案机构成立文件、档案机构职能文件、档案部门负责人任职文件、档案机构人员岗位说明书、档案人员学历证明、档案人员专业技术资格证书等。2014年9月底，根据《关于开展集团公司2014年度档案工作评价的通知》，对青海油田档案馆开展档案工作评价情况进行自评。2014年10月23日，集团公司办公厅尚真副总师一行5人前来青海油田进行检查考评，青海油田档案管理工作得分115.80分，顺利达A。

【档案数字化】 2014年7月8日对《历史档案数字化项目（一期）》进行项目验收，该项目共完成馆内5600期《青海石油报》和1500卷基建档案共约53万页的数字化加工、扫描、迁移及电子附件的导入工作。

2014年9月23日进行历史档案数字化项目(二期)招标工作，主要对约280万页基建档案、16万件文书档案、8万张底图档案进行整理、录入、扫描。此项数字化工作正在有序开展中。

【建设项目档案与专项验收】 2014年，根据集团公司和油田公司建设项目档案管理的有关要求，做好建设项目档案资料专项验收，参与建设项目竣工验收和在建项目的检查工作。档案信息管理部组织基建工程处等有关部门对两东输气管道工程、柴北缘输气管道工程、牛东天然气产能建设地面配套工程、东坪天然气产能建设地面配套工程、青海油田注水管防腐工程、英东油田2011年地面（试采）建设工程供水管道建设工程、英东油田一号构造上盘产能建设－英东油田产能建设地面配套工程、英东油田项目部办公楼建设工程、乌南油田集输系统工程、格尔木炼油厂国Ⅳ汽油产品质量升级改造工程、青海油田防腐保温生产线建设工程、格木基地监控系统改造工程、柳园－敦煌光传输建设工程、中国石油西宁大厦工程等35个项目的档案资料进行专项验收；对柴北缘输气管道工程、牛东天然气产能建设地面配套工程、东坪天然气产能建设地面配套工程等5个项目进行预验收；对矿区服务事业部“一卡通”系统完善升级、两东输气管道工程、东坪试采地面集输配套工程、青海油田注水管防腐工程、英东油田2011年地面（试采）建设工程、供水管道建设工程、英东油田一号构造上盘产能建设－英东油田产能建设地面配套工程、英东油田项目部办公楼建设工程、乌南油田集输系统工程、格尔木炼油厂国Ⅳ汽油产品质量升级改造工程、青海油田防腐保温生产线建设工程、柳园--敦煌光传输建设工程等21个项目进行竣工验收。

【地质资料委托保管工作】 根据油勘函[2013]117号《关于进一步做好油气地质资料委托保管目录数据库建设的通知》和国土资储函[2013]35号《关于进一步做好油气地质资料目录数据库建设和汇交监管工作的函》的要求，依据相关附件《原始和实物地质资料目录汇交范围》，对现有馆藏的原始地质资料和实物地质资料的目录再次进行梳理，确保应汇交的和不应汇交的原始和实物地质资料目录全部入库。2014年12月，将地质资料年报按时上报勘探与生产分公司勘探开发研究院资料中心。

【档案年报】 按时完成2套档案年报的填制上报及档案工作总结的编写工作。档案年报的上报工作需要使用国家档案局专用软件《全国档案事业统计年报计算机管理系统》和《档案管理系统》2套系统分别填报，分别汇总38家二级单位及档案馆的年报数据后，于2014年1月25日将档案年报上报中国石油天然气集团公司办公厅，2014年3月5日将档案年报上报给青海省档案局。(淡丽春)

【档案编研】 2014年，按照中国石油天然气集团公司、青海省政府地方志办公室文件要求，完成《中国石油年鉴2014》、《青海年鉴2014》和《青海经济年鉴2014》稿件的编写上报任务；同时完成青海省海西州政协委员会文史资料法制委员会《关于征集涩宁兰输气工程史料的函》稿件编写和格尔木市地方志办公室《年鉴（2012-1014年卷)》的稿件编写上报任务。

【年鉴编纂】 2014年1月，档案信息管理部启动《青海油田年鉴》(2014卷)编纂工作,2014年11月完成《青海油田年鉴》(2014卷)的出版发行任务。共收录青海油田机关职能处室、机关直属、机关附属和矿区服务事业部共30个单位，二级单位40个。记录青海油田2013年在各个方面取得的成就，收录内容十六篇：全卷正文约65万字，印刷出版700本。

【大事记编纂】 在2012年完成油田大事记(1954-1963年)，2013年完成油田大事记(1964-2004年)的基础上，2014年1月，开展《青海油田大事记(2005-2013年)》编撰工作，《大事记》编辑部人员查阅档案资料4430余卷；查阅公开出版文献、书籍、报刊等50余种、300册，共收录原始资料9300条；对二级单位上报的3000条原始资料进行筛选、整理、分类、编辑。分年度征求各单位意见，并向徐中清等26名油田退休老领导分年度征求意见，征得修改意见200余条；召开审稿会10余次。在此基础上，对《大事记》书稿进行20次修改。完成历史照片、附录、注释等编纂工作。其中，照片近200张；附录31个；注释65条。并对前50年和2014年完成的条目进行合并整合，2014年10月初，形成《青海油田大事记(1954-2013)》征求意见稿（印刷180本），通过书稿发放和网络发布信息等形式，广泛征求油田各级部门意见。截至2014年年底，共收录4200多条大事记条目，60余万字，记述从青海石油探勘局，到青海石油勘探局、青海石油管理局、甘青藏石油勘探开发指挥部、青海石油管理局、中国石油青海油田分公司的发展历程，并在附录中列出青海油田历史沿革、历年主要生产指标、历年获国家、省部级科技奖项、个人和集体获国家、省部级荣誉奖励名单、获国家专利人员名单等31项。（李希生）

矿区服务管理

【概述】 2014年，矿区服务事业部以建设和谐美丽矿区为主线，以改善和保障民生为重点，围绕集团公司和油田公司要求，抓管理促提升，抓服务促和谐，抓民生促发展，完成44项专项工作，实现矿区服务各项业务的同步推进和协调发展。

积极谋划矿区系统改革和业务结构调整，制定相关实施方案和意见。将办公物业纳入矿区业务范畴，全面接手研究院、机械厂等单位的绿化业务和项目建设管理中心、监督监理公司的办公物业；对格尔木石化基地南三区、敦煌体育公园保洁业务实施整体外包；低端低效禽畜养殖业务调整退出。推进矿区业务市场化社会化，幼教社会化改革完成方案编制和前期准备，英东小区按市场化价格启动物业收费。主动争取地方惠民政策资金，全部用于基础设施和惠民工程建设，将“两不管”逐步变为“两头靠”。强化企地协作和共建共管，西安离退休基地供暖纳入当地集中供热系统；争取地方出资，对花土沟基地前进路、油龙路进行改造维修；加强与敦煌市的联络沟通，将558亩工业划拨地转变为东坪油苑住宅建设用地；通过合理整合置换，将格尔木创业家园土地可利用面积由原来的149亩扩增到204亩。积极履行社会责任，支持地方教育，出资维修部分教学设施；与敦煌市共同实施阳关西路西段改造工程，促进企地友好，营造良好发展环境。

坚持把服务作为矿区工作的核心，着力从职工群众最关心、最直接、最现实的事情做起，突出服务品质，改善服务效果。大力开展“小区达标升级”和“服务示范窗口创建”等活动，“五五工程”完成挂牌24个，跃进小区荣获集团公司“和谐示范小区”荣誉称号，3名员工被评为集团公司矿区系统“服务明星”。“440”推行“一站式”服务和“三好三快”工作法，“小修不过天，大修不过夜”，维修及时率达90%以上，实现“两提一升零投诉”，得到集团公司领导的肯定和表扬，成为矿区的“模范窗口”和“服务名片”。民用水电暖和物业收费制度改革运行平稳，收费到位率达96.3%，较改革前提高14个百分点，户均水电气消耗同比下降10.5%、15.5%、2.8%，改革效果初步显现。

坚持重创新、重品质、重效果，抓好事关职工家属切身利益的民生工程建设，打造美丽矿区，共完成民生项目建设10个。加强投资管控，认真推行投资“三审”制度，矿区投资项目费用控制在计划之内，无超投资项目。强化预算管理与考核，通过月度分析、季度考核等措施，确保经营目标全面受控；强化财务监管，重点加大对各离退休基地的财务检查、稽查力度，通过检查整改，堵塞管理漏洞、规范制度执行；认真组织资产清查，开展资产轻量化工作，其中部分得到了处理。积极开展“堵塞漏洞、杜绝浪费”主题活动，制定压缩管理性成本和非生产性支出措施，拓展创收增效渠道。

优化水电气暖运行，合理调整运行参数，坚持设备设施常态巡检和保养，认真开展基地保温大排查，入户普查20098户；精心组织电网春检和锅炉夏检，确保了安全平稳运行，基地水电气暖停供次数和时间较往年明显减少，供暖有效投诉较2013年同比减少62%。大力推进供暖热平衡技术、供水设备变频控制等技措改造，降低了能源消耗，全年技措节能524.70吨标煤、节水3.90万立方米，水、电转供损耗率分别下降0.42和0.26个百分点。强化安全管理，明确安全责任主体，落实“一岗双责”，加强HSE体系审核，提升了风险识别和控制能力；组织开展以市政燃气、居民用气为重点的安全专项检查4次，天然气入户检查率达85%；开展应急预案演练60次。

巩固群众路线教育实践活动成果，开展“回头看”和作风建设集中整治活动，机关作风明显改善。广泛开展警企联防、联治、联创活动，矿区社会治安综合治理形势平稳，打击赌博专项整治活动取得阶段性成果，矿区社会风气得到净化。矿区文化建设重点项目完成12项，昆仑艺术团深入盆地一线慰问演出28场次；牵头组织油田创业59周年文艺演出、“同心共筑中国梦、老少共话油田梦”大型演讲比赛以及主题宣传教育展、广场文艺汇演等多项文体活动，丰富了油城人的精神文化生活。推动政府救助和企业帮扶相结合、临时救助和常态帮扶相配套的扶贫帮困长效机制，给困难家庭、有偿解除劳动合同人员等群体发放节日慰问金。抓住突出矛盾，注重疏导，个别信访重点历史积案得到解决，总经理（书记）信箱中矿区服务方面的投诉信件减少21%，回复率、处理及时率均达100%。（徐海玉）

【人事管理】 针对集团公司矿区服务工作部和油田公司的工作要求，对矿区服务事业部“三分开”和“三统一”的管理体制和运行机制等管理状况进行调研和梳理，重点对事业部成立8年以来运行机制、工作制度、考核制度及机构、人员变化等情况进行调研、总结和分析，为统筹考虑矿区业务改革和优化整合服务业务做好相应工作。持续推进“三控制一规范”工作，通过对各单位机构和人员状况进行摸底调查，分析机构变化、业务增减、员工增减的主要因素和原因，严格劳动合同管理，为有效控制用工总量，控制人工成本提供依据。严格人事管理制度，严格审定、监督所属各单位岗位竞聘细则及相关竞聘程序。坚持以服务油气生产和员工生活、推进美丽矿区、和谐社区建设为目标，制定年度培训计划。重点举办物业管理、公共卫生防疫管理、中式烹调师等培训，2014年共开展培训班219项，培训6948人(次)。强化服务质量监督，制定并下发《青海油田矿区服务质量评价体系建设实施细则（试行）》，确定评价范围，设置相应指标，细化评价及统计方式方法，为矿区推行以服务满意度测评为主，服务投诉管理、用户回访管理、窗口服务评价相结合的“四位一体”考核监督打好基础。（丁旺盛）

【财务管理】 积极开展“堵塞漏洞、杜绝浪费”活动，不断开拓内、外部市场，寻找收入增长点，同时认真分析成本结构，合理压缩管理性成本和非生产性费用，依靠管理创新、挖掘潜力、降低能耗、提高效率。在会计核算基础管理工作方面，夯实会计核算基础工作，强化内部控制制度的严肃性，抓好财经制度落实，已收集、整理、汇总涉及会计核算、资金管理等五大类43小类的规章制度，同时按照要求对会计科目的使用和会计报表的内容进行规范，理清油田公司、矿区、基层单位之间的上下级管理关系和工作界面，提出修改核算岗位职责和业务核算流程的意见，推动工作重心从传统的记账式核算向管理型核算转变。梳理会计核算流程，完成矿区服务业务会计核算流程的梳理和编写工作，便于及时处理、反馈生产经营过程中的经济信息。跟踪生产经营的新情况和管理的新要求，及时修订会计核算业务处理方式，规范驻外酒店、宾馆的业务核算，纳入油田公司统一核算，梳理和规范矿区服务涉及的核算业务内容。严格财务稽核监督，全面组织开展矿区税收自查、小金库自查、表外资金自查等检查工作；积极配合财务处、审计部开展驻外办事处检查工作，了解办事处业务范围、核算流程及风险点，2014年共开展财务稽核检查9次，通过检查、整改、整治，提高财务合规性管理水平。（汪华）

【计划规划管理】 始终以建设和谐美丽矿区为主线，以改善和保障民生为重点，着力推进民生工程建设。项目规划提前运筹，组织编制《矿区服务业务“十三五”发展规划》。加强项目前期管理，提前安排前期计划，优化方案设计，推广应用新技术、新工艺，注意效果，节约投资；在项目实施过程中，组织严密，管理到位，监督有力，大部分项目做到投资、工期、质量全过程受控。坚持重创新、重品质、重效果，抓好事关职工家属切身利益的民生工程建设，打造美丽矿区。重点建设项目按计划运行，2014年实施新改建项目30个，投资计划完成率达到95.62%。（王天助）

【矿区建设管理】 强化项目前期管理，主动与建设单位联系沟通，及时解决建设单位实际工作中遇到的困难问题。编制下发项目前期工作运行大表，跟踪前期工作进度，督促前期工作正点运行，按时按点抓好项目方案上报及审查环节，对不能按时完成的项目进行通报。通过努力，加快项目前期工作节奏，为项目决策打下坚实的基础，提高项目建设的成功率和有效性。加强施工全过程协调管理，采取按项目分配、责任到人、关键工序到场监督的办法，确保每项工程都有专人负责，定时巡检，发现问题及时跟踪落实整改情况，保证工程质量处于受控状态。对于个别单位基建管理人员紧缺的情况，安排专人协助办理基建相关手续，并现场协调相关事宜，确保工程顺利进行。在工程建设过程中，严把工程质量关，采取多种方式进行质量检查，通过不定期巡检、定期抽查检查等方式，加强现场质量检查力度，对现场检查出的质量问题、安全隐患要求及时整改、返工，并在矿区服务事业部网站上发布。2014年共发布矿区建设情况通报3期，开展工程质量大检查，发现问题47个，责令有关单位及时整改、返工，有效控制工程施工质量。严格工程项目开复工报告的审查和批准工作，全年共审批20项开复工报告，审批率达到100%。严格预结算管理，共审查结算24项工程，审减率2.6%。按规定上报油田公司8项，审减率为0.54%。持续做好房地产开发，完成青海油田房地产开发有限责任公司办理增加注册资本的相关手续，通过开发资质的年检、换证工作。（陈彩艳）

【物业管理】 青海油田矿区已建成并管理着8个基地（驻外5个）共26个小区，其中：封闭式小区有15个（敦煌包括2014年新建成投用的电梯公寓昆北小区共7个，西宁、兰州各2个，格尔木、北京、西安、四川各1个），住户规模在1000户以上的有2个（敦煌基地跃进住宅小区、格尔木石化基地住宅小区）。矿区基地物业总面积470.46万平方米（其中：非工业物业服务总面积288.01万平方米；工业物业服务总面积182.45万平方米）。非工业人均物业服务面积为1264.29平方米/人；工业人均物业服务面积为6184.75平方米/人。矿区基地环卫面积597.90万平方米，2014年垃圾清运量约33268吨。对环境卫生的管理，坚持执行每周自查、每月全面检查和每季检查考核制度，并建立应对灾害天气的应急处理预案，划分驻矿单位责任区域，及时消除恶劣天气对矿区基地生产、生活的影响。加强垃圾清运和卫生保洁力度，实现基地无卫生死角、无陈旧垃圾的“两无”目标。物业管理到位率达到100%。为进一步加强矿区社会治理，不断巩固油田和谐发展成果，推进矿区管理工作上水平，分步奏、分阶段的开展矿区基地交通管理、市政设施改造、市容市貌整治、绿化美化等9项综合治理工作，达到管理受控，运行安全、功能优化、改进服务、提升品质、美化亮化的目标，着力打造平安、健康、文明、和谐矿区。截至2014年底，“五五工程”共完成优秀达标示范小区5个，优秀居委会5个，优秀职工食堂4个，优秀管理公寓5个。（徐莉萍）

【公益事业管理】 为方便职工群众、参保人员购药，根据集团公司《关于加强石油石化矿区医疗服务保障体系建设的指导意见》和总经理办公会会议要求，分别在敦煌基地东一村、新一区建设2个“便民药房”，2014年11月26日试运行，2014年12月18日竣工验收。根据集团公司的要求，利用先进手段和社会资源，完成医疗远程会诊信息系统建设，远程会诊诊疗87人次。开展“建千万、保一线、送健康”实践活动，深入基层队站场所31个，为一线员工诊疗咨询953人次，发放药品 53 种。完成《一线职工膳食营养调查及干预评价》科研课题研究评价工作，编写《油田居民营养膳食指南》，印刷并发放书籍1.1万册，课题报告已完成待结题验收。为提升幼儿园园长管理水平，符合行业从业资格，组织参加全国幼儿园园长培训1期，取得资格证书16人。积极探索学前教育社会化改革，考察学习辽河油田、长庆油田依托城市幼教资源和社会力量联合办园的先进经验，并对油田矿区周边地方及社会幼儿园的基本情况、特色教学、收费标准等进行调查和了解，完成《青海油田学前教育社会化改革方案》的编制工作。（席晓红）

【安全环保管理】 全面完成HSE工作目标，矿区2014年安全生产无事故，“三违”现象大幅度降低，确保重点领域、要害部位生产安全。对安全环保目标和责任进行逐级分解、层层落实，明确安全生产责任主体，狠抓安全生产直线责任的落实，全方位开展“一岗双责”工作的建立和推动工作。制定《矿区服务事业部HSE管理提升工作计划表》，确定34项具体工作，同时继续开展“HSE网格化管理模式”试点工作，深入推进HSE示范点建设。坚持在QHSE审核检查的工作基础上，适时开展天然气隐患排查、交通安全、建设项目暨承包商安全等专项检查。加强安全教育培训，共260人次参加9期安全管理干部培训班，特种作业人员取证376人；发动基层员工参与“三违”辨识，组织全员参与安全经验分享、反违章大讨论；采取制作电视公益广告、挂牌、印发宣传材料、入户走访、开展公益活动等多种形式，加大对社区住户、商户安全合理用气、用电等方面的宣传教育。按照集团公司矿区系统安全环保隐患项目治理计划安排，完成新一轮安全环保隐患治理的项目收集、论证工作，投资1200万元完成4个安全环保隐患治理项目。坚持居民入户天然气检查，入户检查率达85%。积极推动格尔木石化基地安全社区建设工作，成立由格尔木社区管理中心与当地街道社区居民委员会、派出所、学校等组成的安全社区促进委员会，明确委员会、促进组成员各自的职责及活动重点事宜，加大宣传力度。（兰济民）

【生产运行管理】 坚持首问责任、限时办结，及时掌握生产运行动态，编制生产运行计划和方案，加强日常分析管理，科学指导生产，合理调配运行参数，优化运行方式。对生产中存在的问题及时提出改进措施和方案，并加以解决。组织定期生产检查，严格监控生产运行状况，坚持常态巡检及重点时段和节假期间的隐患排查，设备管理做到勤保养、勤检查。严格检维修、抢修作业程序，最大限度减少计划性水电气暖停供时间，杜绝非计划性大面积停供事故的发生。矿区全年生产“安、稳、优”运行，有力保障矿区基地

生产、生活。（侍学武）

【离退休职工管理】离退休管理工作以认真落实政治、生活“两项”待遇，努力实现“六个老有”，提升离退休职工幸福指数为目标。秉承“不计名利、真情服务”的宗旨，坚持“五必清、五必访”，建立联系独居、困难、重点老人和问生活、问服务、问需求工作机制，开展“温暖夕阳”、“一站式”服务和“孝心感动”活动，探望患病住院离退休职工1209人、给484名70岁以上老党员过政治生日、为223名80岁以上老人祝寿，“爱心联系卡”、“温馨便笺”服务6918人次，组织老年、青少年志愿者入户探望703名孤寡、高龄等老人。深化“进百家门、知百家情、集百家智、解百家忧”支部访百家活动，“爱心服务小组”与高龄、孤寡、独居老人开展“结对子”帮扶活动546户。开展送学、寄学、访学、释学活动，累计组织集中学习112场6052人次。组织大小型老年文化体育活动57次、室内外活动达36万多人次。“高原情合唱团”代表青海省参加第十六届中国老年合唱节比赛荣获银奖，老年大学荣获集团公司优秀老年大学，第二管理站、第三管理站荣获集团公司优秀离退休职工活动中心。（骆丽清）

其他管理

【保密工作】2014年，青海油田保密工作围绕油田中心工作，以适应油田保密工作新形势、新任务需要，聚集重点难点，在定密规范，网络安全保密管理，涉密人员管理，组织机构建设、责任制落实，宣传教育和业务培训，保密检查考核等方面，完成全年工作任务。

依照《中国石油天然气集团公司秘密信息分级保护目录（2013年2.0版）》（中油办〔2013〕286号）文件要求，划分出青海油田10类商业秘密范围，83项商业秘密事项。通过规范整理，使涉密信息事项进一步缩小，形成青海油田公司秘密信息分级保护目录并于2014年2月13日印发执行。按照“谁主管谁负责，谁使用谁负责”的原则，加强信息安全管理和责任落实。加强桌面安全管理系统客户端、防病毒客户端部署率要达到100%；加强计算机用户账号管理，安全配置基线标准设定；加强互联网访问管理，禁止私搭无线网络接入内网，提升强数据安全与保密工作，提高数据保护水平。在文档传送方面，传送与工作有关和保密文档，需要使用中石油的邮箱传送，严禁采用QQ、MSN等公共传送工具传送。

按照《青海油田公司秘密信息分级保护目录》涉密事项，知悉范围，确定涉密岗位和涉密人员。组织开展涉密人员岗位保密风险描述，加强以领导干部和重要涉密人员为重点，抓好上岗、在岗、离岗等环节的全过程保密监管。认真做好自查工作，强化涉密文件资料的印制保密管理，做好涉密文件、资料的清退和销毁工作。2014年共销毁文件资料2吨。

完善机构，着力将领导干部保密责任落实到位。2014年10月，专门成立保密机要科。机关处室、附属、直属单位和矿区服务事业部等主要领导为保密第一责任人、综合科科长具体负责本部门日常保密管理工作。提高了油田各级领导干部保密责任感。（彭干先　丁昌航）

【维稳工作】2014年，油田公司贯彻党的十八大和十八届三中、四中全会精神，油田公司高度重视维稳信访工作，坚持把维稳信访工作作为重要政治任务，在油田公司党委总体工作安排中对维稳信访工作进行部署。油田公司党委、油田公司与副总师、机关处室、二级单位签订《维护稳定目标责任书》。按照人员管理、业务分工和问题处理权限，明确油田公司各单位和职能部门日常的信访工作责任，将处理职工群众信访工作的重心下移，发挥各级组织的作用。

严格按照《不稳定因素矛盾纠纷排查化解工作管理办法（试行）》要求，组织开展全油田范围不稳定因素矛盾纠纷排查化解工作，油田公司维稳办深入重点群体责任管理单位，会同相关单位对排查出来的不稳定因素和矛盾纠纷进行分析研判，提出采取预先防范、缓解化解、根源解决的针对性措施，依照法律和政策，做好政策解释和疏导工作。针对外雇（外包）施工队伍因承包商拖欠民工工资，导致民工群体聚集上访的问题，制定印发《青海油田公司建设工程施工、维护、劳务合作方保证金管理（暂行）办法》。2014年，油田公司39个二级单位共签订建设工程施工、维护、劳务合作合同788份、实收合同履约保证金4298.60万元，并对合作方违反稳定协议，拖欠或无故克扣施工人员工资，造成人员讨薪上访的，严格执行保证金扣除制度，从源头上杜绝施工人员讨薪上访事件的发生。

全国“两会”、十八大四中全会重点阶段期间，贯彻执行集团公司决策部署，成立专项督导检查组，深入一线和基层，通过不同层级座谈、个别访谈、现场走访等多种形式，了解各重点单位维稳信访工作、维稳信访特别重点阶段工作安排情况，协助重点单位梳理维稳信访工作流程和措施，开展不稳定矛盾纠纷排查化解工作，把控重点群体和人员动向。

【信访工作】 2014年，共受理群众来信来访138件229人（次），与2013年同期持平和下降19%。具中受理来信108件180人（次），与2013年同期下降8%和26%。接待来访30件49人（次），与2013年同期上升43%和20%。联名来信4件66人（次），与2013年同期上升33%和下降46%。集体访2件13人，与2013年同期持平和下降7%。信访案件在规定期限内结案率100%。

总经理（党委书记）信箱的持续深入应用，积极引导群众在基层反映问题，切实有效的减少现实访情的出现，充分发挥信箱作用，畅通信访渠道。2014年，答复或办结反映油田勘探开发、生产经营、基地服务、薪酬待遇等方面信件1209条。

严格按照油田公司《信访工作首问首办责任制》、《领导干部处理信访事项包案责任制》和《信访督查督办工作管理（暂行）办法》的要求，协调处理信访事项，督促检查信访事项的落实情况，每周定期对信访事项落实情况认真及时汇总，每月对维稳信访工作情况进行分析研判，编写《一周访情》和《维稳信访工作月报》（李波　耿玉明）

【社会责任】 2014年，青海油田认真履行经济政治社会责任按照集团公司确定的扶贫工作思路，青海油田公司坚持项目扶贫，与青海省海西州都兰县察汗乌苏镇东山根中村、都兰县香日德镇小夏滩村、乌兰县柯柯镇南沙沟村、格尔木市郭勒木德镇，甘肃省敦煌市转渠口镇定西村、酒泉市肃北县等8个村镇开展结对帮扶活动。投入帮扶资金78.95万元，修建2条长2.70千米的引水渠，解决1500亩枸杞地、150亩里地的灌溉问题；投入帮扶资金12万元修建1个村卫生室；投入帮扶资金22.23万元，对1.60千米长的自来水主管道、0.90千米入户管线、5座供水井进行改造；投入帮扶资金19.80万元，为1500亩枸杞林修建了1.10万米网围栏。投入帮扶资金167万元帮助东山根中村开展村容村貌整治，并组织实施羔羊繁殖育肥项目。投入帮扶资金30万元帮助海西州德令哈市开展新农村建设。同时，按照青海省格尔木市的统一安排，捐助资金0.80万元帮助郭勒木德镇和乌图美仁乡农牧民解决过冬所需柴草短缺等困难。为对口联系单位敦煌市转渠口镇定西村投入帮扶资金60万元，实施定西村五组自来水引入工程。投入帮扶资金40万元，用于酒泉市肃北县开展村容村貌整治。

落实青海省委万名干部下基层行动，油田公司抽调2名副处级后备干部到青海省海北州西海镇的农牧区挂职。油田挂职干部积极帮助村镇和企业分析发展中遇到的问题，结合实际提出具体的解决之道，并想方设法给予力所能及的协调和帮助。

支持地方建设：完成冷湖地区供暖煤改气项目；计划投资建设冷湖设施农业种植园项目，为优化冷湖镇产业结构，提升职工群众“菜篮子”质量提供保障。（丁昌航）

【残疾人福利】 劳动服务公司是青海油田具有福利性质的服务性单位，主要从事劳动保护产品的加工生产，以及青海油田员工残疾子女就业、接纳一线困难员工安置等工作。

2014年，劳动服务公司工会更新了肢体残疾、智力残疾以及精神疾病、文化层次相对较低的残疾员工档案，按其个体的年龄、身体变化情况的特殊性安排工作。为增强残疾员工工作生活的信心，定期为残疾员工召开交流会、座谈会、举办互动文体等活动。2014年春节、全国助残日、中秋节期间，劳动服务公司工会协助油田公司工会为残疾员工、困难家庭及低保家庭发放节日慰问金23.20万元，发放米面油等慰问品184份；为7名员工申请死亡救助金3.50万元，3名困难员工申请油田公司临时救助1.50万元，2名员工申请互助医疗补助7997元，看望生病住院的员工13人次。（李燕萍）

【社会治安综合治理】 2014年，青海油田社会管理综合治理工作，按照油田公司打造美丽幸福油田家园和“一个达标、五个杜绝、三个确保”的工作要求，召开综治委全体会议，总结2013年工作，分析研究治安形势，调整充实综治委成员，对2014年综合治理、安保防恐工作进行安排部署，签订2014年油田社会管理综合治理目标责任书44份，明确各单位工作目标和案件控制指标，促进各单位落实油田综合治理委员会的整体部署和总体目标。

依据集团公司有关要求和新疆反恐维稳严峻形势，提前部署，制定措施，落实责任，以春节、全国“两会”期间油田治安保卫和防恐工作作为首要政治任务，以确保队伍持续稳定，确保油田生产与生活的正常秩序为工作目标，在春节、全国“两会”前，组织力量对油田油气生产关键部位、重要设施、放射性及危险化学品、水源、校园等重点部位、人员密集公共场所安全保卫工作进行专项督导检查，督促落实各单位治安保卫工作制度和重点部位安全保卫工作方案和应急处置预案，严格落实“人防、物防、技防、信息防”措施，落实重点部位风险管理，对存在的治安隐患和问题制订周密的整改计划，限时整改，坚决杜绝各类案件事故的发生。

组织开展禁赌专项整治行动。油田矿区及周边赌博现象影响到职工家庭和睦及内部治安秩序的稳定。油田公司党委、油田公司在油田矿区开展禁赌专项整治行动，油田综治委成立禁赌专项行动的领导小组，领导小组形成例会制度，制订工作方案和举报奖励制度，明确整治时间。保卫部按照油田公司党委、油田公司有关要求和整体部署，密切与七里镇公安分局、油沙山公安分局协调沟通，落实禁赌专项整治行动有关要求，对辖区公共娱乐场所配合开展不定期检查，严格依法办案，严厉打击赌博违法犯罪活动，在行动中重点打击查处开设赌场、聚众赌博等犯罪组织者、经营者；查封利用赌博机进行犯罪活动的场所。通过禁赌专项整治行动的开展，油田各级组织的共同努力，油田赌博违法犯罪活动得到有效遏制，公共娱乐场所得到有效清理，停、歇业数量增多，职工家属禁赌拒赌的思想意识得到增强，专项行动取得明显成效。

【油田武装部工作】 2014年，武装部为确保给部队征集输送高素质兵员，严格按照《兵役法》和《青海省征兵工作细则》的标准和要求，采取报名登记、走访调查摸底、翻阅档案核实等方法，将1名符合条件的油田子女输送到部队，完成夏秋季征兵任务；同时切实开展双拥工作，对油田129户军属进行慰问，协助相关部门落实退伍军人的生活保障问题；修改完善民兵应急预案，着重对生化防护大队和储备队伍进行调整。（赵鸣）

【普法工作】 2014年，是油田开展“六五”普法工作的第四年，法制宣传教育工作紧紧围绕企业发展这个中心，进一步提高全民法律素质和社会法治化管理水平，积极推进依法治企业基本方略，维护油田和谐稳定，为油田建设营造良好的法治环境。

下发年度依法治企业工作要点，明确油田普法工作重点，组织开展青海省第十次普法统一考试，各级领导干部累计答卷2800份。随着油田改革发展变化的新形势，及时调整补充油田普法机构及依法治企工作领导小组成员，进一步完善机构，充实人员，加强对“六五”普法工作的领导。订购“六五”普法企业经营管理人员学习读本6个种类600余套，“六五”普法习题集1000册、干部学习试卷2000份以及《青海省法制宣传教育条例》等资料，油田30多个二级单位相继举办“六五”普法培训班。组织开展十八届四中全会精神巡回宣讲活动，2700多人参与听讲，发放习近平总书记谈治国理政读本700余本，进一步提高油田干部职工依法治企的自觉性。在《青海法制报》开辟“六五”普法法制宣传教育专版，进一步宣传油田法制教育的典型经验和做法，为油田依法治企营造良好的舆论环境。进一步完善油田普法网络体系。2014年4月，海西州司法局领导前来油田进行“六五”普法检查考核前的督促检查，抽查油田通信公司、物资装备公司、井下作业公司及边远油田开发公司等4个二级单位，对油田的普法工作给予充分肯定。（刘世明　董绪）

第十篇

基地后勤服务

文教卫生

【新闻媒体】 2014年，青海油田公司主要设有《青海石油报》、青海油田电视台、青海油田网络电视台、《油城电视报》、《中国石油报》驻青海油田记者站、油田门户网、《企业文化》杂志等媒体。其中《青海石油报》、青海油田电视台、青海油田网络电视台、《油城电视报》、《新闻通讯》（更名为《瀚海记者》）、《瀚海魂》、《中国石油报》驻青海油田记者站归新闻中心管理。

《青海石油报》继续实施对开周三刊出版发行，出版151期，每期发行量10000份，年编发稿件7071篇，其中言论330篇。

青海油田电视台采、编、制、播《油田新闻》2451条、261期；采、编、制、播专题专栏139部（期）；电视对外报道分别在青海广播电视台、中国石油影视中心见播129条、50条；《油城电视报》继续实施四开24版周四发行，出版发行52期，每期发行量10000份。

2014年，新闻中心发挥报纸、电视和对外报道“三位一体”的整体优势，集中精力在夯基础、提质量、强管理、创精品、树形象上下工夫，完成油田“两会”、先进典型、油气勘探开发、重点工程建设、安全环保、矿区和谐、党建文化等一系列新闻报道和深度宣传。

《青海石油报》深入开展“走基层·戈壁行”、“记者走队站”等“走转改”活动，提倡“短实新”文风，狠抓版面变化与提升，推出政治观点鲜明、文风清新朴实、群众喜闻乐见的报道。采写编发《步履铿锵奔千万 瀚海扬帆再远航》、《英雄岭上建奇功》等反映油田发展成果、矿区和谐与文化建设等方面的重点报道。

油田电视台现场直播了油田重要会议、重大活动，策划实施了对油田主要区域及周边地区的高低空航拍，开展了“寒冬一线行”、“新春看一线”、“油城人油城事”等走基层主题报道；与青海广播电视台探索联合采访新模式，8集系列报道《走基层·油田行》和专题节目《大漠戈壁写春秋》、《阔步迈向千万吨》在青海卫视的不同栏目、不同时段播出，《扎哈泉致密油展现油田新图景》在中国石油影视中心《特别关注》中与观众见面，与央视共同策划完成“冷湖不冷”专题报道，在央视新闻频道见播9分钟，创造了油田新闻在央视播出的时长纪录。

《中国石油报》驻青海油田记者站按照新闻中心统一要求，不断强化新闻策划活动，抓住油田中心工作以及外部主流媒体的用稿需求，注重以常规报道展示成效，以深度报道研究问题，多角度、多层面展示青海油田良好形象，在《中国石油报》、《青海日报》等主流媒体上刊发稿件230篇。

《青海石油报》、青海油田电视台在青海油田52个二级单位、直属单位（含驻矿单位）有专职通讯员55人，兼职通讯员470人。2014年，油田公司党委表彰先进报道单位15个、优秀新闻工作者20人、模范通讯员15人、优秀通讯员50人。（曹青卿）

【文联活动】 青海石油文化艺术工作者联合会（简称“文联”）隶属于新闻中心，主要工作职责是组织开展群众性的文化艺术工作，由文联办公室、《瀚海魂》编辑部组成。下设文学协会、电视协会、集邮协会、书法协会、美术协会、摄影协会、音舞协会7个专业协会，分别挂靠在相关二级单位。文联有国家级会员9人，省部级会员48人。2014年，在集团公司文联和青海省文联等上级文联组织的指导帮助下，按照油田公司党委、油田公司的工作部署，配合油田有关部门和单位，组织开展节日期间的系列文化活动。2014年出版、编辑、发行《瀚海魂》文学刊物4期，每期发行3200册。油田文联组织油田书法爱好者义务书写春联140余幅、参加了由集团公司思想政治工作办公室主办，石油音乐家协会、电视协会等承办的石油原创歌曲活动。与油田有关部门一起组织配合集团公司文联“送欢乐，下基层”慰问青海油田演出活动。吸纳由油田有偿解除劳动合同和离退休人员戏曲、音乐爱好者自发组成的秦声民乐队加入了油田文联，秦声民乐队以演唱西北地区的地方戏曲为主，为油田的文明和谐营造着健康向上的氛围。（冯晓）

【职工教育培训】 2014年，培训中心（党校）坚持“走出去、请进来、到现场”的做法，全年送外培训112人次，内部培训593人次。通过专兼职教师培训班、课前试讲、推门课、教学检查活动，新上岗教师的业务技能显著提高。进一步规范教（科）研管理，确定3项年度精品课建设任务；实施《青海油田公司培训体系优化研究》项目，实现油田公司级科研项目的零突破；搭建王锡军大师工作室在线答疑门户网站，拓宽传技授能的服务渠道。

实训基地结合主力生产单位需求，协同开展订单式培训，在技能培训项目中与华北技师学院等培训机构开展联合培训，2014年培训操作人员3757人。强化安全培训期间，利用青海省二级安全培训站资质，组织危化、特种作业等安全培训16期，取证1626人；加大送教一线力度，盆地内办班27期，现场培训1544人次。

驾驶培训学校强化基础管理，公开办事流程、清理中介，提高办事效率，方便职工家属。培训中心突出安全和文明行车理念的教育，2014年累计培训1100人，964人取得驾驶证，考试合格率达到88%，超过全国75%的平均水平。

学历教育在市场需求下降、生源减少的形势下，主动做好招生工作，严格教学管理，强化教学规范，严肃考风考纪，整体办学水平稳步提高。2014年录取新生220人。全年完成32个班级100多门课程的教学组织工作，按计划有序开展700余人学历、学位认证工作。课程设置紧密结合油田发展需求，加重石油主干专业设置比例，在校主干专业学员728人，占学员总数的72%。2014年无泄密违纪事件，综合服务满意度有新的提高。

【幼儿教育】 2014年，幼儿教育中心落实《国家中长期教育改革和发展规划纲要》和学前教育各项要求，坚持“一切为了孩子”的幼儿教育理念，巩固蒙特梭利教学、奥尔夫音乐教学、早期阅读、米罗可儿美术教育及亲子教育等特色教学成果。坚持推门听课和幼儿三项发展评估，展示幼儿教育成果。切实把“一日生活皆课程”的理念渗透到幼儿园一日活动之中，注重幼儿良好行为习惯的养成和独立自主能力的培养。牢固树立“安全第一”的工作理念，持续强化食品卫生安全管控，狠抓安保、维稳责任落实，保证在园幼儿健康快乐成长。培训中心（党校）6所幼儿园内抓质量，外树形象，得到油田职工家属和社会的一致好评，收到10封家长感谢信。10件幼师自制玩教具作品在全国大赛中全部获奖，获奖数名列青海省第一；第四幼儿园赴韩展演舞蹈才艺，摘得“表演特等奖”桂冠。（薛萍）

【医疗卫生】 2014年，青海油田公司医疗卫生系统包括矿区服务事业部下设的公益事业部、油田三大基地医疗机构（敦煌基地的青海油田职工总医院、花土沟生产基地的花土沟急救中心、格尔木石化基地的格尔木石油医院）。

青海油田职工总医院是一所集医疗、预防、保健、急救为一体的二级甲等综合性医院，开放病床198张。拥有日立MRI、西门子16层螺旋CT扫描仪，意大利C型臂X光机，数字平板X光机，高压氧舱，血液透析机，美国全自动生化仪，电视内窥镜系统等各种先进医疗设备361台（套），医疗设备原值7815.26万元，建筑面积29.30万平方米，拥有集中央空调、中央供氧、中央负压为一体的现代化住院部大楼。有员工465人，其中男员工145人，女员工320人；医务人员376人，行政后勤管理人员89人，主任医师1人，副主任医（药、护）师36人，中级职称168人。下设10个机关职能科室、9个临床医疗科室、6个辅助及医技科室、2个门诊部、1个社区医疗卫生服务中心（下设5个社区医疗服务站）、1个花土沟分院和行政服务中心。

2014年，职工总医院完成腹腔镜联合电子胆道镜行胆囊切除及胆总管探查切开取石术3例、直视微创胆囊切除术76例、腹腔镜胆囊切除术63例、乳腺钼靶X线诊断187例。开展关节置换术、有创动脉血压监测、深静脉穿刺置管术和肾积水穿刺引流术；成功救治外伤致胸椎爆裂性骨折和胰腺断裂伴中央血管损伤病人；累计完成64例牙体种植修复和43例白内障手术。

花土沟急救中心为职工总医院下属的一所分院，其主要职责是为花土沟生产一线提供医疗急救保障，担负着一线员工和花土沟地区群众2万余人的医疗救护服务工作。配备CT机、X光机、全自动生化仪、洁净手术室、污水处理系统、医用呼叫系统、太阳能设备、电梯设备等先进的医疗设施设备，核定床位32张，员工定编60人，实际工作人员45人（含临时用工4人）。花土沟分院领导实行长期固定，其他员工实行定期轮换，每年换班4批，每批固定3个月。2014年，总诊疗17055人（次），累计完成野外医疗巡回21次，急诊服务2496人（次），各类查体3069人（次），“120”出诊33人（次），成功抢救危重病人29人（次），成功率93.94%。

格尔木石油医院是为青海油田格尔木石化基地员工家属及基地周边地区群众提供医疗、疾病预防的综合性医院，隶属于青海油田格尔木社区管理中心。设有医务科、医技科、药剂科、门诊部、住院部、护理部5个职能科室，能独立完成内、儿、外、妇、五官、急诊等病人的接诊和治疗，同时承担着常规体检、基地各单位有毒有害工种岗位人员的体检工作，承担着对驻格尔木各石油野外施工单位的医生外派固定、救护、健康及急救知识培训，对地方的社会医疗帮扶工作，能完成基地员工家属的预防接种。建筑面积3970平方米，病床60张（实际开放40张）。拥有X线机诊断机1台，移动式床头拍片机1台，高频移动式X线机，彩色B超诊断仪，彩色脉冲多普勒超声诊断仪等先进设备计23台、高压氧舱。格尔木石油医院年门诊诊疗病人23127人次，入院与出院诊断符合率100%，住院病人治疗有效率100%；涩北气田和格尔木炼油厂固定医护人员60人次，累计时间12个月；全年公共突发事件处理及时率100%，医疗责任事故为零。

【计划生育】 青海油田计划生育委员会由中国石油天然气股份有限公司青海油田分公司和敦煌驻矿单位组成。2014年，青海油田计划生育委员会将计生工作与经济工作、党建工作、精神文明建设工作、综合治理工作等同安排、同检查、同考核。对2014年度人口和计划生育工作成绩突出的10个单位进行表彰，发放奖金65000元。在油田公司职代会上与各二级单位签订《人口和计划生育目标管理责任书》，安排部署2014年度人口和计划生育工作。将计划生育经费纳入部门预算，优先解决计划生育工作经费，保证人口和计划生育工作正常开展。开展婚育新风进万家活动和关爱女孩行动，发挥宣传服务网络优势，组织青海油田计生干部通过集中学习、召开座谈会、培训班等形式学习相关内容。利用重大节庆活动、重大纪念日等宣传平台，通过电视、网络、板报宣传“单独二孩”政策和生殖健康等知识。共发放计划生育法律法规知识宣传单2000份，优生指导100问、预防出生缺陷知识问答各100份，宫颈癌防治指南300份，关注女性健康500份，糖尿病患者教育手册1000份，艾滋病预防知识宣传单2000张；征订《中国人口报》、《人口与计划生育学》、《人口文摘》、《婚育与健康》、《中国计划生育学杂志》等报刊、杂志。严格按照青海省、海西州关于计划生育家庭进行奖励的要求，做好计划生育“特别扶助”、“奖励扶助”对象资格确认，做好独生子女伤残死亡家庭扶助户及独生子女领证户、放弃二孩生育指标户、单独二孩的申报审批及奖励优惠政策的兑现。开展油田计划生育手术和独生子女平安保险试点工作。积极开展“双达标”创建活动，落实计划生育技术服务基本项目免费服务，积极开展出生缺陷预防工作，举办专题预防出生缺陷科学知识培训班1期，向已婚无孩夫妇宣传“四项优生检测”和口服“叶酸片”，预防脊柱裂和无脑畸形儿病例的发生。开展优生优育、生殖健康计划，落实国家孕前优生健康检查项目，开展10项优生优育（TORCH）项目的筛查。做好人口统计信息工作，2014年6月、12月参加青海省网络版全员人口信息化系统的管理应用系统、计划生育利益导向政策和性别比综合治理培训班，系统地学习人口和计划生育统计基础知识及统计报表、全员人口信息管理系统（网络版）、计划生育技术服务、PADIS流动人口信息平台的应用及网络化协作、流动人口统计报表、政策法规。

2014年，油田总户数17660户（不包括格尔木地区及驻外办事处），总人口37955人，出生296人，人口出生率7.73‰；符合政策生育率100%；人口自增率5.28‰；已婚育龄妇女10243人，采取各种节育措施8915人，综合节育率87.03%；“三查”人数9155人，重点三查率100%；节育及产后随访率100%；发放各类避孕药具26.81万（盒＼张＼只），避孕节育措施及时率100%；持有效独生子女证4136户，本期领证243户；单独二孩政策落实率100%。

【卫生防疫】 2014年，青海油田卫生防疫站共有员工19名，机构设置有：职业卫生组、计划免疫组、传染病管理组。

职业卫生组：按照国家安全总局、青海省安全监督管理局和集团公司颁发的职业卫生法规和标准，负责油田职业病危害作业人员的健康检查、就业前健康检查、离岗前检查和职业病的初步诊断工作。对各单位新建、改建和扩建的作业场所职业病防护设施进行定期检测评价。添置职业病检验和检测仪器设备，完成实验室建设。开展作业场所危害因素的检测364个，职业病危害作业人员体检5114人。完善HSE信息系统职业健康部分，对新增、调离的危害因素作业人员及时在HSE信息系统更新，完成青海油田职业卫生档案及时上报集团公司数据中心。

计划免疫组：做好青海油田计划免疫管理工作，消灭与控制相应传染病，提高预防接种率。在接收或者购进疫苗时，向疫苗生产企业、疫苗批发企业索取由药品检验机构依法签发的生物制品检验合格或者审核证明复印件，并加盖企业印章，确保疫苗安全。乙肝疫苗、卡介苗、糖丸、百白破、麻风、麻腮风、甲肝疫苗、流脑A群、流脑A+C疫苗单苗接种率达98%。疫苗接种卡片、接种本相符达98%。贯彻落实《传染病防治法》和《疫苗流通和预防接种管理条例》以及国家卫生部、教育部《关于做好入托、入学儿童预防接种证查验工作的通知》，切实做好儿童入托、入学查验预防接种证工作，加强托幼机构和学校的传染病控制，保护儿童身体健康，按照青海省和甘肃省疾控中心要求，卫生防疫站对油田六所幼儿园开展儿童预防接种证查验工作。根据基础免疫程序和青海省预防控制中心要求，对新入学262名新生接种白破二联疫苗，210名新生接种了A+C流脑疫苗。全年接种各种疫苗人数为10831人次：

传染病组：贯彻执行《中华人民共和国传染病防治法》。实施法定传染病的监测、疫情信息的收集、处理、分析、上报等。实施重大传染病暴发流行、不明原因性紧急疫情及突发应急事件的处理。麻疹、风疹疫情防控，传染科收住9例疑似麻疹、风疹病例，共采集咽拭子标本9份，血清标本15份，经酒泉市和甘肃省疾控中心实验室确诊麻疹病例3份，风疹病例2份，排除4份；开展麻疹知识培训，提高防控意识，加强个人防护；对医务人员和患者密切接触者签订知情同意书后分批接种麻腮风疫苗和麻风疫苗326人。

鼠疫防控工作，油田周边的玉门市、肃北县连续发生3起鼠疫疫情，且病例均为肺鼠疫，均在极短时间内发生病例死亡，其中2例发生在与油田居民区紧邻的肃北县。根据上级领导和部门的指示精神，制定青海油田鼠疫防控应急预案，成立油田鼠疫防控领导小组，明确职责，制定完善卫生防疫站鼠疫防控应急预案和鼠疫防控实施方案。举办全院鼠防培训班，对各医疗部门门诊医生、传染科医生及护理人员80多人进行鼠疫流行病学、诊断、治疗、疫情报告、疫情处理及院内感染等方面系统培训。全年上报各类传染病73例，其中菌痢19例、手足口14例、结核病11例、丙肝10例、隐形梅毒6例、水痘4例、麻疹3例、风疹2例、流腮2例、流感1例、其他感染性腹泻1例。（景占良）

【职工活动场所】 敦煌基地职工活动场所主要由工人文化宫、体育公园（游泳馆）、科技创业中心、职工俱乐部（昆仑艺术团）组成。工人文化宫设有保龄球、乒乓球、台球、射箭、羽毛球、壁球、旱冰、保健厅、歌厅、舞厅、阅览室、茶园、健身、游乐厅、电子娱乐厅等15个活动场所，19项活动内容。2014年，工人文化宫接待团体35个，接待顾客27.78万人（次）。科技创业中心设有青少年宫、会议接待厅、勘探开发厅、油田发展史厅、多功能展厅等项目，被列为中国石油集团公司“职工思想教育基地”、青海省“爱国主义教育基地”。青少年宫被海西州评为“州级青少年科普教育基地”。科技馆接待会议29场（次），接待团体42个，接待顾客2.08万人（次），青少年宫办班4期招收学员116人（次），瑜伽班94人。体育公园（游泳馆）集游泳、网球、露天健身设施于一体，被全国总工会评为“全国全民健身优秀活动站点”，接待顾客3.7万人（次）。职工俱乐部具有电影放映、文艺演出接待功能，油田数字小影院和大影院加入全国数字电影院线，实现与国内同期上映，共放映电影452场（次），文艺演出40场（次）。东二村居民活动室，建筑面积537平方米，活动室内有羽毛球场地3个，多功能舞台1座。（陈静　陈涛）

格尔木社区管理中心职工活动中心是集电影放映、舞台节目演出、大型会议召开、图书阅览、以及为离退休职工提供各类服务于一体的综合性、多功能的文化活动场所。2014年，职工活动中心突出文化、娱乐、健身、休闲等功能，规范工作流程，提升服务标准，不断丰富石化基地职工家属的文化生活，2014年平均服务满意率达95.2%。经矿区服务事业部的考核评审，被评为职工群众文化先进集体和“优秀职工活动场所”。（杨秀峰）

花土沟基地有瀚海油苑1座，占地面积7000平方米，体育馆1座，占地面积4610.10平方米，有棋牌、台球等14个服务项目。保持地栽花卉721株，盆栽花卉971株。积极组织广场舞等全民健身活动，较好地发挥健康文明娱乐场所阵地作用。（李田云）

2014年，青海油田三大基地组织各类文体活动136场（次），参加人数1.76万人（次）；组织广场文化7场（次），参加人数0.18万人（次）；场馆接待顾客87.61万人（次），接待会议29次，接待团体99个，放映电影536场（次）。提前完成“五五工程”中的职工活动管理中心工人文化宫、花土沟社区管理中心职工活动中心、离退休管理处第二管理站、离退休管理处第三管理站、格尔木社区管理中心职工活动中心5个“优秀职工活动场所”的创建工作。（席晓红）

通　勤

【概述】 2014年，青海油田运营有以甘肃敦煌七里镇为中心的3条石油专线和1条社会长途班线。方便油田职工家属在油田3个基地的往来出行；在敦煌石油生活基地运营7条基地通勤线路，方便职工家属在基地内出行；在花土沟生产基地为一线生产单位提供上下班接送服务。截至2014年年底，投入营运客车96部。

【客运】 客运服务公司运营的石油专线有甘肃省敦煌市七里镇－青海省花土沟镇、甘肃省敦煌市七里镇－青海省格尔木市、甘肃省敦煌市七里镇－甘肃省柳园镇；甘肃省敦煌市－青海省格尔木市。2014年，油田客运持续加强客运服务质量的监督检查，每月坚持对服务对象进行服务质量问卷调查，对调查结果进行汇总考评，及时纠正服务过程中的偏差。根据用车单位反映，购置4台越野型客车，保证英东、南北山、东坪、扎哈泉等通行条件差的作业区块的用车需要。同时，加强对一线单位轮休等信息的收集，依据客流动态及时公布班次调整、加班等站务信息，特别是油田客运电子售票系统的应用，既保证旅客及时了解班次安排、车票发售等信息，方便购票乘车，又提升服务效率。2014年，共发放服务质量问卷调查1650份，实收1650份，服务质量满意率91.75%。

【基地通勤】 2014年，油田敦煌基地通行有1路、2路、3路、5路、6路、9路和环路7条通勤线路，覆盖油田敦煌基地的各个区块，方便基地职工家属出行。

（杜世清）

消防保卫

【概述】 青海油田消防保卫工作由油田保卫部（武装部）、消防支队承担，是油田公司直属的二级管理服务单位，实行一套人员、三个机构合署办公。拥有系统开展火灾扑救、灾害抢险、防火宣传培训、义务消防演练、重点部位防火布控、治安防范、政保经保措施运用、油田人民武装组织管理和油田内部户籍管理能力。主要负责油田治安保卫，维护稳定、社会治安综合治理、油气监察、消防安全管理、火灾扑救、抢险救援、油田内部人口管理工作和油田武装工作，是一个既专业又具有管理职能的单位。

【机构人员】 2014年，在油田区域内设有敦煌、冷湖、花土沟、油砂山、南八仙（包括马北）、涩北、格尔木等7个消防站（点）。从事消防工作人员257人，其中指挥管理人员（包括机关业务科室、基层大队领导）22人，占消防人员8.56%；战斗人员222人（驾驶员、战斗员、防火员、电话员、库房管理、内勤），占消防人员86.4%；非战斗人员（包括炊事员等后勤服务）12人，占消防人员4.67%。

【装备配置】 2014年，消防支队拥有固定资产原值9171.40万元，现值3120.12万元。现有车辆设备72台，其中用于保卫力量的指挥车15台和巡逻车3台；用于消防战斗的指挥车6台，运兵车1台，后勤生活车（皮卡）4台，战斗车辆43台，其中抢险救援车4台、干粉车3台、干粉泡沫联用车（三项射流）4台、泡沫车23台、水罐车3台、32米高喷车2台、22米登高平台车1台、16米多功能2台、涡喷车1台；一次车载灭火剂346.8吨，其中干粉21.5吨、泡沫79.3吨、水246吨。

【主要工作】 2014年，消防支队会同油田公司安全管理部门逐级落实防火检查工作，共查出隐患268个，整改245个，一级消防重点部位检查到位率100%；在“三建”工程消防设计审核中，审核90项油田建设工程图纸及方案设计，参加各类方案审查会68次，提出专业审核意见170条，进行各类专项检查、验收及复验收60次，图纸审核、竣工专项消防验收完成率达100%；开展消防安全培训，印发消防宣传材料1410份，举办消防安全培训班6期，开展灭火及疏散逃生演练3次，累计培训449人次，义务消防员培训业绩指标完成率达到150%，培训合格率达到100%；

2014年，消防支队贯彻集团公司企业专职消防队4项规范，开展技战术研究，按照集团公司《关于开展2014年度专职消防队灭火救援技术与战术研讨交流活动的通知》要求，组织开展灭火救援专题研讨和现场调研，编写34万余字的《青海油田风险防控手册》，撰写27篇专题论文。《风险防控手册》荣获集团公司二等奖、2篇论文荣获三等奖；在全支队范围内组织开展冬季消防业务理论知识学习活动，邀请专家授课，在格尔木举办消防指挥员及骨干培训班；严格落实执勤备战工作，强化设备维修保养，坚持开展“车场日”活动，设备综合完好率达98%以上；从实战需要出发，开展灭火抢险救援案例战术研讨，对67个一级消防保卫重点部位的预案进行简化版编制工作，并将风险识别和控制措施纳入预案管理；科学制订演练计划，2014年组织参加油田公司联合演练4次、支队级实战演练46次、桌面推演23次；完成支队第四届职业技能竞赛活动；参加消防第四联防区第十七次工作会议，有效促进各兄弟单位之间业务交流与共同提高；严格落实执勤战备制度，精心组织练兵，提高队伍的综合素质和整体战斗力。2014年共扑救火灾29起（油田火灾12起、社会火灾17起），出动车辆82车（次），参战350人（次）；现场监护432次，累计3776小时，出动消防车449车（次），参加2434人（次）；抢险救援7起，出动车辆18车（次），参加78人（次）。

2014年，油田保卫部按照《青海油田警企联防长效机制实施方案》，与甘肃省敦煌市七里镇公安分局、青海省海西州自治区油沙山公安分局协作沟通，每季度召开一次治安联防联席会议，分析部署辖区治安工作重点。配合公安机关开展“灭油鼠端黑窝”、“打盗抢保平安”、“禁赌”等专项整治行动以及防恐应急处置演练。落实油田公司打造美丽幸福油田家园的工作要求，召开油田公司综合治理委员会全体会议，分析研究治安形势，调整充实综治委成员力量，签订社会管理综合治理目标责任书44份，明确各单位工作目标和案件控制指标，严格“一票否决制”，形成主要领导亲自抓，分管领导具体抓，职能部门共同抓的良好局面。

2014年，油田保卫部全力做好特殊阶段安保防恐工作，在油田3个基地重点要害部位，开展隐患排查和治安防范检查；在节假日、全国“两会”和十八届四中全会期间，以及新疆连续发生暴力恐怖事件特别阶段，各项工作超前部署，完成各特殊时段的安保防恐工作；与甘肃省敦煌市七里镇公安分局密切配合，堵塞治安防范漏洞，开展矛盾纠纷排查调处，完成油田公司“两会”、青海油田创业59周年“四方杯”排球比赛、“五月的风”广场文化等活动的执勤保卫工作。组织治安防范检查5次，检查重点单位36个次、重点要害部位54个。会同青海省海西州自治区油砂山公安分局和有关油气生产单位对涉油气违法犯罪活动进行严厉打击整治。2014年，共检查登记车辆9942辆，月平均检查登记829辆，油区巡逻共出动车辆95车（次）、363人（次），扣押可疑车辆13辆，收缴原油78.66吨；开展专项整治1次，捣毁藏油窝点1个。

2014年，油田保卫部严格按照《青海油田内部户口管理办法》规定，为油田员工家属、新生儿落户办理户籍手续共计1472人，大中专生迁户101人；开具户籍证明563份；在油田公司的大力支持下，协调联系茫崖、冷湖公安机关在敦煌基地设立便民服务站，常年为油田职工家属办理户籍相关手续。（赵鸣）

生活供应、后勤服务

【油田生活物资采购】 生活服务公司主要负责青海油田敦煌基地和花土沟基地一线大宗生活物资供应，花土沟社区管理中心负责花土沟基地、格尔木社区管理中心负责格尔木基地大宗生活物资及副食、调味品等供应。2014 年，生活服务公司按照油田公司、矿区服务事业部生活物资“四统一”规定，进一步完善供应商考评制度，重点将品质、价格、交货期和服务作为考评依据，每季度进行 1 次评价、排序，提升供应商的服务能力和产品质量，确保从采购验收、销售供应到职工餐桌的安全放心无事故。(李忠祖)

【菜篮子供应】 敦煌基地菜篮子供应由生活服务公司负责，花土沟基地菜篮子供应由花土沟社区管理中心负责，格尔木基地菜篮子供应由格尔木社区管理中心负责。

生活服务公司持续加强生活物资采购、运输、验收、仓储、配送、供应全过程、全流程闭环管理，认真做好敦煌基地菜篮子供应工作。2014 年供应大米 83.48 万公斤、面粉 78.53 万公斤、食用油 76493 桶、肉食类 6.04 万袋、水产类 4.19 万袋、罐头类 10.20 万听、水果类 8.69 万公斤、蔬菜类 9.97 万公斤，实现 11 大类 1000 多个单品的不断档、不缺货有序供应。全年生活物资入库检查 59 批次，供应网点安全巡查 42 次，食品质量专项安全检查 6 次，抽样检查 5 批次 26 个单品，抽样检查合格率 100%，供应产品质量合格率 100%，菜篮子供应及时率 100%，综合服务满意率达到 95.54%。全力做好冷湖基地和花土沟基地食堂生活食品供应保障工作，供应大米 23.33 万公斤、面粉 20.73 万公斤、食用油 3.60 万桶、罐头 2.50 万听、鲜肉 9.09 万公斤、鸡蛋 6.73 万公斤，提升保障一线、服务一线的能力。2014 年，生产鲜肉 23.99 万公斤，完成年计划的 126.26%；生产牛奶 46.45 万公斤，完成年计划的 103.2%。供应鸡蛋 26.44 万公斤，完成年计划的 105.76%。发放中秋、国庆蜜瓜 19567 份、49.70 万公斤，实现节日供应精准无误。

格尔木石化基地“菜篮子”供应站隶属于格尔木社区管理中心生活服务部，承担着基地“菜篮子”供应、中心生活物资采购、油田相关单位生活物资慰问及代供服务工作。现有营业场所 5 个：其中副食营业厅 2 个、米面营业厅 1 个、清真肉食供应点 1 个、鲜猪肉、鸡蛋供应点 1 个，供应品种 1100 个类种。2014 年共采购各类生活物资 310 吨，销售大米、面粉 14.50 万公斤，大肉、牛羊肉 1.15 万公斤，鸡蛋 0.88 万公斤。完成回收 410.60 万元，组织发放油田工会助困慰问物资 3 次，共 40 吨。

花土沟社区管理中心对实行委托管理的“菜篮子”供应点，每月针对物品采购渠道、质量、库房管理、劳保用品穿戴、服务态度等方面不定期进行抽检次，以确保达到服务方式转变，但“菜篮子”供应标准不变的要求。2014 年销售额总额 108.50 万元，同比减少 13.75%。(李忠祖　李田云　杨秀峰)

【油田宾馆（招待所）管理】 2014 年，兰州离退休基地管理处蓝宝石大酒店面临市场挑战，经营负重前行，行业竞争异常激烈的压力，及时调整经营思路，找准经营方向，制定积极的营销策略，按照“稳定老客源、开发新客源、重视散客源”的营销思路，把握市场变化，跟进市场消费，加大力度进行客户走访，收集客户信息及各类会议信息，积极开展接洽工作。与网络销售平台和专业网络服务中心建立合作关系，新签协议客户 106 家，承揽“兰洽会”、“敦煌行·丝绸之路国际旅游节”等政府采购、节庆、赛事接待任务 24 次。加大成本费用管控，实施财务并账核算，降低风险，节约开支，增加效益。投入 145 万元对兰州蓝宝石大酒店设施改造。加强人员培训，提升服务意识与服务水平，为社会及油田职工提供优质高效的酒店服务。兰州蓝宝石大酒店荣获甘肃省优秀星级酒店、兰州市星级饭店旅游服务技能大赛面点展示金奖、旅游新形象工装展示银奖、总台服务银奖、“HRS 最佳质量”印章荣誉称号。酒店入住率平稳保持在 90% 以上。(朱敏)

西安离退休基地管理处金岛宾馆加强经营管理，强化服务意识，加大培训力度，提升服务水平，多渠道联系客源，做到淡季不淡，旺季住满，全面完成经营任务。积极排查整改宾馆安全隐患和卫生环境，投资8万元更换床上用品、房间照明网络、设施、电视机，安装电梯空调，开展消防演练2次，安全培训4次。2014年，金岛宾馆被长安区卫生监督所评为“卫生评比先进单位”。全年接待疗员1038人（次），随疗家属273人（次），购买火车票256张，接待出差人员142人（次），安排代办上级部门事宜56件（次），接待专程看病人员87人（次）。（党利华）

四川离退休基地管理处石油宾馆（招待所）又名为石油大厦。2014年，接待疗养24期，疗养人员1039人。石油宾馆外树形象，内修素质。一方面做好油田内部接待，对来四川出差、疗养、休假的油田员工和离退休职工及家属做好服务工作。另一方面，走出去，想办法，引进客源，积极创收。石油宾馆狠抓管理，创新服务，降本增效。全年完成住宿收入120万元（其中疗养住宿85万元），比2013年增加收入44.7万元。综合服务满意率达95%以上。（韩青芬）

北京离退休基地管理处时腾酒店各部门按照“管理、监督、服务、协调”八字方针，依据国家政策、行业要求和上级精神，认真组织好各项工作。为提高服务质量，提高住宿率，多创收，时腾酒店通过网络，发布广告、短信等形式宣传酒店，招揽客源。对内加强服务培训工作，提高服务质量和意识。发展协议客户162家，其中潜在大客户65家；接待会议共297个，较2013年增加36个。时腾酒店入住率为86.5%。实现营业收入1900万元，利润305万元。其中餐饮就餐人数为6.5万人次，较上年增长3个百分点。（张建平）

石油宾馆地处甘肃省敦煌市七里镇昆仑路中段，占地面积2万平方米，绿化面积占总面积90%。石油宾馆拥有一号楼和二号楼2栋客房。石油宾馆荣获全国“青年文明号”以来，以先进的酒店管理系统实现电脑化控制，主要负责青海油田的对外接待任务，也是青海油田对外服务的“文明窗口”。拥有客房共计68间，床位82张。多功能会议室和商务会议室各1个，可承接60人的会议。拥有大小餐厅2个、包厢6个，可供380人同时就餐。宾馆院内有800平方米的停车场，实施24小时安保全方位监控。

四方宾馆位于甘肃省敦煌市七里镇昆仑路与大庆路交汇的繁华地段，占地面积2000平方米，建筑面积8000平方米。是一家集客房、餐饮、康乐等多功能为一体，经甘肃省旅游局评审通过的青海油田涉外三星级宾馆。宾馆下设房务部、餐饮部、服务部，有高中档客房90间，5个大小不等的会议室，分别可容纳10-200人，适合接待各类大、中型商务、政务会议及学术研讨会议，并备有各种会议所需的设备。

四方宾馆建安大酒店内有15个大小不等、风格各异的包厢，可承办南北风味各类高档宴会。酒店大厅设有票务中心，为社会各界人士提供飞机票预订业务。四方宾馆荣获油田公司“齐宪维命名班组”以来，苦练内功、外塑形象，

敦煌石油大厦（原昆仑大酒店）主楼共5层，建筑面积1万平方米。内设客房255间，其中套房7套，标准房86间，单人房162间，房间设备设施齐全，可同时容纳255人入住。餐厅设有可同时容纳400人就餐的无柱独立式宴会厅及7间包房。大厦阳光餐厅为油田内部职工提供员工餐。会议中心设有大、中、小型多功能会议室6间，配套齐全，分别可容纳50-500人，可满足各行业商务团体会议及商务活动的需求。2014年，敦煌石油大厦成功接待油田“两会”、油田公司干部大会和二级厂处职代会。敦煌石油大厦荣获甘肃省饭店与餐饮业“节能降耗先进企业”，餐饮部荣获油田公司“十佳班组”称号。

西部石油大厦位于青海省茫崖花土沟镇创业路北段，占地面积2.24万平方米。大厦拥有客房298间。餐厅设有包厢1个，中餐包厢11个，西餐厅1个，宴会大厅可同时容纳150人就餐。大厦设有三方视频会议室、A8交互会议室、电教室和4个中小型会议室，可分别容纳10-150人，拥有先进的会议设施，可承办各类会议及商务洽谈。西部石油大厦荣获青海省海西州举办的“风尚礼仪大赛”三等奖。2014年，四方服务公司各宾馆酒店共接待14.41万人（次），综合服务满意度达到97%。（唐海燕）

格尔木石化基地招待所不断提高服务品位，完善服务功能，细化服务项目，加强内部管理，完善规章制度，坚持改善软件服务，提升管理树形象，努力提升招待所管理水平和服务品质。逐步形成并完善“四报”（《质检周报》、《成本、能耗周报》、《安全巡查周报》、《宾客意见周报》）的管理模式，以“周”为管理周期，四大周报实现管理全覆盖，多维度对招待所的各个层面进行诊断和管控。完成20余次各种级别的接待工作，2014年年底完成营业额346.64万元（其中：客房282.27万元，餐厅：64.37万元）；接待住宿人数为8958人次，平均住宿率21.8%；安全、环保、节能、治安等指标也均控制在管道输油处下达的指标之内。

【市场及商贸管理】 社区管理中心对敦煌基地的农贸市场开展标准化规范管理，使环境卫生面貌、安全现场、服务满意率得到很大的改善和提高。敦煌基地一

市场、二市场、建安市场、跃进市场克服困难、加强管理、深挖潜力、主动创收，创收力度明显有提高。各市场积极组织开展“为民服务创先争优”活动，使环境卫生、职工精神面貌和对商户文明礼貌服务都有极大的提高和改善，为基地广大职工家属营造一个安全、卫生、整治、文明的市场购物环境。

格尔木石化基地共有商业用户 118 户，其中步行街 40 户，四合院 57 户、新三区 14 户。商业范围包括餐饮、美容、百货及水产。市场有简易彩钢房 11 间、超市 1 所。对各商户及固定摊位签订场地（房屋）租赁合同（包括水电气暖和环排）以及房屋场地安全合同书，签订各类供用、租赁合同（协议）506 份，商业用户每月按时到水电销售部门进行刷卡缴费。在市场管理工作中，市政管理综合大队对基地车库租赁申请和临时摆摊设点、临时广告张贴进行审批，让管理有据可依，使服务管理进一步规范和提高。基地车库总数为 301 间，均为私家车辆租赁。（杨俊　杨秀峰）

【职工公寓管理】 花土沟社区管理中心管理公寓区域 18 个，157 栋公寓楼，3384 套公寓（单身公寓：2145 套；夫妻公寓：1239 套），其中：75 型 72 套，63 型 612 套，55 型（包含采油平房、35 型环形公寓）2700 套。现有公寓住宿能力 9930 人。花土沟社区管理中心与基地各二级单位房管配合，进行入室检查 3277 套房间，及时更新各单位住房信息和人员变更情况。在公寓节能改造项目中，发挥联系协调、现场监护的作用，顺利完成外墙保温和窗户更换工作，改善一线员工的住宿条件，职工满意度大幅提高。

格尔木石化基地单身公寓主要服务于格尔木石化基地各二级厂处单身职工及驻格办事人员住宿，共有公寓楼 4 栋，415 个房间，共有 14 个单位 586 名职工入住，设有 24 小时治安值班。2014 年，对公寓信息、设施进行清查频次由每季 1 次改为每月 1 次，安全巡检由每周 1 次改为每天 1 次；协调公寓维修 717 次，清理养狗住户 34 户，公寓现场及安全检查 47 次。

社区管理中心公寓服务立足亲情化服务，安全、清洁常抓不懈，开展亲情化管理，崭新的住宿环境，全新的服务理念，给不断改进和提高的公寓亲情式服务注入活力，公寓服务面貌焕然一新，服务满意率大大提升，安全清洁常抓不懈，2014 年服务接待率稳中有升，公寓年接待油田单身、轮休职工 4.70 余万人次。

冷湖油田管理处职工公寓把加强职工公寓的日常管理工作作为重点，实行走动式管理、即时性维护，重点落实防火防盗措施，积极教育引导职工文明、安全使用公寓，营造了健康舒适的居住环境。

涩北作业公司后勤服务以“管理上水平、服务创特色”为目标，强化设施管理，优化服务质量，努力提升“四心”级服务理念，逐步推行“6S”管理，扎实推进“四心服务”，“管家式”服务，让职工住得舒心；狠抓职工公寓治安管理工作，加大入住公寓人员的管理力度，为涩北气田职工创造温馨舒适、长治久安的生活、学习、工作环境。随着涩北基地公寓“一卡通”系统升级工作的开展，通过认真调试，确保系统登记入住、餐卡办理、图书借阅、人数统计、费用结算等功能实现方便快捷，准确无误。2014 年，完成各类接待 89 次共计接待人数 743 人，会议服务 461 次，接待会议人数 1093 人，客房入住率达到 95% 以上，服务满意率达到 90% 以上。涩北基地公寓被评为青海省青年文明号、集团公司青年文明号，涩北作业公司将生产一线的涩北基地创建成了温馨、和谐、稳定、幸福的“家外之家”。（李田云　杨秀峰　杨俊　孙志华　马永祥）

【社区食堂管理】 花土沟社区管理中心管理 7 座职工食堂，就餐座位 1712 位，日均就餐人数 2880 人，年接待就餐人数 236 万人（次）。餐饮服务严把食品质量验收关，坚持日抽样、周检查、月考核，强化委托加工项目管理，统一食品原材料采购及验收，从源头杜绝不合格食品进入食堂，严把食品选摘、清洗、加工、制作、销售各环节关口，确保食品安全。在食品领用上，做到先进先出。对水产、肉类、半成品食品，做到“四隔离”存放。对主、副食品原料严格执行油田公司规定“三统一”要求。对各食堂食品、设备、环境、电气线路、劳保穿戴、现场管理做到日检查日公布，次日复查监督整改。严把从业人员健康关，建立员工健康档案，遵守健康证持证上岗制度。2014 年餐饮公司推出新菜品 174 个。

格尔木社区管理中心有职工一食堂、二食堂和民族餐厅 3 个就餐场所。2014 年办餐人数 6335 人次，就餐人数 25.31 万人次，每日平均就餐人数达到 703 人次。严格执行食品安全三级验收制度，对每天购进的蔬菜、肉、蛋等食品严格验收，做到“五查看”，即外观、标识、厂家、生产日期、合格证，严禁“三无”食品。坚持每季召开伙委会，广泛征求就餐职工意见和建议，饭菜做到各有特色不重样；坚持在特殊节日里为就餐职工提供节日传统美食，满足单身职工的就餐需求，做好后期服务保障工作。

社区管理中心行政服务中心食堂不断加强硬件建设和日常安全巡检工作，逐项采取措施，消除各类安全隐患，确保操作安全和食品卫生安全。坚持优质服务，不断拓展服务理念，膳食服务做到以人为本，及时了解和掌握就餐人员对的饭菜质量和品种的要求，给轮休、单身职工创造舒适的就餐环境，全年食堂就餐接待 9.14 万人（次），服务满意率稳中有升。

冷湖油田管理处职工食堂在做好过往冷湖职工家属饮食保障工作的同时，在提升岗位人员服务意识、操作技能入手，加大教育培训力度，严把食品卫生安全关，服务接待工作保持应有水平。2014 年，冷湖石油餐厅共接待过往油田员工家属 42001 人（次），综合服务满意率 93%。

涩北基地职工餐厅探索餐饮管理模式，合理调整膳食结构，悉心挖掘职工饮食习惯，定期调剂饭菜花样，每季组织炊服人员进行“烹调技术比武”，通过开展服务满意率测评、伙委会等手段不断改进服务方式，满足员工对多种口味饭菜的需求；涩北基地职工餐厅实行自助分餐制，为减少餐厅拥挤现象，合理安排就餐时间，根据实际情况实行分时段进餐。专门制定《涩北公寓就餐通知单》以便进行留餐，体现服务保障人性化；加强对保运队伍的监督监管，对原材料验收、食品检测及留样制度进行全程监督，确保涩北气田职工饭菜质量及饮食安全。（李田云　杨秀峰　杨俊　孙志华　马永祥）

【行政服务】 青海油田行政事务中心为青海油田公司机关附属单位。中心下设行政管理科、物业管理科、综合管理科 3 个科。现有员工 16 人。行政事务中心主要负责公司机关治安管理、消防安全、设备运行、会议服务、办公耗材管理、办公设备维修、办公楼管理、网络迁装、电话迁装、固定资产管理、卫生保洁、室内外绿化等工作。

2014 年，行政事务中心以“勤恳敬业的精神、求真务实的作风、优质高效的服务”理念为准则，改进工作作风、创新工作思路，开展优质服务，围绕年初制订的各项目标任务，打造油田公司机关精品服务。为加强油田公司机关办公区域的安全管理，增强员工的安全意识，落实各项安全措施，起草下发《青海油田公司机关办公区域安全管理实施细则》。行政事务中心联合油田公司相关部门针对油田公司机关 3 栋办公楼、勘探开发研究院、四方服务公司和职工总医院等单位的 22 部电梯开展安全运行管理专项检查。通过检查消除了安全隐患、杜绝了安全事故，确保了安全运行。2014 年共维护、维修 750 次，更换各类灯器具 765 套（个）、电梯维修 15 次、定期保养 24 次，年检 2 次，霓虹灯维修 5 次，及时排除、修复供电故障 30 余次，确保设备完好率 98%。

按照油田公司《关于深入开展“三超”专项治理工作的通知》要求，对机关所属办公楼的 403 间办公用房超标情况进行排查，对其中发现 34 间超标办公用房进行整改和腾退，并对腾退的办公室进行合理利用。行政事务中心联合质量安全环保处、企业文化处在油田公司机关范围内开展以“绿色文明机关，创建你我同行”为主题的绿色文明办公环境创建活动，通过活动的开展，达到办公环境标准化，日常管理精细化的目的。为科学管理库房物品，简化领料流程，提高工作效率，行政事务中心聘请专业人员开发行政事务管理系统软件，并对系统中的库房管理平台操作进行培训。办公用品的采购方面，以节约采购费用，降低办公成本为原则，确保办公用品质量。2014 年，办公用品领料达 1008 次，共配备办公桌椅 119 张，配发办公设备 240 台。油田公司针对机关会议室紧张的问题，将石油大厦会议中心纳入行政事务中心统一管理。共安排布置会议服务 1240 场（次），其中百人以上大型会议 75 场（次），近 3.90 万人（次）参会。按照油田公司要求，对油田机关现有固定资产进行清查，清查油田机关三大板块共有固定资产 3012 项，无形资产 39 项。2014 年固定资产转资 7 批次，固定资产报废 1 批，办理资产调拨 20 批次。行政事务中心对油田公司机关人员的调动、职级的变化、新增人员、婚姻状况变化、房屋补贴变更等管理工作进行明确，并及时发放各项补贴。2014 年发放物业补贴 12 次。享受“菜篮子”补贴的职工家属共计 728 人，发放家属慰问金 210 人（次）。（杨发云）

基地社区

【概述】 花土沟基地总建筑面积41.50万平方米。管理单位花土沟社区管理中心主要负责水、电、天然气供应，供暖保温，公寓住宿服务，餐饮服务，矿区市政管理，地震监测，基地改造建设，员工休闲娱乐活动，公寓小区及公共活动场所的治安保卫工作，以及各方关系协调。

格尔木石化基地是青海油田集炼油化工、管输、销售、矿区服务为一体的石油田化工基地，基地内有格尔木炼油厂7家二级单位，以及住房公积金管理中心等10家驻格机构。基地生活区占地面积为112万平方米，房屋总面积40.32万平方米，其中住宅面积24.21万平方米，住宅94栋，住宅总套数为2934套。基地内常住人口近万人，有医院、幼儿园、学校、派出所、居委会、银行、邮电所等社会服务机构；水、电、气、暖自主供应，绿化环卫、生活后勤、文化活动设施齐全，各项服务满足职工群众的生活需要。

敦煌石油基地总体规划建设用地646万平方米，建筑面积为174万平方米，职工住宅楼480栋，总套数为16976套，居住人口约5万人。中心管理绿化面积204.48万平方米，主干道路面积63万平方米，环卫面积268万平方米，年转供电约6550万千瓦时，年供水约750万立方米，年转供气约5200万标方，保温面积175万平方米，年处理污水约220万立方米。（李田云　杨秀峰　杨俊）

【文明社区建设】 花土沟基地狠抓文化阵地建设，组织开展全员"双十"读书活动，引导职工每日"悦读"10分钟以上，在职工中倡导自觉学习、全民学习、终身学习的良好氛围。加强职工之家文化建设，重新修订图书借阅制度，全面整理现有图书，对以往未退还的书籍和未退还的押金进行清理，做好现有书籍的编码上架工作，满足职工日益增长的精神文化需求。积极配合石油工业出版社开展图书展销活动，充分发挥职工活动中心文化阵地的作用。按照以基层为主、业余为主、参与为主的原则，积极组织健康向上、职工群众喜闻乐见的文体活动。主动沟通、协调、解决中心管理服务与驻矿各单位、地方政府之间存在的各类问题，共同营造和谐稳定的生产生活环境。

格尔木基地各单位相互协作，每月开展1次小型活动，每季组织开展各类文化活动，举办乒乓球、门球、棋牌、踢毽子、健步走等活动，丰富文化生活，营造稳定环境。开展禁赌专项整治，净化社会风气；开展物业秩序专项整治以及7项专项整治活动，清理基地乱贴小广告、乱拉乱接、楼道内杂物等不文明现象，营造石化基地文明风尚；邀请格尔木市交警进驻石化基地进行交通检查，对车辆乱停乱放和违规行驶的驾驶员进行安全教育。保安人员24小时不间断巡逻，保证格尔木石化基地职工群众居住环境安全有序。按照属地管理原则，积极参加格尔木市开展的文明活动。2014年，格尔木社区管理中心获格尔木市"巩固卫生和建设健康城市工作"先进集体、2014年度卫生计划先进集体；格尔木社区管理中心职工孙圆圆、赵丽汉分别荣获"双拥工作"和"民族团结"先进个人荣誉。

敦煌基地社区文化亮点纷呈，社区管理中心按照"天天有锻炼、周周有活动、月月有主题、季季有展演"社区文化活动建设目标，努力营造祥和稳定的氛围。全年开展春、秋运动会、健身徒步行、文艺展演等文体活动12次，参加人数达1.36万人次。落实市政9项要求出实招、见实效，落实"三见"标准，即"工作迅速见行动，强化责任见落实，整改扎实见成效"，基地面貌呈现新改观。针对市政工作短板和瓶颈，搭建一个平台、编制两个方案、四项制度，进一步巩固市政成果、形成特色、促进养成。完成敦煌基地道路的交通安全标识、部分小区及重点公共区域停车位画线规范管理、城乡结合部环境的整脏治乱等工作已显见成效，共建共管平台实施方案、群众普遍关注、矛盾焦点比较集中的宠物管理、市政设施管理等难点问题的管理制度已初步建立。（李田云　杨秀峰　杨俊）

【市政建设】 在住宅建设方面，昆北小区547套小高层住宅完工交房，启动东坪油苑住宅小区建设项目前期工作；实施格尔木和花土沟基地167栋住宅和公寓的节能保温改造，完成断桥隔热平开窗更换4.90万平方米和15.60万平方米外墙保温，从根本上解决窗户密闭性差、房屋保温性能低的问题，改善格尔木基地和花土沟一线职工的安居条件。在小区调整改造上，完成格尔木基地监控系统改造，完善安防硬件设施，增强治安防控能力;实施敦煌基地东三村、东四村“庭院式平面”小区改造，提升环境品质，方便居民生活，使小区更加舒适宜居；对西宁七一路住宅小区实施整体改造，小区面貌焕然一新。在基础设施建设方面，实施路网优化调整工程，对敦煌基地昆仑路、中原路进行改造，方便居民出行；敦煌基地污水处理厂改造一次性投用成功，实现达标、除臭、降噪目标；完成第三幼儿园改造，让孩子有更好的受教育环境；敦煌基地便民药店建成投用；西安离退休基地管理处供暖系统改造全面完成；花土沟职工活动中心实现封顶；西宁蓝宝石大厦全面完工。(徐海玉)

【水、电、气、暖供应】 2014年，三大基地完成供（转）水量1342.25万吨，转供电量9486.01万度，转供气量6888.86万立方米，供暖面积275.77万平方米。转（供）水、电、气损耗率均控制在目标范围内。电力“春检”、锅炉“夏检”及供水检修有计划展开，做到不漏检、不漏项、不漏点，保证检修工作圆满完成，为基地水电的迎峰度夏、冬季平稳供暖，奠定坚实基础。加强基地供暖普查，对基地用户进行全面调查，覆盖率达95%以上，查找制约供热工作的难点和短板，加强效能分析，制定解决方案，努力改善基地供热效果，提高供暖服务水平。“440”热线贴心服务，及时接线上门服务，迅捷排除故障，在油田总经理（书记）信箱中多次受到用户表扬。(侍学武)

【基地绿化】 矿区基地总地面积753.69公顷，完成绿化面积249.98公顷，绿地率达到33.17%，绿化覆盖率37.8%，新增绿化面积0.99公顷。其中：敦煌生活基地占地面积641.69公顷，完成绿化面积204.48公顷，绿地率达到31.87%，绿化覆盖率36.64%。格尔木石化基地占地面积112公顷，绿化面积45.50公顷，绿地率达到40.6%，绿化覆盖率46.7%。坚持以改善生态环境、提高职工生活质量、最大限度地实现人与自然和谐相处为目标，矿区绿化与矿区建设相统一、生产绿化与生活绿化相协调为原则，重点开展病虫害防治和树木草坪的补载补种、日常维护等工作。(卢东全)

【居委会管理】 青海油田在格尔木基地成立1个由政府主导的社区居委会，矿区配合政府履行职责；在敦煌基地，组建成立11个企业主导的社区居委会，有工作人员57人，并增设公益岗位。每个居委会都配备有警务室，2个基地共建警务室12个，在编民警27人，负责小区秩序维护工作。居委会主要负责小区内的卫生清理保洁、绿化监督、公共设施及住宅管理、社会公益性工作、居民教育宣传、灵活就业人员、家属、民事纠纷调解以及基地的社会稳定等管理工作，同时还承担着国家、集团公司以及油田政策的传递、宣贯等纽带作用。2014年，紧紧围绕突出精细管理、优质服务，立足社区，服务发展的目标任务。为落实“优质服务是根本、群众满意是标准”的总体要求，努力提升服务质量及水平，按照“五五工程”年度实施计划安排，重点培养1个优秀居委会（敦煌基地东四村小区居委会）。(徐莉萍)

【地震监测】 2014年，花土沟基地地震监测共记录到国内外大小地震104个，其中3级以上地震72个，3级以下地震32个。3级以上地震速报率为100%；地震监测连续率为100%；编辑地震分析观测月报12份；地震数据库录入地震104个。刻录地震数据光盘72张。(李田云)

【污水处理】 污水达标排放129万吨，氨氮排放量10.65吨，COD 排放量86.14吨，氮氧化物排放量182.70吨。敦煌基地污水处理系统完成升级改造，于2014年1月投入运行，污水处理达到国家GB/T18918-2002《城市污水污水处理厂污染物排放标准》一级B标准，改造工程于2014年7月28日通过酒泉环境保护局组织的阶段性验收。(兰济民)

第十一篇

精神文明建设

党的组织机构

【中共中国石油青海油田委员会】 2014年油田公司党委组成人员如下：

序号	姓　名	党内职务	行政职务	备　注
1	付锁堂	党委副书记	总经理	
2	党玉琪	党委书记、纪委书记、工会主席	副总经理	兼任机关党委书记
3	高云建	党委委员	副总经理	兼任矿区服务事业部党委书记、主任
4	马力宁	党委委员	副总经理	兼任安全总监
5	孙凌云	党委委员	总工程师	
6	杨仁远	党委委员	总会计师	

2014年5月，召开干部大会，廖总宣布任命，集团公司党组调宗贻平到北京石油管理干部学院任院长、党委副书记、中国石油天然气集团公司党校副校长。

【工作机构】 2014年，中共中国石油青海油田委员会组织机构见下图：

2014年中共中国石油青海油田委员会组织机构图

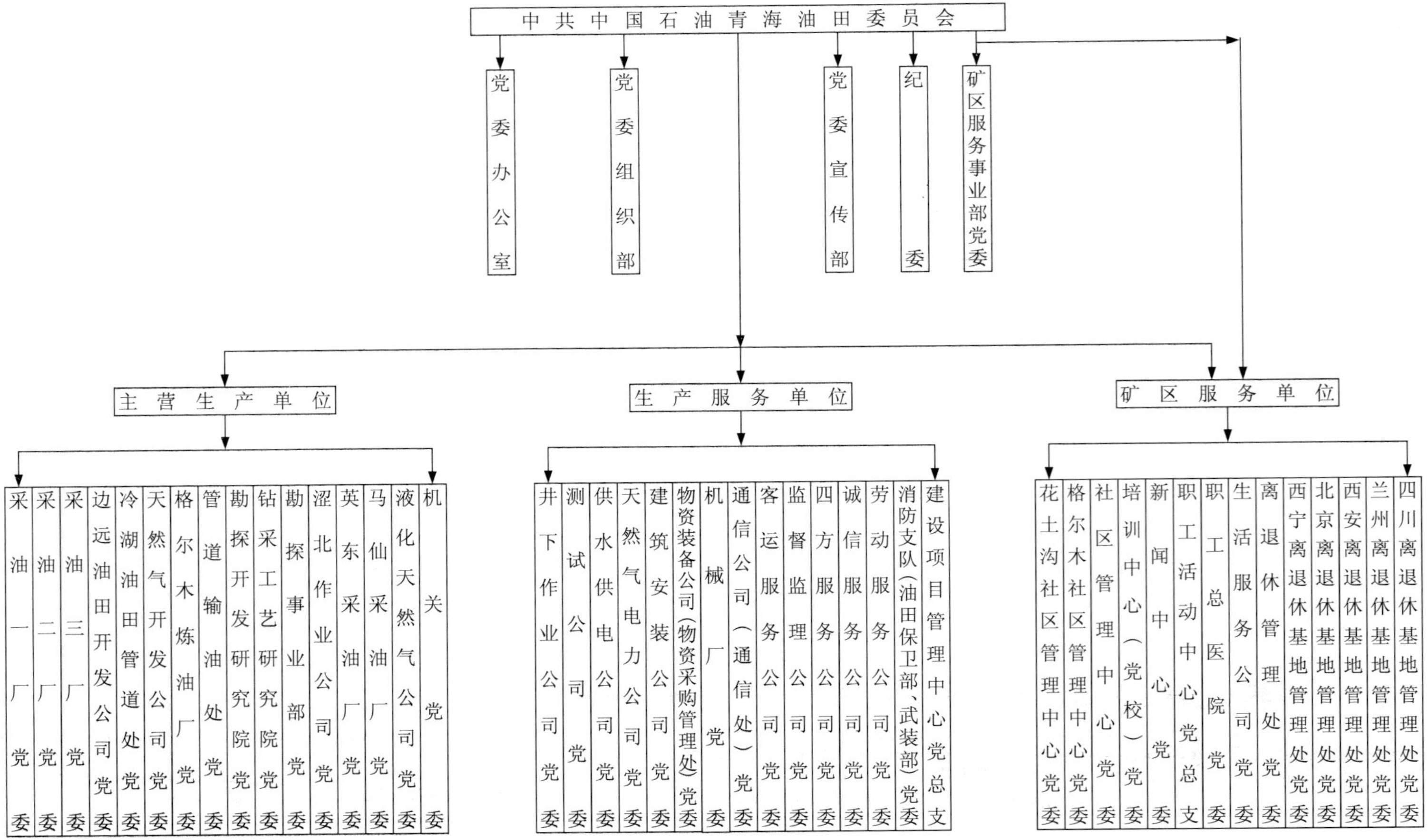

【基层党组织设置】 2014年，油田公司党委设二级单位党委（直属党总支）45个，其中党委43个，直属党总支2个，党支部545个，基层党支部覆盖率为100%。

【党员队伍构成情况】 截至2014年年底，油田共有党员12473人，其中在职党员7871人，离退休党员3741人，其他党员861人。妇女党员3259人，少数民族党员389人。全年新发展党员300名。

党组织建设

【概述】 2014年油田公司党委在集团公司党组和青海省委的领导下，油田各级党组织以党的十八大和十八届三中全会精神为指导，全面贯彻落实集团公司党组和油田公司党委的要求和部署，围绕油田生产经营中心工作，严格落实中央八项规定，开展党的群众路线教育实践活动和加强反腐倡廉建设，持续推进“党员责任区”、“党员先锋岗”、“党员立项攻关”“六个一党支部”和“党建三联示范点”等活动，建立健全党员立足岗位创先争优的长效机制，各方面工作都取得了新进展、新成效，为油田公司完成各项生产经营任务发挥保障作用。

【党的群众路线教育实践活动】 按照中央和集团公司党组部署，油田各级党组织以“为民务实清廉”为主要内容，开展党的群众路线教育实践活动，油田公司各单位及时成立活动领导小组和工作机构，制订活动方案和各环节安排。群众路线教育实践活动坚持把学习贯穿于教育实践活动的始终，采取集中学习、分散自学、专题研讨、辅导讲座等方式，组织党员干部认真学习中央和党组文件及规定书目。通过建立活动专栏、开展征文活动、组织观看教育影片等学习内容，加强学习交流，营造学习氛围。坚持聚焦“四风”查找突出问题，通过发征求意见函、召开座谈会、设置意见箱和基层调研，广泛征求各方面意见建议417条。按照“七个避免”的要求，查摆领导班子和领导干部作风方面存在的“四风”问题584个。针对领导班子和领导干部作风方面存在的突出问题，撰写对照检查材料，深刻剖析产生问题的思想根源，明确努力方向和改进措施。在充分准备的基础上油田公司45个二级单位党委（直属党总支）、27个机关党支部领导班子召开专题民主生活会。在民主生活会班子成员之间不回避矛盾和问题，相互帮助，共同提高，达到加强党性修养、增进团结的目的。坚持突出问题导向、狠抓整改落实，油田公司党委和各单位针对查找出来的问题逐条制定整改措施，明确整治任务、目标、措施、责任部门和整改时间，油田公司党委组织召开整改落实推进会，确保整改落实工作落到实处。油田公司领导班子个人所查摆出的101项问题、油田公司领导班子所涉及的13个“四风”突出问题和136条个性化问题按要求整改完成；按照制度建设计划，建立和修订相关制度17项。

【抓攻树活动】 2014年，油田各级党组织坚持把加强党支部建设作为基层建设的核心内容，开展创建“四好”领导班子、“四强”党组织、“六个一”党支部和争做“四优”共产党员、党员责任区等活动，基层党组织的战斗堡垒作用和党员的先锋模范作用更加突出。坚持把发挥党员先进性作为党建工作的主要环节，开展“党员公开承诺”、“党员志愿服务”、“帮扶助困”和以“党委委员联系党支部，党支部委员联系班组，党员联系生产经营岗位”为主要内容的“党建三联示范点”等活动，促使广大党员在各项工作中走在职工群众的前列。坚持把开展党员“立项攻关”作为党员在生产过程中发挥先进性的重要载体，解决影响油气上产、安全生产、经济效益、基层党建、企业文化建设的疑难问题，对油田生产经营目标的顺利实现起到积极的促进作用。

【创新活动载体】 油田公司各级党组织坚持“围绕发展抓党建，抓好党建促发展”的工作方针，不断创新党组织活动内容和方式，在增强党支部工作的特色化、针对性、实效性上下功夫，使党员在各项工作中走在职工群众的前列。格尔木炼油厂借助对标管理推动党建工作整体上水平，以党建对标跟进生产经营对标。边远油田开发公司围绕生产、安全中心，开展党员立项攻关，《边远油田开发公司典型事故案例读本》和《岗位矩阵培训课件flash动画制作》对举一反三吸取事故教训，提高岗位操作员工安全意识和培训实效，筑牢安全发展根基起到促进作用。采油一厂党委按照"党员责任区域化、党员作用现场化"的工作思路，对党员责任区实行挂牌考核，激发党员的积极性，把责任区建成"二保、三无、四带头"的示范区（保生产任务的完成，保职工队伍的稳定；党员身边无违章、无次品、无事故、无违纪；党员要带头完成本职工作，带头做好群众工作，带头讲文明礼貌，带头增收创效）。通过各级党组织的共同努力，油田基层党组织建设得到进一步加强，广大党员的党性意识、宗旨意识和表率意识有新的提高。

【党员教育管理】 2014 年，油田公司党委落实上级党组织关于推进学习型党组织建设的有关要求，积极组织开展创建活动，有效促进党员干部素质提高。油田公司党委加强对各单位理论学习的指导服务，为基层党支部配发学习材料、党建图书 1.23 万本，为党员干部配发学习材料，举办 3 期基层党支部书记、培训基层党支部书记 150 人，党务工作者培训班，培训党务工作者 45 人，并采取党员"流动课堂"、主题党日教育培训等多种形式加强党员干部的学习培训。坚持党委中心组、党支部"三会一课"等学习制度，采取个人自学、集中学习、理论讲座等学习方式，组织学习贯彻党的十八大及十八届三中全会精神、习近平总书记系列讲话精神、集团公司工作会议精神。在学习过程中，各单位领导班子成员充分发挥示范引领作用，深入基层广泛进行宣讲辅导，帮助基层单位组织好学习。油田各单位通过举办专题宣讲、理论研讨、专题党课、班组学习、撰写学习体会等多种形式，调动油田广大党员干部职工的工作积极性，促进各项工作的顺利完成。

【党员组织发展】 2014 年，按照中央和青海省委关于加强新形势下发展党员和党员管理工作的要求，油田公司党委制定党员发展计划，加强入党积极分子教育培养，严格把好发展党员三个关口，并注重在高技能人才、生产一线、优秀青年工人和知识分子中发展党员，2014 年共发展党员 300 名。根据各单位机构设置、项目运行方式等特点建立健全基层党组织，建立基层党支部 545 个，队站支部覆盖率 100%，党员班组占有率保持在 86% 以上，生产一线单位实现"队队有支部、班班有党员"。

【先进典型】 为表彰先进、弘扬正气，激励油田各级党组织和广大共产党员、党务工作者在建设千万吨高原油气田的进程中创先争优、建功立业，油田公司党委对采油二厂党委等 10 个先进党委、格尔木炼油厂动力车间党支部等 50 个红旗党支部、徐振都等 51 名优秀共产党员、张庭祥等 50 名优秀党务工作者、马仙采油厂南八仙试采作业区党支部《南八仙联合站 3D 模型绘制》等 10 个优秀攻关项目进行表彰奖励。

【党对工会、共青团的领导】 油田公司党委高度重视对工会、共青团工作的领导，党委坚持定期听取工会、共青团工作汇报，及时研究和解决工会、共青团工作中的重大问题和实际困难，积极支持工会和共青团组织依照各自的章程独立自主、创造性的开展工作，坚持和完善职工代表大会制度，依靠职工群众办好企业。重大决策经职代会讨论同意，确保职工的知情权、参与权和监督权，督促职代会提案的落实。（刘志刚　姚丽　李勇强）

机关党委工作

【党委委员构成】 2014 年油田公司机关党委由 11 名委员组成，其中书记 1 名、副书记 1 名。

中共中国石油青海油田机关委员会成员名单

党玉琪	党委书记	油田公司党委书记、纪委书记、工会主席、机关党委书记
石　力	党委副书记	油田公司企业文化处处长、党委宣传部部长、机关党委副书记
刘义发	党委委员	油田公司办公室（党委办公室）主任

高淑民	党委委员	油田公司人事处处长、党委组织部部长
高海梅	党委委员	油田公司财务处处长
余　琳	党委委员	油田公司纪委监察处处长
彭　康	党委委员	油田公司工会副主席
欧维鹏	党委委员	油田公司矿区服务事业部办公室（党委办公室）主任
王进库	党委委员	油田公司审计部部长
王海霜	党委委员	油田公司企业文化处副处长、团委副书记
宗福军	党委委员	油田公司企业文化处副处长、机关工会主席

【机关党委工作机构】 机关党委下设 1 个办公室，主要负责油田公司机关党建、工会、女工、计生等工作。

【党支部设置】 油田公司机关党委下设党支部 28 个。

党组织设置一览表

办公室（党委办公室）党支部	纪委监察处党支部
规划计划处党支部	企业文化处（党委宣传部、机关党委、团委）党支部
财务处党支部	工会党支部
人事处（党委组织部）党支部	行政事务中心党支部
开发处党支部	资金结算中心党支部
天然气处党支部	对外合作部党支部
炼油化工处党支部	审计部党支部
生产运行处党支部	概预算管理部（定额站）党支部
工程技术处党支部	档案信息管理部党支部
基建工程处党支部	安全监督中心党支部
设备管理处党支部	招标管理部党支部
质量安全环保处党支部	矿区服务事业部机关党支部
科技信息处党支部	住房公积金管理中心党支部
企管法规处（内控与风险管理处）党支部	社会保险与就业服务中心（技能鉴定中心）党支部

【党员队伍构成】 截至 2014 年年底，油田公司机关党委共有党员 546 人，占职工总数的 77.3%，其中管理人员党员 473 人，专业技术人员党员 69 人，操作与服务人员党员 4 人；研究生以上学历党员 16 人，大学本科学历党员 309 人，大学专科学历党员 166 人，中专学历党员 43 人，高中学历党员 12 人，入党积极分子 5 人，发展党员 7 人，申请入党人数 2 人。

【党组织建设】 2014 年，油田公司机关党委深入开展党的群众路线教育实践活动，认真学习贯彻党的“十八大”及油田“两会”精神，以机关作风专项整治活动为工作主线，通过“五抓”，在加强党员思想政治素质、规范基层党建组织管理、不断转变机关工作作风、筑牢廉洁从业反腐防线、增强机关凝聚力向心力等方面取得了一定的进展。

一是抓学习，加强党员思想政治素质。深入开展扎实的理论学习。把党员干部的思想认识统一起来，把党的意图和决策宣传好，把油田的目标任务贯彻好、落实好。拓展群众路线教育模式。制定下发《油田公司机关工作作风专项整治活动方案》等相关细则及五项具体措施，狠抓落实。举办形式多样的宣教活动。将机关处室的业务端口前移至油田职工群众中，实现加强理论学习与提高业务能力、服务油田职工群众的有机结合。

二是抓基础，规范基层党建组织管理。要求机关各处室自觉做到党支部建设与日常工作目标同定、任务同下、责任同查、工作同奖惩，形成机关党委统一领导，各党支部协调配合、齐抓共管的局面。严格按照《基层组织工作条例》的要求和党支部换届选举的规定，推荐党性强、作风正、思想政策水平高、组织能力强的机关党员干部在本支部开展工作，不断完善基层党支部管理制度。有效提升机关的党务工作者的工作能力及业务水平，机关各处室的党建工作有了长足的进步。

三是抓实效，不断转变机关工作作风。接受监督，机关服务热线六项承诺得到好评。分别在油田门户网页和《青海石油报》上对机关各处室服务基层热线电话进行公示，开通机关作风投诉信箱及电话，面向全油田公示《公司机关六项承诺》，下发《机关工作人员五不准》。征求意见，下发《关于对油田公司机关作风建设情况进行民主测评有关事项的函》，每半年由各二级单位、驻外办事处对机关处室、直属、附属、矿区服务事业部机关的工作作风、服务意识、廉洁从业3个方面进行测评，为机关评先选优工作提供重要的参考依据。严肃纪律，机关作风建设检查工作收效显著。成立由机关党委牵头，相关部门组成的机关作风建设督导检查组，对迟到早退、擅离职守、在岗不尽责等违反劳动纪律和各项管理规定的行为进行专项检查。为强化机关工作人员的劳动纪律，全年分别2次调取机关四栋办公楼15天的视频监控录像，就机关工作人员迟到、早退现象进行抽查，有效地促进油田公司机关作风建设不断向前推进。

四是抓源头，筑牢廉洁从业反腐防线。要求油田公司机关各党支部组织党员干部群众认真学习中央、集团、油田公司相关规范要求及禁止性规定，机关党委网页开辟党风廉政网络答题专栏，起到较好的宣传、教育目的。邀请中共青海省委党校法学教研部教授和冷湖检察院检察长为机关干部就预防职务犯罪进行专题授课，增强机关干部责任意识、法纪意识和防范意识。2014年，组织机关工作人员逐级签订《党风廉政责任书》和《青海油田员工职业道德规范书》，明确作为机关工作人员应承担的责任和需履行的义务。在机关党委网页公示机关作风建设举报热线电话及电子邮箱，在不同层面设置“警报线”，约束机关干部的个人行为。

五是抓文化，增强机关凝聚力向心力。2014年，油田公司机关先后举办“迎新春”棋牌赛、“三八”妇女节健康讲座、“迎五一”男女混合排球赛等系列文体活动，组织机关人员参加油田举办的庆“五一”长跑活动、“四方杯”排球比赛、“千人健步走”、体能监测等活动。佳节来临之际，向油田公司机关有大病的员工、遗孀、低保困难户家庭发放困难补助慰问品及慰问金，开展职工健康疗养，非职业健康、女工体检和大病医疗保险救助金缴纳工作，为机关工作人员发放蛋糕卡、影视卡、职工活动票、独生子女费及“六一”儿童礼物，为考上大学的员工子女发放旅行箱，送去党政组织的深切祝福和问候。油田公司机关在巾帼建功立业、关注女性健康、计划生育工作等方面做大量细致的工作，尤其表现在信息系统更新快、资料整理规范全、活动项目点子多，形成机关的特色。2014年荣获青海省海西州计划生育先进单位。

【先进表彰】 油田公司机关各基层党组织和共产党员瞄准建成千万吨高原油气田发展目标，不断探索基层党组织发挥作用的新途径新方法，在创建“党员责任区”、“党员先锋岗”等活动中，充分发挥党组织的战斗堡垒作用和党员的先锋模范作用，取得新进展、新成效，涌现出一批先进基层党组织和先进个人。2014年油田公司机关党委共表彰先进党支部9个，优秀共产党员46名，优秀党务工作者26名。其中，获油田公司表彰的红旗党支部2个，优秀共产党员2名，优秀党务工作者1名。

【加强对工会共青团的领导】 油田公司机关党委重视工会、共青团工作，定期听取工会、共青团工作汇报，及时研究和解决工会、共青团工作中的重大问题和实际困难。支持工会和共青团组织依照积压的章程独立自主、创造性地开展工作。（企业文化处）

纪检监察

【概述】 2014年，油田公司为落实党风廉政建设和反腐败工作，切实推动纪检监察工作上台阶，科学制定2014年反腐倡廉工作重点，通过整体推进教育、制度、监督、改革、惩处、保障等各方面工作，在完成各项业绩指标的同时，在管理创新方面呈现出三大亮点：一是创新监督体制，形成由纪委书记统一协调党内监督考核、干部人事管理、职工民主监督的工作机制；二是加强以正确行使权力为重点的制度体系建设，推进惩治和预防腐败体系的建设；三是探索纪检监察工作融入企业经营管理和全面风险防控的有效途径，提高反腐倡廉建设科学化水平。

【党风廉政建设】 2014年，油田公司加强党委对党风廉政建设的统一领导，健全反腐败领导体系和工作机制。及时修订并组织44个二级单位签定党风廉政建设责任书。为落实横向到边、纵向到底的责任体系，制订并督促各基层单位层层签订党风廉政建设责任书8322份，关键岗位人员签订廉洁自律承诺书4852份。积极开展纪检监察部门“三转”学习讨论活动，厘清职责，转变思路，准确定位。44个二级单位和部门110名专兼职纪检监察人员参与学习讨论活动，提出意见建议53条。

【惩防体系】 2014年，油田公司制定《青海油田公司建立健全惩治和预防腐败体系2013-2017年工作规划》，细化推进计划表，坚持把构建惩治和预防腐败体系与业务部门职责任务相结合，形成工作合力。坚持把构建惩治和预防腐败体系工作融入企业经营管理，确保取得实效。坚持把构建惩治和预防腐败体系工作与贯彻落实党风建设责任制相结合，不断加强对企业发展规律和反腐倡廉规律的研究。注重以正确行使权力为重点的制度体系建设，积极推进从源头上防治腐败的制度创新。完善“三重一大”问题决策、干部管理、党风廉政建设、经营管理等一系列制度。

【领导干部廉洁自律】 2014年，油田公司坚持把反腐倡廉教育纳入党的宣传工作总体部署，不断深化反腐倡廉教育，形成党委统一领导，纪委组织协调，有关部门既分工负责，又密切配合的宣传教育工作格局。加强以领导干部为重点的反腐倡廉教育，加强对关键岗位人员的教育，注重党员群众的廉洁教育，加强廉洁文化建设。坚持督促各单位在党员干部和关键岗位人员中每季度至少开展1次反腐倡廉教育，在重大节日前夕及时下发廉洁通知和廉洁短信，重申和强调加强作风建设、严禁铺张浪费等要求，增强党员干部廉洁自律意识。全年发送廉洁短信9600条，廉洁通知8条，订购警示教育片60套，订购《中国石油高级管理人员廉洁从业学习材料（六）》等书籍300套，网页上传《党风廉政建设教育材料》12期。

【来信来访与案件查处】 油田公司加大执纪问责力度，严肃查处违纪违规案件。2014年纪委监察处接受群众来信来访电话举报34件，其中：上级转办2件，自收32件。来信31件，来电3件。信访办结21件。立案3件，结案3件，未办结信件10件。政纪处分14人。其中：警告9人，记过处分5人。坚持惩处与教育、保护并重，对反映党员干部苗头性、倾向性问题，做到早发现、早处理，全年共对29人进行诫勉谈话和批评教育。安排专人配合中央纪委专案组完成相关问题的调查，配合集团公司第三、四纪检监察中心对6个案件线索的调查处理，接待调查人员6批次历时95天，集团公司收缴违纪违规现金211.47万元。

【效能监察】 油田公司开展效能监察，规范管理、防范风险。2014年共立项、组织、实施15个效能监察项目。其中：集团公司、青海油田公司立项3个（工程建设项目管理效能监察、成本管理效能监察、科技及信息项目管理效能监察），二级单位立项12个。在效能监察实施过程中，共发现各类问题181个，编制工作底稿174个，整改问题157个，提出合理化建议189条，督促二级单位完善相关制度11项。

【队伍建设】 2014年，油田公司组织召开专兼职纪检监察人员座谈会，不断探索做好纪检监察工作的思路和方法。开展反腐倡廉论文征集活动，共征集论文49篇，其中2篇参加中国监察学会石油分会2014年理论研讨会。加强处室作风建设，坚持学习会制度，定期组织全处人员交流学习体会，查找自身不足，改进作风，树立纪检监察人员良好形象。（闫芳）

宣传思想工作

【概述】 宣传思想工作在油田公司党委、油田公司的正确领导下，坚持正确的宣传舆论导向，紧紧围绕油田公司年度目标，围绕中心，服务大局，采取集中组织和外请媒体的方式，圆满完成全年各项宣传报道任务。

【外部宣传】 2014 年，上报集团公司石油信息网信息 900 余条，采用 600 余条，并取得在中国石油 150 多家企业中综合排名第 3 名的成绩；油田电视台在中央电视台播出新闻 4 条（篇），在中油影视中心播出电视新闻（专题）50 条（篇），在青海广播电视台播出新闻（专题）129 条（篇）；油田报纸媒体对外宣传先后在《中国石油报》刊发各类消息、通讯 194 篇（条），在《青海日报》刊发各类消息、通讯 55 篇（条）；在青海《国际互联网》刊发新闻消息 39 篇（条）；在《石油商报》、《石油经理人》、《中国石油企业》、《管理学家》、《中国石油画报》等媒体刊物刊发各类言论、消息、论文等理论文章 247 篇（条）；在《中国石油报》、《青海日报》、《人民政协报》开展专版宣传 4 期。各媒体共刊发各类新闻消息、通讯、理论文章 1277 篇（条），超额完成油田公司年度≥ 550 篇（条）的任务指标。

【内部宣传】 2014 年，审核油田门户网站信息近 20000 条，发布油田各单位信息 15000 余条；先后参与组织筹备油田公司“两会”、油田干部大会、党的群众路线教育实践活动总结大会以及油田重点工程的专题宣传报道工作。编撰会议简报 18 期，制作会议专题网页 2 期。根据油田“两会”精神，坚持编撰油田“两会”精神百题问答在油田网发布，供油田各单位学习参考。坚持开展油田“两会”精神网上有奖答题竞赛活动，油田职工参与网上答题达 6000 多人次。通过《青海石油报》、《企业文化》杂志、青海油田信息网络、油田电视台等媒体广泛宣传油田发展成果。审核并出版《青海石油报》151 期，编稿 7071 篇、刊登照片 1330 幅，撰写言论 330 篇，编辑出版了《聚宝盆 1000 期优秀作品集》；油田电视台采编制播《油田新闻》261 期、2451 条，制作专题专栏 139 部（期）；编印《企业文化》杂志 4 期，12000 多册，52 万字；编印出版《青海油田企业文化故事集》等。

【思想政治工作】 以党的十八大、十八届四中全会精神为指导，围绕油田公司的总体部署和工作要求，把握正确的宣传舆论导向，唱响主旋律、服务主战场、打好主动仗。大力加强思想政治工作，找准“结合点”，把握着力点，为油田发展改革稳定营造良好的宣传舆论氛围。以形势目标主题教育活动为载体，把“形势、目标、责任、任务”主题教育与巡回宣讲相结合。2014 年，企业文化处以党的十八大、十八届四中全会、集团公司工作会议和油田“两会”精神为内容，坚持在油田门户网站发布百题问答、并开展网上知识竞赛有奖答题系列活动，累计 6500 多名职工广泛参与。组织集团公司工作会议、油田“两会”精神宣讲报告团，先后深入盆地各生产生活基地、生产作业现场宣讲 15 场次，3200 多名干部职工聆听宣讲，接受教育。（刘世明　董绪）

【企业精神教育基地】 油田共有 11 处标志性井站和纪念场所被命名为中国石油企业精神教育基地。分别是青海油田“两厅”、冷湖四号公墓、冷湖油田发现井－地中 4 井、世界海拔最高井－狮 20 井、格尔木炼油厂展厅、油砂山露头、“花格”输油管道－甘森站、青海油田展览馆（格尔木）、尕斯油田发现井－跃参 1 井、涩北气田英烈献身纪念井－涩深 15 井、涩北气田发现井－北参 3 井。

【油田公司政研会】 组织召开油田公司 2013-2014 年度政研会，油田公司机关党群部门领导、敦煌地区各单位党委负责人及党群科科长共 60 多人参加。通报政研论文评审情况，表彰获奖作者，交流论文，安排部署下一步政研论文的评审工作。

【推荐申报第二届“海西好人”】 经过油田公司的推荐申报，机械厂花维中心车钳班班长王龙获第三届“海西好人·孝亲敬老好人”荣誉称号。（肖军）

【基层队伍建设】 按照油田党委的安排部署，以“分类指导、突出重点、整体推进”的创建思路和“厂处组织、队站搭台、班组唱戏”的创建形式，持续开展“五型”班组创建活动，班组达标率 87%，有效促进油田公司各项业绩指标的完成。2014 年 7 月 18-24 日，组织开展首次命名班组经验交流活动。30 多个基层单位的党委负责人、党群部门负责人和班组长代表 300 多人参加。经验交流活动在敦煌、花土沟、格尔木、涩北等 4 个基地分别举行，共参观命名班组 6 个、企业精神教育基地 3 个、召开经验交流座谈会 6 次。按照油田公司党委“在‘十二五’期间争取命名 10 个‘班组长班组’，评选 100 个‘十佳班组’，表彰 1000 名‘优秀班组长’”的部署，2014 年 11 月 18-29 日，由企业文化处、人事处、生产运行处、质量安全环保处、企管法规处、财务处、科技处、工会等部门联合组成的 2 个考核组，对二级单位推荐申报的命名班组长、十佳班组、优秀班组长进行考察核实。经油田公司党委会研究，命名采油一厂尕斯联合站水处理班为“赵霞班”，井下作业公司连续油管作业大队连续油管作业一班为“张杨班”。授予 20 个班组为“十佳”班组、100 名个人为优秀班组长。（李敞香）

企业文化建设

【概述】 2014 年，企业文化建设工作按照集团公司“石油精神、核心经营管理理念、企业宗旨、企业标识”的统一要求，扎实推进文化建设内容、形式、载体的创新，弘扬大庆精神、铁人精神和柴达木石油精神，在建成千万吨高原油气田进程中发挥积极作用。

【企业文化刊物】 2014 年，广泛征稿，紧跟形势，持续创新《青海油田企业文化》办刊思路，开辟新栏目“老少共话油田梦”、“五月的风”、“保稳产促上产”、“六十句石油名言”、“青海油田十大文化新闻”等，编印刊物 4 期，约 5 万字，印刷 1.6 万册。为庆祝青海油田成立 60 周年，修改完善油田专人创作的电视剧本《父亲的高原》；开展《瀚海追梦》（暂定名）报告文学的采访工作；组织《企业文化辞典青海油田分册》的编撰工作，完成《企业文化手册（3.0）》版本的编辑、设计、出版工作，充实文化理念体系。

【企业文化建设成果】 大力推进“企业文化创新提升工程”，在英东采油厂、测井公司等单位进行企业文化墙建设；英东采油厂和天然气开发公司杨永灿分别荣获全国“企业文化顶层设计与基层践行”优秀单位和先进工作者；在采油一厂、诚信服务公司组织开展企业文化创新试点建设工作，收到成效；组织开展年度“双十”全员读书活动，活动内容丰富，利用网络答题、知识竞赛等形式，引导职工多读书，读好书，提升文化素养；完成《青海油田企业文化“十三五”发展规划》的编制工作，对“十三五”期间油田的企业文化建设进行全面的安排和部署。

【编撰《企业文化辞典青海油田分册》】 根据集团公司思想政治工作部、石油工业出版社召开的西南地区片会的精神，补充、修订和完善《中国石油企业文化辞典－青海油田分册》的全部章节内容，经集团公司专家评委审查，已根据要求修改完毕，完成编写工作。

【青洽会中国石油展区形象设计】 按照青洽会组委会的时间安排和工作要求，编撰青洽会中国石油展区的文案大纲，确定“展示经济实力，树立企业形象”的宣传主题。主要通过特装展台、灯箱广告、立体造型、视频播放的形式，集中展示中国石油践行“奉献能源、创造和谐”的企业宗旨的良好形象，以及青海油田在履行经济、政治、社会三大责任的过程中，取得的发展成果和作出的突出贡献。油田公司的展示内容主要由创业奉献六十载、勘探储量喜获突破、油气产量连创新高、管道储运形成规模、炼化业务再上台阶、科技攻关取得实效、保障能力不断提升、和谐矿区日新月异、社会责任勇于担当、建成千万吨高原油气田等 10 个部分组成。2014 年 6 月 10-13 日完成参展任务。（谢杏文）

工会工作

【概述】 2014年，油田工会以深入学习贯彻党的十八大、十八届三中全会和习近平总书记系列重要讲话精神为主线，认真落实中国工会十六大精神和油田公司党委工作部署，紧紧围绕建成千万吨高原油气田这个中心，服务安全、稳定这个大局，发挥优势，突出重点，着力提升组织力、凝聚力，增强执行力、服务力，巩固和深化党的群众路线教育实践活动成果，发挥工会的桥梁纽带作用，为促进油田有质量有效益可持续发展多做贡献。

【工会组织机构】

2014年青海油田公司工会组织机构表

单位	名称	主 席	副主席	委 员
青海油田公司工会	青海油田公司第十届工会委员会	党玉琪	徐德明 高 凤 彭 康	马 波　马建海　王 平　王金祥　王维剑　冯银河　司徒春妹（女） 仲福权　刘义发　吕正云　孙学斌　许正豪　宋国俊　张 敏 张广恩　张文斌　张永军　李延琛　李国辉　李建秀　李得信 杨 勇　杨 科　杨永灿　杨朝辉　邵文斌　陆蒙湘　陈有茂 宗福军　郑 辉　党玉琪　徐 辉　徐德明　袁开虎　高 凤（女） 高淑民　常发杰　曹海生　盛国青　逯 强　彭 康　程俊海 楼 湘　鲍远敦　潘存宏　薛全武　戴祖龙
	青海油田公司第十届工会经费审查委员会	主 任	副主任	委 员
		彭 康	田选章 司徒春妹	付建伟　司徒春妹（女）　田选章　李永胜　李英芳（女）　曹海生 彭 康　谢常英（女）　韩英仑
	青海油田第六届工会女职工委员会	主 任	副主任	委 员
		高 凤	司徒春妹	王 芳　王玉平　王智琴　叶 荔　司徒春妹　申红娟　刘文娟 刘海景　吕湘江　安 敏　余 莉　张惠萍　李建蓉　邵永霞 周兰梅　孟凡丽　易国英　郑志斌　金 红　赵 锦　郭 耘 高 凤　高 巍　蒋朝丽　樊语慧

【职工代表大会】 2014年1月6-7日 油田公司党委扩大会暨三届五次职代会在敦煌基地召开，277人参加。会议听取、审议并通过油田公司总经理、党委书记宗贻平所作题为《全面深化改革，突出质量效益，持续推进千万吨高原油气田建设》的报告；党委副书记、纪委书记、工会主席党玉琪所作题为《践行群众路线，助推油田发展，团结动员广大职工为建成千万吨再立新功》的工作报告；总会计师杨仁远所作题为《突出质量效益，强化财务监管，为推动公司经营业绩稳步提升作出新贡献》的财务预决算报告。副总经理马力宁作绩效考核情况说明；总地质师付锁堂作签订2014-2016年集体合同情况说明。总经理宗贻平，副总经理、矿区事业部主任、党委书记高云建分别与各二级单位签订2014-2016年集体合同、2014年绩效合同。听取英东采油厂产能建设、天然气开发公司安全管理、建筑安装公司柴北缘管道建设、花土沟社区管理中心食堂餐饮服务4个单位经典案例介绍。听取岗位工人、知识分子、领导干部代表分别发出的“我为‘油田梦’作贡献”倡议。总工程师孙凌云宣读《关于表彰2013年度文明建设先进集体的决定》、《关于表彰命名班组、”十佳”班组、优秀班组长的决定》。油田公司领导为7个先进厂处、7个贡献单位、44个红旗基层单位、2个命名班组、20个“十佳”班组、100个优秀班组长颁奖；总经理宗贻平作总结讲话。

油田公司三届五次职代会闭幕后，油田公司第三届职工代表大会和第十届工会委员会满5年任期，按照《工会法》《企业民主管理规定》和《企业工会工作条例》要求，应换届选举。为确保油田公司四届一次职代会暨第十一次工代会的顺利召开，油田公司工会于2014年10月20日下发《关于选举青海油田公司第四届职工代表大会暨第十一次工会会员代表大会代表的通知》。各单位按照通知要求，充分发扬民主，采取差额选举，以无记名投票的方式选举产生本单位的职工代表。确定参加油田公司第四届职工代表大会暨第十一次工会会员代表大会的正式职工代表人数为225名。在225名代表中，工人代表123名，占代表总数的54.7%；技术人员、管理人员代表45名，占代表总数的20%；领导干部代表57名，占代表总数的25.3%。女职工代表43名，占代表总数的19.1%；少数民族代表19名，占代表总数的8.4%。从代表构成情况来看，工人代表比例达到一半以上（包括3名劳务子女工代表），企业领导人员、技术人员、管理人员、女职工和少数民族代表比例适中，具有广泛的群众性和代表性。代表资格审查小组审查后，代表资格全部有效。

【民主管理，厂务公开】 坚持和完善以职代会为基本形式的民主管理制度，落实民主管理要求，对三届五次职代会代表的意见和建议，提交并督促油田公司相关部门给予答复解决。指导二级单位召开职代会，监督组织机构调整选举等各项工作。为加强和规范基层厂务公开工作，给15个新建或搬迁的基层单位统一配备建立厂务公开栏。按照油田“两会”精神，制定全年工作计划，下发《2014年工会工作要点》，排出运行大表，确保各项工作有序运行。修订印发《青海油田公司工会财务管理办法》、《基层工会经费收支管理办法》，从制度上规范管理，并严格按照规定执行。青海油田获得青海省推动厂务公开民主管理工作先进单位。（马波　王晓明）

【劳动竞赛】 为团结和动员广大员工，充分发挥主力军作用，紧扣“油气上产、建功千万”的主题，部分二级单位开展劳动竞赛活动，制定劳动竞赛方案，细化劳动竞赛规则，积极筹措劳动竞赛经费，实行月考核、季表彰、现场颁奖，及时了解和掌握工作运行情况，在报纸、电视、网络、简报上，加强新闻、摄影宣传报道。在“十·一”国庆节之际，油田工会组织开展慰问活动，深入东坪、南翼山、英东油气生产一线，看望慰问采油、采气、井下作业等岗位员工，送去慰问信、慰问金以及猪肉、羊肉等慰问品。

【技术培训】 在推动油田“人才强企”战略中，积极协助人事部门做好技能培训工作，组织开展第八届职工技能竞赛活动。共有21个单位参赛，参加竞赛赛前脱产、半脱产培训的操作员工达到5000人（次），各单位的近400名选手，参加10个工种的竞赛。通过竞赛选拔，表彰奖励曹先德等41人获得名次的选手；授予曹先德等14人“青海油田技术能手”荣誉称号；对路伟民等4人转身份为企业员工；授予井下作业公司作业一班等3个代表队“优胜团体”、井下作业公司等4个单位“优秀组织单位”荣誉称号；曹先德等7名选手破格晋升技师、高级技师职业资格。

【小改小革】 充分发挥员工的才智，为油田发展献计出力。组织开展合理化建议征集评审活动，共征集到26个单位申报项目205项，其中经济效益上万元的项目30余项。对申报项目进行评奖，客运服务公司申报的《关于CNG发动机“监控预警防火装置”设计》等10个项目被评为一等奖；格尔木炼油厂申报的《聚丙烯真空泵流程优化改造》等10个项目被评为二等奖；管道输油处申报的《便携式收发球器》等10个项目被评为三等奖；采油二厂等10个单位被评为优秀组织单位。

组织开展“堵塞漏洞、杜绝浪费”全员献计献策、厉行节约活动，共征集到36个单位申报项目381项。在活动总结表彰大会上，物资装备公司、格尔木炼油厂、井下作业公司的3个优秀成果提出人作经验交流，井下作业公司申报的《新式地锚桶装置应用》等7项优秀成果被评为一等奖、采油二厂申报的《抽油机井光杆保护装置的设计与应用》等10项优秀成果被评为二等奖、诚信服务公司申报的《回收旧原料大桶再利用》等10项优秀成果被评为三等奖，井下作业公司等11个单位被评为优秀组织单位。

【职工技术创新工作室】 为推动职工技术创新工作，举办职工技术创新工作室成果观摩交流会，观看5个命名职工技术创新工作室成果图片展，听取“杨永磊”等3个工作室的成果汇报及经验发言，表彰3个优秀职工技术创新工作室，授予新命名的技术创新工作室牌匾。“杨永磊”等5个职工技术创新工作室提出小改小革、技术革新项目84项，解决生产中的技术难题；申报国家专利项目26项，有11项已获得国家专利；在局级以上刊物发表学术文章、论文30篇；发挥“传帮带”作用，培训职工110人（次），其中晋升高级工19人、技师3人。举行王锡军技能大师工作室揭牌暨工作室网站开通仪式，组办王锡军技能大师工作室展厅，推荐并获批王锡军全国技能大师工作室为青海省劳模创新工作室。

【劳动保护】 坚持做好劳动保护基础性工作，积极维护员工的安全卫生利益。组织开展“安全生产建言献策”活动，征集到安全建议270条，筛选出19条建议上报集团公司和青海省总工会参加评选。组织评选“双百”先进典型活动，表彰采油一厂油砂山采油作业区计配十九站等100个青海油田“安全优胜班组”、100名青海油田“安全生产明星”。评选、推荐表彰3个全国“安康杯”竞赛优胜单位、1个全国“安康杯”竞赛组织工作优秀单位、3个全国“安康杯”竞赛优胜班组、2个青海省“安康杯”竞赛优胜单位、2个青海省“安康杯”竞赛优胜班组。

【职工维权与福利保障】 积极参与涉及职工切身利益的各项维权工作，依法参与安全事故调查、劳动争议的调解，开展工会法律咨询活动，做好来信来访的答复及处理，参与油田防暑降温饮料、菜篮子供应物资、原材料采购等项目的招标和油田职工工伤鉴定、住房分配等工作。分别在花土沟、格尔木、敦煌3个基地巡回开展营养健康知识讲座和心理健康讲座。聘请油田金牌营养师，针对职工体检中检查出的多发病种及日常营养膳食知识，向广大职工普及营养健康知识。外聘专家围绕现代社会的压力、情绪与压力管理策略、压力与情绪的自我疗愈技巧等内容开展心理健康讲座。2014年共举办营养、心理健康知识讲座21场。做好职工非职业健康体检工作，下发《2014年非职业健康体检工作安排》，编制体检运行大表，督促协调各单位及体检医院做好体检工作，确保职工健康权益得到有效维护。为体现广大员工的知情权和监督权，在油田公司主页“群众监督”栏将《2013年员工非职业健康体检结果分析报告》进行公开。

认真抓好疗养线路的服务质量和监控工作，强化外出疗养人员的安全教育及管理工作，2014年组织疗养1.26万人。为114人次职工医疗互助基金会员办理大病医疗救助，救助金额106.70万元。为油田职工发放健身活动票1.97万份。关注野外一线职工生活，为盆地职工发放螺旋藻9.60万瓶、氧源4.80万瓶。组织医护人员对盆地内离基地较远、医疗条件较差的东坪、昆北、英东等6个队站开展“医疗巡诊”活动，为野外队站人员进行身体检查和应急知识培训，并配发30个品种4802件应急药品。（刘玉巧）

【文体活动】 2014年，油田体育工作面向基层、面向职工，大力推进全民健身运动，组织“迎新春”拔河比赛，油田27个单位的28支队伍400人参加拔河比赛；2014年4月25日，组织“庆五一”长跑活动，设有个人长跑比赛和方阵长跑2个项目，300人参加比赛。举行以“强身健体庆‘五一’、众志成城建千万”为主题的方阵长跑，油田及驻矿的33个单位2600人参加方阵长跑活动；2014年5月-9月，组队参加青海省第十六届运动会暨全民健身大会，14个单位的47名队员参加健身气功、门球、自行车、桥牌、羽毛球等5个项目16个小项的比赛，获4枚金牌、3枚银牌、3枚铜牌。2014年6月12日，组织青海油田创业59周年暨第五届“四方杯”排球赛，油田21家单位的30支代表队参加。全国第五个“全民健身日”健步走活动，油田32个单位近千人参加活动。为增强全民健身意识，引导职工更加科学、合理的进行体育锻炼，开展职工体质监测工作，油田23个单位630名不同岗位、不同年龄段、不同性别的职工参与多个项目的抽样监测。（田艳敦）

【女职工工作】 2014年，油田工会女职工委员会开展“素质提升”、“岗位建功”、“爱心帮扶”、“关爱行动”、“权益维护”等活动，切实为女职工办实事、办好事，稳定女职工队伍，有效激发和调动广大女职工的积极性和创造性。关爱女职工健康，对已婚5910名女职工进行专项体检，对体检中患有疑似病例进行跟踪随访，掌握情况，做好心理疏导和定期复查。节日期间，慰问患大病女职工、单亲困难女职工家庭及孤儿，投入资金17.20万元。

坚持抓好女职工班组建设，以创建标兵示范岗，树立女职工形象，扩大女职工组织在油田的影响。油田工会女职委评选表彰格尔木炼油厂化验分析中心等3个班组；社区管理中心园林公司等2个班组获“青海省高原五一巾帼标兵岗”称号。采油二厂乌南采油作业区运行班获“全国五一巾帼标兵岗”。“三八”节日期间，对5个先进厂处女职工委员会、3个基层女职工委员会、20名“三八”红旗手、8名“优秀女职工工作者”、2名“巾帼建功立业”标兵进行表彰。四方服务公司姜玉兰被全国总工会授予“全国五一巾帼标兵”称号；组织开展“走基层送奖”、慰问单亲特困女职工家庭活动。充分发挥女职工组织在创建文明家庭，倡导“终身学习、珍爱家人、携手共进”的家庭理念，采油一厂陈宗琴家庭被青海省妇女联合会、精神文明办、广播电影电视局授予青海省“最美家庭”；社区管理中心梁青菊家庭被全国妇联评为第九届“全国五好文明家庭标兵”称号。为增进心理健康，构建“快乐工作，幸福生活”的和谐氛围，组织300名女职工参加心理健康讲座。（邵永霞）

【扶贫助困工作】 2014年为油田1184户，1272人低保户发放低保金498.39万元；为1014人低保人员参加基本医疗保险交纳个人承担部分资金8.25

万元；发放低保户冬季取暖费29.38万元，门诊费24.14万元。元旦、春节、五一、国庆节等重大节日为1880户油田困难户家庭3298人发放慰问品、慰问金1537万元。临时救助特困户139户269人，救助资金51.80万元。救助死亡人员家庭269人，救助资金204.60万元。救助特困学生89人，发放特困学生助学金15.29万元。

【残疾人工作】油田残联利用元旦、春节、五一、国庆节等节日，为残疾人开展送温暖活动，为油田592名残疾人，发放慰问金、慰问品314万元。协助油田职工家属办理残疾证20人。从地方残联为197名残疾人争取生活补助金、燃油补贴、重度残疾人生活补助金等13.07万元。组织3名残疾人代表油田参加海西州首届残疾人歌咏比赛，获2个三等奖，1个优秀奖。油田残联获得优秀组织奖。（马波）

共青团工作

【概述】2014年，油田各级团青组织以党的十八届三中全会和共青团十七届二中全会精神为指导，认真学习习近平总书记重要讲话，深入贯彻落实集团公司工作会议、油田“两会”精神，围绕油田公司党委、油田公司和上级团组织各项工作部署及总体要求，坚持党建带团建，以服务中心大局、服务青年成长为根本，深化推进团的基层组织建设和团的工作全面活跃，突破实际困境，实现工作创新，展示组织活力，不断把团组织各项工作引向深入，努力做到围绕大局有新作为，服务青年有新成效，自身建设有新发展，团结带领油田广大团员青年开拓创新，求实奋进，为完成油田公司2014年度生产经营任务目标做出积极贡献，不断提升团组织工作科学化水平。

截至2014年年底，油田35岁以下青年人数为7209人（不含临时用工），团员2592人；二级单位团委（直属团总支）37个，基层团（青）支部186个，专兼职团干部554名，油田生产一线团组织覆盖率100%。

【党建带团建】油田公司党委坚持把党建带团建作为推进党建工作科学化的重要途径，进一步加强和改善对共青团工作的领导，使党团组织配套联动，整体推进，有效地促进青海油田共青团事业的健康发展。2014年，油田公司党委从关心青年成长、加快青年干部队伍建设和青年干部培养的高度，以团组织牵头，在油田范围内公开推荐选拔10名优秀青年后备干部，受到油田上下、各级团组织和广大青年员工的广泛关注。油田各级党政组织对优秀青年干部选拔工作给予高度重视，把培养和推荐品德好、能力强的优秀青年干部从带队伍、树典型、增士气，激励广大有志青年勤奋学习、务实进取、奋进拼搏的高度，对本单位推荐人选工作提出明确要求，通过党委会等形式，讨论和审议推荐人选，为优秀青年干部选拔工作奠定良好基础。同时，通过各级团组织、人事（组织）部门的密切配合，积极做好人员摸底、材料组织工作，确保推荐选拔工作的顺利进行。此项举措，不仅把青年干部个人发展和油田发展紧密结合起来，为“想干事、能干事、会干事”的有德、有为青年干部搭建平台，更好地激励广大青年发挥才干，不断完善和提升自我，也有利于团组织为青年成才成长服务创造空间，挖掘、输送优良青年人才，进一步发挥好职能作用，扩大影响力。

【组织建设】始终坚持“党建带团建，团建促发展”的要求，着力推进团的基层组织建设，充分调动各级团组织工作的主动性、积极性和预见性，提高工作整体水平。在年初召开的油田共青团二届四次全委（扩大）会议上，卸免和增补部分团委委员，与基层团组织签订目标考核责任书，将任务指标层层分解，对青工创新创效、培训、民主评议、青年文化、安全生产等方面确立相应指标，进一步明确工作标准，完善团组织考核体系；加强团干部培养，不断深化推进团干部交流锻炼（第五、六期）、培训（团干部培训班）活动，提升团干部执行力和责任意识，启发团干部对团青工作的理性思考，转变观念，创新工作思路和方法；进一步转变工作作风，深入盆地一线和青工岗位开展团青工作调研暨“送荣誉到一线”活动，及时掌握基层工作现状，努力提升青年群体创优示范水平；

进一步加强团建宣传工作，充分利用传统媒体和新媒体为载体，进一步拓宽信息交流平台和应用领域，加强舆论宣传引导，扩大团的影响，促进各级团组织和广大团员青年的沟通与交流。2014年8月，在青海省团建宣传工作会议上，油田公司团委作为典型进行交流发言，得到团省委的充分肯定和好评。2014年，先后有9个集体、8名个人获团中央、团省委及集团公司表彰奖励。

【理想信念教育】 始终坚持把开展“大庆精神、铁人精神、柴达木石油精神”教育活动与爱国、爱油田、爱岗位结合起来，深入开展“柴达木石油精神教育月”、“清明祭扫”、“网上祭英烈、共筑中国梦”、“珍爱生命，远离黄赌毒”、“奋斗的青春最美丽”分享会、发布《青海油田公司青年文明公约》等主题教育活动，引导团员青年认真学习践行社会主义核心价值观，牢记责任与使命，真正把思想和行动高度统一到为油田建设发展上来，切实增强与油田共发展，与企业同进步的归属感和责任感；积极探索青春网络电台运行新模式，以贴近团员青年实际出发，力求在节目内容上引起共鸣和感悟，相继开辟《聚焦时事》、《国学经典》、《快乐童声》等栏目，通过人民网微博、电台网站全年发布节目130余期，得到油田内外众多听众的充分肯定和好评；2014年4月，油田公司团委通过“青春柴达木”微信公众平台，着力探索服务团员青年、拓展团青工作的新途径，努力使团青工作通过新媒体方式与团员青年“微距离”。

【青年大讲堂活动】 按照集团公司团工委关于开展“青年大讲堂”活动的工作要求，油田公司团委按照“解放思想、转变观念、加强学习、提升素质”活动目标，在各级团组织中深入开展青年大讲堂活动，领导干部、技术专家、先进典型走进讲堂，讲成长感悟，讲技术革新，讲奋斗历程，引导广大团干部、团员青年增强使命感、责任感和荣誉感，为全面建成千万吨高原油气田凝聚青春正能量。2014年，各单位举办“大讲堂”、“小讲堂”、“微讲堂”活动166场（次），近5000名青年员工积极参与到活动中来，成为青年员工理论学习、技能提升、形势教育、经验交流的有效平台，切实增强活动的针对性和实效性。

【青工职业技能】 深入推进争创高原青年文明号、青年突击队竞赛、青年安全生产示范岗创建等活动，使青年快速成长为企业生产经营的骨干力量，有效扩大了“青”字号活动的影响力和渗透力。积极倡导形式多样的生产实践方式，通过开展“油田第十七次青工岗位技能月”活动，引领广大青工立足岗位勤于实践，不断增强安全生产、文明从业的意识和技能；坚持在提升青工创新意识和创效技能上下功夫，深入开展“千人千元创百万，青春建功促发展”活动，有力推动油田青工自主创新活动的开展；以“青年文明号二十周年”系列活动为契机，积极开展青年文明号交流展示以及微承诺、微视频、微故事征集制作活动，崇尚职业文明，提升职业素养，引导青年树立争创一流的职业理念。油田上报的青年文明号宣传材料和视频受到团省委的充分肯定，并在《青海青年报》、青海电视台刊登、播出；以青工“岗位讲述”活动为抓手，制定下发《青海油田青工岗位讲述管理办法》，进一步明确基层团组织在开展青工岗位讲述过程中的推进方式、责任与标准，形成活动长效机制，进一步巩固活动品牌化成果。

2014年7月，油田公司团委与科技处、钻采工艺研究院联合举办以“科技创新力推质量效益发展”为主题的第二届青海油田勘探与开发青年科技论坛，展示近年油气勘探开发实践取得的最新研究与应用成果，促进青年科技人员立足岗位建功立业、持续创新多作贡献，共同推进油田有质量、有效益、可持续发展。

【青工岗位讲述】 以提升青工岗位技能素质为核心，坚持开展以青工岗位讲述为主要内容的青工技能提升活动，完善活动机制体系，抓制度、抓管理、抓措施、抓落实，着力于青工岗位技能和综合素质的全面拓展，使岗位讲述活动实现整体推进，真正成为青工提高岗位技术素质的有效途径，不断激发青工爱岗敬业的工作热情，推动品牌效应持续发展；结合青工队伍培养实际，进一步梳理讲述内容，规范讲述范本，查找工作不足，不断扩大岗位讲述的影响力和覆盖率，通过建立完善管理办法、考核制度、奖惩制度，逐步形成岗位讲述体系机制，使岗位讲述活动成为落实岗位责任制、提高青工岗位技术素质的有效途径。2014年，油田公司团委正式制定下发《青海油田青工岗位讲述活动管理办法》，进一步规范活动运行模式和管理机制，努力提升岗位青工职业素养。油田公司团委在长期工作思考基础上撰写的《开展青工岗位讲述活动的实践与思考》获中国石油第七届党建思想政治工作优秀研究成果二等奖。

【青年文化活动】 切实加强在青年文化创新的尝试和有益探索，开展灵活多样、喜闻乐见的文化活动，尽可能扩大青年的参与范围，帮助青年缓解压力、增进融合、陶冶情操、释放情感，带动基层青年文化活动的整体活跃。通过组织开展“炫动青春”青年文化实践系列活动，从“我们的节日”主题文化活动、“活力团支部”主题团日活动、“传递青春正能量”主题展演活动3个方面，突出团员青年的广泛参与性，着力于挖掘文化内涵，不断提升团的凝聚力、影响力，努力探索和丰富青年文化生活的新途径、新方式，创新青年文化实践，切实增强油田青年文化建设的影响力，激发青年文化的内在活力；2014年10-12月，组织开展“书香宝石花，点亮青春梦”双十读书知识竞赛活动，通过网页、手机竞答，以新颖的参与形式和丰富的知识内容得到广大团员青年的热烈响应，较好地激发团员青年读书兴趣，有效地丰富业余文化生活，不断促进“双十”读书活动在油田的深入开展。

【青年志愿者活动】 推动学雷锋活动常态化发展，通过“学雷锋树新风”等主题活动，引导团员青年学习了解雷锋精神的思想内涵和当代价值，让学雷锋精神成为当代青年的积极追求和自觉行动；持续深化青年志愿服务工作，深入开展“义务便民服务”、老年节“关爱老人”行动、帮孤助残、爱心助学、“文明引领新生活，齐心共筑油田梦”主题宣传教育展、“建设千万吨，青春建功油田梦”主题黑板报比赛以及绿色环保、社会公益事业志愿服务活动，着力优化志愿服务项目，提升志愿服务技能和水平，打造志愿服务行动亮点，组织广大团员青年为和谐油田建设提供力所能及的服务，使志愿服务成为油田青年的精神时尚，共同营造文明进步、健康和谐的良好环境，使青年志愿者成为建设油田、和谐矿区的亮丽名片。（蒋文清）

第十二篇

机构与人物

组织机构

【2014 年度油田公司组织机构图】

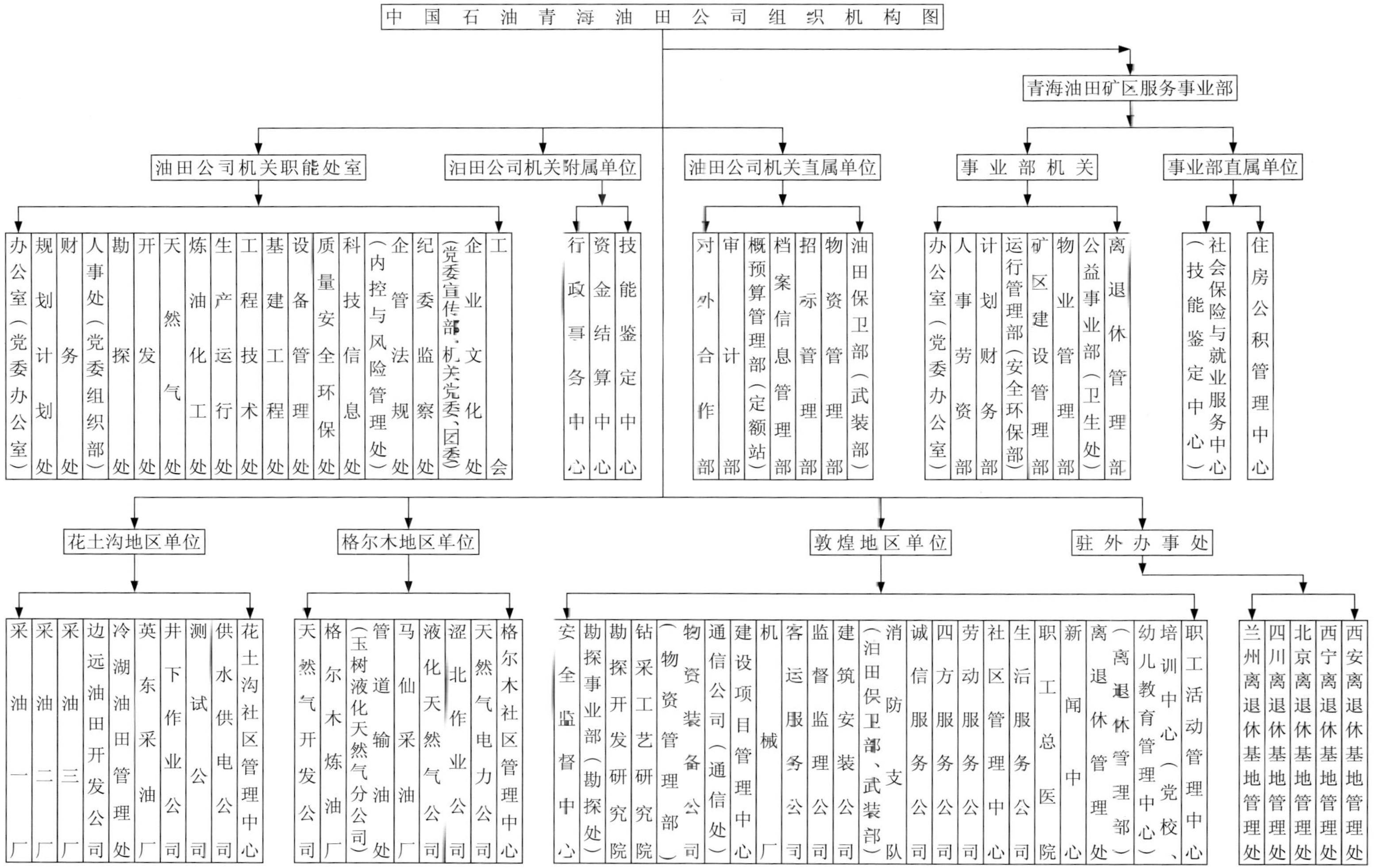

【2014 年度油田公司副总师以上领导干部名录】

部门名称	序号	姓　名	党政职务	备　注
公司领导	1	付锁堂	总经理、党委副书记、管理局局长	
公司领导	2	党玉琪	党委书记、纪委书记、工会主席、副总经理、油田新闻发言人	机关党委书记、党校校长
公司领导	3	高云建	党委委员、副总经理	矿区服务事业部主任、党委书记
公司领导	4	马力宁	党委委员、副总经理、安全总监	
公司领导	5	孙凌云	党委委员、总工程师	
公司领导	6	杨仁远	党委委员、总会计师	
公司领导	7	高瑞宁	副总会计师	
公司领导	8	张培平	安全副总监	
公司领导	9	江鲁生	副总工程师	
公司领导	10	张永军	副总工程师、矿区服务事业部副主任、党委副书记、纪委书记、工会主席	
公司领导	11	刘云田	副总地质师	
公司领导	12	李战明	副总工程师	
公司领导	13	张道伟	副总地质师	
公司领导	14	张小军	总经理助理兼采油一厂厂长、党委副书记	
公司领导	15	刘海滨	总法律顾问	

【2014 年度油田公司机关处室领导干部一览表】

部门名称	序号	姓　名	党政职务	备注
办公室（党委办公室）	1	刘义发	办公室（党委办公室）主任	
	2	韩秦鹏	办公室（党委办公室）副主任	
	3	张海涛	办公室（党委办公室）副主任	
	4	杨景奇	办公室（党委办公室）副主任	
规划计划处	5	刘公民	规划计划处处长	
	6	李　斌	规划计划处副处长	
	7	李洪洋	规划计划处副处长	
	8	蒋利君	规划计划处副处长	
财务处	9	高海梅	财务处处长	
	10	司徒春妹	财务处副处长	
	11	马富平	财务处副处长	
人事处（党委组织部）	12	高淑民	人事处（党委组织部）处长（部长）	
	13	闫志军	人事处（党委组织部）副处长（副部长）	
	14	魏炳奎	人事处（党委组织部）副处长（副部长）	
开发处	15	黄生远	开发处处长	
	16	陈永海	开发处副处长	
	17	赵国梅	开发处副处长	
天然气	18	贾英兰	天然气处长	
	19	饶　鹏	天然气副处长	
炼油化工处	20	张树明	炼油化工处处长	
	21	苏　星	炼油化工处副处长	

部门名称	序号	姓　名	党政职务	备注
生产运行处	22	熊国存	生产运行处处长	
	23	薛海鸿	生产运行处副处长	
	24	王　传	生产运行处副处长	
工程技术处	25	赵元才	工程技术处处长	
	26	李余成	工程技术处副处长	
	27	李永贵	工程技术处副处长	
	28	刘金海	工程技术处副处长	
基建工程处	29	骆建武	基建工程处处长	
	30	张书强	基建工程处副处长	
	31	刘恩国	基建工程处副处长	
设备管理处	32	徐　根	设备管理处处长	
	33	屈　彬	设备管理处副处长	
质量安全环保处	34	刘国友	质量安全环保处处长	
	35	钟　声	质量安全环保处副处长	
	36	李海梁	质量安全环保处副处长	
	37	刘　全	质量安全环保处副处长	
科技信息处	38	李　永	科技信息处处长	
	39	薛西武	科技信息处副处长	
企管法规处（内控与风险管理处）	40	张国栋	企管法规处（内控与风险管理处）处长	
	41	秦　强	企管法规处（内控与风险管理处）副处长	
	42	马永红	企管法规处（内控与风险管理处）副处长	
纪委监察处	43	余　琳	纪委副书记、纪委监察处处长	
	44	赵　勇	纪委监察处副处长	
	45	宋国俊	纪委监察处副处长	
企业文化处	46	石　力	企业文化处处长、党委宣传部部长、机关党委副书记	
	47	王海霜	企业文化处副处长、团委副书记	
	48	宗福军	企业文化处副处长、机关工会主席	
工会	49	彭　康	工会副主席	
	50	高　凤	工会副主席、助困（油田民政）办公室主任	
	51	杨　科	工会副主席	
行政事务中心	52	张越燕	行政事务中心主任	
资金结算中心	53	代永平	资金结算中心主任	
	54	王建平	资金结算中心副主任	
对外合作部	55	韩　成	对外合作部主任	
审计部	56	王进库	审计部主任	
	57	赵青峰	审计部副主任	
	58	蒋　励	审计部副主任	
招标管理部	59	徐永平	招标管理部主任	
	60	周　玲	招标管理部副主任	

部门名称	序号	姓　名	党政职务	备注
概预算管理部	61	霍自成	概预算管理部（定额站）主任（站长）	
	62	王洪辉	概预算管理部（定额站）副主任	
	63	梁　俊	概预算管理部（定额站）副主任	
档案信息管理部	64	谷晓峰	档案信息管理部主任	
	65	杨大伟	档案信息管理部副主任	
矿区服务事业部	70	曹文元	矿区服务事业部副主任、安全总监	
	71	欧维鹏	矿区服务事业部办公室（党委办公室）主任	
	72	喻善文	矿区服务事业部计划财务部主任（正处级）	
	73	潘静君	矿区服务事业部计划财务部副主任	
	74	陈剑峰	矿区服务事业部物业管理部主任	
	75	许常平	矿区服务事业部公益事业部（卫生处）主任	
	76	陈得寿	矿区服务事业部运行管理部（安全环保部）主任	
	77	田　彬	矿区服务事业部矿区建设管理部主任	
社会保险与就业中	78	朱培友	社会保险与就业中心主任	
技能鉴定中心	79	李金平	技能鉴定中心主任	
住房公积金管理中心	80	朱生福	住房公积金管理中心主任	

【2014 年度油田公司二级单位领导干部一览表】

部门名称	序号	姓　名	党政职务	备注
采油一厂	1	张小军	总经理助理、厂长、党委副书记	
	2	程长坤	党委书记、副厂长	
	3	冯银河	党委副书记、纪委书记、工会主席	
	4	李吉军	总地质师	
	5	景连雨	总工程师	
	6	高哲鹏	副厂长、安全总监	
	7	王彩艳	副厂长	
	8	李星国	总工程师	
采油二厂	9	王俊峰	厂长、党委副书记	
	10	陈聚昆	党委书记、副厂长	
	11	林昆宝	副厂长	
	12	朱思俊	总地质师	
	13	曹书瑜	副厂长、安全总监	
	14	杨　勇	党委副书记、纪委书记、工会主席	
	15	李志伟	总工程师	
采油三厂	16	鲍远敦	厂长、党委副书记	
	17	张启汉	党委书记、副厂长	
	18	周海生	总会计师	
	19	樊仓栓	总地质师	
	20	李松涛	副厂长、安全总监	

部门名称	序号	姓　名	党政职务	备注
采油三厂	21	应忠才仁	总工程师	
	22	樊建伟	党委副书记、纪委书记、工会主席	
边远油田开发公司	23	王德麟	副经理、党委副书记	
	24	薛全武	党委书记、纪委书记、工会主席、副经理	
	25	刘凤和	副经理、安全总监	
	26	邓龙兵	副经理	
	27	丁宏欣	总工程师	
	28	吴昌吉	总地质师	
英东采油厂	29	石东升	厂长、党委副书记	
	30	马建海	党委书记、纪委书记、工会主席、副厂长	
	31	李翻平	总工程师、安全总监	
	32	王德福	副厂长	
	33	柳金城	总地质师	
冷湖油田管理处	34	王孝政	处长、党委副书记	
	35	李得信	党委书记、纪委书记、工会主席、副处长	
	36	徐国防	总地质师	
	37	汪天游	副处长、总工程师	
	38	杨贵模	副处长、安全总监	
	39	王晓冰	副处长	
马仙采油厂	40	郑德祥	厂长	
	41	戴祖龙	党总支书记、工会主席、副厂长	
	42	沈生福	总地质师	
	43	何天文	总工程师、安全总监	
	44	薛　英	副厂长	
天然气开发公司	45	华锐湘	经理、党委副书记兼涩北作业公司经理、党委副书记	
	46	芮华松	党委书记、副经理兼涩北作业公司党委书记、副经理	
	47	杨永灿	党委副书记、纪委书记、工会主席兼涩北作业公司党委副书记、纪委书记、工会主席	
	48	黄　勇	副经理	
	49	许吉瑞	总工程师	
	50	张　栋	副经理	
	51	王小鲁	总地质师	
	52	赵军年	副经理、安全总监	
涩北作业公司	53	任玉林	常务副经理	
	54	刘　鹏	副经理、安全总监	
	55	高勤峰	总工程师	
液化天然气公司	56	谢光辉	经理、党委副书记	
	57	刘建青	副经理、安全总监	
	58	宋　伟	副经理、西藏公司副经理、西藏公司安全总监	
	59	曹满盈	总会计师	

部门名称	序号	姓　名	党政职务	备注
格尔木炼油厂	60	淡明昌	厂长、党委书记、纪委书记	
	61	曾传刚	副厂长	
	62	洪晓煜	副厂长	
	63	夏永胜	总工程师	
	64	张文斌	党委副书记、工会主席	
	65	徐继峰	总工程师、安全总监	
	66	陈家玲	副厂长	
管道输油处	67	覃海涛	处长、党委副书记	
	68	曹成惠	党委书记、副处长	
	69	孙学斌	党委副书记、纪委书记、工会主席	
	70	王龙罡	副处长	
	71	马晓斌	总工程师、安全总监	
勘探开发研究院	72	马达德	院长、党委副书记	
	73	张国成	党委书记、副院长	
	74	汪立群	副院长	
	75	冯云发	副院长、总工程师、安全总监	
	76	许正豪	党委副书记、纪委书记、工会主席	
	77	李江涛	总地质师	
	78	屈信忠	副院长	
	79	张永庶	总地质师	
钻采工艺研究院	80	贾锁刚	院长、党委副书记	
	81	叶光辉	党委书记、纪委书记、工会主席、副院长	
	82	卞武林	副院长	
	83	张立会	总工程师	
	84	郭子义	副院长、安全总监	
勘探事业部（勘探处）	85	高　荐	勘探事业部经理、党委副书记、勘探处处长	
	86	陶永金	勘探事业部党委书记、纪委书记、副经理、副处长	
	87	胡　杰	油田公司物探首席专家、勘探事业部总工程师	
	88	杨少勇	勘探事业部总地质师、安全总监	
	89	梅建森	国家矿产资源开采督察员	
井下作业公司	90	盛国青	经理、党委副书记	
	91	奎万仓	党委书记、副经理	
	92	杨应奎	副经理、安全总监	
	93	陈微熙	总工程师	
	94	路彦森	副经理	
	95	司小军	党委副书记、纪委书记、工会主席	
建筑安装公司	96	王卫军	经理、党委副书记	
	97	杨立江	副经理	
	98	陈有茂	党委副书记、纪委书记、工会主席	

部门名称	序号	姓 名	党政职务	备注
建筑安装公司	99	陈绪清	副经理	
	100	王 晖	总工程师	
	101	王 毅	建筑安装公司副经理、安全总监	
供水供电公司（天然气电力公司）	102	李先知	经理、党委副书记、天然气电力公司经理	
	103	王金祥	党委书记、纪委书记、工会主席、副经理	
	104	李春平	副经理、供水供电公司安全总监	
	105	宋青川	副经理	
	106	山永城	总会计师	
	107	杨清泉	总工程师	
	108	袁文艺	副经理	
	109	何晓青	副经理	
通信公司（通信处）	110	李延琛	经理、党委副书记、青海省无线电管理办公室油田管理处处长	
	111	苏 晖	党委书记、纪委书记、工会主席、副经理	
	112	周华俊	副经理、安全总监	
	113	杨 平	总工程师	
客运服务公司	114	李惠民	经理、党委副书记	
	115	徐德明	党委书记、副经理	
	116	曹海生	党委副书记、纪委书记、工会主席	
	117	张昱虎	副经理、总会计师	
	118	陈永发	副经理、安全总监	
机械厂	119	王增斋	厂长、党委副书记	
	120	陆蒙湘	党委书记、纪委书记、工会主席、副厂长	
	121	刘德勇	副厂长	
	122	史志峰	总工程师	
	123	解海潮	副厂长、安全总监	
物资装备公司（物资管理部）	124	李战海	经理（主任）、党委副书记	
	125	徐 辉	党委书记、纪委书记、工会主席、副经理	
	126	陈锡麟	副经理、副主任	
	127	赵五洲	副经理、副主任、安全总监	
	128	王彩华	副经理	
监督监理公司	129	王宝玉	经理、党委副书记	
	130	潘存宏	党委书记、纪委书记、工会主席、副经理	
	131	刘丰华	副经理	
	132	张 明	副经理、安全总监	
消防支队（油田保卫部、武装部）	133	胡安标	消防支队支队长、党委副书记、（油田保卫部、武装部）部长	
	134	周玉清	消防支队党委书记、副支队长（油田保卫部、武装部）副部长	
	135	王 平	消防支队党委副书记、纪委书记、工会主席	
	136	樊晓雄	消防支队副支队长、安全总监	

部门名称	序号	姓　名	党政职务	备注
安全监督中心	137	刘善录	主任	
	138	钟道康	副主任	
	139	徐树森	副主任兼总监	
	140	闻学刚	副主任兼总监	
建设项目管理中心	141	李丙文	主任、党总支副书记	
	142	杜新正	党总支书记、工会主席、副主任	
	143	高青蓓	副主任	
诚信服务公司	144	陈华建	经理、党委副书记	
	145	仲福权	党委书记、纪委书记、工会主席、副经理	
	146	马　林	副经理	
	147	罗　云	副经理、安全总监	
四方服务公司	148	卢福申	经理、党委副书记	
	149	常发杰	党委书记、纪委书记、工会主席、副经理	
	150	冯文学	副经理、安全总监	
	151	吴春峰	副经理	
劳动服务公司	152	赵新民	经理、青海油田福利工厂厂长	
	153	郑　辉	党委书记、纪委书记、工会主席、副经理	
	154	李建忠	副经理	
	155	姜　松	副经理、安全总监	
测试公司	156	史国宏	经理、党委副书记	
	157	贺得才	党委书记、副经理	
	158	袁开虎	党委副书记、纪委书记、工会主席	
	159	张智峰	总工程师	
	160	于兆友	副经理、安全总监	
	161	张　洪	总地质师	
培训中心（党校）	162	姚占海	主任（党校常务副校长）、党委副书记	
	163	管志强	党委书记	
	164	谷海阔	副主任、安全总监	
	165	洪振华	副主任、党校副校长	
	166	楼　湘	党委副书记、纪委书记、工会主席	
花土沟社区管理中心	167	程俊海	主任、党委副书记	
	168	李生成	党委书记、纪委书记、工会主席、副主任	
	169	郑宏吉	副主任、安全总监	
	170	王忠学	副主任	
格尔木社区管理中心	171	段培全	主任、党委副书记	
	172	张　敏	党委书记、纪委书记、工会主席、副主任	
	173	丁　鹏	副主任、安全总监	
社区管理中心	174	李怀黎	矿区服务事业部副主任、社区管理中心主任、党委副书记	
	175	李国辉	党委书记、纪委书记、工会主席、副主任	

部门名称	序号	姓　名	党政职务	备注
社区管理中心	176	唐敏毅	总会计师	
	177	包生昌	副主任	
	178	赵秋忙	副主任、安全总监	
新闻中心	179	李　云	主任、党委副书记	
	180	张有海	党委书记、纪委书记、工会主席、副主任	
	181	伏红孝	青海石油报总编辑、安全总监	
	182	刘培国	副主任兼《中国石油报》驻青海油田记者站站长	
职工总医院	183	陈　萍	院长、党委副书记	
	184	逯　强	党委书记、纪委书记、工会主席、副院长	
	185	张有建	副院长、安全总监	
	186	贾志勇	副院长	
	187	赵红庆	副院长	
职工活动管理中心	188	郭统山	主任、党总支副书记	
	189	杨朝辉	党总支书记、工会主席	
	190	杨太江	副主任、安全总监	
生活服务公司	191	张志军	经理、党委副书记	
	192	刘双鹏	党委书记、副经理	
	193	王奇东	副经理、安全总监	
	194	李律秀	党委副书记、纪委书记、工会主席	
	195	李胜雷	副经理	
离退休管理处（老干部处）	196	康占清	处长、党委副书记	
	197	吕正云	党委书记、纪委书记、工会主席、副处长	
	198	赵恒存	副处长	
	199	冀　文	副处长、安全总监	
西宁离退休基地管理处	200	王维剑	主任、党委副书记	
	201	张　祥	党委书记、副主任	
	202	运建国	副主任	
	203	孙青海	副主任、玉树液化天然气分公司经理、安全总监	
	204	李　俊	副主任兼蓝宝石大酒店经理	
西安离退休基地管理处	205	李唤中	主任、党委副书记	
	206	马锋辉	党委书记、副主任	
	207	孙发根	副主任	
兰州离退休基地管理处	208	王　瑾	主任、党委副书记	
	209	王天文	党委书记、副主任	
	210	梁宏富	副主任	
四川离退休基地管理处	211	李　莉	主任、党委副书记	
	212	何多强	党委书记、副主任	
	213	涂述培	副主任	

部门名称	序号	姓名	党政职务	备注
北京离退休基地管理处	214	徐龙清	主任、党委副书记	
	215	邵文斌	党委书记、副主任	
	216	赵丁	副主任、安全总监	
	217	尹建毅	副主任	

2014 年度油田公司各单位党群组织机构一览表

单位	党委（直属党总支）			纪委			工会			团委（直属团总支）			备注
	书记	副书记	委员	书记	副书记	委员	主席	副主席	委员	书记	副书记	委员	
油田公司	党玉琪	付锁堂	高云建 马力宁 孙凌云 杨仁远	党玉琪	余琳	刘义发 高淑民 王进库 彭康					王海霜	常委： 王海霜 蒋文青 李辉 曲建国 张英 李军 刘敏 李伟 樊语慧 委员： 蒋朝丽 金红 陈涛 陈冀 朱海东 郑志斌 李娜 曹青卿 李秋生 侯涛 亓宪辉	
油田公司机关	党玉琪	石力	刘义发 高淑民 王进库 彭康 高海梅 余琳 王海霜 宗福军 欧维鹏	石力		余琳 高淑民							
矿区服务事业部	高云建	张永军	李怀黎 何多强	张永军		李生成 陈剑峰 逯强 许常平	张永军	尹世国	卫建国 王海红 汪生鹏 陆建琴 赵旭光 肖庆琳				
采油一厂	程长坤	张小军	冯银河 李吉军 景连雨 高哲鹏 王彩艳 李星国	冯银河	赵英	肖宏军 李国平 孙涛 沈晓彪 胡明富	冯银河	李国平			刘亢	王淑文 苏亚中 侯悦 李建峰 曲学超 马玲	
采油二厂	陈聚昆	王俊峰 杨勇	朱思俊 林昆宝 曹书瑜 李志伟	杨勇		李志伟 郭雁	杨勇	肖建利	卫文彧 王伟民 王科科 韦梅梅 石承佳 乔福友 张震涛 费丽娟 郭雁		淮志强	唐鑫培 王青松 唐永琳 费丽娟 朱印 许琳 宋煜 唐晓媛	
采油三厂	张启汉	鲍远敦 樊建伟	樊仓栓 周海生 应忠才仁 李松涛	樊建伟		朱锦锋 漆海明 池晓彪 李志军 童巍	樊建伟		马铭鲁 尹朝刚 朱锦锋 卢海林 李志军 李国军		蔡亚	李祥 张少鑫 秦珊珊 赖建 赵云南 李华	
边远油田开发公司	薛全武	王德麟	刘凤和 邓龙兵 丁宏欣 吴昌吉	薛全武	张志万	朱永学 赵小东 宋永峰 张建平 王庭水	薛全武	张志万	赵小东 宋永峰 张建平 王庭水 钱凤瑛	李娜		赵航 白玉敏 张群 许海乐	

单位	党委（直属党总支）			纪委			工会			团委（直属团总支）			备注
	书记	副书记	委员	书记	副书记	委员	主席	副主席	委员	书记	副书记	委员	
英东采油厂	马建海	石东升	李翻平 王德福 柳金城	马建海		刘金海 王剑民 王卫东 严贵义 李星国 王雪峰					李秋生	房国庆 蔡勇 王超	
冷湖油田管理处	李得信	王孝政	徐国防 汪天游 杨贵模 王晓冰	李得信	范海英	王晓冰 游敏 耿建	李得信	范海英	王加强 孙志华 李晋平 崔忠诚 辛常澜		曾惠兰	孔惟雪 李伟 刘康 蒋峥文	
马仙采油厂	戴祖龙	郑德祥	沈生福 何天文 薛英	戴祖龙		沈生福 张惠萍 程远堂 张燕明	戴祖龙		翟民 颜学刚 张燕明 张惠萍 王桂军 马正才	张惠萍		祁娜 陈功旭 李东锋 原飞	
天然气开发公司	芮华松	华锐湘 杨永灿	黄勇 许吉瑞 张栋 王小鲁 赵军年	杨永灿		刘宏 郭丽 曹庆明 刘永旺	杨永灿	郭丽	高巍 石彦军 刘宏 田会民		李伟	鲍泽玉 李延华 赵军年 石彦军	
液化天然气公司		谢光辉	刘建青 宋伟 曹满盈					张绚	张伟 赵举 王海波	周佳怡（负责人）		唐皎娇 朱梓俊 孙永鹏	
格尔木炼油厂	淡明昌	刘海滨 张文斌	曾传刚 洪晓煜 夏永胜 徐继峰 陈家岭	淡明昌	葛小平	洪晓煜 张文斌 李芙蓉 孙红霞 曾秀玲 杨树海 李江华 雷兴东 黄平 樊语慧 文绍勇	张文斌	曹积珍	顾海峰 樊语慧 王军 吴建国 阳海荣 李红霞 梁鹏 王三岐 蔺凤光 张介站 杨雪冰 唐小平 张静莉 康耀明	樊语慧		马丽 毛云峰 吴建国 杨有伟 周勇 蒲军	刘海滨2014年6月23日调离
管道输油处	曹成熏	孙学斌 覃海涛	王龙罡 马晓斌	孙学斌		樊发根 杨来平 刘凤林 王健君	孙学斌	王健君	冯银海 祁永忠 杨来平 宋代勇 易国英 蔡国伟 魏明		侯涛	郭成业 黄星 蒲靓春 李玉海 赵海霆 王晶晶	
涩北作业公司	芮华松	宋国俊 杨永灿	华锐湘 任玉林 刘鹏 高勤峰	宋国俊 杨永灿		蒋永军 王新疆 贠海林 朱家志 郝建华	宋国俊 杨永灿	蒋永军	廖滨虹 高创波 朱家志 郝建华 马永祥	马永祥		李健 刘莹 杨发栋	
勘探开发研究院	张国成	马达德 许正豪	冯云发 汪立群 屈信忠 李江涛 张永庶	许正豪		王晓明 张银芬 林益康 姚泉	许正豪	吴明生	申红娟 史玉成 关建平 李建宏 肖玲 陈文 张霞		张英	季赟 秦涛 黄鹏 邓文 邹开真 吴瑾	
钻采工艺研究院	叶光辉		贾锁刚 卞武林 张立会	叶光辉		蒋朝丽 郑体红	叶光辉		伍娟	蒋朝丽		黄彬 黄麒钧 徐卫强 赵超 陈晓宏	
测试公司	贺得才	史国宏 袁开虎	张智峰 于兆友	袁开虎		于兆友 徐正 周中益 魏慧	袁开虎	魏慧	徐正 金鑫 薛英 周中益 罗成勇 姜辉 王国庆 王功辉 陈冬邦		韦志峰	殷晓佳 张晓玉 刘彦鑫 王净容 王沛松 景俊鸿	
井下作业公司	奎万仓	盛国青 司小军	盛国青 奎万仓 杨应奎 陈微熙 路彦森 司小军	奎万仓	司小军	赵生孝 郭建恩 苏天佑	司小军	赵锦	司小军 赵锦 刘建军 陈忠 陈海汪 李江 樊国禄 陈宏云 常海平 鲁军 王新元 祝雅磊 李松年 王兵兵 唐健		康力军	齐璐 王云峰 王楠 陈柯华 孙晓雨	

单位	党委（直属党总支）			纪　委			工　会			团委（直属团总支）			备注
	书记	副书记	委员	书记	副书记	委员	主席	副主席	委员	书记	副书记	委员	
供水供电公司	王金祥	李先知	王金祥 李先知 宋青川 李春平 袁文艺 山有成 何小青 杨清泉	王金祥		王金祥 宋青川 李春平 吴邦劳 牟文革 徐金银 张　军	王金祥		马玉龙　王金祥 刘武宁　陈永忠 宋青川　赵如旭 武明德　罗　强 龚建月　龚德平 潘长存	罗　强 （负责人）		冯　刚　刘培宗 沈明德	
天然气电力公司				任玉林		王冠军				亓宪辉		陈　锐　王　桦 何　敏	
物资装备公司	徐　辉	董国钊	赵五洲 张明会	徐　辉		桑　霖 高广运 康顺元	徐　辉	齐红江	王英贤　李成刚 李纪庆　张全跃 张　岩　李智业 罗祖杰　桑　霖 崔艳芳	齐红江		严志锋　刘　洋 刘　露　马　丽 王　军　贾程程 刘观宇	董国钊、张明会、崔艳芳3人2014年退休。
保卫部（武装部）消防支队	周玉清	王　平	胡安标 周玉清 王　平 樊小雄	王　平	赵　斌	王　平 赵　斌 贾宝成	王　平	赵　斌	张兆飞　陈宽宁 高　丽　蒋　明 李青鄂		朱俊伟	朱俊伟　刘志云 赵　鸣　许照宇 张岩龙　于长华 夏璐璐　杨　成 李振东	
通信公司	苏　晖	李延琛	周华俊 杨　平	苏　晖		王旭东 潘建华 马　骏 陈　海	苏　晖	张玉群	苏　晖　张玉群 吕湘江　牛晓君 刘莹明　吴　健 陈永江　祝　松		陈娴雅	曾　睿　李默颖 张瑞寰	
机械厂	陆蒙湘	王增斋	刘德勇 史志峰 解海潮	陆蒙湘	向　琼	白　云 李　宇 毛留密	陆蒙湘	王国峰	李　宇　白　云 帅志渊　王少云 陈建飞　刘建新 王玉萍	曲建国 （负责人）		薛小宁　刘　芳 刘洪义　晋建红 黄春涛　毛祯君 俞金兰　谢海燕	
建筑安装公司		王卫军 陈有茂	杨立江 陈绪清 王　晖 王　毅	陈有茂		冯国泰 郭清平 李艳萍 刘学春 季选龙	陈有茂	李军英	王　芳　尹贤忠 华　勇　杜文萍 张战奎　周自强 杨青莉　赵晓峰 桂有才　曾　萍			李媛媛　陶　瑞 陈　伟　屈　佳 潘　俊	
客运服务公司	职惠海 徐德明	曹海生 李惠民	张昱虎 陈永发	曹海生		逯　杰 徐雅红	曹海生	徐雅红	陈永发　逯　杰 巫文华　吴龙山 张云龙　刘文娟 刘建军				徐德明2014年1月13日任党委委员、书记 3月9日免去职惠海党委书记职务
监督监理公司	潘存宏	王宝玉	刘丰华 张　明	潘存宏		王宝玉 闫海平 田　红	潘存宏	田　红	吕惠萍　熊永学 赵生文　韩兴源 杨　静		张德江	马芳岚　关　雨	
四方服务公司	常发杰	卢福申	冯文学 吴春峰	常发杰		王振先 许海民 唐海燕 侯文海	常发杰	许海民	孔小兵　王振先 许建海　安　敏 张　霞　陈文军 张万林　胥光科 梁剑锟　薛荣花 魏忠英		安　敏	杨　敏　马丽琦 姚秀娟　刘兴刚 杨　乐　丁　霞	
诚信服务公司	仲福权	陈华建	马　林 罗　云	仲福权		马　林 金　红 蒙焕政 王骁毅	仲福权	金　红	曾海川　熊海福 汪　军　田育昌 蒙焕政	金　红		马　伟　隋国杰	

单位	党委（直属党总支）			纪委			工会			团委（直属团总支）			备注
	书记	副书记	委员	书记	副书记	委员	主席	副主席	委员	书记	副书记	委员	
劳动服务公司	郑辉	赵新民	赵新民 郑辉 李建忠 姜松	郑辉	郭玉成	郭玉成 孙玉明 牛小丽 张爱玲	郑辉	朱海东	郑辉 朱海东 薛兴彪 孙玉明 牛小丽 李凯 张爱玲	朱海东		张爱玲	
花土沟社区管理中心	李生成	程俊海	郑宏吉 王忠学	李生成		李生成 姜鸿 周兰梅 陈亮 刘钰						徐小辉 陈思 李田云 虢强 马慧 王敦 史楠楠	
格尔木社区管理中心	张敏	段培全	段培全 张敏 丁鹏	张敏		陆晓林 李生祥 周天斌 杨玉清	张敏	陆晓林	黄树忠 周莉 汪迎春	刘海景		吴占利 杨洁 莫延倩 李强	
社区管理中心	李国辉	李怀黎	唐敏毅 包生昌 赵秋忙	李国辉		陈涛 王芝荣 郭轶敏 张秀芬	李国辉	陈涛	丁鹏 王金勇 刘青安 朱怀东 李国辉 余莉 孟凡胜 青山 唐敏毅 晋江	陈涛		鲁忠涛 刘祥永 朱琳	
建设项目管理中心	杜新正	李内文	高青蓿				杜新正	王军	王凤琴 费春元 路晓军 王永林 颜玉娟				
新闻中心	张广恩 张有海	李云	伏红孝 刘培国	张广恩 张有海		刘勇 王鑫	张广恩 张有海		邓书惠 宁学锦 王鑫 梁建平 牛伟毅 雷红	曹青卿（负责人）		宁学锦 圣静静 张爱丽	张广恩于10月退休
培训中心（党校）	管志强	姚占海	谷海阔 洪振华	楼湘		赵国统 张成有 王向军 叶荔	楼湘	王向军	王蓬勃 朱泽利 刘明 陈海莲 林志敏 赵国统 蔡海萍	关建英		曹诚 陈海兰 王海利 童茜 蒲安萍 王洁 陈媛媛	
职工活动管理中心	杨朝辉	郭统山	杨太江				杨朝辉	陆正友	王万宏 田艳利 孙彦江 郭永龙 白东林	陆正友		周雪 李飞	
职工总医院	逯强	陈萍	张有建 贾志勇 赵红庆	逯强	陆太举	乔纪春	逯强	陆太举	马珍兰 王钢 王海生 王富军 刘清华 吴家良 骆菊蓉		景占良	王熙 国炜 朱泽岩 杜容蓉 马良 海江	
生活服务公司	刘双鹏	张志军 李建秀	王奇东 李胜雷	李建秀			李建秀		杨善林 郭耘 陈晓红 杜金海 李玉林 刘期学 豆青华		刘雪娇	刘雪娇 赵丽娜 姜莉华 黎艳 刘鹏	
离退休管理处	吕正云	康占清	赵恒存 冀文 胡占铎	吕正云		张砚文 马海林 陈亚文 王进忠	吕正云	张砚文	王进忠 白昆峰 李艳学 尹国华 焦敏洲				
西宁离退休基地管理处	张祥	王维剑	运建国 孙青海 李俊					狄冰	孙广 运建国 赵凤丽 张俊峰	马明栋	李静	叶婷 张炎 王忠兰	
兰州离退休基地管理处	王天文	王瑾	梁宏富				孟军	漆海平	徐惠冰 朱敏 俞胜利				
西安离退休基地管理处	马锋辉	李唤中	孙发根 薛时全					薛时全	党利华 陈晓敏 汪远清 周静				
四川离退休基地管理处	何多强	李莉	廖太平 韩国富 韩青芬	何多强（兼）				韩青芬	韩云 刁琰				
北京离退休基地管理处	邵文斌	徐龙清	赵丁 尹建毅										

人物简介

【油田公司领导简介】

付锁堂，男，汉族，1962年2月出生，甘肃省天水市人，1994年5月加入中国共产党，博士研究生学历，教授级高级工程师。1981年9月参加工作，2004年12月成都理工大学古生物学与地层专业博士研究生毕业。1981年9月-1983年5月在长庆石油勘探局钻井二处1802钻井队工作；1983年6月-1986年8月任长庆石油勘探局勘探开发研究院勘探室技术员；1986年9月-1989年7月在西北大学石油及天然气专业学习；1989年7月-1992年5月任长庆石油勘探局勘探开发研究院储量室技术员、工程师；1992年6月-1994年12月任长庆石油勘探局勘探开发研究院储量室副主任；1995年1月-1999年10月任长庆石油勘探局勘探开发研究院储量室主任；1999年11月-2000年11月任长庆石油勘探局勘探事业部副经理；2000年12月-2001年7月任长庆石油勘探局勘探公司副经理；2001年8月-2005年12月任长庆油田公司勘探公司副经理(正处级)、经理；2006年1月-2007年3月任长庆油田分公司勘探开发研究院院长；2007年4月-2014年4月任青海油田公司总地质师、党委委员。2014年5月-2014年12月，任青海油田公司总经理（管理局局长），党委副书记。

1993年9月，获全国矿产勘探报告质量科技进步优秀一等奖；1993年12月，获中国石油天然气总公司石油天然气工业科技进步三等奖；1995年9月，获中国石油天然气总公司先进科技工作者；2000年12月，获中国石油天然气股份有限公司勘探项目管理先进工作者；2001年12月，获中国石油天然气集团公司促进石油天然气工业技术创新特等奖；2002年10月，获中国石油天然气集团公司促进石油天然气工业技术创新一等奖；2003年1月，获国家科学技术进步一等奖；2003年3月，获中国石油天然气股份有限公司先进工作者、陕西省科学技术一等奖；2003年10月，获集团公司技术创新一等奖；2004年1月，获陕西省人民政府有突出贡献专家称号；2004年10月，获集团公司技术创新二等奖；2004年12月，获国家西气东输工程建设先进个人称号、长庆油田公司勘探开发研究院先进个人称号；2005年12月，获集团公司技术创新二等奖、中国石油天然气股份公司技术创新一等奖和技术创新三等奖；2009年，完成的《柴达木盆地红柳泉地区岩性油藏勘探目标精细评价》项目获集团公司科技进步奖成果二等奖；2010年，组织完成的《柴达木盆地北缘油气分布规律研究及勘探突破》项目获青海省科技进步一等奖、《柴达木盆地油气资源战略调查及评价》项目获中国石油天然气集团公司科技进步三等奖；2011年，组织完成的《柴达木盆地昆北地区勘探与发现》项目获青海省科技进步一等奖、《柴达木盆地油气勘探开发关键技术研究》项目获中国石油天然气集团公司科技进步一等奖。2012年，组织完成的《柴达木盆地英东油田勘探发现及配套工程技术研究》、《柴达木盆地油气勘探开发关键技术研究》项目分别获青海省科技进步一等奖、国家能源科技进步三等奖。2013年，获全国"五一劳动奖章"；组织完成的《东坪地区天然气勘探重大发现与突破》获青海省科技进步一等奖，《青海油田油气水井远程自动化计量推广应用及配套完善技术》获中国石油天然气集团公司科技进步三等奖、油田公司科技进步一等奖。2014年，组织完成的《扎哈泉地区致密油藏条件及勘探成效》获青海省、青海油田公司科技进步一等奖。

党玉琪，男，汉族，1958年9月出生，陕西省蒲城县人，1982年1月加入中国共产党，博士研究生学历，教授级高级工程师，1975年4月参加工作。1975年4月-1977年10月在甘肃永登县下乡劳动；1977年11月-1978年2月在甘肃省兰州市供电局工作；1978年3月-1982年1月在华东石油学

院勘探系学习；1982 年 2 月 -1983 年 8 月任青海石油管理局物探处助理工程师；1983 年 9 月 -1992 年 4 月任青海石油管理局勘探开发研究院工程师、室主任等；1992 年 5 月 -1995 年 1 月任青海石油管理局勘探开发研究院副院长；1995 年 2 月 -1999 年 8 月任青海石油管理局地质处处长、局副总地质师、总地质师；1999 年 9 月 -2009 年 3 月任青海油田公司副总经理、党委委员；2009 年 4 月 -2014 年 4 月任青海油田公司党委副书记、纪委书记、工会主席，2014 年 5 月 -2014 年 12 月，任青海油田公司党委书记、纪委书记、工会主席、副总经理、油田新闻发言人。

1982-2001 年 11 月，从事柴达木盆地油气勘探开发的地震地质资料的野外采集、综合分析研究解释、目标评价和规划部署、技术管理等工作，主持完成多个大型科研与评价项目和工程项目。在参加和主持青海油田的勘探开发工作期间，多次获得省部级科技奖项。2001 年 12 月，获中国石油天然气集团公司石油天然气工业技术创新二等奖；2002 年 11 月，获青海省科技进步一等奖；2003 年 12 月，获青海省科技进步二等奖，获中国有色金属学会、中国有色金属工业协会有色金属工业科学技术一等奖；2004 年 2 月，获中华人民共和国教育部科技进步重大贡献二等奖；2005 年 1 月，获青海省科技进步一等奖；2006 年完成的《柴达木盆地碎屑岩油气储层动力成岩机制及在油气勘探中的应用》项目获青海省科技进步奖成果一等奖； 2009 年 10 月，当选中华全国总工会第十五届执行委员会委员；2009 年完成的《柴达木盆地第四系生物气的勘探与开发》项目获青海省科技进步奖成果一等奖；2011 年组织完成的《青海油田高效钻井配套工艺技术研究》项目获海西州科学技术进步奖三等奖。2012 年，荣获中华全国总工会“五一劳动奖章”。

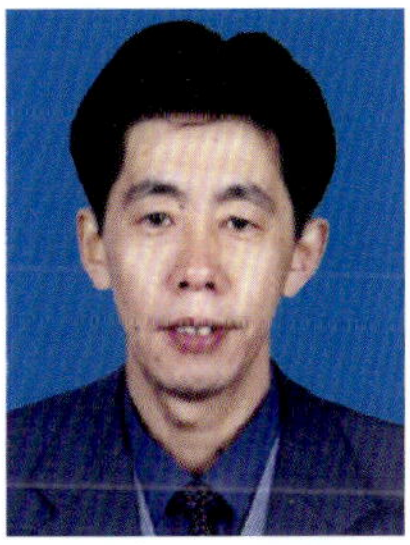

高云建，男，汉族，1961 年 9 月出生，辽宁省大连市人，1995 年 5 月加入中国共产党，大学文化程度，教授级高级工程师。1982 年 7 月毕业于西南石油学院钻井工程专业，同年 8 月分配到青海油田工作。1982 年 8 月 -1985 年 10 月任青海石油管理局钻井指挥部技术干部、副队长；1985 年 11 月 -1988 年 1 月任青海石油管理局勘探项目办技术干部；1988 年 2 月 -1991 年 12 月任青海石油管理局机关钻井处工程师；1992 年 1 月任青海钻井工程处总工程师、副处长；1996 年 1 月 -2000 年 4 月任青海石油管理局井下作业公司经理；2000 年 5 月 -2000 年 11 月任青海石油管理局副总工程师；2000 年 12 月 -2006 年 1 月任青海石油管理局副局长、党委委员；2006 年 2 月 -2009 年 4 月任青海油田公司副总经理、党委委员、安全总监。2009 年 5 月 -2014 年 12 月任青海油田公司副总经理、党委委员、兼矿区服务事业部主任、党委书记。

1999 年 3 月完成的《柴达木盆地侏罗系 - 第三系典型机理及保护措施研究》项目获中国石油天然气集团公司科学技术进步三等奖；2001 年 6 月，获中华人民共和国国务院政府特殊津贴待遇；2006 年完成的《青海油田低渗难采储量清洁、高效措施液技术研究与经济评价》项目获青海省科技进步奖成果二等奖。

马力宁，男，汉族，1963 年 9 月出生，河北省安国人，1986 年 12 月加入中国共产党，博士研究生学历，教授级高级工程师。1983 年 7 月参加工作。2005 年 7 月西南石油学院矿产普查与勘探专业博士研究生毕业。1983 年 8 月 -1984 年 9 月任青海石油管理局勘探开发研究院西南联队技术员；1984 年 9 月 -1988 年 8 月任青海石油管理局勘探开发研究院勘探一室地质助理工程师；1988 年 8 月 -1989 年 12 月任青海石油管理局勘探开发研究院勘探一室副主任、主任；1989 年 12 月 -1993 年 12 月任青海石油管理局勘探开发研究院天然气室副主任；1994 年 1 月 -1995 年 8 月任青海石油管理局研究院油气田开发室主任；1995 年 8 月 -1999 年 7 月任青海石油管理局勘探开发研究院总地质师；1999 年 8 月 -2000 年 1 月任青海油田公司勘探开发研究院总地质师；2000 年 2 月 -2003 年 9 月任青海油田公司研究院副院长兼总地质师；2003 年 10 月 -2004 年 2 月任青海油田公司勘探开发处副处长；2004 年 3 月 -2009 年 4 月任青海油田公司副总地质师；2009 年 4 月 -2014 年 12 月任青海油田公司副总经理、安全总监、党委委员。

2003 年 12 月，获青海省科技进步一等奖；2005 年 1 月，获青海省科技进步一等奖；2006 年 11 月，获中国石油天然气股份公司优秀成果二等奖；2009 年完成的《柴达木盆地第四系生物气的勘探与开发》项目获青海省科技进步奖成果一等奖。2010 年组织完成的《青海油田尕斯库勒油区高效开发综合研究》项目获青海省科技进步三等奖。2011 年组织完成的《柴达木盆地昆北地区勘探与发现》项目获青海省科技进步一等奖。2012 年，组织完成的《涩北一号气田 32 亿产能建设》、《柴达木盆地油气勘探开发关键技术研究》项目分别获青海省科技进步三等奖、国家能源科技进步三等奖。2014 年，组织完成的《尕斯库勒油田 E_3^1 油藏精细数值模拟剩余油分布研究》获青海省科技进步二等奖、《青海油田水平井、直井分层唇裂工艺技术研究与试验》获青海油田公司科技进步一等奖。

孙凌云，男，汉族，1961 年 8 月出生，浙江省永康县人，1995 年 11 月加入中国共产党，大学本科学历，教授级高级工程师。1983 年 7 月毕业于西南石油学院采油工程专业，同年 8 月分配来青海油田参加工作。1983 年 8 月 -1984 年 9 月任青海石油管理局采油厂冷湖油矿采油队技术员；1984 年 9 月 -1986 年 6 月任青海石油管理局冷湖油矿三号采油队助理工程师；1986 年 6 月 -1988 年 12 月任青海石油管理局三项工程指挥部技术干部、组长；1988 年 12 月 -1991 年 9 月任青海石油管理局西部采油厂工程师；1991 年 9 月 -1994 年 4 月任青海石油管理局勘探开发研究院油藏工程室采油工程师、副主任；1994 年 4 月 -1996 年 1 月任青海石油管理局油气开发部副总工程师；1996 年 1 月 -1999 年 8 月任青海石油管理局采油工程处副处长、处长；1999 年 9 月 -2000 年 12 月任青海油田公司勘探开发处副处长（正处级），2001 年 1 月 -2002 年 11 月任青海油田公司采油气工艺处处长，2002 年 12 月 -2004 年 1 月任青海油田公司天然气开发公司经理；2004 年 2 月 -2009 年 4 月任青海油田公司副总工程师；2009 年 4 月 -2014 年 12 月任青海油田公司总工程师、党委委员。

1996 年 12 月，获中国石油天然气总公司石油天然气工业科学技术进步二等奖；2006 年完成的《青海油田低渗难采储量清洁、高效措施液技术研究与经济评价》项目获青海省科技进步奖成果二等奖；2007 年完成的《青海省柴达木盆地尕斯库勒油田中高含水期开采技术研究》项目获青海省科技进步奖成果二等奖；2008 年 4 月，获青海省科学技术进步奖；2009 年完成的《柴达木盆地储层改造工艺技术》项目获集团公司科技进步奖成果三等奖、《柴达木盆地第四系生物气的勘探与开发》项目获青海省科技进步奖成果一等奖。2010 年组织完成的《青海油田深部调驱改善油田开发效果技术研究》项目获青海省科技进步三等奖、《涩北气田出砂规律及综合治砂技术研究与应用》项目获中国石油天然气集团公司科技进步二等奖；2011 年组织完成的《青海油田薄、互层压裂工艺技术研究与应用》项目获青海省科技进步三等奖、《柴达木盆地油气勘探开发关键技术研究》项目获中国石油天然气集团公司科技进步一等奖、《青海油田回注水质达标处理技术研究与应用》项目获中国石油天然气集团公司科技进步三等奖。2012 年，组织完成的《涩北一号气田 32 亿产能建设》、《青海非酸性气田地面工程标准化设计研究》项目分别获青海省科技进步三等奖、中国石油和化工协会科技进步二等奖。

杨仁远，男，汉族，1963 年 9 月出生，甘肃省民勤人，1997 年 12 月加入中国共产党，高级会计师。1983 年 9 月参加工作，1989 年 7 月毕业于青海广播电视大学青海石油管理局分校企业管理专业，大专学历。2004 年 12 月取得青海广播电视大学会计专业，大学学历。1983 年 9 月 -1987 年 8 月任青海石油管理局教培中心财务科会计；1987 年 9 月 -1989 年 8 月任青海广播电视大学青海石油分校学生（1987 年 9 月 -1989 年 7 月在青海广播电视大学工业企业管理专业大专学习）；1989 年 9 月 -1993 年 8 月任青海石油管理局教培中心财务科会计；1993 年 9 月 -1995 年 7 月任青海石油管理局财务处会计科会计；1995 年 8 月 -1997 年 8 月任青海石油管理局财务处结算中心敦煌结算办主任（正科级）；1997 年 9 月 -1999 年 7 月任青海石油管理局财务处副处长；1999 年 8 月 -2003 年 8 月任青海油田公司计划财务处副处长；2003 年 9 月 -2009 年 7 月任青海油田公司财务处处长；（2002 年 1 月 -2004 年 12 月中央广播电视大学会计学专业大学本科学习）；2009 年 8 月 -2011 年 7 月任青海油田公司副总会计师、财务处处长。2011 年 8 月 -2014 年 12 月任青海油田公司总会计师、党委委员。

1987 年 1 月，获青海省石油管理局青年开拓者称号；2002 年 4 月，完成的《加入 WTO 后，我国石油产业安全问题研究》获 2002 年石油经济研讨会论文一等奖；2004 年 4 月，获青海省工会财会工作荣誉积极分子称号；2004 年 5 月，获中共中国石油青海油田委员会优秀共产党员称号；2005 年 5 月，完成的《地区油田公司财务问题与对策研究》项目获青海油田分公司科技创新一等奖、《青海油田资产管理系统研究与推广应用》项目获青海油田分公司科技创新三等奖、《青海油田公司综合成本控制体系研究》项目获青海油田分公司科技创新四等奖；2006 年 5 月，获中国石油天然气集团公司财务资产先进工作者称号；2006 年，获青海省工会财务工作荣誉积极分子称号。

【油田公司副总师简介】

高瑞宁，男，汉族，1964 年 4 月出生，陕西省长安人，1996 年 12 月加入中国共产党，大专学历，高级会计师。1986 年 7 月西安石油学院财会专业毕业，同年 8 月参加工作。1986 年 8 月 -1994 年 6 月任青海石油管理局财务处会计员、助理会计师、会计师；1994 年 7 月 -1997 年 3 月任青海石油管理局财务处会计科科长；1997 年 4 月 -1999 年 7 月任青海石油管理局财务处总会计师、副处长、处长；1999 年 8 月 -2000 年 3 月任青海石油管理局副总会计师兼计财资产处处长；2000 年 4 月 -2006 年 2 月任青海石油管理局副总会计师；2006 年 3 月 -2006 年 9 月任青海油田公司副总会计师；2006 年 10 月 -2008 年 6 月任青海油田公司副总会计师、矿区服务事业部副主任；2008 年 7 月 -2009 年 5 月任青海油田公司副总会计师，矿区服务事业部副主任、总会计师；2009 年 6 月 -2011 年 10 月任青海油田公司副总会计师，矿区服务事业部副主任、总会计师、党委副书记、工会主席；2011 年 10 月 -2014 年 12 月任青海油田公司副总会计师。

1995 年 12 月，获青海省重工业厅先进会计工作者称号；1996 年 4 月，获中国石油天然气总公司先进财务工作者称号；2001 年 12 月，获中国石油天然气股份有限公司青海油田分公司《中油财务管理信息系统推广应用》科技创新三等奖。2013 年，组织完成的《全面预算管理信息系统》获油田公司科技进步一等奖。

张培平，男，汉族，1962 年 6 月出生，四川省南江人，1984 年 12 月加入中国共产党，在职大学学历，地质高级工程师。1981 年 9 月参加工作，2000 年 12 月中央党校经济管理专业毕业，1981 年 9 月 -1984 年 7 月任青海石油管理局井下作业处试油 149 队地质技术员；1984 年 8 月 -1989 年 4 月任青海石油管理局井下作业处生产技术科助理工程师；1989 年 5 月 -1991 年 7 月任青海石油管理局井下作业处试油 146 队助理工程师；1991 年 8 月 -1992 年 4 月任青海石油管理局井下作业处生产技术科副科长；1992 年 5 月 -1993 年 4 月任青海石油管理局井下作业处生产技术科科长；1993 年 5 月 -2000 年 7 月任青海石油管理局井下作业处副经理；2000 年 8 月 -2002 年 1 月任青海石油管理局井下作业公司经理（1998 年 8 月 -2000 年 12 月中共中央党校经济管理专业在职大学学习）；2002 年 2 月 -2005 年 2 月任青海石油管理局工程技术服务总公司总经理助理、井筒工程公司经理；2005 年 3 月 -2005 年 6 月任青海石油管理局工程技术服务总公司总经理助理、副总经理、井筒工程公司经理；2005 年 7 月 -2006 年 2 月任青海石油管理局副总工程师兼安全副总监、工程技术服务总公司副总经理、井筒工程公司经理；2006 年 3 月 -2008 年 1 月任青海油田公司副总工程师、井下作业公司经理；2008 年 2 月 -2010 年 5 月任青海油田公司副总工程师、勘探开发研究院院长；2010 年 6 月 -2010 年 11 月任青海油田公司副总工程师；2010 年 12 月 -2014 年 12 月任青海油田公司安全副总监。

1991 年 2 月，获青海石油管理局 1990 年度“劳动模范”称号；1991 年 5 月，获中国石油天然气总公司为发展石油工业献青春青年突击手称号；1992 年 5 月，获青海石油管理局优秀青年知识分子称号；2001 年 6 月，获青海油田十大杰出经营管理状元称号；2002 年 4 月，获青海省青年“五四奖章”荣誉；2003 年 1 月，获青海省优秀青年企业家称号；2003 年 3 月，获青海石油管理局廉洁自律先进个人称号；2004 年 4 月，获青海省劳动模范称号；2005 年 3 月，获青海石油管理局廉洁自律先进个人称号；2005 年 8 月，获第三届海西杰出优秀青年企业家称号；2010 年，组织完成的《柴达木盆地油气资源战略调查及评价》项目获中国石油天然气集团公司科技进步三等奖；2011 年，组织完成的《青海油田薄、互层压裂工艺技术研究与应用》项目获青海省科技进步三等奖。

江鲁生，男，汉族，1960年11月出生，山东省海阳人，1991年1月加入中国共产党，大学学历，钻井高级工程师。1976年9月参加工作，2005年7月西北大学工商管理专业毕业，工商管理硕士。1976年9月-1978年9月上山下乡；1978年10月-1982年8月在华东石油学院钻井专业学习；1982年9月-1983年10月在青海石油管理局钻井工程处32869队实习；1983年11月-1985年1月任青海石油管理局钻井工程处6062队副队长；1985年2月-1991年1月任青海石油管理局钻井工程处生产科、攻关队技术干部、队长、副大队长；1991年2月-1991年9月任青海石油管理局钻井处工程师；1991年10月-1994年2月任青海石油管理局井下作业处主任工程师、总工程师；1994年3月-1994年11月在北京管理干部学院学习；1994年12月-2001年9月任青海石油管理局钻井工程处、钻井公司、进出口公司副处长、副经理；2001年10月-2005年3月任青海石油管理局石油天然气工程技术服务总公司市场开发部主任；2005年4月-2005年6月任青海石油管理局石油天然气工程技术服务总公司副总经理；2005年7月-2006年2月任青海石油管理局副总工程师（2001年3月-2005年7月在西北大学工商管理专业学习，获工商管理硕士学位）；2006年3月-2014年12月任青海油田公司副总工程师。

1986年2月，获中国共产党青海石油管理局委员会局先进青年知识分子称号；1987年1月，获共青团青海石油管理局委员会青年开拓者称号；1987年3月，获青海石油管理局1986年度双文明先进个人称号；1987年10月，获中国共产党青海石油管理局委员会优秀知识分子称号；2008年7月，完成的《青海油田水平井钻井技术应用研究》项目获青海油田分公司科技创新一等奖；完成的《青海油田套损井诊断及修复方案研究应用》项目获青海油田分公司科技创新二等奖；2009年4月，完成的《青海油田高效钻井配套工艺技术研究》项目获青海油田分公司科技创新一等奖；2009年7月，获青海省海西州2008年度科技进步二等奖；2010年，组织完成的《涩北气田与海塔盆地优快钻井配套技术研究与应用》项目获中国石油天然气集团公司科技进步一等奖；2011年，组织完成的《青海油田薄、互层压裂工艺技术研究与应用》项目获青海省科技进步三等奖；组织完成的《青海油田高效钻井配套工艺技术研究》项目获海西州科学技术进步奖三等奖。2013年，组织完成的《柴达木盆地英东地区复杂构造带优快钻完井综合配套技术研究》获油田公司科技进步二等奖。2014年，参与完成的《青海油田水平井、直井分层唇裂工艺技术研究与试验》获青海油田公司科技进步一等奖。

张永军，男，汉族，1963年12月出生，甘肃省民勤人，1986年8月加入中国共产党，在职硕士研究生学历，高级政工师。1980年8月参加工作，1980年7月毕业于中国人民解放军航空工程部第一技工学校。2005年1月毕业于中共中央党校研究生院经济管理专业。1980年8月-1982年10月在兰州军区空军31厂试飞站工作；1982年11月-1993年10月，在青海石油管理局勘探开发研究院工作，历任院工团办公室干事、党委办公室组织干事兼秘书、党委办公室副主任、主任（1987年9月-1989年7月在青海广播电视大学工业企业管理专业学习）；1993年11月-1995年10月任青海石油管理局党委宣传部宣传科科长；1995年11月-1996年11月任青海石油管理局党委宣传部副部长；1996年12月-2000年7月任青海石油管理局团委书记、局群工部主任、局文联主席（1995年8月-1997年12月在中央党校函授学院本科经济管理专业学习）；2000年8月-2001年9月任青海石油管理局旅游公司经理；2001年10月-2002年3月任青海石油管理局办公室（党委办公室）主任、旅游公司经理；2002年4月-2005年6月任青海石油管理局办公室（党委办公室）主任（2002年3月-2005年1月在中央党校经济管理专业在职研究生学习）；2005年7月-2006年2月任青海石油管理局副总工程师、局办公室（党委办公室）主任；2006年3月-2014年12月任青海油田公司副总工程师。

共青团第十四次全国代表大会代表（主席团成员）；共青团青海省第十次代表大会代表、共青团青海省第十届委员会委员；中共青海石油管理局第七届委员会委员。

1987年被评为青海石油管理局“优秀团干部”；1994年被评为青海石油管理局“优秀宣传思想工作者”；1999年被青海省授予“全省优秀团干部标兵”称号；2000年被共青团中央授予“全国优秀共青团干部”称号；2004年被评为“青海油田优秀思想政治工

作者”；2004 年参与完成的《青海油田企业文化探索》项目获中国石油企业管理协会现代化优秀著作二等奖。

刘云田，男，汉族，1961 年 12 月出生，中共党员，山东省潍坊人，博士研究生学历，地质高级工程师。1982 年华东石油学院石油地质专业本科毕业，同年在青海石油管理局参加工作，2003 年取得中国科学院构造地质学博士学位。1978 年 7 月 -1982 年 7 月，在华东石油学院石油地质勘探专业大学本科学习；1982 年 8 月 -1983 年 5 月任青海石油管理局西部指挥部采油一队技术员；1983 年 6 月 -1984 年 12 月任青海石油管理局设计处助理工程师；1985 年 1 月 -1985 年 6 月任青海石油管理局项目办公室助理工程师；1985 年 7 月 -1987 年 7 月任青海石油管理局研究院北区队勘探一室规划室助理工程师；1987 年 8 月 -1988 年 8 月在胜利油田以专家小组身份参加会战任助理工程师；1988 年 9 月 -1993 年 3 月任青海石油管理局研究院生产办公室工程师；1993 年 4 月 -1994 年 12 月任总公司国际合作工程师；1995 年 1 月 -1997 年 8 月任青海石油局勘探公司副总地质师兼技术部主任；1997 年 9 月 -1997 年 11 月任青海石油局勘探公司总地质师；1997 年 12 月 -1999 年 7 月任青海石油局勘探处总地质师；1999 年 8 月 -2000 年 6 月任青海油田公司勘探事业部总地质师；2000 年 7 月 -2004 年 1 月任青海油田公司勘探事业部副经理；2004 年 2 月 -2008 年 2 月任青海油田公司勘探事业部经理，2008 年 3 月 -2010 年 4 月任青海油田公司勘探事业部经理 、勘探处处长；2010 年 5 月 -2010 年 12 月任青海油田公司勘探开发研究院院长、党委副书记；2011 年 1 月 -2014 年 12 月任青海油田公司副总地质师。

2009 年，参与完成的《柴达木盆地红柳泉地区岩性勘探目标精细评价》项目获中国石油天然气集团公司科技进步二级奖；2010 年，参与完成的《柴达木盆地北缘油气分布规律研究及勘探突破》项目获青海省科技进步一等奖。2011 年，组织完成的《柴达木盆地昆北地区勘探与发现》项目获青海省科技进步一等奖。2013 年，参与完成的《东坪地区天然气勘探重大发现与突破》获青海省科技进步一等奖、油田公司特等奖，《青海油田油气水井远程自动化计量推广应用及配套完善技术》获中国石油天然气集团公司科技进步三等奖、油田公司科技进步一等奖；组织完成的《柴达木盆地英东复杂山地地震关键研究》获油田公司科技进步一等奖。2014 年，参与完成的《扎哈泉地区致密油成藏条件及勘探成效》获青海省、油田公司科技进步一等奖。

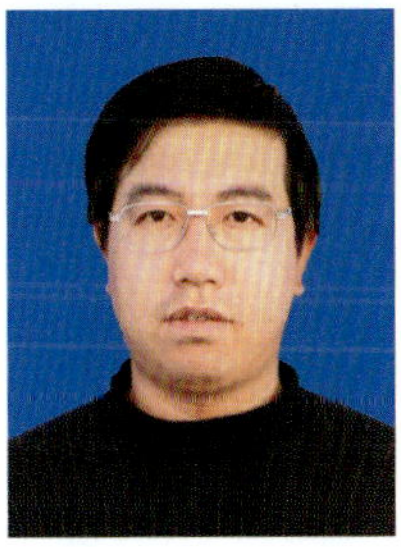

李战明，男，汉族，1973 年 6 月出生，甘肃省高台人，2001 年 4 月加入中国共产党，大学本科学历，具有油气储运高级工程师专业技术职务任职资格。1995 年 7 月毕业于西南石油学院石油天然气储运专业，同年参加工作。1995 年 7 月 -1996 年 5 月在青海石油管理局采油一厂集中处理厂实习；1996 年 5 月 -1998 年 5 月任青海石油管理局采油一厂储运科技术干部；1998 年 5 月 -2001 年 3 月任青海石油管理局采油一厂生产技术科储运助理工程师；2001 年 3 月 -2003 年 12 月任青海油田公司采油一厂技术科副科长；2003 年 12 月 -2005 年 2 月任青海油田公司采油一厂生产运行科科长；2005 年 2 月 -2008 年 2 月任青海油田公司采油一厂副厂长；2008 年 2 月 -2010 年 9 月任青海油田公司采油一厂副厂长、安全总监；2010 年 9 月 -2010 年 12 月任青海油田公司采油一厂党委书记、纪委书记、副厂长；2010 年 12 月 -2012 年 10 月任青海油田公司采油三厂厂长、党委副书记；2012 年 10 月 -2014 年 4 月任青海油田公司副总工程师兼青海油田公司采油三厂厂长、党委副书记。2014 年 5 月 -12 月任青海油田公司副总工程师。

2004 年获青海青年五四奖章；2005 年获油田公司劳动模范等荣誉称号，获多项油田公司级科研成果奖。

张道伟，男，汉族，1972 年 12 月出生，甘肃省镇原人，1995 年 4 月加入中国共产党，博士研究生学历，1995 年 7 月参加工作，具有地质勘探高级工程师专业技术职务任职资格。1995 年 7 月毕业于西南石油学院石油地质专业，2004 年 7 月取得西南石油学院矿物学、岩石学、矿床学硕士研究生学历，2010 年 6 月取得中国科学院兰州地质研究所地球化学专业博士研究生学历，并分别获得工学学

士、理学硕士和理学博士学位。1995年7月-1996年7月在青海石油管理局勘探开发研究院实习；1996年7月-2000年12月任青海石油管理局勘探开发研究院助理工程师；2000年12月-2001年3月任青海油田公司勘探开发研究院地质工程师；2001年3月-2004年7月任青海油田公司勘探开发研究院天然气勘探研究项目部主任；2004年7月-2008年2月任青海油田公司勘探开发研究院第三系勘探项目部主任；2008年2月-2010年5月任青海油田公司勘探开发研究院总地质师；2010年5月-2012年10月任青海油田公司勘探处处长、青海油田公司勘探事业部经理；2012年10月-2014年12月任青海油田公司副总地质师、青海油田公司采油二厂厂长、党委副书记。

主持参与完成的科研项目达40余项，获各级科研奖励31项，其中省部级6项；获得荣誉19项，其中油田公司劳动模范2次，油田公司级奖励9项；在国家级学术期刊上发表各类论文20篇。2012年，组织完成的《柴达木盆地英东油田勘探发现及配套工程技术研究》获青海省科技进步一等奖。2013年，参与完成的《东坪地区天然气勘探重大发现与突破》获青海省科技进步一等奖、油田公司科技进步特等奖。

张小军，男，汉族，1972年7月出生，1992年9月参加工作，1997年5月加入中国共产党，2007年1月取得青海省委党校工商管理专业硕士研究生学历，高级政工师。1989年9月-1992年7月在青海石油管理局技工学校炼油专业技校学习；1992年9月-1994年7月在青海石油管理局格尔木炼油厂仪修车间仪表工；1994年7月-1997年12月青海石油管理局格尔木炼油厂团委干事；（1995年8月-1998年6月中共中央党校函授学院经济管理专业大专学习）；1997年12月-2000年5月 青海石油管理局格尔木炼油厂团委副书记；2000年5月-2004年2月青海油田分公司格尔木炼油厂团委书记；（2001年8月-2003年12月中共中央党校函授学院经济管理专业大学本科学习）；2004年2月-2005年2月青海油田分公司团委副书记；（2004年9月-2007年1月中共青海省委党校工商管理学专业硕士研究生学习）；2005年2月-2006年3月青海油田分公司党群工作部副主任；2006年3月-2006年5月青海油田分公司企业文化处副处长；2006年5月-2007年6月青海油田分公司宣传部副部长、企业文化处副处长；2007年6月-2009年10月青海油田分公司天然气开发公司党委书记；2009年10月-2010年12月青海油田分公司天然气开发公司经理、党委副书记；2010年12月-2013年11月青海油田分公司天然气开发公司经理、党委副书记、涩北作业公司经理；2013年11月-2014年6月青海油田分公司采油一厂厂长、党委副书记；2014年6月-2014年12月青海油田分公司总经理助理兼采油一厂厂长、党委副书记。

2006年6月获中国石油天然气集团公司先进工作者的奖励；2006年7月获中国石油职工思想政治工作研究会优秀成果一等奖。

刘海滨，男，汉族，1965年11月出生，1986年7月参加工作，1986年6月加入中国共产党，1986年7月毕业于西南石油学院石油地质专业，1997年6月取得中国石油大学（北京）管理科学专业硕士研究生学历，高级经济师。1982年9月-1986年7月 西南石油学院石油地质专业大学本科学习；1987年6月山东胜利油田孤东矿采油一队实习生；1987年7月-1990年11月青海石油管理局勘探开发研究院技术干部、助理工程师；1990年12月-1995年4月青海石油管理局党委办公室秘书；（1994年9月-1997年6月中国石油大学（北京）管理工程专业硕士研究生学习）；1995年4月-1997年11月青海石油管理局企业管理处基础工作管理科科长；1997年11月-1999年8月青海石油管理局企业管理处副处长；1999年8月-2002年7月青海油田分公司企管与法规处处长；2002年7月-2005年2月青海油田分公司销售公司经理、党总支书记；2005年2月-2009年12月青海油田分公司销售公司经理 ；2009年12月-2011年2月青海油田分公司格尔木炼油厂厂长、销售公司经理；2011年2月-2014年6月青海油田分公司格尔木炼油厂厂长 ；2014年6月-2014年9月青海油田分公司总法律顾问兼格尔木炼油厂厂长、党委副书记；2014年9月-2014年12月青海油田分公司总法律顾问。

2014年，组织参与的《30万吨/年甲醇装置膜分离系统非渗透气的研究与应用》获青海油田公司科技进步一等奖。

【集团公司高级技术专家简介】 2014 年，集团公司高级技术专家有刘云田、李江涛、马达德、张启汉、汪立群 5 人。

刘云田，男，汉族，1961 年 12 月出生，中共党员，山东潍坊人，博士研究生学历，地质高级工程师。1982 年华东石油学院石油地质专业本科毕业，2003 年取得中国科学院构造地质学博士学位。自 1982 年参加工作以来，一直从事油气田勘探研究和技术管理工作，先后在青海油田采油一厂、勘探项目办、设计处、勘探开发研究院、勘探事业部、勘探处工作任助理工程师、工程师、主任、勘探处总地质师、副经理、处长等职，现任青海油田公司副总地质师。在油田公司的统一部署下，经过对昆北断阶带的先期论证，切六、切十二等井区获得突破和发现，为最终在昆北断阶带源外勘探发现亿吨级的昆北油田做出了突出贡献，并获得油田公司 2009 年昆北油田重大发现一等奖。同时在大胆探索富烃凹陷内的中浅层构造－岩性复合油气藏勘探领域，优选出油砂山－大乌斯构造带的英东一号构造又取得重大突破，成为第二个亿吨级油气储量区。还先后多次获得集团公司、青海省、油田公司科技进步奖。所撰写的论文《柴达木盆地中深层混积岩储层形成机制》、《柴达木盆地北缘侏罗系砂岩孔隙发育特征》、《柴达木盆地狮子沟地区中深层储层空间形成机制》等被《岩石学报》、《石油与天然气地质》等核心杂志刊登发表。2011 年经油田公司推荐、集团公司评审，被选聘为集团公司“柴达木盆地昆北断阶带石油预探评价”项目地质综合研究岗位高级技术专家。

李江涛，男，汉族，1969 年 3 月出生，中共党员，河南西平人，本科学历，油气田开发高级工程师。1994 年 7 月取得华北石油职工大学采油工程大专学历，2002 年取得西南石油大学石油天然气工程硕士学位，2005 年 6 月取得西安石油大学石油工程本科学历。自 1988 年 9 月参加工作以来，先后在青海石油管理局勘探开发研究院、青海油田公司天然气开发公司和勘探开发研究院任助理工程师、工程师、高级工程师、项目长、副主任、主任、总地质师等职，现任青海油田公司勘探开发研究院总地质师。具有较高的专业技术理论水平、科研攻关和组织协调能力，1988-1994 年，主要从事台南、涩北气田探井取心、描述、储量计算参数统计处理等；1995-2004 年，主要从事南翼山、涩北和南八仙天然气开发地质研究、试采动态分析、钻采地质设计及开发方案设计研究与立项；2005 年开始从事涩北、台南气田开发动态追踪分析、气藏开发指标优化调控、产能建设钻修井管理、工艺措施论证、地质精描与科技项目管理等。编（撰）写了《涩北气田精细开发实施细则》、《科技创新创效管理办法》和《多层疏松砂岩气田开发技术》分册等书籍（论文），2011 年主持并承担股份公司重大科技专项《柴达木盆地建设千万吨级油气田综合配套技术研究》中涩北疏松砂岩气藏稳产及新区上产技术研究。并参加国家科技重大专项《大型油气田及煤层气开发》中多层疏松砂岩气藏开发技术研究，提出稳产及调整技术路线。近年又主持《东坪－牛东新区天然气开发概念设计方案》编制。先后获得青海省科技进步一等奖二次，油田公司科技创新一等奖五次。并荣获股份公司“优秀科技工作者”、集团公司“优秀青年”、第十一届全国青年“五四”奖章等荣誉称号，二次评为油田公司学术技术带头人。2011 年经油田公司推荐、集团公司评审，被选聘为集团公司“青海涩北二号气田产能建设优化研究”项目天然气开发岗位高级技术专家。2013 年，参与完成的《涩北气田规模应用水平井增产技术研究》获青海省科技进步一等奖。

马达德，男，汉族，1963 年 9 月出生，青海省贵德县人，博士研究生学历，共产党员，物探教授级高级工程师。2007 年 1 月获得中国石油大学（北京）地质资源与地质工程博士学位。先后在青海油田管理局勘探开发研究院西南联队、计算机室、油藏描述中心任助理工程师、物探工程师、物探高级工程师、副主任、主任、总地质师、青海油田公司勘探开发处处长等职务。马达德同志长期以来在油田勘探开发工作中能够坚决贯彻落实油田公司的各项决策。1995-2000 年负责油藏描述和储量研究工作；2001-2004 年担任勘探开发研究院总地质师；2005-2008 年担任勘探开发处长；2008 年 3 月 -2011 年 2 月，任勘探开发研究院党委书记、副院长，主管党务工作和科研工作；2011年3月-2012年12月任勘探开发研究院长、党委副书记，主管行政工作。曾获得集团公司“优秀党务工作者”、油田公司“劳动模范”、“优秀共产党员”称号。2012年，经油田公司推荐，集团公司评审，被选聘为集团公司“柴达木盆地建设千万吨油气田综合配套技术研究” 项目石油地质岗位（技术把关）高级技术专家。2013年，参与完成的《东坪地区天然气勘探重大发现与突破》获青海省科技进步一等奖、油田公司科技进步特等奖；《涩北气田规模应用水平井增产技术研究》获油田公司科技进步二等奖。

2014年，参与完成的《扎哈泉地区致密油藏条件及勘探成效》获青海省、青海油田公司科技进步一等奖；《英东复杂断块油藏高效开发配套技术研究与应用》获中国石油天然气集团公司科技进步二等奖。

张启汉，男，汉族，1966年11月出生，籍贯安徽省桐城县，1990年7月毕业于华东石油大学采油工程专业，本科学历，工学学士学位；2006年1月取得中国石油大学（北京）石油与天然气工程专业工程硕士学位。1990年7月参加工作，1997年6月加入中国共产党，采油高级工程师，2013年1月被集团公司聘为“柴达木盆地难采储量有效动用技术攻关研究”项目油气田有效开发研究岗位（技术把关）高级技术”专家。1990年7月-1996年1月在青海油田采油厂担任采油技术员、工艺室副主任；1996年1月-2014年4月先后任钻采工艺研究所采油工艺研究室主任、采油副总工程师、钻采工艺研究院总工程师、副院长、安全总监，现任采油三厂党委书记、副厂长。2013年1月被集团公司聘为“柴达木盆地难采储量有效动用技术攻关研究”项目油气田有效开发研究岗位（技术把关）”高级技术专家。主要负责的《柴达木盆地油气勘探开发关键技术研究》、《青海涩北气田出砂规律及综合治砂技术研究与应用》、《青海污水回注油田水质处理技术研究与应用》、《青海油田油气水井远程自动化计量推广应用和配套完善技术》项目获中国石油天然气集团公司进步奖；《柴达木盆地第四系生物气的勘探与开发》、《青海涩北气田疏松砂岩气藏采气配套工艺技术研究与先导性试验》、《青海油田深部调驱改善油田开发效果技术研究》、《青海油田薄、互层压裂工艺技术研究与应用》项目获青海省科学技术进步奖；《青海省柴达木盆地涩北第四系大型生物气田整体开发技术研究》项目获油田公司科技进步奖；《涩北疏松砂岩气藏精细描述及提高采收率配套技术研究》、《涩北第四系生物气藏综合开采工艺技术研究》、《乌南油田提高单井产量工艺技术研究及应用》项目获石油和化工自动化行业科学技术进步奖。获得英雄岭油田勘探重大发现二等奖荣誉称号；昆北油田勘探重大发现突出贡献者荣誉称号；英东油气勘探重大贡献一等奖荣誉称号；油田开发突出贡献者荣誉称号；《中国油气田开发志》优秀编纂工作者称号。2013年，参与完成的《乌南油田提高单井产量工艺技术研究及应用》获中国石油和化工协会科技进步三等奖；参与完成的《青海油田井下管柱防腐、防蜡综合技术研究》获油田公司科技进步三等奖。

2014年，参与完成的《青海油田水平井、直井分层厝裂工艺技术研究与试验》获青海油田公司科技进步一等奖；《扎哈泉地区致密油层藏条件及勘探成效》获青海油田公司科技进步一等奖；《中低温复杂砂岩油藏深部调驱技术优化与应用效果研究》获青海油田科技进步三等奖。

汪立群，男，汉族，1964年2月出生，1985年7月毕业于华东石油学院石油地质专业。1985年8月参加工作，2007年1月毕业于中国石油大学（北京）地质资源与地质工程博士学位。1999年3月加入中国共产党。先后在青海油田管理局勘探开发研究院助理工程师、地质工程师、地质高级工程师、副主任、主任、勘探事业部副总地质师、青海油田公司勘探开发研究院总地质师等职务。现任勘探开发研究院副院长、地质高级工程师。2008-2010年参加股份公司《柴达木盆地油气勘探开发关键技术研究》重大专项，并担任子课题课题长；2010年担任“十二五”国家科技重大专项《大型油气田及煤层气开发》--柴达木盆地冲断带油气富集规律、勘探技术与区带、目标优选的课题长；2011年开始又担任股份公司《柴达木盆地建设千万吨油气田综合配套技术研究》重大专项的子课题--柴达木盆地天然气成藏条件与目标优选的课题长。工作二十多年来，主持和参加二十多项国家级、省部级和局级科研项目。先后获得省部级科技进步一、二、三等奖七项（其中正在公示股份公司一等奖一项）、厅局级科技进步奖十七项；先后在国内外专业核心刊物发表学术论文三十余篇，出版三部专业著作（其中待出版 2 部），参加国内、国际大型学术会议并交流发言 5 次，代表油田向股份公司及上级部门汇报勘探评价计划、部署、成果总结、年度审查等 20 余次，先后被评为油田（厅局级）劳动模范、岗位明星和优秀共产党员 4 项次，2004 年被聘为油田技术专家，2005 年、2009 年被聘为第六、第七界中国石油学会油气运移学组学术委员会委员，并担任核心期刊《古地理学报》编委。2011 年 5 月荣获中国石油集团公司先进科技工作者称号。2013 年，组织完成的《英东油田油藏评价及试采成效研究》获中国石油天然气集团公司科技进步三等奖。参与完成的《东坪地区天然气勘探重大发现与突破》获油田公司科技进步特等奖。

2014 年，参与者完成的《扎哈泉地区致密油藏条件及勘探成效》获青海省、青海油田公司科技进步一等奖；组织完成的《阿尔金山前成藏地质条件及勘探技术》获中国石油和化学工业联合会科技进步三等奖及青海油田公司科技进步一等奖；参与完成的《英东复杂断块油藏高效开发配套技术研究与应用》获中国石油天然气集团公司科技进步二等奖；《青海省柴达木盆地英东油田一号构造上盘开发方案》获青海省特等奖。

【油田技术专家简介】 2014 年，油田公司技术专家有：徐子远、徐国防、朱思俊 3 人。

徐子远，男，汉族，1962 年 2 月出生，四川蒲江人，中专学历，地质高级工程师。1981 年 7 月毕业于重庆石油学校地质专业并参加工作。先后在青海油田勘探开发研究院从事随钻研究、地面调查及规划部署研究等工作，历任技术员、助理工程师、工程师、高级工程师等职，现任勘探开发研究院三湖勘探研究室主任。一直从事石油天然气研究工作，具有较高的科研攻关能力，多次主持油田公司级及以上重点科研项目，为天然气勘探做出了重大贡献，2004、2006、2009 年被选聘为油田公司技术专家。2013 年，组织完成的《三湖地区岩性气藏形成条件研究》获油田公司三等奖。2014 年经考核续聘为油田技术专家。

徐国防，男，汉族，1964 年 2 月出生，中共党员，河南宝丰人，大学学历，地质高级工程师。1983 年 7 月毕业于西南石油学院勘探系石油地质专业并参加工作。先后任技术员、助理工程师、工程师、高级工程师、滚动勘探开发室主任、副总地质师等职，现任冷湖油田管理处总地质师。因在采油二厂油田开发、增储上产中的重要技术贡献，2000 年被选聘为油田公司学术技术带头人，2004、2006、2009、2013 年被选聘为油田公司技术专家。2014 年经考核续聘为油田技术专家。

朱思俊，男，汉族，1964 年 3 月出生，中共党员，四川广安人，大学本科学历，油藏高级工程师。1989 年 7 月毕业于西南石油学院油藏工程专业，同年分配到采油一厂参加工作。先后任技术员、开发室副主任、地质副总工程师等职，现任采油二厂地质总工程师。因在主力油田开发中发挥着重要的技术作用，做出过重要贡献，2004、2006、2009 年被选聘为油田公司技术专家。2014 年经考核续聘为油田技术专家。

【油田公司学术技术带头人简介】 2014 年，油田公司学术技术带头人有曹书瑜、易德彬、汪健、张平、樊仓栓、杨生炳、张金岗、杨少勇、于永刚、彭德华、柳金城、罗云、张文斌、杨国辉、王俊明、李立人、张智峰、高海文、林宝清、梁俊 20 人。

曹书瑜，男，汉族，1973 年 10 月出生，中共党员，甘肃正宁人，大学文化程度，采油高级工程师。1996 年 7 月于中国石油大学（华东）开发系采油专业大学专科毕业。2005 年 7 月取得中国石油大学（华东）石油工程专业本科学历。1996 年 -2011 年年底，先后在青海油田 108 勘探开发公司、采油三厂采油队、开发工艺室任技术员、助理工程师、工程师、副队长、室副主任、主任等职，现任采油一厂采油副总工程师。因在低渗难采油田开发工艺技术应用攻关方面做出了较大贡献，2004、2006、2009 年被选聘为油田公司学术技术带头人。2014 年经考核续聘为油田公司学术技术带头人。

易德彬，男，汉族，1970 年 1 月出生，中共党员，四川简阳人，大学学历，油藏高级工程师。1992 年 7 月毕业于西南石油学院油藏工程专业，同年在青海油田采油厂参加工作。先后在采油一厂测试队、花土沟综合采油大队、中南采油区、开发室任助理工程师、工程师、副大队长、副主任、主任等职，现任采油一厂开发地质研究所教导员。因对主力油田开发做出了重要技术贡献，2006、2009 年被选聘为油田公司学术技术带头人。2014 年经考核续聘为油田公司学术技术带头人。

汪健，男，汉族，1966 年 6 月出生，中共党员，四川眉山人，大学学历，采油高级工程师。1987 年 7 月毕业于西南石油学院采油工程专业，同年在青海油田采油厂参加工作。先后在采油二队、技术科、调度室从事注采工艺技术和技术管理工作，历任助理工程师、工程师、高级工程师、副科长、副大队长、大队长等职，现任采油一厂注水大队教导员。主持参加的《青海柴达木盆地花土沟油田增产工艺技术研究与应用》项目获股份公司三等奖、《尕斯库勒油田 E_3^1 大孔道堵水调驱技术研究》项目获油田公司一等奖。2006、2009 年被选聘为油田公司学术技术带头人。2014 年经考核续聘为油田公司学术技术带头人。

张平，男，汉族，1972 年 5 月出生，中共党员，湖南省澧县人，大学学历，地质高级工程师。1995 年 7 月毕业于成都理工学院石油及天然气地质勘查专业并参加工作。先后在青海油田试采评价公司、采油二厂任助理工程师、工程师、滚动勘探开发办公室副主任等职，现任采油二厂地质副总工程师。因先后主持并参与过油田公司多项油田开发方面的科研项目和重点工程，在跃进二号油田、跃西油田、乌南油田的增储上产工作中做出了重要技术贡献，2006、2009 年被选聘为油田公司学术技术带头人。2014 年经考核续聘为油田公司学术技术带头人。

樊仓栓，男，汉族，1970 年 10 月生，中共党员，甘肃静宁人，大学学历，地质工程师。1995 年 7 月毕业于江汉石油学院石油地质专业并参加工作。先后在青海油田油泉开发公司生产技术科、采油三厂开发工艺室、采油三厂开发室任助理工程师、工程师、副科长、副主任、主任、副总地质师等职，现任采油三厂总地质师。因在采油三厂油田开发、增储上产工作中的重要技术贡献，2006、2009 年被选聘为油田公司学术技术带头人。2014 年经考核续聘为油田公司学术技术带头人。2014 年组织完成的《七个泉油田Ⅱ区块地震资料目标处理及储层预测》获青海油田公司科技进步二等奖。

杨生炳，男，汉族，1963 年 11 月出生，中共党员，青海湟中人，大学学历，地质高级工程师。1988 年 7 月毕业于中国石油大学（华东）石油勘查地质专业并在青海油田采油厂参加工作。先后在原采油厂开发室、天然气开发公司地质开发室任助理工程师、工程师、动态监测组组长、尕斯 E31 油田动态组组长、主任、公司副总地质师等职，现任天然气开发公司安全副总监。2002、2004、2006、2009 年被选聘为油田公司学术技术带头人。因在天然气开发工艺技术应用与研究方面的突出成绩。2014 年经考核续聘为油田公司学术技术带头人。

张金岗，男，汉族，1960 年 11 月出生，中共党员，河北枣强人，大学学历，物探高级工程师。1982 年 8 月毕业于江汉石油学院物探专业并分配到青海油田参加工作。先后担任野外队解释组长、技术队长，处理组长、处理室副主任、主任、山地地震攻关科科长、物探项目部主任等职，一直从事地球物理勘探技术方法的研究与管理工作，现任勘探事业部（勘探处）物探项目部主任。主持和参与完成多个股份公司和油田公司科研项目，提高了油田对复杂地区地质认识。2002、2004、2006、2009 年被选聘为油田公司学术技术带头人。2014 年经考核续聘为油田公司学术技术带头人。2014 年参与完成的《柴达木盆地阿尔金山前高精度三维地震方法研究》获青海油田公司科技进步二等奖；《英雄岭复杂山地极低信噪比区三维地震勘探技术研究及应用》获中国石油天然气集团科技进步一等奖。

杨少勇，男，汉族，1968 年 7 月出生，中共党员，甘肃永登人，大学学历，地质高级工程师。1990 年 6 月毕业于中国地质大学（武汉）沉积矿产勘查专业并参加工作。先后在地质测井处、勘探公司、勘探处任助理工程师、工程师、高级工程师等职，现任勘探事业部（勘探处）总地质师。自参加工作以来一直从事油气勘探的地质技术（研究）和技术管理工作，参加完成了 10 多项科研项目，并发挥了重要的技术作用，曾获勘探事业部劳动模范、先进个人和油田公司“十五”优秀科技工作者荣誉称号。2006、2009 年被选聘为油田公司学术技术带头人。2014 年经考核续聘为油田公司学术技术带头人。2014 年，参与完成的《扎哈泉地区致密油成藏条件及勘探成效》获青海省、青海油田公司科技进步一等奖。

于永刚，男，汉族，1965 年 7 月出生，中共党员，四川宜宾人，大学学历，钻井高级工程师。1986 年江汉石油学院钻井工程专业毕业并参加工作。先后在青海油田钻井公司钻井队、生产科、勘探事业部项目工程部、西部项目部任助理工程师、工程师、高级工程师、副主任等职，现任勘探事业部（勘探处）钻井项目部主任。2004 年被选聘为勘探事业部钻井技术骨干。2006 年主持和解决“沟 6 井小井眼及双层尾管固井技术难题”、“浴酸解卡技术”、“专业下套管推广应用”和“钾酸盐泥浆体系、低渗透钻井液试验”等多项科研项目。2006、2009 年被选聘为油田公司学术技术带头人。2014 年经考核续聘为油田公司学术技术带头人。2014 年参与完成的《扎哈泉地区致密油层藏条件及勘探成效》获得青海油田技术进步一等奖；《深探井和风险井钻井配套技术研究》获青海油田科技进步二等奖。

彭德华，男，汉族，1959 年 9 月生，中共党员，湖北天门市人，博士研究生，地质高级工程师。1982 年 8 月毕业于西南石油学院石油地质专业，2005 年 3 月取得理学博士研究生学位。1982 年在青海油田地质研究所参加工作至今，现任青海油田勘探开发研究院副总地质师。2002 年被选聘为油田公司第一届学术技术带头人，2004 年被选聘为油田公司第二届学术技术带头人。2004 年因主持马北地区地质研究和探井部署工作，发现和控制马西气田，为油田公司完成当年油气储量任务做出贡献。2005 年主持完成的昆 2 井风险井位论证获股份公司批准，为油田公司赢得一块勘探投资。2006、2009 年被油田公司选聘为学术技术带头人。2014 年经考核续聘为油田公司学术技术带头人。

柳金城，男，汉族，1971 年 11 月出生，中共党员，吉林镇赉人，大学学历，地质高级工程师。1995 年 7 月毕业于江汉石油学院石油地质专业，同年在青海油田勘探开发研究院参加工作。先后任助理工程师、工程师、高级工程师、跃进油区开发项目部副主任等职，现任勘探开发研究院跃进油区开发项目部主任。因一直致力于跃进油区油田精细油藏描述和乌南油田滚动增储工作，为跃进油区增储上产做出了重要技术贡献。2006、2009 年被选聘为油田公司学术技术带头人。2009 年经考核续聘为油田公司学术技术带头人。

罗云，男，汉族，1965 年 1 月出生，中共党员，河北张北人，大学学历，油田化学高级工程师。1984 年 8 月毕业于承德石油学校油田化学专业，2002 年取得江苏石油华工学院计算机应用专业大学专科学历，2003 年取得西南石油学院石油工程专业大学本科学

历。自1984年参加工作以来，先后在采油厂工艺研究室、钻采工艺研究院任技术员、助理工程师、工程师、高级工程师、副主任、主任、副总工程师等职，从事采油工艺技术研究和技术管理工作，现任诚信服务公司副经理、安全总监。因多年主持难采油田效益开发、深部调驱、油田增产工艺等重点项目并做出重要技术贡献。2006、2009年被选聘为油田公司学术技术带头人。2014年经考核续聘为油田公司学术技术带头人。

张文斌，男，汉族，1968年4月出生，中共党员，浙江上虞人，硕士研究生，油田化学高级工程师。1991年西南石油学院应用化学专业大学本科毕业，2000年取得华中科技大学在职硕士研究生学历和学位。自1991年参加工作以来，先后在青海油田采油厂工艺室、钻采工艺研究院油田化学研究室任助理工程师、工程师、高级工程师、油田化学研究室主任等职，现任格尔木炼油厂党委副书记、工会主席。多年来一直从事油气层保护、增产措施、清防蜡工艺的研究工作，多次参与油田增储上产方面的油田重大工程项目，主持新技术、新工艺的引进，对油田增储上产做出重要技术贡献。2006、2009年被选聘为油田公司学术技术带头人。2014年经考核续聘为油田公司学术技术带头人。

杨国辉，男，汉族，1963年1月出生，中共党员，江西新干人，大学学历，钻井高级工程师。1984年7月毕业于江汉石油学院钻井工程专业，并同年在青海油田钻井公司参加工作。先后在钻井队、生产科、钻采工艺研究院钻井工艺研究室、钻井设计室任助理工程师、工程师、高级工程师、副主任、主任等职，现任钻采工艺研究院副总工程师。在定向井、水平井钻井技术领域独挡一面，主持并参与了多项科研项目攻关，取得了多项科研成果，创造了8项钻井技术指标，获油田公司科技创新一等奖3项、二等奖5项、三等奖4项、四等奖8项。参与了集团公司科研项目《青海涩北气田优快钻井综合配套技术研究》，《涩北气田与海塔盆地优快钻井配套技术研究与应用》获2010年中国石油天然气集团公司科学技术进步一等奖。2008年被评为青海油田劳动模范。2009年获2006-2008年度青海油田科技突出贡献奖。2010年4月被评为集团公司劳动模范。2006、2009年被选聘为油田公司学术技术带头人。2014年经考核续聘为油田公司学术技术。2014年组织完成的《深探井和风险井钻井配套技术研究》获青海油田科技进步二等奖；《柴北缘页岩气钻探工程与地质评价》获油田科技进步三等奖。

王俊明，男，汉族，1964年4月出生，中共党员，青海大通人，大学学历，采油高级工程师。1988年7月毕业于西南石油学院开发系采油工程专业。先后在采油厂采油队、压裂队、井下作业公司生产运行科任助理工程师、工程师、队长、指挥、科长和工艺技术室主任等职，现任钻采工艺研究院钻井工艺研究室高级工程师。近年来主持并参与了《可渗透水泥防砂技术研究》、《油砂山油田酸化增产技术研究及应用》、《青海油田化学堵水技术研究和应用》、《涩北气田封堵技术》等十多项技术引进和攻关项目，取得了良好的经济效益。2006、2009年被选聘为油田公司技术带头人。2014年经考核续聘为油田公司学术技术带头人。

李立人，男，汉族，1969年5月出生，中共党员，陕西乾县人，大学学历，地质高级工程师。1991年7月毕业于中国石油大学（华东）石油地质专业。1991年参加工作以来，先后在井下作业公司任助理工程师、工程师，现任井下作业公司地层测试大队高级工程师。因多次主持并参与完成了《探边试井在青海油田应用》、《青海油田柴北缘地区试油技术》、《MFE浅层测试工艺研究》、《APR测试工具推广应用》、《井下作业乙方手册》等技术引进、技术攻关项目，具有较高的专业技术水平和实际工作能力。2006、2009年被选聘为油田公司学术技术带头人。2014年经考核续聘为油田公司学术技术带头人。

张智峰，男，汉族，1969年6月出生，中共党员，陕西乾县人，大学学历，工商管理硕士学位，测井高级工程师。1990年毕业于石油大学（华东）测井专业，2004年取得西北大学工商管理硕士学位。自1990年参加工作以来，先后在青海油田地质测井公司生产测井中队、采油一厂测试大队任助理工程师、工程师、分队长、副中队长、副大队长、公司副经理等职，现任测试公司总工程师。2000年以来，先后在省部级、局级刊物上发表学术论文十余篇，承担或参加科研项目6项、技术革新3项，解决了多项生产测井及测试技术问题。2006、2009年被选聘为油田公司学术技术带头人。2014年经考核续聘为油田公司学术技术带头人。

2014年，组织完成《pssl全谱饱和度测井工艺方法及解释技术研究》获青海油田科技进步二等奖。

高海文，男，汉族，1966年7月出生，中共党员，陕西西安人，大学学历，机械高级工程师。1987年6月毕业于西安石油学院矿场机械专业并同年参加工作。先后在供水供电公司水电厂检修安装大队、机动科任助理工程师、工程师、高级工程师、大队长、科长、副总工程师等职，现任通信公司副总监。因多次主持并参与燃机、汽轮机、锅炉等设备的安装、技术改造、大修、运行参数调整，在保证供电设备和供热设备的正常运行发挥重要作用。2006、2009年被选聘为油田公司学术技术带头人。2014年经考核续聘为油田公司学术技术带头人。

林宝清，男，汉族，1966年9月出生， 中共党员，天津市人，大专学历，热能工程师，1987年毕业于承德石油学校热工专业，2004年取得长江大学大专学历。1987年参加工作以来，一直在供水供电公司工作，先后任技术员、助理工程师、工程师、供电分公司经理等职，现任供水供电公司副总工程师、安全副总监。曾多次主持和参与锅炉、汽轮机大修、技术改造和运行参数调整等项目，在保证供电供热设备正常运转中发挥了重要作用。2006、2009年被选聘为油田公司学术技术带头人。2014年经考核续聘为油田公司学术技术带头人。

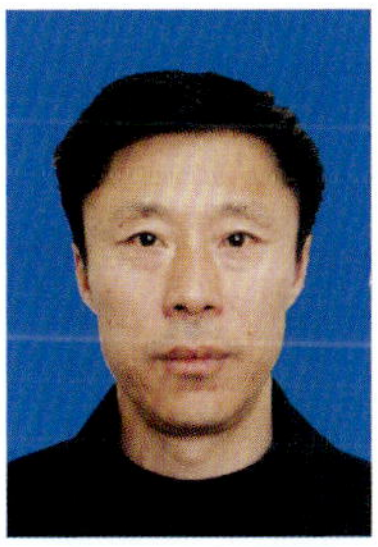

梁俊，男，汉族，1964年12月出生，中共党员，河南濮阳人，大学学历，钻井工程师、经济师。2005年5月毕业于西安石油大学工商管理专业。1987年参加工作，先后在青海油田钻井处、评价公司、定额结算中心、定额概预算中心、工程造价中心工作，现任概预算管理部（定额站）勘探钻井概预算科科长。2004年被选派为第二届油田学术技术带头人，参与完成了《青海油田钻井系统工程预算定额》等多套定额的编制，为油田勘探钻井工程造价工作做出了贡献。2006、2009年被油田公司选聘学术技术带头人。2014年经考核续聘为油田公司学术技术带头人。

【**集团公司技能专家简介**】 2014年，集团公司技能专家有张华先、唐海光、张孝伟、姜宏4人。

张华先，男，汉族，1972年8月出生，中共党员，山东冠县人，大学（成）学历，采油高级技师。1992年毕业于青海石油技校采油专业，2010年毕业于长江大学石油工程专业。1992年9月至今，在采油一厂尕斯第三采油作业区从事采油工工作。2003年获得集团公司技术能手称号。2006年被选聘为油田公司技能专家。2009年经油田公司推荐，集团公司评审，被选聘为集团公司采油技能专家。2011年获得青海省优秀专业技术人才称号。 2012年经考核被续聘为集团公司采油技能专家。

唐海光，男，汉1972年6月出生，政治面貌：群众，四川蓬溪县人，技校学历，炼油化工催化裂化装置高级技师，1991年毕业于青海石油技校炼油专业，1991年9月-2012年年底，在格尔木炼油厂从事催化裂化装置操作工工作。2001

年获得青海油田公司油田功臣称号。2002 年获得青海省十五创新立功先进个人称号。2006 年获得集团公司催化裂化装置技能专家。2008 年获得青海油田优秀青年荣誉称号。2008 年 12 月获得全国技术能手荣誉称号。2012 年获得青海省优秀专家荣誉称号。2009 年经油田公司推荐，集团公司评审，被选聘为集团公司催化裂化装置技能专家。2012 年经考核被续聘为集团公司催化裂化装置技能专家。

张孝伟，男，汉族，1968 年 10 月出生，中共党员，重庆永川人，中专学历，输油高级技师。1996 年毕业于管道局廊坊石油管道学校工企自动化专业。1988 年 12 月 -1989 年 8 月在管道输油处通信站从事载波工作，1989 年 9 月 -1993 年 7 月在管道输油处芒崖站从事载波工作，1993 年 8 月 -1996 年 7 月在廊坊管道局学校学习，1996 年 8 月 -2001 年 2 月在管道输油处甘森站从事输油工作，2001 年 3 月至今在管道输油处花土沟站从事输油工作。2003 年获得青海油田技术能手称号。2005 年被选聘为油田公司技能专家。2009 年经油田公司推荐，集团公司评审，被选聘为集团公司输油技能专家。2012 年经过考核被续聘为集团公司输油技能专家。

姜宏，男，汉族，1970 年 9 月出生，中共党员，湖北省丹江口市人，大学学历，集输高级技师。1990 年毕业于青海石油技校钻井专业，2000 年毕业于石油物探职工大学应用电子技术专业，2005 年毕业于北京科技大学信息管理与信息系统专业。1990 年 9 月 -2003 年 9 月，在采油一厂尕斯联合站从事油气集输工作；2003 年 10 月 -2008 年 4 月，在采油一厂自控仪修队从事油气集输、自动化仪表维修工作；2008 年 5 月 -2011 年 12 月，在采油三厂工程技术大队从事油气集输、自动化仪表维修工作；2012 年 1 月至今，在采油三厂油田维护队从事油气集输、自动化仪表维修工作。2009 年被选聘为油田公司技能专家。2012 年经油田公司推荐，集团公司评审，被选聘为集团公司集输技能专家。

【油田公司技能专家简介】 2014 年，集团公司技能专家有李玉峰、赵海翔、张庆辉、高海军、杨永磊、史昆、李亚夫、杨勇、袁瑛、王富满、赵霞、周海良、吴秦文、张峰、杨永福、陈兴义、陈向平 17 人。

李玉峰，男，汉族，1973 年 11 月出生，中共党员，河北省河间市人，大专（成）学历，采油高级技师。1992 年毕业于青海石油技校采油专业，2004 年毕业于江苏工程学院经济管理专业，1992 年 9 月至至今，在采油一厂尕斯第二采油作业区从事采油工工作。2005 年获得油田公司技能专家，2006 年获得集团公司技能专家，2009 年经单位推荐，油田公司评审，被选聘为油田公司采油技能专家。2012 年经考核被续聘为油田公司采油技能专家。

赵海翔，男，汉族，1974 年 10 月出生，中共党员，四川省盐亭县人，大专（成）学历，注水泵工技师。1994 年毕业于青海石油技校驾修专业，2004 年毕业湖北计算机信息管理专业。1994 年 7 月至今，在采油一厂注水大队从事注水泵工工作。2006 年获得青海省青年岗位能手称号。2009 年经单位推荐，油田公司评审，被选聘为油田公司注水泵技能专家。2012 年经考核被续聘为油田公司注水泵技能专家。

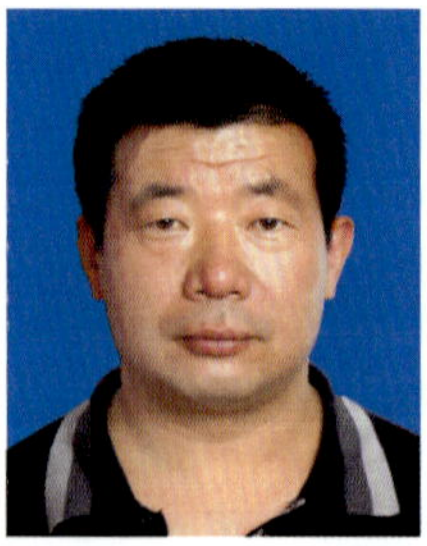

张庆辉，男，汉族，1967 年 10 月出生，工人，辽宁黑山人，石油技校学历，井下作业工具高级技师，1984 年于青海石油管理局，井下作业公司工作，1984 年 -1986 年在井下试油 144 队工作，1986 年 -1995 年井下作业公司，试油 1 队，1996 年到 2011 年年底井下作业公司工具组工作，2012 年至 2013 年研发中心工具车间工作，2005 年获得局岗 位明星称号，2009 年经单位推荐，油田公司评审，被聘为油田公司井下作业工具技能专家，2012 年经考核被续聘为油田公司井下作业工具技能专家。

2014 年参与完成的《南翼山Ⅴ油组水平井优化技术研究》获得青海油田科技三等奖。

高海军，男，汉族，1969 年 4 月出生，中共党员，河南省封丘县人，大专学历，电焊工高级技师。1990 年毕业于青海石油技工学校管焊专业，2009 年毕业于江汉石油学院成人教育石油工程技术专业。1990 年 7 月 -1998 年 8 月，在油建工程处安装二公司从事电焊工工作；1998 年 8 月 - 今，先后在油建工程处、油建工程公司、建筑安装公司培训检测站从事焊接培训、新技术开发工作。1994 年获得全国百名青年技术能手称号；2006 年获得全国技术能手称号；2006 年经油田公司推荐，集团公司评审，被选聘为集团公司电焊技能专家；2009 年被选聘为青海油田公司电焊技能专家，2012 年经考核被续聘为油田公司电焊技能专家。

杨永磊，男，汉族，1975 年 5 月出生，中共党员，安徽界首县人，大专学历，焊接高级技师。2007 年毕业于青海省党校经济管理专业。1991 年 10 月至今在格尔木炼油厂机修车间工作。2003 被评为“青海石油管理局技术能手”，2004 年被评为“青海省技术能手”， 2012 年被评为“青海省工人技术明星”， 2012 年 4 月被青海油田首批命名“杨永磊职工技术创新工作室”。2010、2011 年两项合理化建议获得青海油田一等奖。领军设计的“一种异形管道双层带压密封引流器”、“一种带压焊接密封法兰构件”、“催化剂管线上的耐磨器”均获得国家专利，已投入生产。其撰写的技术论文《浅析带压管道的焊接堵漏》《镍基焊条在 A335-P12 与 TP304 异种接头上的实践》等共计 11 篇发表于国家级有关期刊。2009 年经单位推荐，油田公司评审，被选聘为青海油田电焊技能专家，2012 年经考核被续聘为油田公司电焊技能专家。

史昆，男，汉族，1977 年 5 月出生，中共党员，山东日照人，大学（成）学历，采油高级技师。1995 年毕业于青海石油技校采油专业，2008 年毕业于中国石油大学（华东）石油工程专业。1995 年 7 月至今，在采油一厂尕斯第一采油作业区从事采油工工作。2004 年获青海省青年岗位能手称号，2010 年获得青海油田技术能手称号，2011 年获得青海省技术状元称号。2012 年，经单位评审，油田公司推荐，被选聘为油田公司采油技能专家。

李亚夫，男，汉族，1976 年 11 月出生，中共党员，甘肃武威人，大学本科学历，采油技师。1996 年毕业于青海石油技校采油专业，2007 年毕业于长江大学继续教育学院石油工程专业，2010 年毕业于中国石油大学（华东）石油工程专业。1996 年 7 月 -2010 年 7 月，在采油二厂跃进二号采油作业区从事采油工工作，2010 年 8 月至今，在采油二厂昆北油田第一采油作业区从事采油工工作。先后获得青海石油管理局采油工技术大比武第三名、全省青工岗位技能大赛采油工竞赛二等奖等荣誉，并获得青海石油管理局设备操作能手荣誉称号、青海石油管理局岗位明星荣誉称号、优秀共青团员、青海油田“十大青年岗位能手”、优秀共产党员、青海油田公司“十大杰出青年”，青海油田公司“能工巧匠”等荣誉称号。2004 年以”求产分离器冲砂流程改造”获青海油田优秀攻关项目奖，2012 年成为命名班组“李亚夫班”班长。2012 年，经单位推荐，油田公司评审，被选聘为油田公司采油技能专家。

杨勇，男，汉族，1976 年 1 月出生，中共党员，甘肃武威人，大专学历，采油高级技师。1995 年毕业于青海石油技校采油专业，2012 年毕业于江汉石油学院成人教育部石油工程专业。1995 年 9 月 -2007 年 8 月，在采油一厂花土沟采油作业区从事采油工工作。2007 年 8 月至今，在采油三厂花土沟采油作业区从事采油工工作，2004年获得青海省技术能手称号，2008年获得油田公司劳动模范，2009年获得油田公司能工巧匠，2010年获得集团公司劳动模范。2012年，经单位推荐，油田公司评审，被选聘为油田公司采油技能专家。

袁瑛，男，汉族，1974年6月出生，中共党员，四川古蔺县人，成人本科学历，采气高级技师。1993年毕业于青海石油技校炼油专业，1998年毕业于西安石油学院化学工程专业。1998年7月至今，在天然气开发公司采气作业区从事采气工工作。2010年获“青海油田技术能手”称号，2011年获得青海省“技术状元”称号。2012年，经单位推荐，油田公司评审，被选聘为油田公司采气技能专家。

王富满，男，汉族，1974年3月出生，中共党员，甘肃天水人，大专学历，采气高级技师。1995年7月毕业于青海石油技校仪表专业， 1999年7月毕业于承德石油高等专科学校成教部化学工程专业。1999年7月-2010年9月在天然气开发公司作业区从事采气工工作，2010年10月-2011年11月在天然气开发公司工程技术部从事工程施工建设工作，2011年12月-2013年12月在天然气开发公司维护管理中心从事工业自控及仪器仪表维护工作。2004年获得“青海省技术能手”称号，2012年，经单位推荐，油田公司评审，被选聘为油田公司采气技能专家。

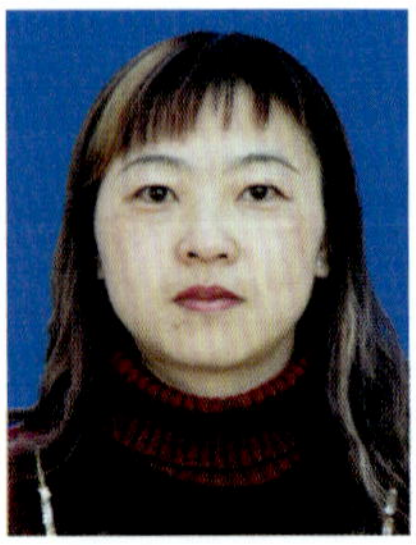

赵霞，女，汉族，1975年3月出生，中共党员，浙江缙云县人，大专（成）学历，油田水处理技师。1995年毕业于青海石油技校通讯专业，2007年毕业于江苏工业学院会计学专业。1995年7月至今，在采油一厂尕斯联合站从事油气水处理工作。2008年获得“青海省女职工建功立业标兵”、“青海省青年岗位能手”称号，2009年获得“青海省技术能手”称号，2012年获得“中国石油青海油田公司优秀班组长”称号，2012年获得“中国石油青海油田公司优秀共产党员”称号，2008年获得“青海油田公司三八红旗手”称号，2012年经单位推荐，油田公司评审，被选聘为油田公司油气田水处理技能专家。

周海良，男，汉族，1971年3月出生，中共党员，山东泗水人，本科（成）学历，输油高级技师。1989年毕业于青海石油技校司炉专业，2007年毕业于青海师范大学计算机及应用专业，2011年毕业于西安石油大学函授学院油气储运工程专业。1989年9月至今，在管道输油处甘森站从事输油工作。2003年和2010年获“油田技术能手”称号。2008年被评为输油高级技师。2011年授予青海省“技术状元”称号。2012年，经单位推荐，油田公司评审，被选聘为油田公司输油技能专家。

吴秦文，男，汉族，1975年3月出生，中共党员，青海省互助县人，大专学历，井下作业高级技师。1994年毕业于青海石油技校驾修专业，2010年毕业于常州大学成人教育部石油工程专业。1994年7月-1999年12月，在采油一厂井下作业大队作业二队从事修井工工作。2000年1月-2011年10月井下作业公司作业14-19联队任司钻、大班。2011年10月至今井下作业公司大修大队技术组工作。2003年获得油田公司技术能手、优秀司钻称号。2009年-2011年荣获局优秀共产党员。2004年被聘为井下作业技师，2010年聘为井下作业高级技师；2012年，经单位推荐，油田公司评审，选聘为油田公司井下作业技能专家。

张峰，男，汉族，1977年7月出生，中共党员，河南临颍县人，本科学历，井下作业高级技师。1995年毕业于青海石油技校井下作业专业，2010年毕业于常州大学成人教育部石油工程专业。1998年7月-2010年年底，一直从事井下作业工作，目前在涩北作业公司井下作业大队任生产安全工程师。2003年获得油田公司技术能手称号。2006年被评为青海省优秀高技能人才。2012年，经单位推荐，油田公司评审，选聘为油田公司井下作业技能专家。

陈兴义，男，汉族，1963年6月出生，中共党员，甘肃省永昌县人，技校毕业，电焊高级技师。1979年11月至今，在机械厂从事电焊工工作。2009年获得机械厂质量安全环保先进个人称号；2010年获得机械厂优秀共产党员称号；2011年获得机械厂廉洁从业先进个人称号。2006年，经单位推荐，油田公司评审，选聘为油田公司电焊技能专家。2009年续聘为油田公司电焊技能专家，2012年，经单位推荐，油田公司评审，被选聘为油田公司电焊技能专家。

杨永福，男，汉族，1971年9月出生，中共党员，陕西山阳人，大专学历，配电线路工高级技师。1992年毕业于青海石油技校电工专业，1997年毕业于中国工运学院劳动保护管理专业。1992年9月至今在青海油田供水供电公司供电车间从事配电线路工工作，2001年、2004年被授予青海石油管理局技术能手称号、2004年被评为青海石油管理局岗位明星、2009年被油田工会授予安全生产明星称号、2006年、2007年、2010年被评为油田安全生产先进个人，2011年被评为供水供电公司文明标兵，2012年，经单位推荐，油田公司评审，选聘为油田公司配电线路技能专家。

陈向平，男，汉族，1972年3月出生，中共党员，湖南省邵东县人，大专学历，甲醇高级技师。1990年毕业于青海石油技校钻井专业，2003年毕业于河北远东石油技术学院石油化工工艺专业。1990年9月在采油厂工作，1992年底至今在格尔木炼油厂工作。曾获得格尔木炼油厂双文明建设先进个人、科技先进工作者、优秀党务工作者；油田公司技术能手、油田公司劳动模范、青海省岗位能手等荣誉称号。截止目前在国家级刊物发表论文4篇，共获得技术成果15项，其中厂级成果8项，油田公司级4项，省部级3项。2008年被聘为格尔木炼油厂技能专家，2012年，经单位推荐，油田公司评审，被选聘为油田公司甲醇装置操作技能专家。

青海油田公司采油二厂

油田公司总经理付锁堂到井场调研

安全监督讨论会

2014年，在油田公司党委、油田公司的正确领导下，采油二厂以科学发展观为统领，深入贯彻落实党的十八届三中、四中全会精神、油田公司“两会”精神，围绕原油生产中心，按照“科学开发谋发展，生产原油三十二；精细管理提效益，促进工作上水平”的工作思路，克服生产建设任务困难，围绕32万吨原油生产目标，振奋精神，真抓实干，完成全年各项业绩指标。

效益建产取得新突破。按照“区块大包”和“项目管理”全新模式，组织实施切十六区和扎哈泉两个5万吨产能建设工程，产能到位率和万吨投资费用达到了预期，实现“三低”储量有效动用，成效显著；注水工作取得新突破。在成本紧张的情况下，严格按照《精细注水方案》组织实施注水工作，精细注水工作量完成年计划的109%。

不断强化源头控制，完善管理程序，开展危害因素辨识，加大环境隐患治理投入，环保工作明显提升；创新培训方式，将“培训课堂”搬到现场，提高培训效果，职工素质明显提升。

井控安全自查

工作现场安全检查

原油计量

井下作业现场

推进QHSE体系建设，完善体系内容，优化体系运行，深化专项整治，有效控制了各类风险。

2014年，采油二厂荣获油田公司“先进厂处”、“先进党委”称号；昆北第三作业区、乌南采油作业区分别荣获“质量安全环保及QHSE体系管理工作先进单位”和“红旗基层单位”称号；乌南采油作业区和昆北第一采油作业区党支部被油田公司评为“红旗党支部”。（文/图：郭雪）

“李亚夫班”开展小改小革

昆北联合站冬季设备维护

技能竞赛表彰

义务植树活动

青海油田公司采油三厂

观摩学习

班组班前会

岗位讲述

防设备除隐患

2014年，在油田公司党委、油田公司的正确领导下，认真贯彻油田公司“两会”精神，围绕建成千万吨高原油气田的“油田梦”，以“坚定信心立足老区硬稳产，积极探索谋求新区早突破；保持优势突出质量精开发，持续推进提升管理增效益”的工作思路，突出抓好“安全环保、效益开发、质量提升”三大工作，统一思想、凝聚力量，依靠管理提升，强化经营管控，转变工作作风，生产原油28.7万吨，销售原油28.47万吨，油田注水130.38万立方米。采油三厂荣获海西州文明单位，油田公司贡献单位、先进党委、社会治安综合治理、思想政治工作、新闻宣传等荣誉称号。

2014年，采油三厂深化油藏精细分析，梳理油藏、层系、井组、单井的开发矛盾，采取对策措施，确保了油藏受控开发，全年自然递减率9.0%，综合递减率5.1%，含水上升率含水上升率3.4%。加强油藏精细描述，完成七个泉油田二区块、花土沟油田三层系油藏精细描述，认清剩余油分布规律和水驱优势方向。加大油藏注采调整，开展以提高注采对应、完善水驱控制、改善注水矛盾为主的措施89井次，水驱控制程度提高

慰问演出

职业技能大赛

学雷锋活动现场

0.8个百分点，水驱动用程度提高2.1个百分点。开展油藏综合治理，实施七个泉三层系综合治理，完成治理措施25井次，自然递减率下降0.4个百分点，含水上升率下降2.9个百分点。

2014年，采油三厂通过严控水处理药剂质量、加强水处理设备维护、建全水质节点监控，形成水质平稳达标长效机制，综合水质达标率90.5%。优化注水工艺、单井措施、层段调配，改善油藏水驱效果得到。实施各类油井措施60井次，累计增油1.12万吨。

2014年，采油三厂以昂扬的斗志、饱满的激情、务实的行动不断提升原油产量标尺，以负责的态度持续巩固安全管理防线，以创新的作为赢得增产增效荣誉，探索出科学合理的管理新机制，努力建成产量稳定增长、储量稳步上升，经济效益良好、科技优势突出、安全环保领先、人才健康成长、员工和谐稳定、持续有效发展的三厂。（文/图：高丽）

联谊活动

妇女节活动

技术攻关

青海油田边远油田开发公司

油田公司总经理付锁堂到施工现场指导工作

“学雷锋、树新风”主题活动

安全经验分享

2014年，边远油田开发公司干部员工不畏艰难、不惧压力、真抓实干，各项工作顺利推进。生产原油18.50万吨，输配气8116万立方米，注水47.50万立方米。南翼山油田首次跨入青海油田“十万吨级”行列，开创了边远油田发展的新篇章。

2014年，边远油田充分发挥稳产上产项目组及现场办公室职能，靠前指挥抓部署、强协调，落脚一线督执行、解难题，完善油水井三级管理模式，推行单井精细跟踪分类管理和月度计划执行率考核，在劳务区块生产被动的情况下，自主区块主动作为超计划0.33万吨；强化油藏精描研究，优选南101井、南浅评3井等5口长停井实施压裂措施后单井平均日产油2.85吨，新增可动用面积2.30平方千米，可采储量26万吨。南翼山Ⅲ+Ⅳ油组新井平均单井日产2.80吨，比2013年提高0.70吨。劳务区块新井平均日产1.05吨，比计划指标提高0.05吨；补孔压裂15井次，平均单井日增油2.98吨，单段增油1.02吨，累计增油5150吨；突出注水节点管理，严抓精细注水，确保有效注水，南翼山Ⅰ+Ⅱ、Ⅲ+Ⅳ油组水驱动用程度分别比2013年提高4.1%和4.9%；南翼山自然递减同比下降0.2%，综合递减下降0.9%，含水上升率

女工秀才艺展示

技能竞赛

“同心共筑中国梦，老少共话油田梦”演讲比赛

下降0.87%。严格投资成本管理，强化事前预控、事中控制、事后分析，原油单位操作成本比2013年降低33元/吨，单位输气成本降低5元/千立方米；坚持安全第一、党政同责、管工作必须管安全，创新安全管理举措，完善管理责任，严格“四严”管理和四级风险防控，强化环境污染的治理及追责，实现安全环保根本好转；坚持以人为本，扎实开展基层党建工程、暖心聚力工程、素质提升工程和企业文化建设四大工程。

2014年，边远油田被油田公司授予“堵塞漏洞、杜绝浪费”全员献计献策、厉行节约活动优秀组织单位，培训工作先进单位，工程造价管理工作先进集体和难采储量动用奖。（文/图：朱永学 唐志强）

一线慰问

慰问职工家属

“五一”长跑活动

“奔跑吧，边远”迎新春活动

青海油田公司英东采油厂

油田公司总经理付锁堂、党委书记党玉琪到英东采油厂现场调研

井控检查

2014年，英东采油厂认真贯彻落实油田“两会”精神，结合英东油田实际，确立“夯基础，促管理，建成产能五十万；练内功，谋发展，生产油气三十万”的工作目标，加快产能建设步伐，筑牢稳产上产基础，完成原油生产31.33万吨、注水45.32万立方米，超额完成年度目标任务。

经过艰苦的创业，英东油田产量从组建之初的日产不足40吨，到目前日产突破1000吨，跨上年产30万吨的台阶，油气生产实现跨越式增长；通过“整体部署、整体研究、滚动扩展、效率优先”的一体化实践，以及标准化、数字化和地面地下一体化建设，打造油田开发的英东样板；以推行扁平化管理，实现用工总量的有效控制，全员实施多岗位培训，做到一人多岗、一专多能，人均产油量达到1300吨；英东采油厂全体员工用实际行动，践行“爱国、创业、奉献”的柴达木石油精神，铸就“团结进取、务实创新、科学发展、追求卓越”的英东精神。

英东采油厂提出新的发展愿景：精雕细刻开发英东油田，确保英东油田长期持续稳产。打造一支精诚团结、富有创造力

职工代表大会

表彰先进

岗位考核

做好“传帮带”

继承柴达木石油精神

岗位讲述考核

的员工队伍。将英东油田建设成管理规范、自动化程度高、经济效益好的一流高原油田。英东采油厂围绕“精细管理，筑牢英东持续发展基础；稳油控水，实现油田科学高效开发”这条主线，确保油田的持续稳产，为千万吨高原油气田建设做出新的更大的贡献。（文/图：王卫东 张宏元）

文艺活动

认真操作

青海油田公司冷湖油田管理处

油田公司总经理付锁堂在东坪调研办公

党的群众路线教育实践活动总结大会

冷湖油田管理处主要负责东坪气田，牛东气田，冷湖三、四、五号油田的生产、开发，天然气管道维护，冷湖地区水电生产及供应的油气生产单位。2014年，生产原油2.78万吨，生产天然气9.28亿立方米，4亿立方米天然气产能全面建成，完成钻井进尺3.27万米，新井单井日均产量24.6万立方米，产能建设到位率141%，圆满完成全年生产经营任务。

2014年，冷湖油田管理处紧紧围绕年度总体工作目标，强化油田注水工作，推进细分层注水，油田分注率71.4%；加强油井精细管理和日常维护，原油产量稳中有升。加大产能建设组织力度，积极推广应用新技术，青海油田首次成功钻探的双分支水平井坪1H-2-7井，最高日产气77万立方米；主动做好措施跟进，完成东坪105等9井次压裂作业，措施增气4186万立方米。日产天然气达350万立方米，为天然气冬季保供工作提供坚实保障。落实安全责任，加大QHSE体系推进力度，安全形势持续向好。以强化党工团组织建设为着眼，推进企业创新创效和宣传思想文化建设，扬正气鼓干劲，聚心力攻难关，为中心工作保驾护航。认真做好过往冷湖职工家属接待工作，2014年共接待往油田职工家属420001人次，综合满意率保持较高水平。

场站检修

气井日常维护

“传帮带”促提升

东坪试采作业区

第十六届职业技能竞赛

第十六届职业技能竞赛

2014年，冷湖油田管理处获油田公司“贡献单位”“新闻宣传先进单位”“信息档案先进集体”“产能建设优秀奖”“单井产量突破奖”等荣誉称号；被青海省海西州授予精神文明建设单位和“双拥”工作先进集体称号。（文/图：孙志华 曾丽）

妇女节娱乐活动

查看生产参数

青海油田公司马仙采油厂

油田公司总经理付锁堂到马仙采油厂现场指导工作

油田公司党委书记党玉琪到马仙采油厂现场指导工作

学习新《安全生产法》、新《环境保护法》

一届三次职代会

2014年，马仙采油厂在油田公司党委和油田公司的正确领导下，深入贯彻落实油田公司两会和厂职代会精神，周密组织生产运行，统筹安排停站检修和清管检测，努力提高生产时效，确保油气稳产上产；快速推进产能建设，及时跟进投产作业，努力确保产建效果，提高新井贡献率；不断强化科研攻关，深化油气藏认识，为产能建设优化部署、措施增油增气及老井挖潜增效提供有力的支撑；努力探索适用技术，积极开展泡排、机排、柱塞、电潜泵、管式潜油泵等排水采气工艺试验，现场应用推广井口电磁加热、阴极保护器等清防蜡、防腐阻垢装置，努力提高开井时率，降低工作劳动强度；有序推进工程建设，完成南八仙低压伴生气扩能改造工程、作业区电网检修、省道210至马北道路工程、南八仙生活驻地维修改造工程，促进油田场站、路网、管网、电网、生活等基础设施的配套完善；全面加强安全管理，严格落实安全环保责任，强化风险隐患排查治理；持续规范经营管理，全面促进管理提升；努力提升全员素质，扎实开展“职工培训年”活动，举办首届职工技能竞赛。

2014年，马仙采油厂干部职工发扬为油而战、奉献油田的精神，齐心协力，攻坚克难，完成各项生产经营任

网络读书学习

职工技能竞赛

务，生产原油46300吨、天然气4.80亿立方米，完成油气产量42.84万吨。马仙采油厂获得集团公司“优秀基层党组织”称号，被油田公司授予“文明建设先进厂处”、党风建设先进单位、综合管理提升先进单位、新闻报道先进单位、天然气挖潜增效及单井产量突破奖、“十二五”期间科技工作先进集体、“堵塞漏洞、杜绝浪费”全员献计献策厉行节约活动优秀组织单位等称号。（文/图：陈功旭 孔宜燕 杨长青）

长距离大管径湿气输送管道通球成功

拔河比赛

环城长跑活动

祭奠英烈 学习楷模

青海油田公司天然气开发公司

应急演练

天然气开发公司成立于1995年，主要担负着涩北气田的开发建设、生产集输工作，是一个集气田产能建设、天然气生产、集输处理为一体的专业化公司。拥有集气站16座、气井627口。以涩北气田为中心，先后建成6条总长为2943千米、年输气能力达107亿立方米的长输管道。天然气开发公司下设8个机关科室、6个直属部门、9个基层单位，共有员工490人，大专以上文化程度393名，管理岗位113人，专业技术岗位111人，操作与服务岗位266人，平均年龄35岁。

天然气开发公司涩北气田具有含气面积大、储量丰度高、埋藏浅、品质好的特点。涩北气田生产的天然气为纯干气，甲烷含量在99%以上，仅含少量的乙烷、丙烷和氮气，不含硫化氢等有害气体，天然气相对密度平均为0.5576。

2014年，天然气开发公司持续完善管理体系，提高体系执行力，强化内部审核，促进管理体系的持续完善，提升气田规范化、精细化管理水平。加强绩效管理，建立完善绩效考核评价体系，提升考核工作质量和效益，有效调动了员工的积极性，提高气田经济效益。

作业现场灵活培训

向党旗宣誓

巡回检查

野外设备维护

校验计量设备

天然气开发公司“两个文明”建设硕果累累。荣获全国“安康杯”竞赛优胜单位称号；荣获集团公司“先进基层党组织”“五四红旗团委”“百个标杆单位”称号；在青海油田第八届职工技能大赛上，被评为“优秀组织单位”，荣获油田公司“先进党委”“先进厂处”“党风廉政建设先进单位”称号；荣获油田公司“模范职工之家”“十二五科技工作先进单位”等称号。（文/图：王瑾）

涩北五号站“标杆青年突击队”

缅怀英烈向团旗宣誓

拓展训练

广播操比赛

青海油田公司物资管理部（物资装备公司）

油田公司总经理付所堂、党委书记党玉琪现场调研

质量安全环保节能工作会议

物资管理部（物资装备公司）是隶属于青海油田的一个既职能又专业的物资供应管理单位，拥有固定资产原值2.54亿元。在青海、甘肃两省设有大型物资仓库，拥有标准物资库房41栋，料场18个；铁路专用线9条4.59千米；吊装运输机具49台(套)。

2014年物资装备公司全面贯彻落实油田公司工作部署，紧紧围绕物资管理和供应保障两个重点，着力抓好管理提升、经营管控、安全环保、信息化建设、廉洁从业及队伍建设。持续推进“三集中、三统一”，完善管理制度，增强管理责任，加强物资集中采购，全面实施集中仓储。抓好组织运行，优化工作流程，强化质量管控，落实服务承诺，细化保供措施，促进了管理水平和保障能力的不断提升。严格QHSE和内控管理，完善体系建设，实现了生产经营安全平稳运行。持续加强党组织建设，深化党的群众路线主题教育和“四好”班子建设创建活动。认真执行改进工作作风、密切联系群众和廉洁自律的各项规定，保持了廉洁从业的良好风气。认真做好企业文化建设，编印《物资装备公司企业文化手册》，推进宣贯落地。工团妇组织有效发挥桥梁纽带作用，抓好劳动竞赛、帮扶助

应急物资储备检查

企业文化体系学习宣贯推进会

物资ERP系统培训

工程管材吊装

困、班组建设、女工关怀、文娱活动等各项工作，充分调动广大职工群众的积极性、主动性和创造性，形成合力，促进油田公司各项工作任务的完成，为油田生产建设提供了及时、高效、安全的物资保障。

2014年物资装备公司完成物资购进量18.40亿元，售出量20.07亿元，实现利润3059万元；物资两级集中采购度98.85%，一级物资网上采购率100%；物资库存1.97亿元，物资周转8.86次，吞吐量80.8万吨；实现外部劳务收入490万元，完成了油田公司下达的指标任务。物资装备部（物资装备公司）荣获青海省女职工工作先进集体、油田公司人口和计划生育工作先进单位、油田公司“五四”红旗团委称号。（桑霖　蒋焕印　卢杰）

演讲比赛

油田仓库保管工竞赛现场

女工才艺作品展

油田长跑活动

青海油田公司保卫部（武装部）消防支队

油田公司总经理付锁堂在消防支队现场调研

QHSE体系检查

消防设备检查

消防水源普查

保卫部（武装部）消防支队主要负责油田治安保卫，维护稳定、社会治安综合治理、油气监察、消防安全管理、火灾扑救、抢险救援、油田内部人口管理工作和油田武装工作,是一个既专业又具有管理职能的单位。

2014年，保卫部（武装部）消防支队改进作风、完善机制、夯实基础，消防支队贯彻落实油田公司“两会”精神，围绕消防保卫中心工作，加强基层建设，夯实基础工作，提升基本素质，提高队伍专业化建设水平，履职尽责，不辱使命，圆满完成各项绩效指标。油田保卫部按照《青海油田警企联防长效机制实施方案》，与甘肃省敦煌市七里镇公安分局、青海省海西州自治区油沙山公安分局协作沟通，落实油田公司打造美丽幸福油田家园的工作要求，调整充实综治委成员力量，明确各单位工作目标和案件控制指标，形成主要领导亲自抓，分管领导具体抓，职能部门共同抓的良好局面。落实禁赌专项整治行动有关要求，严格依法办案，严厉打击赌博违法犯罪活动；查封利用赌博机进行犯罪活动的场所。通过禁赌专项整治行动开展，油田各级组织的共同努力，油田赌博违法犯罪活动得到有效遏制，

冬季体能训练

技能竞赛

公共娱乐场所得到有效清理，停、歇业数量日益增多，职工家属禁赌拒赌的思想意识得到增强，专项行动取得明显成效。

2014年，保卫部（武装部）消防支队荣获油田公司“维稳信访先进集体”荣誉称号。（赵鸣）

天然气末站消防演练

学习雷锋活动

安全月消防安全咨询

119消防宣传日

青海油田公司格尔木炼油厂

青海省副省长骆玉林到格尔木炼油厂调研

油田公司总经理付锁堂、党委书记党玉琪一行到格尔木炼油厂调研

2014年，格尔木炼油厂围绕“生产建设双促进，稳中求进增效益；检修升级齐巩固，同心共圆精品梦”的工作思路，以平稳运行为基础，抓好对标管理，稳固安全环保形势，唱响安稳运行主旋律，各项工作有了长足进步。

2014年，格尔木炼油厂精心组织生产运行，在完善制度的基础上强化考核力度，通过MES系统统计、分析波动曲线，及时调整操作，主要装置操作平稳率达到99.37%。30万吨/年甲醇装置实现“三年一修”，其余装置实现第二次“两年一修”，优质正点完成2014年大检修。严格管理，安全环保形势持续稳定，污水外排100%达标。开展设备现场标准化管理，以“每周车间自查整改一次，每周集中检查一套装置”的方式，持续提升设备管理水平。抓住“降本、增效”两条效益线不放松，13项经济技术指标优于2013年度，7项指标排名处于中石油炼化企业16位之前。提前完成国Ⅳ柴油产品质量升级改造，柴油质量全面升级；以及国Ⅳ汽油产品质量升级主要配套改造项目；催裂化烟气脱硫装置烟气排放按时达到国标要求。

油田公司党委书记党玉琪在“职工技术创新工作室”成果观摩交流会调研

检修现场指导

观察研究

苯抽提扩能改造吊装现场

2014年，格尔木炼油厂加工原油140.88万吨，兑现油田对青海省“增加10万吨原油加工量”的承诺，为地方经济稳定增长作出了积极贡献。格尔木炼油厂干部员工用实际行动诠释了“担当、争气、共荣”的格尔木炼油厂精神，得到油田公司和各级政府的认可，格尔木炼油厂被评为青海省“模范集体 ”、油田公司“先进厂处”、格尔木市“十一五至十二五发展杰出贡献单位”等荣誉称号。（文/图 陈利平 曹积珍 韩三俊）

“安全之星”访谈会

夜间巡检

应急演练

向检修现场挺进

青海油田公司管道输油处

油田公司总经理付锁堂、党委书记党玉琪在格尔木输油站调研

甘森站团支部

2014年，管道输油处应对油气管输运行难度加大、天然气销售不畅、占压隐患清理繁重等不利因素，按照油田公司总体部署，面对困难、迎接挑战、团结一心，主动适应形势变化，突出抓好效益运行，各项工作稳步推进，保障油气管道平稳运行和油田大动脉的畅通。

管道输油处严格执行油田公司调度指令，主动调整运行方式，科学制定每月、每天的运行方案。在抓好油气管线生产运行的同时，也做好各站单机设备的优化，推行“一线一法”“一站一策”“一机一规”的精确动态管输模式，保证油气管网安全平稳受控效益运行；在“全员落实安全环保责任、夯实安全环保工作基础、提升安全环保素质、抓好关键领域监管、推进隐患排查整改”等多方面做文章，严守安全环保这条红线，加大对管线巡护的力度，将管道巡护的重点放在防止第三方施工破坏和管道占压治理上，落实巡护制度，完善巡护方案，实现管道的生产、人员、环

巡回检查

青年岗位讲述活动

岗位技术比武

野外巡线

境、管道、质量零事故管理目标；以“提高员工的综合素质，提升党工团文明建设水平”的目标为动力，改进作风，改进文风、会风，落实党风廉政建设责任制，学先进、树典型，以及形式多样的主题教育和实践活动；丰富寓教于乐的群众性文化体育活动，发挥党支部战斗堡垒作用和党员的先锋模范作用，激发员工热爱管道、奉献油气管输的干劲，全体员工勇争第一、勇争先进，塑造了良好的管道品牌形象。（文/图：肖海娟）

消防应急演练

篮球比赛

泵站温室

敦煌配气站巡检

青海油田公司涩北作业公司

现场井控检查

修井作业现场指导

涩北作业公司作为青海油田东部油气区的主力生产服务单位，担负着柴达木盆地东部地区的井下作业、测试测井、排水采气作业及涩北气田住宿接待、餐饮服务、气田治安等工作，为涩北气田和冷湖、马北、南八仙等东部油气田开发建设提供工程技术和后勤保障服务。

2014年，涩北作业公司员工树立“服务油气就是发展自己”的理念，围绕“立足东部谋突破，攻坚克难求发展；科学作业促开发，优质服务保生产”的工作思路，克服工作量调整、人员紧缺、设备老化等不利因素，推行精细化管理，提高服务保障能力，完成了各项生产经营任务和业绩指标。在井下作业、测试测井、排水采气等作业积极开拓新领域、新区块，安全生产、技术创新、经营管理及体系建设等各项工作都取得长足进步。2014年，完成投产维护作业226井次，为年计划的108.65%；大修作业11井次，为年计划的183.33%；测试作业3410井次，为年计划的100.29%；测井作业101井次，为年计划的101%；排水采气作业805井次，为年计划的115%；光洁压缩机

保安人员网上学习案例分析

“重走创业路、建功千万吨”活动

技能竞赛

户外拓展培训

增压气举实验18井次，为柴达木盆地东部油气田的勘探开发提供了强有力的工程技术服务保障；涩北基地管理落实“四心”级服务理念，认真执行食品原材料检验、检测及留样制度，保障气田职工的饭菜质量及饮食安全，为涩北气田员工创造了舒适、温馨、和谐的工作、生活、学习环境。为涩北气田生产建设的安全平稳进行提供了优质高效的后勤服务保障。

2014年，涩北作业公司被青海油田评为“堵塞漏洞,杜绝浪费,全员献计献策厉行节约活动”优秀组织单位、“合理化建议”优秀组织单位。（文/图：马永祥）

重温入党誓词

涩北基地职工餐厅

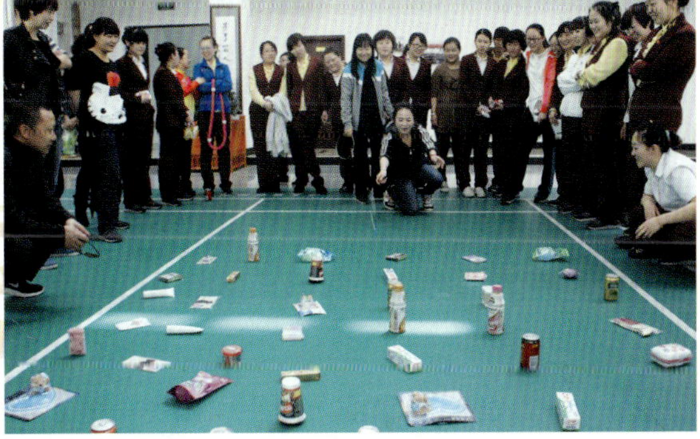
节日文体活动

拔河比赛

青海油田公司勘探开发研究院

中国石油勘探开发研究总院副院长宋行民到油田检查指导工作

地质软件培训

勘探开发研究院是青海油田一所综合性研究机构和柴达木盆地勘探开发战略决策参谋部。经过30年的研究和实践，形成了柴达木盆地特有的油气勘探理论和开发配套技术，部分成果具有国际领先水平，解决青海油田勘探开发生产中的重大实际问题，也培养和造就既有高水平理论基础、又有良好敬业与合作精神的科研队伍。

2014年，通过加强地质研究，新增油气三级储量2.31亿吨。油气勘探工作获得四项重要成果：一是英雄岭形成优质储量富集区；二是扎哈泉立体勘探展现大场面；三是阿尔金山前油气并举新扩展；四是冷湖构造带及周缘再现生机。

加快科研成果转化，油田自然递减率和综合递减率同比下降0.42%和1.51%，2014年生产油气当量769万吨。油气开发工作取得了积极进展：一是科学编制开发方案支撑油气上产；二是精心论证产能部署确保效益建产；三是精细注水支撑老区稳产；四是深挖潜力天然气老区保持长期稳产。完成各类科研项目46项，自研率达77.5%，科研成果优良率100%。《扎哈泉地区致密油成藏条件及勘探成效》获青海省科技进步一等奖、《尕斯库勒油田E^{31}油藏精细数值

石油工业出版社赠书

新增储量评审会现场

录取岩心资料

考察德令哈石灰沟剖面

节日慰问

迎新春文艺晚会

模拟剩余油分布研究》获青海省科技进步二等奖、《英东复杂断块油藏高效开发配套技术研究与应用》获集团公司科技进步二等奖、《阿尔金山前成藏地质条件及勘探技术》获中国石油和化学工业联合会科技进步三等奖；《青海省柴达木盆地英东油田一号构造上盘开发方案》获油田公司科技进步特等奖，2014年，勘探开发研究院荣获“青海省五一劳动奖状”、油田公司“难采储量动用奖”“精细油藏描述奖”“科技先进集体”等荣誉称号；石油勘探开发研究室和尕斯油区开发研究室荣获油田公司“红旗党支部”称号。（李霞魁）

拔河比赛

荣获青海省海西州多项科技奖励

青海油田公司测试公司

集思广益提高水井投捞调配

测试井现场观摩

2014年，测试公司以“取好资料，做好参谋，当好尖兵”为己任，以实施“改革创新年、质量效益年、团结奋斗年”为契机，狠抓基础管理，深挖队伍潜力，依靠科技进步，提升动态监测保障能力和企业经营效益，完成油田公司下达的生产经营指标；结算工作量11762井次/层组，其中自营结算工作量为10319井次/层组，占总工作量的88%，同比增长33%。实现劳务收入16231万元，完成预算指标的115%。

2014年，测试公司加大科技攻关、技术革新和新技术、新工艺的推广应用力度，共开展科研攻关项目15项，解决了高压注水井测井仪器难以入井的难题，提高了测试成功率；研发施工设计网上审批系统，提高了办公效率。《PSSL全谱饱和度测井工艺方法及解释技术研究》和《英东油田产能试井测试工艺及解释方法研究》项目分获油田科技进步二、三等奖。改装了测试一体化车，自行研制了钢丝撬装工棚。

资料解释讨论

奋战扎哈泉

劳动竞赛现场

职业技能竞赛

2014年，测试公司被中华全国总工会和国家安全生产监督管理总局联合授予“全国‘安康杯’竞赛优秀组织单位”荣誉称号；荣获油田公司“标杆青年突击队”“红旗基层单位”“优秀开发管理项目奖”“设备管理先进集体”“新闻宣传报道先进单位”和“堵塞漏洞、杜绝浪费”全员献计献策、厉行节约活动优秀组织单位等荣誉。（文/图：任远平 段海军）

演讲比赛

表彰先进

班组长拓展训练

“迎新春，唱响千万”文艺晚会

青海油田公司井下作业公司

油田公司总经理付锁堂，党委书记党玉琪在扎208井施工现场调研指导工作

油田公司党委书记党玉琪慰问一线岗位员工

2014年，井下作业公司是一家专业化的工程技术服务单位。主要从事油田试油气作业、大修侧钻作业、油、水井投产维护作业、连续油管作业、压裂酸化作业、油管杆清洗、修复、供送，生产内衬防腐管等业务，提供蒸汽特车、货物运输等服务。

井下作业公司弘扬柴达木石油精神，以推进“五铁”精神为主轴的企业文化建设，总结经验，提炼成果，精心锤炼，诠释和丰富了“五铁”精神内涵，依靠文化力量来启发人、教育人、约束人、激励人，以文化促发展，全方位提升井下人的素质，充分发挥企业文化的凝聚导向作用和激励促进功能，提升了铁军文化的影响力，“五铁”精神深入人心。

井下作业公司认真开展“形势、目标、任务、责任”主题教育活动和“五型”班组创建活动，努力营造比、学、赶、帮、超的氛围，推进“铁军”“铁人”文化建设，激发广大干部员工学先进、争先进的热情，营造人人争当标兵、人人争做贡献的良好氛围。同时，还选树了一批能够全方位展示井下铁军风采和良好精神面貌的“铁军班”。以形式多样、健康向上的文娱活动为载体，营造“学习文化提素质”的良好氛围，形成了高原井下铁军文化特色，营造全员共建的文化氛围。

党群工作会

“唱响青春乐章·践行岗位承诺”讲述活动

井下运输搬迁

井场搬迁现场

井下作业公司在为油而战、建功千万的事业进程中，涌现出了青海省劳动模范李国平、“工人技术明星”吴正银，油田劳模王新强和命名班组“张杨班”，10个集体、35名个人荣获油田公司表彰，井下作业公司再获油田“文明建设先进厂处”，新闻宣传工作先进单位等称号。（文/图：马海霞 李富强 王建峰）

井下连续油管作业

井下压裂

井下女工为一线铁军送温暖

扎平1井实施万方液作业

青海油田公司供水供电公司

油田公司党委书记党玉琪春节看望水电一线职工

技能大赛

供水供电公司主要负责花土沟生产基地及茫崖周边地区经济发展和居民生活的发供电、供转水任务。2014年，供水供电公司牢固树立“油气上产、水电先行”的理念，立足于千万吨建设，确保油田生产、生活对水电的需求，被油田公司授予“先进厂处”和“质量安全环保节能先进单位”等称号。

2014年，水电业务从服务油田的大局出发，合理调整运行方式，强化调控执行力，形成统一调度、信息共享、协调配合、齐抓共管的局面。为油气生产提供可靠的水电供给。坚持“安全第一、环保优先、质量至上、以人为本”的理念，积极落实“七个带头”、九项原则，坚持主要领导亲自抓、分管领导重点抓、管理部门具体抓，安全环保形势持续向好，实现安全环保“三零”目标。

紧扣“开源节流、降本增效、深化精细管理”这条主线，通过采取优化供电网架结构，合理调整运行方式、强化安全生产管理、推广应用新技术、完善计量装置和加强抄收工作等措施，保障各项技术指标的稳步提升，技术指标实现两升两降。以同比、环比、创标为内容，确立12项创标项目，有10项达到创优标准 。按照“以防为主，修保并

尕北变电站扩容改造

沟口水站大罐更新验收

燃机检修

隐患治理

重”的原则，健全完善设备管理ERP系统技术档案，做到设备修理的全过程控制,完成年初确定的12个大修项目。

按照瓶颈技术重点攻关、成熟技术积极推广的总体思路，先后组织《花土沟油区供电系统安全稳定保障技术应用》、《花土沟重要油区配网管理系统应用及可靠性研究》等科技项目研究，推进科技成果向生产力转化，新技术、新工艺的推广应用，不仅取得67万元的经济效益，而且产生了良好的社会效益。

党建工作围绕年度中心工作，加强思想建设、组织建设、作风建设和队伍建设，积极推进新的党建工程，巩固反“四风”成果，完善“首问负责、限时办结”制度；党建工作引领和促进水电发展，领导干部的综合素质和工作能力不断提升，党支部的战斗堡垒作用和党员的先锋模范作用得到充分发挥。(文/图：任志强 袁华)

检修供电线路

110千伏英东变电站投运数据测试

野外就餐

红柳泉水站计量间改造

青海油田公司通信公司

油田公司总经理付锁堂、党委书记党玉琪到电话站调研

签订合作业务协议

2014年，通信公司围绕“保障千万吨、服务数字化”工作重点，突出转型发展，优质高效服务，全年共为野外探井安装卫星小站60站次，实现盆地油气区移动通信网络深度覆盖。解决尖顶山、南翼山等边远油区信息化业务需求，有力保障油气增储上产。

通信公司积极投身油田数字化建设主战场，加快油气物联网（A11）项目建设，共敷设光缆线路26千米，建设TD-LTE 基站10座、核心网系统2套，确保油田第一批油气物联网示范工程在集团公司成功上线。组织完成敦煌-涩北OTN扩容项目，与西部管道光传输网共同构建中石油通信专网OTN3波分环网；采用IMS智能网技术，精心组织实施油田交换网络IP多媒体子系统改造项目，油田通信网络技术迈入智能化、IP化发展新阶段。

通信公司深化油田通信业务转型与发展，拓展油田通信新的业务领域和发展空间。承担完成英东、边远油田场站视频化监控、花格管道自动化系统扩容和扎哈泉无线区域网建设等8个信息化项目。完成英东、昆北住宅新区配套信息通信工程，建设格尔木基地视频监控系

柳园—敦煌光缆竣工验收

为千万吨油气田作贡献

通信设备参观交流

打造优质服务窗口

统，展现油田通信服务，油田数字化的积极主动作为和能力水平。安全生产实现无事故。

2014年，通信公司被青海省命名为“文明单位”、并获得青海省“职工职业道德建设标兵单位”提名奖；被油田公司授予“保密工作先进单位”和“人事系统先进单位”等称号。（文：李默颖 图：濮人平）

新分大学毕业生座谈会

通信中心机房监控

团员青年徒步活动

参加广场文艺演出

青海油田公司机械厂

油田公司总经理付锁堂到车间调研

庆祝建党93周年座谈会

2014年，机械厂全体干部职工树立为油田服务的理念，厂领导、科室长、车间主任、技术员积极深入现场，及时掌握产品运行情况和需求信息，定期召开敦煌、花土沟两地视频会议沟通协调，科学组织生产运行，做到一线需求和生产任务的无缝对接。推行“谁主管、谁负责”“谁经手、谁一抓到底”的工作方法，提前谋划，抓好原材料的购置、人员、设备、生工艺、技术机具、工位等各项生产要素，各生产车间开足马力，全面完成油田公司下达的各项生产经营指标。2014年度的综合服务满意率93.33%，产计划完成率111%。

建立以油田为核心、市场为导向、工程技术人员为主体的技术创新体系，2014年共实施科研项目35项，列入油田公司计划的3个项目基本完成， 22项通过厂内现场验收。《系列撬装注水系统的研制》《盐碱地水淹管线打捞》项目分获油田公司科技进步二等奖、三等奖。积极开展技术工艺更新，应用新技术、新材料、新设备，不断提高产品整体

“我为千万吨做贡献”大讨论活动

设备维修

南八仙保运

在南八仙安装抽油机护栏

容器生产

性能。持续开展撬装一体化装置的研制，推广应用一体化集成技术，实施工厂化预制，简化油田地面建设工艺设施，降低了建设投资，缩短了施工周期。

2014年，机械厂完成工业生产总值4.41亿元。其中：机械加工制造1.57亿元，工程建设施工2.84亿元。实现财务收入4.48亿元，实现减亏1298万元。

2014年，机械厂被油田公司授予“贡献单位”“先进党委”；财务资产管理、新闻宣传报道荣获油田公司“先进单位”称号。石油套管加工车间被评为“红旗基层单位”。(文/图：程继红)

单级套管头

环保野营房

抽油机

青海油田公司建筑安装公司

建筑安装公司职代会

形势目标责任宣讲会

2014年，建筑安装公司围绕“推广适用技术，着力打造三提工程；优化施工、细化预算，实现利润、效益双增长；快中求质，稳中求优抓施工”的总体工作思路，科学管理，提高施工质量，提高公司创效水平。

建筑安装公司坚持“设计与踏勘、图纸与预算、土建与安装、管线与防腐、场站与道路”五结合运行，着力在提速、提质、提效上下功夫，开展各项工作，保障了各项工程的顺利完成，完成英东油田16万吨产能建设、315国道-乌南联合站黑色路面、沟口水站水罐更换等24项油田重点工程建设施工任务，发挥了油田地面建设排头兵和主力军的作用。

在生产施工过程中，充分调整利用各类资源，使人、机、料、法、环紧密协调，合理运行，做到对工程、技术、施工、安全、质量、工期、结算的过程管理，按照区域管理、统筹协调、重点推进的原则，采取召开安全生产协调会、编排工程进度节点计划，做好预算、安全、技术、生产保障，狠抓“进度组织、安全监督、质量控制”三个到位工作，确保各项重点工程的顺利推进。

先进表彰

吊装设备

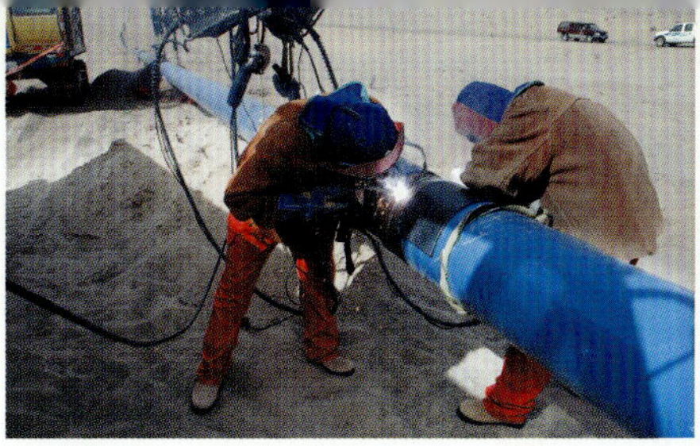
焊接管线

修筑道路

切16-切12作业区供水管线

学雷锋活动

2014年，建筑安装公司荣获油田公司“新闻报道工作”“维稳与信访工作”“住房公积金管理”和“先进团委”，“计划生育工作”先进单位称号。（文：蔡飞叶 图：蔡飞叶 李媛媛 邹筱荃）

拔河比赛

参加长跑活动

青海油田公司客运服务公司

油田公司总经理付锁堂到客运站调研

安全亲情座谈会

客运服务公司主要为油田公司机关提供生产指挥用车、为生产一线职工提供接送班服务、员工（家属）外出提供客运服务和敦煌基地通勤车服务。同时承担油田及冷湖辖区机动车检测工作。

2014年，客运服务公司以党的十八大和十八届三中全会精神为指针，认真贯彻落实油田“两会”确定的工作部署，围绕“保安全，强服务，降成本，提素质，做贡献”的科学发展理念，巩固和扩大党的群众路线教育实践活动成果，坚持安全第一、服务至上、效益优先的工作原则，不断提升安全监管能力、服务保障能力和降本增效能力。

2014年，客运服务公司强化责任落实，突出升级管理，安全生产形势平稳趋好；强化生产组织，突出优质服务，服务保障能力得到提升；强化设备管理，突出管用养修，设备支撑作用充分发挥；强化基础管理，突出素质提升，各项管理工作精细规范；强化党建工作，突出队伍建设，平安客运建设稳定和谐。

安全警示日宣誓

五型班组考核

野外慰问

设备检修

2014年，客运服务公司完成客运量10.22万人次，完成计划的107.6%；完成客运周转量10092.70万人千米，完成计划的106.2%；综合服务满意率达到91.76%，高出目标值6%；节能降耗、安全生产和环境保护指标控制在规定的范围内；社会治安综合治理、维护稳定目标达到油田公司要求。

2014年，客运服务公司获油田公司“质量安全环保节能先进单位”“设备管理先进集体”“社会治安综合治理先进集体”。客运服务公司工会获“2012-2014年度疗养工作先进集体”。(文/图：杜世清 贾银全 来元平 张长英 颉新刚 张云龙)

送荣誉下基层

旅客安检

学雷锋活动

拔河比赛

青海油田公司四方服务公司

油田公司总经理付锁堂节日慰问岗位员工

油田公司党委书记党玉琪到四方服务公司检查指导“命名班组”建设工作

四方服务公司主要经营业务为CNG（压缩天然气）销售、LNG（液化天然气）销售、城市燃气供应、宾馆酒店、餐饭、旅游、商贸、边远低效油田（井）开发、落地油回收、提捞原油、机运、盐热水供应、环境治理、劳务服务等。拥有主要资质：四方服务公司营业执照、组织机构代码证、宾馆、酒店特种行业许可证、餐饭服务许可证、卫生许可证、燃气及危险化学品经营许可证、气瓶充装许可证、特种设备安装改造维修许可证等。2014年，四方服务公司天然气销售实现收入6944万元，同比2013年增长26.8%。各加气站抓住营销时机，采取多种促销活动，市场占有率不断扩大，2014年门市销售量实现586万标准立方米，与2013年相比增加63万标准立方米，增幅达到12%，服务满意率98%。宾馆酒店不断提升服务水平，细化服务流程，提高服务质量，积极宣传促销，共接待14.41万人次，综合服务满意率97%。劳务服务公司完成会议服务1531次、接待50888人次，实现零投诉，服务满意率98%。

党建工作表彰暨座谈会

演讲比赛

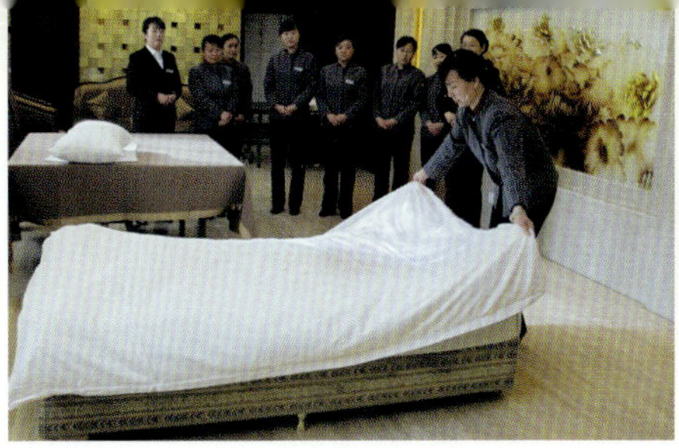

岗位练兵

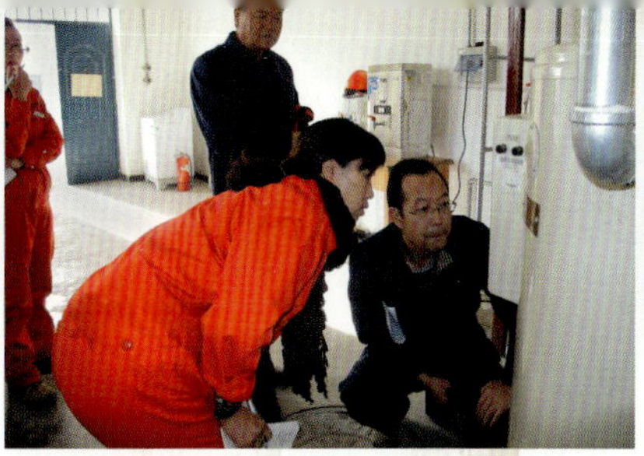

安全检查

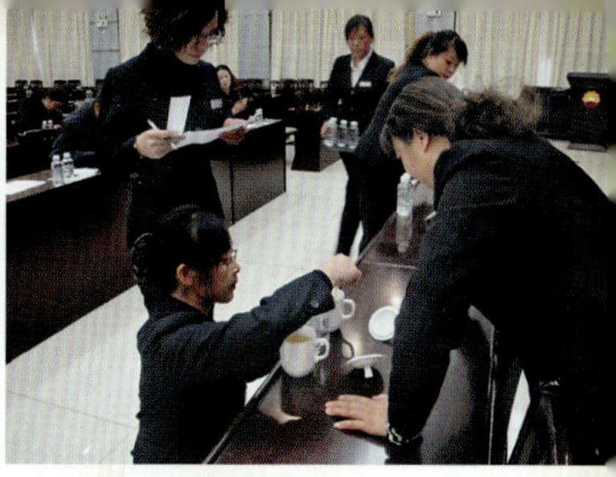

比武练兵创优服务

“四方杯”排球赛

节日慰问

2014年，四方服务公司被油田公司授予“人口与计生工作红旗单位”，《花土沟基地倒班公寓建设工程（石油大厦）项目后评价报告》荣获油田公司二等奖。敦煌石油大厦获甘肃省饭店与餐饮业“节能降耗先进企业”。承办第五届“四方杯”职工排球赛，被油田公司授予 “优秀单项体育协会”称号。(文/图：唐海燕)

女子健身操表演赛

青海油田公司诚信服务公司

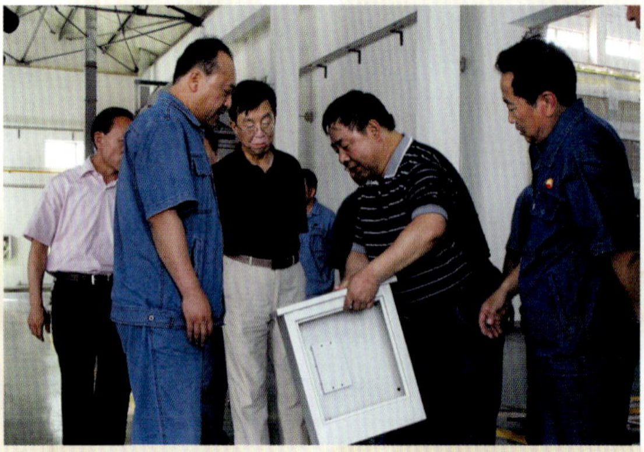

油田公司总经理付锁堂、党委书记党玉琪到电器开关厂指导工作

领导班子现场办公

2014年，诚信服务公司按照“品质致胜、效益发展、实现永续发展之路”的总思路，围绕工作目标，强化规范管理，增强发展内在动力，开展“固化成果，强化执行，推行对标，创新管理”为主要内容的管理活动，查找管理差距、寻求提升路径、改进业务流程，组织开展对标管理知识培训，完成对标管理指标体系的初步建立，经营管理水平得提升。

强化源头控制，安全生产平稳运行，认真践行有感领导，开展四级安全网络建设，坚持每月一次安全检查，每季度一次安全考核的工作制度，坚持进行“安全经验分享”活动，组织“安全生产月”活动，保证安全生产、清洁生产无事故目标的实现。

转变思想观念，品质服务逐年提高，加大现场服务力度，树立依靠产品质量加技术特色的服务意识，推行集约式技术服务模式和“123”工作法，积极与用户单位沟通，逐步向“产品、技术、服务、质量”一体化模式转变。在稳住油田内部市场的基础上，树立服务油田的理念，加大周边油田市场的开拓力度。

文明建设表彰

厉行节约活动调研

监督检查

助剂生产调研

班组培训现场

深入学习党的十八大精神和总书记习近平的一系列重要讲话精神，树立正确的社会主义核心价值观；开展诚信服务公司企业文化建设工作，通过企业文化整合提升工程，对诚信服务公司调结构、转方式、全面提升员工素质、提升管理水平、提升创新力和发展力产生了积极作用。

2014年，诚信服务公司公司获全国“安康杯”竞赛优胜单位、油田公司文明建设“先进厂处”“先进党委”“党风建设先进单位”等荣誉称号。（文/图：刘玉玲）

学雷锋活动

国庆节职工活动

长跑方阵

青海油田公司劳动服务公司

油田公司总经理付锁堂、党委书记党玉琪现场办公

劳动服务公司职代会

劳动服务公司是青海油田唯一专业生产和销售劳动防护用品的服务性企业，青海油田劳保用品定点生产单位，具有全国工业产品生产许可资质,产品质量符合国家劳动防护用品标准。产品主要用于油田、化工、电力等特殊行业，具有防静电、抗油拒水、耐油、耐酸等性能。主要担负着油田公司劳保服装、皮鞋、手套等产品生产加工和销售。年生产能力为各种劳保服装2万套，皮鞋1.8万双，绒手套30万双。

劳动服务公司以油田“两会”精神为指导，以党的群众路线为主线，不断夯实基础管理，突出强化安全生产，以“产品第一、质量第一、服务第一”为宗旨，完成销售收入2608万元，生产总成本费用6462万元, 剔除考核因素后，全年实现减亏58.31万元。

2014年，劳动服务公司完成基础设施改造工程和设备更新工作，全员培训效果显著，新产品研发强劲有力，原材料招投标工作依法合规，突出体系完善和安全质量环保设备管理，提升基础工作管理水平，持续推进帮扶助困工作，确保年度各项工作指标的顺利实现。

QHSE体系管理评审

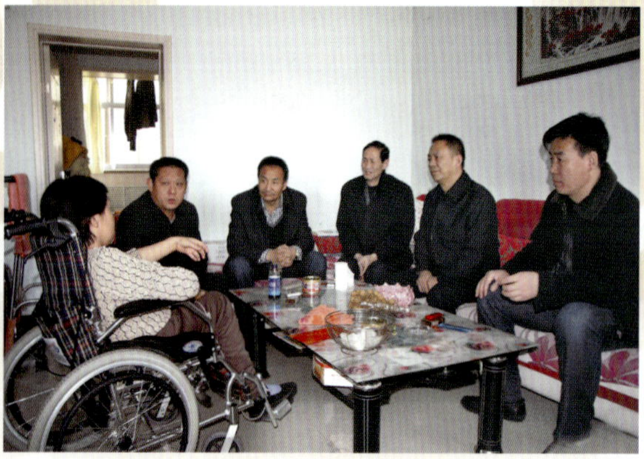

春节慰问残疾员工

劳保产品展示

服装产品展厅

2014年，劳动服务公司被油田公司被评为“油田维稳信访工作先进单位”；服装厂党支部被评为“油田红旗党支部”“油田红旗基层单位”；皮鞋厂下料班被评为油田“十佳班组”“安康杯竞赛安全优胜班组”；劳动服务公司双线座式锁内线机的工艺改造项目被评为“2014年度油田合理化建议奖”。（文：李燕萍 图：胡建勤 朱文莉）

向残疾员工发放节日慰问金

“学雷锋”志愿活动

献爱心活动

工间操

青海油田公司花土沟社区管理中心

油田公司总经理付锁堂一行现场调研

食品安全检测

2014年，花土沟社区管理中心以党的十八大精神为指针，认真学习贯彻油田公司、矿区服务事业部系列重要会议精神，坚持发展不动摇，外拓市场，优质服务，内抓管理，挖潜增效，全面完成了年度生产经营任务。

服务水平稳步提升。坚持推行健康饮食方式，为就餐员工提供热情周到的服务，确保食品安全，日均就餐人数2880人，全年职工就餐236万人次。发挥服务职能，优化工作流程，提高维修及时率。积极开展服务意见征求，综合服务满意度达到94.46%，比矿区服务事业部下达的计划提高2.46个百分点。大力开展精细管理提升活动，及时总结评价，自我诊断，制定改进措施，逐步固化成果。

2014年油田公司、矿区服务事业部下达10项建设改造项目，花土沟基地职工公寓节能改造、食堂刷卡管理系统升级改造等工程项目的投用，进一步改善了基地一线员工的生产生活条件。

持续完善QHSE管理体系，定期开展QHSE体系内审，强化风险控制，注重安全教育培训，筑牢安全管理基础，实现安全生产零事故。

刷卡系统升级

保温供热平稳运行

职工公寓外窗改造

春季线路检修

团青联谊活动

妇女节活动

2014年，花土沟社区管理中心获“矿区服务先进集体”“基建系统先进集体”“内控与风险管理系统先进单位”“人口与计划生育先进单位”“人事系统先进集体”等称号。保温供暖面积核查效能监察项目被评为“效能监察优秀项目”。（文：李田云 图：袁丽萍）

花土沟石油基地一角

绿茵场上展风采

青海油田公司格尔木社区管理中心

油田公司总经理付锁堂、党委书记党玉琪在石化基地调研

妇女节女工才艺展

2014年，格尔木社区管理中心围绕“真抓实干服务‘油田梦’，凝心聚力再创新业绩”的工作思路，推进民生工程建设，履行服务承诺，强化生产管控能力，建立生产经营分析会制度，突出全员增效意识，完善考核体系，经营指标整体向好，综合服务满意率达到96.86%。

完善矿区功能配套设施，争取青海省棚户区和既有居住建筑节能改造补助资金1420万元，完成石化基地39栋民用住宅外墙保温工程；坚持履行服务承诺，开展物业秩序专项整治;2014年总经理、书记信箱收到信件60封，比2013年下降42%。解决土地历史遗留问题，与市政府联系将三处土地置换到创业家园东侧，置换后总面积由210亩增加到221亩，土地界址产权明晰，初步具备规划和建设条件，为油田的可持续发展储备重要的土地资源。

“保健送”活动野外泵站巡回医疗

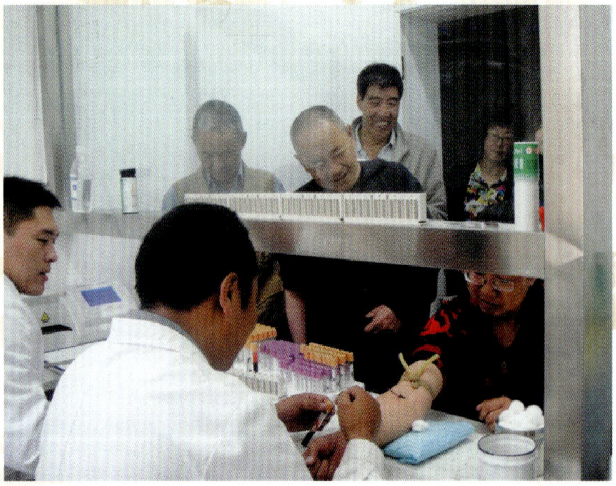

对离退休职工进行体检

应急预案演练

天然气调压箱检测

改造后的监控系统

对石化基地监控系统进行升级改造，安装208个摄像头，完成基地治安视频监控系统；开展专项天然气管网隐患排查，配气站安装加臭装置；更换住户天然气报警器，保证石化基地居民用气安全；开展交通安全专项整治，对车辆乱停乱放和违规行驶的驾驶员进行安全教育；对私家车辆登记备案；严格落实安全环保责任，持续推进QHSE体系建设，深入开展安全隐患排查和治理，严抓食品安全和施工安全，实现安全环保“零事故、零伤害、零污染”的工作目标。

2014年，格尔木社区管理中心被油田公司评为“设备管理先进单位”“新闻宣传工作先进报道单位”；获格尔木市“巩固卫生和建设健康城市工作”先进集体。（杨秀峰）

实施外墙保温后的石化基地小区

自主培育郁金香

群众广场文化

青海油田公司社区管理中心

中国石油天然气集团公司矿区工作部总经理刘自强到油田现场调研

油田公司总经理付锁堂、党委书记党玉琪、矿区服务事业部主任高云建到螺旋藻厂调研

2014年，社区管理中心围绕“为建成千万做优做强后勤服务保障”，秉承“优质服务是根本 群众满意是标准”服务宗旨，全年安全平稳转供电5517万度；转供气3721万立方米；供水725万立方米；保温面积174.1万平方米，全年非计划停水停电在考核范围内。

综合服务满意率96.39%，“440窗口，事事灵、时时灵”品牌深入人心；实施投资工程项目8项，昆北小区11栋547套小高层住宅、东三、东四村、基地道路、14号锅炉房改造工程相继投用；东坪油苑前期工作按节点推进。住房公积金、市政维修保质保量按时完成。2014年增收增效措施得力，资金和资产效益明显提高，发生成本5.27亿元，净支出3.87亿元。基地年内增绿化面积2121.5平方米，绿化覆盖率36.64%。

2014年，安全环保事故为零。隐患治理、体系建设扎实推进；污水处理提标改造项目一次性通过环保验收。维稳

收费大厅

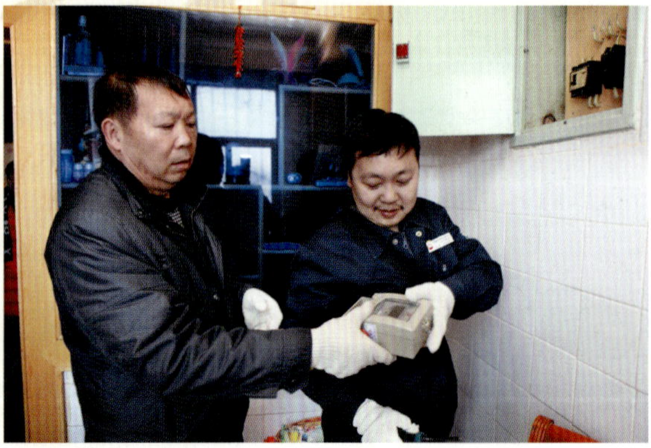

“440”热线上门服务

供水线路维修

供电线路维护

“放飞油田梦　唱响油城情”文艺晚会

雪后清扫

工作态势总体平稳、整体向好，无群体上访事件发生。巩固“三进门”“六个一”维稳成果，重点阶段维稳工作扎实细致，灵活就业人员管理有序开展，社区文化活动亮点纷呈。

2014年，社区管理中心获油田公司“矿区服务系统先进集体”“维稳信访工作先进集体”“企业管理先进集体”“培训工作先进单位”等称号。（文/图：杨俊）

拔河比赛

青海油田公司新闻中心

油田公司总经理付锁堂、党委书记党玉琪、矿区服务事业部主任高云建在新闻中心现场办公

干部大会

党建表彰大会

“我为千万吨做贡献”主题讨论活动

2014年，新闻中心在夯基础、提质量、强管理、创精品、树形象上下工夫，充分发挥报纸、电视和对外报道互补互动的整体优势，完成油田“两会”、先进典型、油气勘探开发、重点工程建设、安全环保、矿区和谐、党建文化等一系列新闻报道和深度宣传，在优化节目结构、力推平面媒体升级、加大对外宣传力度、构建立体传播格局、提升科学管理水平、践行优质服务承诺、谋求管控模式创新7个方面取得突出成绩，并于2014年11月提出“建设行业领先、西部一流的企业电视、报刊、网络新闻传媒中心”的发展战略思路。

开展“三贴近”“走转改”活动，《青海石油报》提倡“短实新”文风，推出政治观点鲜明、文风清新朴实的报道，采写编发了《英雄岭上建奇功》等反映油田发展成果、矿区和谐与文化建设等方面的重点报道。油田电视台现场直播了油田重要会议、重大活动，策划实施了对油田主要区域及周边地区的高低空航拍，开展了“寒冬一线行”“油城人油城事”等走基层主题报道，与青海广播电视台探索联合采访新模式，诸多亮点成果报道《走基层□油田行》和多部专题节目在青海卫视、《中国石油影视报道》中与观众见面，与央视共同策划

妇女节表彰会

送慰问下基层

完成了“冷湖不冷”专题报道。《油城电视报》更加贴近读者和电视观众。《中国石油报》驻青海油田记者站按照新闻中心统一要求，强化新闻策划活动，多角度、多层面展示了油田良好形象。

青海油田电视台荣获全国先进企业电视台、中国石油影视报道（新闻快讯）优秀组织单位、青海省广播电视新闻通联协作先进集体和首届全国企业电视播音员主持人推选优秀组织奖；《青海石油报》《油城电视报》荣获中国优秀企业报；《中国石油报》驻青海油田记者站获四星级记者站；电视消息《英东原油日产“八连跳”》捧得“青海新闻奖”一等奖；报纸、电视新闻作品《青海油田进军页岩气可燃冰领域》《扶起“躺倒井”力保高稳产》等在“中国石油新闻奖”的评选中获奖。（文：曹青卿 图：曹青卿 陈思远 张丹）

义务劳动

学雷锋活动

拔河比赛

金秋健身徒步活动

青海油田公司培训中心（党校）

油田公司总经理付锁堂、党委书记党玉琪、矿区事业部主任高云建到实训基地调研

青海省党校系统第三届精品课评选

2014年，培训中心以为油田发展提供高质量的教育培训服务为己任，戮力同心，团结奋斗，实现质量效益的新提升。实现收入1162.8万元，减亏402万元。

培训中心2014年工作八个方面的亮点有：党校的理论宣传主阵地作用和实训基地提升员工技能的作用发挥更加突出；教育培训质量和服务水平得到新的提高。认真开展培训需求调研，持续加强教育培训过程管理，实现了培训工作由“量”向“质”的逐步转变；幼儿保教服务工作得到了家长和油田社会的好评。幼儿教育工作秉承“一切为了孩子”的教育方针，扎实有序开展日常教育保育工作，强化食品卫生安全管控，各项工作取得了显著成效，得到了职工家属和油田社会的一致好评；教师队伍整体素质有了新的提升。深入开展以 “创建三优”活动，成功组织开展教学观摩竞赛；基础管理工作实现新提升。梳理精简近60项工作制度，严格执行新的绩效考核办法。强化工作督办，注重跟踪反馈，强化运作执行；经营任务取得历史最好成绩。规范经营行为，从严控制预算外支出和成本费用，鼓励创收；梳理明确下一步改革发展工作思路。编制了“十三五”发展规划，完成学前教育社会化改革方案，论证形成培训中心

第二期科级干部培训班

科研项目研究推进会

驾驶培训学员领证

男女排球队合影

下一步改革发展的基本思路，编制培训中心调整改造维修方案，提出加强网络信息管理的思路，与下一步改革发展的思路更加明确；和谐校园建设取得新进步。转文风，改作风，全面打造高效快捷的会议新风。厉行节约，从严落实“三超”治理。围绕教学抓党建，持续强化党员教育管理工作。发挥工团组织作用，增强职工队伍的凝聚力。（文/图：薛萍）

优秀教师

六一儿童节亲子活动

油田幼儿园少儿舞蹈团赴韩国进行舞蹈才艺展演

方阵跑步

雨中训练

青海油田公司职工活动管理中心

集团公司矿区工作部总经理刘自强一行参观油田展厅

油田公司总经理付锁堂、党委书记党玉琪、矿区事业部主任高云建到油田展厅调研

三届一次职代会

党的群众路线教育实践活动总结大会

职工活动管理中心坚持“为油田发展服务、为职工家属服务、为精神文明建设服务”的宗旨，树立“服务是本质、满意是标准”的服务理念，围绕油田增储上产目标，加强精细管理、创新服务理念、提升服务水平、抓实安全生产；2014年，实现收入492.52万元，总成本支出3721万元，在费用补贴的前提下，实现收支相抵略有盈余的年度经营目标，服务满意率达到97%以上，设备完好率达到98%。电影放映452场次,文艺演出40场次。

职工活动管理中心把提高服务质量作为重要工作来抓。教育员工牢固树立“敬业、爱岗、优质、创新”的观念，确立“高标准、严要求、精细化、零缺陷”的管理理念，以“信誉第一、热情周到、优质服务、诚意待人”为服务宗旨，树立行业新风，提高队伍素质，塑造文明服务示范窗口形象。昆仑艺术团代表油田公司参加各类演出，完成各项文艺演出任务，深入盆地一线慰问演出，把油田党政领导的关怀带到一线，为争储上产鼓劲加油。

职工活动管理活动中心始终坚持“一切事故都是可以避免的”理念，把各场馆的安全工作作为首要大事抓

劳动竞赛服务技能知识抢答赛

双十读书交流活动

紧抓好。对各场馆报警、消防系统进行检查维护，认真落实“反违章禁令”，开展安全自查工作，确保场馆安全平稳运行。

2014年，职工活动管理中心职工俱乐部获油田公司先进集体、红旗基层单位；体育公园服务班获油田公司“安康杯”优胜班组称号；25人分别荣获油田公司、矿区服务事业部各专业、系统先进个人荣誉称号。（文/图：陈静）

服务礼仪竞赛

一线慰问演出

拔河比赛

消防应急演练

青海油田公司离退休管理处

集团公司矿区工作部总经理刘自强到退休站调研

油田公司总经理付锁堂、党委书记党玉琪、副总经理高云建与演员们握手

青海油田离退休管理处主要负责青海油田离退休职工及其家属、遗孀的日常服务管理工作。截至2014年年底，职工总数95人，管理服务1.26万人。

2014年，离退休管理处围绕“构建和谐稳定发展环境，助力加快建成千万吨”为主旨，以推进完善“居家养老服务体系和文化养老服务体系”为主线，以“突出窗口服务，提高整体质量”为目标，以理念和责任的落地强有力的提升管理服务标准，坚持政治上尊重，思想上关心，生活上照顾，精神上关怀，感情上贴近，认真落实政治、生活“两项待遇”，加强思想政治和离退休党支部“两项建设”，不断夯实老年大学和老年活动中心“两个阵地”，培育发展具有特色的老年文化。

坚持以立足岗位，突出服务，提升管理为抓手，推行“主动式服务，走动式管理，滚动式检查”和“五制”“四公开”“三亮明”工作机制，落实每天“阅读十分钟”百字笔记学习制度，开展“立足岗位、增强意识、推进文化”

油田公司党委书记党玉琪、副总经理高云建慰问离退休职工

党支部经验交流会

老年节座谈会

为低保户发放困难补助

岗位练兵等活动，以理念和责任强有力的推动各项工作，把油田党政组织的关心和关爱传递给离退休职工。2014年协助发放养老金3.96亿元、发放节日慰问金(品)5054.17万元；组织6951名离退休职工查体；离退休职工健康疗养1105人次、疗养结算871人次；办理离退休职工家属医疗保险参保手续3552人；医药费做到随到随报，随报随寄，累计核销9073人次、5739.69万元。举办大小型老年文体活动57次，室内外活动累计36万人次。全年安全稳定无事故。

2014年，离退休管理处被评为2014年度《中国石油报·金秋周刊》宣传报道工作先进单位；被油田公司评为先进厂处、先进党委、思想政治工作、维稳信访工作、党风建设先进单位、新闻宣传先进单位等称号。(文：骆丽清　图：骆丽清　殷红霞　张砚文　白昆峰　赵素敏)

太极拳表演

老年志愿者学雷锋活动

门球训练

空竹邀请赛

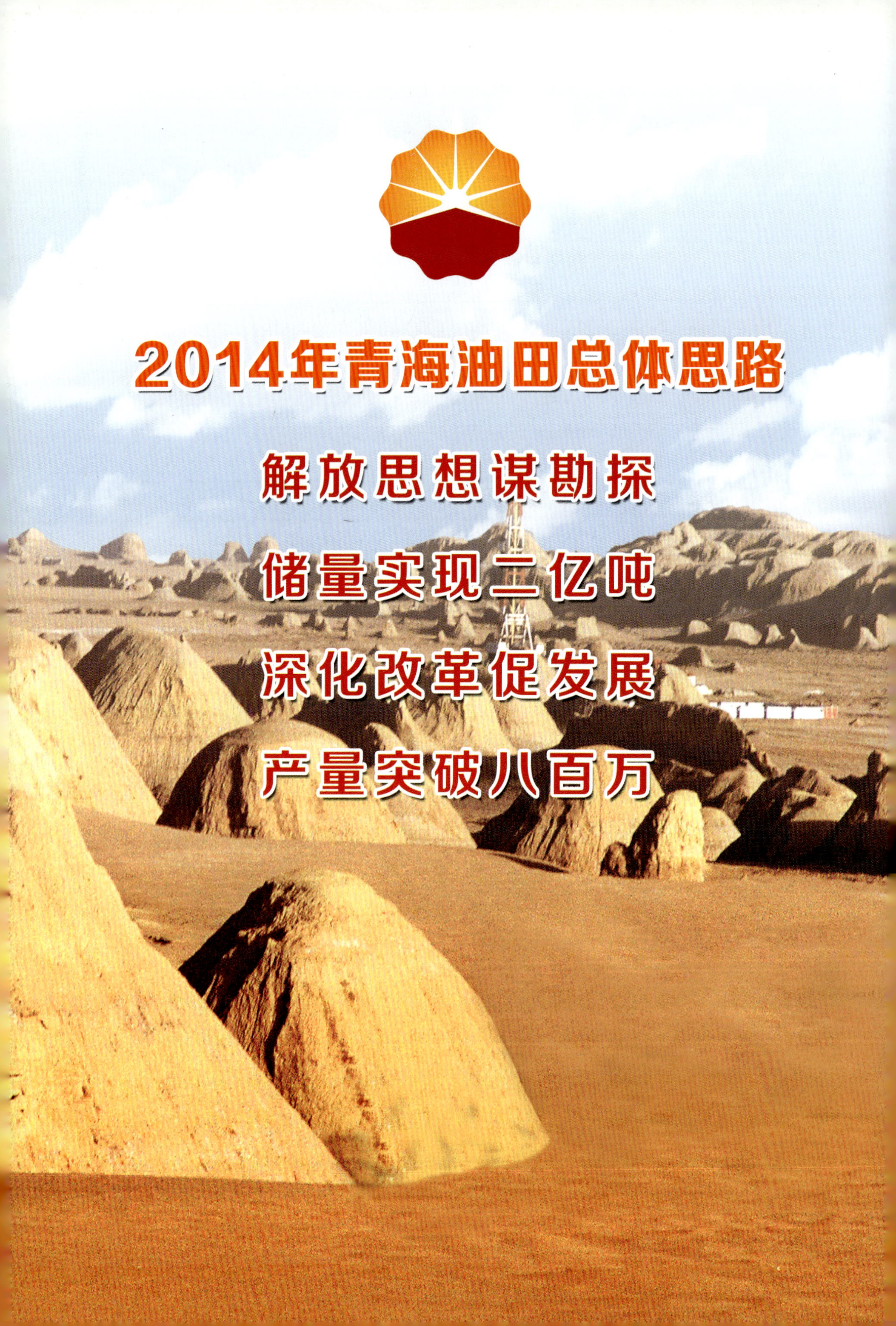
2014年青海油田总体思路
解放思想谋勘探
储量实现二亿吨
深化改革促发展
产量突破八百万

第十三篇

二级单位概览

采油一厂

【概述】 截至2014年年底，中国石油青海油田公司采油一厂（以下简称“采油一厂”）拥有固定资产总值92亿元。共有员工1539人，平均年龄38.2岁，其中男员工1008人，女员工531人；大、中专以上学历1029人，高级工程师42人，工程师175人。下设10个机关科室、4个直属部门和19个一线生产单位及二线生产服务单位。担负着尕斯库勒E_3^1、尕斯库勒N_1-N_2^1、跃进Ⅱ号东高点、油砂山、砂西E_3^1、砂西N_1-N_2^1、跃西、跃东、游园沟、跃进Ⅳ号等油藏的开发和管理任务，拥有油水井2000口。2014年，采油一厂荣获油田公司“贡献单位”奖和质量安全环保节能先进单位、青海省“模范职工之家”称号。（组织机构见下图）

2014年采油一厂组织机构图

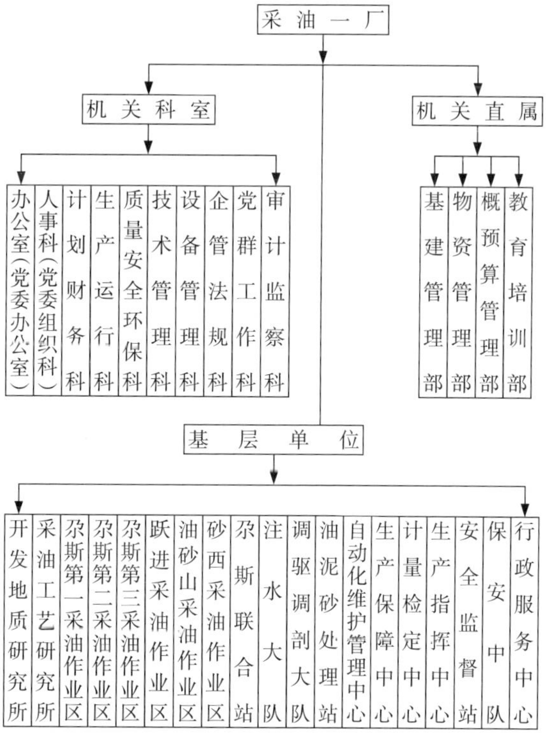

【经营指标】 2014年，采油一厂生产石油液体104万吨，生产天然气5052万立方米，油田注水455.70万立方米。吨油操作成本计划855.99元，油田公司考核单位成本851.89元/吨；完成投资76046万元，完成计划的95.41%。

【主要措施及成果】 2014年，油井措施220井次，措施有效率79.4%，措施增油9万吨。以酸化压裂为手段的难采储量动用效果好，尕斯E_3^1、砂西E_3^1、东高点基岩和油砂山油田酸化压裂作业41井次，增油0.58万吨，其中砂西E_3^1单井日增油与2013年同期相比增加1.44吨。砂西E_3^1油藏5万吨产建采用钻井大包独立项目运作模式，油砂山油田产建采用整体大包模式，累计节约投资8000万元。2014年调整产能13.19万吨，完成产能10.66万吨，投产投注井100口，新井年累增油 4.96 万吨，产能到位率 90.9%，产能贡献率 46.5%。

【科技创新与技术改造】 2014 年，采油一厂共开展科研项目研究 18 项（其中局级项目 3 项），完成 8 项，并通过专业组评审验收。《尕斯主力油田区块整体调驱提高采收率工艺技术试验研究》获青海省科学技术进步三等奖；《尕斯库勒油田 E_3^1 油藏精细油藏描述》获海西州科学技术进步三等奖；《尕斯库勒油田可控注水配套工艺技术研究》获油田公司科技进步二等奖。倡导技术创新，建立完善的技术创新奖励制度，申报技术创新成果 17 项，并通过专业组评审验收。开展技术交流 2 次，确定新技术引进项目 30 项；取得技术创新成果 20 项；征集学术论文 64 篇；申报专利 1 项。

【工程建设】 2014 年，采油一厂实施油田地面工程 6 项、安全隐患治理工程 4 项，完工投产 5 项，完成 2014 年的计划工作量。

【安全生产】 2014 年，采油一厂逐级签订《安全环保责任书》1596 份，将“领导干部安全生产联系点”和“党建三联示范点”工作制度进行整合，强化了安全环保责任的落实；编制网上安全积分平台，开展“员工安全积分活动”；全年检查出安全问题 829 项，完成整改或处理 791 项，完成整改率 95.42%；全年处理“三违”行为 49 起；对承包商进行 HSE 培训 500 人次，开展承包商专项检查 6 次，发现安全隐患 76 项，处理违章行为 9 项；完成遗留排污坑治理 80 个；依法办理并取得海西州质量技术监督局的计量检定资质授权；完成年度安全环保无事故。

【企业改革与管理】 实施“一体化”管理体系整合建设，对 9 个体系、标准及专项工作进行整合，全面梳理部门职能、岗位职责，规范、优化和再造业务流程；完成 1545 份岗位承诺书、个人行动计划书、全员绩效合同的签订工作，建立以“产量、成本、安全”为核心的绩效考评架构；积极探索承包商管理新模式，试行钻井区块、修井、热洗井、运维等包保模式；试行机关搬迁敦煌两地办公模式，提高工作效率；完善资源配置，推广无纸化办公，降低办公费用，提高办公效率；开展季度基础管理大检查和体系审核工作 4 次，加强基础管理工作，不断提升现场管理水平；强化合同管理，累计签订各类经济合同 304 份，组织招标 86 次，谈判 134 次；组织对适用法律法规、标准和制度进行梳理、更新目录清单，按照体系要求进行合规性评价形成评价报告，并通过集团公司和体系审核认证。

【员工培训】 2014 年，举办各类安全教育、岗位技能知识培训、季度考核、职业技能竞赛、特殊工种取证等多种培训 3773 人次；突出综合能力提升，抓好各级管理人员培训，经营管理人员参加培训 436 人次；创新培训手段，突出创新能力提升，分类别、分层次开展技术人员参加培训 836 人次；启动新分员工实践锻炼，完成 5 期 128 名新分员工实践锻炼，为新分员工立足岗位、建功立业搭建平台；“以赛促训，以赛促学”，举办第二十七届操作岗位全员职业技能竞赛，11 个工种 811 名员工同台竞技，促进了操作技能提升。

【党群工作】 2014 年，采油一厂共有党总支 9 个、党支部 27 个、党小组 19 个；有正式党员 510 名，预备党员数 21 名；纳新党员 21 人，申请入党 50 人。领导班子严格按照《工作规则》和“三重一大”要求决策议事，落实班子成员碰头会制度，及时沟通协调，确保各项业务顺畅运行；落实“党委中心组学习”制度，统一思想，提高认识，强化党员干部党风廉政教育，召开季度廉洁教育大会 4 次，组织廉洁现场教育活动 2 场，组织廉政、诫勉谈话 107 次，签订责任书 538 份。创新方式，丰富载体，将安全生产联系点与“三联”示范点相融合，党员责任区与党员示范站、示范岗、对口帮扶困难对象相融合，开展党员劳动实践活动，义务平整井场 18 个，实现党建与生产的同频共振。

采油一厂共有基层工会 23 个，会员 1539 人，2014 年入会 49 人；有女工委员会 22 个，举办庆“三？八”妇女节趣味联欢会，表彰先进，为女工发放纪念品 537 份。在女职工中开展“读一本好书”征文活动，收集征文 20 余篇，上报 8 篇。特邀职工总医院妇产科医生杨慧讲授女性生殖健康、保健等方面相关知识；不断推进厂务公开，通过职工来信来访、厂长书记信箱、基层队（站）务公开栏，并辅之以网络、媒体等多种形式深化厂务公开工作，将有关职工切身利益、重大生产经营决策等方面的内容进行公开。六届一次职代会收集提案 135 条，正式立案 24 条，均得到妥善处理；厂务公开事项 6 条，受理职工来信来访 5 人次，对反映的问题进行协调解决并将结果及时反馈。

维修改造野外食堂 3 座；完成花土沟基层综合办公楼、敦煌办公点、野外场站基础设施维修工程，更新配置办公设施，生产生活条件大幅改善。2014 年组织疗养及结算 646 人次 31.98 万元。发放独生子女礼物 377 份 3.80 万元。发放新婚纪念品 33 份，初育纪念品 31 份，职工子女考上大学纪念品 34 份；组织召开厂级调离、退休职工欢送会 5 次并赠送纪念品，“八一”建军节慰问复转军人 20 人次并赠送纪念品；举办“元旦、春节、五一、十一”等系列活动。参加油田公司“四方杯”排球比赛，获男子组亚军，花土沟地区“昆仑杯”足球比赛获亚军。

采油一厂有16个团支部，团员251人，青年527人。开展“学雷锋·树新风”活动，“缅怀先烈”活动；组织开展“青春·奋进·感恩”大型演讲比赛，40名参赛选手；召开采油一厂第三届团员代表大会，选举产生新一届团委。

启动“企业文化创新提升工程”，征集文化理念，定位理念体系，形成《采油一厂企业文化手册》；编制《视觉形象手册》，规范了基础要素、办公环境、文化标识等方面的视觉形象。（罗明舫）

采油二厂

【概述】 中国石油青海油田公司采油二厂（以下简称“采油二厂”），截至2014年年底，有员工648人，其中劳动和劳务合同制职工472人，员工144人，劳务子女工32人。员工中有干部203人，女职（员）工215人；大专以上学历人员508人，占员工总数的79%；35岁以下青年420人，占职（员）工总数的65%；具有副高级职称26人，中级职称87人，初级职称157人。下设8个机关科室、4个机关直属单位、5个一线生产单位和9个二线生产技术服务单位。管理乌南、昆北（切六区、切十二区、切十六区、切四区）、扎哈泉三个油田。共有油水井850口；其中油井586口，水井264口。2014年，生产原油32万吨，油田注水102.8万立方米，生产天然气1023万立方米。采油二厂荣获油田公司“先进厂处”、“先进党委”称号。（组织机构见下图）

2014年采油二厂组织机构图

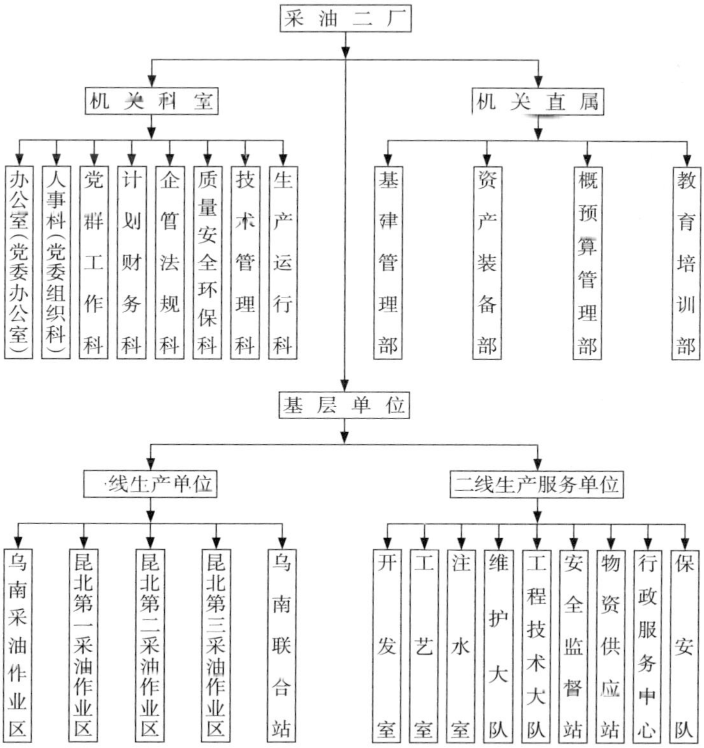

【原油生产】2014年，采油二厂通过加强老井稳产、新井上产、成立稳产领导小组与专业实施组，细化分工，明确责任，摸清产量下降原因并制定措施。科学合理配产、配注，严格执行生产制度和月度计划，强化日常生产组织管理，油井分级分类管理，查找问题，明确对策，细化实施，有效控制产量的波动与老井递减。通过有效管理措施，下半年日产水平恢复到880吨以上。提前做好新投部署工作，加快新投井进度，加强测井精细解释，优选投产方式，减少作业等停时间，缩短建井周期，确保新井投产见效。严格规范新井资料录取、强化数据分析研究，制定合理工作制度和工作参数，新井维护到位有效。4月份成立扎哈泉试采项目部，扎实推进试采工作，严格落实新井维护管理制度，确保原油产量。扎哈泉日产水平由年初23吨上升到12月份日产100吨。全年新井产量3.53万吨。

【注水工作】2014年，采油二厂以完善注水管理制度、强化注水保障机制为手段，加强注水井管理，开展注水专项治理工作，实现精细有效注水。严格落实《采油二厂注水管理实施细则》，加强注水井现场管控力度，确保注水系统持续平稳运行。及时跟踪分析节点水质变化，确保清水水质达标可控。开展乌南联合站流程改造，落实污水系统各节点化验、排污排泥工作制度，加强设备日常维护，污水水质合格率提高8.5%。通过精细管理，确保清、污水水质基本达标。在昆北油田推行“两控两周期”管理模式，持续开展精细调配、温和注水及深部调驱试验，提高水驱效率，有效抑制含水上升。在切六区、切十二区调剖4口井，注水压力、吸水剖面有所改善。在乌南油田调整酸化配方，19口井酸化效果明显，平均压降5.50兆帕，累计增注9387立方米。优化工艺配套，推广同心配水技术，调配施工时间缩短1.5天。严格按照月度配注计划执行水井验封调配工作，实施验封372口、536个层段，实现油藏精细注水。

【工艺技术】2014年，采油二厂开展《乌南油田老井资料复查及加密区效果评价》项目，强化油藏储层研究，加强静、动态资料分析，深挖措施改造潜力。深化乌4、乌5低阻油层认识，落实砂体空间展布规律。开展《昆北油田切六区E_3^1油藏数值模拟研究》，在地质建模与数值模拟技术的基础上，初步摸清切六区E_3^1油藏平面含油性规律。研究《切十六区控水稳油方法探讨与评价》课题，在沉积微相研究成果的基础上，落实主要水驱方向，提出“两控两周期”的油藏管理方法。精心编制措施月度计划，工程与地质紧密结合，优化措施工艺，精心选井选层，细化工艺施工方案，协调组织施工，着力提升措施效果。在昆北油田开展3井次水平井找堵水工艺研究，平均单井日增油3吨；开展暂堵分流酸化试验，全年施工6井次，平均单井日增油5吨，其中切六H8-11井和切六H8-9井措施效果明显，日增油达到11.50吨。全年累计老井措施59井次，累计增油6598吨，措施有效率81.16%，同比提高1.66%。实施长停井恢复9井次，累计增油1082吨。

【工程建设】2014年，采油二厂产能、工程建设两手抓、两促进，在建设施工领域加强管理，实现产能及各项重点工程优质、快速、高效建设。成立昆北油田切十六区、扎哈泉5万吨产能建设项目组，采用“投资大包”和“项目管理”模式，降低万吨产能投资，投资控制在油田公司指标范围内。按照提前部署、加强协调、深化研究、及时调整的工作思路，坚持勘探与开发相结合，地质设计、钻前组织、运行安排、跟踪研究及过程管理协调有力，实现增储上产目标。2014年完钻157口，其中：油井129口，水井28口。成立地面工程项目组，加强前期论证及方案优化，工程建设中定期组织召开工程协调会，及时协调解决施工过程中出现的问题。严格过程监管，加强工程竣工验收、签证结算等工作。完成切十六－切十二、宽沟－乌南联合站供水管线、315国道－乌南联合站道路及扎哈泉地面工程等项目，完成扎哈泉产能建设配套工程，实现安全优质施工。

【安全环保】2014年，采油二厂通过加强“检查、整改、巩固、提高”过程管理，实现安全环保工作稳定向好。对体系进行修订，完善管理手册、风险评价报告，修订岗位职责195个、程序文件39个、应急预案13个，签订安全环保责任书38份，制定个人安全行动计划62份。宣传新《安全生产法》和《环境保护法》，组织开展QHSE管理提升、基层“四无”及“安全生产月”等活动，提高全员安全意识和风险防控能力。迎接集团公司审核1次、油田公司审核2次，组织内部审核3次，查出不符合109项，并按期整改关闭。强化交通路检路查工作，处理违章人员16人，通报监控情况35次，车辆实现受控管理。开展安全检查108次，查出隐患和问题1460项，全部按期整改关闭。树立环境保护理念，加大环境保护工作整治力度。2014年治理排污坑632处、泥浆坑122处，新建固废排放点、废液排放池和污水污泥处理系统。严格执行“三同时”制度，完成乌南油田开发建设项目、昆北联合站等6项评价工作。

【经营管理】2014年，采油二厂树立质量、效益、可持续发展的理念，加强合规管理，深化成本管控、内控建设、合同管理工作。修订完善《采油二厂成本管理办法》，定期召开经营分析会，掌握成本费用及各项工作进度，分析超支原因，制定整改措施。主要切块资金全面受控，非生产性支出同比下降60%，2014年电费节余600万元，水费节余30万元。建立集中库管理，回收一线单位针线笸箩物资，调剂和消化积压物资，平库、降库、盘活资产，共集中物资1147项，调剂利用1099项。修订完善各项规章制度，建立职能管理体系，通过制度约束查找薄弱环节，堵塞管理漏洞，梳理完成12个业务部门23项规章制度。加强对规章制度执行的考核，开展内控业务流程梳理和自测，完善内控管理二级、三级网络人员组织，梳理适用流程317个、关键控制流程79个及关键控制点173个，测试覆盖面100%。严格合同招标申报审核程序，强化合同履约管理，建立健全合同履行情况监督检查台账，定期检查，提前预警，杜绝合同履行纠纷。加大合规管理及督办力度，梳理并及时关闭合同386份，确保了风险管控及时有效。

【党群工作】 2014年，采油二厂党委有党支部20个，党员267名，正式党员250名，预备党员17名，纳新16人，申请入党42人。组织推进服务型党组织建设，开展党的群众路线教育实践活动，增强党组织的凝聚力和战斗力。以“四好”班子建设、党支部“六个一”、学习大庆精神、铁人精神等活动为契机，加强“学习型、服务型、创新型”党组织建设。按照油田公司党委要求，合理确定党建工作目标，结合服务型党组织建设，对各基层党支部进行量化考核，确保党建各项工作任务的落实。围绕原油生产，开展党员责任区、“抓攻树”等活动，开展立项攻关15项。加强评先选优工作，树立先进典型，引导广大党员干部学有榜样、赶有目标，党建工作取得新成绩。2014年，工会认真落实职工疗养、大病医疗、扶贫帮困等政策，开展慰问6次，发放慰问金15万元。节假日组织开展文娱活动12次。采油二厂有团支部10个，团员163人。开展技术比武、岗位讲述、“五型”班组等活动，完善“何湘工作室”和“李亚夫班”硬件设施，促进作用发挥。积极开展女工活动，充分发挥女职工“半边天”作用。（郭雪）

采油三厂

【概述】 中国石油青海油田公司采油三厂（以下简称“采油三厂”），主要负责花土沟油田、七个泉油田、红柳泉油田、狮子沟油田四个油田的开发。截至2014年年底，共有员工694人，其中劳动、劳务合同制员工464人，企业员工（合同）186人，劳务子女工 44人；女员工280人，占总人数的40%、男员工414 人，占总人数的60%；干部184人，其中各类专业技术人员233人；高级技术职称29人，中级技术职称78人，员级34人，助理92人。下设机关科室8个，直属单位3个，基层单位13个。

2014年，采油三厂荣获海西州“文明单位”，油田公司“贡献单位”、“先进党委”、“社会治安综合治理”、“思想政治工作”等称号。花土沟联合站被油田公司评为“红旗基层单位”，红柳泉采油作业区被油田公司评为“质量安全环保节能”先进集体。（组织机构见下图）

2014年采油三厂组织机构图

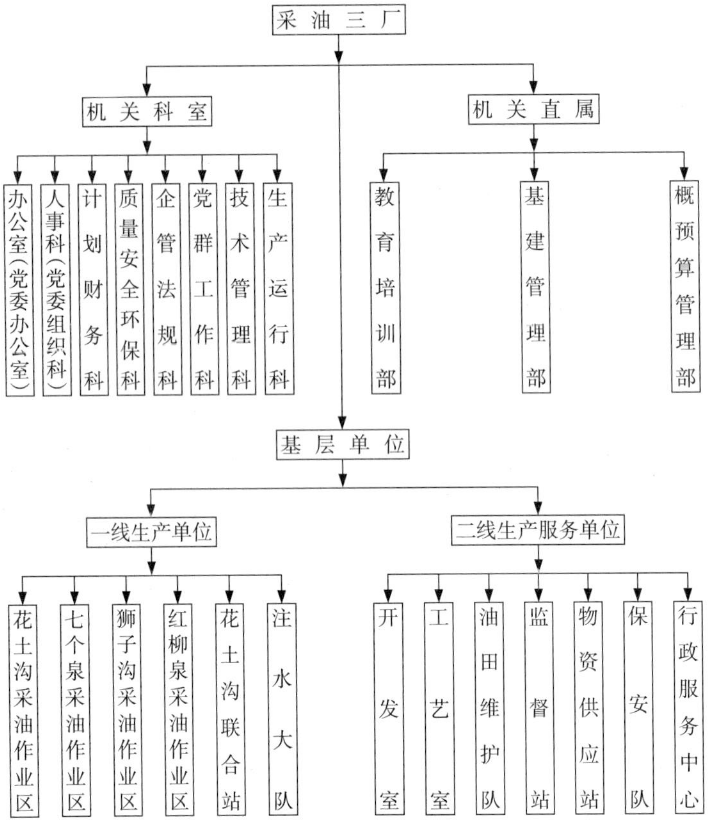

【主要生产经营指标】 2014年，采油三厂生产原油28.70万吨，完成任务的100%；销售原油28.47万吨；油田注水130.38万立方米，完成任务的100%；全年预算油气单位操作成本为1138.46元/吨，控制在预算指标内。

【精细开发】 2014年，采油三厂深化油藏精细分析，定期召开季度动态分析会，梳理油藏、层系、井组、单井的开发矛盾，及时采取对策措施，确保油藏受控开发，自然递减率9.0%，综合递减率5.1%，含水上升率3.4%。加强油藏精细描述，完成七个泉油田二区块、花土沟油田三层系油藏精细描述，认清剩余油分布规律和水驱优势方向，为油田开发调整提供研究依据。加大油藏注采调整，开展以提高注采对应、完善水驱控制、改善注水矛盾为主的措施89井次，水驱控制程度提高0.8个百分点，水驱动用程度提高2.1个百分点。开展油藏综合治理，实施七个泉三层系综合治理，完成治理措施25井次，自然递减率下降0.4个百分点，含水上升率下降2.9个百分点。

【措施工艺】 2014年，采油三厂通过严控水处理药剂质量、加强水处理设备维护、建全水质节点监控，形成水质平稳达标长效机制，综合水质达标率90.5%。通过优化注水工艺、单井措施、层段调配，丰富精细注水内涵，油藏水驱效果得到改善。大力开展进攻性增油措施，优选措施工艺、优化体系配方，实施各类油井措施60井次，累计增油1.12万吨。分类治理高频检泵井，通过应用电磁防蜡器等新工具、调整洗井加药维护方式、优化工艺管柱及施工工序等措施，提高油井生产时效。

【经营管控】 2014年，采油三厂围绕产量结构、成本结构的实际需要，科学分解指标，实行分级归口、切块承包制度，推行“月通报、季分析”模式，定期分析解决生产经营中的突出问题，适时纠正成本费用执行偏差，提高成本费用的管控能力。集中有限资金确保产能建设和重点工程、安全隐患有效治理，投资完成率达到95%以上。盘活存量资产，进行定期、定点、定人的“三定”检查，加大资产调拨调剂力度，提高资产使用效率和效益。严格合同招标审批流程，强化过程监督，有效规避经营运行风险。完善、优化、规范工程结算流程，定期通报结算情况，确保全年结算工作的顺利完成，结算完成率100%。

【工程建设】2014年，采油三厂坚持“安全第一，管控从严，质量优先”的原则，严把方案设计、工期目标、投资金额、过程监控和工程验收等环节，精心组织花土沟油田集输系统管网改造和安全隐患治理等6项重点工程项目，确保2014年油田配套重点项目的优质高效完工。结合场站生产实际，完成七个泉试验站和狮子沟计转站越站改造，现场应用抽油机冲次自动调节和联合站原油外输泵超压保护等技术，降低工人劳动强度和提高油田数字化水平。

【生产运行】2014年，采油三厂围绕原油生产中心任务，构建“以周保旬、以旬保月”的运行方式，确保节点目标的顺利实现。严抓过程组织，建立生产信息反馈平台，形成“靠前指挥，动态跟踪，事事掌控，责任到人”的执行机制，解决各类生产实际问题540个，保障生产正常运行。生产单位及时掌握油水井生产动态，采取有效措施，优选油水井维护方法，强化油水井分类管理，探索合理维护方式，卡井、停井和维护作业工作量得到有效控制，油水井作业与2013年相比减少26井次。

【安全生产】2014年，采油三厂按照新《安全生产法》和《环境保护法》要求，转变观念，不断深化有感领导、直线责任和属地管理，层层签订责任书、制定领导干部“个人安全行动计划”66份，安全环保责任得到加强。持续推进HSE体系建设，编制实施《HSE管理提升方案与计划》，体系审核问题同比减少55.8%。积极探索培训载体，推行全员、全过程、全岗位“三个一”安全培训，培训次数累计52次。持续开展安全检查及“反三违”活动，形成齐抓共管的安全生产氛围，共查处“三违”行为159起，处罚51起。积极争取油田公司资金支持，完成安全隐患治理项目5项，共投入安全资金 786万元。不断强化承包商监管，严格执行作业许可审批制度，对非常规作业进行工作前安全分析、安全技术交底，节日期间及重要时段进行的关键作业施工，实行升级管理。

【党、工、团工作】2014年，采油三厂有党支部9个，党员243人，预备党员14人。转为正式党员14人。采油三厂着力巩固群众路线教育实践活动成果，重点抓好“四风”突出问题的专项整治，对存在的16个问题分解到领导班子成员和机关科室，按时间节点完成规定内容。建立采油三厂督办工作制度，完善“首问负责制”和“限时办结制”。设立“群众来信”信箱，畅通沟通交流渠道。公务用车做到集中管理，统一调度。重心下移，关口前移，落实维护稳定责任，杜绝了规模性群体信访事件的发生。持续完善党建基础工作，梳理党、工、团、宣传工作制度154项。积极探索基层党支部新模式，优化组织设置，将16个党支部整合为9个。

采油三厂坚持“以学习倡廉、以教育促廉和以制度保廉”的工作思路，打基础、出实招、重落实。重点开展工程建设项目和物资采购的效能监察，完善地面工程建设项目用料审批程序，强化各个环节的管理。开展以“党风廉政建设、成本管理、物资采购”等为内容的纪检巡查，落实党风廉政建设责任制。

采油三厂有基层工会14个，会员694人，新入会员11人；采油三厂团委下设8个团员支部，2个青年支部；团委书记1名，团委委员6名；团员青年总人数为402人。2014年，修建了“注、采、集”三大工种的教育培训基地，举办采油三厂第十三届职业技能竞赛并承办油田公司第八届职业技能竞赛注水泵工的比赛。开展“堵塞漏洞、厉行节约”全员献计献策等活动，征集到安全、生产、技术革新等方面的合理化建议55条，上报8条建议和项目，经油田公司专家评审，七个泉采油作业区上报的《便携式井口加药装置》获得合理化建议三等奖，注水大队上报的《机油重复利用》修旧利废获得鼓励奖。开展“安康杯”竞赛、“安全警示日”等活动，积极参与油田公司工会举办的“安全生产建言献策”活动。

2014年，采油三厂改善野外一线员工的就餐条件，新设狮子沟24井食堂，增开夜班饭。为10名金榜题名员工子女发放金秋助学礼物，发放生日礼物685份，独生子女礼物167份，公寓安装热水器56台套，办理职工工会疗养76人，有毒有害工种疗养27人，结算178人。累积发放慰问金、慰问品11万余元。为丰富职工的业余文化生活，增加整个队伍的凝聚力与向心力，承办花土沟地区“同心共筑中国梦、老少共话油田梦”演讲比赛。举办“明目标、担使命、创佳绩”主题教育知识竞赛和“我在岗位我奉献，我为千万做贡献”演讲比赛。参加油田公司“迎新春拔河比赛、“五一”长跑活动、千人健步走活动、“四方杯”排球赛，各基层工会小组在节日期间也因地制宜，开展“扑克牌比赛”等活动。（高丽）

边远油田开发公司

【概述】 中国石油青海油田公司边远油田开发公司（以下简称“边远油田”），管辖着南翼山、油泉子2个自主开发油田和咸水泉、开特米里克、红沟子、尖顶山、大风山、小梁山和油墩子7个劳务开发油田，共有油井1210口，年生产能力18.50万吨；水井222口，年注水能力47万立方米。同时担负着“南八仙-花土沟”输气管道（长362千米），以及“红柳泉-南翼山”输水管线（长94.80千米）的维护管理和运行工作。截至2014年年底，边远油田勘探与生产板块资产原值17.55亿元，净值10.144亿元；管输板块资产原值2.28亿元，净值7537.44万元。现有职员工426人；其中，管理人员80人，专业技术人员58人，技能操作人员288人，平均年龄33岁；初级及以上职称156人，大专及以上学历322人，占总数75.6%）。

2014年，边远油田被油田公司授予“堵塞漏洞、杜绝浪费”全员献计献策、厉行节约活动优秀组织单位，培训工作先进单位，工程造价管理工作先进集体和难采储量动用奖；南翼山Ⅲ+Ⅳ油层组精细油藏描述被授予油田公司科技进步一等奖。（组织机构见下图）

2014年边远油田开发公司组织机构图

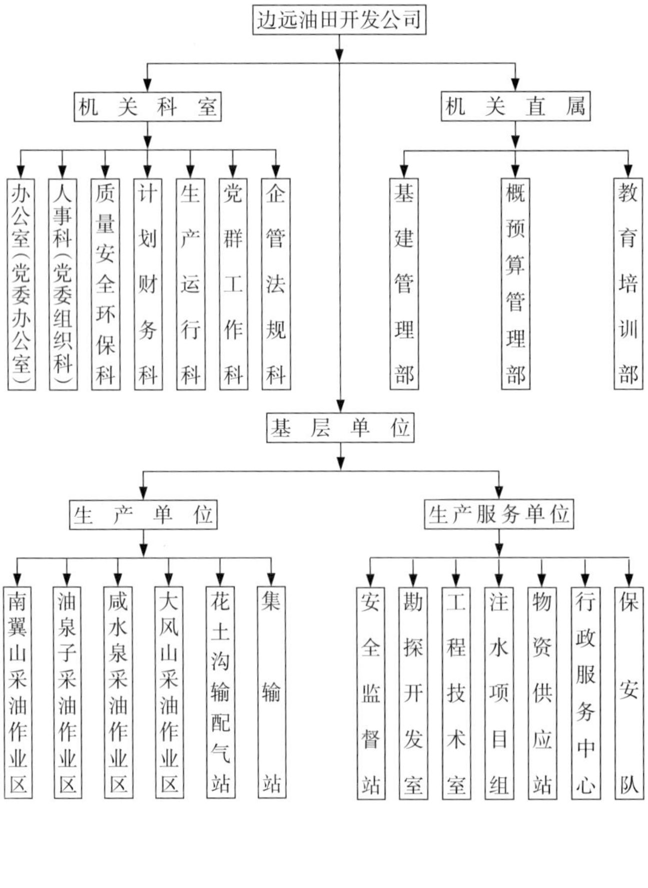

【主要生产指标】 2014 年，边远油田生产原油 18.50 万吨，完成调整计划的 100%；注水 47.53 万立方米，完成年计划的 108%；天然气输配 8116 万立方米，完成年计划的 131.3%。单井日均产油 0.60 吨，自然递减率 21.12%，综合递减率 18.74%，含水上升率 3.7%，均控制在计划指标内。

【经营指标】 2014 年，边远油田原油单位操作成本 1498.20 元 / 吨，比计划指标降低 7.30 元 / 吨；单位输气成本 203.20 元 / 千立方米，比计划指标降低 36.20 元 / 千立方米；完成投资 2.09 亿元，完成率 95.1%。2014 年井喷失控着火、较大及以上环境污染事故为 0；实现节能 319.20 吨标煤，完成指标的 106%；节水 1 万立方米，完成指标的 100%。

【主要措施及成果】 2014 年，边远油田逐月划分属地任务和管理责任，落实人均采油量、切块资金、措施产量和项目责任目标考核兑现机制，开展工作研讨会，确定涵盖原油产量、安全环保、经营模式等 14 项立题项目抓推进。整合生产现场技术人员与科研技术部门，完善班组、队站及公司三级管理模式。班子成员发挥稳产上产项目组和现场办公室作用，在自主开发区块推行单井精细跟踪分类管理和月度计划执行率考核，对高产井、中间井和低产井分类建档，对比分析，落实"一井一法"保稳产。在劳务开发区块，讲政策督整合，讲要求明标准，讲授技术提素质，帮助解决 98 项生产难题。对设备实行分类定级管理，发现并解决电气设备维护等 189 项问题。自主区块原油产量超计划 0.33 万吨，南翼山油田首次跨入青海油田"10 万吨级"行列。

【科技创新与技术改造】 以油藏精描为抓手，在南翼山Ⅲ + Ⅳ油组优选了南 101 井等 5 口长停井进行措施挖潜，措施后单井平均日产油 2.85 吨，新增可动用面积 2.30 平方千米，可采储量 26 万吨。自主区块建产 2.60 万吨，累计产油 1.54 万吨，产能到位率 112%，同比提高 31%；南翼山Ⅲ + Ⅳ油组新井平均单井日产油 2.80 吨，同比提高 0.70 吨。小梁山建产 0.88 万吨，累计产油 0.50 万吨，产能到位率 84.5%，同比提高 1.5%；劳务区块新井平均单井日产油 1.05 吨，比方案指标高 0.05 吨。钻井井身质量合格率同比提高 5.6%，固井质量提高 2.5%，完井周期同比缩短 2.27 天，投产周期缩短 0.5 天。

以Ⅲ + Ⅳ油组次主力产层、Ⅴ油组主力层为挖潜对象，通过运用封隔器 + 暂堵球直井分压工艺、"三小一控"压裂技术和成熟的压裂液体系，措施成功率 98.08%，同比提高 0.38%，措施有效率 100%。探索连续油管拖动压裂试验，南浅 1-5-1 井措施后平均日产油 6.57 吨。坚持自主配液和施工参数优化，累计节约配液费 138 万元。补孔压裂 15 井次，平均单井日增油 2.98 吨，单段增油 1.02 吨，累计增油 5150 吨。

完善注水现场管理制度、考核标准及办法，维护井口及洗井等 827 井次，开井率 90.35%，同比提高 2.11%；南翼山水质达标率 94.43%，高于计划指标 4.43%；油泉子 76.2%，高于计划指标 11.2%。根据不同储层剖面特征，细分注水控制层、加强层和潜力层，优化分层配注，提高注水利用率。以提高采收率为目标，在南翼山Ⅰ + Ⅱ油组和油泉子油田对 78 口井开展周期注水。结合储层物性，对测调井分类分级管理，利用调剖和水嘴精细调控对 10 口单层突进的井进行治理。推广智能测调联动技术 77 井次，调配准确率同比提高 3.1%，完成投捞、调配等 158 井次。对欠注井推广不动管柱分层酸化 9 井次，累计增注 2454 立方米。针对不同油藏特征，实施 4 段和 2 段分注工艺及 9 井次的异径封隔器应用，分注合格率 92.52%，同比提高 3.21%。南翼山Ⅰ + Ⅱ、Ⅲ + Ⅳ油组水驱动用程度同比提高 4.1% 和 4.9%；南翼山自然递减同比下降 0.2%，综合递减下降 0.9%，含水上升率下降 0.87%。

【工程建设】 2014 年，边远油田严格投资项目管理，专人负责、统一协调，加强项目论证、可行性研究和设计审核，细化项目开工准备，周密组织项目实施，形成监督管理、施工队伍、作业区"三位一体"的监督管理制度，加大施工队伍安全培训，严格施工前风险分析和技术交底，实施对标管理。完成产能建设地面配套、小梁山生活基地改造、南花复线内检测、原油回收池新建、生活污水处理改造、油泉子及南翼山井口污油治理、劳务承包区块环境治理，以及民用气和钻东区天然气管线隐患整改工程。

【安全生产】 2014 年，边远油田建立 HSE 和安全监督管理实施细则，编制了 HSE 监督检查表，细化一岗双责、党政同责内容，推行安全环保计划管理和诫勉谈话，创新安全环保风险提示 E 平台、上锁挂签等措施，落实安全工作日报、月度通报、季度总结分析制度，实现安全管理向预警管理，单一结果性指标考核向过程性、结果性相结合的转变。实施安全管理计划 16 期 128 项，安全监督重点 56 项，完成率 100%。班子成员督导股级以上干部严格落实有感领导实施工作，带头宣贯 HSE 体系、会前安全经验分享、示范岗位操作卡，并以"4·14"安全警示日、安全生产月活动为载体，编制了《典型事故案例读本》，开展主题事故再学习、"人人都当安全员、人人都当监督员"、新《安全生产法》和新《环境保护法》宣贯等14项意识和能力提升工程，解决现场问题80项。建立公司－队站－班组－员工四级安全风险管控网络，坚持特殊时段安全升级管理和流动监督，落实三级安全监督管控，严格“四严”管理，开展交通安全专项整治，发现隐患3700项，整改验证到位率95%，纠正违章233起。开展环境污染点源的排查和摸底，重点对自主及劳务油田环境治理和追责，定期跟进、月度汇总分析、督导整改抓落实，治理污染点767处。

【企业改革与管理】 2014年，边远油田完善投资、物资、合同管理实施细则及薪酬分配制度，构建以利润、运营和控制类指标为主的契约式考核体系，加大制度执行力、安全环保指标考核比重，将领导工作评价和基层反向评议纳入考核，对考核结果责任追溯。开展6个职能部门的联合办公，做到职能、信息、办公资源“三优化”。组织4期制度管理及内控操作人员培训，对209个关键控制点进行自我测试，测试覆盖率95%，通过率97%；加强超合同金额处罚，强化双方权责和违约事项，招标谈判及合同申报161份，合同签订合规率及合同履约保证金交款率100%。严格执行油田公司差旅费等规定，七项费用同比下降22%。开展经营管理现场调研、资产集中清查，并将南翼山采油作业区材料库划转物资供应站管理，材料费同比下降5.5%。推行南翼山采油作业区以效率、效益为主的人均利润考核，内部人均利润比计划目标高12%。原油单位操作成本比2013年降低33元/吨，单位输气成本降低5元/千立方米。

【员工培训】 2014年，以矩阵需求培训为抓手，中层领导常态化开展“走基层、摸实情、解难题、助发展”调研活动，机关科室长自选课题上台宣讲，轮流主持早会沟通业务、团队宣誓，管理人员贴近生产、服务一线，协调解决123项生产难题。专业人员以学科、岗位、能力、荣誉为主线，固化周学习、旬总结、月交流，推行基层和机关管理人员双向交流机制，搭平台、压担子、定目标。操作人员借助油田及内部培训资源，开展青工岗位讲述、技术大比武等活动，坚持返岗培训、岗前考核、岗中评价，实行达标上岗。开展各类培训63期、1968人次。

【党群工作】 2014年，边远油田党委设立党支部8个，党员151名，预备党员6人，纳新6人。开展以演讲比赛、班子成员带头分组讨论为主的“我为千万吨做贡献”主题大讨论活动，召开首届宣传报道表彰大会。完善教育促廉、责任思廉、谈话敬廉、专项督廉的工作体系，组织关键岗位人员40人参观茫崖检察院和看守所；纪检、企管、财务联合开展党风责任制建设和物资管理、工程建设、车辆维修和工会经费专项巡查，对发现的13个问题现场通报、限期整改。开展劳务承包方思想疏导、法律宣讲、生产现状调查分析工作，下发阶段维稳责任令和包保责任制，签订承诺书，建立信息日报搜集、周报分析和月度不稳定因素排查制度，专项桌面推演和实战演练相结合，提升了信息搜集和应急处置能力。

边远油田共有基层工会委员会9个，会员422人，2014年入会20人；女工委9个，共140人。组织女工“三八”才艺大比拼、读一本好书活动；开展新春团拜会、送荣誉下基层、才艺大比拼、青工徒步毅行、“共筑千万，赢在未来”篮球赛、“庆中秋、迎国庆”趣味活动、第九届职工职业技能大赛和边远－英东联谊赛等文化活动；党政组织坚持一线接待日、进家入户扶贫助困等8项温馨工程，重点对生产一线开展养生菜棚建设、公寓修缮等13件好事，新增测血压、血糖关爱活动；发放生日礼物416份，发放“三八”妇女节礼物、独生子女礼物、影视卡和活动票等1076份，发放螺旋藻2180瓶、氧源1664瓶；组织员工疗养55名、结算82名；发放慰问金5.90万元。

边远油田共有团青支部9个，团员青年150人。开展学雷锋、烈士纪念碑扫墓、植树、徒步毅行、义务劳动、“安全生产建言献策”、合理化建议征集、“堵塞漏洞、杜绝浪费”全员献计献策等活动，征集建议18条，其中南翼山生活用水加温节能改造项目获得油田公司二等奖。（朱永学　唐志强）

英东采油厂

【概述】 中国石油青海油田公司英东采油厂（以下简称“英东采油厂”）共有员工 237 人，其中劳动（劳务）合同制员工 167 人，市场化员工 38 人，子女工 32 人；男员工 177 人，女员工 60 人；具有高级职称 9 人，中级职称 41 人，初级助理（员）职称 36 人；高级技师 1 人，技师 5 人；大专以上文化程度 190 人，占员工总数的 80%；管理岗位 46 人，专业技术岗位 34 人，操作岗位 154 人，员工队伍平均年龄 31 岁。下设机关科室 5 个，直属单位 2 个，基层单位 7 个。担负着英东油田 1 号、2 号、3 号油藏的开发和管理工作，油井 243 口，注水井 58 口。共有设备 932 台（套），设备原值 2.47 亿元，净值 1.98 亿元，新度系数为 0.8，设备使用良好。拥有资产总额 20.55 亿元、资产净值 13.14 亿元，人均资产 863.4 万元，无不良资产和非经营性资产。

2014 年，英东采油厂被油田公司评为 “先进厂处”。（组织机构见下图）

2014 年英东采油厂组织机构图

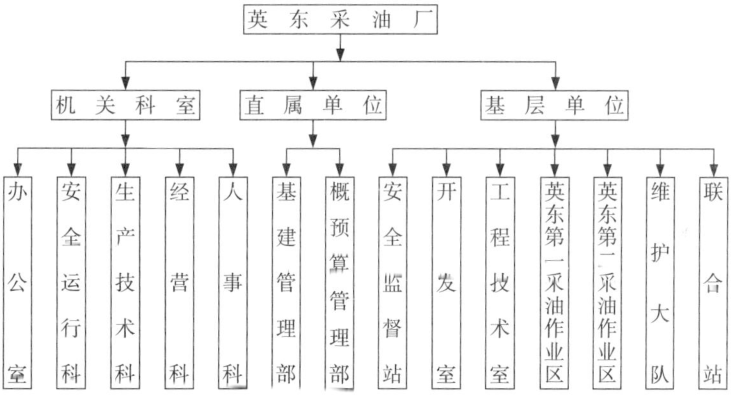

【经营指标】 2014 年，英东采油厂计划生产原油 26.5 万吨，实际完成 31.33 万吨，完成年度计划的 118%；计划注水 38 万立方米，实际完成 45.32 万立方米，完成年度计划的 119%；下达投资 5.13 亿元，实际全年完成投资 4.98 亿元，完成率 97%；油气生产计划吨油成本为 570.58 元，实际控制为 570.40 元；全年无上报安全事故。

【原油生产】 2014 年，英东采油厂把年度计划的每一项工作具体到井、细化到天、责任到人，排好运行大表，加大对生产指令的考核力度，确保执行不打折扣、不讲条件；坚持生产晨会和周例会制度，周密部署原油生产节点目标，生产运行人员前移一线抓管理、促协调、勤指导、保服务；推行“单井承包”法，营造起“千斤重担大家挑、人人肩上有指标”的工作氛围；以“提高单井产量牛鼻子工程”为抓手，采用分类管理，厂里每月、采油作业区每周开展一次油水井动态分析，做到动态分析日常化，确保油水井正常生产。

【油田注水】 2014 年，英东采油厂在加强日常注水管理的同时，加强注水技术攻关，针对单井欠注和注不进的情况，与相关技术单位一起提出和实施有针对性的单井酸化增注措施。针对 118 井区油水关系复杂，注采对应关系建立难度大的特点，开展多轮次的精细地层对比工作，加强油层展布认识，合理组合断点数据，确定注采关系，依据实际钻遇情况及邻井砂体展布，确定注水层位，完成 12 个注采井网的建立，确保 118 井区后期高效开发。

【工程建设】 2014 年，英东采油厂完成 8.17 万吨产能建设任务，完成 53 个平台的钻前工程，完成钻井

65口，总进尺13.34万米。完成71口油水井的地面集输流程，建成各类集输管网10.03千米，建设油田主干道路及次干道路5.5千米；10千伏供电线路10千米，调整改造10千伏线路4千米，建成并投产1500立方米/天注水站1座。

【管理提升】 2014年，英东采油厂不断规范和完善各项管理制度，新制定规章制度81项，废止69项；抓好内控与风险管理工作，梳理出末级流程272项，关键控制点326个，将业务流程和风险控制落实到专业管理部门和业务管理岗位，有效提升关键控制执行力；优化调整经营业务控制流程，建立规范高效的经营管控体系；严格执行预算，实行措施费用与措施增油量挂钩，维护费用与老井产量挂钩，产能投入与新建产能挂钩；广泛开展开源节流、降本增效活动，减少无功低效作业投入，突出效益产量；抓好投资项目管理，落实项目责任制，产能建设进度按计划开展，产能投资得到有效控制。

【数字化油田建设】 2014年，英东采油厂结合A11系统建设，完成128口油井、57口注水井的采集设备的安装调试，完成2个LTE基站安装调试，砂40井区自动化产能建设工程全部完工。井场、场站视频监控系统，实现油井井场和场站全天24小时数字化巡检，及时准确发现生产设备运行故障，并及时排除，降低岗位工人的劳动强度，提升安全运行的可靠性；注水站自动化系统，实现生产数据、设备参数和视频远程监控，中控室可第一时间掌握实时数据和设备运行，在自动生成报表、自动报警等功能的辅助下，由值班改为定期巡检，实现无人值守。

【安全生产】 2014年，英东采油厂深化隐患排查，筑牢本质安全。坚持每月绩效考核与隐患排查相结合，通过全方位拉网式的排查，共计发现隐患149个并整改；强化现场监督，加大违章查处。对承包商作业现场进行“高频次密集型”巡查，对吊装作业和井控安全管理工作进行专项监督检查，共查出安全隐患121项并及时整改；加强井控监督，夯实井控工作。按照分级管理原则，认真落实建设单位、监督单位、施工单位在井控管理中的职责；注重安全培训，提高安全技能。针对承包商和新员工安全技能相对薄弱的情况，承包商培训16期298人次，员工培训14期224人次；狠抓交通管理，杜绝违章行驶。

【员工培训】 2014年，英东采油厂推行“个人培训积分制”，鼓励员工通过参加培训、竞赛、考试等活动不断完善自己；为促进员工成长创造机会、提供平台，打造一支技能与管理并进、追求工作业绩的品牌团队。开展各类培训122期1604人次。通过坚持不懈地抓学习培训，提高员工的整体素质。

【党群工作】 2014年，英东采油厂党委下设党支部6个。党员81名，预备党员10名，纳新党员6人 、申请入党人员20名。党委大力开展以争做“四优”共产党员为主要内容的创先争优活动，深化“带党徽、亮身份、明标识、树形象”活动，认真组织党员民主评议，结合生产经营开展《英东油田合理电加热工作制度的探索与优化》等6个项目的立项攻关。

工会组织以创建“五型”班组为载体，以“创建学习型组织、争当知识型职工”活动为主线，增强团队创新能力，提高职工整体素质。坚持 “六必谈、六必访”工作制度，把握职工的思想脉搏，帮助职工解决实际困难，让职工切身感受到集体的温暖和关怀。2014年，组织员工健康体检89人；慰问困难家庭5户，发放慰问金1.3万元；组织岗位节日慰问5次，发放慰问品250份；为初婚初育职工送纪念品13次；看望生病职工12人次；为职工发放生日礼物180份；对野外食堂进行考核检查和服务满意率测评，就餐服务满意率为95%。

英东采油厂团总支有团员92名，青年74名。2014年共青团组织坚持开展以岗位讲述为主要内容的青工技能提升活动，持续深化“安全生产，青年先行”主题实践活动，在油田建设中彰显青年突击队作用。

【团队文化】 2014年，英东采油厂发挥团队文化的引领作用，组织开展一系列文化建设活动：建立值班公寓走廊文化、荣誉墙；成立篮球、摄影等5个文体协会，组建英东合唱团、英东电声小乐队，开展“最美英东人摄影比赛”、“我为千万吨做贡献现场写作比赛”；完成《团队文化手册》、《员工手册》的编印，以“团结进取、务实创新、科学发展、追求卓越”为核心的英东文化理念体系正式建立，“打造精诚团结、富有创造力的员工队伍”。

2014年，英东采油厂被中国企业文化研究会评为“企业文化顶层设计与基层践行优秀单位”。（王卫东）

冷湖油田管理处

【概述】 中国石油青海油田公司冷湖油田管理处（以下简称“冷湖油田管理处”），主要负责东坪、牛东气田，冷湖三、四、五号油田的生产、开发及管理；负责冷湖地区的水电生产及供应，为进出盆地的油田职工家属及相关部门提供食宿服务；负责协调与冷湖地方政府的关系等职能。主要经营原油生产及外运，天然气生产及外输，天然气管道维护管理，水电生产及供应。现有固定资产总值21.75亿元。管理抽油机33台（套）、天然气处理撬3台（套）、发电机组14台、车辆（含特种车辆）58台。共有员工370人，其中男员工263人，女员工107人；高级职称9人，中级职称38人，初级技术职称71人；管理人员79人，技术人员37人，技能操作人员254人。下设7个机关科室，3个机关直属单位，4个生产单位，7个一线生产服务单位。

2014年，冷湖油田管理处生产原油27833吨，完成年计划7000吨的397.6%；生产天然气9.28亿立方米，完成年计划8.5亿立方米的109%；年天然气输送能力8.52万立方米；其中马北－冷湖输气160万立方米，东坪－牛东输气8亿立方米，牛东－涩北5号站输气8.5亿立方米，圆满完成油田公司下达的绩效指标。

2014年，冷湖油田管理处获油田公司“贡献单位”、“新闻宣传先进单位”、“规划计划系统先进单位”、“财务资产先进单位”、“信息档案先进集体”称号；被青海省海西州授予精神文明建设单位和“双拥”工作先进集体称号；牛东试采作业区获油田公司“质量安全环保节能先进集体”称号，五号采油队获油田公司“红旗基层单位”称号，办公室（党委办公室）获油田公司“办公室系统先进集体”称号。（组织机构见下图）。

2014年冷湖油田管理处组织机构图

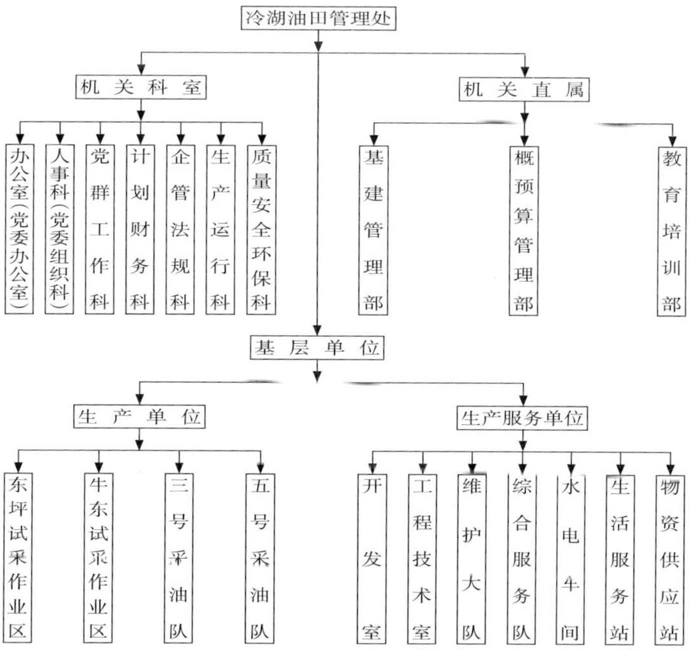

【主要生产指标】 2014年，冷湖油田管理处年产原油2.78万吨，年产天然气9.28亿立方米;油田注水8.63万立方米，发电168万千瓦时，供水84万立方米。

【经营指标】 2014年，完成投资5.34亿元，投资完成率97%，油气单位操作成本227.69元/吨，控制在油田公司指标之内。

【主要措施及成果】 2014年，冷湖油田管理处加大油井精细管理和日常维护，共组织检泵作业18井次。加强油田注水工作，积极推进细分层注水，完成并投注套损更新井冷三更7033井和7901井转分注工作，油田分注率71.4%。做好措施跟进，完成东坪105等9井次的压裂作业，措施增气4186万立方米；实施连续油管作业8井次，氮气气举作业9井次，坪1H-2-3井措施恢复产能3.9万立方米/天，完成牛1井大修作业，保证气井正常生产。针对东坪3井区气井生产现状，优选坪3H-6-3井开展排水采气工艺试验，提升产能1.2万立方米/天，取得一定成效。

【科技创新与技术改造】 加大产能建设组织力度，积极推广应用新技术，在坪1-2-7、坪1H-2-4井等实施小井眼裸眼完井技术，坪1H-2-4井新投后日产气29.2万立方米，坪1-2-7井投产后日产气29.7万立方米（东坪产气量最高直井）。积极探索部署基岩气藏双分支水平井，青海油田首次成功钻探的双分支水平井坪1H-2- 7井，最高日产气77万立方米。坪1H-2-5井采用纤维转向分段压裂技术，日产天然气14万立方米。2014年完成4亿立方米天然气产能建设任务，新井单井日均产气34.5万立方米，天然气日产达到350万立方米以上，东坪1井区产能建设被油田公司表彰为优秀产能建设奖。

【工程建设】 推行工程建设项目责任制度，抓项目运行管理，指派专人常驻施工现场，保证重点工程按计划运行。东坪、牛东场站改扩建工程、东坪倒班公寓建设工程正有序进行，为油气生产、职工生活提供保障。冷湖老油田含油污泥综合处理工程实施完成，A11项目顺利建成并投入前期试运行。根据开发试采需要，组织开展冷90-柴北缘支线管道及冷90区块场站建设的前期论证及安评、环评工作。

【安全生产】 加大QHSE体系推进力度，开展4次内审和1次外审，发现并整改问题267项。严格落实开钻前、措施作业前、开工前安全检查制度，开展井控专项检查102次。开展“反‘三违’，提素质，强执行，保安全”等专项活动10次，查处“三违”行为39人次。充分发挥GPS监控作用，严查违章违规行为，通报处理违章人员，达到教育警示目的。加大安全监管力度，坚持每周发布监督周报，通报并整改问题86项。2014年生产安全形势良好，未发生群体上访和异常上访事件。

【企业改革与管理】 2014年，冷湖油田管理处推进内控体系建设，开展体系流程确认和2次测试工作，整改例外事项17项。狠抓制度执行力，纳入考核体系，及时抽查制度执行情况，抽查检查制度12次，制度执行力不断提升。抓合同及招投标管理工作，组织招投标活动28次，招投标率59.7%，规避经营风险。加大成本及投资费用管理，各类费用受控运行。

【员工培训】 积极推进矩阵式培训，严格落实调号考试制度，做实员工返岗、新工人上岗、特种作业培训。2014年冷湖油田管理处干部员工培训1196人次，员工综合素质稳步提升。

【党群工作】 2014年，冷湖油田管理处下设9个党支部，有正式党员100人，预备党员7人，纳新党员7人，申请入党12人。加强组织及队伍建设，大力推进“四好”班子、“六个一”党支部创建活动，定期组织党员干部上廉政建设教育课，党员干部无违纪。认真巩固落实反“四风”成果，及时修订“三公”管理办法，会议数同比减少25.6%，文件数同比减少9.8%，接待费同比下降44.4%。有基层工会委员会11个，女工小组9个，工会会员363人，新入会39人。工会围绕上产和新区试产，积极开展合理化建议活动，获油田公司合理化建议优秀组织单位称号。积极实施暖心工程，慰问生病住院职工8人次，慰问困难职工家庭10次。定期开展送医送药到基层活动，为一线发放药品49个种类2.8万元，为221名员工安排健康体检。冷湖油田管理处有团支部9个，团员106人，青年171人。共青团组织深入开展青年文明号、青年突击队创建活动，推进工作。（孙志华）

马仙采油厂

【概述】 2014 年，中国石油青海油田公司马仙采油厂（以下简称“马仙采油厂”）以油田公司建设千万吨高原油气田为使命，贯彻落实油田公司两会精神及重大决策部署，围绕油气稳产和增储上产，深化油藏地质认识，推进工艺技术攻关，强化生产组织运行，落实安全环保责任，全面加强精细管理与职工队伍培训，圆满完成了年度各项生产经营指标任务。

截至 2014 年年底，拥有资产总额 14.91 亿元，资产净值 9.76 亿元，其中：油气资产净值 9.38 亿元，固定资产净值 3494.46 万元，无形资产 287.85 万元。拥有设备 2268 台（套），总体新度系数为 0.65。现有员工 291 人，其中：男员工 214 人，女员工 77 人；大、中专及以上学历 254 人；高级职称 10 人，中级职称人数 31 人，初级职称人数 68 人；管理人员 60 人，技术干部 42 人。下设 5 个机关科室、2 个机关直属部门，9 个基层单位。

2014 年，马仙采油厂被集团公司党组授予“优秀基层党组织”称号，被油田公司评为“文明建设先进厂处”、党风建设先进单位、综合管理提升先进单位、新闻报道先进单位、天然气挖潜增效及单井产量突破奖、“十二五”期间科技工作先进集体、“堵塞漏洞、杜绝浪费”全员献计献策厉行节约活动优秀组织单位称号。（组织机构见下图）

2014 年马仙采油厂组织机构图

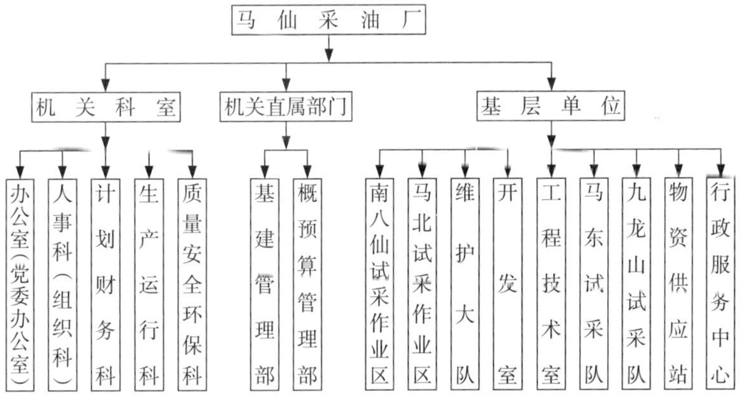

【主要生产指标】 2014 年，马仙采油厂坚持“产的出来、输的平稳、运的出去、交的顺畅”的生产组织原则，加强油气水井精细管理，努力提升老井稳产能力；加强生产协调，确保水、电、油、气的平稳供应和产、输、运、交的综合平衡，促进各个环节的高效运转，2014 年，共生产原油 4.63 万吨、天然气 4.80 亿立方米；油气当量 42.84 万吨，完成全年计划 40.46 万吨的 105.88%，与 2013 年相比净增 10.35 万吨，增长 33.75%。

【经营指标】 坚持“总体控制、分权管理、切块包干”的成本费用管理模式，细化预算管理，层层分解下达，采取“月度对接、季度分析”的动态管理方式，强化考核力度，严格落实责任，提高管控意识，保证成本费用的有效控制。2014 年预算油气操作成本 1.30 亿元，实际发生 1.61 亿元，剔除考核因素 3168.21 万元后实际操作成本为 1.30 亿元；单位油气操作成本为 339.28 元／吨，控制在油田公司业绩考核指标 360.88 元／吨之内；完成投资 1.08 亿元，完成年度投资计划 1.21 亿元的 88.68%。

【主要措施及成果】 2014 年，紧紧围绕清防蜡、防腐阻垢开展采油工艺试验，通过安装防蜡阻垢装置、阴极保护器，使油井热洗周期由原来的平均 35 天延长至50天。有计划开展调层补孔、酸化等措施作业，实现增油1595吨。针对气井不同的井况，认真比对，优选工艺，积极开展泡排、机排、柱塞、电潜泵、管式潜油泵等排水采气工艺试验24井次，实现增气342万立方米。针对气井井口冻堵问题，在前期试验的基础上，现场应用推广井口电磁加热装置14井次，提高气井开井时率，降低岗位工人的劳动强度。强化钻井施工、井下作业过程监督，工程技术指标得到进一步优化，机械钻速、钻井周期分别为10.67米、18.46天，检泵周期、油井免修期、系统效率、水质达标率等均达到或好于预期。2014年，马仙采油厂原油自然递减率、综合递减率、含水上升率分别为11.21%、8.72%、5.7%，天然气自然递减率、综合递减率分别为13.9%、9.6%。

【科技创新】 2014年重点开展《南八仙中浅层天然气稳产方案研究》《南八仙E_3^1气藏三维地震精细解释》《马北八区块油藏精细描述》《马西气田气藏精细描述》《马北八区块储层四性关系研究》及《南八仙深层排水采气先导试验》六项科研课题，为产能建设优化部署、措施增油增气及老井挖潜增效提供了有力的支撑。南八仙油气田中深气藏精细描述研究、马北八区块边外挖潜动用分别获得科技气藏精细描述奖、科技难采储量动用奖。

【产能建设】 不断加快产能建设步伐，强化投产作业各个环节的有效衔接，努力提升新井的贡献能力；2014年新钻油井6口，投产5口、投注1口，新建原油产能0.45万吨，新井产油2878吨，产能建设到位率84.9%、贡献率54.3%;新钻气井8口，恢复老井8口，建成天然气产能1.49亿立方米，新井产气2643万立方米，老井恢复产气677万立方米，产能建设到位率99.3%、贡献率22.1%。

【工程建设】 2014年，马仙采油厂着力于油区的配套完善，重点实施四项工程。2013年三项重点工程遗留项目的施工及问题整改。南八仙低压伴生气扩能改造工程的投运，使低压伴生气的生产能力由原来的40万立方米/天提升到67万立方米/天。南八仙生活驻地维修改造工程改善一线职工的生活条件。省道210至马北道路工程的全线贯通，使马北试采作业区的进出通行缩短时间。材料库库区、库房的整治，使材料库区达到标准化。多项油田维护项目的实施，完善了生产现场的基础设施。

【安全生产】 2014年，马仙采油厂认真组织QHSE管理体系审核，对发现的97项问题和 10个不合格项进行整改和关闭；扎实开展安全专项检查、安全教育培训、应急演练等工作，开展各类日常及专项检查66次，查出并整改问题1625个，组织安全环保培训136次、应急演练15次，审批监督特殊危险作业62次；开展新《安全生产法》、新《环境保护法》宣贯工作，使马仙采油厂干部职工对新法规定正确认知。认真组织安全环保隐患项目治理，全年投入隐患治理资金1693万元，实施抽油机护栏隐患整改、油污泥环境治理、防雷防静电隐患治理等项目，促进本质安全。加大承包商监管力度，签订安全环保责任书，专项开展承包商安全教育及施工前安全检查活动。

【员工培训】 2014年，马仙采油厂以岗位能力评价和岗位需求调查为基础，编制实施方案，开展"职工培训年"活动，并通过培训工作与业绩指标同步考核、同步通报、同步兑现，确保培训活动取得实效。共举办厂级培训班9期、完成培训项目22个、培训417人次；各单位自主完成培训项目126个，培训1989人次；年度派外培训23项43人次、投入培训费用22.9万元。成功举办马仙采油厂第一届职业技能竞赛，赛前认真培训实练，赛后认真总结，达到了检验效果、相互学习、共同提高的目的。

【党群工作】 2014年，马仙采油厂以党的群众路线教育实践活动为载体，本着勤俭节约的原则，严格公务接待，简化各类活动，组织建厂两周年建设成就展。持续开展反腐倡廉教育，积极组织党风党纪和成本投资管理效能监督检查，共组织观看廉政警示教育片6部，学习石油系统腐败典型案例剖析材料12篇，签订廉政建设责任书131份、廉洁自律承诺书121份，接受诫勉谈话人员逾60人次，5名处级干部按照规定认真申报个人有关重大事项、进行述职述廉。认真组织中央"八项规定"和油田公司21条规定贯彻落实情况的监督检查、投资项目效能检查、成本管理效能检查。各工团组织充分发挥桥梁纽带作用，开展帮扶助困送温暖、女工厨艺大比拼、"迎中秋、庆国庆"户外拓展等节日活动；帮助和支持青工、女工在岗位建功立业，积极组织开展合理化建议活动，关于100万装置注醇系统改造的合理化建议获得油田公司合理化建议一等奖。（陈功旭）

天然气开发公司

【概述】 中国石油青海油田天然气开发公司（以下简称“天然气开发公司”）是一个集气田产能建设，天然气生产、集输处理，天然气输送、销售、气款回收为一体的专业化公司。拥有固定资产总值61.59亿元，净值41.05亿元。截至2014年年底，涩北气田核实井口日产能1767万立方米，拥有集气站16座、气井627口。以涩北气田为中心，先后建成涩北－格尔木、涩北 南八仙－敦煌、涩北－南八仙－南翼山、涩北－西宁－兰州、涩北－格尔木复线、涩北－西宁－兰州复线等6条总长为2943千米、年输气能力达107亿立方米的长输管道。天然气开发公司有员工490人，其中男员工342人、女员工148人，具有高级、中级、初级职称的人数分别为13人、81人、153人；大专以上文化程度393名；管理岗位112人，专业技术岗位111人，操作与服务岗位267人，平均年龄35岁。下设8个机关科室、6个直属部门、9个基层单位。

2014年，天然气开发公司荣获“全国安康杯竞赛优胜单位”，“集团公司先进基层党组织、五四红旗团委、节能节水先进基层单位、绿色基层队（站）”，油田公司“先进党委、先进厂处、党风建设先进单位、思想政治先进单位、油田公司‘十二五’科技工作先进单位、优秀开发管理奖、难采储量动用奖、基本素质专业管理提升单位、质量安全环保节能先进单位、新闻宣传工作先进报道单位”等称号。（组织机构见下图）

2014年天然气开发公司组织机构图

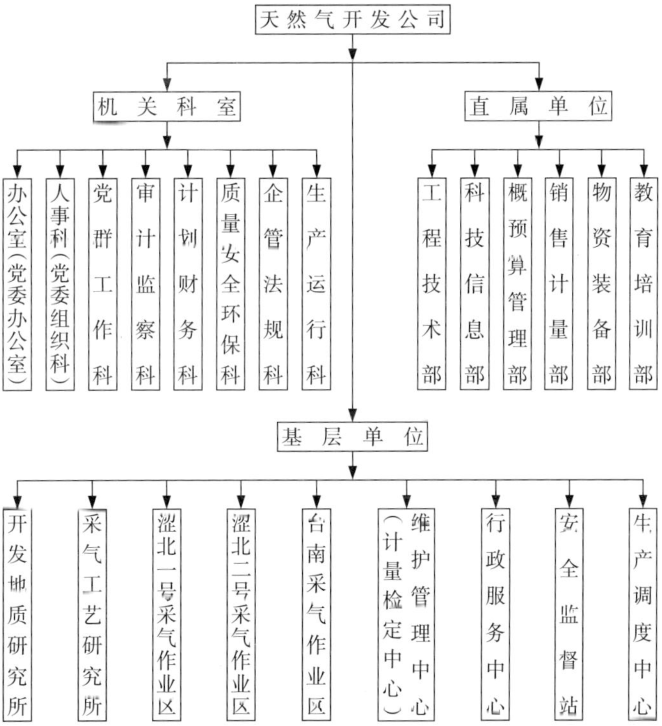

【生产、经营指标】2014年，天然气开发公司生产天然气54.07亿立方米，销售天然气49.42亿立方米。实现销售收入55亿元，气款回收率100%；成本和投资等各项考核指标均控制在油田公司下达的范围之内。

【主要产品】涩北气田具有含气面积大、储量丰度高、埋藏浅、品质好的特点。涩北气田生产的天然气为纯干气，甲烷含量在99%以上，仅含少量的乙烷、丙烷和氮气，不含硫化氢等有害气体，天然气相对密度平均为0.5576。

【主要措施及成果】坚持精细开发气田，加强井层精细管理，实施均衡采气，有效控制气田递减，气田各项开发指标持续向好。2014年气田递减率控制在7.8%，气井完好率94%。

【科技创新与技术改造】坚持地质与工艺结合，加强停井治理和工艺技术攻关，完成措施、维护作业123口井170井次，措施有效率82.8%；实施排水采气工艺231口井1332井次，有效率87.01%，全年累计增产1.60亿立方米。

【工程建设】2014年，地面建设狠抓工程项目管理，强化组织协调，完成1.50亿立方米产能建设、增压集输一期工程、环境治理等工程项目28项。

【安全生产】积极开展全员风险辨识，建立安全风险库，加强应急预案演练，有效提高应急处置能力；狠抓隐患专项及日常安全检查，加大安全隐患治理，夯实气田本质安全基础；加强交通安全管理，严格车辆归场检验、安全派车和路查，交通安全形势得到好转。

【企业改革与管理】2014年，天然气开发公司持续完善管理体系，提高体系执行力，强化内部审核，选聘、选强21名内审员，促进管理体系的持续完善，提升了气田规范化、精细化管理水平。加强绩效管理，建立完善绩效考核评价体系，提升考核工作质量和效益，有效调动了员工的积极性，提高气田经济效益。

【员工培训】创新教育培训工作，持续加强培训计划制订、过程管理和效果验证，积极引入拓展训练培训，大胆尝试固定课堂、流动课堂、作业区经理课堂等灵活、短小的培训方式，2014年举办和参加各类培训125期2408人次。在天然气开发公司范围内开展全员职业技能大赛、岗位讲述、职业生涯规划、能力考核评价等活动，有效提升了员工整体素质。

【党群工作】天然气开发公司党委下设3个党总支、13个党支部；正式党员207人、预备党员17人、纳新党员16人。坚持推进党建一体化工程，深入开展党风廉政教育、基层服务型党组织建设等活动，为实现气田科学发展提供了坚强的思想、组织、文化保证。

天然气开发公司工会下设基层工会委员会10个、女工小组10个；会员490名，新入会16人。坚持《关心职工工作条例》，落实“五必访”制度，开展各类慰问70次、慰问金15万元。深入开展民主管理、厂务公开，开展合理化建议征集、创新创效劳动竞赛等活动，发挥广大职工在气田建设中的主力军作用。

天然气开发公司团委下设8个基层团支部、3个青年支部，团员181人，35岁以下青年279人，专（兼）职共青团干部38人。开展了青年文明月、“重走创业路拓展训练”、青工才艺展示等主题实践活动，培育了团建品牌。

天然气开发公司坚持弘扬柴达木石油精神，启动实施“总结提高主题年”活动，换版《企业文化手册》，编制《员工手册》，开展“千队示范工程”、“创星级、建五型”等主题活动，举办广播操和乒乓球、羽毛球等“十个一”文体活动，持续加大网络、电视、报刊新闻宣传力度，弘扬社会主义核心价值观，为气田发展提供正能量。（李智）

液化天然气公司

【概述】中国石油青海油田公司液化天然气公司（以下简称“液化天然气公司”）由昆仑能源有限公司投资，青海油田公司负责经营管理，既是昆仑能源有限公司投资成立的子公司，也是青海油田公司的一家二级单位，液化天然气公司将其自身的业务经营方向定位于集液化天然气（LNG）产品生产、运输及销售为一体的新型能源企业，具体负责青藏地区液化天然气（LNG）的终端销售业务，其中包括城市燃气、汽车加气站等业务形式，在青海格尔木市建成 35 万立方米 / 天 LNG 工厂 1 座，在格尔木建成 L-CNG 加气站 1 座，在德令哈、大柴旦、察尔汗、花土沟建成 LNG 加气站 4 座；在西藏拉萨市建成 15 万立方米 / 天气化站 1 座及配套辅助设施，L-CNG 加气站 2 座。

液化天然气公司下设 5 个职能部门和 3 个基层单位，现有员工 98 人，平均年龄 31.3 岁；其中男员工 56 人，女员工 42 人，管理岗位 23 人，专业技术岗位人员 11 人，操作与服务岗位人员 64 人；高级职称 3 人，中级职称 10 人，初级职称 11 人。2014 年液化天然气公司液化工厂荣获油田公司红旗基层单位、质量安全环保节能先进集体称号。（组织机构见下图）

2014 年液化天然气公司组织机构图

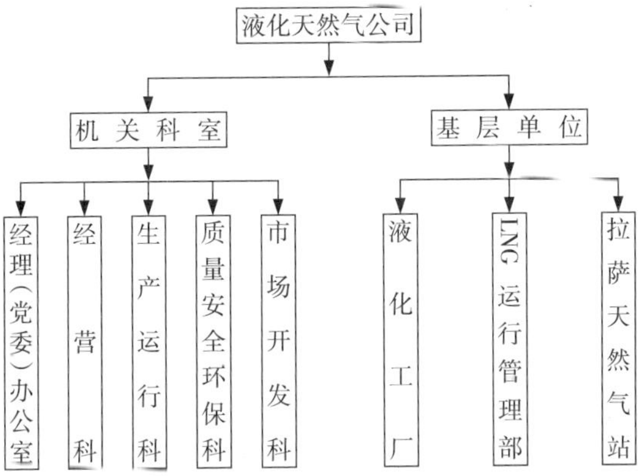

【主要生产指标】 青海公司：计划加工天然气 6507 万立方米，销售天然气 6298 万立方米，实际加工天然气 6249 万立方米，销售天然气 6230 万立方米。西藏公司：计划销售天然气 4826 万立方米（其中拉萨 540 万立方米），实际销售天然气 2063 万立方米（其中拉萨 719 万立方米）。

【经营指标】 青海公司：计划实现销售收入 1.32 亿元，实现利润 446 万元；实际销售收入 1.41 亿元，完成利润 1700 万元。西藏公司：计划实现销售收入 1.14 亿元，利润总额 -199 万元；实际销售收入 5226 万元，完成利润 -621 万元。

【主要产品】 2014 年，液化天然气公司的产品主要是液化天然气。天然气经过净化、低温液化可将体积缩小 630 倍，成为无色、无味的低温液体，英文简称 LNG，LNG 产品可用专门的槽车运输到销售地，利于边远地区的供气。

【主要措施及成果】 2014 年，液化天然气公司天然气加工量有限，产销矛盾突出，为达到集中生产，降低成本的目标，综合考虑藏区保供、能耗及加工成本等因素，研究确定以产定销、间断满负荷的生产运行模式。综合市场走向，择优选择高价月集中进行生产销售。为保证装置运行的安全平稳，夯实生产组织基础，加大检修、维护和技术改造等工作力度，及时消除设备隐患，保证生产的稳定、协调、均衡、高效。

依据油田公司 2014 版内控管理手册对液化天然气公司内控手册进行梳理，共梳理流程 379 项，新增流程 87 项，修改流程 6 项，合并流程 2 项，对新增、修订完毕的流程开展内部自我测试，根据测试结果进行例外事项整改、梳理，进一步规范业务流程，提升经营管理水平。加强招投标及合同管理，2014 年共签订收入类合同 12 项，支出类合同 56 项，全部合规；加强资金计划管理，提高资金使用。为解决内地 LNG 市场变化对销售的影响，提升经济效益，积极开展终端建设，扩大就地销售份额。2014 年推纯 LNG 汽车 45 辆，完成海西地区规划 5 座 LNG 加气站的建设，增大 LNC 的覆盖面。LNG 终端销售量由 2013 年的 144 万立方米增加到 246 万立方米，增长 70.83%；10 月份，青海公司为格尔木藏青工业园区供气量约为 3000 立方米 / 天；与西藏公交公司达成用气意向，有 2 辆 CNG 公交车试运行。

为应对市场变化，缓解保供和非连续生产之间的矛盾，积极开发甘肃、青海等西部地区新用户，并确定陕西、甘肃、青海、新疆等地新客户共 7 家。2014 年 5 次对不同阶段的销售价格进行调整，保证效益最优。加快拉萨市教育城集中供暖项目工程的建设，一期工程供暖面积 26 万平方米，二期工程完成招投标。日最大供气量 5 万立方米，2014 年拉萨销气量同比增加 429 万立方米，增长 148%。

【技术改造】 完成 110 千伏出线间隔改迁及拉萨天然气站计量、液化工厂自备电源等 6 项技术改造，拉萨天然气站计量改造，解决了贸易交接误差；自备电源改造的完成，降低了停工期间电费的支出，每年可节约基本电费57万元。

【工程建设】 为加大青藏地区销售额，减少运输成本，提高经济效益，液化天然气公司积极开展在青藏地区的布站工作，在青海省海西地区共建设LNG加气站5座，2014年完成德令哈、大柴旦站投运，其中察尔汗站已开始盈利。

【安全生产】 持续推进QHSE管理，落实日常和特殊时段的安全监管工作，及时排除影响安全生产的各种隐患，2014年进行专项安全检查和外部检查34次，发现问题125个，完成整改119个，整改完成率95.2%。通过了油田公司QHSE管理体系内部审核及三星9000认证，实现安全生产无事故。根据新《安全生产法》、新《环境保护法》相关要求，液化天然气公司启动安全标准化建设工作，将对改善安全生产条件，规范和改进安全管理工作，不断提高安全生产水平起到积极的推动作用。

【员工培训】 液化天然气公司以全面提升员工素质为目的，创新员工培训方式，采取“缺什么、培训什么”的原则，找准重点，有针对性的开展自我培训，2014年组织参加培训565人次；组织员工到格尔木炼油厂等单位参观学习，查找差距，弥补不足，学习兄弟单位现场管理、班组管理、生产管理方面好的经验、好的做法。组织员工参加应急业务培训5次，培训人次达30余人，并按照集团公司和油田公司要求，完成E2应急系统建设工作，做好应急数据的收集整理、预案数字化和各类信息录入等工作。

【党群工作】 2014年，液化天然气公司党委共有2个基层党支部，党员27人，递交入党申请书24人。党委定期组织党员干部和员工观看廉洁教育警示片。层层签订《党风廉政建设责任书》35份，签订《廉洁自律承诺书》20份，领导班子和党员干部无违纪违法案件发生。党支部“三会一课”和中心组学习会、在民主评议活动中，合格率达到100%。

液化天然气公司共有2个基层工会，会员98人。工会认真执行“六必访”制度，2014年慰问困难职工12户次，生日发放礼品祝福102人次、节日慰问90人次。为西藏公司外雇员工家人患病进行“献爱心捐款”活动，共捐款7200元。

液化天然气公司有2个团支部，团员青年60人。2014年组织开展工团活动12次，采取多种形式深入开展“全员增效”、“我为千万吨”做贡献主题大讨论活动。（吴龙堂）

勘探事业部(勘探处)

【概述】 中国石油青海油田公司勘探事业部（勘探处）（以下简称“勘探事业部”）实行一套人员，两个机构，合署办公。主要业务职能包括：负责组织编制油气勘探规划和年度计划，并组织实施；组织制定勘探部署总体设计、勘探部署方案，并组织实施；组织油气储量的评审、申报及管理；油气勘探矿权的保护、申报、核销及管理；组织圈闭评价、申报及管理；组织制定油气勘探管理规章制度、技术规范和工程质量标准并监督实施，组织勘探数据库建设及勘探信息管理；勘探队伍的资质审查、市场准入管理；探井、评价井报废核销管理。截至2014年年底，共有固定资产净值511.47万元。共有资产设备304台（套）。员工63人，其中：男员工52人，女员工11人；高级职称和高管41人，中级职称和主管11人，初级职称11人。

2014年，获集团公司 “扎哈泉地区石油勘探”重大发现一等奖，勘探事业部被油田公司评为“突出贡献单位”，物探项目部被油田公司评为“红旗基层单位”。（组织机构见下图）

2014 年勘探事业部（勘探处）组织机构图

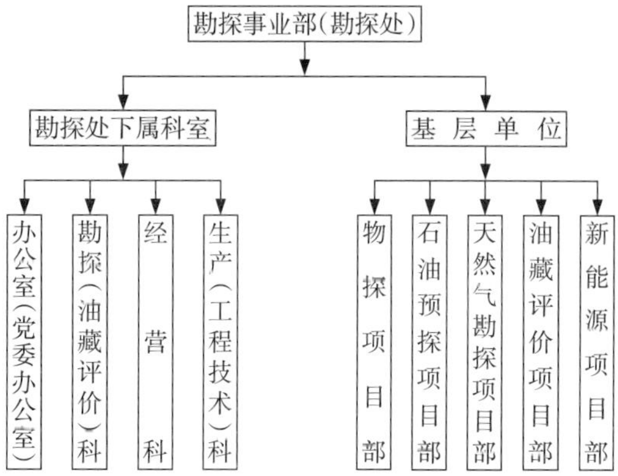

【安全生产】 2014 年，勘探事业部严格执行油田公司《安全环保管理办法》、《井控实施细则》等规定，按照“一岗双责”要求，修订完善 QHSE 岗位职责，围绕储量目标，强化责任落实和属地管理。强化承包商监管，细化安全环保责任指标，每个勘探工程均签订安全生产合同，重新修订并与 8 个单位的 41 支施工队伍签订《安全环保责任书》。对 6 家钻井、试油承包商开展质量与 HSE 管理体系审核及现场检查，对 62 名承包商作业人员进行 HSE 培训。加强体系建设，以体系审核的方式进行现场检查，以安全检查的形式强化体系审核，2014 年开展内部审核和外部审核各 1 次，查出问题整改完成率 100%。

加大安全隐患治理力度，组织专业人员对物探民爆物品、钻井试油井控、测井放射源安全、现办工作环境等进行检查及验收，加强关键领域监管，落实“积极井控”理念。强化开工检查、安全巡视和现场监督，对井控关键设备、防喷演习及现场操作细节全方位进行旁站监督。对 17 支钻井队伍，开展以井控安全为主的专项大检查 32 井次（其中民营施工队伍 12 井次），发现整改问题 122 个。2014 年组织施工检查 3 轮次，检查覆盖面 100%，检查施工队伍 19 支 38 井次；累计查出问题 92 项，现场立即整改项 57 项，期限整改 35 项；关闭 92 项，历史消项合格率 100%。现场抽检入井材料样品 141 个，合格率为 89.69%。开展扎哈泉探区污染治理，对钻井、试油、压裂等施工单位按合同给予严肃处理。全年实现“安全生产零事故、周边环境零污染”的安全环保目标。

【员工培训】 2014 年，勘探事业部为增强管理和技术人员水平，提高工作质量，进行 3 期“井控培训”、1 期“项目经理”培训班，培训人员 44 人次。

【党群工作】 2014 年，勘探事业部下设有 5 个党支部，共有党员 43 人，预备党员 2 人，入党积极分子 2 人。事业部党委团结和带领广大职工群众围绕勘探、服务大局，严格执行党委工作制度、党政领导班子议事规则和“三重一大”决策制度；突出作风建设，深入开展主题教育活动，干部队伍作风不断加强。围绕建成千万吨高原油气田目标，持续推进“六个一”党支部建设。通过开展传唱红歌、重温入党誓词等主题实践活动，提高广大党员的责任意识。开展“四好”领导班子创建活动。突出制度建设，坚持和完善民主集中制，严格执行党委工作制度、党政领导班子议事规则和“三重一大”决策制度。坚持抓党员干部队伍教育不放松，通过在事业部网站发布警示教育片、组织开展廉政警示教育活动推进反腐倡廉建设，组织并监督各科室、项目部签订《党风和反腐倡廉建设责任书》，责任制考核落实率 100%。工会做好帮扶困难职工、探望生病住院员工，为一线职工更换生活用品，为在岗职工配备活动器材。（管斌）

物资管理部（物资装备公司）

【概述】 中国石油青海油田公司物资管理部（物资装备公司）（以下简称“物资装备公司”），承担着青海油田物资采购、运输、仓储、质检、供应和服务保障的责任。拥有固定资产原值 2.54 亿元。在青海、甘肃两省设有大型物资仓库，拥有标准物资库房 41 栋，料场 18 个；铁路专用线 9 条 4.59 千米；吊装运输机具 49 台（套），其中：大型拖运车辆 20 台，吊装机具 29 台。截至 2014 年年底，有员工 569 人，其中男员工 331 人，女员工 238 人；管理人员 154 人，技术人员 81 人，操作人员 334 人；设有机关职能部门 7 个，机关直属部门 4 个，基层单位 16 个，股级单位 7 个。

2014 年，物资装备公司荣获青海省女职工工作先进集体、油田公司人口和计划生育工作先进单位、油田公司“五四”红旗团委称号。（组织机构见下图）

2014 年物资管理部（物资装备公司）组织机构图

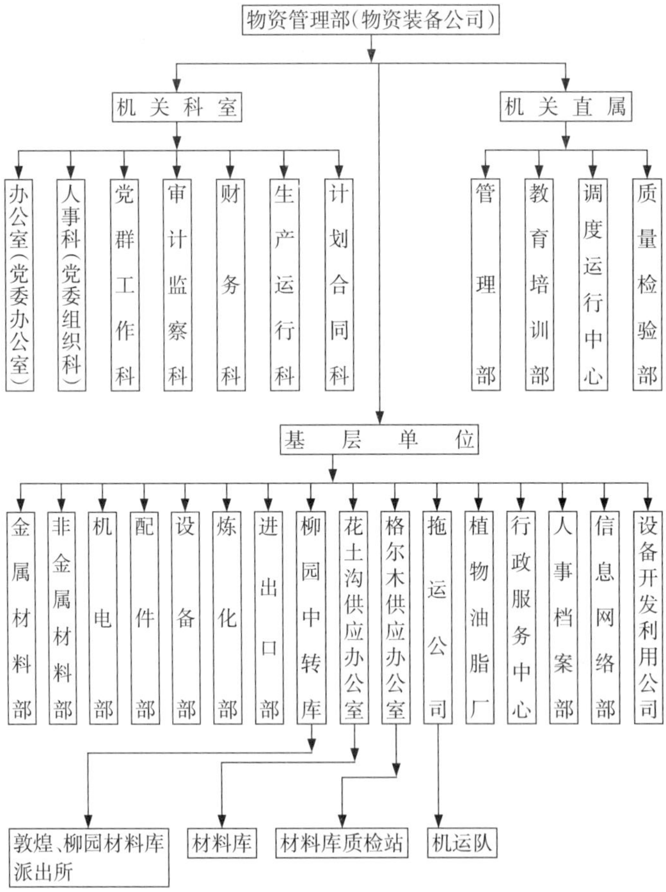

【业绩指标】 2014 年，完成物资购进量 18.40 亿元，售出量 20.07 亿元，实现利润 3059 万元；物资库存 1.97 亿元，物资周转 8.86 次，吞吐量 80.80 万吨；物资两级集中采购度 98.85%，一级物资网上采购率 100%。

外部劳务收入490万元。完成油田公司下达的指标任务。（刘云高　李青秀）

【主要措施及成果】 加强物资采购管理，两级集中采购度98.85%，一级物资网上采购率100%，招标率79.22%。资金节约率4.55%，节约采购资金8464万元。了解生产进度，加快运行节奏，提前采购储备大宗物资；实时跟踪，及时组织，加大代储代销物资管理，确保生产需要和常用物资供给；送货到现场，减少二次倒运。严格落实"先平库、后采购，不平库、不采购"原则，实施物资计划跟踪管理，严考核、硬兑现，计划执行率98%。加强针线笸箩物资管理，盘活存量，针线笸箩物资库存2068万元，比年初下降53.1%。严格仓储管理，突出指标控制，以计划落实领用，以利库盘活存量，以代储减少占用，实现降库3281万元，调剂利用积压无动态物资1268万元。完成青海油田物资ERP辅助系统平台建设，扩展和延伸ERP物资管理模块功能，实现油田物资信息共享以及各单位对物资采购供应全过程的控制。持续深化业务回访、现场办公等制度，落实24小时服务承诺。完成格尔木地区物资仓储业务的整体划转，形成归口管理，集中采购，统一仓储的管理机制。

【工程建设】 格尔木中心库维修工程于2014年4月30日开工，2014年9月30日竣工。施工中抓好工程质量管理，对隐蔽工程、进场材料、设备基础等严格按要求进行报验检查；抓好工期管理，按照施工进度计划，严格控制建设工期；抓好成本管理，充分利用积压、废旧物资，节约工程投资近900万元。

【安全生产】 2014年，坚持"环保优先、安全第一、质量至上、以人为本"的理念，突出责任履行，加大QHSE管理体系执行力度，加强教育培训，狠抓安全监管，强化质量监督，推进节能降耗和清洁生产，实现安全环保无事故。完善体系责任，编制修订各单位、部门QHSE职责169个。组织各类安全培训班27期，培训894人次，取证89人次。复查审核专兼职内部准驾证88个，合格率100%。开展安全检查11次，对电器设备、锅炉、储油罐区、天然气管线等80个监测点进行防雷防静电检测，及时消除安全隐患。坚持车辆归场检验、日常检查和节假日"三交一封"等制度，杜绝车辆跑、冒、滴、漏，带病运转。开展吊车、桥式起重机、厂内机动车年检工作。坚持日常消防检查和火灾隐患防范，组织突发火灾、吊装搬运、中毒等演练25次，提高现场和岗位人员应对突发事件的反应和处置能力。

【企业管理】 严格计划管理，2014年接收计划8965份，执行8806份，执行率98%。严格合同管理，强化履行监督，2014年签订采购合同3901份，合同采购金额22.07亿元，合同履约率达到82%。制订《青海油田公司报废资产、废旧物资管理办法》，明确油田各部门单位的职责，规范报废资产、废旧物资回收、处置工作程序，杜绝管理缺陷和漏洞。与中国石油物资天津公司合作，加大油套管到货检验力度；组织对质量风险高的管道配件、电缆等7类物资进行取样送检，对南八仙2.50亿立方米产能建设等16个工程项目物资进行跟踪质量全过程管理调查。2014年完成入库物资检验8220批次，检验率100%，采购物资质量抽检合格率99.84%。处理质量问题及争议29起，挽回经济损失53.76万元，质量问题处理及时率100%。整理物资采购标准13637条，将无法查询的企标及非标产品纳入采购标准管理内容，确保合同标的质量属性真实有效。校验计量器具183台套，校验率100%。组织全面考评，优化整合供应商，对违规的3家供应商进行经济处罚，将6家考评不及格清除出青海油田市场。以"强管控，促规范"为主线，梳理业务流程，组织内部测试，迎接外部审核，完善体系建设。全面推进风险管理，切实预防和规避企业风险的存在和发生。

【员工培训】 2014年，落实员工培训计划，完成油田第八届职业技能竞赛仓库保管工工种的竞赛。组织物资仓储管理基础、ERP物采系统应用、吊装作业、QHSE管理规范、HSE基础知识、汽车驾驶员"十八法"、内部控制和风险管理、职业卫生、转岗人员培训等各类培训班32期，培训员工1326人次。组织班组长、财务管理、审计、二手车评估师取证、油井水泥化验取证、管理流程建模员、铁路装载、物采编码、物资统计、质量检验等送外培训41人次。对6个等级的68人进行晋升职业资格鉴定和验证鉴定。

【党群工作】 2014年物资装备公司有党支部12个、正式党员256人、预备党员4人；纳新党员4人、申请入党10人。物资装备公司党委通过"抓攻树"、"五个好"先进党支部、"四好"领导班子等活动，完善标准、严格考核、加强整改，强化基层组织建设和队伍建设。开展"党员先锋岗"、"党员责任区"创建活动，发挥窗口带动和骨干带头作用，把主题实践活动引向深入，广大党员、群众的服务意识、服务作风、服务效率、服务能力不断提高。2014年，物资装备公司党委对38个党员先锋岗、8个模范党员先锋岗和5个窗口服务单位党员责任区给予考核命名。确立攻关项目8个；民主评议党员231人，优秀党员95人，占评议党员总数的 41%，合格党员 136 人，占评议党员总数的 59%。贯彻落实中央八项规定精神和集团公司党组二十条要求，物资装备公司反腐倡廉和党风建设责任目标、惩防体系建设不断向前推进，投诉信件数量逐年下降，员工廉洁从业意识不断增强。对副科级以上管理人员进行廉洁谈话 70 人次，开展 4 次警示教育，352 人次参加。签订“党风建设责任书”77 份、“廉洁自律承诺书”276 份。编印下发了公司《企业文化手册》。宣传工作完成报纸投稿 295 篇，电视 54 条，油田公司网页信息 203 条，物资装备公司网页信息 365 条。

物资装备公司下设基层工会 12 个，女工委员会 9 个、女工小组 3 个；工会会员 569 人。工会组织开展“一化四技”活动，实现经济效益 5 万元。开展节前“送温暖”活动，共为 49 户、68 名员工遗孀、困难员工及残疾职工发放慰问金 19.98 万元，慰问品 561 件；对 2 名困难职工、大病职工进行入户慰问，发放慰问金 4000 元；发放生活困难补助金 4.86 万元；安排员工健康疗养 242 人、疗养结算 173 人，计 205.42 万元；组织员工非职业健康体检 500 人，已婚女员工专项体检 194 人；为盆地内一线员工发放螺旋藻、氧源 1254 瓶；办理转院陪护患病员工 25 人。

物资装备公司下设团（青）支部 5 个，专（兼）职团干部 20 人，团员 53 人，35 岁以下青年 142 人。开展“我为千万吨做贡献”、“青年安全生产示范岗”、“第十七次青工岗位技能月”、“双十”读书知识竞赛网络答题等系列活动，组织开展岗位练兵、技术比武等活动 20 次。（桑霖　蒋焕印　卢杰）

保卫部（武装部）、消防支队

【概述】 中国石油青海油田公司保卫部（武装部）、消防支队（以下简称“消防支队”）主要负责青海油田消防安全管理、火灾扑救、抢险救援、治安保卫，维护稳定、社会管理综合治理、油气监察、内部户口管理和油田武装工作，是一个既专业又具有管理职能的单位。截至 2014 年年底，有职（员）工 353 人，其中男员工 320 人，女员工 33 人；一般管理人员 61 人，技能操作人员 292 人；从事消防工作人员 257 人。设有 9 个机关科室，7 个基层单位。（组织机构见下图）

2014 年保卫部（武装部）、消防支队组织机构图

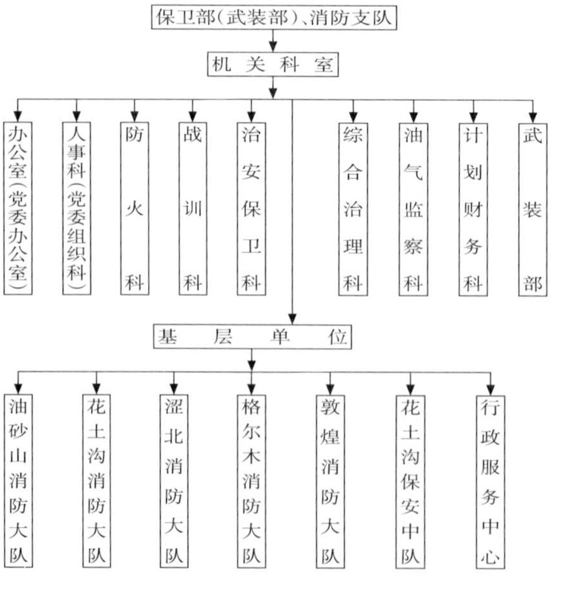

【安全生产】 2014年，消防支队切实履行安全责任，领导带头深入承包点，检查安全工作，指导开展活动。各级干部积极推进个人安全行动计划，强化各项业务工作中的安全监管，加强训练演练、灭火救援和工作现场的安全管理，认真查找风险点、源，落实消减措施，促进整体水平的提高；加强体系建设，消防支队通过油田公司QHSE内部专项审核和北京三星9000外部专项审核，推进消防支队QHSE管理体系的规范运行，促进业务工作与QHSE管理体系有机融合；与全体员工签订安全环保责任书、承诺书；积极开展安全隐患治理工作，争取投资完成作训服采购；开展“安康杯”竞赛、“安全生产月”等活动，强化岗位人员安全意识和责任心，增强员工自我控制、自我防范、自我保护能力；实现安全生产无事故。

【党群工作】 2014年，消防支队下设9个党支部，党员158人，纳新党员5名。消防支队坚持“围绕中心抓党建、抓好党建促发展”的党建工作思路，着力加强组织建设、作风建设，引领群团工作发挥积极作用。认真学习贯彻党的十八大和十八届三中、四中全会精神，严格执行油田公司二十一条要求，加强对党的群众路线教育实践活动查找的“四风”等问题的专项整治；召开2014年度领导班子民主生活会，严格落实党风廉政建设责任制，开展警示教育4次，与16名科级干部及关键岗位人员签订《廉洁自律承诺书》；结合实际推进“五型”班组建设；加强党对工团组织的领导，增强职工队伍的凝聚力；开展丰富多彩的文体活动。

消防支队工会下设8个基层工会委员会，有会员350人。消防支队工会注重改善职工生产生活条件，更新部分办公设施，维修基层消防站部分设施。申报消防支队办公楼及格尔木消防大队综合楼维修改造计划；开展职工“建家”活动，投入工会经费约7万元；为员工办理影视卡、活动卡，发放生日礼物以及为退休员工、新婚员工和高考升学员工子女赠送纪念品；在节日期间开展扶贫帮困、送温暖和节日慰问活动，慰问困难职工群众和孤寡户45户次，金额11.53万元；有91名员工享受健康疗养，154名员工进行疗养结算。

消防支队下设3个团支部、7个青年支部，共有团员43人、青年99人。共青团组织坚持“党建带团建”的原则，调整完善团组织运行机制。开展创建活动、青年志愿者活动和青工岗位讲述活动，充分发挥青工队伍的生力军和突击队作用。（赵鸣）

格尔木炼油厂

【概述】 中国石油青海油田公司格尔木炼油厂（以下简称“格尔木炼油厂”）主要从事炼油和化工生产，原油、成品（汽、柴）油、石油液化气、重油、甲醇、聚丙烯、苯、硫磺等产品的销售任务，负责青海油田铁路自备车的管理，承担着西北销售公司成品油销售的协助等工作。拥有固定资产总值****亿元，主要生产装置有150万吨/年常减压蒸馏、90万吨/年催化裂化、25万吨/年汽油加氢醚化、30万吨/年催化重整、80万吨/年加氢改质、25万吨/年重汽油补充加氢脱硫、15万吨/年加氢精制、6万吨/年苯抽提、10万吨/年气体分馏、2万吨/年聚丙烯、2万吨/年MTBE（甲基叔丁基醚）、8万吨/年干气、20万吨/年液化气脱硫、42万吨/年酸性水汽提、5000吨/年硫磺回收、10万吨/年甲醇、30万吨/年甲醇、6万标准立方米/小时甲醇弛放气提氢、1.2万标准立方米/小时混合气提氢装置；铁路专用线13.29千米，甲醇铁路罐车550节，苯铁路罐车9节，以及水、电、气、风、路、讯、储运等配套工程。

截至2014年年底，格尔木炼油厂员工总数为1466人，其中男员工918人，女员工548人；大中专以上学历917人；管理人员185人（副处级以上7人），专业技术人员259人，操作与服务人员1022人；高级职称44人，中级职称216人，初级职称212人；高级技师13人，技师52人，高级工716人，中级工33人，初级工31人；平均年龄39.16岁。下设11个机关科室、5个机关直属、19个基层单位。

2014年，格尔木炼油厂被青海省评为“模范集体”；被油田公司评为 “先进厂处”、财务资产、设备状态监测、住房公积管理、新闻宣传工作、思想政治工作、培训工作“先进集体”等称号。（组织机构见下图）

2014 年格尔木炼油厂组织机构图

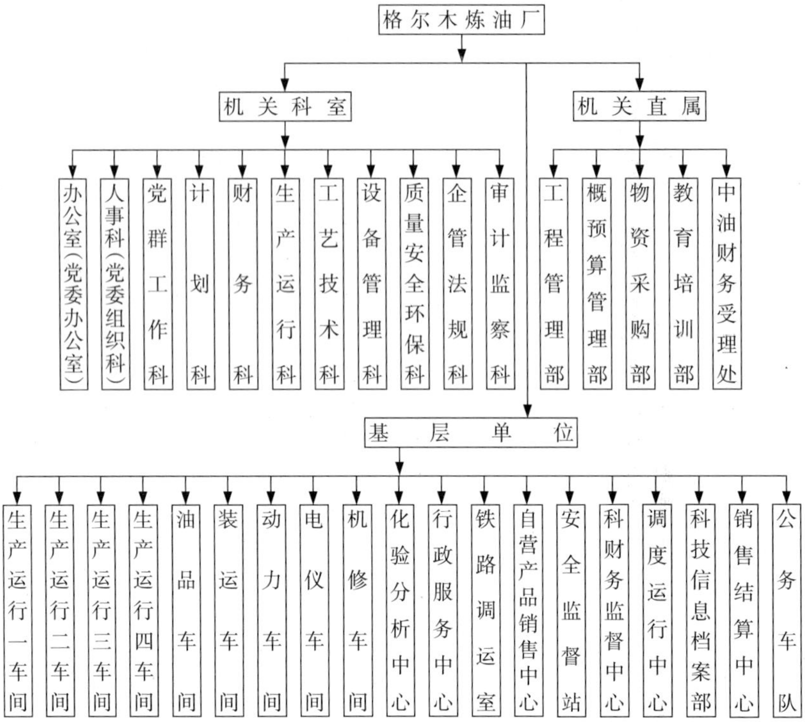

【生产、经营指标】 2014 年，格尔木炼油厂原油加工 **** 万吨，甲醇产量 **** 万吨，聚丙烯产量 **** 万吨，MTBE**** 万吨，硫磺 **** 万吨，苯 **** 万吨。轻质油收率 ****%；炼油综合商品率 ****%；炼油综合自用率 ****%；原油加工损失率 ****%；高辛烷值汽油比例 ****%；高效产品比例 ****%；产品质量合格率 100%；综合能耗 **** 千克标油 / 吨；新鲜水单耗 ** 吨 / 吨。

【主要产品】 格尔木炼油厂可生产 93#、97# 汽油；0#、-10#、-20#、-35# 柴油；甲醇、聚丙烯、纯苯、硫磺、MTBE（甲基叔丁基醚）、液化石油气、重油等炼油、化工产品。

【主要措施及成果】 2014 年，格尔木炼油厂生产、检修、建设三不误，提前完成国 IV 柴油产品质量升级改造，柴油质量全面升级；顺利完成国 IV 汽油产品质量升级主要配套改造项目，上下游生产更匹配；催裂化烟气脱硫装置 12 月 2 日投运，烟气排放按时达到国标要求；实施罐区、腐蚀、电气仪表等隐患治理，安稳生产能力得到进一步提升；严管理重治理，安全环保形势持续稳定；降本增效，减亏增收水平不断提升；通过 MES 系统统计、分析波动曲线，及时调整操作，全厂主要装置操作平稳率达到 99.37%，超过股份公司平均水平。

【科技创新与技术改造】 2014 年，格尔木炼油厂不断加强科技管理，荣获油田公司“十二五”期间科技工作先进单位；全年收集整理科技、技改项目 50 余项，立项 26 项，完成 17 项；《甲醇膜分离系统的运用》、《油浆系统结焦问题》分获油田公司科技进步一、二等奖。油浆系统结焦的问题通过技术攻关解决，油浆蒸汽发生器连续运行 370 天，创历史最好成绩。

【安全生产】 2014 年，格尔木炼油厂积极推进 HSE 体系建设，做到滚动审核与集中审核相结合；迎接油田公司内部审核 2 次，炼化分公司审核 2 次，审核出问题比上年度下降 32%。加大检修及项目安全管理力度，严把各项关口，突出承包商管理，突出重点区域、重要节点的管控与监督，实现大检修及项目建设的安全无事故。通过开展安全经验分享、组织事故案例学习、宣贯新《安全生产法》等活动，全员安全意识进一步提升；通过安全监护、应急救护等培训，以及全年 55 次应急演练的实施，增强全员安全技能。2014 年格尔木炼油厂一般 A 级以上事故为零。

【企业改革与管理】 2014 年，格尔木炼油厂以建设“法治央企”为目标，在全厂范围内开展合规管理，不断健全、修订各项规章制度，明确工作流程，在厂网发布法律法规356项、现行标准2924项、规章制度259项。加强对制度落实情况的监管，及时通报劳动纪律、工艺纪律等规章制度的执行情况。持续完善内控体系，切实开展自测工作，测试覆盖率95%，测试通过率97%，重大缺陷和实质性漏洞为零。继续以对标管理为抓手，扭住“降本、增效”两条效益线不放松，13项经济技术指标优于2013年，7项指标排名列于中石油炼化企业16位之前。坚持“水电气风”等能耗周检查、月对标，实现公用工程均衡使用，发动全员力量节约能源，2014年同比节约用电58.61万千瓦时，节水10万吨。

2014年，格尔木炼油厂结束了石脑油外销；结合地域特点多产高效益的低凝点柴油；及时调整甲醇销售策略，在低价格下实现甲醇效益最大化；借助以“网上竞价”为核心的“阳光销售”体系，多措并举，克服成品油销售不畅及炼化产品市场持续低迷的困难，实现“确保上游生产畅通、实现油田效益最优”的目标。

【员工培训】 2014年，格尔木炼油厂举办各类培训班22期，培训达2021人次。其中，特种作业培训532人，特种作业人员持证上岗率达100%；开展岗位需求矩阵培训工作，梳理出63个岗位要求矩阵，有序开展矩阵考核验证试点工作；开发课件120个，评审合格课件100个；组织操作人员上岗考试，涉及46个岗位，782人参加，一次合格率达到97.19%；2014年10月，在集团公司汽（煤、柴）油加氢装置操作工职业技能竞赛中，格尔木炼油厂代表队荣获团体实操项目铜奖。

【党群工作】 2014年，格尔木炼油厂共有党支部13个，有正式党员446人，预备党员9人，纳新党员9人，申请入党86人。通过“五星党员”、“服务型党组织”建设等活动，进一步发挥党员先锋模范作用和党支部战斗堡垒作用；党的群众路线教育实践活动的持续开展，队伍整体素质进一步提升；创新党群管理模式，将对标管理全面引入到党群管理工作中，建立统一、标准、信息化的资料体系，制定党群对标管理制度，考核严格、整改到位，党群基础工作水平实现整体提升。

格尔木炼油厂有基层工会13个，2014年办理各类假期人员323人次，其中健康疗养190人，有毒有害岗位疗养82人，疗养结算457人，支出疗养费用305.91万元；认真实施“送温暖”工程，完成43名困难户摸底上报工作，为5名职工办理家庭救助；组织402名女职工进行妇科专项体检，达到所在岗女工（除休假、疗养等）体检率100%；新生儿慰问30人，发放独生子女费3.2万元，办理《独生子女保险》1123人以及《独生子女平安保险》172户；发放救助金14万元，困难职工、遗孀等44人助困金10.25万元；高考子女慰问59人次。

格尔木炼油厂共青团有9个团支部，坚持每季度举办2次文体活动，组织开展“青年文明号”创建、青年小讲堂、对对碰等多项活动，参赛员工1400人次，荣获油田公司“五四红旗团委”称号。开通“阳光格炼”微信平台，在油田公司团委组织的“书香宝石花？点亮青春梦”双十读书知识竞赛活动中，格尔木炼油厂选手代表油田公司团委参加西北片区比赛。

2014年，格尔木炼油厂不断完善宣传网络，拓展宣传领域，充分调动基层通讯员的写作积极性，开展“炼塔杯——我与千万吨”、“安全环保宣传月”、“我身边的检修人物”等多项征文活动。在油田公司开展的“堵塞漏洞、杜绝浪费”全员献计献策、厉行节约活动中，共收集43条活动成果，脱硫、硫磺装置闲置设备改造再利用项目荣获一等奖。（陈利平）

管道输油处

【概述】 中国石油青海油田公司管道输油处（以下简称“管道输油处”）的生产经营范围是以输油、气生产为主业，主要担负着青海油田原油输送及涩北－格尔木线、涩北－格尔木复线和南八仙－敦煌的天然气输配送任务。兼管格尔木石化基地招待所、职工活动中心等基地服务部门，是集多项职能于一身的综合管理经营单位。固定资产总值19.45亿元。拥有主要设备150台（套），其中A类设备（重点设备）25台（套）、B类设备（重要设备）125台（套）。设有8个机关职能科室、4个直属单位、18个基层队站。2014年，管道输油处员工总数为 714 人，其中，男员工 423 人，女员工 291 人；管理人员 135 人，高级职称 14 人，中级职称 131 人，初级职称 63 人，专业技术人员 63 人，技能操作人员 516 人。

2014 年，管道输油处荣获集团公司“先进基层党组织”和油田公司“贡献单位”、先进党委、新闻宣传先进单位、质量安全环保先进单位等称号。（组织机构见下图）

2014 年管道输油处组织机构图

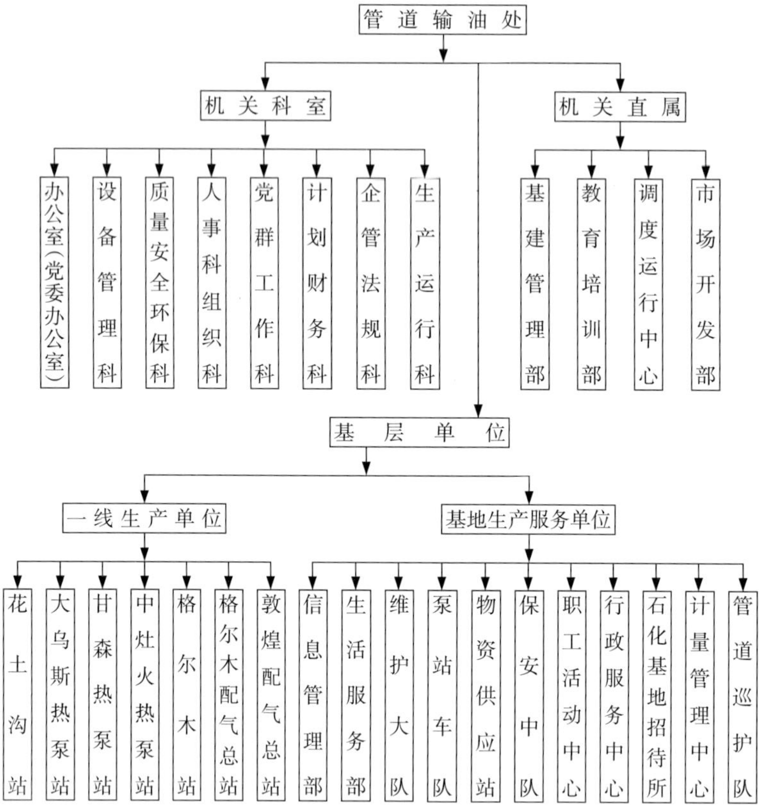

【主要生产经营指标】 2014 年，管道输油处完成输油量 209.24 万吨；管道输气量 18.09 亿立方米；输油商品率 99.97%；输油含水率控制在 0.14%；输油密度实际控制在 0.85 克 / 立方厘米；节能降耗 326 吨标煤；现金单位输油成本、现金单位输气成本控制在指标之内；员工队伍稳定；全面落实党风廉政建设责任制，完成油田公司下达的安全生产指标，其他各项指标均符合考核标准。

【主要措施及成果】 2014 年，管道输油处克服油气管道运行不均衡、产销矛盾突出、间断性波动频繁等不利因素，严格执行调度指令，积极主动地调整运行方式，科学制定运行方案，确保管线在不同输量下的平稳均衡运行。针对天然气价格调整和下游产品市场疲软的影响，通过编制实施分区、分管线、分用户的销售任务方案，2014 年完成天然气销售量 15.05 亿立方米。

严格按照规章制度开展班组核算和单机核算，保障管输费用总额不超计划。以管理创效为手段，坚持月度经营分析会制度，对成本、费用等要素进行深入解剖分析，七项非生产性费用节约 22%，管输成本得到有效控制。

以节能降耗为切入点，通过降温输送、热力越站、科学清管、提高机炉泵设备效率等措施，有效降低了设备能耗。输油管道生产综合能耗降低了 6.7 千克标煤 / 万吨千米。泵站加热炉提效节能技术得到进一步提升，炉效从 76.8% 提高到 85%。

【科技创新与技术改造】 2014 年，管道输油处完成《格尔木配气总站流量调节可行性研究及工控系统升级完善》项目的研究，使工控系统支持平台得到升级，系统功能得到优化，提高系统集群方案灵活性，降低了系统维修费用，提高了系统安全运行的可靠性，为下一步流量调节控制改造提供了科学依据。各基层单位结合实际，围绕输油气生产进行科技创新，完成了《青海油田管道信息电子地图绘制》、《管道输油处后台系统隐患整治工程技术改造》、《G11 型燃烧器电机叶轮拆卸工具的设计制作》、《甘森站清管器收发装置的改进》等十一项技术革新，撰写科技论文二十六篇，解决了生产难题，为生产经营提供可靠的技术保证。

【安全生产】 2014 年，管道输油处层层落实责任，形成层次清晰、职责分明、覆盖全员的责任体系。建立管道输油处 HSE 专栏。共收集各项 HSE 标准及规范 975 项，及时下载事故案例及安全经验分享，通报安全监督中心查出的问题并明确落实整改部门及时限；建立管道输油处三级监督检查标准和监督方式。调整和完善管道输油处三级监督网络图表和监督检查表，从源头上坚决遏制安全事故的发生；重新对危害因素、环境因素进行识别评价评审，共识别出 275 个危害因素，制定相应的风险控制措施，实现安全环保健康目标。

管道输油处绘制完成青海油田油气管道走向图，并开展输油、气管道安全专项大检查。加强油气管道的巡检，将巡护的重点放在防止第三方施工破坏和管道占压治理上，2014 年清理占压隐患 62 处。标注输油管道 26 处穿跨越点、14 个管线交叉点信息，联合公安部门对管道进行 4 次突击巡查，实现管道“零打孔、零破坏、零污染、零事故”的目标。

【企业改革与管理】 2014 年，加强基础管理工作，在严格规范基础资料标准化管理的基础上，将原来需要上报的 94 份各类报表、记录，删减掉 16 份，统一规范为 78 份；规范和更新 2449 个输油、气生产场区的各类安全生产标识，现场管理标准化得到提升；在管道输油处网页开设了规章制度库专栏，共收集涉及 14 个部门的 62 条相关制度和实施细则，为各基层单位查询、学习提供了平台。深入开展对标管理、设备节能改造等，其中加热炉节能改造技术得到集团公司的赞许与肯定。

【员工培训】 管道输油处通过互动式、案例式等培训方法，对多工种的员工进行贴近实际的专业培训，提高岗位员工自己动手解决问题的能力，提升了新分青年员工的岗位技能。2014 年共举办培训班 36 期，完成 146 个培训日，培训人员 1078 人次，派外培训 81 人次。完成内控管理、HSE 管理、ERP 系统操作、党支部书记及入党积极分子教育、PPT 制作等多项专门培训。完成岗位需求矩阵培训年度目标，开发课件 119 个。第二十四届职工技术大赛首次使用输油工综合知识竞赛和输气工技术大赛两种竞赛方式，全方位提高输油、输气两大员工队伍的综合能力。选派输油工、电工、仓库保管工、客房服务员 4 个工种的 34 员工参加青海油田第八届技能大赛（其中，输油工工种的竞赛为管道输油处承办），荣获青海油田第八届技能竞赛优秀单位组织奖称号。

【党群工作】 2014 年，管道输油处有基层党支部 19 个、正式党员 283 人、预备党员 7 人，年度纳新党员 7 人。党委开展“四好”班子、“六个一”党支部的创建活动，加强党员立项攻关、党风廉洁教育等活动，基层“四好”领导班子优秀率达到 77.4%，基层党支部“六个一”创优比例达到 40% 以上，党员合格率达到 100%。管道输油处获油田公司“先进党委”和“党风建设先进单位”称号。

管道输油处有工会基层委员会 19 个，工会小组数 58 个，会员 694 人、新入会 3 人；有女工小组 19 个。工会组织不断加强自身建设，积极维护职工合法权益。开展“我为千万吨做贡献”和“全员增效”主题大讨论活动，共 705 人次参加活动。持续开展送温暖工程，组织慰问劳模、优秀干部、职工及困难家庭 55 户，为 24 户困难职工发放助困金 11.25 万元，慰问劳模、职工 79 余人次，节日慰问在岗职工 708 人次，慰问住院职工 35 人次。适时开展职工喜爱、积极参与的文化娱乐活动，营造健康向上的活动氛围。

管道输油处团委有 6 个团支部，有 51 名团员，208 名青年。团委在全油田创建了第一个青年微信平台，向团员青年发出“微邀请”，为团员青年送上最新团情动态以及科普、文学、健康常识等积极向上的信息。积极组织参与集团公司团工委举办的“书香宝石花·点亮青春梦”双十读书活动。在“书香宝石花·点亮青春梦”青年知识竞赛中承担竞赛试题法律部分的出题工作，组织承办了格尔木赛区的选拔工作。开展“青年岗位能手”、“创新创效”、“青年文明号”争创以及挖潜增效和修旧利废等活动，共收集合理化建议 24 条，创新创效 35 项，挖潜增效 62 项，合理化建议 8 项，堵塞漏洞全员献计献策项目 17 项，修旧利废 35 项，产生经济效益 50 多万元。甘森站团支部被授予油田公司 2014 年度模范团支部和青年文明号的称号。

管道特色的企业文化“以文铸魂，以文育人，以文塑形”，保障员工的文化权益。书法摄影、羽毛球、乒乓球、台球、游泳等协会充分发挥其职能作用，组织开展文体娱乐、奇石根雕、广播操、桥牌、书法摄影等多种文化体育活动，《红柳》内刊按期出版，丰富了员工的业余文化生活，开拓了员工文化视野，营造了良好的企业文化氛围。（肖海娟）

涩北作业公司

【概述】 中国石油青海油田公司涩北作业公司（以下简称“涩北作业公司”），负责柴达木盆地东部地区（包括冷湖、南八仙、马北、台南、涩北、东坪、盐湖等地）井下作业、测试作业和采气工艺作业，涩北气田住宿接待、生活服务、水暖供应、设备检修维护、CNG加气等工作，为涩北气田和冷湖、马北、南八仙地区油气开发提供服务。涩北作业公司拥有固定资产8114.03万元，净值2855.84万元，新度系数井下作业设备0.28、测试设备0.42。拥有修井机8台；测试车7辆、测井仪器车3辆、试井车2辆、投捞车1辆、井架车1辆、泡排车2辆。下设6个机关科室、1个机关直属单位、7个基层单位，有员工417人；其中合同化员工166人，企业员工215人，劳务子女工36人；女职工143人；平均年龄32岁。

2014年，涩北作业公司被评为油田公司“堵塞漏洞，杜绝浪费，全员献计献策厉行节约活动”优秀组织单位，“合理化建议”优秀组织单位；井下作业大队S04817（8）队被集团公司授予“中国石油天然气集团公司工程技术铜牌队”称号。（组织机构见下图）

2014年涩北作业公司组织机构图

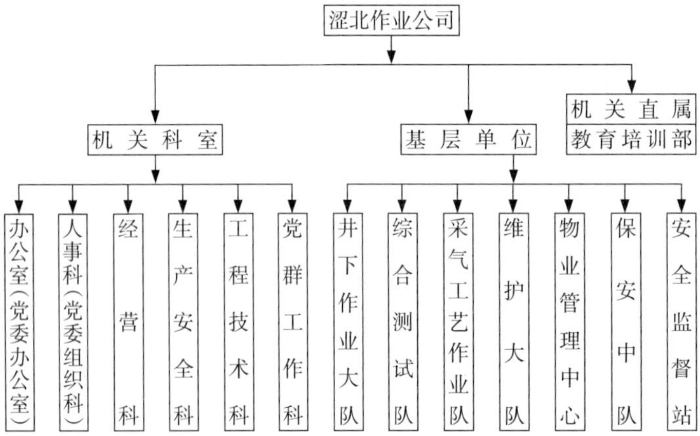

【主要生产指标】 2014年，涩北作业公司井下作业完成投产维护作业226井次，为年计划的108.65%；大修作业11井次，为年计划的183.33%；测试作业3410井次，为年计划的100.29%；测井作业101井次，为年计划的101%；泡沫排水采气作业805井次，为年计划的115%；压缩机增压气举实验18井次。

【经营指标】 2014年，涩北作业公司计划收入9680万元，实际收入1.39亿元，完成年计划的143.65%。其中井下作业劳务收入5583万元，测试劳务收入5149万元，维护劳务收入1734万元，泡排劳务收入1227万元，公寓收入123万元，CNG收入89万元。

【主要措施及成果】 2014年，涩北作业公司围绕“立足东部谋突破，攻坚克难求发展；科学作业促开发，优质服务保生产”的工作思路，组织精干力量到涩北、马仙、东坪、南八仙等区块进行投产维护作业。通过与天然气开发公司、工具生产厂家等合作，解决了螺杆泵排水采气中遇到的技术难题；配制3400立方米满足压裂防砂施工要求的压裂液，完成15口井的压裂任务，恢复产能17.34万立方米/天；优化冲砂液配方，对9口井现场试验，效果良好；优化施工方案，部分井在不上钻台的情况下完成大修施工，大修作业周期同比2013年缩短6天。首次利用七参数测井仪器，对涩北进行污水回注的井进行6井次的吸水剖面测试，为污水回注工程提供了动态监测资料；利用高速连采压力计开展5口井的无源密度测井试验；自行设计焊接防喷管支架，为试井车空气滤子加装丝绸过滤层。开展泡排实验，2014年累计增产天然气6572.28万立方米，累计增产水6.01万立方米；增压气举完成18口井34井次实验，成功恢复水淹停躺井4口，累计增气537.67万立方米，增产水6469.81立方米。

【科技创新与技术改造】 2014年，涩北作业公司树立“抓科技就是抓经济，抓创新就是抓发展”的理念，加强技术攻关和技术创新，积极推广新工艺新技术，完成科技项目5项。《涩北气田水平井井下作业技术研究与应用》项目改善了工艺技术，结合涩北作业公司现有大修技术能力，适时采购39件水平井工具，提前做好增力解卡、水平井打捞、水平井辅助工具的储备；《水平井测试工艺研究及资料分析》项目分析涩北气田地质特征和水平井开发现状，优化水平井测试工艺，加强水平井试井解释资料分析能力，在水平井测试工艺改进措施和研究上取得新的成果；《生产测井技术在涩北气田的应用》项目结合涩北气田气井生产出现的新情况，着重解决气水两相流、井筒积液、产量变化等因素的影响，总结生产测井现场资料解释经验技术，加强生产测井资料在动态分析中的应用；《封堵作业现场配浆装置》项目实现配浆、搅拌同步进行，减少干粉沉淀造成的材料浪费，降低井下作业封堵现场劳动强度，提高封堵效率和施工质量；《全气藏关井测试资料分析》项目阐述气层平面压力分布特征，求取气层平均压力，核实气层动态地质储量，识别气藏储集类型，利用试井软件绘制出气层动态压力变化特征，判断井间连通性及井间干扰。

【工程建设】 2014年，涩北作业公司对配液站地面水侵塌陷隐患进行治理，确保配液站的安全平稳运行；对涩北气田锅炉房加水管线流程及路面进行改造，解决泡排车冬季施工储液箱易冰冻的问题，保证泡排车和蒸汽车加装软化水的方便快捷；新建地沟、固化地坪、搭建彩钢棚，解决修井机检修地沟、无固化维修场地的问题；新建涩北加气站值班工房，消除原有涩北基地加气站站房部分墙体基础下沉、开裂等安全隐患。

【安全生产】 2014年，涩北作业公司坚持提升员工安全素质，开展安全环保工作，努力提高安全管理水平。领导干部带头学习HSE知识、开展安全经验分享、参加每季度体系审核，带头讲安全、做安全、管安全，有感领导得到有效落实。定期组织井下作业、测试作业、交通管理等安全培训，全员安全意识不断增强；认真组织开展“安全月”活动，组织学习新《生产安全法》、新《环境保护法》、《青海油田公司员工安全行为规范》和私家车管理制度等，努力提高个人安全防范意识。加强井控安全管理和应急管理，2014年共组织应急预案演练8次，井控演练12次。加强交通安全管理，车辆超速、自由车等违章现象明显降低。加强应急管理，组织应急预案演练26次，提高应急预案的可操作性，同时加强专兼职应急队伍的建设，切实提高突发事件应急处置能力。

【企业改革与管理】 2014年，涩北作业公司深化全面预算，推行精细管理，经营工作实现规范化运行。不断完善管理体系，夯实管理基础，修订完善岗位职责，完成规章制度汇编划分工作，编制完善各类岗位操作规程，优化岗位操作卡；印发《管理体系应知应会知识》口袋书，更新涩北作业公司门户网页电子版体系文件;加强内审员队伍建设，修订《内审员管理办法》，并结合油田公司岗检、QHSE体系审核和二星9000外审，开展了4次内部审核，发现并整改问题255项。深化全面预算管理，加强部门之间的沟通协调，保障各项经营预算目标的顺利实现；持续推进“成本三级考核”工作，将各单位、机（车）组收入纳入成本三级管理比对分析，真实反映盈利水平。修订完善2014年绩效考核办法和绩效考核指标体系，将绩效考核与体系内部审核工作有效融合，减轻基层单位的迎检压力，将班站考核纳入基层单位绩效考核指标内；完善全员绩效考核指标体系，以岗位工作标准作为考核指标设定依据，绩效考核结果作为评先选优的主要依据，拓展绩效考核应用成果。

【员工培训】 2014年，涩北作业公司以提升全员整体素质为目标，按照“公开竞聘、择优上岗”的原则，实行公开竞聘管理人员。针对不同单位不同岗位培训需求，不断拓宽员工培训渠道，创新培训方式，组织56人参加油田公司的各类培训班，组织岗位安全、业务技能等培训106次1455人。举办户外拓展培训班，增强团队的凝聚力和战斗力，促进员工之间的沟通，激发员工的工作热情和拼搏创新的动力。对劳务协议工、劳务子女工、新分大学生开展季度考核，完成52人的转正考试及9人的入厂教育工作，组织113人参加了油田公司组织的职业技能鉴定。开展HSE矩阵课件评审工作，4个优秀课件参加油田公司评审获三等奖1个、优秀奖3个。

【党群工作】 2014年，党群工作围绕涩北作业公司中心任务，服务一线、服务职工、服务现场，坚持中心组学习、民主生活会制度，落实"三重一大"决策制度，提高班子科学决策、民主决策的水平，切实解决生产、生活中的实际困难。认真贯彻落实中纪委十八届三次、四次会议，集团公司和油田公司反腐倡廉工作会议精神，强化党风廉政教育，以加强领导干部作风建设为抓手，把党风廉政建设和反腐倡廉工作融入到各项工作中，组织开展廉洁从业谈话2次、警示教育等活动4次，签订党风建设责任书41份、廉洁从业承诺书和廉政协议416份。

涩北作业公司对基层工会、团委机构进行调整，使工团组织建设进一步完善；对一届三次职代会中职工代表提出的67条建议和意见进行分解承办，提案答复率100%；撰写《职工思想动态分析报告》4期，发放职工思想动态调查表360份，协调解决职工提出的问题和建议22条；开展涩北气田"重走创业路"活动等15项共青团主题活动；贯彻落实《涩北作业公司关心职工工作条例》，节日期间组织慰问岗位员工418人次、劳动模范22人次、困难户31人次，发放员工生日、影视卡、活动票等1288份；安排各类疗养53人次，疗养结算90人次。在涩北作业公司门户网发表各类新闻780条，油田公司网页发表各类新闻700条，《青海石油报》、《企业文化》、《中国石油报》等刊物发表新闻及其他文章20余篇，油田电视台播出电视报道10条，获油田公司"好消息"荣誉证书，5次入围油田公司月度"好消息"。（马永祥　李健）

勘探开发研究院

【概述】 中国石油青海油田公司勘探开发研究院（以下简称"勘探开发研究院"）主要业务包括：柴达木盆地石油、天然气勘探开发的综合性研究工作，油气勘探开发部署方案研究与编制、储量管理、矿权登记与管理、综合地质研究、油气藏工程研究、经济评价、随钻研究、地震资料处理和解释、分析化验、测绘、计量器具检定等工作。拥有各类设备1325（台）套，原值2.65亿元，主要为大中小型计算机及工作站、分析化验、车辆等设备。截至2014年年底，共有员工524人，平均年龄40.7岁，其中女员工215人。各类专业技术人员321人，其中具有高级职称108人（教授级高工4人），中级职称144人，初级职称69人；技术工人169人，其中技师9人（高级技师2人）；有博士9人、硕士79人、本科239人、大中专以下197人。设有5个机关科室，3个科研服务单位，15个油气勘探开发研究室，4个科研生产单位。

2014年，勘探开发研究院荣获青海省"五一劳动奖状"和油田公司"难采储量动用奖"、"精细油藏描述奖"、"科技先进集体"、"保密工作先进集体"、"人口与计划生育先进单位"、"五四红旗团委"等称号。（组织机构见下图）

2014 年勘探开发研究院组织机构图

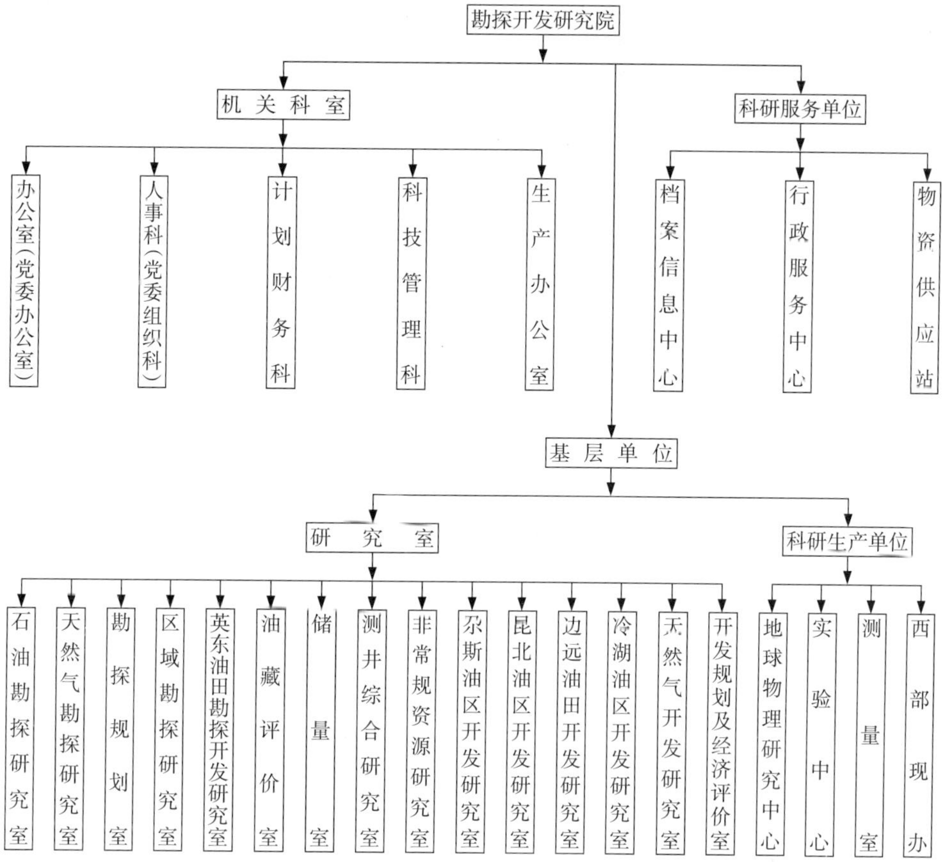

【业绩指标】 2014 年，勘探开发研究院新增油气二级储量 2.31 亿吨，其中探明石油地质储量 6685.28 万吨，控制储量 4348 万吨，预测储量 4714 万吨，探明天然气地质储量 209.57 亿立方米，控制储量 208.19 亿立方米，预测储量 320.30 亿立方米，新增 SEC 石油证实储量 758.98 万吨。

2014 年业绩指标完成情况

序号	业绩指标内容	完成率
1	探井成功率	45%
2	评价井成功率	71%
3	产能建设到位率	85%
4	油田自然递减率	12.74%
5	油田综合递减率	6.96%
6	油田含水上升率	0.4%
7	气田综合递减率	7.8%
8	开发方案覆盖率	85%
9	科研成果应用率	87%
10	年度科研计划完成率	95%
11	党风廉政建设责任制覆盖率	100%
12	党员干部违纪、违规现象	0
13	全员绩效考核覆盖率	100%
14	千人死亡率、千人重伤率	0

【科研成果】2014 年，勘探开发研究院承担油田公司和院级科研项目 85 项，其中跨年度结转项目 33 项，新开项目 52 项，完成各类科研项目 46 项，完成项目优良率达 100%。获得省部级以上科技进步奖 4 项，《扎哈泉地区致密油成藏条件及勘探成效》获青海省科技进步一等奖、《尕斯库勒油田 E_3^1 油藏精细数值模拟剩余油分布研究》获青海省科技进步二等奖、《英东复杂断块油藏高效开发配套技术研究与应用》获集团公司科技进步二等奖、《阿尔金山前成藏地质条件及勘探技术》获中国石油和化学工业联合会科技进步三等奖；《青海省柴达木盆地英东油田一号构造上盘开发方案》获油田公司科技进步特等奖，另有 6 项成果分获油田公司科技进步一、二等奖。

【生产工作量】

2014 年科研生产工作完成情况

序号	类别	生产内容	完成数量	备注
1	井位设计论证	探井、评价井井位论证	72 口	采纳 47 口
2		提交并采纳试油井	41 口，100 层组	
3		开发井设计	472 口	其中水平井 14 口
4		编制开发设计方案	8 个	
5	物探部署、处理解释	二维地震资料处理	1470 千米	
6		三维地震资料处理	1036 平方千米	
7		二维解释	10000 千米	
8		三维解释	1360 平方千米	
9		二维地震部署	2192 平方千米	
10		三维地震部署	600 千米	
11		非地震部署	794 平方千米	
12	分析化验	分析化验	41257 块次	
13		岩心入库	104 口井 5964 盒	
14		钻切岩心	5022 块	
15		伽玛测试	58 口井 2854.2 米	
16		古生物分析	2200 块次	
17	测量	井位测量	1720 井次	
18	档案信息管理	入库分析化验资料	998 份	
19		测井及研究成果资料	3943 盘	
20		归档成果	289 份	
21		成果图件	9000 幅	
22		档案借阅	739 人次	

【勘探成果】2014 年，勘探开发研究院加强综合地质研究，英东一号上盘探明石油地质储量 6685.28 万吨，天然气地质储量 61.45 亿立方米，成为储量最大、丰度最高、效益最佳的整装油气田；游园沟实现层系扩展和平面扩边，新增控制石油地质储量 1036 万吨；英西明确成藏主控因素，部署 3 口探井获得成功，狮子沟历经 30 年勘探再现曙光。扎哈泉致密油 4 个甜点区更落实，扎 7、扎 9 井区新增控制石油地质储量 803 万吨，先期建产 5 万吨；乌南深层风险探井获工业油流，新增预测石油地质储量 2131 万吨，浅层扩展了 N_2^1 油藏含油面积，新增控制石油地质储量 2509 万吨。扎哈泉、乌南地区落实三级石油地质储量 1.92 亿吨的规模增储上产潜力。牛东 E_3 层系获得新的勘探层系；牛中斜坡通过三维地震和钻探，展示出规模增储态势；红沟子通过三维地震资料的重新处理，发现新层系油藏，新增预测石油地质储量 1359 万吨。冷湖构造带落实天然气地质储量 287 亿立方米；冷东地区深层发现气层，浅层获得工业油流，新增预测石油地质储量 1224 万吨。

【开发成果】2014 年，勘探开发研究院编制完成 8 个油气田开发方案，支撑了新区的快速上产，改善老区的开发效果；英东一号建成产能 40 万吨，产能到位率 100%；应用水淹层及剩余油研究成果指导老区井位部署，尕斯 N_1-N_2^1 油藏、跃进二号东高点、南翼山Ⅲ＋Ⅳ单井日产分别达到 6.9 吨、4.7 吨和 3.7 吨；东坪－牛东建成 4 亿立方米天然气产能，平均单井日产 25 万立方米，其中双分支水平井坪 1H-2-7 井 11 毫米气嘴日产气 70 万立方米；持续巩固尕斯库勒、花土沟等精细注水示范区成果，老区“三率”关键指标有所好转，油田自然递减率和综合递减率同比分别下降 0.42 和 1.51 个百分点；挖掘低阻气层、薄差层和潜力层，部署涩北和马仙调整产能 3 亿立方米，实现了涩北老区整体稳产；涩北二号气田优选层组实施整体治水方案，日增气量 20.4 万立方米，延缓产能递减率 3.4%。

【安全管理】 2014 年，勘探开发研究院不断完善 QHSE 制度规范，狠抓责任落实，全面实现了安全工作目标。修订完善管理职责和体系文件。对所有内、外部审核发现的 45 项问题整改关闭。狠抓要害部位安全管理。强化教育，全年安全经验分享 32 次，制作 7 期 QHSE 视频宣传材料，组织学习新《安全生产法》和新《环境保护法》。领导干部制定个人安全行动计划，职工签订《安全责任书》。井控培训合格证的取（换）证工作，做到编制、审核、审批人员全覆盖，特种作业人员持证上岗率达到 100%。

【企业改革与管理】 2014 年，勘探开发研究院开展管理提升活动，加强精细化管理。修订、完善各类规章制度，建立了符合内控要求的制度体系。强化科研项目管理，规范项目立项与验收，做到攻关计划、目标、进度、措施及奖惩五落实。年初制定详细年度工作计划，时间、任务、人员三落实。坚持周生产例会制度，确定的工作重点在院网公布并督促落实。

【员工培训】 2014 年，勘探开发研究院开展各类培训 87 期 1976 人次（包括外培 38 人次）。其中，经营管理人员培训 157 人次，专业技术人员培训 1337 人次，操作服务人员培训 477 人次。电工、锅炉工等特殊工种培训 5 人次。培训内容以新理论、新工艺、新方法等技术信息和实用技术为主，加强经营管理知识、法律法规、计算机知识和实用应用文写作等方面培训。签订师带徒协议 25 份，在职研究生学历教育 16 人。每季度召开油气田开发动态分析会，通过技术交流平台提升业务能力。

【党群工作】 2014 年，勘探开发研究院党委共有党支部 23 个，正式党员 264 人，预备党员 7 人，发展党员 7 人，申请入党人数 28 人。领导班子成员严格落实“三会一课”制度，中心组集体学习 12 次。认真落实“一岗双责”和党风廉政两个责任，坚持每季一次廉政警示教育，认真落实“三重一大”决策制度，坚持开展节前廉洁教育和短信提醒。对关键岗位和重点人员签订党风廉政责任书和廉洁从业承诺书 124 份。各党支部积极围绕技术瓶颈立项攻关项目 10 项，其中，《立足本职岗位，突破制约“瓶颈”，党员精心开展尕斯 N_1-N_2^1 油藏剩余油量化研究》获得油田公司优秀攻关项目。

勘探开发研究院共有 28 个基层工会委员会，会员人数 524 人，新入会 35 人，入会率 100%。女工 215 人，女工小组 8 个，开展“读一本好书”和女职工工作理论研讨论文征集活动，引导职工养成读书的好习惯。推进院务公开，促进民主管理，全年公开院务 26 项。开展“增储千万，建功千万”劳动竞赛活动、合理化建议征集等活动，激发职工投身科研工作热情。组织职工健康体检 255 人，健康疗养 269 人，有毒工种疗养 25 人。2014 年救助特困户及遗孀 107 人次，慰问住院职工 31 人次，总计发放慰问金 14.70 万元。勘探开发研究院职工为患病职工家属爱心捐款 6.90 万元。发放员工生日礼物 552 份。

勘探开发研究院下设 3 个团支部，有团员 27 人，青年 176 人。2014 年开展青年小讲堂、大讲堂 4 次，参加人数累积 400 人次，内容包括勘探形势及任务目标、开发形势及青年人如何提高自身专业技能和工作经验分享等，提供相互交流平台，开阔视野和思维模式。开展“迎新春文艺晚会”、“学雷锋、树新风”活动，周末骑行、徒步、篮球、足球对抗赛等展示青春风采，提高团队合作意识。

勘探开发研究院企业文化建设不断推进，提炼出“团结、拼搏、求实、创新”的企业精神，激发职工科研热情。加强宣传报道工作，对外展示作风形象，对内营造积极向上氛围，勘探开发研究院网页发稿 1009 篇，油田公司网页 343 篇。开展形势目标主题教育、“六五”普法、“我为千万吨做贡献”主题大讨论等活动，认识新常态，抢抓新机遇，再创增储上产新成绩。（李霞魁）

钻采工艺研究院

【概述】 中国石油青海油田公司钻采工艺研究院（以下简称“钻采工艺研究院”），截至2014年年底，有员工260人，平均年龄37岁，其中男员工137人，女员工123人；有硕士研究生33人，大学本科学历147人；中层管理人员5人，技术干部143人。主要开展青海油田钻完井、人工举升、注水、储层改造、三次采油、采气、调剖调驱、防砂治水、油田生产系统能效监测、油田地面工程建设设计等领域的技术研究与应用，同时承担青海油田钻井工程设计、采油方案编制、油田化学助剂和井下工具检测与研发等工作。具有中国石油天然气集团公司颁发的“钻井工程设计资质证”，青海省计量局颁发的“实验中心质检证”，“技术服务中心井下工具检测证”及“节能监测中心检测证”。油化（实验）有实验设备186台（套），DCAT11动态接触角测量仪、DCAT21多功能表/界面张力仪、DM5000B徕卡显微镜、7322美国千德乐4207D数字式抗压强度压力试验机等国外精密仪器32台（套）。

2014年计划运行科技项目33项，其中，股份公司新技术推广项目3项，油田公司科技项目13项，油田公司生产项目6项，院级项目11项。科技项目按计划运行，科技项目计划完成率达到100%。《一种新型水力喷射器》、《可循环滑块捞矛》、《天然气井耐高压井下节流器》、《毛细管粘度计装液装置》4项申报实用新型专利；《油水化验分析数据发布平台》申报专业软件版权。

2014年钻采工艺研究院组织机构图

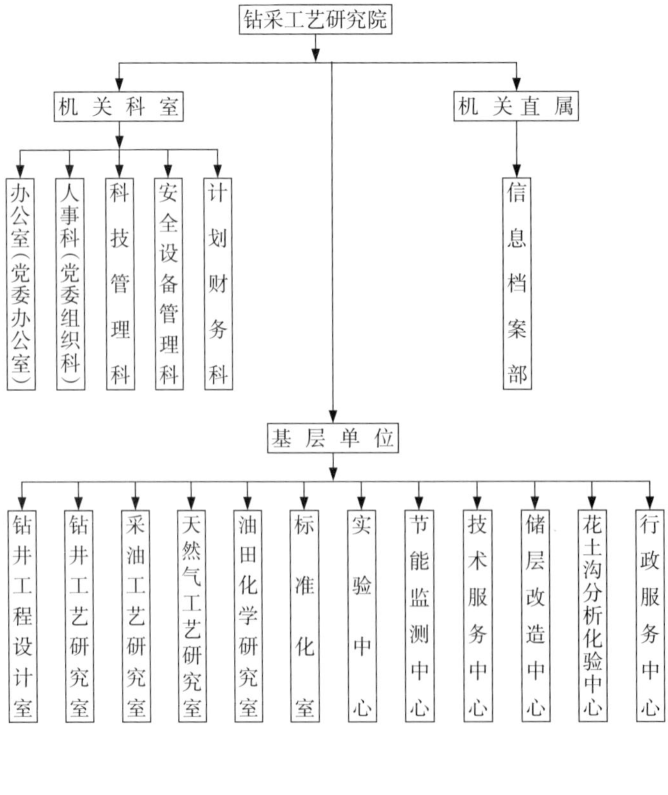

【生产经营指标】 计划投资完成 386.37 万元。现金管理费 6449.61 万元，人工成本 5109.50 万元，7 项非生产性费用 215.16 万元。抽油机系统效率 26.1%，注水井符合率 89.35%。钻井符合率 98%，入井化工产品质量合格率 100%。

【主要措施与成果】 钻井技术：针对不同区块，开展优快钻井技术科研攻关和新型钻井工艺应用。实现开发井设计标准化、探井设计个性化，2014 年完成钻井设计 629 口，狮 42 井、牛探 1 井钻井工程设计被油田公司评为优秀工程设计。实施小井眼储层专打技术 2 口井，最高日产气 26 万立方米。在涩北气田推广提高第二界面固井技术，固井合格率提高 56.1%。通过优化井身结构、推广“四合一”钻具组合和优选钻井液体系等措施，提速提效取得突出成绩，油田平均机械钻速同比提高 2.25%，开发井、探井机械钻速分别达到 10.7 米 / 小时和 5.05 米 / 小时；尤其是在扎哈泉机械钻速提高近 112%，钻井周期缩短 57.8%，完井周期缩短 55%，单井降低成本约 110 万元；冷湖五号高压含气盐水层钻井工艺技术取得了较大进步。

2014 年，采油、气技术结合油水井地下大调查，开展整体深部调剖、复杂井况分注、水平井找堵水和油井防气等项目的研究工作。精心编制并配合实施油田精细配注方案，支持了油田老区的稳产。坚持沿程水质监测常态化，调整和改进水处理工艺，尕斯联合站的高效混凝技术升级为高效聚沉水处理技术，油田水质持续好转；推广桥式偏心 + 高效测调联动和同心免投捞测调技术，测调效率提高了 54%；开展异径分注和小卡距分注一体化试验；加大英东油田的防气试验，日产油提高 1.89 吨。自主开发转换软件，发挥关键作用，实现油水井数据向 A11 系统的整体迁移；钻采工艺研究院完成的油气水井远程自动化计量项目获得集团公司科技进步三等奖。

通过开展涩北气田稳产配套技术等项目的研究，压缩机气举恢复了 4 口停躺井的产能，实施毛细管连续泡排工艺 5 口井平均日增气超过 4 万立方米。加强与天然气生产单位的工艺对接，形成指导技术实施方案，完成 628 组室内评价实验和 176 井次液面监测分析工作，并配合完成 249 口井的排采工艺现场试验。完善泡排主体技术，首次制订并发布泡排企业标准，规范了泡排工艺的管理。综合运用“冲、防、控、排”等技术手段，涩北二号Ⅲ -1-2 层组成为整体治水的示范区。建立污水回注水质标准，确定水处理工艺技术配方。

大力开展技术攻关和新工艺推广应用，措施改造技术又有新进步，《重点探区复杂储层酸化、压裂关键技术研究》项目获海西州科技进步一等奖，《青海油田水平井、直井分层压裂工艺技术研究与试验》项目获油田公司科技进步一等奖。2014 年累计完成措施改造设计 186 井次。按照“一区一体系”的思路，研究形成并推广七套适用于不同区块的压裂液体系；规模应用多层多段等成熟压裂技术，2014 年共实施 151 井次、320 层段，单井日增油、气分别达到 4 吨和 5.8 万立方米，年度措施总增油 4.65 万吨。注重新技术的研究评价和推广应用工作，在低前置液高砂比、砂砾岩储层控水、整体压裂和低渗砂岩储层直井缝网压裂四项工艺上取得了技术进步，措施有效率同比提高 2.7 个百分点。

借助股份公司节能比对大平台，2014 年监测机采井 1835 口，监测加热炉、集输泵、注水系统 120 台（套）；通过推广机采节能优化技术，机采系统效率指标在股份公司排名第二。化工产品检测完成检测 411 样次。井下工具质检完成工作量 76 只。化验分析常规油水样超过 10 万个、探井油水样 1540 个、监测沿程水质 1200 余口井，化验分析数据为油田勘探与开发提供了准确的资料支持。

【科技创新与技术改造】 钻采工艺研究院在东坪新区大力推广水平井等特色钻完井技术，首次应用双分支水平井技术，坪 1H2-7 井日产气高达 70 万立方米，创青海气区历史最高，单井节约钻井费用达到 1200 万元以上；首次在昆北油田实施水平井“找 - 堵 - 调”一体化机械找堵水技术。首次在致密油扎平 1 井应用连续油管快钻桥塞 + 多簇多段体积压裂，创下加砂量、用液量和施工段数的三项之最；在东坪 - 牛东气田初步形成基岩气藏液氮泡沫返排特色压裂技术，东坪 105 井日产气高达 30 万立方米；采用连续油管带底封拖动压裂工艺，实现了“替浆 - 通井 - 刮削 - 射孔 - 压裂”的一体化作业，施工时效大幅提高，达到降本增效、环境保护的双重目的。

通过开展油气新区钻井液体系评价与优化和井壁稳定性等项目的研究，自主研发具有青海油田特色的聚胺有机盐和胺基聚醇 -MEG 新型钻井液体系，在英东油田和东坪气田成功应用 4 井次，取得良好的防塌、防卡效果；《昆北油田储层保护钻井液技术研究与应用》项目获得中国石油化工自动化行业科技进步三等奖。在尕斯深层积极探索“2+3”采油技术，历时 2 年完成深部调驱现场试验，初步形成高温高盐深部调驱集成技术；针对昆北砂砾岩储层水窜难题，开展了尕斯油田表活剂驱先导试验 4 口井的深部调剖现场试验。

【标准化设计】 钻采工艺研究院发布标准化设计图纸10套，应用标准化定型图模块856个，小型场站标准化设计覆盖率达到95%以上，中型场站标准化设计覆盖率达到90%以上，油气水井井场标准化率达到100%。保障了油气田地面工程建设和“36911”进度目标的实现，工程质量合格，安全环保达标。工程设计工期和建设工期平均缩短27%和17%，建设用地减少27%。

【安全生产】 钻采工艺研究院始终把安全工作贯穿于各项工作之中。科研服务活动受控，影响环境的危险化学品基本受控，未发生各类生产安全事故与环境污染事件；各种作业人员持证率100%；重点监控特种设备定期检验率100%；职业健康体检率98.8%（目标值>95%）能耗108吨标煤（年度指标140吨）；重点标准实施率100%；计量器具计划周检率100%；组织QHSE体系内部审核2次，迎接油田公司审核2次，顺利通过外部再认证审核，审核问题整改率100%。

【员工培训】 累计培训员工621人次，其中经营管理人员培训195人次；专业技术人员培训243人次；操作服务人员培训183人次。2014年共参加油田公司组织的培训班33期，97人次;派外培训22期，24人次;钻采工艺研究院各专业部门举办的培训班27期，500人次。开发矩阵培训课件21个，完成2014年度培训任务。

【党群工作】 钻采工艺研究院党委设8个党支部，有正式党员1230人，预备党员2人，重点培养对象4人，入党申请4人。通过加强“三超”专项治理、精简会议、文件等措施，巩固了党的群众路线教育实践活动成果。严格落实党风廉政建设的党委主体责任和纪委的督办责任，开展效能监察工作，狠抓薄弱环节，科研生产的内部环境更加健康。

钻采工艺研究院有8个基层工会委员会，有会员264人，新入会24人，入会率100%。其中有124名女工，8个女工小组。工会组织通过开展“十、百、千”、“堵塞漏洞、杜绝浪费”、青工创新创效和青年大讲堂等活动，调动全员献计献策的热情。按照“五必访”原则，做好慰问职工、扶贫助困、健康体检等工作，维护了职工群众的权益。安排健康疗养88人，疗养费用结算35人。为员工送生日购物券。慰问退休、工伤、残疾、病人及困难员工68人次，发放慰问金2.27万元。向“爱玛丽”捐款5870元。医疗互助基金参保率达100%。为263名员工进行健康体检。

钻采院团委按照党建带团建的工作思路，加强组织建设，认真落实“三会一课”制度的要求，开展共青团、青年工作的调研工作，探索新时期共青团工作的新方法、新方式；并搭建青年的成长成才实践平台，协助油田公司团委成功举办青海油田勘探与开发第二届青年科技论坛，通过开展青工岗位讲述、青年突击队等实践活动，保持青工队伍和安全生产形势的稳定，调动了青年的突击队作用和生力军作用。（钻采工艺研究院）

测试公司

【概述】 中国石油青海油田公司测试公司（以下简称“测试公司”）拥有固定资产原值1.93亿元，净值0.85亿元。担负着青海油田油气水井的动态监测任务。可提供10大项、32小项的油田动态监测服务。在生产测井方面，主要提供产液剖面测井、产气剖面测井、注入剖面测井、校深、多臂井径、固井质量检测、MID-K、MID-S电磁探伤压裂井温评价以及PNN、PND-S、PSSL脉冲中子全谱剩余油饱和度测井等服务项目。在测试方面，主要提供油、气、水井流、静压测试、产能试井、探砂面、水井调配测试、压力恢复（降落）、探边、干扰脉冲试井、水平井试井等服务项目（含气田测试）。截至2014年年底，有员工342人，平均年龄35岁。其中男员工272人，女员工70人。设有机关科室6个，机关直属单位2个，一线生产单位3个，一线生产服务单位3个。

2014年，测试公司被中华全国总工会和国家安全生产监督管理总局联合授予“全国‘安康杯’竞赛优秀组织单位”荣誉称号；被油田公司授予“标杆青年突击队”、“红旗基层单位”、“优秀开发管理项目奖”、“设备管理先进集体”等荣誉称号。（组织机构见下图）

2014 年测试公司组织机构图

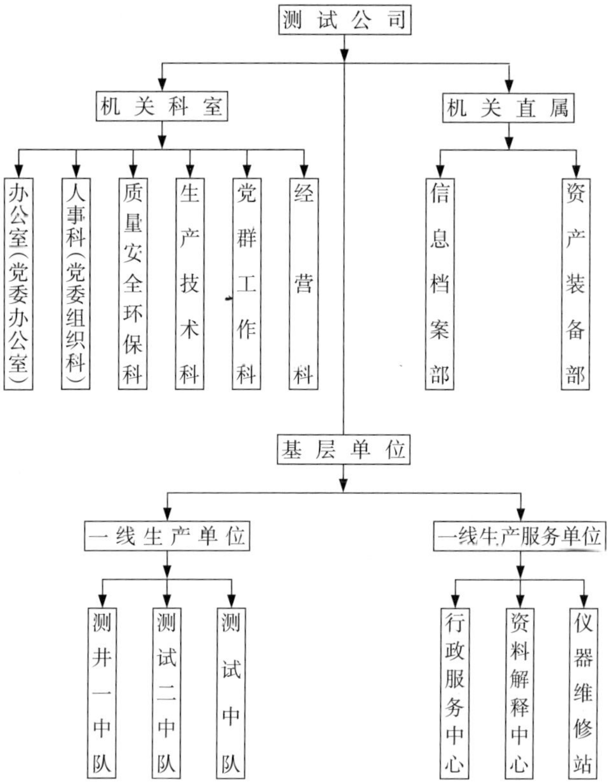

【生产经营业绩】 2014 年，完成工作量 11762 井次/层组。自营工作量 10319 井次/层组，占总工作量的 88%，同比增长 33%；外协工作量 1443 井次/层组，同比减少 74%。完成经营收入 1.62 亿元，为年度指标的 115%，同比增长 11%；利润 2269 万元，为年度指标的 232%，剔除考核因素，增盈利润 797 万元。

【生产运行】 2014 年，测试公司与各采油单位、研究院所、技术厂家等单位开展信息沟通、技术交流 26 场次，通过工作量对接、业务交流、质量回访等，编制了年度动态监测方案，了解技术需求，制定动态监测任务分解计划，通过合理调配队伍力量，制定“复杂井”作业措施等办法，资料解释符合率超过 95%，综合服务满意度达到 95%。

【安全管理】 2014 年，测试公司以 HSE 体系建设为主线，以风险管控为核心，落实安全责任，强化安全教育，促进安全工作平稳有序，保持连续 7 年安全生产无事故。2014 年年初召开质量安全环保节能工作年会，签订安全环保责任书 343 份；管理人员深入安全联系点 228 人次，解决问题 112 个；制定个人安全行动计划 39 份，落实 273 条；开展交通安全、放射性安全、特种作业等培训 34 场次，培训员工（含外协）820 人次；开展安全主题黑板报评比、组织职业卫生答题和安全知识竞赛、张贴宣传海报、发放安全环保图书、征集安全理念等活动。成立了安全监督组，2014 年共查现场（包括外协）420 个，查出问题 192 个，现场整改 109 个。在特殊、重点时段，开展安全大检查 16 次；严格落实放射性物品定期检查制度，规范放射性同位素配置设施，通过对污染物的回收和环境检测，确保环境达标；规范放射性物品存储标识，给放射性工作人员配发计量卡，组织有毒有害岗位体检 231 人；组织交通路查 52 次，检查车辆 3900 辆，严格出工前酒精检测；配备井口安全操作平台，给测试井车辆安装黑匣子，通过技防手段提高本质安全水平。

【QHSE 体系建设】 2014 年，测试公司结合油田公司内审要求，对危害因素和环境因素进行评审，对评审出的 45 项危害因素、20 项环境因素、3 项重大危害因素和 3 项重要环境因素，制定整改防范措施；给一线员工配发《测试公司风险辨识手册》；组织测试公司 HSE 管理体系内审 2 次，管理评审 1 次，迎接油田体系审核，整改了 62 个问题；录入 HSE 信息 1053 条，为体系运行和持续改进提供了信息支持。

【设备管理】2014 年，测试公司拥有测试井设备 89 台（套）、测试井仪器 327 支（套）（测试仪器 289 支，测井仪器 38 套），设备新度系数 0.42。每月进行一次班组设备管理达标评比活动。实行轮换交接班设备验收检查制度。在保障常规测试井仪器的维护、维修的同时，加强新引进仪器的消化吸收，扇区水泥胶结仪等新设备一次性投用成功。2014 年新增资料解释设备 17 台（套），补充部分测试井仪器和车辆，改造 2 台（套）撬装一体化测试车。与中原特车研发 2 台测吊一体化电缆车，实现“由 2 变 1”，节省了 1 台车辆和 1 名司机。改进测井仪器地面耐压实验装置、配水器地面投捞装置；研发仪器举升装置和高压测井设备工具整装撬，降低了劳动强度。

【科研攻关】2014 年，开展科研攻关项目 15 项，初步解决高压注水井测井仪器难以入井的难题；解决低注入量测井难题，实现自主施工；研发施工设计网上审批系统，提高了办公效率。《PSSL 全谱饱和度测井工艺方法及解释技术研究》和《英东油田产能试井测试工艺及解释方法研究》项目分获油田科技进步二、三等奖。加大连续相关示踪测井仪的推广力度，成功录取 63 井次的资料；通过改进测调联动、直读验封工艺，单井作业周期减半。直读验封同比增加 712 层组，增幅高达 468%；自主施工完成 5 井组 /25 井次的干扰试井工作量；引进浮子流量计产剖测井，完成施工 8 井次，为设备购置奠定技术论证基础。

【员工培训】2014 年，测试公司修订完善《测试公司员工教育培训实施细则》，购置配发教学书籍 1124 册；建立“网上学校”，上传行业标准 13 条、培训课件 37 件、技术资料 36 套、视频教程 7 部。组织人员积极参加油田公司送外培训 18 人次，参加油田公司内部集中培训 78 人次；单位内部自主（岗位）培训 3465 人次，其中单位内送外培训 73 人次。

【精细管理】2014 年，成立测试公司岗位标准化管理委员会，组织对 5 个一线单位的岗位标准进行编写、审核，完成各基层单位的岗位管理体系建设工作。加强资金计划管理，组织人员学习资金管理平台的操作，补录资金计划，保证资金管理平台的顺利上线运行；实行台账管理，通过季度生产经营分析会，提高成本管控水平；开展内控自我测试，对于发现的问题，及时整改，杜绝实质性漏洞出现；执行油田公司合同和招投标管理相关办法。共组织招议标 10 次，合同谈判 23 次，签订合同 73 份。加强与规范外协队伍管理工作，完善《外来施工作业单位管理办法》，与外协单位签订工程服务安全合同 15 份，签订维稳工作责任书 14 份。

【重点工程】2014 年，测试公司开展压力计防缠绕工艺研究，成功解缠压力计 70 支，解决仪器常年挂井的问题；攻克尕斯深层“两剖”测井难题，完成 35 口调剖调驱井测试任务；破解高压注水井注入剖面测井难题，成功录取 16 井次的资料；实现干扰、产能试井自主施工，提升自主施工能力；利用井下连续油管技术，提高通井和二次作业成功率。

【党群工作】2014 年，测试公司围绕中心工作，强化党风廉政建设与维稳工作，发挥工团组织的桥梁纽带作用，营造风清气正的发展环境。结合测试公司实际，将原有的 13 个党支部优化组合为 9 个，把测试公司领导分别编入各支部，健全优化党组织结构，实现“三联”网络的全覆盖，保证党内活动有效及时的开展。发展新党员 7 人，转正 7 人。开展科级干部任前廉洁谈话 24 人次，与重点岗位人员廉政谈话 19 人次，签订廉洁从业承诺书 53 份，签订党风廉政建设责任书 175 份，组织警示教育 4 次。对公款消费、公务接待、“小金库”、成本管理专项检查和科技及信息项目管理效能监察，对发现的问题及时整改，并制定有效措施杜绝类似问题的发生。《采用液压举升式防喷装置降低测试井工作劳动强度的建议》、《井口电缆防磨损装置》项目分别获油田公司 2014 年度合理化建议一、二等奖；测试公司被油田公司评为合理化建议“优秀组织单位”，被推荐上报青海省重大安全生产合理化建议 1 项。举办“迎新春、建新功”元旦颁奖晚会，表彰先进，树立典型。组织节日慰问 5 次，共计 567 人次。为大病员工爱心捐款 3 万元；完成工会疗养 61 人次，有毒有害疗养 50 人次，办理疗养结算 68 人次。改选团委，充实团青支部，积极组织团员青年开展“五小”成果和创新创效工作，上报活动成果 11 项；开展志愿服务、学雷锋活动 2 次；油田公司黑板报比赛中获一等奖；测试公司团委荣获油田公司“先进团委”称号。在油田门户网站、报纸、电视发布新闻量 623 条 / 篇，同比增长 98 %，荣获油田公司“2014 年度新闻报道先进单位”荣誉称号。

测试公司按照油田公司 VIS 手册的要求，规范设置机关和基层办公区的企业文化标识，营造良好的企业文化硬件环境；发布《测试公司机关作风建设文明准则》，规范员工的文明行为。（任远平　段海军）

井下作业公司

【概述】 中国石油青海油田公司井下作业公司（以下简称“井下作业公司”）是一家专业化的工程技术服务单位。主要从事油田试油气作业（包括地层测试），大修侧钻作业，油、水井投产维护作业（包括投产、检泵、维护等），连续油管作业，压裂酸化作业，油管杆清洗、修复、供送，生产内衬防腐管等业务，提供蒸汽特车、货物运输等服务。井下作业公司有员工1873人，其中一线员工占员工总数的55.37%；二线员工占 38.17%；机关、直属员工占 6.5%。井下作业公司下设10个机关科室，6个直属单位，3个一线生产单位，10个二线单位。作业大队、大修大队实行联队管理模式，共有16支队伍，试油大队实行机组管理模式，共有13支队伍。

井下作业公司拥有固定资产2339项，原值9.11亿万元，净值3.60亿万元，资产新旧系数0.40。

2014年，井下作业公司被油田公司评为“先进厂处”、人事系统先进集体、思想政治工作先进单位、设备管理先进集体、规划计划系统先进单位、社会保险与就业服务系统先进集体、“十二五科技工作先进单位”、“审计先进单位”、物资管理先进集体、“堵塞漏洞、杜绝浪费”全员献计献策、厉行节约活动优秀组织单位、新闻宣传工作先进单位、青海油田第八届职业技能竞赛优秀组织单位称号。（组织机构见下图）

2014 年井下作业公司组织机构图

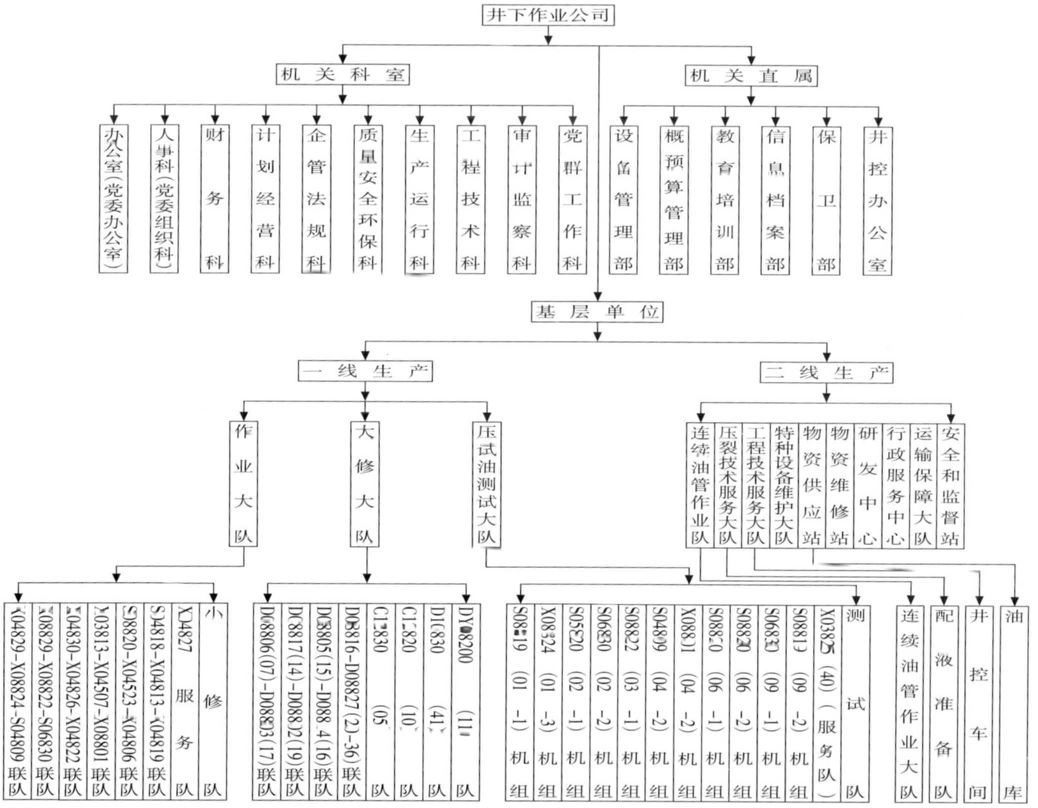

【主要生产指标】 2014年，井下作业公司完成投产维护1812井次，为年计划的100.7%，与2013年同比增加2井次，增幅0.1%；大修126井次，为年计划的100.8%，与2013年同比增加5井次，增幅4.1%；完成试油（气）120层组，为年计划的104.3%，与2013年同比减少31层组，降幅20.5%；压裂酸化657层段/371井次，为年计划的164.3%，与2013年同比增加72层段，增加12.3%；连续油管作业474井次，货物运输4160万吨千米，洗井服务2991井次，特车服务36550小时，管杆清洗437万米。

【经营指标】 2014年，井下作业公司收入55645万元，实现减亏114万元，人均劳动生产率从2013年的29.39万元提高到29.88万元，增幅1.66%；固定成本同比减少2105万元，降幅4.05%，完成挖潜目标1461万元。

【主要措施及成果】 2014年，井下作业公司酸化压裂施工形成多项成熟的施工技术：致密层压裂技术取得进展、滑溜水前置压裂技术、成功实施扎平1井致密油体积压裂、连续油管喷砂射孔环空压裂技术、连续油管带底封分层压裂技术；连续油管技术在试油、大修、酸化压裂、小修作业上得到不断拓展；成功应用连续油管切割工艺、连续油管找漏、封堵工艺、开展连续油管除垢（冲洗）工艺、开展连续油管清洗输油（水）干线工艺试验、成功实施起速度管柱作业；大修技术形成特色体系。膨胀管补贴技术创新纪录、动力水龙头试用见成效。

【科技创新与技术改造】 2014年，井下作业公司开展科技项目21项，其中，油田公司级项目3项，处级项目17项。全年完成油田公司级项目2项，处级项目8项。结合制约油田公司生产提速提效的技术瓶颈问题，通过分析讨论，确定《尕斯库勒油田中浅层套损井大修治理》等11个跨年项目、《大修工具管理模块的研发》等10个项目为油田公司级科研项目。

【工程建设】 2014年，井下作业公司严格基建项目管理程序，加强施工过程中质量、进度、投资、安全环保等方面的有效控制。

在工程建设管理方面，严格执行《井下作业公司基建项目管理办法》、《井下作业公司基建项目管理实施细则》等管理办法。青海油田注水管防腐工程、废旧设备物资再利用项目于2014年12月通过油田公司工程竣工验收。

【安全生产】 2014年，井下作业公司强化安全环保主体责任。按照“党政同责、一岗双责”的要求，修订完善了29个科室直属、基层单位和417个岗位的QHSE职责。2014年因违反规定留厂察看8人，干部免职2人，离岗培训17人，处罚一般违章人员162人。在生产管理环节，实行班组、作业队、大队、安全监督站、共监督检查1989个作业现场，开具整改单307份，查出问题763项；可视化监控纠正并制止违章行为680人次。2014年共有73名员工得到奖励安全积分526分，对违反规定的135名员工扣减安全积分1184.5分，有效促进了全员安全环保责任的落实。

【企业改革与管理】 2014年，井下作业公司积极探索工作量总包运行方式，对采油一厂尕斯一、二、三采油作业区进行工作量承包，对跃进二号采油作业区进行队伍托管。在作业大队推行联队运行和四班三倒工作制度，单机效率同比提高10.5%。持续深化绩效考核改革，实行100%利润考核，坚持变动薪酬分配向艰苦岗位、生产一线和安全生产无事故、创收增效贡献大的岗位和人员倾斜，促进工作效率提升。推进人事制度改革，不断完善人才选拔机制，实施关键岗位公开竞聘，通过理论考试和公开答辩，全面考察应聘人员的综合素质。2014年共选拔股级干部45名、技术干部18名，通过干部选拔机制改革，优化干部队伍结构。建立修井工退出机制，有计划、有步骤地把一线工作时间长、身体状况差、家庭有困难的员工，调整到合适岗位。

【员工培训】 2014年，井下作业公司制定下发《关于改革员工培训考核制度的若干规定（试行）》。开发了在线培训系统，试题由系统自动生成，考试成绩由系统自动统计分析，便于了解员工对知识点的掌握情况，及时调整培训内容，提高了培训效率和效果。充分利用实验2井的配套设施，进行现场培训，提高操作技能。共举办各类培训班71期，培训8378人。其中高空作业取证、司钻取证、电工取证培训364人，岗前培训及考试7947人次，送外培训67人。

【党群工作】 2014年，井下作业公司设有1个党总支，45个党支部，党员598人，预备党员34人，年度纳新党员34人，申请入党141人。

井下作业公司注重提高班子成员素质，增强班子引领能力。严格落实中心小组学习制度，认真开展民主生活会。领导每周带头值班夜查、现场调研、解决问题。成立“三转”工作领导小组，组织副科级以上干部80余人，开展学习讨论4场。逐级签订党风廉政建设责任书638份，廉洁从业承诺书420份。制定《惩治预防腐败体系推进计划》和责任分解表，对420名管理人员和关键岗位人员开展廉洁从业谈话，组织副科级以上党员干部160人次观看反腐倡廉警示教育片。

完善公款消费、禁烟限酒、议事规则等七项制度，整治“三超”现象，落实“三转”要求，有效杜绝“四风”问题变异反弹。开展困难群体帮扶，创新“三送”活动，推进民主“三公开”。强化基层服务型党组织建设，推进“一先两优”创建，开展支部经验交流，基层党建工作稳步加强。创新开展党群工作，每周总结、每月通报、每季例会，有主题、有部署、有落实，与生产经营紧密融合。

井下作业公司有基层工会委员会14个，工会小组25个，女工小组8个，工会会员2077人，新入会10人。关心员工身心健康，投入52万元，组织员工健康查体879人次，办理健康疗养210人次，办理疗养结算408人次；投入9.3万元，定期为野外一线生产单位配发21个品种的药品及应急医疗器具；为35户低保家庭、34户困难家庭发放相关慰问品、救助金40万元。为52名遗属发放生活补贴12.15万元；为野外一线生产队伍配备新式野营房，为花土沟基地一线员工公寓装配热水器201台。

井下作业公司设有共青团委员会1个，基层团支部22个；有共青团员425名，青年1124名。提出了井下作业公司团委书记与基层团支部书记面对面、基层团支部书记与团员面对面。开辟“炫动青春”微信公众平台，发布井下作业公司新闻、团委工作、安全经验分享等信息；深化青工岗位讲述，完善“四心”志愿者服务体系，组织人员前往会宁开展扶贫助学活动；开展3期“青年联谊”活动；组织开展“我与千万吨？铁军争先锋”演讲比赛；油田公司“同心共筑中国梦、老少共话油田梦”演讲比赛中获第二名。加强高原铁军文化建设，弘扬五铁精神，为促进井下作业公司和谐发展注入正能量。（司小军　陈翠青　贾海莉　唐伟）

供水供电公司

【概述】 中国石油青海油田公司供水供电公司（以下简称“供水供电公司”）主要负责花土沟生产基地及茫崖地区经济发展和居民生活的发供电、供转水任务。拥有国家电监委颁发的《电力业务许可证》；青海省经委颁发的《供电营业许可证》；青海省水利厅颁发的《取水许可证》；海西州质量技术监管局、环境保护局颁发的《中华人民共和国专项计量授权证书》、《青海省排放污染物许可证》。截至2014年年底，拥有固定资产总原值11.25亿元，总净值4.48亿元。总装机容量87兆瓦，变电所22座，供转水站5座。现有员工515人，其中：男员工410人、女员工106人；具有高级职称8人、中级职称74人、初级职称47人。下设8个科室，4个直属单位，9个基层单位。

2014年，供水供电公司被油田公司授予“先进厂处”、“质量安全环保节能先进单位”、“生产运行系统先进科室”、“企管法规先进集体”和“管理提升先进科室”及“信息、档案先进集体”等称号。（组织机构见下图）

2014 年供水供电公司组织机构图

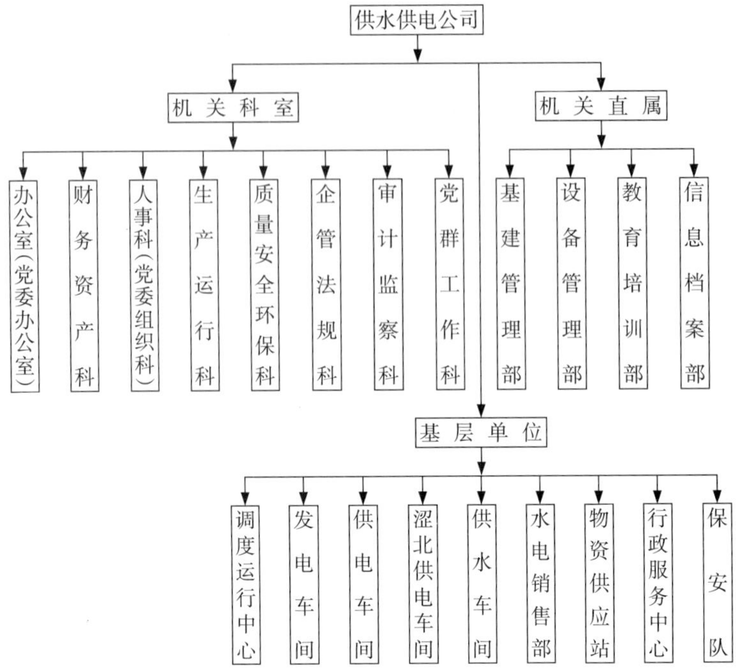

【主要生产指标】 2014 年，供水供电公司实际完成发（购）电量合计 4.92 亿千瓦时，完成年计划的 105 %，其中自发电量提前两个月完成；实际完成供水量 848 万吨，完成年计划的 89.26%。

【经营指标】 2014 年，实现利润 3042 万元，超额完成油田公司下达的经营指标。实现商品电率 86.2%，为年计划的 102.38%；商品水率 92.71%，完成年计划的 100.34%。发电气耗 0.29 标态立方米 / 千瓦时，比计划下降 0.13 标态立方米 / 千瓦时；供转水单位耗电 1.25 千瓦时 / 吨，比计划下降 0.15 千瓦时 / 吨。2014 年共发生 35 千伏线路停电 9 次，同比下降 1 次；6KV-10 千伏线路停电 52 次，同比下降 26 次，停电次数均大幅控制在油田公司下达的考核指标内。

【主要措施及成果】 2014 年，供水供电公司树立“油气上产、水电先行”的服务理念，以“保千万、多发电、控成本、促发展”的总体思路，针对海西电力电网建设较多，油田负荷大的实际，从加强精细化管理、安全运行和设备管理入手，确保油田生产对水电的需求。一是做好增发电量工作，着力抓好生产、安全、设备等各项管理工作，注重与海西电力的沟通和联系，及时了解电网的电量调整计划，强化机组指标管控，保证主机、辅助设备运行完好率，确保发电生产安全、平稳运行。二是注重水电安全、平稳运行，加强运行管理，做到精心操作和重大运行操作监护，认真落实反事故措施，确保发电系统遭遇输电线路冲击跳闸后能够迅速恢复投运。三是坚持三级点检管理体系，通过规范机组维护检修，加大机组附属设备的技术改造和缺陷治理力度，形成“自查 - 整改 - 复查 - 整改”的闭环模式，确保机组长周期、满负荷及经济运行，为发电量提供可靠保障。

【科技创新与技术改造】 2014 年，供水供电公司完成油田公司级科技项目 3 项、处级科技项目 1 项。其中，《花土沟油区供电系统安全稳定保障技术应用》，建立仿真模型，分析油田供电系统的潮流分布及动态安全性，对电网潜在运行风险提出对策；《花土沟重要油区配网管理系统应用及可靠性研究》，使用手机导航，发挥精确检索定位，事故追忆等功能的作用，缩短查找故障线路时间，提高了应急反应速度；《花土沟油区电力网数字模型建设与开发》，运用 GIS 地理信息技术、3D 建模技术，开发建设电力网基础管理、运行工况等管理应用为一体的电网数字模型集成平台；《无线测温系统在变电站中的应用与研究》，实现对相关参数的实时、准确远程监控，避免电气火灾事故的发生。

【安全生产】 2014 年，供水供电公司按照“完善、规范、巩固、提高”要求，推进安全生产“党政同责”

和“一岗双责”，推进安全生产风险管理系统的建设，开展安全经验分享活动，通过集中宣贯新《安全生产法》和新《环境保护法》、实地培训演练等形式，使员工树立“安全第一”和风险防范的意识，安全生产日趋向好。对1台燃气轮机氮氧化物排放超标降氮改造，降低生产过程中废气排放量，保持水电生产健康和谐稳定发展的态势。2014年，无工业生产死亡、重伤、交通安全事故，无环境污染事故。完成节能350吨标煤，节水0.32万立方米；氮氧化物排放量118.5吨，COD做到0排放，二氧化硫排放量0.54吨；各项指标均控制在油田公司下达的指标范围内。

【企业改革与管理】 2014年，规范供水供电公司规章制度的制定和发布程序，对36个操作规程重新进行梳理评审并发布。以同比、环比、创标为内容，12项创标项目，有10项达到创优标准。为控制和规避生产经营管理风险，对关键控制点进行全覆盖的内控测试，测试合格率达99%。强化合同管理，确保供水供电公司所有对外经济合同的授权委托管理、合同申报、审批审查、签订、履行等均处于可控之中，共签订合同135份，杜绝事后合同。

【员工培训】 2014年，供水供电公司以抓好330千伏大网接入花土沟电站前相关岗位的取证培训工作为重点，以矩阵培训为载体，从员工的实际技能和岗位需求出发，实施以“两书一表一卡”、“六条禁令”、岗位技能知识为主要内容的“四个一”培训活动，岗位需求与员工技能无缝对接培训。共举办各类培训班80期，培训1438人次，派外学习2期16人；参加油田培训班17期，74人；油田外部培训，15期，15人；特殊作业取证、复审10期，培训118人。

【党群工作】 2014年，供水供电公司党委有13个党支部，165名正式党员，预备党员5名，纳新党员5名，53名员工申请入党。党委坚持把“围绕中心抓党建、抓好党建促发展”作为出发点和落脚点，开展“四风”突出问题专项整治、“四好”班子创建、“特色党支部”和“党员先锋岗”创建等活动，全面融入生产建设经营管理全过程，着力提升党建工作质量，为构建和谐水电和促进供水供电公司各项工作目标任务的完成提供保证。

供水供电公司有9个基层工会委员会，会员515人，新入会2人；女工委员会2个，女工小组7个。2014年，工会把涉及供水供电公司重大事项、职工反映强烈、关心的热点问题一律公开；坚持重大项目管理邀请职工代表参加制度；将干部廉洁自律的制度执行情况和集体合同履行情况公开，接受群众监督。2014年组织职工疗养201人，疗养结算104人。为困难家庭发放慰问金3.40万元，为低保户发放慰问品620批次。发放独生子女费1.15万元和纪念品2.58万元，聘请5名专家到供水供电公司开展生理、心理健康讲座5场；组织410名职工健康查体、63名女工专项查体。

供水供电公司团委下设9个支部，其中团支部4个，青年支部5个，团员50人，青年24人。团委组织开展“我为安全生产建言献策”、“合理化建议”等群众经济技术性活动。通过开展青年创新创效及青年群体建功竞赛等主题实践活动，推动团员青年树立创业意识，确保水电安全生产的持续稳定运行。

在水电文化建设中，供水供电公司坚持“三抓三促”，即，一是抓宣传，促学习。践行水电人的“保水保电保油气，创优创效创和谐”服务宗旨，拍摄4集“保水电、促千万，做贡献”系列专题片，使每位员工人人皆知并逐步“根植于心”。二是抓落实，促成效。通过开展“安全警句征集”活动和加强班组企业文化氛围建设，推进员工对服务宗旨的认知认同，在实际工作落地。三是抓服务，促形象。通过与客户面对面沟通交流及强化技术延伸服务，增加客户对供电服务工作的认识和理解，提高供水供电公司的整体形象。（任志强　袁华）

天然气电力公司

【概述】 中国石油青海油田公司天然气电力公司（以下简称“天然气电力公司”）主要经营发电及供暖业务，主要资产为发电机组设备。截至2014年12月底，固定资产净值为2.83亿元。天然气电力公司下属2个电站，格尔木300兆瓦燃气电站和敦煌凯腾电站。其中，格尔木300兆瓦燃气电站正常运行发电，并承担格尔木石化基地冬季供暖；敦煌凯腾电站1套机组，发电机组总装机容量为45兆瓦，配套锅炉容量为37.5吨/小时，以置换电量为主。有员工183人，其中男员工99人，女员工84人；具有高级职称4人、中级职称22人、初级职称30人；具有管理人员30人、技术干部28人、工人数125人;设有4个机关职能科室，1个机关直属部门，3个基层单位。（组织机构见下图）

2014 年天然气电力公司组织机构图

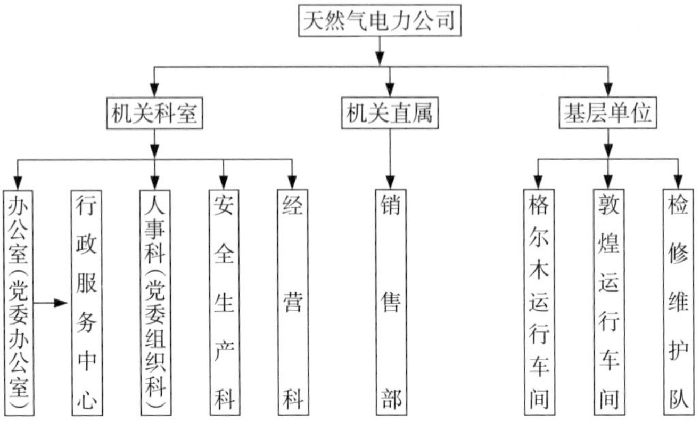

【主要生产经营指标】 2014年6月4日停机，累计发电7.43亿度，上网电量7.31亿度，完成全年发电生产任务的69%；实现收入2.25亿元，完成全年经营任务的69%；发生成本2.97亿元。累计为格尔木社区管理中心输送热量20.02亿吨/年,实现安全环保“三零”目标。

【主要措施及成果】 热能梯级利用节能改造项目投运后，保温效果、供热能力均达到设计要求。从换热首站到石化基地6千米距离，供热温降低于1℃。在确保安全平稳发电的同时，和格尔木社区紧密联系，控制好供热温度、流量、压力，确定合适的供热温度，保证职工家属享受到温暖的冬季。从2013年9月26日-2014年5月1日，给社区供暖累计热值30.58万吉焦。电厂热效率比去年同期（热效率今年53.45%、去年50.23%）提高3.22%。

【科技创新与技术改造】 天然气电力公司坚持价值思维和效益导向，积极开展机组经济运行分析和节能分析，提出优化方案，进行运行优化调整试验。精心组织完成大容量设备变频调速试验，通过试验数据验证，与2013年相比厂用电率下降2‰。与国内同类型9E燃机电厂的平均值2.4%相比，天然气电力公司严格控制在2%以下。变频改造，两套机组可节电1000度/小时，年节电300万度。实现燃机闭式水加热天然气，回收部分燃机闭式冷却水废热，年节能8700吉焦。投运2013年局科技项目《生产信息实时数据采集分析管理系统》(MIS系统)。提高天然气电力公司生产数据管理效率，实现生产信息的有效组织和集成，为合理组织生产和正确决策提供科学依据；将值班巡检系统、无源识别技术和运行管理信息系统相结合，克服了传统手工抄表和巡检方式中笔抄纸录的低效、无实时记录的缺点，为生产运行精细化管理提供依据。

【安全生产】 2014年，天然气电力公司落实直线责任和属地管理制度，推进安全生产“党政同责”和“一岗双责”，根据有感领导，强化领导安全责任承包点责任制，按照直线责任和属地管理原则，树立“安全管理是管理者的责任”的理念，将安全生产责任层层分解，做到一级对一级负责。抓好天然气管网专项检查，建立完善管网管理和隐患治理相关办法，制订管网巡查制度，强化源头风险控制与隐患排查治理。查出并治理安全隐患问题77项，及时整改消除隐患；推进QHSE体系建设，组织体系试运行，并通过油田公司组织的QHSE审核。通过多项举措实施，保证天然气电力公司“安、稳、优”运行，质量安全环保工作形势持续向好。

【企业改革与管理】 天然气电力公司本着“科学谋划、固本强基、稳步发展”的总体思路，把握稳中求进的原则，注重质量效益，加强精细化管理，落实降本增效措施，强化班组对标管理，突出基础管理，完善各项规章制度，强化体系运行，规范合同管理，实施岗位标准化；深化对标管理工作，开展班组经济核算，实现节能降耗，推进内控制度建设，提高防范风险能力；加强财务预算，突出计划管理，提升投资成本回报率，优化销售结算流程，提升天然气电力公司经济效益；保障管理队伍建设，定期组织人员培训学习，提高管理人员的理论水平和实际能力。

【员工培训和技能鉴定】 2014 年，天然气电力公司以"分析培训需求、确定培训目标"和"培训效果的评估与落实"为基本点，共组织 300 次培训活动。为抓好安全教育培训工作，共组织各类模拟应急演练 7 次；对工作票的签发人、许可人、负责人共计 15 人的培训考试。制定"四个一"培训实施方案，坚持开展每日一题、每月一课、每季一考、每年一评的培训工作。89 名符合特殊工种要求的岗位员工参加《特种作业人员操作证》的培训、取证和复审。针对岗位需求培训的内容，完善矩阵培训课件的开发，强化培训效果。2014 年，天然气电力公司实际鉴定 40 人，涉及电工、维修电工、汽轮机运行值班员、燃气轮机机电运行工共 4 个工种。

【党群工作】 2014 年，天然气电力公司党委下设 4 个基层党支部。有党员 67 人，其中预备党员 4 人、女党员 26 人、少数民族党员 3 人、新党员 4 人。在党建工作中，认真贯彻落实上级党委工作部署，开展纪检监察工作，扎实推进反腐倡廉建设。开展"抓、攻、树"、党员责任区 、"攻难关"、"形势目标教育"等一系列活动。

天然气电力公司有 4 个基层工会委员会，会员 203 人，新入会 2 人。基层女工小组 4 个，累计为女工办理生育指标、生育假 5 人次，组织女工体检 67 人次。健康疗养 34 人，有毒有害工种疗养 18 人，疗养结算 39 人，职工安全非职健康体检 198 人，并建立统计台账。大病医疗入会率达 100%，为职工发放螺旋藻、氧源 498 瓶。慰问岗位职工 260 余人次，累计发放帮扶慰金 1.03 万元，家属慰问金 4 万元，申请死亡人员家庭救助 1.5 万元。组织开展"职工技术创新工作室"创建、"我为安全生产建言献策"、 "合理化建议"等群众经济技术性活动。工会举办游泳、排球、棋牌等比赛，组织综合娱乐性的知识竞赛，丰富广大职工的业余生活。

天然气电力公司团总支下设 3 个团支部，有团员 64 人，35 岁以下青年 84 人，组织团员青年开展"学雷锋、树新风"义务便民活动、清明祭扫、"五四"徒步等活动。结合生产经营实际，组织开展青工岗位讲述、"千人千元创百万，青春建功促发展"创新创效等主题实践活动。

天然气电力公司加强网络、宣传栏、黑板报等载体宣传工作力度，严格执行新闻宣传月度考核，提高天然气电力公司新闻宣传工作的积极主动性，组织开展形势目标主题教育、"六五"普法、"双十"读书等活动。（亓宪辉　郑娜）

通信公司

【概述】 中国石油青海油田公司通信公司（以下简称"通信公司"），与通信处、通信工程公司、青海省无线电管理办公室油田管理处一套人马，四块牌子，主要负责规划、建设、经营、维护和管理青海油田专用通信网，为油田勘探开发、生产管理和员工生活提供通信信息保障服务。主营业务有：专网固定电话及国际国内长途电话业务、油田数字化服务业务、卫星通信业务、小区网家庭宽带业务、移动通信合作业务、无线电管理业务、车辆 GPS 监控业务、ERP 和油田视频监控系统运维业务，以及为油田信息、电视系统提供骨干数据传输服务业务。通信公司具有国家二级通信工程施工资质，主要从事通信、信息网络建设工程、以及油田场站自动化建设工程等。现拥有油田通信光缆线路 3178 千米，语音交换机总容量 25930 线，油田 VSAT 卫星远端站 45 座，全网 CDMA 移动合作基站 72 个，WCDMA 移动合作基站 4 个，GSM 基站 47 个，小区公众网接入容量 4.70 万线，出口总带宽 6.1G，应急通信车和 BGAN 单兵通信装备各 1 台（套）。

2014年，通信公司下设6个机关科室、2个直属部门、11个基层单位。有员工406人，其中女员工166人、男员工240人；中级职称79人、高级职称18人；高级工221人，职工平均年龄41.3岁。通信公司被青海省命名为 "文明单位"，并获得青海省"职工职业道德建设标兵单位"提名奖；被油田公司授予"保

密工作、人事系统先进单位”等称号。（组织机构见下图）

2014 年通信公司组织机构图

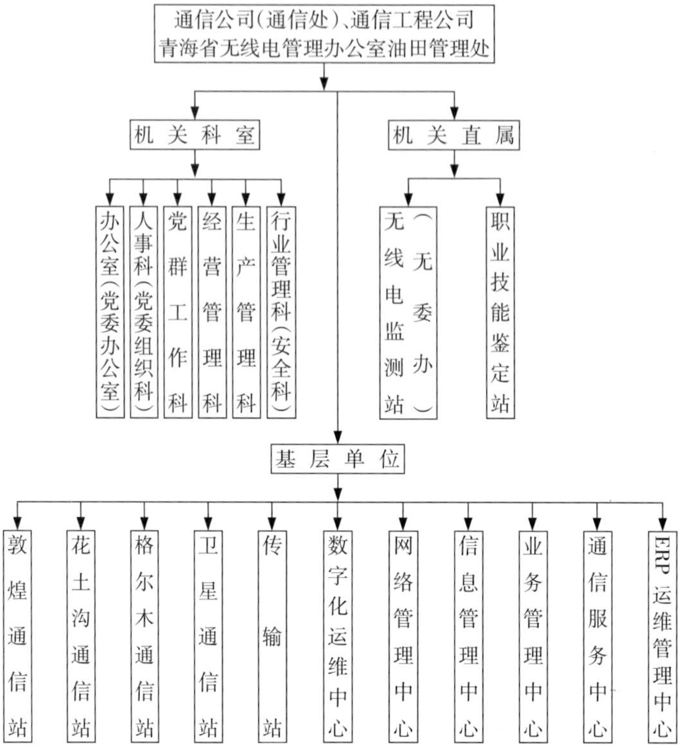

【经营业绩】 2014 年，通信公司完成收入 1.21 亿元，成本支出 1.57 亿元，在油田公司 2812 万元支持收入下，剔除专项支出等经营指标增减因素，实现利润 508 万元。七项非生产性费用节支 42 万元，节能 8 吨标煤，降本增效 10 万元，全面完成油田公司下达的各项经营业绩指标和任务。

【通信建设】 2014 年，通信公司组织完成敦煌－涩北 OTN 扩容项目，与西部管道光传输网共同构建中石油通信专网 OTN3 波分环网；深入实施油田移动补点建站工程，新建牛参 1、扎哈泉、切 6、冷 90、切可里克、小梁山 6 个 CDMA 基站；组织实施花土沟北环传输网 2.5G 升级改造工作，解决尖顶山、南翼山等油区信息化业务需求；选用 IMS 智能网技术，统一实施油田交换网络 IP 多媒体子系统改造项目，花土沟、格尔木基地交换机和油气区 21 台（套）RSA 远端用户模块淘汰退网，油田通信网络技术迈入智能化、IP 化发展阶段。特别是围绕油气物联网(A11)建设，重点完成英东、两东、涩北试点油气区无线传输子系统、有线传输子系统和井口采集子系统施工安装任务，共敷设光缆线路 26 千米，建设 TD-LTE 基站 10 座、核心网系统 2 套，安装油水井物联网设备 209 口，气井 377 口，确保青海油田第一批油气物联网示范工程在集团公司成功上线。

【业务发展】 2014 年，通信公司组织开展“马年手机节”存费送机、存费送费以及移动支付新业务开通活动，新增专网固定电话、家庭宽带和油田 e 通移动用户 3420 户，用户达到 9.89 万户。深入推进油田通信业务转型，承接全油田数字化油气水井运维任务。承担完成英东、边远油田场站视频化监控、花格管道自动化系统扩容和扎哈泉无线区域网建设，进一步拓展油田通信新的业务领域和可持续发展能力。

【通信服务】 2014 年，通信公司为狮 42 井、垣 1 井、牛 8 井等安装卫星小站 60 站次，其中完成探井实时数据传输任务 53 口，保障油田野外勘探和油气成果的综合研究；完成英东、昆北住宅新区配套信息通信工程，为 837 户小区住户提供光纤到户接入服务。组织实施格尔木 39 栋住宅楼弱电线路改造二期工程，提升石化基地通信服务质量和水平；高标准建设格尔木基地视频监控系统，共布设监控点位 210 个；加强车辆 GPS 监控平台运维服务，新装 166 台，维修 214

台次，上线率达到92%；完善油田移动应用平台，注册用户达到1.93万人，客户端访问量上升16%，达2.4万次／月；拓展短信平台服务，发送油田及二级单位短信593万条。强化勘探与生产ERP运维管理，建立系统运维月报和考核机制，在集团公司16家油气田企业ERP考核排名第五。

【安全生产】 2014年，通信公司狠抓安全生产管控，全面推进安全生产“党政同责”和“一岗双责”，开展安全警示日、安全生产月和安全生产法宣贯活动，加大车辆交通、高空作业和承包商安全管理，组织安全检查12次，重点开展汛期安全大巡检和光缆线路整治，处理光缆隐患25处，全网通信畅通率和安全水平不断提升。加强HSE体系内审整改和风险管控，落实HSE管理提升工作，实现全年安全生产无事故。加强应急通信系统管理和演练，组织参加炼油、管道和地震演练应急通信保障3次，开展应急通信系统演练6次，完成光缆干线应急抢修4次，确保油田专网安全稳定运行。

【员工培训】 2014年，通信公司新分毕业大学生19名、吸纳油田各单位通信及相关专业人员29名、接收复员军人5名，缓解了员工队伍年龄老化和人才短缺矛盾。同时抓好大学生的培养和使用，通过组织欢迎会、入厂培训、盆地学习观摩、轮岗实践和一线锤炼等多种形式，促进青年人才队伍的快速成长。深化“全员提素质、服务数字化”活动，内部办班培训16期635人次，集中送外培训3批37人次。

【党群工作】 2014年，通信公司设有党支部12个，党员154人，占员工总数的38%，纳新党员5人，入党积极分子19人。党委深入贯彻党的十八大及十八届三中全会精神，加强形势目标责任主题教育，全员参加油田“两会”精神网上竞赛答题，获得优秀组织单位；组织“我为千万吨做贡献”、“全员增效”主题大讨论活动，凝聚全员服务油田发展的新动力；开展服务型党组织创建、基层党支部换届、示范班组学习交流等活动，推动党建和基层建设的深入开展。围绕班子调整，做好分工合作，严格议事规则，落实“三重一大”，开好民主生活会，实现领导班子和各项工作的平稳有序衔接；强化党风廉政教育，加强对公款消费、公车私用、合规性经营等专项自查自纠，招待费、办公费、油料费分别下降51%、13%和18%，巩固作风建设和反“四风”成果。

2014年，通信公司设有11个基层工会委员会，会员406人。工会组织加强自身建设，落实职工代表大会制度，深化厂务公开，加强民主管理。积极开展“堵塞漏洞、杜绝浪费”献计献策和合理化建议活动，推动油田通信工程建设、用户服务和安全生产。坚持“六必访”和“送温暖”活动，慰问一线施工员工54人次，帮贫扶困24户、金秋助学15人次。参加油田“五一”职工长跑、“五月的风”广场文化、“创业59周年文艺演出”等群众文体活动。

2014年，通信公司团委下设6个团支部，35岁以下青年85人，其中团员19人，专兼职青年团干部9人，增补团委委员2人，换届选举第二届青年工作委员会委员。团委围绕通信公司工作目标，组织团员青年开展“学雷锋义务便民服务”、“青年科技大讲堂”、“我为千万吨做贡献”专题大讨论和青年读书活动，其中2名青年员工获得油田“书香宝石花·共圆油田梦”读书竞赛名次奖，1名代表青海油田参加中国石油“双十”读书竞赛；承办油田敦煌地区“同心共筑中国梦、老少共话油田梦”演讲预赛，团结引领广大团员青年为建成千万吨、服务数字化奉献青春，建功立业。（王旭东　孙李洋）

机　械　厂

【概述】 中国石油青海油田公司机械厂（以下简称“机械厂”），截至2014年年底，有固定资产原值1.13亿元，净值0.37亿元。其中，非经营性资产原值0.16亿元，净值0.04亿元；有生产设备396台（套），设备原值0.60亿元，设备净值0.20亿元，新度系数0.34，完好率为99.84%。主要担负青海油田钻井、采油、炼油、水电、地面建设等配套加工和常用工机具的加工制造，年设计加工能力为2000吨；金属结构件、油田地面建设、非标件以及一、二类压力容器制造，年设计和制造能力为400台（套）；抽油机年设计制造能力为

300标准台（五型）；野营房设计制造能力为150标准栋；石油套管年设计加工能力2万吨，套管头年设计加工制造能力150台（套）。机械厂共有员工533人，其中：男员工365人，女员工168人；设有7个机关科室、3个直属单位、7个生产单位和7个辅助单位。

2014年，机械厂被油田公司授予“贡献单位”、“先进党委”称号；财务资产管理、新闻宣传报道荣获油田公司“先进单位”；石油套管加工车间被评为“红旗基层单位”。（组织机构见下图）

2014年机械厂组织机构图

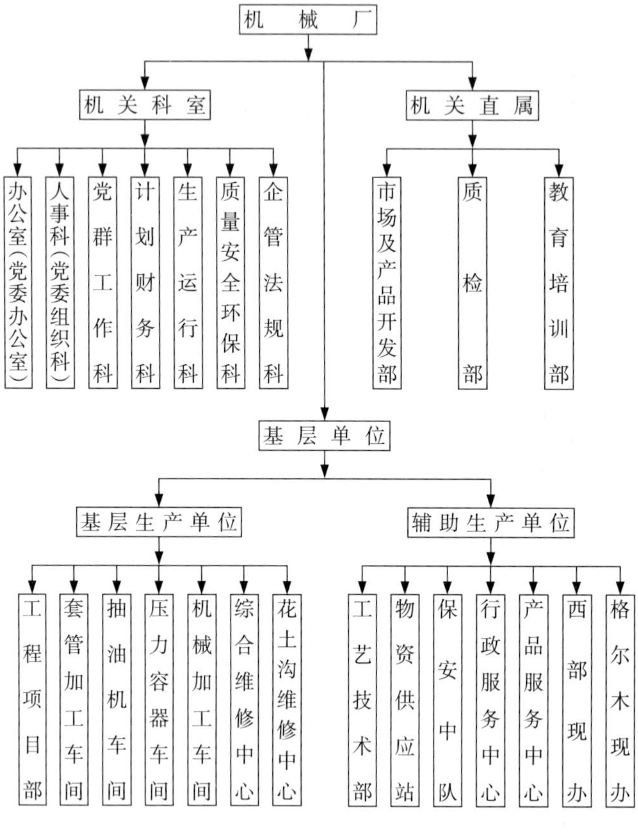

【**经营业绩指标**】2014年，机械厂完成工业生产总值4.41亿元。其中：机械加工制造1.57亿元，工程建设施工2.84亿元。实现财务收入44835万元，实现减亏1298万元。抽油机制造266台，套管螺纹加工2.20万吨，激光割缝管加工1914米，成套制作及压力容器制造135台（套），套管头制造251（台）套，野营房及井口保温房95栋。全面完成油田公司下达的经营指标。

【**企业改革与管理**】2014年，机械厂树立为油田服务的理念，建立以“用心做事”为核心价值的企业文化体系；生产经营管理超前谋划，形成生产经营管理有组织、有计划、有步骤、有落实的管理模式；实施全天候个人安全行动，把安全风险管理落实到每个岗位、每个员工的工作和生活行为之中；实施质量提升工程，建立和完善主导产品质量控制体系；生产运行现场指挥，确保生产运行高效；推行单项产品、单项工程经济效益核算，使得成本费用、管理漏洞、重大风险得到有效控制。通过加快推进集约化、精细化管理，全面提升企业管理水平。

【**主要产品**】2014年，机械厂共有9类72种产品。主要产品有单井生产计量一体化装置、掺水撬、丛式井生产计量一体化试采装置、注水撬、现场配套的天然气生产撬，7种型号的下偏复合平衡抽油机系列产品，一、二类压力容器，各种型号规格分离器，原油和天然气加热炉，石油套管螺纹加工，单级套管头，野营房，石油激光割缝筛管。

【**主要措施及成果**】2014年，进一步加强管理人员“走动式”管理，细化走动的时间和工作内容，促进各项管理提升。生产运行推行“一线工作法”，促进生产效率的提高。加强同油气生产单位、机关处室沟通联系，定期召开敦煌、花土沟两地视频会议沟通协调，提前做好人力资源、生产设备、工位调整、物资采购、人员培训等准备工作，为抽油机、石油套管、非标容器等主要产品制造赢得生产主动权，实现了全年均衡生产。推行“谁主管、谁负责”、“谁经手、谁一抓到底”的工作方法，推进领导干部重心下移、深入现场，贴近“一线”服务，了解产品运行情况，倾听用户意见，有效制定整改措施，提升服务油田的能力和水平，拓展机械厂服务领域。2014 年综合服务满意率 93.33%，生产计划完成率 111%。

【科技创新与技术改造】 2014 年共实施科研项目 35 项，完成油田公司《套管头本体螺纹加工工艺研究》、《抽油机尾平衡节能研究》、《集油掺水撬的研制》3 个重点科技攻关项目。《系列撬装注水系统的研制》、《盐碱地水淹管线打捞》项目分获油田公司科技进步二等奖、三等奖。持续开展撬装一体化装置的研制，推广应用一体化集成技术，实施工厂化预制，截至 2014 年年底，共生产 19 种 106 套撬装装置，简化油田地面建设工艺设施，降低建设投资，缩短施工周期。鼓励工程技术人员、基层生产骨干结合生产实际开展工艺优化、设备改造、自制工装胎具等多个项目，不断提升产品质量和加工效率，促进劳动生产率的提高。

【质量管理】 2014 年，机械厂稳步推进质量提升工程，产品一次交检合格率 98.65%。套管螺纹加工质量达到国家及行业相关标准；野营房产品升级换代，房屋安全性、舒适性、实用性和功能性赢得油田用户认可；套管头产品现场使用无任何问题；非标产品数量增长，质量指标全部实现。持续开展质量回访活动。厂领导、管理部门、生产车间相关人员先后 12 次、70 余人，前往花土沟、涩北、英东、昆北、南八仙和南翼山等油气生产现场进行质量回访，收集用户意见和建议 40 多条，发现产品问题 40 项，及时进行回复和整改；花土沟维修中心充分发挥服务一线“窗口”作用，和油气生产单位保持无缝对接，及时了解、处理用户反映的各种信息。严格产品过程质量管控，加大“走动式”巡检力度，全年下发 4 期质量监督简报，向 10 个材料供应厂家发送年度质量告知函，对 4 个供应商实施驻厂监造。完成抽油机、套管头、40 立方罐、40 立方多功能存储器 4 种产品标准化工作。

【安全生产】 持续推进全天候个人安全行动、安全自主管理。将历年发生的事故、事件编成 48 个 PPT 课件，到各个基层车间进行宣讲，引导岗位职工识别 24 小时在工作和生活中存在的风险。积极宣贯新《安全生产法》、《环境保护法》，进一步增强干部员工学法、知法、用法、守法的积极性和主动性。开展新员工入厂、承包商、特种作业、全天候安全文化宣贯等共 10 个班次的培训，培训人数 336 人次；制作 6 个车间的安全文化展板，605 块安全警示标示，编撰图文并茂的《全天候安全防护措施》知识手册。三星 9000 外部审核 1 次，油田公司内审 2 次，查出问题 31 个和 5 个不符合项；开展厂内部审核 2 次，查出问题 142 项，全部整改关闭。加大安全隐患整改力度，改造厂内高压配电室的电气线路，对配电室内一次二次线路进行升级更新，更换配电柜 77 面。改造厂房窗户 594 平方米，安装自动卷帘窗 52 面，完成 33 台燃气红外线采暖设备安装及天然气管网配套建设工程，有效提高厂房内工作温度。配备 16 台手提式排送风机、3 台焊接烟尘净化器，重新修建挡漆墙，有效降低作业场所的烟尘、粉尘。安装厂房照明顶灯 352 盏，应急灯 90 盏，LED 高杆灯 1 台，改善职工工作环境。美化修整厂内路面 2870 平方米，完成机械加工车间至压力容器车间道路维修 1245 平方米，消除路面隐患。

【经营管理】 对油田 145 台老式抽油机进行优化改造，满足现场生产参数要求，为原油生产单位节约了投资。持续推进单件产品（单项工程）经济效益核算，各项成本费用预算指标在层层分解、定期分析、跟踪核算、严格考核中得到控制。产品制造加工过程中，合理设计、优化工艺、套裁下料，提高边角余料的利用率。抽油机废旧平衡块进行修复再利用 150 块、节约成本 206.40 万元，套管生产线易损件修复再利用节约 5 万元。对 2 台报废探伤机进行修复利用，节约了采购成本。

【员工培训】 2014 年，机械厂举办科技创新技术、质量管理、HSE 信息系统录入、全天候安全文化宣贯、技术标准、科技项目技术等各类自主培训班 42 期，培训 1609 人次，派外培训 21 人次。参加油田公司内部集中培训 167 人次，油田公司送外培训 19 人次。选拔 2 名选手参加青海油田第八届职业技能竞赛。通过特种岗位培训与全员培训相结合、基层培训与厂内培训相结合、厂内培训与外派培训相结合的方式，提高职工队伍的技术素质。

【党群工作】 2014 年，机械厂有党支部 13 个，党小组 35 个，正式党员 235 人，预备党员 5 人，申请入党 33 人。党委继续巩固群众路线教育实践活动成果，推进教育实践活动整改方案的落实，整改实施率 100%。开展“形势、任务、目标、责任”主题教育活动，“我为千万吨做贡献”、“全员增效”大讨论活动，促进干部职工立足岗位、认真履职、服务千万。组织1期入党积极分子培训班，完成机械厂组织史（油田卷）编撰任务。全年共组织实施立项攻关项目12个。履行党风廉政建设“一岗双责”，开展廉洁从业谈话145人次。及时排查和消除不稳定因素，杜绝规模性群体上访和治安案件的发生。持续推进“五型”班组建设，达标率96%。

机械厂有会员533人。13个基层工会委员会，53个工会小组。 全员参与“安康杯”竞赛活动，在“我为安全生产建言献策”活动中，征集安全生产建议26条。开展“堵塞漏洞、杜绝浪费”全员献计献策、合理化建议征集、“全员增效”合理化建议征集、厉行节约等活动。为48户困难家庭、3户大病困难户家庭进行临时救助；及时为困难职工家庭、残疾职工、职工遗属、子女发放慰问品和慰问金。办理职工健康疗养198人次，疗养结算150人。组织职工进行非职业健康体检，持续开展“金秋助学”等活动，为野外一线职工发放螺旋藻、氧源等保健品。机械厂有9个基层女工委员会，3个女工小组。组织172名女职工进行专项体检，举办1期营养健康知识讲座。荣获2014年油田公司“厂处女职工工作先进集体”称号。

机械厂有团支部5个，青年支部3个，团、青小组9个；团员12人，青年109人。团委在“建设千万吨，青春建功油田梦”黑板报比赛中获得一等奖，参加油田公司组织的“书香宝石花·点亮青春梦”双十读书知识竞赛答题及网络答题及“学雷锋便民活动”等活动。继续开展“青年义务安全巡查员”活动，举办“个人全天候岗位讲述”比赛。（程继红）

建筑安装公司

【概述】 中国石油青海油田公司建筑安装公司业务包括油气田零星地面工程、油气田维护作业、管道维护抢险、油气田（井场）道路及矿区基地内道路建设等，业务涵盖花土沟、格尔木、涩北、昆北以及敦煌地区。

截至2014年年底，在册职（员）工总数575人，其中：男职工数418人，女职工数157人；具有高级职称12人，中级职称92人，初级职称73人；具有管理人员126人，技术干部58人。8个机关科室及3个直属单位。设有4个生产单位和5个辅助生产单位。

2014年，建筑安装公司获油田公司“新闻报道工作”、“维稳与信访工作”、“住房公积金管理”、“先进团委”等称号。（组织机构见下图）

2014年建筑安装公司组织机构图

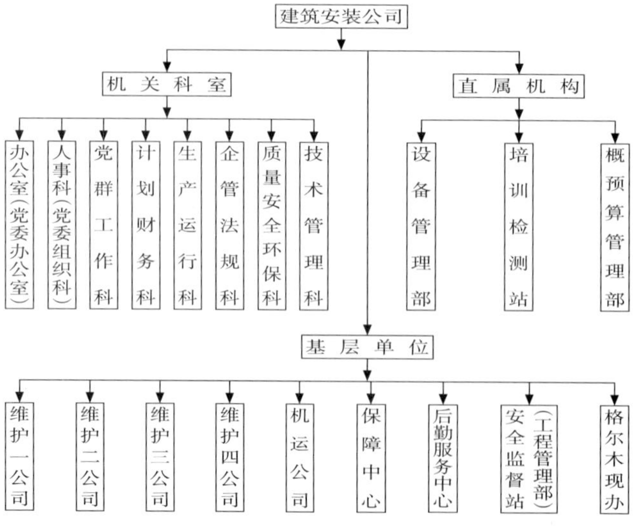

【经营指标】 2014年，建筑安装公司共承揽油田地面建设工程24项，完成产值2.02亿元。实现收入1.97亿元，其中：工程施工收入1.78亿元，防腐保温收入1914万元，其他收入67万元。

【科技创新与技术改造】 2014年，建筑安装公司成立RMD加细丝半自动焊技术攻关小组，对不同规格小口径管线进行焊接攻关试验，在英东油田118井区集输管线等工程推广应用RMD加细丝半自动焊接技术，焊接速度大幅提升，缩减了焊工需求数量，改变了小口径管线人工焊接。经过推广应用，使12毫米厚的直径114管线每道焊口焊接用时从20-30分钟降低到8分钟，焊接速度提高3倍。大型储罐制作安装采用干式正装法，实现罐壁与浮顶同时施工安装。单体罐主体焊接由120天缩短为45天，全自动焊接技术应用条件，降低了安全风险，提升了工作效率。"干式正装法"获油田公司优秀攻关项目。

【工程建设】 2014年，建筑安装公司完成315国道-乌南联合站黑色路面、英东油田16万吨产能建设、采油一厂2万立方米原油储罐、沟口水站水罐更换等24项重点工程。全年承揽油田地面建设工程24项，零星工程7项、整装工程17项。在宽沟水源-乌南联合站供水管线、切十六-切十二供水管线两项工程中，分别比计划提前15天和30天完成施工任务。在采油一厂2万立方米大罐施工中一次施工合格率达99.7%，花土沟-格尔木2条防腐生产线，实现工厂化、自动化流水线生产，产品合格率达100%。

【安全生产】 2014年，建筑安装公司建立健全各项安全管理制度，推行安全监督人员跟着项目走的"走动式安全管理"模式，将标准、规范送到基层、送到岗位，严格落实"有感领导、直线责任、属地管理、一岗双责"的安全管理制度，修订完善QHSE职责，编制下发《建筑安装公司违章及生产安全事件管理办法》、《建筑安装公司承包商管理细则》等管理制度；与职工和分包商分别签订《安全环保责任书》、《交通安全承诺保证书》、《安全生产合同》，建立承包商安全业绩台账；督导处、科两级干部制定个人安全行动计划，开展各项安全工作。深入开展"四无"、"安全生产警示日"、"交通安全专项整治"、新"安全生产法"与新《环境保护法》宣贯等活动，实现安全生产无事故。

【员工培训】 2014年，建筑安装公司共有858人次参加各业务部门举办的岗位培训班，其中举办的内部培训RMD自保细丝焊、RTK测量施工、焊接专业技术员培训、防腐厂业务培训；道路施工管理培训；一、二级建造师继续培训；设备管理培训等18项，共计711人次。参加油田公司组织的各种岗位培训115人次，办公室文秘培训、工程建设项目管理培训、组织干事培训等24项业务培训。建设安装公司共有63人完成特种作业电焊工取（复）证培训工作。

【党群工作】 2014年，建筑安装公司党委下设支部13个，党小组16个，党员203人，预备党员10人，新发展党员10人，申请入党人员70人，与12个党支部签订了《党风廉政建设责任书》，与股级以上领导人员签订了《廉洁自律承诺书》，与科级以上干部进行了廉洁谈话，严格规范了领导干部的从政行为。

建筑安装公司下设基层工会委员会12个，会员564人。为93人办理了疗养，292人办理了疗养结算。组织协调开展全员职工非职业健康体检524人次，女工专项体检138人次。大病互助基金参会人数558人，发放油田公司困难职工家庭慰问金10.15万元；看望慰问生病住院职工59人次；接待职工家属来访10人；节假日慰问困难职工、低保户45人次，发放慰问金6.55万元；为6名困难家庭申请临时助困款3万元。

建筑安装公司现有35岁以下青年226人，团员39人，下设9个团（青）支部。在"学雷锋"便民服务活动中为油田职工家属制作衣架、焊接补漏、磨菜刀等项目。16名团员到孟家桥乡的肃州镇敬老院，为70岁以上的孤寡老人带去了生活用品。在油田公司团委"学习十八大，建设千万吨"主题黑板报比赛中，获得第二名。团委作为"青海油田青春网络电台"的主创团队，组织热爱播音的青年自制音乐欣赏、心理健康、时尚潮流、亲子互动、点歌送祝福等风格各异的网络电台节目，通过新媒介、新载体展示建筑安装公司的青工风采。（蔡飞叶　李辉）

客运服务公司

【概况】 中国石油青海油田公司客运服务公司（以下简称“客运服务公司”）主要为油田公司机关提供生产指挥用车、为生产一线员工提供接送班服务、为员工（家属）外出提供客运服务和敦煌基地通勤车服务。同时承担油田及冷湖辖区机动车检测工作。客运服务公司经营3条石油专用长途线路：甘肃省敦煌市七里镇－青海省茫崖花土沟镇、甘肃省敦煌市七里镇－青海省格尔木市、甘肃省敦煌市七里镇－甘肃省瓜洲县柳园。同时经营1条社会客运线路：甘肃省敦煌市－青海省格尔木市。取得道路旅客运输经营资质三级企业，青海省二级客运站两项资质。年运送旅客能力10万人次。

截至2014年年底，有固定资产原值1.42亿元，净值0.55亿元，新度系数0.38。现有在册设备187台（部）。其中：机动车辆181部（大、中型客车99部，小车76部，其它为生产辅助车6部），固定设备6台。有员工301人（其中，员工268人，企业员工23人，子女工10人）。其中男员工260人，女员工41人；有管理人员46人、专业技术人员5人、操作服务人员250人。2014年，客运服务公司荣获油田公司“质量安全环保节能先进单位”、“设备管理先进集体”、“社会治安综合治理先进集体”等称号。客运服务公司工会委员会被油田工会评为“2012-2014年度疗养工作先进集体”。（组织机构图见下图）

2014 年客运服务公司组织机构图

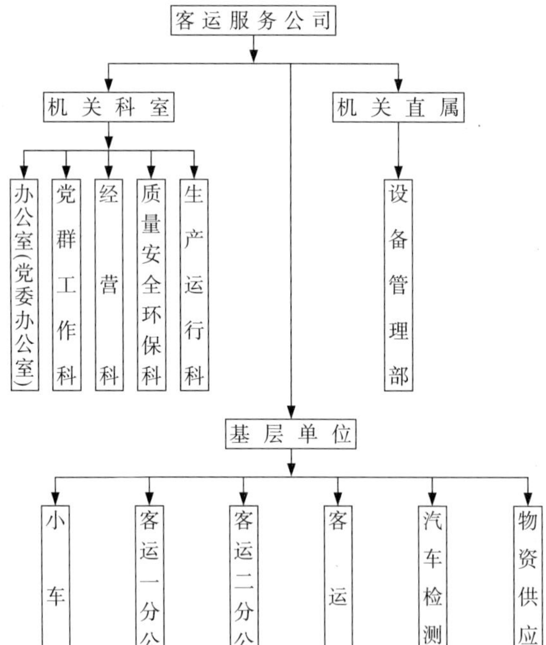

【主要生产指标】 2014年，客运服务公司客运量计划完成9.50万人次，实际完成10.22万人次，完成计划的107.6%；客运周转量计划完成9500万人千米，实际完成10092.70万人千米，完成计划的106.2%；综合服务满意率目标值为≥85%；实际达到91.76%；主要设备完好率目标值≥97%，实际设备完好率为

98.51%；车辆工作率计划≥ 80%，实际完成 90.76%。节能降耗、安全生产和环境保护指标控制在规定的范围内；社会治安综合治理、维护稳定目标达到油田公司要求。

【经营指标】 2014 年，客运服务公司预算收入 9186 万元（其中劳务收入 2313 万元，油田支持性收入 6873 万元），实际实现收入 9505 万元（其中劳务收入 2632 万元，油田支持性收入 6873 万元）；预算支出 9186 万元，实际支出 9882 万元。剔除考核扣减因素及人员费用增长因素，完成油田公司下达收支平衡目标并减亏 58 万元。

【主要措施及成果】 客运服务公司与油田各单位及驻矿单位签订《客车运输服务合同》18 份、《乘车证服务协议》23 份、《车辆租赁合同》2 份、《小件托运协议》14 份，巩固油田客运市场。加强对“春运”、“换班”等重点时段的生产组织运行工作，编制出相应的《岗位人员、车辆运行值班大表》，将责任具体到每一个岗位和人员。采取压车、包车与班线车互相配合、绕行等有效措施加快车辆周转，确保一线职工及时返岗和油田居民的安全出行。

2014 年，客运服务公司根据用车单位反映，实地考察了英东、南北山、东坪、扎哈泉等新开发油区的道路状况，积极向油田争取资金，购置 4 台越野型客车，保证道路通行条件差区块的用车需要。开发启用油田客运电子售票系统，使乘客对班次安排、车票发售情况等信息一目了然，方便购票乘车。针对油材料、修理费等关键性成本，采取编报 ERP 需求计划、定额发放、制定《开源节流降本增效实施方案》等有力措施严格管控。进一步压缩非生产性支出，结合网络报销平台、资金计划平台等工具，使业务招待费、差旅费、办公费等七项非生产性费用支出得到有效控制。

【工程建设】 2014 年，油田公司下达投资 316 万元，完成花土沟汽车检测线改扩建项目。包括：13 吨汽车综合（含安全）性能检测线 1 条，轻型柴汽一体环保检测线 1 条，重型柴油环保检测线 1 条，150 米试验道路 1 条，20%、15% 驻车坡道 2 条，总建设面积为 922 平方米。

【安全生产】 客运服务公司制定下发《客运服务公司 2014 年安全环保工作要点》，利用每季考核的方式奖优罚劣，严格兑现。按照“党政同责、一岗双责、齐抓共管”的要求，对 QHSE 职责进行全面的修订，建立公司领导层 QHSE 职责 7 个、机关科室长 6 个、机关科室岗位 42 个、基层队站 6 个、基层岗位 29 个，建立 QHSE 岗位职责共 90 个，形成覆盖全员的、完整的安全环保责任体系。客运服务公司与各单位、各部门、岗位员工共签订各类安全环保责任书共 641 份，做到安全责任层层分解，有效传递。2014 年，召开 QHSE（安全生产）委员会会议 4 次，周例会 50 余次，开展安全观察与沟通 295 人次、定点联系点检查 352 次，践行领导承诺。

重新识别、评价出危害因素 87 项，环境因素 12 项，分别制定消减控制措施，实行分级管理，提高对危害因素的预见性和管控能力。梳理和完善适用的 HSE 法律法规、标准和其他要求 15 个。先后迎接油田公司 QHSE 体系 2 次审核、北京三星 9000 认证中心审核 1 次，开展客运服务公司 2 次内部审核，对检查中发现的 60 个问题，制定并落实改进措施，问题整改完成率 100%。全面落实安全升级管理，加强特殊时段安全监管，利用 GPS 系统和车载视频实时监控等方法，开展各类安全检查 22 次、路检路查 126 车次、跟车督查 16 车次、夜查 30 次，预防减少违章行为的发生，确保安全生产。

【企业管理】 2014 年，客运服务公司梳理客运相关的国家法律 36 项，法规 20 项，部委规章 41 项，地方法律规章 16 项。印发《劳务子女工转换身份考核管理办法（试行）》等公司制度 12 项。通过对相关法律法规及客运服务公司制度的梳理，规范各类业务的操作。

【员工培训】 2014 年，客运服务公司培训工作以自主培训为主，外派培训为辅，组织开展内部培训 40 期 1089 人次，参加油田公司及青海省业务相关部门组织的外派培训 86 人次；完成评审矩阵培训课件 24 个，407 人次参加，领导干部安全授课 66 人次；开展新入厂（转岗）员工三级安全教育 2 期 19 人次；外派安全生产资格取证 50 人次；与油田公司培训部门联系，完成特殊工种的复审培训工作，持证上岗率 100%。

【党群工作】 2014 年，客运服务公司党委设有党支部 6 个、党小组 19 个；有正式党员 147 人，预备党员 8 人 ，纳新党员 8 人，申请入党 12 人。党委坚持中心组理论学习一个季度一个主题，组织中心组集中学习 24 次，400 人次参加；领导班子成员按照分工各负其责，在“三重一大”的问题上集体讨论决策，一律由党委会研究决定。对干部任用、先进评选、纳新党员等重要事项在客运服务公司网站上进行公示，增强工作的透明度。坚持“拒腐防变每季一课”活动，对科级以上管理人员和涉及人、财、物等关键岗位管理人员发送“廉洁提醒”短信 34 条，科级以上领导干部撰写副廉洁小结 28 份；大力开展“三转”学习讨论活动；

逐级签订党风建设责任书149份和廉洁自律承诺书58份；签订处级领导干部承诺书5份；对4名竞聘上岗的员工进行廉洁谈话。

2014年，客运服务公司工会委员会，设有6个基层工会委员会，4个女工小组，有会员301人，新入会8人。工会组织开展创建“职工之家”、“安康杯”、“堵塞漏洞、杜绝浪费”全员献计献策、厉行节约等活动，组织30名女工妇科专项健康检查，45岁以上员工172名进行健康体检；安排员工疗养229人，办理疗养结算59人；为65户次困难家庭发放困难救助9.72万元，发放慰问品20个品种400件；为9名遗属发放定期生活补助2.31万元；为一线员工发放慰问品300份，螺旋藻652瓶，氧源505瓶，配发急救箱和常备药品；发放活动票307份；开展各项文体活动18场次，600人次参加；发放文体活动用品10类400件。工会开展合理化建议活动，客运一分公司《关于CNG发动机“监控预警防火装置”设计》获油田公司合理化建议一等奖。

青年工作扎实开展。组织开展安全经验分享PPT比赛，13人参加；建立平安客运微信群，为广大青年搭建轻松快捷的交流沟通平台；机关青年结合“3·12”全民义务植树日活动，开展“美丽客运·清洁办公室”活动；开展“珍爱生命，远离黄赌毒”主题教育活动，签订承诺书45份。

企业文化开展送文化到基层、送荣誉到基层等活动10次，组织召开“交通安全亲情座谈会”1次。信息网发布新闻382篇、油田信息网212篇、报送青海石油报107篇、电视新闻27条。（杜世清）

监督监理公司

【概述】 中国石油青海油田公司监督监理公司（以下简称“监督监理公司”）的主要业务范围有：物探、钻井、试油等施工作业项目的工程监督管理工作；油气田产能建设及矿区地面建设工程的监理工作；油田锅炉、压力容器、安全阀、罐车等油田特种设备的检验工作；工业和生活废水、废气、噪声、大气质量等化验、监测工作。监督监理公司下设机关科室5个，基层单位6个。截至2014年年底，在册员工181人，其中：职工170人，企业员工11 人；男员工141人，女员工40人；管理人员占职工总数的17.13%、专业技术人员占职工总数的47.51%、操作和服务人员占职工总数的35.36%；员工平均年龄39岁。（组织机构见下图）

2014年监督监理公司组织机构图

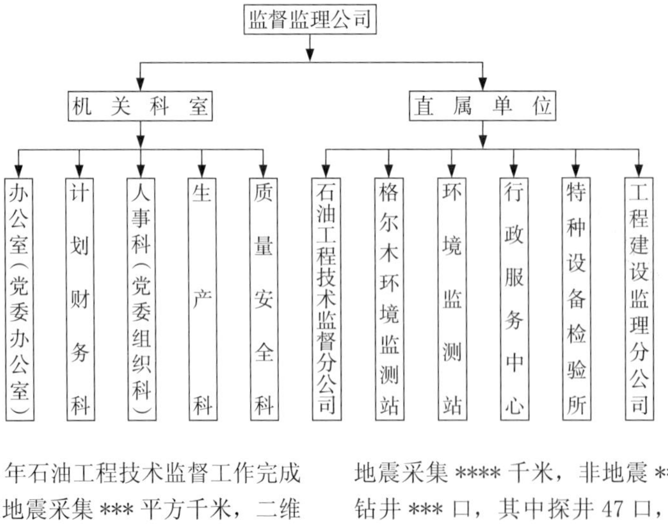

【主要生产指标】 2014年石油工程技术监督工作完成的监督工作量为，三维地震采集***平方千米，二维地震采集****千米，非地震***千米（****个点）；钻井***口，其中探井47口，开发井***口；综合

录井 47 口，地质录井 49 口，气测录井 49 口，测井 *** 口；试油层数 *** 层组；井下作业 **** 井次，大修 54 井次，压裂 *** 层，试采 *** 口。工程监督到位率 100%。完成监督工程项目 **** 个，工程质量合格率 100%，施工周期符合率 100%，无重大事故发生。主要承担：英东产能建设的钻井工程、昆北产能建设的钻井工程、扎哈泉产能建设的钻井工程、东坪产能建设的钻井工程、马仙产能建设的钻井工程、涩北天然气产能建设的钻井工程；石油、天然气勘探钻井、试油工程；牛中地区三维地震 *** 平方千米；冷湖五号四高点地区三维地震 *** 平方千米。

工程建设监理承担地面工程监理项目 90 项，审核施工组织设计、专项施工方案共 162 个，提出审核意见 322 条，对 337 个重要部位实施旁站监理。建设工程质量合格率 100%。主要承担的重点工程有：敦煌基地昆北住宅小区建设工程；花土沟基地职工活动中心工程；格尔木炼油厂国 IV 汽油产品质量升级配套改造项目；切克里克水站水井集水管线改造工程；2014 年马仙采油厂产能建设工程；青海油田防腐保温生产线建设工程。

特种设备检验工作，对 146 台锅炉进行内、外部检验定期检验；对 5267 台（只）压力容器、加热炉、安全阀进行全面检验；完成压力管道在线检验 9 条，总长 10 千米。完成道路运输液体危险货物常压金属罐体检验 52 台。检验立式油品储罐 20 台、CNG 气瓶 292 只。举办特种设备作业人员培训班 14 期 602 人次。

监控监测废水点源 251 次，样品 2261 个；固定点源到位监测率与应急监测到位率 100%；监测报告及时率 100%，准确率 98% 以上，油田基地内环境空气、地下水监测覆盖率 100%。地下水分析样品近 1200 个。

【经营指标】 2014 年，监督监理公司劳务收入 **** 万元，成本费用 **** 万元，账面利润 **** 万元，油田公司考核监督监理公司利润 *** 万元。其中，石油监督实现收入 **** 万元，超出预算 *** 万元；工程监理实现收入 **** 万元，超出预算 **** 万元；特种设备检验实现收入 *** 万元，超出预算 82 万元；环境监测实现收入 ** 万元，超出预算 18 万元。

【主要措施及成果】 根据油田公司投资计划，与建设单位的联系和沟通，确定合理的监督监理项目部和所需的监督监理人员，制定详细的项目运行大表，降低运行费用；全面预算管理，加强三级核算，将财务成本费用分解到各基层单位，加强可变成本的控制，降低成本费用；在工程监督监理资质范围内的工程项目 100% 实行自主监督监理，达到降本增效；在工程监督监理资质范围外的工程项目，采取与其他单位合作的方式完成工程项目的监督监理工作；油田公司投资的短、平、快工程项目由机关科室部分人员完成；针对监督监理公司特检所 2014 年取得的工业管道检测资质，加强与生产单位的沟通和联系，争取场站工艺管道的检测工作；环境监测站依据新的环保法的实施，参与环评项目工作，争取劳务收入。

【安全生产】 2014 年，监督监理公司投入安全环保隐患整改资金 55 万元，花土沟钢瓶检验站围墙隐患治理、花土沟石油工程技术监督分公司现办供暖管网改造、花土沟现办给排水管网改造均已完成。监督监理公司与副科级以上人员、项目总监制定实施个人安全行动计划，开展安全观察与沟通 324 次，开展安全培训 435 课时；安全经验分享 137 次。各科室切实履行直线责任，安全教育培训到一线。2014 年，购置和配发监督、监理特种设备检验、环境监测等 12 大类、275 种的《各专业技术标准规范》1472 本；购置《钻井监督手册》、《作业监督手册》、特种设备操作讲义等专业技术书籍。在监督监理公司网页设置 QHSE 管理提升栏目的设置，上传培训课件、质量安全经验案例、工作计划和各类通报等各项资料 93 条，提供学习的平台和通道。开展安全生产月、质量月，“6?5” 世界环境日、节能宣传周、知识竞赛等一系列宣传教育活动。修订 QHSE 管理体系文件，将有感领导、直线责任、属地管理融入体系文件，将 HSE 管理原则和“六条禁令”融入管理者和操作者的日常工作中，提高体系文件的依从性。迎接二星 9000 审核 1 次，提出建议 4 项，整改完成 4 项。狠抓隐患排查治理，查出较大安全隐患 11 项。监督质量合格率 99.93%，监理质量合格率 100%，特种设备检验质量合格率 100%，环境监测质量合格率 100%。

【员工培训】 监督监理公司采取灵活选取培训方式，人员集中地区开展集中培训，人员分散地区实行网络自学，定时定点开展培训活动。根据不同岗位选取不同专业的培训内容，根据不同基础制定不同深度的培训教程，做到贴近岗位需求、利于学习掌握、尽快学以致用。坚持考试常态化，不断检验学习效果，及时调整培训方式。多种培训方式系统实施，转岗员工开展入厂教育培训，上岗前开展岗前培训，工作期间进行“四个一”、“师带徒”培训，冬休前开展集中培训，选派员工参加外派培训，推行“矩阵”培训。2014 年 11 人考取国家注册监理工程师；4 人考取经济师、会计师；3 人考取起重机械检验资格证；5 人考取集团公司环境监测上岗证。

【党群工作】 2014年，监督监理公司党委有6个党支部，党员97人、预备党员4人。按照服务性党组织的要求，开展以“比学习取证、比专业能力、比质量管理、比安全管理、比资料管理”为主要内容的“五比”活动。在特种设备检验所、环境监测站党支部开展技能竞赛；按照监督监理公司统一安排，每季度对各党支部开展情况进行检查，对查出的问题及时与基层负责人和工作人员进行沟通，协调解决存在的问题，将评比结果作为年终评比的依据；制定《监督监理公司党务公开制度》，规范工作程序。对转正、纳新、党员民主评议、优秀党员、优秀党务工作者、红旗党支部、优秀攻关项目的评选均按要求进行公示；开展思想动态调查，对职工关心问题，系统开展思想动态调查研究，调查问卷中职工亟待解决的问题与主管领导沟通协调解决。

监督监理公司有基层工会委员会6个，会员194人。工会组织开展“安康杯”竞赛，配合质量安全环保科开展“2014年度监督监理公司HSE知识竞赛”、“质量月”黑板报比赛等活动；组织开展技能劳动竞赛、迎新春联欢会、“三八”包饺子比赛、“五一”一线职工文体活动、徒步走、柔力球等特色活动；安排28名职工健康疗养、5人有毒有害疗养，69人疗养结算。为困难户及时发放助困金，职工送生日礼品186份。职工健康体检225人次。

监督监理公司设有团委1个、团支部2个。35岁以下青年75人占职工总人数的39%，团员11人，占青年人数的15%，组织团员青年开展“学雷锋”志愿服务活动、“青工再教育”、“我与千万吨”大讨论主题教育活动及该主题的演讲比赛；开展“珍爱生命，远离黄赌毒”主题教育活动，并要求团员青年签订《监督监理公司团员青年“珍爱生命，远离黄赌毒”承诺书》。

企业文化建设，信息报道工作与业务工作同布置、同检查、同考核，不断加强信息报道工作。在会议、节日期间设立宣传咨询台等方式开展宣传活动。2014年向油田公司投递通讯稿件265篇。（张德江）

建设项目管理中心

【概述】 中国石油青海油田公司建设项目管理部（简称“建设项目管理中心”）成立于2014年4月14日，于2014年8月5日更名为青海油田建设项目管理中心。建设项目管理中心是为加强建设项目专业化管理，严控投资，提高投资效益，规范油气田工程建设，实现产能配套建设，为油气田发展服务成立的单位。主要负责油田地面产能建设、公用工程建设等重点工程建设项目。

截至2014年年底，建设项目管理中心固定资产原值544.09万元，净值285.93万元。有人员55人，其中劳动和劳务合同制职工48人，员工7人；35岁以下青年人数20人，占职工总数的36%。下设4个机关科室，4个基层单位（组织机构见下图）。

2014年建设项目管理中心机构图

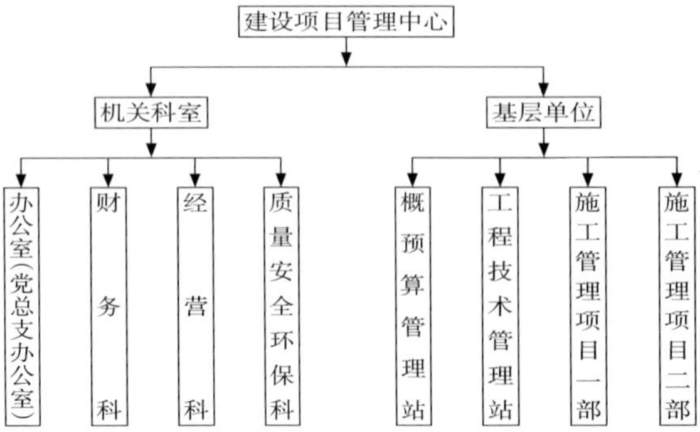

【经营指标】 2014年，建设项目管理中心费用指标为1026万元（含专项66万元）。实际发生费用506.60万元（含专项53.48万元），考虑预算外增减因素后挖潜35.96万元。其中：人员费用年度预算为866.61万元，实际支出382.27万元，占2014年度总费用的75%。非生产性费用年度预算为31万元，实际支出19.40万元，占年度总费用的4%。

【主要措施和成果】 建设项目管理中心以投资控制为主线，探索建管分离的管理之路，履行油田公司赋予建设项目管理中心的各项管理职责，按照油田公司公用工程建设和住宅楼建设的定位，成立之初以建好东坪油苑、东坪倒班公寓为工作重点。按照油田公司的总体部署，建设项目管理中心的业务范围转向产能建设，项目部由建设项目管理中心与运营单位共同组建，对场站或与生产结合紧密的建设项目由运营单位担任项目经理；对相对独立或与生产结合不够紧密的生产生活配套设施，由建设项目管理中心委派项目经理，运营单位选派副经理，部分专业人员采用“1+1”的组建模式。在项目建设管理中由中心管预算、管财务、管材料，形成建管分离模式。在建设项目的运作过程中运营单位的部分管理、技术、操作的人员参与项目建设的全过程，充分发挥各单位地面建设人员的优势和建设项目管理中心集中管理的优势。

建设项目管理中心针对部门与部门之间相关联的工作内容，逐项进行梳理和明确，理顺建设项目管理中各业务部门的工作关系，达到与油田公司各业务处室、物资装备公司、CPE青海分公司、监督监理公司、各运营单位、施工单位的流程对接、工作标准对接、工作口径对接的目标。截至2014年年底，共建立涉及办公、人事、财务、经营、安全等方面的规章制度31项，岗位职责（HSE职责）38个，建立健全内控管理制度和流程。

建设项目管理中心通过举办项目管理、材料管理、运行管理、资料管理、ERP管理等内容的项目建设管理培训班，使各岗位人员提高认识，转变观念，实现图纸审查、预算业务对接的常态化运作。技术人员与预算人员结合图纸和现场实际情况，按照流程严格审查图纸；预算人员及时编制预算费用，做好施工图技术审查与经营审查同步进行，实现设计方案的优化选择，通过实施方案的优选实现投资管控，使得项目管理人员从重视项目开工后的工期、安全、质量管理向抓好项目前期管理和开工后的建设管理双重并重转变，拓宽项目建设管理的思路。

【工程建设】 油田公司下达6项建管分离试点项目，建设项目管理中心围绕项目开展工作，截至2014年年底，以EPC总承包模式建设的东坪气田倒班公寓建设工程，做好开工前的安排部署及准备工作；柴西北油区原油外输管道工程、南翼山集输及接转站改造工程，建设项目管理中心与运营单位进行沟通，对场站、集输线路进行优化，在控制投资的同时，已进入材料采购阶段。柴西北－东坪35千伏供电工程已完成初步设计；节约了东坪－牛东道路建设工程、东坪－S305省道沥青道路修建工程砂石料取料的投资。

【安全环保】 建设项目管理中心在实际工作中加强承包商和施工现场的安全管理工作，增强施工安全的责任意识，从施工过程的各个环节、各个方面落实安全生产责任制，有针对性提出可控的防范措施，并落实到工程建设及施工管理中，确保建设工程的施工安全。对于施工过程中的安全管理工作，严格落实票证制和持证上岗制度，加强工程建设管理人员、承包商管理人员以及施工人员的安全教育，强化安全监督检查，确保建设项目施工过程安全受控。

【员工培训】 建设项目管理中心为使岗位员工尽快熟悉和掌握建设项目管理的相关专业知识，提高管理人员及专业技术人员业务素质，开展岗位业务知识培训，举办工程建设管理专业知识培训班，内容涉及项目管理、材料管理、运行管理、资料管理、ERP管理等多方面的内容。2014年举办各类培训班9期，培训195人次。

【党群工作】 建设项目管理中心成立后选举产生第一届工会委员会及经费审查委员会，成立机关、基层2个党支部和2个工会委员会，完成33名党员关系的接转和党费、工会会费的收缴工作，组织员工体检32人次，疗养结算11人次，看望慰问生病员工8次，节日慰问2次，为员工发放螺旋藻。利用“十一”、“元旦”期间，组织开展丰富多彩的文体娱乐活动，丰富员工的业余文化生活，促进员工凝聚力和向心力的增强。（唐鑫培）

四方服务公司

【概述】 中国石油青海油田公司四方服务公司（以下简称“四方服务公司”）主要经营业务为CNG（压缩天然气）销售、LNG（液化天然气）销售、城市燃气供应、宾馆酒店、餐饮、旅游、商贸、边远低效油田（井）开发、落地油回收、提捞原油、机运、盐热水供应、环境治理、劳务服务等。拥有主要资质：四方服务公司营业执照、组织机构代码证、宾馆、酒店特种行业许可证、餐饮服务许可证、卫生许可证、燃气及危险化学品经营许可证、气瓶充装许可证、特种设备安装改造维修许可证等。

截至2014年年底，拥有固定资产总值3.48亿元。有员工751人，其中男员工132人、女员工619人；有管理人员83人、技术干部3人，工人665人；设有7个机关科室，1个机关直属单位，10个基层单位。2014年，四方服务公司被油田公司授予“人口与计生工作红旗单位”，《花土沟基地倒班公寓建设工程（石油大厦）项目后评价报告》荣获油田公司二等奖。（组织机构见下图）

2014年四方服务公司组织机构图

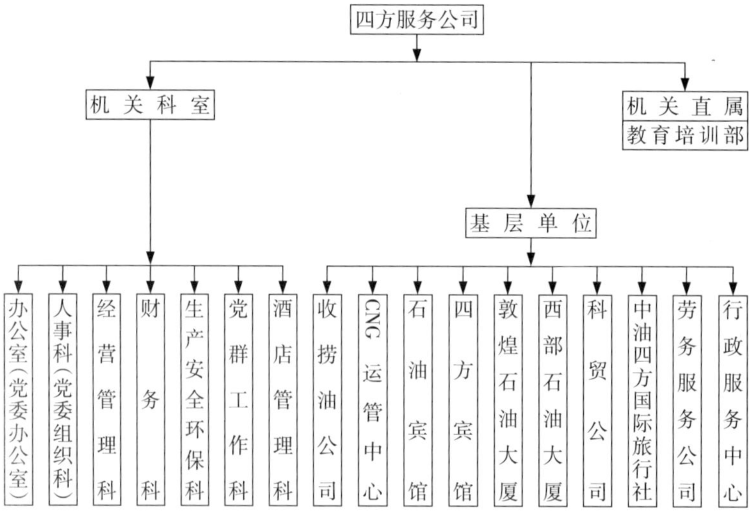

【生产经营指标】 2014年，四方服务公司实现经营收入15254万元，其中CNG销售收入6944万元，酒店旅游服务收入5544万元，油气生产服务收入1479万元，商贸业务收入549万元，劳务服务收入728万元，其他业务收入10万元，在油田公司政策的支持下，实现收支平衡的目标。七项非生产性支出和备用金均控制在油田公司下达的预算范围之内。

【企业管理】 2014年，四方服务公司以“重点突破、全面提升”的工作思路，深入推进管理提升工作，加强成本对标分析，深化精细管理，重新梳理和修订完善《四方服务公司全员绩效考核实施细则》、《四方服务公司物资采购管理办法》、《四方服务公司水票管理办法》；清理失效的规章制度和制度性文件16项，做到职责清晰，责任明确，使每项工作都有章可循、有据可依；实现“规章制度标准化，业务流程科学化，管理服务精细化”。

【天然气销售业务】 2014年，四方服务公司CNG运管中心天然气销售业务以“明确目标、抓住机遇、突出重点”的工作思路，采取多种促销活动，市场占有率不断扩大，门市销售量实现586万标准立方米，与

2013年相比增加63万标准立方米，增幅达到12%，服务满意率达到98%；拓展周边社会市场，先后对察尔汗地区和敦煌LNG工厂供气475万标准立方米，实现收入1071万元；开展用户结构排查和摸底工作，推进天然气销售价格，新增经营收入896万元。全年实现收入6944万元，与2013年相比增长26.8%。

【收捞油业务】 2014年，四方服务公司收捞油公司加强对外合作单位的现场管理，确保生产安全、设备安全和油品安全；积极与油田相关生产单位沟通和联系，确定业务工作量。为一线"油改气"生产合作单位提供快捷、周到、安全的送气服务，提升现场服务保障能力。

【酒店旅游服务】 2014年，四方服务公司各宾馆酒店转变经营思路，拓展服务领域，提升服务质量，以油田职工家属消费市场为主体，推出面向大众消费的平价菜系、绿色养生火锅、营养早餐、盒式快餐等多元化菜品；客房销售方面，根据敦煌市旅游季节特点，合理调整客房销售价格，采取多种营销手段，努力提升宾馆酒店入住率。旅游服务业务面对旅游市场客源结构的根本改变，以市场为导向，调整经营思路，加强与各大旅行社的联系合作，积极开发符合油田职工家属需求的旅游线路。

【安全生产】 2014年，四方服务公司制定安全考核目标，明确安全生产责任，四方服务公司两级领导干部制订个人安全行动计划46份，签订安全承诺书达100%，扎实推进"党政同责、一岗双责"制。迎接油田公司QHSE管理体系审核2次，三星9000外审1次，完成四方服务公司内部审核2次，对审核出问题全部整改。修订完善应急预案，合理储备应急物资，不同层次开展消防、防恐、交通、食品中毒等应急演练16次，参加人数460人次。积极争取油田公司安全隐患资金支持，完成干化池、建安商厦消防电器等安全隐患整改项目，本质安全水平不断提升。

【员工培训】 2014年，四方服务公司围绕生产经营目标，科学制订培训计划，提高全员整体素质。组织送外培训18期，参加油田培训51期，自主培训44期，培训人数1030人次，培训效果评估合格率达100%。分别在敦煌、花土沟、格尔木等地区组织客房、餐厅、前厅、CNG站操作工4个工种共163人参与的实际技能鉴定操作考评工作，考评合格率97%；按照岗位技术需求，组织参加特种作业安全管理、电工作业、压力容器、锅炉操作、水质检验和危货押运等18个培训班，共89人次的特殊工种取验证及技能提高培训工作，特殊作业工种持证上岗率达到100%。强化岗位练兵和技能比武，在油田公司第八届职业技能竞赛中，取得客房服务员工种前三名的成绩。结合员工岗位实际，全年共开发评审矩阵培训课件12个，在油田公司2014年度矩阵课件评审中取得第二名和优秀奖，矩阵培训课件开发活动中获得优秀组织单位奖。

【劳务服务】 2014年，四方服务公司劳务服务公司与合作单位加强沟通交流，认真听取意见和建议，以"实现精细化服务"的工作目标，增强服务意识，提升服务质量。完成会议服务1531次、接待5.09万人次，全年未发生一起服务质量投诉，服务满意率为98%。

【党群工作】 2014年，四方服务公司党委设立党支部12个，党员197名（其中预备党员10名），申请入党82人。党支部工作覆盖率达100%，有党员班组覆盖率达100%。党委从抓实学习、岗位创效、班子协作等方面努力深化"四好"班子建设。通过党的群众路线教育实践活动的开展，领导班子充分发挥引领示范作用，对存在的17个突出问题和1个专项整治问题及52条意见，严格做到整改及时、落实有力、群众满意，使党的群众路线教育实践活动真正见到实效。积极推进领导干部廉政建设"一岗双责"制，严格执行中央"八项规定"和集团公司二十条要求，深入开展廉洁从业教育、科级管理人员廉洁勤政谈话；签订党风廉政建设责任书178份，廉洁从业承诺书251份。

四方服务公司工会下设基层工会委员会11个，会员数751人。下设11个基层女工委员会，女工班组30个。组织开展劳动竞赛、岗位练兵、员工技能大赛等竞赛活动，为基层单位制作厂务公开栏13块，征集合理化建议7条，开展"堵塞漏洞　杜绝浪费"全员献计献策、厉行节约活动；为211名员工办理健康疗养，疗养结算182名。救助特困户32户，累计发放救助金3.03万元，看望遗孀4户，发放定期生活费1.68万元。为基层工会划拨专项活动经费和文体活动用品，在"三八"、"五一"、"十一"期间开展趣味体育游戏等系列活动。承办第五届"四方杯"职工排球赛，被油田公司授予"优秀单项体育协会"称号。

四方服务公司团委设立团支部10个，团员104人，青年336人。2014年，以"岗位成才，青春建功"为主题，各团支部积极开展"书香宝石花·点亮青春梦"双十读书活动，开设青年小讲堂，规范岗位讲述范本，团委深入基层开展团青工作调研，各项活动做到与生产实际相结合，与服务大局相结合，与青年员工关心的领域相结合，大大激发青年员工的学习兴趣和工作热情。

四方服务公司继续秉承“以人为本 创造和谐 真诚服务 追求卓越”的四方精神，积极倡导班组特色文化建设，围绕“服务”大主题，提升班组工作水平，班组文化建设进一步提高。重点推进“安全文化、廉洁文化、节约文化”的建设，初步形成具有四方特色的“服务文化体系”。按照精干高效、强化基层、重点下移的工作方针，把基层作为企业文化建设的落脚点，大力宣传新成绩、新亮点。（唐海燕）

诚信服务公司

【概述】 中国石油青海油田公司诚信服务公司（以下简称“诚信服务公司”）主要从事油田化学助剂生产、中低压电气开关柜及相关附件制造、消防器材维修配置和检测、螺旋藻养殖生产及其系列保健产品加工、纯净水供应等业务。现有行政许可权证分7类共22项。包括国家保健食品证书3项(时代螺旋藻、时代血糖宁、时代血脂灵)。专利证书6项(时代螺旋藻、时代血糖宁、时代血脂灵、时代氧源等4个产品外观设计专利；调理贫血、降血脂等2个产品发明专利)。商标注册证4项（用于螺旋藻系列产品的“时代”商标注册证；用于化妆品的“藻莱雅”商标注册证；用于昆仑山矿泉水“昆仑雪源、无极冰川”商标注册证)。体系及专业认证5项（电气开关厂、时代生物制品厂取得环境管理体系认证证书，健康安全环境管理体系证书，质量管理体系认证证书；电气开关厂取得中国国家强制性产品认证证书；时代生物制品厂取得甘肃省保健食品GMP审查合格证书)。国有资源1项（昆仑山矿泉水厂获得取水许可证)。

截至2014年年底，诚信服务公司有固定资产原值5132.86万元，净值21万元。在账生产设备77台（套），设备原值1411.46万元，设备净值444.72万元，综合完好率98.39%，设备利用率99.33%，设备新度系数0.32。有员工218人，其中管理人员49人，专业技术人员26人，操作服务人员 143人。下设5个机关科室，1个机关直属单位，7个基层单位。诚信服务公司获得全国“安康杯”竞赛优胜单位、油田公司“先进厂处”、“先进党委”“党风建设先进单位”等称号。（组织机构见下图）

2014年诚信服务公司组织机构图

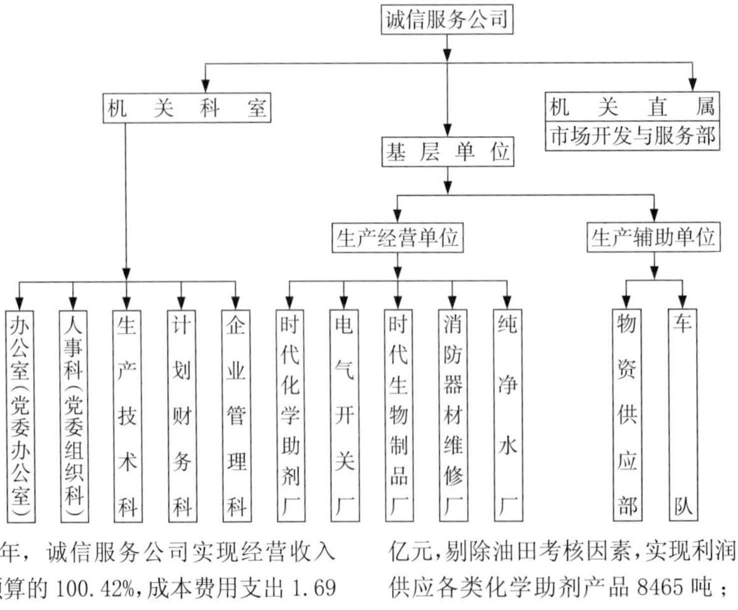

【业绩指标】 2014年，诚信服务公司实现经营收入1.74亿元，为年度预算的100.42%，成本费用支出1.69亿元，剔除油田考核因素，实现利润195.60万元。生产、供应各类化学助剂产品8465吨；生产加工优质螺旋

藻藻粉 5.88 吨，为年度计划的 106.96%；电气开关厂完成经营收入 1113.28 万元，为年度计划的 42.82%；生物保健品实现销售收入 1046.17 万元，为年度计划的 104.62%；消防器材维修厂完成经营收入 778.43 万元，为年度计划的 86.49%。

【企业管理】 2014 年，诚信服务公司开展“固化成果，强化执行，推行对标，创新管理”为主要内容的管理再提升活动，查找管理差距、寻求提升路径、改进业务流程，组织开展对标管理知识培训，完成对标管理指标体系的初步建立。为转供化学助剂产品实施落地验收，调整了化学助剂产品 ERP 结算流程，规范了运行程序。严格执行《化工产品供应管理办法》，确保油田化工市场有序运行。严格遵守油田公司招投标管理规定，坚持程序不可逾越，严格按照程序规定办事，开展 2014 年诚信服务公司各类合同执行情况清理和 2012-2014 三年的外包劳务合同签订情况专项检查核实、统计分析工作，确保合同管理工作的运行质量。开展法律法规、管理制度、技术标准合规性评价，完善制度建设，修订完善各项管理制度 9 项。

【科研技改】 2014 年，诚信服务公司搭建技术平台，研发创新持续深入。电气开关厂研发的“能量回馈式抽油机变频柜”、“动态储能式抽油机变频柜”，通过国家产品质量监督检验院的验证，在采油二厂、采油三厂、边远油田等生产单位推广试用。化学助剂厂自主研发 3 个新产品，其中新型水基降黏剂在昆北切十二稠油区块现场应用后，与以往外购的降黏剂相比，单井成本节约 50%，降黏效果提高 50% 以上。针对扎哈泉区块新开发的高温瓜胶压裂体系得到推广运用，完全能够满足高温深井和储层特性的要求。强水敏砂岩地层水井酸化增注特色技术在乌南油田继续推广的同时，逐步运用于英东油田水井减压增注，并见到好的效果，技术创新提升了服务保障能力。

【安全生产】 2014 年，诚信服务公司认真践行有感领导，在领导层面开展“七个带头”活动；在管理上以完善“两书一表一卡一细化”工作为重点，对“一岗双责”、操作卡、六条禁令细化等内容进行了评审，并落实到每个岗位、每个产品的生产过程，以保证使职工真正做到“只有规定动作，没有自选动作”。开展四级安全网络建设，坚持每月一次安全检查，每季度一次安全考核的工作制度。共检查出各类隐患问题 97 个，完成整改 97 个；开展各种形式的应急演练 26 次，参与人数达 589 人次；坚持在各级例会上进行“安全经验分享”活动，积极组织“安全生产月”活动，保证安全生产、清洁生产无事故目标的实现。化学助剂厂通过甘肃省环保厅验收专家组对清洁生产第一期第三次审核验收工作；通过甘肃省敦煌市创建卫生城市专家小组的检查工作；以酒泉地区最高分通过甘肃省企业环境保护标准化建设 B 级标准达标验收；通过甘肃省环保厅组织开展的专项检查。

【现场服务】 2014 年，诚信服务公司在生产服务保障工作中，拓宽服务内容，提高服务能力。加大现场服务力度，打破原有依靠政策扶持的传统观念，依靠产品质量加技术特色的服务意识，推行集约式技术服务模式和“123”工作法，及时与用户单位沟通，向“产品、技术、服务、质量”一体化模式转变。在站稳油田内部市场的基础上，树立以“品德”诚信于人、以“品质”服务油田的理念，加大对周边油田市场的开拓力度。其中有机硼交联剂等助剂产品得到吐哈油田的认可，与吐哈油田工程研究院、井下作业公司达成化学助剂战略合作关系。

【质量管理】 2014 年，诚信服务公司坚持“稳内拓外、内外互补”的原则，提升产品质量，打造优质精品。时代化学助剂厂通过改变运行方式、加大检测力度，把好转供产品的质量关，把产品现场应用效果作为自主产品质量评价的重要依据，提高自主产品的针对性和实用性，整体质量水平得到提高。坚持产品引进优化升级工作，以满足油田的勘探开发和周边兄弟油田的需求为目标，对酸化助排剂、温度稳定剂等 6 个助剂产品配方进行优化，特别是在表面活性剂类产品的优化，通过对各组份的优选与复配，表面活性剂类产品表面张力从 35 纳米／米降至 23 纳米／米，达到行业的先进水平。通过技术创新，自主产量较 2013 年提高 10 个百分点，为诚信服务公司发展目标的实现创造新的经济增长点。电气开关厂解决壳体加工质量的问题，喷涂前处理工艺的改进，配电箱柜门的改型和 JL207、HL025 门轴的应用，解决了柜门与门框配合的门缝问题。时代生物制品厂加强螺旋藻的藻种优选培育、养殖日常监测、藻粉的日常检验，确保藻粉质量合格。消防器材维修厂上认真做好售后服务的市场调研，提高维修产品质量的同时，引进防火模块、防火泥、室外室内消防栓、烟雾喷淋灭火装置、移动消防车维修等项目（产品）。

【员工培训】 2014 年，诚信服务公司按照制定的培训计划，加大培训力度、强化培训管理、提高培训实效，提高员工整体素质，培训效果评估及考核及时率均达到 100%，有 692 人次参加各业务部门举办的岗位培训班，23 人次赴外地参加业务技术学习，完成年度计划的 137%。举办短期岗位技能和业务培训班 37 期共605人次参加学习和培训；工人技术等级培训率达到41.9%。

【党群工作】 诚信服务公司党委设有党支部 9 个，正式党员 102 人、预备党员 1 人、申请入党 11 人，其中列为培养人 7人。深入学习党的十八大精神和习近平总书记的一系列重要讲话精神，大力推进社会主义核心价值观教育；开展企业文化建设工作，提炼出符合“诚信”特点的、突出“诚信”特色的企业文化体系，通过企业文化整合提升工程，对诚信服务公司调结构转方式、提升员工素质、提升管理水平、提升创新力和发展力产生积极作用；全面深化“五型”班组建设工作，组织基层班组长深入生产一线命名班组进行观摩、座谈、交流学习。通过党的群众路线教育实践活动，开展党员民主评议，改进党员领导干部工作作风，纠正不符合规定行为16项。开展反腐倡廉警示教育4期300人次教育活动；与关键岗位相关人员签订党风廉政责任书和廉洁从业承诺书。

诚信服务公司工会设有8个基层工会委员会，会员218人。工会组织围绕生产经营中心工作，开展劳动竞赛、“安康杯”竞赛、“我为安全献一策”、“我为安全生产建言献策”、“合理化建议”征集、“堵塞漏洞、杜绝浪费”全员献计献策、厉行节约活动。共查找安全隐患与治理建议75条，节约生产成本52.55万元，征集合理化建议53条。举办迎春游艺会、女职工“三八”节趣味运动会等文体活动，参加油田公司组织的“拔河”比赛、“千人健步走”等活动。为大病员工申请油田困难救助4人。累计慰问、救助困难家庭39人次，发放救助金及慰问金7.60万元。为岗位人员配备应急药箱和12种急救药品。为69人办理员工健康疗养，疗养结算69人。办理影视卡190张、活动票218份。

诚信服务公司团委设有团支部2个，团员2人，青年25人。团委组织弘扬雷锋精神与“奉献、友爱、互助、进步”的志愿者精神，开展“真爱生命，远离黄赌毒”主题教育、心理讲座、我与中国梦、油田梦亲年大讲堂、青工岗位讲述等活动等各项活动。（刘玉玲）

劳动服务公司

【概述】 中国石油青海油田公司劳动服务公司（以下简称“劳动服务公司”）是青海油田唯一从事劳动保护用品加工制作，解决员工残疾子女就业和安置一线困难员工分流转岗的单位。截至2014年年底，有固定资产原值1817万元，净值 876万元。有员工276人，其中男员工99人，女员工177人；残疾员工78人，占员工总数的28.26%；管理人员39人，其中高级职称2人，中级职称20人，初级职称16人；劳动合同制员工96人，企业员工179人，劳务子女工1人。设有4个机关科室，6个基层生产单位。（组织机构见下图）

2014年劳动服务公司组织机构图

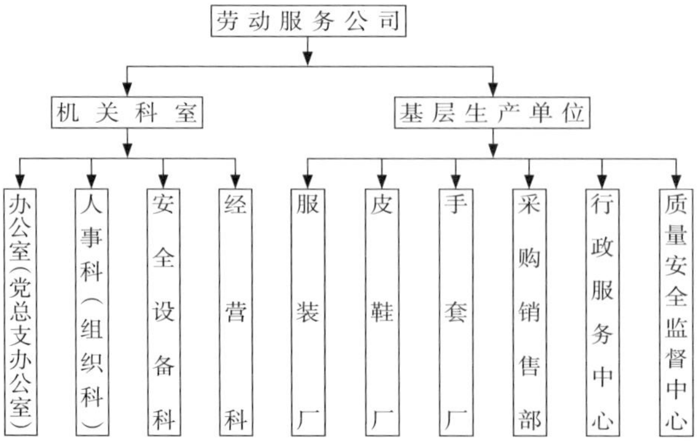

2014年，劳动服务公司完成油田公司财务预算指标；产品质量合格率达到100%，服务质量满意率达95%；实现“零事故、零伤害、零污染”的安全生产工作目标；节能降耗、环保等目标均控制在油田公司下达的指标之内。劳动服务公司被油田公司评为“油田维稳信访工作先进单位”称号。

【主要生产指标】 2014年，劳动服务公司与油田公司签订生产劳保服装2万套，生产劳保工鞋1.8万双，生产绒手套30万双。全年加工劳保工服2万套，完成年计划的100%；加工劳保工鞋1.8万双，完成年计划的100%；加工劳保手套30万双，完成年计划的100%。

【经营指标】 2014年，劳动服务公司与油田公司签订的生产经营责任指标实现销售收入1453万元，成本4563万元，油田公司补贴3110万元。劳动服务公司实际实现销售收入2608万元，总成本费用支出6462万元；剔除考核因素后，实现减亏58.31万元。

【主要产品】 2014年，劳动服务公司主要产品有防静电单工服、防静电挂里工服（蓝/红）、防静电红大褂工衣、防静电（防寒）风衣、红/蓝挂里风衣、抢险服、厨师服、蓝/白大褂、袖套、围裙等。新款防静电单/棉工鞋、翻毛半筒单/棉劳保鞋、普通休闲单/棉工鞋。绒手套、抗油据水手套、单工帽。

【主要措施及成果】 按照《青海油田分公司招投标管理办法》，劳动服务公司做了充分细致的准备工作，委托油田公司招标管理部组织召开原材料招投标会议。本着“质量第一，价格合理”的原则，劳动服务公司前期做了比质、询价工作，对入围厂商选择后，进行资质审查，招标文件编制规范，标段划分科学合理，资料齐全完善，评标办法、评标标准、定标原则具备可操作性。从招投标结果看，价格、质量等各方面均超过预期，价格比预计降低10%以上，年节约生产成本150万元以上。

【科技创新与技术改造】 为满足油田广大职工的劳保需求，结合油田各行业特点，本着安全、美观、舒适相结合的设计理念，体现劳动防护的特性，劳动服务公司制定并研发多款新式劳动防护产品，成立技术攻关小组和工艺设计室，开展新产品设计工作和解决技术难题，配备专门检测人员，负责原材料及成品的检测工作。共设计开发出防寒风衣1款、短袖衬衫2款、防静电单工服2款以及防静电、防砸、耐油、防滑等性能的15款劳保鞋，最终确定7款劳保鞋投入油田市场，所有新款劳保产品，经抽样检测，完全符合国家标准。

【工程建设】 认真落实《油田公司领导现场办公会》精神，推进《公司厂房设施维修项目》、环境改善、隐患消除等工作，劳动服务公司成立专项工作小组，专项小组根据实际状况，综合考虑消防、安全、生产经营需要、整体布局等因素，经过初步方案编制、汇报、方案设计及审查等一系列程序，厂房设施维修项目施工图设计顺利通过。施工过程中严格承包商管理，确保工程质量和施工安全；严把工程材料的质量关，使工程质量始终处于受控状态，发现问题及时解决，确保工程进度质量。

由于劳动服务公司部分设备已接近报废年限，故障率高，维修成本大，生产效率低，劳动服务公司成立设备购置专项工作小组，对国内知名劳保服装设备和劳保制鞋设备生产厂家进行考察比对。在考察完作专题汇报，经油田公司研究审批，完成设备的招投标工作，中标金额543.50万元，设备65种、188台（套）。

【安全生产】 劳动服务公司树立“安全第一，质量至上”的理念，坚持抓安全质量管理工作。组织召开质量安全环保节能设备管理工作会议和2014年质量分析会，完成年度QHSE体系合规性评价上报、内部审核及整改验证工作，对产品质量及措施进行总结和审核。根据工作实际，制定《基建管理办法》、《施工质量安全环保管理办法》、《承包商安全监督管理实施细则》等相关管理规定，并组织相关人员学习。为加强安全、劳保产品质量、设备、设施维修的基础管理工作，提升整体管理水平，劳动服务公司成立安全质量监督中心，严格执行国家安全质量标准，以检测检验为手段，对产品质量进行规范和监督管理。

【企业改革与管理】 为把基础管理工作落实到实处，劳动服务公司制定设备、体系、管理提升等工作要点；建立和完善相关的规章制度和各岗位责任制；细化合同管理；完成设备维护保养及设备操作规程的修订；强化对产品陈列室、设计工作室、维修工作室及物料检验室规范管理，并利用每周基础工作日有效开展各项活动。劳动服务公司劳保产品通过国家甲级检测机构的检测，继续持有国家级劳动保护产品的生产许可资质证书。

【员工培训】 由于劳动服务公司员工队伍结构，技术水平不适应创新发展的需要，劳动服务公司召开专题会议研究员工教育培训问题，确立“三支队伍”培训重点，制订《员工培训计划》，做到资金、人员、场地三落实。劳动服务公司按照培训计划，从基础缝制工艺、基础纸样工艺、服装裁剪等方面着手，对服装厂员工进行系统的理论知识和技能操作培训，并组织业务骨干外出培训服装设计与制作工艺。皮鞋厂从基础业务培训开始，聘请浙江安邦鞋业有限公司的技术专家来劳动服务公司讲解制鞋工艺，有针对性的指导制作程序。尤其是转岗员工的操作水平很快达到上岗的要求。为检验培训成果，年底组织“缝纫工”技能大赛和“应知应会”知识竞赛活动。

【党群工作】 2014 年，劳动服务公司党委有 4 个党支部，党员 96 人，预备党员 4 人，党员发展对象 4 人。为加强领导班子建设，严格按要求开展中心组学习，坚持开展党务、厂务公开，坚持集体领导与分工协作相结合，形成领导班子深入基层调研制度，班子成员领导和服务发展的能力不断增强。加强党风廉政建设，认真落实党风廉政建设责任制，制定惩防体系实施细则，开展“党风廉政教育月”活动，扎实开展警示教育。加强基层党支部建设，开展服务型党支部创建工作，基层服务型党支部测评满意率达到 80% 以上，开展支部书记委员轮训，支部委员党群工作能力进一步提升。扎实开展教育实践活动整改工作，坚持把群众满意作为衡量活动成效的重要标准，整改班子“四风”问题、29 条群众关心问题。

劳动服务公司有 4 个基层工会，会员 230 人，入会率达到 100%；女工小组数 5 个，工会组织开展了“三八”节日授书、先进表彰会、女工节日三场电影展播，女工健康体检、5.29 计划生育协会会员活动。组织开展 “安全生产建言献策”，“安康杯”竞赛，“堵塞漏洞、杜绝浪费”全员献计献策、厉行节约活动；第二届“美丽的劳服”摄影比赛、千人健步走活动；参加油田“五一”方阵跑和个人长跑活动，油田公司“四方杯”排球赛。办理健康疗养 64 人次，有毒有害疗养 6 人次，办理疗养费用结算 47 人。协助油田公司工会向残疾人发放 23.20 万元，慰问品 184 份。

劳动服务公司设团总支 1 个，青年（35 岁以下）37 人，其中党员 4 人，残疾青年 29 人，占青年的 78%。团总支组织“与你同行”青年志愿者帮扶小分队，慰问重度残疾员工 2 人；在第二十四个“全国助残日”庆祝活动中，表彰优秀残疾员工 19 人、优秀残疾人工作者 5 人，自编小品舞蹈、自创个性演出，展示自己设计的服装；在“学雷锋”的活动中，组织开展义务便民服务；开展“珍爱生命，远离黄赌毒”活动；90 人参加油田团委举办的“书香宝石花·点亮青春梦”网络答题活动。

2014 年，劳动服务公司宣传思想政治工作以党的十八届三中全会精神为指导，认真落实集团公司、油田公司的决策部署，强化政治思想引领作用，注重企业文化建设，培育和完善劳动服务公司企业文化建设理念体系，增强劳动服务公司凝聚力和向心力。（李燕萍）

花土沟社区管理中心

【概述】 中国石油青海油田公司花土沟社区管理中心（以下简称“花土沟社区管理中心”）负责花土沟基地公寓管理、餐饮服务、供热保温、菜篮子供应、水电天然气转供及设施维护、市政设施建设及管理维护、防洪防汛、地震监测、环境卫生保洁、绿化及污水处理、员工文化娱乐、社会治安综合治理、地方政府关系协调等工作。

截至 2014 年年底，花土沟社区管理中心员工总数 577 人，其中：职工 215 人，员工 294 人，子女工 68 人；女员工 317 人，男员工 260 人。设有 7 个职能科室，3 个直属单位，10 个基层单位。花土沟社区管理中心荣获油田公司“矿区服务先进集体”、“基建系统先进集体”、“内控与风险管理系统先进单位”、“人口与计划生育先进单位”、“人事系统先进集体”等称号。（组织机构见下图）

2014 年花土沟社区管理中心组织机构图

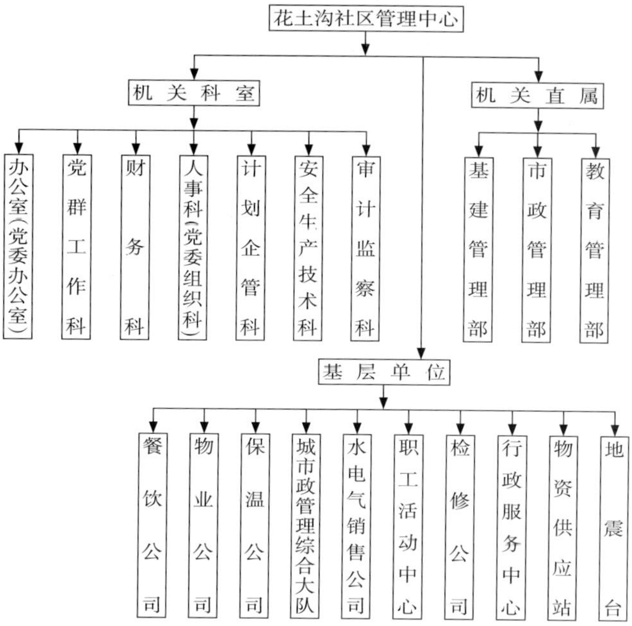

【主要生产指标】 2014 年，花土沟社区管理中心转供水计划 385 万立方米，实际完成 341.28 万立方米，完成计划的 89%。转供电计划 2375 万度，实际完成 2131.42 万度，完成计划的 90%。转供天然气计划 1630 万立方米，实际完成 1548.73 万立方米，完成计划的 95%。全年实现节能 217.56 吨标煤，完成率 108.78%。

【经营指标】 2014 年，花土沟社区管理成本 2.23 亿元，比预算多支出 3190.71 万元；经营收入 8801.80 万元，比预算多完成 475.80 万元。七项非生产性费用计划 241 万元，实际支出 197.79 万元，比预算节余 43.21 万元。综合服务满意率 94.46%，比矿区服务事业部下达计划提高 2.46 个百分点。食堂年就餐人数达到 236 万人次。物业服务、市政管理到位率 ≥ 90%。全员绩效考核覆盖率 100%。安全生产无事故。

【主要措施及成果】 2014 年，花土沟社区管理中心餐饮服务坚持推行健康饮食方式，为就餐员工提供热情周到的服务。针对各食堂存在服务水平和饭菜质量参差不齐的状况，在各食堂、班组间开展互帮互学观摩交流活动，达到共同提高的目的。不断优化饭菜品种结构，大食堂日供餐品种保持在 120 个以上，全年推出新菜品 174 个，形成各具特色的餐饮格局。坚持日抽样、周检查、月考核，强化委托加工项目管理，统一食品原材料采购及验收，从源头杜绝不合格食品进入食堂，严把食品加工、销售各环节关口，确保食品安全。日均就餐人数 2880 人，全年职工就餐 236 万人次。餐饮服务满意率达到 94.41%。

物业服务在公寓节能改造项目中，发挥联系协调、现场监护的作用，完成外墙保温和窗户更换工作，改善一线员工的住宿条件；市政环卫集中整治卫生死角，及时平整生活垃圾场，清运垃圾 7000 立方米，维修道路 600 平方米、人行道 100 平方米。绿化工作在基地王十道路两边摆放 50 组 150 盆景观花盆；市政维修加大市政设施督察力度，排除供水故障 208 次，排污疏通 132 次，清理各类井池 3900 次，保证基地供排水管网、天然气管网的安全平稳运行；市政服务满意率达到 94.47%。供暖服务根据天气变化及时调整供暖参数，定期对供暖末端 40 个测温点进行跟踪测温，积极开展服务意见征求，及时巡查分析供暖效果，整改采油平房供暖效果不良等问题 6 个，保证供暖温度达标。供暖服务满意率达到 94.95%；水电气服务加强供电设施的维护保养，通过夏检、巡检及专项检查。认真组织水电气稽查，加强对施工用水用电的管理力度，查处违章行为，督促落实整改。清收移交用户水电费 20 余万元。水电气服务满意率达到 94.72%。

文化娱乐服务以“创建优秀职工活动场所”为目标，狠抓服务窗口建设和标准化现场管理，坚持微笑服务，持续推进人人争当讲解员活动。发挥“国家级职工书屋”作用，满足广大员工阅读需求。物资供应在生产生活物资、工程用料方面，严格计划、采购、验收、发放等环节管理，及时协调督办，确保正常供给。

地震监测保证设备运行状态良好，地震监测连续率、三级以上地震速报率、子台巡检率均达到100%。

【工程建设】 2014年，油田公司、矿区服务事业部下达10项建设改造项目，其中，花土沟基地职工公寓节能改造项目投资5326万元，对基地18个小区142栋公寓楼进行节能改造，完成100栋公寓楼外墙保温、128栋2246套公寓窗户更换、240余户卫生间防水处理工作，完成工程量的80%；职工活动中心建设项目投资5391万元，土建部分完成工程量的80%，游泳馆桁架完成90%，水处理安装完成95%，精装修设计完成90%；防洪防汛维修改造项目投资60万元；食堂刷卡管理系统升级改造项目投资200万元。

为维护基地设施正常运行，改善花土沟社区管理中心生产生活条件，自筹资金316.34万元，安排零星维修改造项目45项，主要为基地市政道路沥青路面破损修补、锅炉房维修、餐饮公司地板砖及墙砖维修、地震台子台维修、基地给排水、天然气、雨排、化粪池、隔油池等维护清理。

【安全生产】 2014年，花土沟社区管理中心严格落实安全生产责任制、反违章“六条禁令”和HSE管理九项原则。以“安全生产月”、“质量月”活动为契机，抓安全基础管理，严反“三违”现象，组织学习事故案例，每周坚持安全经验分享，发放安全环保宣传挂图200张、书籍50本、宣传资料80份。强化员工岗位安全风险辨识，组织应急演练20次，提高员工应急反应能力。开展天然气管网安全隐患排查6次，查出并整改隐患70余处。加大食品安全检测力度，新增食品安全检测仪10台，检测项目增加到13类40项，发现疑似不合格食品及时退货处理，保证了食品安全。加强QHSE体系建设及运行管理，持续改进，落实整改油田公司内审、中心内审发现问题78项。强化现场安全监督，坚持施工项目HSE检查制度，下发《HSE监督周报》26期，《施工项目安全监督通报》22期，发现整改隐患和违章207项。持续建设安全生产长效机制，安全环保总体受控。

【企业改革与管理】 2014年，花土沟社区管理中心大力开展管理提升活动，找差距、定措施、堵漏洞，确定36项经济技术类指标，开展29项专项提升活动，及时总结评价，自我诊断，制订改进措施，逐步固化成果。梳理汇编5大类192项管理制度，新修订11项，废止8项，制度建设涵盖生产经营的各个层面。坚持周例会制度，及时总结反馈、沟通信息、解决问题、调整运行，监督、管理、协调、指挥工作更加有力。加强成本管理，合理安排预算，树立全员降本增效意识，细化成本管控措施，及时调整经营思路，管控能力持续提升；加强合同管理，严把市场准入关、合同条款关、履约能力关、资信等级关，签订合同382份，其中：收入性合同175份，支出性合同207份，办理两级合同立项授权218项，合同管理工作更加严谨规范；加强计量管理，及时开展计量器具检定工作，年检压力表、天然气报警仪等计量表合计659台次，4个锅炉房实现能耗总表计量，井下锅炉房实现单台锅炉能耗计量，对基地个体用户安装预付费天然气表35块，预付费电表121块；编制下发《设备设施完整性管理办法》和《设备变更管理规定》，及时制订并落实设备检修计划，坚持车辆归场检查，设备完好率达到100%；物资管理严格执行计划审批、入库验收、出入库建账、月末清账制度，确保有限的资金用于采购生产急需用料。加强废旧闲置物资的盘活利用，对床上用品、工程余留料、储备料等物料进行盘点清查，调剂使用，提高物资利用率。

【员工培训】 2014年，花土沟社区管理中心教育培训以经营管理队伍、专业技术队伍、操作服务队伍为重点，举办各类培训班100期，培训1462人次，其中参加油田公司培训22期62人次，派外培训16期31人次，中心内部培训62期1354人次。组织参加油田公司第八届职工技能竞赛。

【党群工作】 2014年，花土沟社区管理中心有10个基层党支部，2个机关党支部。党员186人（正式党员180人，预备党员6人），纳新党员6人，发展对象11人，申请入党78人。党委加强党的基层组织建设，围绕生产经营重点开展“立项攻关”，举办9期“多彩党课”，党建责任落实到队站、班组和岗位。持续创建“四好班子”，加大干部绩效考核力度。严格执行中央八项规定和油田公司各项要求，落实党风廉政建设责任制，巩固反“四风”成果。签订《党风廉政建设责任书》26份，《廉洁自律承诺书》68份，《廉洁建设协议》32份。

花土沟社区管理中心有10个基层工会委员会，18个工会小组，9个基层女职委，15个女工小组；工会会员556人，新入会1人。结合女职工岗位特点，开展女职工争当服务标兵等活动，在“三八”节期间开展“微笑的魅力”演讲赛、“幸福女性，快乐工作”主题征文以及包饺子联谊活动，表彰2013年度女职工工作进行集体和个人，为在岗300名女职工发放节日纪念品。积极开展“五型”班组创建、劳动竞赛、群众性创新创效、合理化建议征集评选、联络员会议、职工代表巡视、“我为千万吨建设做贡献”大讨论、“堵塞漏洞、杜绝浪费”全员献计献策等活动。答复整改落实联络员、职工代表提出的有关锅炉房倒班员工微波炉、电热饭盒以及工作场所安装热水龙头等 130 多个问题，职工满意率达 90% 以上。慰问困难职工 70 余人次，发放节日慰问金 8 万元；安排健康疗养 947 人次，有毒工种疗养 20 人次，为基层班组配备日常药品 8 次共计 5 万元；发放员工生日卡 576 张。

花土沟社区管理中心团委下设 5 个基层团支部、7 个青年工作支部，青年志愿者 142 人。现有团员 63 人，35 岁以下青年 311 人，团员青年数占员工总人数的 54%。结合单位和青年群体特点，组织各层面岗位讲述比赛 10 场次，员工岗位讲述率达到 70% 以上，优秀率达到 30% 以上。在学雷锋纪念日，组织志愿者参加“帮扶助困”、“缅怀先烈，奉献油田”主题祭墓等活动；配合钻井公司团委和公益组织在各食堂开展“杜绝浪费，从我做起”的“光盘行动”，倡导厉行节约、反对浪费的文明就餐习惯。

2014 年，花土沟社区管理中心完成宣传稿件 1023 篇，其中向油田信息网和矿区服务事业部发布稿件 532 篇，石油报刊载稿件 104 篇，电视信息 38 条。（李田云）

格尔木社区管理中心

【概述】 中国石油青海油田公司格尔木社区管理中心（以下简称“格尔木社区管理中心”）是青海油田矿区服务系统单位。负责格尔木石化基地生活区基础设施建设、维修和管理，以及水电气暖供应、房屋及土地管理、绿化环卫、治安交通、生活后勤服务、医疗卫生、文化娱乐、幼儿教育、天然气化工大楼的管理、保洁与会议服务工作；在油田公司授权范围内，负责与地方政府的联系和协调；负责对石化基地员工家属、灵活就业人员和离退休人员的管理。

截至 2014 年年底，格尔木社区管理中心固定资产原值为 2.48 亿元，有设备 155 台（套），设备新旧系数为 0.63。格尔木社区管理中心在册人数 422 人，其中员工 290 人，企业员工 106 人，劳务子女工 26 人；女员工 246 人，占员工总数的 58.3%，男员工 176 人，占员工总数的 41.7%；机关设有 7 个科室、3 个直属单位和 9 个基层单位。

2014 年，格尔木社区管理中心被油田公司评为“设备管理先进单位”、“新闻宣传工作先进报道单位”；获格尔木市“巩固卫生和建设健康城市工作”先进集体。（组织机构见下图）

2014 年格尔木社区管理中心组织机构图

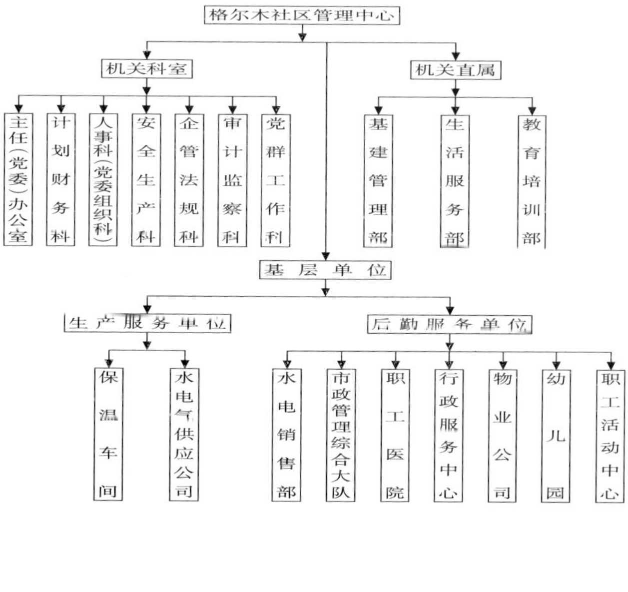

【主要生产指标】 2014年，格尔木社区管理中心生产水251.43万立方米；转供电1263.58万千瓦时；转供天然气539.74万标准立方米，排污70万立方米；保温面积40.32万平方米（含天然气化工大楼）；格尔木基地绿化面积45.50万平方米，环卫月清扫保洁面积为65.16万平方米；清理外运垃圾5142立方米；市政维修服务4025次，更换住户天然气报警器2270户；安装改造景观灯、路灯52盏；提供会务服务526场；职工食堂年就餐人数达25.31万人次；菜篮子供应品种1100种，全年销售15.65万千克；幼儿入托月平均204人；门诊诊疗病人2.3万人次，体检5447人，涩北气田和炼油厂医疗点全年固定60人次；放映电影106场次。石化基地职工书屋共有图书5036册，报刊杂志42种，图书借阅437人。

【经营指标】 2014年收入指标4308万元，支出指标14279万元，矿区补贴为9971万元。实际收入5341.91万元，支出14875.48万元，矿区补贴9533.57万元。非生产性支出125.9万元，节约29.27%。

【主要措施及成果】 2014年，格尔木社区管理中心围绕“真抓实干服务‘油田梦’，凝心聚力再创新业绩”的工作思路，争取青海省棚户区和既有居住建筑节能改造补助资金1420万元，完成石化基地39栋民用住宅外墙保温工程；坚持履行服务承诺，公布投诉热线，开展物业秩序专项整治，2014年总经理、书记信箱收到信件60封，比2013年下降42%。综合服务满意率96.86%；解决土地历史遗留问题，与市政府联系将三处土地置换到创业家园东侧，置换后总面积由210亩增加到221亩，土地界址产权明晰，已具备规划和建设条件；建立生产经营分析会制度，完善考核体系，落实节能指标，实施开源节流。

【节能降耗】 2014年，格尔木社区管理中心实现降本增效42.6万元。开展技术攻关18项，攻关项目节约成本21.6万元；党员带头完成石化基地绿篱修剪，节约外包劳务支出8.6万元；承担石化基地39栋住宅楼有线电视线路落地工程，节约投资60万元；下发《格尔木地区车辆加油管理办法》和《单车核算管理办法》，采取定点加油、百千米定额措施，有效控制车辆油耗；完成石化基地民用住宅外墙保温，2014年10-12月供暖耗气量比2013年同期节约74万立方米；加强对计量器具的监督管理，提高对标管理水平，与2013年相比，供水损耗率降低0.65%，转供电损耗率降低0.91%，转供气损耗率降低0.47%。。

【工程建设】 2014年，矿区服务事业部下达五项投资项目3781万元，实际完成投资2494万元。完成主要工程项目是格尔木石化基地住宅棚户区改造、住宅建筑节能改造、住宅共用设施维修、格尔木石化基地监控系统改造。格尔木石化基地住户天然气整改，计划安装3000套，2014年完成2270户。住房公积金维修项目计划投资369万元，实际完成172万元。

【水电气暖供应与服务】 2014年，格尔木社区管理中心强化生产运行，注重生产设施夏季检修、例行维修的质量，严格执行每天巡检水源、每周巡检天然气管道、每月巡检高压线路的“三检”制度。对水源水、出厂水每季度监测一次；检修箱式变压器16台套，对基地北区2台高压分支箱提升至地面，消除供电安全隐患，供电维修1104起；每周对天然气管网进行专项检查，坚持每晚10点鸣笛，每季入户检测，更换住户天然气报警器，天然气维修364起；夏季检修锅炉11台（套），保养机泵41台（套）。保温期设置60个测温点，随天气变化合理调节锅炉运行参数，确保住户家中温度达标；市政设施维修及时到位，严格控制锅炉失水量，给排水维修1576起，供暖维修685起，其它公用设施维修296起。

【基地绿化环卫】 2014年，格尔木基地绿化面积为45.50万平方米，绿化覆盖率达到46.7%，人均占有绿地56.9平方米。草坪面积3536平方米（其中公园441.56平方米，三区广场西侧857.25平方米，三区广场东侧2237.19平方米），成坪覆盖率为99%。种植花卉14种，种植树木3449棵，盆花移栽4.10万盆。天然气化工大楼绿化面积6000平方米，庭院实施立体美化措施，恢复化工大楼花房新品种培养；环卫月清扫保洁面积为65.16万平方米。三区环卫整体外包，基地生活居住环境干净整洁。

【安全生产】 2014年，格尔木社区管理中心严格落实安全环保责任，持续推进QHSE体系建设，开展安全隐患排查和治理，严抓食品安全和施工安全，实现安全环保“零事故、零伤害、零污染”的工作目标。完成19个QHSE部门职责和150个岗位职责的修订和评审，建立完善以班组、基层单位、中心为主的三级安全监督网络，严格执行HSE监督检查制度，落实属地管理和直线责任。与承包商签订工程项目安全合同30份，明确责任和权限，进行安全交底和作业风险提示，落实属地管理职责，实现安全施工无事故。

矿区服务事业部投入资金350万元，对石化基地监控系统进行升级改造，在基地主干道、人员密集场所安装208个摄像头，完成构建起治安视频监控系统框架。保安人员24小时不间断巡逻，清理闲杂人员

649 人，收缴被盗自行车、摩托车 9 辆，清理和处理滋事斗殴人员 41 人次。

开展天然气管网隐患排查3次，设置标识牌34个；配气站安装加臭装置；开展交通安全专项整治，邀请格尔木市交警进驻石化基地进行交通检查，对车辆乱停乱放和违规行驶的驾驶员进行安全教育；对私家车辆登记备案，签订交通安全承诺书 126 份；组织开展 28 次应急演练，对格尔木社区管理中心储备库、生产场所、关键设施、应急人员等基础信息共收录 30 项 300 条信息数据，及时完成应急 E2 系统的基础维护工作。

【员工培训】 2014 年，格尔木社区管理中心完成 19 个工种的“611”题库建设，开展“点菜式”培训。内部培训24期701人次，参加油田外培65期91人次。在油田公司矩阵培训课件评比中，选送的 4 个课件，分别获得一、二等奖、优秀奖及优秀集体组织奖。

【党群工作】 2014 年，格尔木社区管理中心设有党总支部 1 个、党支部 14 个；党员 366 人，其中在职党员 154 人，非在职党员 212 人，新发展党员 3 人，培养入党积极分子 3 人。巩固党的群众路线教育实践活动成果，严格遵守中央“八项规定”，落实油田公司“七项禁止性规定”，党委提出的“六个坚持、六个反对”工作作风，坚决反对“四风”。签订党风廉政建设责任书 165 份，廉洁从业承诺书 109 份，开展党员干部廉洁从业警示教育活动 4 次。开展“三超”专项治理，腾空办公室 24 间，清理超标办公用房 672.5 平方米。认真开展党内立项攻关活动，其中，基地雨棚灯、钟控器节能改造项目每年节约运行成本 6.3 万元，获油田公司 2014 年“堵塞漏洞、杜绝浪费”全面献计献策、厉行节约活动优秀成果三等奖。

格尔木社区管理中心有 13 个基层工会委员会，422 名会员，新入会人员 1 人。安排员工疗养 107 人，有毒工种疗养 12 人；实施困难救助 405 人次，发放慰问金 61.07 万元；给 27 名残疾人员发放慰问金 2.7 万元，员工遗属定期补助费 24 人次，补助金额 1.39 万元。开辟厂务公开栏，公开经营业绩、奖金分配、福利待遇等职工关注的问题；开展“我为千万吨做贡献”大讨论、安全隐患排查、劳保用品穿戴、习惯性违章等群众性安全生产监督活动及“五一”趣味活动、广场健身舞《小苹果》展演；承接中国石油文联“送欢乐、下基层”宝石花艺术团、青海省演艺集团等大型文艺演出；组织女职工开展庆“三八”联谊文化活动和才艺作品展；举办女工健康知识讲座，普及女性生理健康知识；开展《读一本好书》活动，上报油田读书心得 7 篇；

格尔木社区管理中心团委下设基层团支部7个、青年支部4个。35岁以下青年人129人，占员工总数的30%；团员48人，占青年总数的37%；青年党员10人，占青年总数的12.9%。开展青工讲述、青年大讲堂活动，激发团员青年的创业热情；在主题团日活动中与青年团员签订“珍爱生命，远离黄赌毒”承诺书，观看警示教育片和举办禁毒讲座；举办“书香宝石花·点亮青春梦”双十读书知识竞赛选拔赛和网络答题活动，并参加油田团委在格尔木地区举办的知识竞赛。开展“五型”班组创建活动，对33个班组每季度进行达标考核，“五型”班组达标率100%。（杨秀峰）

社区管理中心

【概述】 中国石油青海油田公司社区管理中心（以下简称“社区管理中心”）是油田矿区服务系统主力单位，拥有国家物业服务企业二级资质，固定资产总值 7.51 亿元。主要负责敦煌基地水、电、气、暖供应保障、基地环卫保洁、市政与小区管理、园林绿化、基地建设、维修服务、轮休公寓、食堂及有偿解除劳动合同人员和退休后的日常管理等工作。有各种专业技术设备 361 台（套），设备完好率 99.61%，利用率 91.15%，新度系数 0.35。

截至 2014 年年底，在册职（员）工 957 人，其中：干部 118 人，工人 839 人。男职工 391 人，女职工 566 人；中心设置 8 个职能科室、6 个机关直属单位、18 个基层单位。

2014 年，社区管理中心获油田公司“矿区服务系统先进集体”、“维稳信访工作先进集体”、“企业管理先进集体”、“培训工作先进单位”等称号。（组织机构见下图）

2014年社区管理中心组织机构图

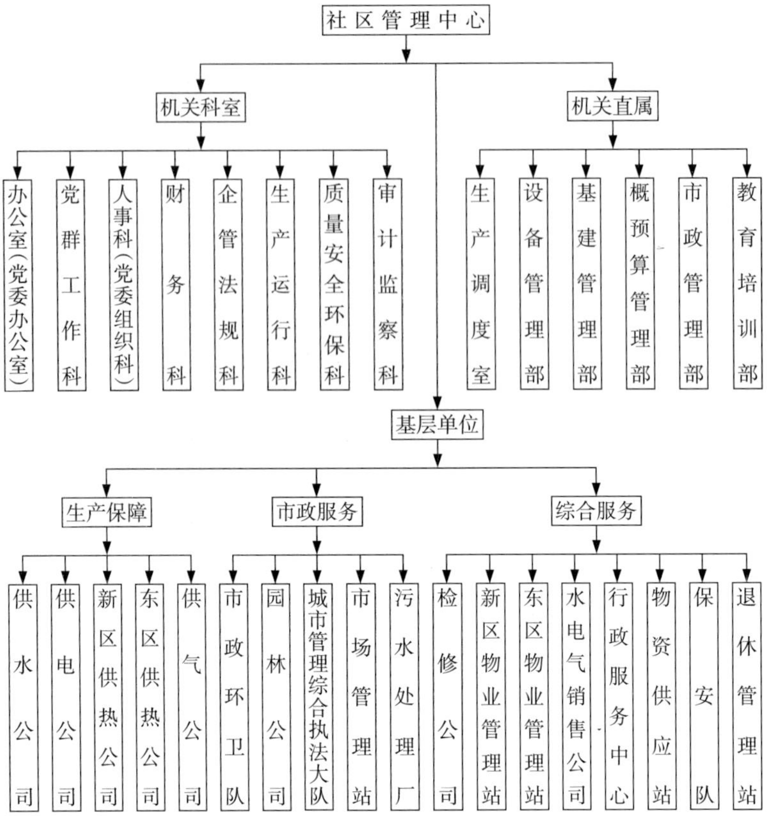

【主要生产指标】 2014年，安全平稳转供电5517万度；转供气3721万立方米；供水725万立方米；保温面积174.1万平方米；累计完成公共区域和入户维修1.42万次，服务及时率94.8%，综合服务满意率96.39%

【经营指标】 2014年，资金和资产效益明显提高，发生成本5.27亿元，净支出3.87亿元，剔除人工成本、折旧、税费等公司认可因素，减亏57.37万元。

【主要措施及成果】 2014年，社区管理中心加强水源安全监控和设备检修维护，实现2014年安全清洁供水。完成主要能耗设备变频控制改造，年均节电60万度。供电线路春检细致高效，隐患消缺63处。日常检维修及时高效，处理供电故障524次。特殊天气开展特巡，4·23特大沙尘暴基地供电安全平稳。新三区、昆仑小区供热末端住户改造后室温平均升高3℃。供气围绕“三个全覆盖”，对基地天然气管网安全评估检测全覆盖，排查一、二级管网共3.65万米；对基地798台（套）供气设施设备巡查、检漏、清洁全覆盖；入户燃气安检普查全覆盖，检查7026户，整改隐患242个，实现基地安全平稳供气。

社区管理中心“440”窗口深入人心，检修公司突出“反应灵敏、服务快捷、质量优良”，以实际行动兑现承诺，让基地广大居民体验满意服务，年完成工作量1.36万单，服务满意率96%、及时率98%，实现服务零投诉。小区物业服务推行网格化管理标准，开展“四做、四比”劳动竞赛，日常保洁认真做、双休日卫生主动做、楼道杂物清理坚持做、卫生样板楼创新做，营造小区秩序良好、环境整洁优美、文化生活丰富、邻里关系融洽良好氛围。

2014年，社区管理中心落实市政九项要求出实招、见实效，基地面貌呈现新改观。环卫工作合理调整工作时间、保洁频次，开展集中清理16次，基地环境质量全面提升。城乡结合部及基地“五乱”整治工作实行门前三包，小广告清理效果良好，重点公共区域及小区临时停车位逐步规范。

2014年，敦煌基地绿化新植乔灌木7150株。培育5个品系8个花色8万余株，外摆花坛8处，盆花摆放一月一换。日常养护病虫害拔点清源、群防群治见到成效。尝试承揽二级厂处庭院绿化管护服务，完成钻采院7752平方米绿化种植养护。

2014 年，社区管理中心维稳工作无群体上访事件发生。重点阶段维稳工作扎实细致，灵活就业人员管理有序开展，开展不稳定因素排查 4 次，重点维稳阶段，安排周密、措施到位。社区文化活动参加人数达 1.36 万人次。

【科技创新与技术改造】 社区管理中心持续推进节能项目课题攻关，《敦煌基地保温系统节能研究》项目获油田公司 2014 年科技进步二等奖。社区管理中心完成生产数据库升级，信息化水平不断提升。技术改造完成 6# 锅炉房远程控制试点，实现无人值守、远程控制，生产运行集约管理、自动化水平明显提高。

【工程建设】 2014 年，社区管理中心实施投资工程项目 8 项，昆北小区 11 栋 547 套小高层住宅、东三、东四村、基地道路、14 号锅炉房改造工程相继投用。住房公积金、市政维修保质保量按时完成。东坪油苑前期工作按节点推进。基地污水处理厂提标改造工程通过环保验收。

【安全生产】 2014 年，社区管理中心健全完善 283 个岗位职责和 HSE 职责，岗位安全履职能力全面提升；通过油田公司 2 次审核，整改问题 34 项。内审 2 次，整改问题 51 项；持续强化安全监督，检查社区管理中心在建项目、生产现场 27 次，整改问题 136 项；隐患治理注重实效，完成上级下达项目治理 3 项，自筹 100 余万治理内部隐患 45 项，安全生产事故为零。

【企业改革与管理】 2014 年，社区管理中心修订完成《青海油田社区管理中心管理制度手册》，汇编发布管理制度 103 项；内控管理流程逐步规范，例外事项与 2013 年相比下降 54.5%。

【员工培训】 2014 年，社区管理中心抓培训，练内功，开展素质提升工程，各类培训 2800 人次、与 2013 年同比增长 26%；组织开展社区管理中心第七届职业技能竞赛，参加油田公司第八届职工技能比赛，热力司炉工包揽前 9 名。

【党群工作】 2014 年，社区管理中心党委下设党支部 20 个、党小组 80 个；正式党员 1062 人，预备党员数 7 人、申请入党 12 人。社区管理中心领导班子建设以理论武装为指导，组织开展学习 34 次。大力推进工作作风建设，积极推行领导干部“休息日”值班制度，做到指挥靠前，增强领导班子的凝聚力和执行力。深入开展党的群众路线教育实践活动，对照在群众路线整改落实环节查出的问题，逐条、逐项对照落实，修订完善制度 15 项，扎实推进基层党建，服务意识和能力不断增强。党风廉政工作，贯彻落实集团公司和油田公司反腐倡廉建设会议精神，《廉洁从业承诺书》，《党风廉政建设责任书》签订率 100%。开展党风建设学习教育活动，不断健全处理程序，积极畅通诉求渠道，调查并妥善解决员工关注的热点问题。

社区管理中心下设 21 个基层工会委员会、会员 957 人。下设 18 个基层女工委员会、3 个女工小组，工会以劳动竞赛为抓手，发挥女工半边天作用，女工工作、计划生育工作成绩突出。2014 年社区管理中心累计慰问各困难群体 841 人次，发放慰问品 1.03 万件，发放救助金、慰问金共计 163.43 万。为提升职工业余文化生活品质，发放职工活动卡 996 份，办理油田影视卡 842 份。全年购买和订阅各类书籍杂志 1000 余册，充实了“职工之家”阅览室，丰富了职工的业余文化生活。为员工办理疗养 537 人次，结算 177 人，并及时安排员工的体检工作。举办元旦、春节、“三八”妇女节、春秋季趣味运动会、广场演出等系列文体活动 20 余次。

社区管理中心团委下设 5 个团支部，团员总数 11 人，35 岁以下团员青年 38 人。开展“学雷锋，树新风”、“扶贫帮困”志愿者主题活动，树立社区管理中心“绿叶”志愿者服务队品牌。（杨俊）

新闻中心

【概述】 中国石油青海油田新闻中心（以下简称“新闻中心”）有设备 573 台（套），固定资产原值 4444.38 万元。主要经营业务：新闻宣传，电视传播、施工维护，印刷、广告创收等。主要资质包括：青海油田有线广播电视台（中心）许可证和接收卫星传送境内节目许可证、《油城电视报》国内统一刊号、广告经营执照、广告经营许可证、《青海石油报》国内统一刊号、印刷经营许可证以及《瀚海记者》、《瀚海魂》内部期刊号等。新闻中心有干部员工184人（企业员工18人，劳务子女工1人）；男性101人，女性83人；新闻中心下设机关科室4个，机关直属单位1个，基层单位13个。（组织机构见下图）

2014年新闻中心组织机构图

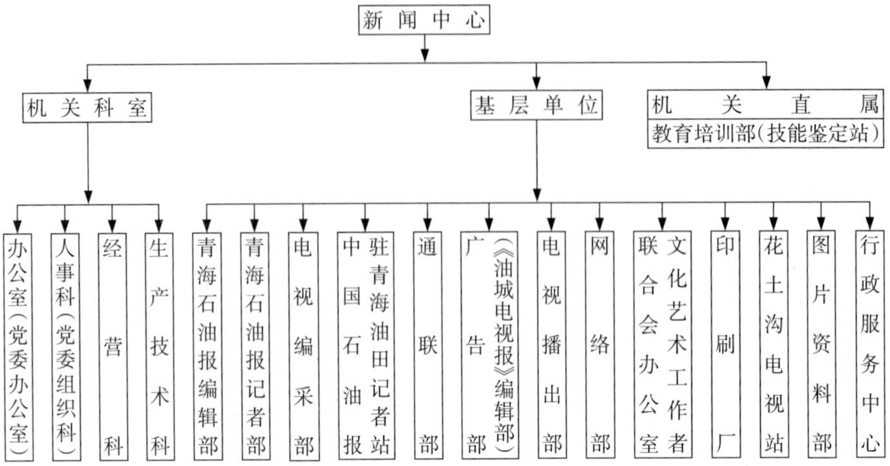

【**业绩指标**】2014年，新闻中心预算收入950万元，实际收入1048.14万元，与预算相比增加98.14万元；费用支出4126万元。没有发生新闻宣传导向错误，未发生报纸、电视技术性事故，员工伤亡事故千人死亡率为零，环境污染责任事故为零；没有发生班子成员、党员干部违法违纪案件。

【**新闻宣传**】2014年，新闻中心采、编、印、发《青海石油报》151期，编发稿件7071篇，其中言论330篇；文字差错率控制在万分之三以内，图片差错率为零。分别在《中国石油报》、《青海日报》见报194篇、55篇。编发《新闻通讯》（更名为《瀚海记者》）4期、《瀚海魂》4期，差错控制达标。电视采、编、制、播《油田新闻》2451条、261期；采、编、制、播专题专栏139部（期）；电视对外报道分别在青海广播电视台、中国石油影视中心见播129条、50条；出版《油城电视报》52期。保证了敦煌、冷湖、花土沟、格尔木、涩北等基地数字电视节目的正常播出，实现播出安全无事故，其他控制类指标达到考核要求。

《青海石油报》深入开展"走基层·戈壁行"、"记者走队站"等"走转改"活动，采写编发了《步履铿锵奔千万 瀚海扬帆再远航》、《英雄岭上建奇功》等反映油田发展成果、矿区和谐与文化建设等方面的重点报道；更新主题专栏"油人油事"，恢复"艺苑"栏目，编辑出版《聚宝盆1000期优秀作品集》；根据油田阶段性重点工作，推出"聚焦两会"、"劳动者之歌"、"保上产促稳产·追梦千万吨"等主题报道；策划"质量月"、"安全生产"、"降本增效"等专题报道。

油田电视台现场直播油田一系列重要会议、重大活动；策划实施了对油田主要区域及周边地区的高低空航拍；开展"寒冬一线行"、"新春看一线"、"油城人油城事"等走基层主题报道；与青海广播电视台探索联合采访新模式，8集系列报道《走基层·油田行》和专题节目《大漠戈壁写春秋》、《阔步迈向千万吨》在青海卫视的不同栏目、不同时段播出，《扎哈泉致密油展现油田新图景》在中国石油影视中心《特别关注》中与观众见面，与央视共同策划完成了"冷湖不冷"专题报道。

《中国石油报》驻青海油田记者站在《中国石油报》、《青海日报》等主流媒体上刊发稿件230篇。《青海油田找到中国陆上最大基岩气藏》等26篇新闻报道被人民网、《工人日报》、《中国能源报》等中央及部委新闻媒体转载；《一场思维模式的变革》等42篇消息和通讯在《中国石油报》头版头条或版面显著位置发表；缅怀青海石油先辈的组稿《茫茫戈壁埋忠骨 巍巍高原石油魂》在《金秋周刊》通版刊发；《地中四井：让冷湖"热"起来》在《中国石油报》四版整版呈现。

【**工程建设**】2014年，新闻中心完成播控机房双路市电改造和不间断电源电池组更换安装，敦煌基地部分住宅小区有线电视光链路、电源线路改造，昆北等新建小区有线电视网络施工，乌南一线作业区有线电视改造维护等工程。

【**安全管理**】2014年，新闻中心完成了体系内审和迎审工作，整改关闭问题23项；编制并上报《新闻中心风险管理报告》，持续培训风险管理意识，提高风险管控水平；强化职责归位，修订、细化并全员签订安全环保责任书，落实了安全行动计划、观察与沟通、应急演练、直线责任、有感领导、属地管理等一系列要求，案例宣传、培训教育、经验分享、定期检查的安全特色文化得到落实和巩固。未发生安全上报事故。

【服务油田】 2014年，油田综合和矿区生活2套自办频道累计播出中国石油影视报道52期，油田电视新闻261期、电视专题专栏139部（期）、电视剧3650集、电视社教类节目（短片）370多部（集）、安全专题（短）片20部、电影365部（其中红色电影36部）、公益性广告60多条，播出前端节目总数量保持在122套，含1套高清节目，播出的自办节目无违反国家广播电视管理法规的现象发生，无政治导向错误。新闻中心对敦煌基地8块公益广告牌进行了改造、制作与安装，美化亮化油田传播文化环境。油田电视台新创办《油田同期声》、《安全风险预警》、《热点访谈》等综合类栏目；对开办的《天气预报》再度改版。《油城电视报》更加贴近读者和电视观众，出版发行质量得到提升。电视维护"亲情化微笑式服务"落到实处，处理用户申告故障1256起，其中线路故障576起，机顶盒软故障680起。

【员工培训】 2014年，新闻中心通过举办培训班、选送业务骨干外培和组织技术交流等方式，加大对干部员工以及油田业余新闻宣传人员的培训力度，全年培训干部员工126人（次）。举办了第27期新闻采写培训班，外聘专家到油田进行讲座，培养骨干通讯员57人，选派了25名专业编采人员外出学习，开展了形式多样的新闻采编练兵，提升了专兼职新闻从业人员的业务技能和水平。

【党群工作】 2014年，新闻中心党委下设党支部7个，党员83人（预备党员2人），申请入党人数24人。在党建工作中，从抓党的思想、组织和作风建设入手，加强党风廉政建设，在党员中开展设岗定责、依岗承诺活动。纪委与各部门签订《党风廉政建设责任书》，深入开展创先争优、服务型基层党组织建设活动，领导干部认真开展反"四风"活动，见到较好的效果。党员干部中未出现涉嫌腐败现象。

新闻中心有工会委员会1个，基层工会委员会6个，会员184人。女工委员会1个，基层女工委员会5个。工会组织加强民主管理和监督，推行厂务公开，深入开展劳动竞赛活动，调动了岗位人员的工作热情；开展了多种文体娱乐活动，参加人数170人次。安排健康疗养106人，疗养费用结算30人。按时为盆地固定人员发放螺旋藻、氧源。为40户独生子女家庭发放独生子女费0.72万元。为93名干部员工进行健康体检，安排76名已婚女职工进行妇科专项体检。节日期间慰问并补助困难员工家庭13户。

新闻中心有团总支1个，青年39人（含团员9名，党员16名）。团总支以培养"四有"新人为目标，开展"争创青年文明号"、"争当青年岗位能手"、"一团一品"活动，规范讲述范本，明确讲述要求，在电视网络部、行政服务中心小车班、印刷厂3个部门开展"千人千元创百万、青春建功促发展"活动，组织团员青年参加献爱心捐款、健身徒步走、学雷锋便民服务、祭扫冷湖烈士公墓、黑板报比赛、迎新春竞技活动等。

在企业文化建设上，新闻中心开展大庆精神、铁人精神、柴达木石油精神教育，激发干部员工投身发展、岗位建功的热情；以深入开展岗位练兵、"堵塞漏洞，杜绝浪费"、厉行节约、献计献策等活动为载体，持续强化新闻传播、优质服务、安全稳定、和谐发展文化建设，展示了作风形象、增强了新闻中心的核心竞争力。（曹青卿）

培训中心（党校、幼儿教育中心）

【概述】 中国石油青海油田公司培训中心（党校、幼儿教育中心）以下简称"培训中心"。培训中心有培训中心、中共青海油田公司委员会党校、幼儿教育中心3块牌子，是油田公司进行党员干部培训、员工培训、学历教育、幼儿教育的教育培训基地。拥有党校、电大分校、省级重点技校、甘肃和青海两省一级驾驶员培训学校、全国职工职业技能实训基地等 21 项资质。有固定资产总值 9156.45 万元，车辆 56 台，原值 718.85 万元，净值 189.34 万元，设备状况良好。有教员工 347 人，其中男员工 106 人、女员工 241 人；具有高级职称 16 人、中级任职资格 90 人；有培训专兼职教师 33 人、驾驶培训教练员 20 人、幼儿教育专职教师 21 人、保育员 99 人。下设机关科室 6 个，基层单位 11 个。有幼儿园 6 所，承担着青海油田幼儿教育教学及保育服务工作，其中，3 所获得青海省省级示范幼儿园称号，3 所青海省级一级一类幼儿园。10 名骨干教师参加国家幼儿教育国家级培训项目的培训。2014 年，培训中心被评为油田公司文明建设先进单位，驾驶培训学校被评为油田公司“红旗基层单位”，培训二部被评为安全生产先进集体称号。（组织机构见下图）

2014 年培训中心（党校、幼儿教育中心）组织机构图

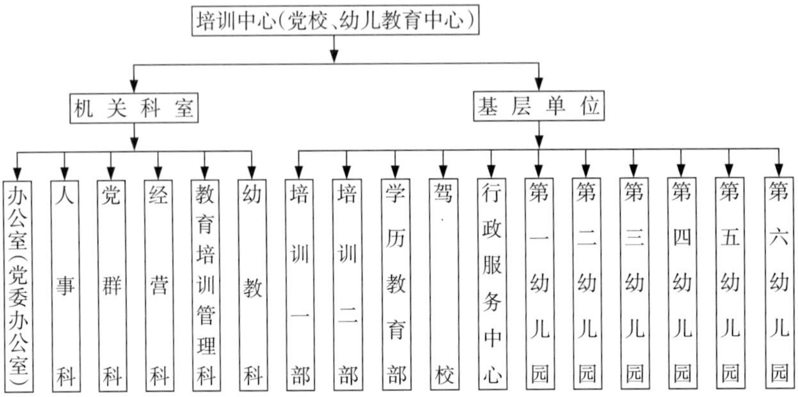

【业绩指标】 2014 年，培训中心累计完成各类培训 183 期，10866 人次。创收 1162.80 万元，实现减亏 402 万元。月均入园幼儿 1138 名（指标为 1000 名），杜绝幼儿人身安全事件和食品药品安全事件，常规教育和特色教育受到好评。党风廉政建设、安全环保、综合治理、信访稳定和保密工作达到考核标准。

【宣讲工作】 2014 年，培训中心（党校）教育紧跟理论宣教动态，开发出总书记习近平系列讲话、十八届三中和四中全会精神解读等课程，优化党员干部培训课程设置，在油田组织开展了 10 场宣讲，推动主题教育活动的深入开展。着力打造《柴达木石油精神讲座》、《党史讲座》和拓展训练品牌课程，通过固定课堂和流动课堂的结合，在党员干部培训中产生较好的反响。

【教育培训管理】 培训中心（党校）坚持“走出去、请进来、到现场”的做法，2014 年送外培训 112 人次，内部培训 593 人次。通过专兼职教师培训班、课前试讲、推门课、教学检查活动，新上岗教师的业务技能显著提高。进一步规范教（科）研管理，确定 3 项年度精品课建设任务；实训基地开展订单式培训，与华北技师学院培训机构开展联合培训，培训操作人员 3757 人。组织危化、特种作业安全培训 16 期，取证 1626 人；加大送教一线力度，盆地内办班 27 期，现场培训 1544 人次。驾驶培训学校 2014 年累计培训 1100 人，964 人取得驾驶证，考试合格率达到 88%，超过全国 75% 的平均水平。2014 年学历教育录取新生 220 人。完成 32 个班级 100 门课程的教学组织工作，按计划有序开展 700 人的学历、学位认证工作。2014 年，在校主干专业学员 728 人，占学员总数的 72%。

【安全环保】 2014 年，培训中心（党校）重点加强现场管理，有效治理校园安全隐患；按期公示领导干部安全行动计划，扎实开展安全培训、应急演练和安全经验分享活动；突出对幼儿园、机房、食堂重点领域、要害部位以及车辆运行、幼儿接送关键环节的监管；开展办公、教学场地风险辨识，促进体系标准和实际工作的融合，实现安全生产零事故。

【党群工作】 2014 年，培训中心（党校）有党支部 13 个，党员 168 名。深入开展党的群众路线教育实践活动、“六个一”党支部、“四赛一争”创先争优等活动，充分发挥基层党组织的战斗堡垒作用，严格执行《党政领导干部选拔任用工作条例》，加强党对干部工作的领导，落实民主集中制原则，提高决策的科学性。严把会议质量关、成本关和效率关，同比减少会议 15 场次，文件数量下降 20%。公务接待费降低 66%。培训中心领导班子成员带头践行“办一件实事”的承诺，主动服务教育培训工作，从严落实“三超”（办公面积、

公务接待、公务用车）治理，形成风清气正的工作氛围。党委结合23项教职工建议，逐项制定跟进措施，认真答复职工问题，严格督办抓落实，进一步密切干群关系。

培训中心（党校）工会有基层工会委员会12个，会员总人数352名。女工小组12个，女工占职工总数的70%。工会采取多种形式加强职工的思想政治教育、职业道德教育和业务培训。组织职工积极参加十八大、十八届三中、四中全会、总书记习近平系列讲话精神、集团公司和油田公司会议精神的学习活动；加强职工的理论学习和业务知识培训，组织各类学习和培训班15期，培训593人次，进一步提高职工队伍的整体素质和业务水平。在女职工中深入开展以“岗位建功”和“自学成才”为主要内容的建功立业活动、“创建三优”活动和“比培训质量、比培训管理、比培训效益”为主要内容的劳动竞赛。在2014年培训系统教学技能大赛的12名获奖者中，6名女职工获奖，占获奖人数的50%。开展女职工工作理论研讨会，举办“读一本好书”的征文活动，收集19篇读书心得。组织236名女职工进行体检。为职工办理外出疗养178人，疗养结算82人，总费用达128.70万元。健康体检193人。看望慰问住院职工25人次、困难家庭180人次，发放慰问金30万元。对5名遗属定时足额发放生活补助近1.2万元。倡议全体员工和油田爱心人士为驾驶培训学校职工金凯荣女儿募捐救助款9.04万元。

培训中心团委下设 7个团支部，有团员2人 ，青年57人。开展 “教学劳动竞赛”、“优质服务劳动竞赛”、“学雷锋、树新风”暨青年志愿者服务、亲情互助送温暖、“我为千万吨做贡献”主题大讨论暨征文活动等。参加油田公司“建设千万吨 青春建功油田梦”黑板报比赛；召开庆“五一、五四”教职工健步走暨庆“五四”表彰会；3月，4名教师赴省委党校参加第五届省际党校系统教学观摩比赛和精品课竞赛活动，3名教师获奖，总体获奖率在全省排名第二；油田公司举办“书香宝石花·点亮青春梦”双十读书青年知识竞赛活动，出题300道，并组织团委青年进行网络答题。配合培训部门开展全年教学竞赛活动，有46名教师参加竞赛，赛期为11天；团活动报道，上报油田公司团委11篇。(薛萍)

职工活动管理中心

【概述】 中国石油青海油田公司职工活动管理中心（以下简称“职工活动管理中心”），是青海油田文化休闲娱乐、体育强身健体、科学普及教育、勘探开发成果及油田发展史展览、青少年课外活动等综合功能的现代化文化娱乐场所；是青海油田各类大中型会议、文艺演出、体育比赛、各类展览等活动的场所；是集团公司企业精神教育基地、青海油田“文明示范窗口”和爱国主义教育基地。截至2014年年底，职工活动管理中心总建筑面积2.68万平方米（不含休育公园露天设施）。固定资产1.52亿元，累计折旧5720万元，现有设备798台（套），主要设备38台（套），设备完好率98%。职工活动管理中心员工总数166人，其中：合同制员工126人，企业员工40人；男员工61人，女员工105人，平均年龄42岁。下设4个机关科室、4个基层科级单位。

2014年，职工活动管理中心职工俱乐部获“油田公司先进集体”、“红旗基层单位”，体育公园服务班获油田公司“安康杯”优胜班组称号。（组织机构见下图）

2014 年职工活动管理中心组织机构图

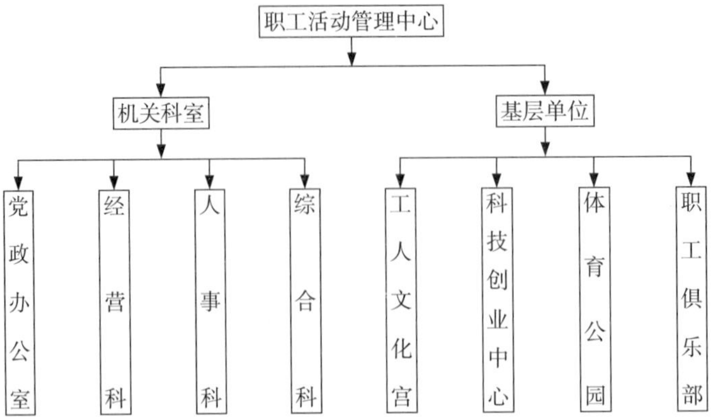

【经营指标】 2014 年，油田公司和矿区服务事业部给职工活动管理中心核定的预算指标是：总收入为 450 万元，总成本 3479 万元，净支出 3029 万元，服务满意率达到 92% 以上。实际全年完成收入 492.52 万元，费用净支出 3721 万元，实现收支相抵略有盈余的年度经营目标。通过民意测评，服务满意率达到 97% 以上。

【服务接待】 2014 年，职工活动管理中心始终把提高服务质量作为重要工作来抓。在服务窗口广泛开展文明服务、微笑服务、优质服务，获得经济效益和社会效益的“双丰收”。承办油田公司机关乒乓球、台球比赛、住房公积金组织的保龄球比赛。先后完成油田长跑、篮球赛礼仪服务及青海物探成立 60 周年歌咏比赛服务的工作。会议接待 55 场次，“两厅”参观 58 场次，东坪选房等工作。按照油田公司工会安排，完成体能检测相关配套及设备的测调试工作，620 余人完成体能测试；做好电影放映工作，全年放映电影 452 场次；在营业过程中对岗位人员仪表仪容、文明礼貌服务、岗位坚守等进行督导，共拾获并归还顾客遗失物品 20 余起、价值 2 万余元。总经理信箱服务质量有效投诉同比下降，2014 年共收到 8 封来信，其中有效投诉 5 封，对职工活动管理中心工作表扬及感谢信 3 封。组织开展“服务技能知识抢答赛”和“服务礼仪”比赛，持续深化服务管理，提升服务效率。

2014 年，职工活动管理中心共接待参观学习团体 77 个，接待顾客 41.17 万人次，其中：文化宫接待团体 35 个，接待顾客 27.78 万人次；体育公园接待顾客 3.72 万人次；科技创业中心接待团体 42 个，接待顾客 2.09 万人次。承办会议 29 次，举办特色学习班 4 期；职工俱乐部放映电影 452 场次，文艺演出 40 场次，接待顾客 7.59 万人次。

【文艺演出】 职工活动管理中心完成庆祝青海油田创业 59 周年广场文艺演出及灯光音响服务工作。昆仑艺术团深入盆地一线进行慰问演出，演出 28 场次，4142 人次观看。2014 年 7 月参与中石油“宝石花”艺术团在敦煌基地的 2 场慰问演出；2014 年 8 月赴海西州参加州庆演出；对大柴旦食宿站职工进行慰问演出。

【工程建设】 2014 年，先后组织实施完成科技馆部分场馆设施维修，俱乐部卫生间维修改造，俱乐部、体育公园智能监控系统更新改造，游泳馆地面防滑瓷砖更新改造，科技馆舞蹈练功厅装修改造，游泳馆燃气泄漏联动保护装置改造，体质测试中心场馆装修改造等工作。编制职工活动管理中心 2015 年改造、建设项目建议书，组织编写上报职工活动管理中心“十三五”发展规划。积极推进工人文化宫改造工程。完成前期改造方案并上报油田公司；组织完成科技馆“青海油田展览馆”装修改造方案设计，上报矿区事业服务部及油田公司计划规划处。

【安全生产】 2014 年，职工活动管理中心贯彻执行 HSE 工作方针和要求，与各基层单位分别签订质量安全环保节能责任书。制定“一岗双责”，推进 HSE 体系工作，严格执行反违章禁令，完善应急预案。修订下发安全管理制度 7 项、设备管理制度及细则 5 项，职工活动管理中心应急预案 1 个、基层应急处置预案 16 个；组织春季、冬季设备维护检修工作；发挥技术攻关小组作用，解决设备运行问题，降低设备运行消耗，设备完好率达到 98%；油田公司 QHSE 体系二次审核中查出 32 个问题全部得以整改；开展岗位标准化工作，狠抓现场管理，制定相关的配套考核办法；积极开展“安全生产月”活动，进一步筑牢安全屏障。

【职工培训】 2014 年，职工活动管理中心制定《2014 年员工培训指导意见》，开展安全管理、沟通、观察矩阵培训方法、服务礼仪技能、健康知识讲座，新闻写作等培训工作，参加油田公司举办的各类业务培训76人次，职工活动管理中心各单位内部培训895人次，派外学习21人次。

【党群工作】 职工活动管理中心党总支下设5个党支部，正式党员94人，入党积极分子7人，少数民族党员3人，女党员55人。根据油田公司党委工作部署，制定《职工活动管理中心2014年党建工作安排》，健全相关工作制度及考核细则，建立“责任层层传递，考核层层落实，激励层层连接”的责任体系，签订党风廉政建设责任书97份，关键岗签订廉洁承诺书38份。制定教育实践活动整改方案，认真做好整改落实工作，进一步加强公车、接待费管理，促进作风转变。开展基层党支部“六个一”和“抓攻树”、“党员责任岗、党员示范区”活动，进行党员民主评议，参评党员94名。在职工活动管理中心范围内开展“我为千万吨做贡献”和“全员增效”大讨论活动；开展有奖征文活动，收到征文稿件17篇，对其中6篇优秀征文进行表彰奖励。在油田网络、电视、报纸、杂志上共发表各类通讯报道428篇。

职工活动管理中心下设4个基层工会委员会，4个女工小组，会员166人。不断完善民主管理，持续推进厂务公开，召开党工团民主讨论会4次，到基层进行工作调研6次。全面开展“服务千万吨、建功在油田”劳动竞赛及“下基层，办实事，聚心力”为主题的“十百千”活动；举办以“服务礼仪、安全生产、时事要闻”为主要内容的知识抢答赛、“服务礼仪大赛暨劳动竞赛成果展演”；持续开展“素质提升”和“建功立业”工程。共有80余名女职工受到油田公司及职工活动管理中心的表彰奖励。

工会组织开展送温暖活动，向困难职工发放慰问金及慰问物品共计7.39万元；看望慰问住院职工及家属22人次，购买慰问品4400元；慰问悼念去世职工家属7人次，发放丧葬补助费4.2万元；特殊困难救助2人次，发放救助款2.1万元；向参加高考且金榜题名的职工子女赠送激励品5600元。组织114名职工参加健康体检，100名女职工参加专项体检。为166名职工订送生日蛋糕，发放小劳保。全年安排职工疗养115人次，对符合疗养条件但未办理疗养的职工及时进行结算。

职工活动管理中心工会组织开展以“堵塞漏洞、杜绝浪费、合理化建议、修旧利废、小改小革”为主要内容的群众经济技术活动，2014年，征集合理化建议37条，修旧利废61项，小改小革11项，节约费用6.82万元。组织开展棋牌比赛、庆“三八”趣味游戏活动、迎“五一”、“五四”排球以及羽毛球比赛等活动；协助组织开展油田公司“五月的风”广场文化系列活动；参加油田公司举办的“庆元旦”拔河比赛，在27家参赛单位中取得第五名的好成绩。

职工活动管理中心团总支下设1个团支部，有4名团员，35岁以下青工35人，占总人数的20%。创建昆仑艺术团青年安全生产示范岗。组织团员青年开展“小讲堂讨论”活动、“千人千元创百万，青春建功促发展”、“书香宝石花·点亮青春梦”双十读书交流活动、“岗位技能培训、五小成果、修旧利废”、郊游、“学雷锋”等活动。

职工活动管理中心确立“在为顾客提供满意服务中实现自身价值”的价值观、“为油田发展服务、为职工家属服务、为精神文明建设服务”的服务方向。以实际行动积极为油田员工家属提供安全舒适的活动场所和优质的服务。（陈静）

职工总医院

【概述】 中国石油青海油田公司职工总医院（以下简称“职工总医院”）是一所集医疗、预防、保健、急救为一体的二级甲等综合性医院，开放病床198张。截至2014年年底，职工总医院拥有固定资产812项，资产总值18866.20万元，净值11560.85万元。有医疗设备361台（套），医疗设备原值7815.26万元。房屋26幢，建筑面积29.30万平方米。有员工465人，其中男员工145人，女员工320人；医务人员376人，行政后勤管理人员89人，主任医师1人，副主任医（药、护）师36人，中级职称168人。下设10个机关职能科室、9个临床医疗科室、6个辅助及医技科室、2个门诊部、1个社区医疗卫生服务中心（下设5个社区医疗服务站）、1个花土沟分院和行政服务中心。

2014年，职工总医院被油田公司评为财务资产先进单位、人口与计划生育红旗单位；职工总医院内一科获矿区服务系统医疗卫生先进集体；职工总医院一门诊被油田公司评为红旗基层单位称号。（组织机构见下图）

2014年职工总医院组织机构图

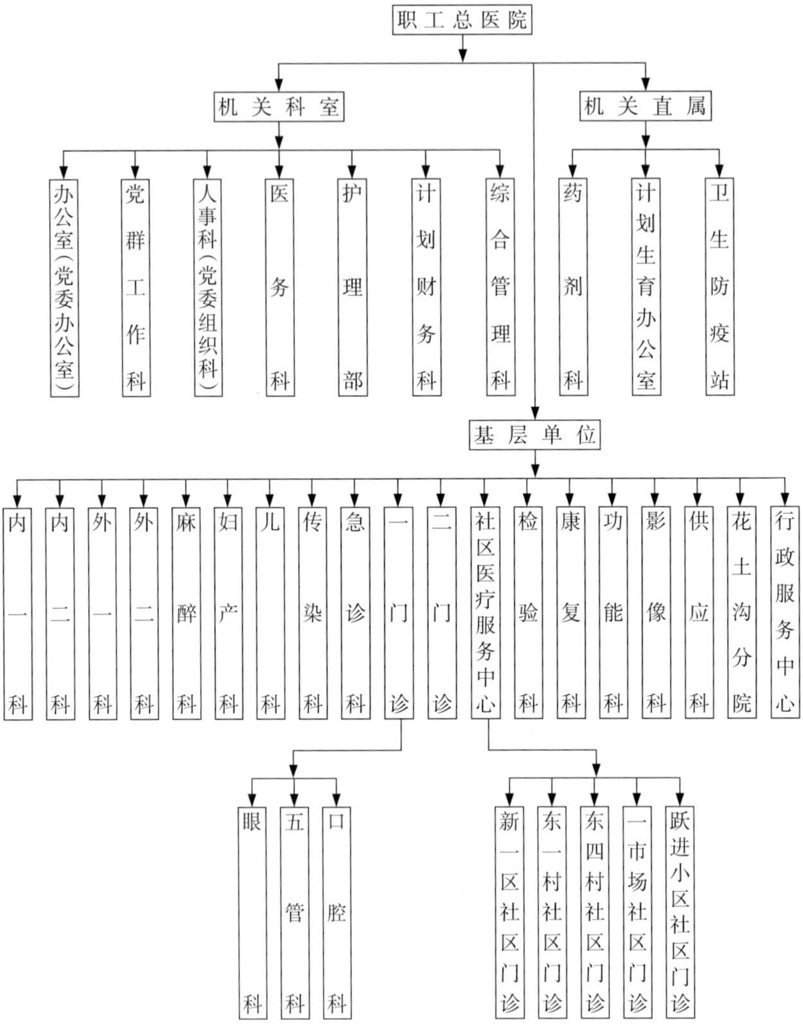

【医疗指标】2014年，职工总医院年诊疗人数25.40万人次，完成健康查体2.81万人次，治疗有效率97.46%，抢救成功率95.83%，Ⅱ级及以上医疗事故为零。医疗废物处理合格率100%，公共突发事件处理及时率100%。总经理（书记）信箱办结率100%，服务满意率98.47%。

【经营指标】2014年矿区核定的总费用是16460万元，医疗收入8270万元，利润指标-8190万元。费用实际净支出8091.39万元，剔除人工、折旧、降本增效等因素后完成下达预算目标，费用略有节余。

【主要措施及成果】职工总医院全面落实医疗核心制度，严格执行操作规范，落实医疗零缺陷和患者十大安全目标。加强重点部门、关键环节医院感染管理和监测工作，加强医务人员对《处方管理办法》、《抗菌药物临床应用指导原则》的学习。坚持门诊预约诊疗和急诊绿色通道，推行危重患者的“先诊疗，后结算”的付费模式，取消社区诊所挂号费，让利于民。坚持社区上门服务、家庭病床服务、助产士门诊、无创分娩等特色服务，开展护理操作点名服务和临终关怀等优质护理服务活动。深化社区、一线和健康体检工作，

2014年社区共诊疗10.31万人次，上门服务413人次，健康讲座培训420余人次。为野外职工进行义诊和培训，累计1129人次，为1586人发放常用、应急药品。完成健康体检共计2.81万人次，加强网上体检个人查询平台运行管理，方便广大职工家属查询。完成高端CT和核磁的购置、影像中心和院区重点部门、重点岗位的监控规划设计。建成职业卫生标准化实验室，完成新一区、东一村社区医疗服务站的改、扩建暨矿区便民药店的建设。在集团公司远程会诊医疗项目组的支持、帮助下，成立中国石油医院远程会诊青海油田职工总医院分中心，并完成87例疑难危重患者的远程会诊。按照要求合规开展诊疗活动，取得“青海油田职业健康体检资质”和“腔镜技术”等资质。实施专业技术岗位竞聘，完成276名高、中、初级卫生专业技术人员的竞聘工作，为11名劳务子女工转换身份。2014年，总经理（书记）信箱、患者和群众表扬信32封，锦旗1面。

【安全生产】 2014年，认真落实职工总医院HSE管理提升计划，强化“红线”意识，树立“底线”思维。院领导和科级干部签订了《安全环保责任书》。开展个人安全行动计划和安全经验分享活动，强化QHSE内部审核，对查出的39项问题及时整改。进一步加大安全环保隐患治理力度，投入治理资金263万元，完成焚烧炉、污水处理设备、燃气报警器、UPS电源的更新和卫生防疫站检测设备38台（套）的配备，更换花土沟分院腐蚀天然气管线255米。全年“120”急诊、药品配送和医疗废物清运，实现2.23万千米行车安全无事故。邀请地方消防培训中心对职工总医院进行消防知识培训，安排专职人员对职工总医院27个部门的462具灭火器、80处消防栓进行定期检查，更换108具灭火器、11个应急灯，2个消防栓水带。

【员工培训】 2014年，举办省级继续医学教育培训6期、业务学习32次、外聘专家授课6次、教学查房10次，短期专科培训37人、局内培训53人，各类培训累计3326人次。

【科技创新与技术改造】 2014年，完成1项局级，10项院级科研项目，23项“三新”项目。局级项目《高原环境对油田作业职工身心健康影响及中医药防护研究》项目的主体课题已完成；局级项目《青海油田口腔健康调查及干预措施的研究》获油田科技进步三等奖。《尿流动力学检查对膀胱出口梗阻性疾病的诊断及疗效评估》等项目获院级科技进步奖；《成功抢救28周早产儿一例》获得重奖。职工总医院在世界中西医结合杂志，中医药学报，中国实用神经疾病杂志等医学核心期刊发表论文3篇。成功开展腹腔镜联合电子胆道镜行胆囊切除及胆总管探查切开取石术、关节置换术、有创动脉血压监测、深静脉穿刺置管术和肾积水穿刺引流术，累计完成64例牙体种植修复和43例白内障手术。

【党群工作】 2014年，职工总医院下设基层党支部11个；有正式党员171人、预备党员6人，纳新党员6人，新申请入党2人。加强领导班子建设，严格执行党章和党内政治生活准则，发扬民主、团结共事，不断增强党内生活的原则性和战斗性，提高领导班子的凝聚力和向心力。严格执行《关于改进工作作风密切联系群众的规定》和“三重一大”决策制度，认真贯彻落实卫生和计划委员会“九不准”，开展廉洁条规教育和案件警示教育，严肃查处收受红包和医药购销商业贿赂行为。认真开展群众路线教育实践活动，对教育实践活动整改落实情况进行“回头看”，进一步巩固了整改落实成果。党委带头深入学习党的十八届三中、四中全会精神和习近平总书记系列重要讲话精神，通过政治理论学习和开展形式多样的主题教育活动，强化基层服务型党组织建设和党员教育管理工作。

2014年，职工总医院工会委员会下设12个基层工会委员会和1个花土沟临时基层工会委员会，有会员446人。女工委员会下设12个女工小组。派外疗养189人次，结算疗养99人，有毒工种职工疗养3人。全年救助特困户6人、遗孀9人，发慰问金9.20万元，看望困难职工24人次、发放补助2.88万元，慰问病人38人次，发生费用8740元。为484名职工办理活动卡和电影卡。参加油田公司工会庆“五一”方阵和环城长跑比赛、“四方”杯排球赛、“千人健步走”等活动。组织举办庆“元旦”拔河比赛、男女混合排球赛等多项文体活动。

2014年，职工总医院贯彻油田公司“两会”精神和职工总医院十届六次职代会精神，坚持“融入中心、服务大局、以人为本、继承创新、务求实效”的工作方针，深入开展新闻宣传、企业文化、基层建设和精神文明创建工作，在电视台、网络、报纸投稿325篇。举办“安康杯”黑板报和“我为千万吨做贡献”演讲比赛，开展班组“十百千”建设工程等活动，积极推进职工总医院走廊文化建设，促进文化建设。

2014年，职工总医院团委下设9个团支部，团员99人，青年82人。以提升青工岗位技能素质为核心，深入推进“导师带徒”、争当“青年岗位能手”、“开展岗位技能大赛”活动，以“志愿者服务在医院”活动为载体，深入推进青年志愿者队伍建设，积极参加社区医疗志愿者医疗服务，充分展示医院“爱心天使服务”的文化品牌。

2014年，利用油田公司门户网站、职工总医院门户网站、报纸、电视等媒介，宣传职工总医院的发展思路、工作动态和服务亮点。在门诊药房、功能化验、社区门诊等窗口单位，深入开展挂牌服务、党内攻关、党员示范岗等文化创建活动。配合临床科室开展“国际糖尿病日”宣传义诊活动。根据油田公司“安康杯”竞赛活动的部署要求，举办以“安全生产、节能增效”为主题的黑板报比赛，坚持主办《油田医院报》。（景占良）

生活服务公司

【概述】 中国石油青海油田公司生活服务公司（以下简称“生活服务公司”），主要从事青海油田敦煌基地菜篮子供应及花土沟生产一线食堂生活物资的供应（销售）工作和种植业、养殖业、牛奶加工供应等业务。截至2014年年底，在册人员330人，平均年龄44岁。其中男员工158人，女员工172人。下设5个机关科室、2个直属单位、6个基层单位。生活服务公司总资产原值3376.85万元，资产净值1589.22万元。共有设备298台（套），新度系数为0.47。主要设施有：300吨冷冻库1座、400吨粮油储备库1座；180吨柳园粮油中转库1座；敦煌基地拥有7个菜篮子供应区，9个供应网点；有东风、南湖、瓜州、向阳4个农场，耕地面积4321.6亩；200套的种猪场和饲养能力达3000头的育肥猪场、3万只的蛋鸡场各1个；酒泉地区商务局指定的定点屠宰场1个，年屠宰能力达6000头；饲养能力达220头的奶牛场1座，年加工牛奶能力60万公斤的加工车间1座。

2014年，生活服务公司被油田公司评为“综合管理提升先进单位”、“内控与风险管理系统先进集体”、“计划生育红旗单位”等称号。（组织机构见下图）

2014年生活服务公司组织机构图

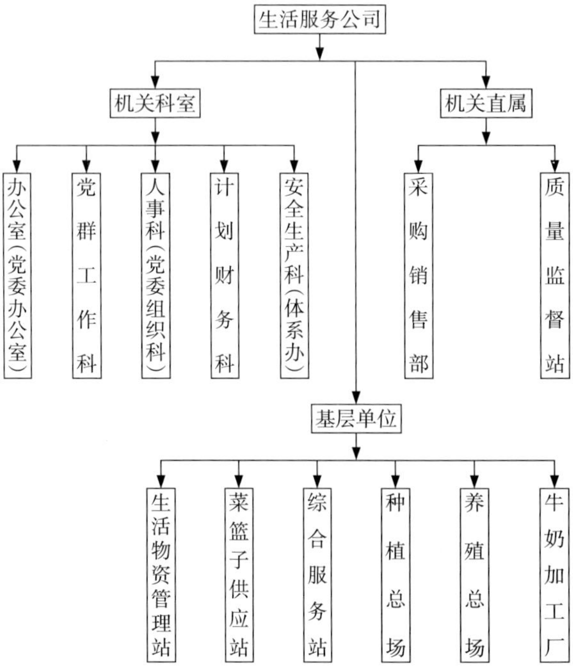

【业绩经营指标】2014年，完成收入4577.55万元，为年计划的127.15%；发生成本费用12612.72万元，为年计划的109.01%；实现利润-8035.16万元，为年计划的100.8%。发生七项非生产性费用74.05万元，为年计划的99.75%，节约能耗71.65吨标煤，节水0.13万立方米，控制在油田公司下达的指标之内。

【菜篮子供应】2014年，菜篮子供应大米83.48万公斤、面粉78.53万公斤、食用油7.65万桶、肉食类6.04万袋、水产类4.19万袋、罐头类10.2万听。生产鲜肉23.99万公斤，为年计划的126.26%；供应鸡蛋26.44万公斤，为年计划的105.76%；生产牛奶46.45万公斤，完成年计划的103.2%。实现了11大类1000多个单品的不断档、不缺货有序供应，全年综合服务满意率达到95.54%。

【蔬菜供应】生活服务公司以职工家属的需求为目标，优化蔬菜、水果采供方式，减少中间环节，不断调剂、充实品种，2014年供应水果类8.69万公斤，蔬菜类9.97万公斤，平均价差达10%以上，平抑市场蔬菜、水果价格，让利于油田职工家属。

【服务一线】2014年，做好冷湖基地和花土沟基地食堂生活食品供应保障工作，供应大米23.33万公斤、面粉20.73万公斤、食用油3.6万桶、罐头2.5万听、鲜肉9.09万公斤、鸡蛋6.73万公斤，提升保障一线、服务一线的能力。

【项目建设】按照国家《企业生产乳制品许可条件审核细则》（2010版）标准，限期整改牛奶加工车间存在的4个不符合项，达到国家乳制品生产条件，取得生产许可证。同时，完成东风农场新打水井工程、向阳农场节水管灌改造项目、奶牛场排污设施配套完善项目、南湖农场低压线路维修项目等5个重点工程，确保各项工程建设有计划、稳步有序推进，夯实公司发展基础。

【员工培训】2014年，603人次参加由油田公司、送外培训、生活服务公司内部各类培训85项，800多人次参加基层队站的日常安全技能教育培训，培训计划完成率达到100%。培训对象覆盖经营管理、专业技术、操作3个类别所有岗位，其中经营管理人员参加各类学习班 47个，261人次参加；专业技术人员参加各类学习班5个，6人次参加；操作人员参加各类学习班33个，336人次参加。

【安全生产】2014年，抓实食品安全“天字号”工程，筑牢从采购验收、销售供应到职工餐桌的安全保障。生活物资入库检查59批次，查出并整改问题11个。供应网点安全巡查42次，食品质量专项安全检查6次，抽样检查5批次26个单品，抽样检查合格率100%，供应产品质量合格率100%，菜篮子供应及时率100%，实现供应产品质量无事故。开展安全生产领域合法合规性检查发现问题65个，整改完成验证65个。开展安全自查活动13次，发现整改问题139个。组织开展“11·9”、“12·23”等安全警示日活动和“安全生产月”活动，发放《全国安全生产领域“打非治违”知识竞赛试题》。推进矩阵培训和安全网格化推广工作，完成区域划分图27个。编制生活服务公司总体预案、专项预案、现场处置预案10项，实现危险源辨识率达100%、应急预案覆盖率100%。

【挖潜增效】2014年，积极开展挖潜增效活动，组织成本管理效能监察和生活服务公司机关及基层队站办公室管理检查等，进一步规范管理流程，堵塞漏洞，降低成本，实现挖潜增效14万元。开展“全员增效”大讨论，提出小改小革5项，精细管理4项，生产运行4项，安全管理7项，质量管控2项，生活物资供应3项，节能4项等，组织实施31项。

【体系建设】生活服务公司签订安全责任书16份、领导干部“个人安全行动计划”34份，领导干部宣贯QHSE 理念348次，学习 QHSE 知识 1032课时，开展安全观察与沟通 372次，纠正不安全行为或状态43人次；安全联系点活动 396次，查出问题162个，完成整改162个。举办驾驶员新交规和QHSE管理体系知识培训班4次、全员风险辨识活动4次、应急预案演练6次。及时更新作业指导书3项，操作卡3张，修订完善岗位操作规程3项。同时，对5个科室、2个直属单位、6个基层单位的127项QHSE工作职责进行修订，为员工认真履行岗位质量健康安全环保职责奠定基础。

【对标管理】2014年，参照国家标准、行业和地区标准，开展31项内部指标立标、定标、对标及效益分析活动，实现标准的有效对接，养殖6项标准达到或接近行业标准。

【党群工作】2014年，生活服务公司党委下属9个党支部，有正式党员173人（挂靠党员9人），12人按期转为正式党员，预备党员4人，重点培养对象6人。坚持党委中心组政治学习制度，学习贯彻党的十八大及总书记习近平系列重要讲话精神，全年专题学习14次。加强“四好”班子建设，全面落实“三严三实”，以“踏石留印、抓铁有痕”的劲头逐条逐项抓好“四风”问题的整改落实工作，领导班子“四风”问题整改率、专项问题整改率、个性化问题整改率90%以上。深化“党员示范岗”、“党员责任区”等党性实践活动，开展党建“抓攻树”活动，确定攻关项目14个，完成14个。举办“唱响中国梦，颂歌献给党”合唱活动。组织开展党员民主评议活动，优秀率达到70%。生活服务公司纪委坚持标本兼治、惩防并举、注重预防的方针，加强监督和廉洁自律，签订《党组织公开承诺书》11份、《党员公开承诺书》163份、《党风廉政建设责任书》15份、《廉洁自律承诺书》89份、签订《客户廉洁承诺书》42份。集中开展“三超”专项治理和“三转”活动，规范接待费、公车、办公用房管理。

生活服务公司工会委员会下设9个基层工会，29个基层工会小组，会员328人。女工委员会下设5个基层女工委员会，19个女工小组。组织开展“安康杯”竞赛、“堵塞漏洞、杜绝浪费”全员献计献策、厉行节约活动和“大干五十天、全员作贡献”劳动竞赛活动。为216名职工办理影视卡、发放职工活动票；在节日期间，慰问32户困难家庭，救助8名残疾职工。组织189名员工健康体检，173名女员工专项体检。

生活服务公司团委和青年工作委员会下设6个青年支部。有团员3名，35岁以下青年22名。组织开展“学雷锋、树新风”青年志愿者服务活动，参加油田公司团委举办的“奋斗的青春最美丽”座谈会、“五月的风”广场文化活动及以唱响“中国梦，油田梦”为主旋律的“同心共筑中国梦，老少共话油田梦”演讲赛。开展“炫动青春”系列文化活动和“形势、目标、任务、责任”主题教育活动，践行社会主义核心价值观，组织全员签订员工职业道德规范保证书。

2014年，在油田媒体共刊发各类信息（消息）300条，生活服务公司门户网站刊登新闻356条。加强对“千队示范工程”、“五型”班组的指导、检查、考核、督促，实现“五型”班组达标率85%以上的目标。（李忠祖）

离退休管理处（老干部处）

【概述】 中国石油青海油田公司离退休管理处（老干部处）（以下简称“离退休管理处”）是矿区服务系统单位之一。负责青海油田离退休职工及其家属、遗孀的日常服务管理工作。截至2014年年底，管理服务对象1.26万人。其中，离退休职工8036人、家属3686人、遗孀863人。拥有固定资产原值3625.31万元，净值2081.67万元，各类机动车17辆。有5个离退休职工管理站（老年活动中心）和1所老年大学。离退休管理处员工总数95人（含太湖离退休管理站3人）。其中男员工42人，占员工总数的44%、女员工53人，占员工总数的56%；具有副高级职称4人、中级职称26人、初级职称26人；管理人员51人、工人技师1人、工人44人。设有5个机关科室，2个直属单位，8个基层单位。

2014年，离退休管理处被评为《中国石油报·金秋周刊》宣传报道工作先进单位；被油田公司评为先进厂处、先进党委、思想政治工作、维稳信访工作、党风建设先进单位、新闻宣传先进单位等称号。（组织机构见下图）

2014 年离退休管理处（老干部处）组织机构图

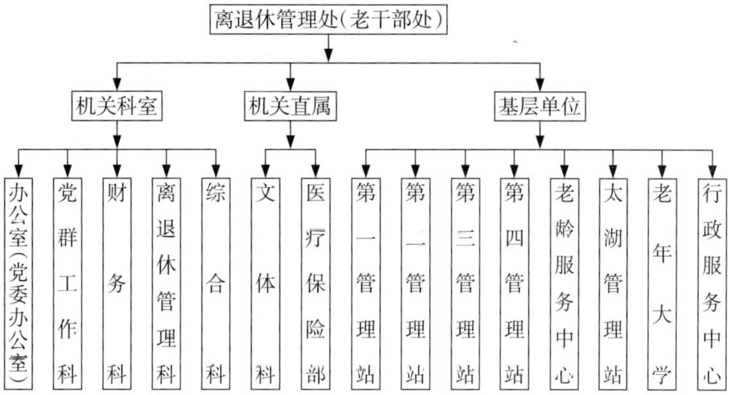

【生产经营业绩】 2014 年，离退休管理处完成对第四管理站门球场搭建遮阳棚、铺设人造草坪工程改造。成本费用支出和非生产性支出控制在预算内；安全环保、维稳信访等其他各项指标控制有效，服务满意率 96.7%，队伍稳定、安全无事故。

【落实两项待遇】 离退休管理处认真落实政治、生活待遇，坚持离退休职工政治学习制度、阅文制度，邀请离退休职工代表参加重要会议和重大活动，每季度为离退休职工通报油田生产经营和离退休工作情况。2014 年印发《离退休工作》4 期，1800 册；《驼影》3 期，1800 册；给 484 名 70 岁以上老党员过政治生日；协助发放养老金 3.96 亿元、发放节日慰问金（品）5054.17 万元；组织老年、青少年志愿者入户探望孤寡高龄老人 703 人；离退休职工查体 6951 人；安排离退休职工健康疗养 1105 人次、疗养结算 871 人次；办理离退休职工家属医疗保险参保手续 3552 人；医药费做到随到随报，随报随寄，累计核销 9073 人次、5739.69 万元；探望患病住院离退休职工 1209 人次。

【安全稳定工作】 2014 年，离退休管理处以突出风险管理，注重过程管控，实施个人安全计划落实有感领导，完善全员 HSE 职责履行直线责任，全面推行安全网格化管理和维稳网格化体系建设，开展属地管理，落实安全监督机制和维稳工作机制，实现稳定与安全监督“两条线”，将不稳定因素消灭在萌芽。完善安全工作制度 3 项；修订安全应急预案 7 个；开展应急演练 25 次；QHSE 管理体系审核 3 次。每季汇总来信来访，各种信件的回复率 100%，全年累计接访 1905 件次。完成各类出车任务 2259 车 / 次，做到安全平稳运行。

【老年大学】 2014 年，老年大学遵循“增长知识、丰富生活、陶冶情操、增进健康、服务油田”的办学宗旨，坚持以“教学”为中心，常年开设书画、剪纸、拳剑、舞蹈、音乐、二胡、电脑、健身气功 8 个专业 18 个教学班，学员 1238 人。开办 8 场健康保健知识讲座，不断提高离退休职工科学养生意识。老年大学被集团公司授予优秀老年大学称号。

【文体活动开展】 2014 年，离退休管理处老年体协下设 13 个单项协会和 5 个群众团体，以老年大学为窗口，老年活动中心为阵地，站校结合，组织开展大小型老年文体活动 57 次，室内外活动累计 36 万人次。“高原情”合唱团荣获第十六届全国老年人合唱节比赛银奖；在全国第四届老年文化节活动中荣获优秀组织奖。老年健身气功队荣获青海省第 16 届运动会暨全民健身大会团体第一名。组织近千名离退休职工参加油田“五月的风”之琴韵墨舞广场文化活动及广场文艺演出获好评。

【党群工作】 2014 年，离退休管理处下设 4 个党总支、40 个党支部、138 个党小组。有党员 2765 人，其中在职党员 68 人、离退休职工党员 2697 人。加强离退休党支部和思想政治“两项”建设，以微型党课与支部学习会、“支部讲坛”与千人集体党课、支部建设经验交流与党支部书记（小组长）培训等多种形式，深化“进百家门、知百家情、集百家智、解百家忧”支部访百家活动，推动党建工作科学发展。“爱心服务小组”与高龄、孤寡、独居老人开展“结对子”帮扶活动 546 户。按时发送《金秋周刊》，编辑发放《离退休工作简报》等资料，开展送学、寄学、访学、释学活动，累计组织集中学习 112 场 6052 人次。加强信息宣传，落实责任，建立考核激励机制，完善网络化管理，办好《离退休工作》和《驼影》内部季刊，大力宣传“老有所为”及油田发展成果普惠情况，致力维护和谐稳定大局。发挥“五老”优势，做好关心下一代工作，开展柴达木石油精神宣讲、“同心共筑中国梦，老少共话油田梦”读书共话活动及老年、青工、学生演讲比赛，参与人员达 6630 人。

离退休管理处工会下设基层工会委员会 7 个，女工小组 1 个，会员 101 人。组织“安康杯”竞赛、帮扶助困活动；坚持开展每日书写百字读书笔记活动和“三八”、“五一”节日表彰、座谈活动。安排健康疗养 35 人、疗养结算 36 人。

2014 年，离退休管理处始终以“构建和谐稳定发展环境，助力加快建成千万吨”为主旨，以推进完善“居家养老服务体系和文化养老服务体系”为主线，以“突出窗口服务，提高整体质量”为目标，坚持政治上尊重，思想上关心，生活上照顾，精神上关怀，感情上贴近，认真落实“两项待遇”，大力加强“两项建设”，不断夯实“两个阵地”，培育发展具有特色的老年文化，努力实现“六个老有”，为构建和谐矿区做出积极贡献。（骆丽清）

西宁离退休基地管理处

【概述】 中国石油青海油田公司西宁离退休基地管理处（以下简称“西宁离退休基地管理处”），主要是由西宁离退休基地管理处和玉树液化天然气公司两部分组成。2014 年 12 月，油田公司下发《关于撤销西宁办事处等五个驻外办事处的通知》【石油青人〔2014〕490 号】，将西宁办事处的业务、资产和人员按所在地划入到西宁离退休基地管理处。西宁离退休基地管理处主要负责：青海油田与青海省委、省政府的联系沟通，青海油田来往人员接待、酒店、物业和离退休职工管理以及液化天然气、压缩天然气的销售工作。玉树液化天然气分公司主要负责：玉树及西宁地区液化天然气的储运、气化、加气和销售等工作；含玉树配气站及西宁加气站 2 个销售网点。截至 2014 年年底，西宁离退休基地管理处有固定资产原值 2.74 亿元，净值 2.59 亿元；玉树液化天然气分公司固定资产原值 1.27 亿元，净值 1.08 亿元；共有车辆 13 台。设有 4 个机关科室，7 个基层单位。有员工 170 人，其中：男员工 65 人，女员工 105 人；离退休职工 262 人，家属 81 人，遗孀 41 人，有偿解除劳动合同关系人员 159 人。（组织机构见下图）

2014 年西宁离退休基地管理处组织机构图

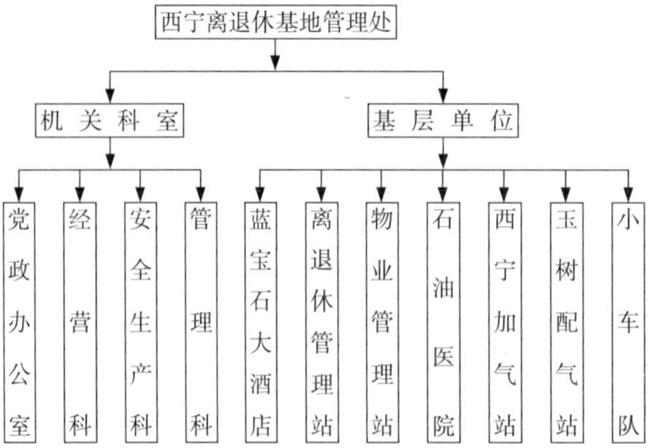

【主要生产指标】 2014 年，油田公司下达西宁离退休基地管理处预算指标为：经营收入 163 万元，费用支出 2364 万元，利润指标 -2201 万元。非生产性支出控制在 54 万元以内，其中业务招待费控制在 9 万元以内。玉树液化天然气分公司财务预算指标为：天然气（CNG）销售量 155 万立方米，销售收入 458 万元，成本预算下达 1941 万元（含购气成本 486 万元），利润指标 -1483 万元。非生产性支出控制在 53 万元以内，其中业务招待费控制在 4 万元以内。

【经营指标】 西宁离退休基地管理处实际完成经营收入 675.89 万元，完成预算收入指标的 415%。实际收入比预算收入增长 513 万元：其中根据油田公司要求将吉油物业公司财务账并入西宁离退休基地管理处，胜利路和白云小区物业收入 489 万元纳入统一核算；石油医院历年节余 11 万元上交；招标收入 13 万元。成本费用总支出 3964.63 万元；固定资产折旧当年计提 330.9 万元，完成预算指标的 87%；七项非生产性费用（含公务通讯费用）实际发生 58.65 万元；变动费用支出 1232.72 万元。利润指标实际完成 -3004.73 万元，剔除人工成本、折旧、油田公司专项考核等增减因素后，净支出超出预算指标 29.74 万元。综合服务满意率 96.21%。营业外收入 1206.95 万元，其中：政府补助的节能改造资金 829.4 万元，其他收入 377.55 万元；营业外支出 922.94 万元，七一路小区棚户区改造、白云小区节能改造的支出 829.4 万元，其他支出 93.54 万元。营业外净收入 284.01 万元。玉树分公司实际支出 3363.49 万元，利润指标实际完成 -2116.45 万元，非生产性费用 39.17 万元。剔除考核增减因素后，各项绩效指标均控制在油田公司下达的考核范围内。

【主要措施及成果】 西宁离退休基地管理处加强同青海省委、省政府及相关部门联系，完成油田领导来省上的工作汇报、慰问走访、接待服务及油田各单位来西宁办事联络工作。2014 年，西宁离退休基地管理处代表油田公司参加各种会议 32 次，代办油田各部门各类事项 60 件次，接待油田及相关单位办事人员 216 人次。重点完成 2014 年度"青洽会"，"百家央企进青"，油田公司参加青海省运动会等接待工作。2014 年，西宁离退休基地管理处经历领导班子调整、职能定位转变、审计督导整改等多项重点工作，金缘阁酒楼、家庭公寓、工程项目部、市场开发部等单位机构被移交或撤并。

【工程建设】 石油大厦建设项目于 2012 年 3 月 29 日开工，工程建设按照"早谋划、早动员、早开工、早投运；控质量、控进度、控投资、控安全"的总要求，施工、装修、监理、设计、调试等单位的协作配合，建设工程平稳受控推进。截至 2014 年年底，室内环境质量检测、幕墙专项验收、建筑消防设施检测等工作均已完成，并通过青海省质量监督总站竣工验收；消防专项、人防专项验收工作正在有序推进。

【安全生产】 2014 年编制《设备管理办法》、《消防安全管理办法》、《生产运行管理办法》等安全制度。组织安全检查活动 8 次，消控管理、操作人员培训 6 人次。安全月警示教育活动、消防知识宣讲 2 次，职业病防治知识网上答题 1 次，安全分享 18 次，完成玉树分公司 5 名安全管理人员安全资格证的培训取证工作。2014 年未发生安全事故。

【企业改革与管理】 2014 年，西宁离退休基地管理处把工作定位为"以服务为核心、以制度为标准、以规范为统领、以降本增效为根本"。加强离退休、物业和接待服务工作。随着小区工程建设的完成，西宁离退休基地管理处结合自身特点，编制《物业管理办法》、《物业管理实施细则》，明确岗位职责、工作标准、考核办法，将各项工作细化到每个岗位，给日常工作提供依据，使各级管理人员的服务、管理水平不断提高。

【员工培训】 2014 年，开展科室、基层单位负责人公文写作知识培训、通讯员宣传报道写作培训，参加 33 人次；开展女工心理健康知识讲座，参加 32 人次。外派学习 6 项，参加 30 人次。

【党群工作】 2014 年，西宁离退休基地管理处有党总支 2 个、党支部 6 个；党小组 8 个；正式党员 222 人、预备党员 1 人；年度纳新党员 2 人。党总支落实党的群众路线教育实践活动整改方案的各项要求，开展"三超"自查整改和公款消费自查工作。组织关键岗位人员 42 人次实地参观青海省廉政教育基地。深入开展党员民主评议活动。组织开展"我为千万吨做贡献"和"全员增效"主题大讨论活动。签订《廉洁自律承诺书》70 份。重点做好维稳信访工作，掌握职工思想动态和利益诉求，为员工办实事办好事。

2014 年，西宁离退休基地管理处有基层工会委员会 4 个、会员 170 人；女工小组 2 个；办理职工疗养 21 人次，疗养结算 57 人；代表油田公司春节慰问离退休员工 209 户，计 4.02 万元；开展困难家庭助困 62 户，计 12.4 万元；看望生病老人 24 人次，上门医疗服务 20 人次，办理绿色通道 37 人次。

2014 年，西宁离退休基地管理处有团总支 1 个、团支部 1 个、团小组 4 个；有团员 42 人、青年 1 人；新入团 4 人；开展"青年小讲堂"等系列活动，参加 96 人次，调动团员青年参与管理、岗位奉献的积极性。
（杨振国）

兰州离退休基地管理处

【概述】 中国石油青海油田公司兰州离退休基地管理处（以下简称“兰州离退休基地管理处”）主要业务范围是：兰州离退休基地的管理和服务、油田的接待服务、蓝宝石大酒店的经营管理、离退休基地和蓝宝石大厦的物业服务。2014 年 12 月，油田公司下发《关于撤销西宁办事处等五个驻外办事处的通知》【石油青人〔2014〕490 号】，将兰州办事处的业务、资产和人员按所在地划入到兰州离退休基地管理处。现有固定资产原值 7368 万元，净值 4193 万元。无形资产净值 524 万元。有员工 44 人（含企业员工 13 人），其中男员工 21 人，女员工 23 人，平均年龄 42 岁；具有高级职称者 2 人，中级职称者 11 人，初级职称者 5 人；有工人技师 1 人；具有管理人员 21 人、专业技术人员 6 人、操作服务人员 17 人。设有 3 个机关科室和 4 个基层单位。

2014 年，兰州蓝宝石大酒店被油田公司评为红旗基层单位称号。（组织机构见下图）

2014 年兰州离退休基地管理处组织机构图

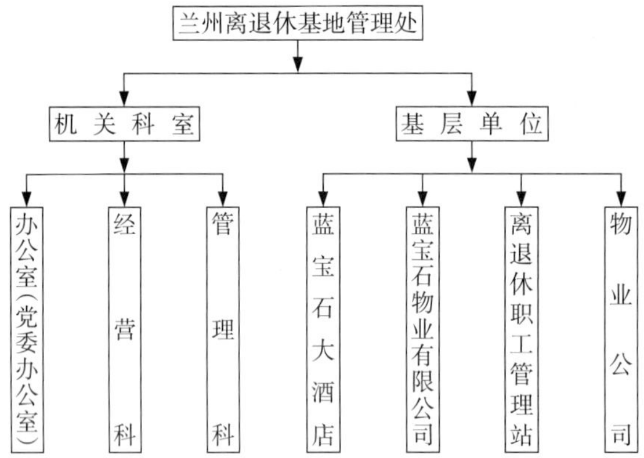

【经营指标】 2014 年，兰州离退休基地管理处完成经营收入 1040 万元，成本支出 1227 万元，净支出 187 万元。

【离退休服务与管理】 兰州离退休基地管理处始终高度重视离退休职工的服务工作，以“周到服务，老同志满意”为工作的基本要求，阶段性开展服务满意度调查工作，每季度召开情况通报和意见征集会，及时了解离退休职工所想、所需，及时向离退休职工通报油田相关情况。组织慰问活动 70 次，慰问人数达 180 户，累计发放慰问金共计 7.6 万元。组织各类文体娱乐活动 16 次，召开座谈会、宣讲会 8 次。

【安全与质量管理】 加大对重点领域、关键环节、要害部位的监管，兰州蓝宝石大酒店严格执行兰州消防规范要求，定期开展消防检查和演练，严把餐饮食品原材料入口关，饭菜 48 小时留样；基地物业公司、蓝宝石物业公司建立健全锅炉运行 24 小时巡检制度，住户天然气、用电安全定期入户检测制度，天然气、电力设施入户检测率达到 95% 以上。及时整改问题，并做好安全使用宣传和防范。构建安全生产长效机制，安全工作落实到位。推进安全生产“党政同责”和“一岗双责”，坚持对安全事故、“三违”现象、安全隐患“零容忍”，严格执行体系及规章制度，坚决杜绝习惯性动作，实现从单一注重生产安全向风险识别、过程控制、应急处理全面兼顾的转变。2014 年，累计查处整改各类安全隐患 13 项。对兰州离退休基地管理处及兰州蓝宝石大酒店车辆落实“三交一封”制度，短途用车履行派车流程，长途用车执行审批程序，落实安全交底，加强驾驶员安全风险意识，有力确保行车安全。

【物业管理】 基地物业公司和蓝宝石物业公司加大环卫保洁、绿化美化、净化亮化、治安保卫等方面的管理力度，保持基地物业服务优质周到，水电暖供应及设施维修及时到位。2014年，累计补种各类花木6000株，更换庭院灯19套，更新庭院座椅19套。

【企业管理】 2014年，兰州离退休基地管理处对制度建设做出安排，分阶段对各业务部门、基层单位的工作制度、业务流程、岗位职责进行重新梳理和修订，修订颁发招投标管理、合同管理、预算管理、资金管理、车辆管理、办公通讯管理、物业管理、离退休服务等新制度20项，修订50项，制定下发议事规则、公务接待管理规定、公务车使用管理办法等七项规范和禁止性规定。有力促进基地各项工作和各工作岗位的规范化、标准化运行，有效堵塞因制度建设不到位、工作标准不到位所带来的管理风险和管理漏洞。

【党群工作】 兰州离退休基地管理处党委设3个党支部，在职党员设1个党支部，离退休党员设2个党支部。共有党员122人，其中在职党员19人，离退休党员103人。深入推进群众路线主题教育实践活动，加强领导班子建设，提升职工队伍素质。领导干部、各级党员充分发挥模范带头作用，立足实际转作风，深入基层解难题，广泛征求职工意见，及时掌握职工思想动态，自觉加强廉洁自律意识，使基地面貌焕然一新，队伍凝聚力、向心力、带动力都得到显著提升。开展“我为千万吨做贡献”、“全员增效”主题大讨论等活动。依法保障职工权益，职工群众的主人翁意识显著增强。结合离退休职工的实际，丰富活动内容，召开“七一”座谈会，迎“七一”知识答题，组织开展“中国梦、石油梦”党课和“我为千万吨做贡献”大讨论。

兰州离退休基地管理处有工会委员会1个、会员44人、新入会5人。“三八”妇女节，组织女工进行户外趣味运动会；为32名职工办理疗养，共计金额10.56万元；2014年救助特困户、遗孀、患大病离退休职工及家属63人，共计18.15万元；重阳节看望80岁以上高龄老人10人、慰问生病住院离退休老人45次，生日慰问78人次。（朱敏）

西安离退休基地管理处

【概述】 中国石油青海油田公司西安离退休基地管理处（以下简称“西安离退休基地管理处”）主要负责：西安离退休职工的管理及服务工作、油田公司西安地区疗养接待服务工作、油田职工来西安出差中转服务接待工作、离退休职工遗属和有偿解除劳动合同人员的管理工作。2014年12月，油田公司下发《关于撤销西宁办事处等五个驻外办事处的通知》【石油青人〔2014〕490号】，将西安办事处的业务、资产和人员按所在地划入到西安离退休基地管理处。截至2014年年底，有固定资产原值2768万元，净值1785万元。在册员工32人。其中：男员工21人，女员工11人；企业员工4人。大专以上文化程度17人，中级职称以上7人。离退休职工109人，有偿解除劳动合同人员37人，退养家属57人（其中遗孀21人）。西安离退休基地管理处共有住户152户，其中西安离退休基地管理处院内86户，长安区航天小区三号楼66户。（组织机构见下图）

2014 年西安离退休基地管理处组织机构图

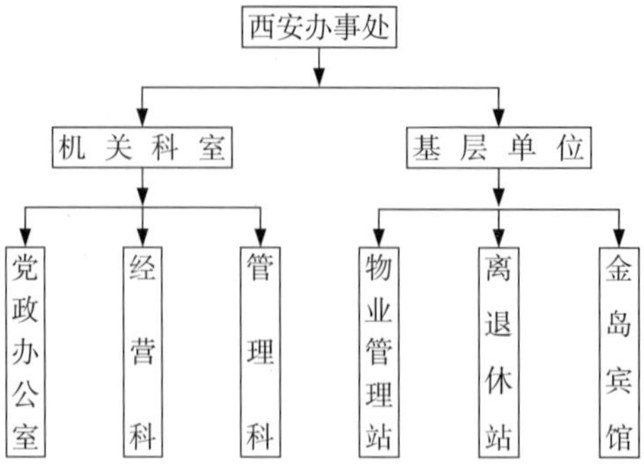

【生产经营指标完成情况】 2014 年，油田公司和矿区服务事业部下达给西安离退休基地管理处的各项考核指标共计 21 项。盈利能力指标：全年实现收入目标值 458 万，实际完成 510.56 万元，超额 115%。收入比上年增加 31.28 万元；成本控制指标：净支出目标值 1131 万元，实际完成 1029 万元，全面完成下达的经济指标。

【安全生产】 西安离退休基地管理处加强工程管理，积极推进 QHSE 管理体系建设，全面落实 QHSE 管理体系要求，提升管理职能，确保各项工作安全平稳运行。2014 年，对院内的住户免费更换家庭使用的天然气软硬管线，对所有车辆及户内、户外等公共场所的消防器材状态维护列为安全检查重点，做到防患于未然。重新修订“生产安全事故应急预案”，购置法律书籍 78 册，组织开展新《安全生产法》、《环境保护法》知识培训。建立健全基地车辆管理制度，跟踪车辆里程耗油统计情况。全年组织安全检查 6 次，整改安全隐患 13 项，未发生质量、生产安全、环境污染事故。

【工程建设】 2014 年，西安离退休基地管理处供热改造项目经过多次论证、方案设计、入网谈判到项目施工，严格执行国家安全生产监督总局颁布的“三同时”制度。召开工程建设专题会议 10 次，下发会议纪要 4 次，于 2014 年 11 月 15 日正式并入西安城市热网系统，确保冬季的正常供暖。同时，对基地院内的地下陈旧管线进行摸排，更换供暖管线和排污总管线，切实为离退休职工解决管线老化问题。

【企业管理】 2014 年，西安离退休基地管理处加强成本和资金管理力度，开展业绩考核工作，做到严考核、硬兑现，定期召开生产经营状况分析会，有效控制成本支出，提高整体经营管理水平，保障资金平稳运行。尤其对车辆管理采取量化考核，建立月车辆油耗、行驶里程分析报表，做到用车单位、司机、车辆耗油量和车辆调度的科学管理。供热改造项目建设通过每个环节的精细管控及跟踪监管，在工程投资 300 万元的基础上，合理节约资金 44 万元。

【离退休管理工作】 2014 年，按照油田公司要求，积极协助西安地区 5 个片区异地的离退休职工建立“自管会”，指导协助“自管会”因地制宜的开展文化体育活动。西安离退休基地退管站工作人员积极与各区体检中心联系，组织 5 个片区近 400 名异地离退休职工进行健康体检。全年组织离退休职工开展文化体育活动 6 场，举办纳凉晚会。组织离退休职工 301 人参加游览踏青、重阳节登高活动。在集团公司举办的第四协作区门球赛上，取得第三名。

【党群工作】 2014 年，西安离退休基地管理处有党员 108 人，其中：在职党员 12 人，退休党员 91 人，有偿解除劳动合同党员 4 人，家属党员 1 人。党委按照油田公司党委统一部署，加强党风廉政建设，建立健全改进作风的长效机制，针对查找出来的“四风”方面问题逐条制定整改措施。组织党员认真贯彻落实党的十八届三中、四中全会、习近平总书记系列重要讲话和集团公司、油田公司重要会议精神，坚持开展“形势、目标、任务、责任”主题教育活动，发挥党员干部的表率作用，转变作风、全面扎实推进各项工作。积极配合油田公司工会，开展送温暖帮扶助困活动。2014 年共探望住院老人 32 人，慰问困难家庭、遗属共 120 人次。组织员工开展义务劳动，美化生活工作环境，开展凝聚人心，健康向上的文化体育活动，提升职工队伍素质，提高服务意识和质量。（党利华）

四川离退休基地管理处

【概述】 中国石油青海油田公司四川离退休基地管理处（以下简称“四川离退休基地管理处”），截至2014年年底，有总资产原值1758.69万元，净值850.48万元。主要业务是：负责青海油田公司来四川疗养、出差办事人员的服务接待工作；石油宾馆经营工作；四川离退休基地物业管理和离退休职工、家属及有偿解除劳动合同人员的管理。2014年12月，油田公司下发《关于撤销西宁办事处等五个驻外办事处的通知》【石油青人〔2014〕490号】，将四川办事处的业务、资产和人员按所在地划入到四川离退休基地管理处。在册员工40人，其中：在岗员工37人，挂靠3人；男员工23名，女员工17名；干部23人，工人17人；设有3个机关科室，5个基层单位。（组织机构见下图）

2014年四川离退休基地管理处组织机构图

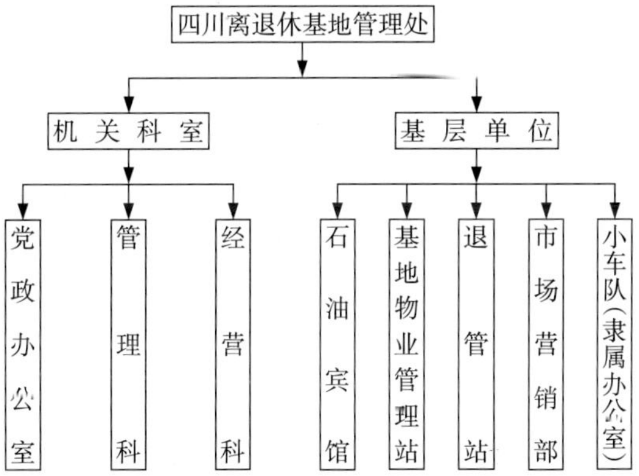

【经营指标】 2014年，四川离退休基地管理处经营指标：总收入229.05万元，总费用902.99万元，净支出687.30万元，与计划利润指标相比有盈余，完成2014年的经营指标。

【离退休职工管理】 2014年，在册离退休职工249名，其中干部147人（其中：离休干部1人），工人102人，局级领导2人，处级领导20人。离退休职工家属209人（院内91人，院外118人）。慰问住院病人51人次，协助办理7人的丧葬后事。春节前组织开展离退休职工和家属竞走、象棋、扑克、乒乓球比赛，362人次参加；2014年3月底，完成离退休人员在四川德阳、成都地区团购房常住户摸底登记工作；2014年7月初，新成立9个离退休自管会和4个离退休党支部，涵盖基地内外定居在四川退休人员1083人，党员372人；2014年9月底，承办广汉市老年门球邀请赛，广汉地区有17个代表队178人参加；“老年活动中心”健身、阅览、棋牌、广场舞、太极拳剑等活动达6.14万人次。

【接待服务】 2014年，接待油田公司、矿区事业部200多人次来川办事、学习、考察、慰问、现场办公、检查、审计、指导工作，承办了一期青海油田厨师培训班，公务接待奉行求真务实、勤俭节约的作风，加强和改进公务接待工作。

【基地物业管理】 2014年，物业服务498人次，水、电、气及休闲设施维护维修278次，灭蚊、灭鼠、灭白蚂蚁18次，清掏污水管及污水井6次，环卫清理生活垃圾186吨，安全检查13次，入户安全检查2次，清洗水塔2次。对3、4号楼楼顶及门厅进行防水，小区的路灯进行改造与更换，小区单元防盗门锁系统进行升级改造，对招待所客房、老年门球场地进行维修，招待所临街墙面和办公楼顶安全隐患进行治理。对小区绿化和办公区域进行美化工作。水、电、气费和物业费收取及补助发放到位率100%，重点项目维修率 100%。

【企业管理】 以绩效考核为抓手，业绩考核落到实处。指标分解到部门，责任明确到个人，每月一考核。对 2014 年预算收入、成本费用指标进行逐项目分解，实施切块管理模式，各项成本费用指标下达到各个科室、基层单位，各项工作有预算有计划完成；加强规范化管理，建立健全各项规章制度。编制计划投资、存货、固定资产管理制度，完善合同管理制度，规范合同履行程序，全年签订各类合同 17 份，办理授权 15 份。修订水电气物业管理办法，差旅费报销办法、招待所经营核算办法及公务接待办法，完善五项会议制度。

【党群工作】 2014 年，四川离退休基地管理处党委下设 12 个党支部，新增温江党支部，共有党员 389 人。深入学习十八大，十八届三、四中全会精神，加强思想政治武装，增强理论指导实践本领；认真落实“三严三实”要求，进一步加强作风建设；健全组织机构，以四川离退休基地管理处为组织核心，辐射周边党支部；及时听取基层党员和群众的意见，不断改进工作；积极开展创先争优、选树典型活动；加强党支部、自管会对各种群众性文体协会的领导和工作支持。

四川离退休基地管理处有 1 个基层工会委员会，工会在和谐基地建设中做好扶贫帮困工作，充分发挥工会职能，帮扶困难户 200 人次，发放慰问品和慰问金计 53.75 万元。（韩青芬）

北京离退休基地管理处

【概述】 中国石油青海油田公司北京离退休基地管理处（以下简称“北京离退休基地管理处”），截至 2014 年年底，有固定资产原值 14006.48 万元，净值 7353.44 万元。有职员工 54 人，其中职工 35 人，员工 19 人。男员工 32 人，女员工 22 人；大专以上文化程度 39 人，具有高级职称人员 3 人，中级职称人员 17 人，技师 1 人。2014 年 12 月，油田公司下发《关于撤销西宁办事处等五个驻外办事处的通知》【石油青人〔2014〕490 号】，将北京办事处的业务、资产和人员按所在地划入到北京离退休基地管理处。（组织机构见下图）

2014 年北京离退休基地管理处组织机构图

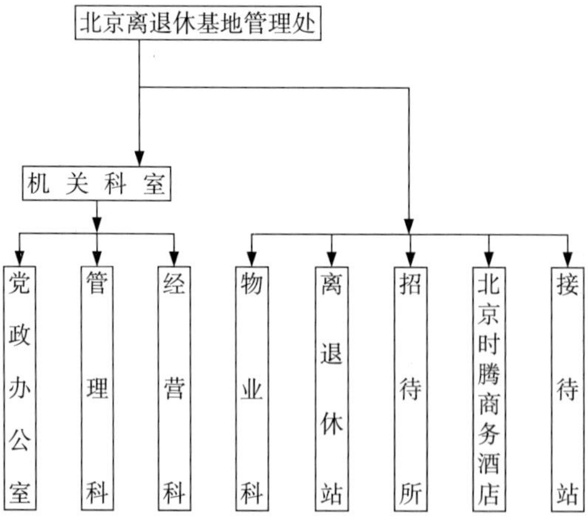

【生产经营】 2014 年，北京离退休基地管理处完成收入 1112.69 万元（未含疗养结算收入），其中：内部收入完成 284.24 万元，外部收入完成 828.45 万元。成本费用实际支出 2978.34 万元，剔除考核增减项目，全年结余 14.22 万元。物业收费、疗养收入、接待站收入、时腾商务酒店均完成收入指标。

【安全生产】 2014年，北京离退休基地管理处注重加强安全管理工作，经常性的开展安全消防检查工作，全年共开展6次消防检查。对存在的安全消防隐患及时进行通报和整改。配置消防、安全器材、设备。为活动中心安装烟感报警器，职工食堂安装天然气报警器、为招待所配置医疗急救箱等。邀请北京市防火宣传中心专家进行消防安全知识讲座。并组织职工实施消防应急演练活动及安全知识竞赛活动。北京离退休基地管理处与每名司机签订安全责任书。全年安全生产无事故。。

【物业管理与服务】 北京离退休基地管理处认真听取离退休职工家属的意见和建议，加强对离退休职工家属的服务工作，和物业管理服务工作，为离退休职工提供一个良好的休养环境。清运生活垃圾480吨，运输家庭装修垃圾174吨；维修和维护公共设施、设备及居民住户2984次。入户维修及时率＞95%，群众服务满意率＞97%。因供暖管线腐蚀严重，对10栋楼供暖管网进行改造，并对5栋漏点多的给水外管网进行更换。对3栋高层楼5部电梯进行全面的大修工作，确保电梯的正常安全运行。更换5扇单元门和楼宇的对讲系统，保证住户安全。完善改造小区给水系统，让小区住户喝到放心的饮用水。根据天气情况进行供暖和停暖的制度，得到离退休职工家属的赞同。

【离退休管理】 北京离退休基地管理处制定离退休工作运行大表，有组织、有目的、有计划的对离退休工作进行安排和部署。组织离退休职工外出旅游、观看比赛、自演自唱联欢会。组织离退休职工体检，请医院专家来退休基地为离退休职工医疗讲座。离退休职工组织的“燕青书画社”、合唱团、钓鱼协会、桥牌队、门球队、舞蹈队、武术队等，定期开展活动，并参加当地政府组织的比赛。400多名退休职工、家属、儿童和在职职工参加“迎新春慢跑”活动。

【党建工作】 2014年，北京离退休基地管理处有党员22人（发展新党员3人）。北京离退休基地管理处领导班子进行调整，新的领导班子组成后，组织党员和全体职工开展学习党的十八大精神。组织理论学习小组学习有关党风建设，反腐倡廉的文件和资料。领导班子相互支持，团结协作，经常召开处务会和党委会，重大问题集体讨论决定并征求职工群众的意见和建议。北京离退休基地管理处党组织、工会充分发挥作用，组织开展党员纳新、党员表彰、工会活动等集体活动，增强集体凝聚力，增加了骨干力量。“七一”期间，组织召开优秀党员表彰大会。“元旦”、“春节”、“五一”、“十一”4个节日组织慰问遗孀和大病离退休职工63人次，慰问金额17.12万元。（张建平）

第十四篇

大事记

大 事 记

一月

1月6–7日 油田公司党委扩大会暨三届五次职代会在敦煌基地召开，277人参加。会议听取、审议并通过油田公司总经理、党委书记宗贻平所作题为《全面深化改革，突出质量效益，持续推进千万吨高原油气田建设》的报告；党委副书记、纪委书记、工会主席党玉琪所作题为《践行群众路线，助推油田发展，团结动员广大职工为建成千万吨再立新功》的工作报告；总会计师杨仁远所作题为《突出质量效益，强化财务监管，为推动公司经营业绩稳步提升做出新贡献》的财务预决算报告。副总经理马力宁作绩效考核情况说明；总地质师付锁堂作签订2014-2016年集体合同情况说明。总经理宗贻平，副总经理、矿区服务事业部主任、党委书记高云建分别与各二级单位签订2014-2016年集体合同、2014年绩效合同。听取英东采油厂产能建设、天然气开发公司安全管理、建筑安装公司柴北缘管道建设、花土沟社区管理中心食堂餐饮服务4个单位经典案例介绍。听取岗位工人、知识分子、领导干部代表分别发出的“我为‘油田梦’作贡献”倡议。总工程师孙凌云宣读《关于表彰2013年度文明建设先进集体的决定》、《关于表彰命名班组、”十佳”班组、优秀班组长的决定》。公司领导为7个先进厂处、7个贡献单位、44个红旗基层单位、2个命名班组、20个“十佳”班组、100个优秀班组长颁奖；总经理宗贻平作总结讲话。

1月7日 乌南油田乌北8-3井输油管道与二号集气橇成功对接，结束了乌南油田20多年来原油生产依靠汽车拉运、伴生气部分放空的历史。该区块195口油井全部实现密闭输送。

同日 油田公司2013年度质量安全环保节能会在敦煌基地召开，200多人参加。传达习近平总书记，集团公司领导有关安全生产讲话摘要；边远油田开发公司等单位作专题发言，副总经理、安全总监马力宁作题为《明确目标，落实责任，加强监督，促进质量安全环保节能工作稳步提升》的工作报告。

1月19日 油田公司被青海省评为省政府系统信息工作先进单位。

1月23日 油田公司制定下发《青海油田公司审计组审计纪律规定》、《青海油田公司审计人员职业道德规范》。

1月 青海油田开展第三次经济普查。

同月 液化天然气公司格尔木－拉萨段液化天然气（LNG）铁路运输取得成功。填补了国内LNG铁路运输空白。

同月 油田基础教育管理中心参加印度尼西亚雅加达举办的2013中小学生（WRO）世界奥林匹克机器人竞赛，获金银奖杯。

二月

2月11日 青海油田党的群众路线教育实践活动总结视频大会，分别在敦煌基地主会场及花土沟、格尔木、冷湖分会场召开，总经理、党委书记宗贻平代表油田党委对油田全面开展党的群众路线教育实践活动进行全面总结；集团公司党的群众路线教育实践第七督导组组长杨炳升出席并讲话。

2月27日 油田公司召开2014年审计工作视频会，300多人参加。贯彻集团公司2014年审计工作会议精神；安排部署油田2014年审计工作重点；花土沟社区管理中心、井下作业公司作经验交流；总经理、党委书记宗贻平作讲话。

同日 油田公司召开2014年反腐倡廉建设工作视频会，278人参加。传达青海省纪委十二届三次全会及集团公司2014年反腐倡廉建设工作会议精神；党委副书记党玉琪作题为《围绕中心任务，强化执纪监督，深入推进油田公司党风廉政建设》的工作报告；总经理、党委书记宗贻平，总地质师付锁堂分别讲话。

2月28日 油田公司制定下发《青海油田公司员工个人劳动防护用品管理规定》。

同日 井下作业公司对扎9井射孔试油获得成功，用4毫米油嘴自喷求产，日产原油26.13立方米。该井位于柴达木盆地西部坳陷区扎哈泉地区，是油田公司部署的一口重点预探井，完钻井深3650米。

三月

3月1日 井下作业公司对牛101井射孔后，用4毫米油嘴放喷求产，日产天然气4344立方米。该井是油田公司部署在阿尔金山前牛东鼻隆构造高点上的一口重点评价井，完钻井深3730.00米。

3月6日 井下作业公司对扎探1井Ⅰ层组4466-4478米井段射孔，抽汲求产，至3月9日，累计产油24立方米。这是首次在乌南－绿草滩斜坡E_3^1段获得工业油流。

3月10日 油田公司2012-2013年度政研会在敦煌基地召开，60多人参加。通报2012-2013年度政研论文评审情况。经过评选，产生优秀论文成果奖20篇、优秀调研报告成果奖11篇。5篇获奖论文和调研报告进行现场交流；党委副书记党玉琪对油田政研会下一步的工作提出要求。

3月11日 青海省安全生产监督管理局检查组到青海油田检查安全生产情况。

3月12日 油田公司召开2014年设备管理工作视频会，150多人分别在敦煌、花土沟、格尔木和冷湖参加。设备处负责人作《落实直线责任 确保设备安全》的工作报告；学习《青海油田设备变更管理办法》和《青海油田设备设施完整性管理办法》；表彰先进集体和个人；总工程师孙凌云作讲话。

同日 油田公司在敦煌基地与东方地球物理勘探有限责任公司青海物探处、测井有限公司青海事业部、工程设计有限责任公司青海分公司分别签订2014年关联交易合同。

3月17日 西藏自治区副秘书长兼藏青工业区管委会主任郭瑞祥一行，到敦煌基地洽谈有关藏青工业园天然气供应事宜，油田分公司总工程师孙凌云及相关处室负责人参加。

3月18日 青海油田分公司分别与瑞士威德福（中国）能源服务有限公司和法国斯伦贝谢公司在北京签订战略合作框架协议。

3月20日 职工总医院首例乳腺包块超声引导下定位穿刺活检术获得成功，填补该院此项技术的空白。

3月21日 油田公司决定，成立青海油田反腐倡廉建设工作领导小组，总经理、党委书记宗贻平任组长。

3月24日 美国兰德能源服务公司一行8人到青海油田分公司进行技术交流，油田50多名专业技术人员参加。兰德能源服务公司技术人员先后介绍生物清洁可回收压裂液、不压井作业、重晶石解堵、注水管柱井下智能开关、旋转导向钻井、微取心、超高密度固井、柱塞气举等工艺技术；青海油田分公司副总经理马力宁作讲话。

3月29日 职工总医院邀请兰州大学第二附属医院眼科医院专家到油田开展诊疗活动，为筛查出的21名眼病患者进行白内障手术。

3月 青海油田分公司获集团公司节能节水先进企业称号。

四月

4月10日 油田公司制定下发《青海油田公司因公出国（境）管理办法》。

4月10-11日 法国斯伦贝谢中国公司在敦煌基地举办新技术交流会，油田100多名工程技术人员参加。斯伦贝谢公司的14名专家就复杂储层测井评价、扎哈泉致密油压裂改造建议、固井、M-I水基泥浆、涡轮钻井提速、SMITH钻头、动态负压射孔、随钻测井、地质导向、旋转导向等10个方面介绍最新研发并投入商业应用的前沿技术。

4月14日 油田公司决定，成立青海油田分公司建设项目管理部，为正处级二级单位。8月5日，将青海油田分公司建设项目管理部更名为青海油田分公司建设项目管理中心（简称青海油田建设项目管理中心）。10月，油田分公司将其业务范围由公用工程建设和住宅楼建设，转向油田地面产能建设、公用工程建设等重点工程建设。

4月16日 全国政协民族和宗教委员会副主任、原新疆生产建设兵团司令员华士飞一行12人到格尔木炼油厂参观。

4月22日 油田公司为采油一厂“史昆技术创新工作室”授牌。

同日 青海油田“职工技术创新工作室”成果观摩交流会在格炼举行。

4月23日 13时40分，特大沙尘暴袭击敦煌。瞬间，黄沙漫天卷，白昼变黑夜，局部最小能见度小于2米，风速达18.50米／秒，气温突降到冰点以下。

4月25日 油田公司工会庆“五一”长跑活动在敦煌基地举行，活动设个人长跑比赛和方阵长跑两个项目，299人参加个人长跑比赛。

4月28日　油田公司2014年油气田效益评价工作会议在敦煌基地召开。总结2013年度效益评价工作主要成果，部署2014年主要工作。4个生产单位作交流发言，副总经理马力宁作讲话。

同日　油田分公司决定，供水供电公司和天然气电力公司领导班子合署办公，相互兼职，业务统一管理，工作统筹安排，财务分账核算。供水供电公司和天然气电力公司原有职责、现有机构维持现状不变。

五月

5月6日　油田公司下发《青海油田公司安全生产和环境保护业绩考核暂行办法》。

5月7日　青海省委常委、副省长骆玉林一行到格尔木炼油厂调研指导工作。

5月9日　青海油田获集团公司“管理提升活动先进单位”称号，油田分公司历时3年的管理提升活动全面结束。该活动于2012年8月22日启动。11月23日，制定下发《关于印发〈青海油田管理提升方案〉的通知》，明确工作职责、工作内容和实施步骤。至2014年，完成《青海油田基准管理手册》的编制工作。

5月10日　扎哈泉地区扎探1井压裂施工顺利成功。该井是由钻采工艺研究院设计并进行现场技术服务的一口深探井，施工过程中压力平稳并超额完成设计加砂量。

5月15日　社区管理中心梁青菊、朋卫东家庭被全国妇联评为第九届全国“五好文明家庭标兵”。

5月17日　油田公司领导干部大会在敦煌基地召开，集团公司总经理出席会议并讲话。集团公司人事部总经理刘志华宣布集团公司党组对青海油田党政主要领导的任免决定：付锁堂任青海油田分公司总经理、党委副书记、青海石油管理局局长；党玉琪任青海油田公司党委书记、副总经理；免去宗贻平青海油田分公司总经理、党委书记、青海石油管理局局长职务，另有任用。

同日　集团公司总经理刘志华在青海油田工作调研时，要求油田公司与各协作单位牢固树立“中国石油一杆旗、一盘棋、一家人、一条心、一股劲”的思想，加快千万吨高原油气田建设。

同日　扎哈泉地区扎208井经试油喜获工业油流，扎208井是扎哈泉地区扎哈泉构造的一口重点评价井，完钻井深3600米。在第Ⅰ层组进行测一射联作点火成功。25日，通过油管畅喷，日产原油5.18立方米，获得工业油流。

5月22日　油田公司提交的青海油田2013年度矿权年检资料，在股份公司召开的2013年度矿权年检资料汇交审查会上，顺利通过审核验收。

同日　青海省政府在西宁召开会议，专题研究、协调和解决青海油田成品油产销矛盾。青海省经济和信息化委员会、青海省商务厅、中石油青海销售分公司、中石化青海销售分公司、西宁中油燃气有限责任公司、西部管道公司、青海桂鲁化工有限公司、甘河工业园区等中石油地区油气销售集输单位和省内油气下游用户成员单位代表参加会议。青海油田公司总经理、党委副书记、青海石油管理局局长付锁堂与会并作专题汇报。青海省省委常委、副省长骆玉林主持会议，对实现青海省成品油和天然气产销平衡，满足青海省的发展和西藏能源的需求，进行协调，达成共识。

5月24–30日　庆祝青海油田创业59周年“五月的风”广场文化活动在敦煌基地举行，油田职工家属及在校学生4000余人次观看活动开幕式。活动内容包括：离退休职工拳剑现场表演；敦煌市书法家协会现场书法篆刻；油田离退休职工、少儿书法绘画现场创作展；象棋、围棋局市对抗赛；文艺节目演出、二胡、古筝、小提琴、吉他、架子鼓演奏；旧书籍现场交流交换；奇石、根雕收藏品现场展览交流；剪纸艺术展示等8个大类，活动文艺演出6场次。

5月27–30日　国土资源部油气储量评审专家组一行10人到青海油田，开展英东油田砂37区块新增探明储量申报评审工作。评审组专家对青海英东油田探明储量研究工作给了充分肯定，英东油田砂37区块新增储量通过评审备案审查。

5月28日　青海油田创业59周年座谈会在敦煌基地举行，70多人参加。与会人员一起回顾油田创业59年的奋斗历程，分享油田创业59年取得的丰硕成果，共同展望全面建成千万吨高原油气田的美好未来。总经理付锁堂主持会议，党委书记党玉琪作总结讲话。

5月30日　青海油田上半年勘探开发工作专题汇报会在北京召开，集团公司副总经理、党组成员赵政璋，股份公司勘探与生产公司副总经理杜金虎，总工程师、安全总监赵邦六及相关处室领导参加会议。青海油田总经理付锁堂、副总帅张道伟以及办公室、勘探处（勘探事业部）、勘探开发研究院有关领导参加汇报。研究院院长代表油田公司作题为《青海油田勘探开发工作汇报》；与会领导和专家进行专题讨论和发言；副总经理赵政璋作讲话。

5月　涩北气田自消泡沫排水采气工艺试验获得成功。

同月 油田公司团委在油田范围内启动“奋斗的青春最美丽”主题活动。

同月 井下作业公司自制空心杆杆内洗井专用井口工具，在英东区块英试13-1井投入使用并获得成功。

5月-9月 青海油田代表队在青海省第十六届运动会暨全民健身大会上获得好成绩。其中，5月28-29日，离退休职工健身气功队，获得团体比赛第一和个人比赛1金2银2铜。6月26日，6名自行车选手获“春源杯”自行车（山地）比赛成年男子组30千米个人绕圈赛第六、七、八名。7月，桥牌选手获桥牌团体比赛第一名、名人双人赛（南北组）第三名和公开组双人赛（南北组）第八名。8月18-21日，老年门球队获门球单、双大赛双打金牌，双打铜牌和单打银牌。9月11日，男、女羽毛球选手获女子团体第八名及个人第四、六、七名。

六月

6月4日 柴页2井钻至设计井深2500米完钻。钻进中见气测异常45次，异常层段累计厚度108米，其中433-439米井段全烃峰值最高，为3.02%，现场含气量解析显示，含气量达到3.73立方米/吨，可点燃。还钻遇3米油页岩（332-335米）和多套煤层（累计厚度约23米）。该井位于柴达木盆地德令哈凹陷，由中国地质调查局和青海油田公司联合论证设计，于3月6日开钻。

6月11-12日 油田公司《东坪-牛东区块整体开发方案》在北京通过股份公司的审查验收。《东坪-牛东区块整体开发方案》包括地质气藏工程、钻采工艺工程、地面配套工程和经济评价4个方面，对东坪-牛东区块15亿立方米产能建设方案进行阐述。

6月11-21日 青海油田创业59周年“四方杯”排球比赛在敦煌基地举行，21家单位的30支代表队参加，比赛场次达110场。青海物探处、社区管理中心分获男女组第一名；8个代表队获得“体育道德风尚奖”。

6月12日 集团公司安全环保检查组一行6人到格尔木炼油厂检查指导工作。

6月13日 扎哈泉地区首口水平井扎平1井顺利完井。该井完钻斜深4220米，水平段垂深3286.98米，段长度820米，方位120.1-123.2°，B靶点井斜角89.6°，该井水平段气测显示活跃，全烃值最大10.41%，平均2-5%。

6月14日 集团公司、油田分公司井控检查组一行数人深入东坪、牛东地区，对井控管理工作进行检查。

6月15日 应青海油田分公司邀请，加拿大阿尔伯达大学教授Nicholas B.Harris和滑铁卢大学教授Maurice B.Dusseault、徐宝慈在敦煌基地举办页岩气勘探开发新技术学术讲座。重点介绍北美、印尼、澳洲、欧洲等地的页岩气发展概况、储层特征、压裂效果分析、页岩气储层压裂中的关键问题。与会人员结合柴达木盆地地质特点和压裂施工中存在的问题与3位教授进行交流讨论。

6月17日 石油工业出版社青海油田发行站揭牌仪式暨赠书活动在勘探开发研究院举行，中国石油工业出版社总编张镇、青海油田分公司副总经理马力宁出席活动并讲话，油田20多家单位负责人参加。张镇代表出版社向青海油田各单位赠送价值20万元的图书。马力宁和张镇共同为青海油田发行站揭牌。

同日 油田分公司2014年新增产能建设论证会在敦煌基地召开，40多人参加。听取勘探开发研究院所作《砂西E_3^1油藏5万吨产能建设方案》、《昆北切十六井区5万吨产能建设方案》、《英东油田2014年产能建设进展情况及下一步部署建议》、《青海油田2014年总的产能建设进展情况及下一步工作部署》的汇报，钻采工艺研究院所作《青海油田钻井、采油工艺优化方案》的汇报。副总经理马力宁作总结讲话。

6月17-20日 集团公司应急管理系统（E2）推广实施启动会暨培训工作在敦煌基地举行，108人参加。

6月18日 油田公司总经理付锁堂、党委书记党玉琪、总工程师孙凌云，与到访的西部钻探工程有限公司总经理马永峰一行，就推进钻井区块总承包、进一步友好合作和谋求共同发展等事宜，在格尔木石化基地进行座谈。

同日 井下作业公司对扎哈泉地区扎208评价井第Ⅰ层组进行压裂改造，获高产工业油流。用3毫米油嘴自喷求产，日喷油39.78立方米。该井设计及完钻井深均为3600米。该井试油成功，扩大了N_1油藏的含油面积。

6月23日 中国地质科学院矿产资源研究所郑绵平院士、张佳文书记等一行6人，到气钾1井对钻探施工过程中的质量和安全进行检查。该井位于柴达木盆地三湖地区北斜坡盐湖构造，是中国地质科学院矿产资源研究所与中国石油青海油田公司合作钻探的一口预探井，由四川德阳巨圆石油技术开发有限公司承钻，2013年10月10日开钻，2014年12月6日完井，完钻井深 3500 米。

6 月 28 日　青海油田老年门球代表队在酒泉地区第二十六届老年人门球比赛中，获得第二名。

6 月　诚信服务公司时代化学助剂厂生产的破乳剂系列产品通过集团公司质量抽检，合格率 100%。

七月

7 月 1 日　柴北缘断块带赛昆断陷亚区潜西 1 号构造的浅 4 孔井，在 705-709 米、700-703 米井段，进行常规试油，用 2 毫米油嘴求产，日产天然气 1434 立方米，获工业气流。8 月 16-28 日，在该井第Ⅱ层组 796-799 米、808-812 米井段，射孔抽汲求产，折算日产原油 2.07 立方米；第Ⅲ层组射孔，用 4 毫米油嘴放喷求产，折算日产油 9.60 立方米，获工业油流。该井于 5 月 31 日开钻，6 月 13 日钻至井深 850 米完钻。

7 月 1–4 日　长庆油田专家组一行 6 人应邀到青海油田，进行低压低渗油气藏和致密油等相关问题进行技术交流。期间，勘探开发研究院作《柴北缘低压低渗勘探情况》、钻采工艺研究院作《天然气探区措施改造现状与问题》汇报。长庆油田专家组对每个地区分别提出建议，并作《鄂尔多斯盆地致密油勘探开发进展》、《鄂尔多斯盆地致密油体积压裂实践》、《低渗透致密油藏测井评价技术进展与展望》的专题报告。

7 月 3 日　青海油田与青海省移动通信公司在敦煌基地石油宾馆共同签署《中国石油青海油田、中国移动青海公司战略合作框架协议》。青海油田分公司总经理付锁堂、副总经理马力宁、青海移动公司副总经理夏冰和通信公司负责人以及海西州移动分公司等出席签字仪式。

7 月 4 日　油田公司矿区服务事业部制订下发《青海油田矿区服务质量评价体系建设实施细则（试行）》。

7 月 4–7 日　中国石油文联“送欢乐、下基层”宝石花艺术团先后到敦煌基地、冷湖油田管理处、格尔木石化基地、花土沟－格尔木输油管道泵站慰问演出。

7 月 13 日　第二届青海油田勘探与开发青年科技论坛在敦煌基地举办，油田相关单位的团员青年代表 70 余人参加。征集论文 43 篇。通过评审，评选出一等奖 3 名、二等奖 5 名，其他奖项 13 名。

7月18日　油田公司“命名班组”经验交流座谈会在敦煌基地召开，16个单位的相关负责人及党群部门、班组长代表90余人参加会议。敦煌地区班组长分别参观 “十佳”班组之一的通信公司敦煌通信站线务班、社区管理中心440班和命名班组四方服务公司“齐宪维班”；6名油田命名班组长介绍班组管理经验；党委书记、纪委书记、工会主席党玉琪作讲话。

同日　中国石油大学（北京）副校长庞雄奇一行应邀到青海油田进行学术交流，70 余人参加。副校长庞雄奇就国家“973”研究项目相关内容作报告；纪友亮教授作《陆相致密储层沉积相与储层特征研究》报告；黄捍东教授作《地震储层预测新技术》报告。

7 月 20 日　东坪气田 1 区块的坪 1-2-7 井采用 8 毫米气嘴进站生产，日外输气量达到 26 万立方米，是东坪地区产气量最高的直井。该井位于东坪斜坡构造，设计井深 3500 米，目的层基岩风化壳，2014 年 4 月 7 日开钻，首次应用小井眼钻井技术获得成功，7 月 2 日完钻，试采层段 3341-3500 米。

7 月 21 日　加拿大油气储层改造专家 Denis Gaudet 先生到油田进行水平井分段压裂技术培训。

7 月 24 日　油田公司为在岗的高温作业职（员）工发放冰糖、茶叶、苦荞、蜂蜜等 4 种防暑饮料，共 13500 份。

7 月 26 日　供水供电公司建设的英东 110 千伏供电工程投运成功。该工程于 2013 年 8 月 2 日开工，2014 年 7 月 20 日完工，新建英东 110 千伏变电站 1 座，新建油砂山－英东油田单回路 110 千伏供电线路 33.58 千米。

7 月　青海油田提交的 4 篇政研论文，在中国石油系统思想政治科研分会西北协作区年会上分获二、三等奖。

同月　青海油田分公司与中国地质调查局油气资源调查中心在北京签署战略合作协议。旨在节约利用资源，统筹协调中央、地方、企业资源优势，推进柴达木盆地常规油气、页岩气、天然气水合物、铀矿、钾盐及多能源矿产资源综合勘查。

同月　《〈青海石油报〉－〈聚宝盆〉专栏 1000 期优秀作品集》出版。收录作品 270 余件。

八月

8 月 5 日　油田公司决定，将青海油田公司 HSE 监督中心更名为青海油田公司安全监督中心（简称青海油田安全监督中心），机构规格为正处级。

同日　培训中心第四幼儿园舞蹈班代表青海省参加在韩国举行“五彩梦－中韩青少儿舞蹈才艺展演”比赛活动。舞蹈作品《放飞梦》获得本次大赛少儿组表演特等奖，第四幼儿园获得优秀组织奖。

8月6日 油田通信花土沟北环传输网升级改造工作完工，传输容量由622M升级至2.5G，以满足尖顶山、南翼山等边远油气田信息化业务需求。

同日 油田分公司制定下发《青海油田公司纪检监察部门过程监督管理办法》。

8月8日 油田公司工会举办“千人健步走”全民健身活动，32个单位参加。

8月12日 马仙采油厂使用清管监测装置，在马北－南八仙输气管道首次清管检测获得成功，创青海油田长距离、大管径、湿气输送管道通球成功的纪录。

8月13–15日 油田公司扎哈泉地区致密油研究工作交流会在敦煌基地召开。中国石油杭州地质研究院、法国斯伦贝谢（中国）公司、西北大学、中油测井、北京大学、东方研究院、美国阿派斯（中国）公司等专家应邀出席。就扎哈泉地区致密油研究工作最新进展、研究成果及核心问题的解决情况进行交流。

8月14–16日 英中地区游园沟构造重点评价井游评3井，先后在N_1、N_2^1优选3个层组进行试油，其中，第Ⅰ层组获得日产2.49立方米工业油流；第Ⅱ层组射孔后，油管畅喷求产，日产原油29.60立方米。发现游园沟构造N_2^1新的含油层系。

8月15日 马仙采油厂南八仙职工生活公寓维修扩建工程完工，新建职工公寓48间，职工食堂1个。该工程于3月17日开工。

8月17日 东坪气田天然气日产达307万立方米。

8月20日 油田公司决定，成立青海油田公司招标管理部（正处级），为油田公司机关直属单位。

同日 油田公司柴北缘牛东、冷90地区天然气滚动勘探开发技术研讨会在冷湖地区召开，11家单位的60余人参加。

同日 集团公司保密密码工作第三协作组一行6人到油田检查指导工作。

8月22日 青海油田第一口页岩气井－柴页1井压裂成功。该井位于大柴旦，完钻井深2250米。压裂中采用滑溜水与线性胶压裂技术，共泵入总液量937.30立方米，加砂47立方米，最高压力达到52.50兆帕，动用压裂设备13台。

8月25日 敦煌基地第三幼儿园改造工程完工，扩建面积512平方米。该工程于6月25日开工。

8月27日 国家档案馆（室）业务指导司司长孙钢一行8人到敦煌基地，对青海油田档案信息管理工作进行检查指导。

8月30日 敦煌基地道路改造昆仑东路段改造项目完工，改造道路1550米。该工程7月12日开工。

8月 诚信服务公司自主研发的强水敏砂岩地层水井酸化增注技术，在英东油田应用成功。

同月 钻采工艺研究院自主研发的胺基聚醇-MEG钻井液体系，在英东下盘英29-1井、英30-3井钻井中应用，获得成功。

同月 客运服务公司检测站（花土沟站）改扩建工程开工建设，工程包括：1条13吨汽车综合（含安全）性能检测线、1条轻型柴汽一体环保检测线、1条重型柴油环保检测线。总建设面积为922平方米，业务大厅为205平方米，1条150米试验道路，2条驻车坡道。

九月

9月1日 油田公司开通国家级技能大师王锡军工作室网站。建立王锡军工作室主网站和杨永磊等工作室7个分网站，主网站设置10个栏目，分网站设置7个栏目。

9月3日 油田公司承担的《柴达木盆地低孔低渗储层试油试采技术研究》项目通过股份公司验收。

9月4日 油田公司总经理付锁堂与法国斯伦贝谢中国区总裁许成祝一行，进行工作座谈。

9月15日 油田公司制定下发《青海油田公司员工安全行为规范》。

9月16日 勘探事业部和井下作业公司在沟8井第Ⅰ层组射孔试油，抽汲折算日产原油3.90立方米；9月22日，该井第Ⅱ层组放喷求产，折算日产原油4.92立方米；30日，第Ⅲ层组放喷求产，日产原油2.12立方米；10月初，第Ⅳ层组油管放喷，日产原油2.76立方米。该井是西部茫崖坳陷亚区红沟子构造的一口预探井，完钻井深2000米。

同日 青海油田公司与青海盐湖工业股份有限公司在敦煌基地进行工作座谈。总经理付锁堂、总工程师孙凌云、总会计师杨仁远和相关职能处室负责人与盐湖工业股份有限公司公司董事长王兴富、副总裁马宏义一行就天然气供给存量气、增量气结算等相关事宜进行业务洽谈。

9月18日 青海油田交换网络IP多媒体子系统改造项目割接开通。该系统采用IMS智能网技术，实现油田通信网络迈入智能化、IP化发展阶段。油田专网c&c08程控交换机以及softco9500软交换系统正式退网。

9月24日 国家住房与城乡建设部一行数人到青海油田格尔木石化基地棚户区综合整治项目进行现场检查。

9月25日 青海油田离退休职工“高原情”合唱团代表队，在山东省淄博市张店区举办“永远的辉煌”-第十六届中国老年合唱节上获“韶韵杯”(银奖)。

同日 青海油田2014年油藏评价成果及2015年部署论证会在北京召开。油田公司勘探开发研究院作《青海油田2014年1-9月份油藏评价成果及2015年部署》的汇报。

9月26–28日 中石油集团公司矿区服务工作部总经理刘自强一行数人到油田检查指导。

9月28日 英西狮子沟地区狮42井获高产工业油气流，该井钻至井深4079米时发现高压油层，经中途测试，用10毫米油嘴求产，折算日产原油173.62立方米，日产天然气24420立方米。该井是英西地区狮子沟深层构造狮24井区的一口预探井，完钻井深4095米。

9月29日 格尔木炼油厂成功生产出国Ⅳ(-20#)柴油和国Ⅴ(0#)柴油。11月5日，生产出国Ⅳ(-35#)低凝柴油。

9月30日 敦煌基地离退休活动场所改造工程完工，硬化2座门球场，铺草坪927平方米；拉膜遮阳篷521平方米。该工程于6月26开工。

同日 井下作业公司李国平、采油一厂杜德香、勘探开发研究院陈琰、天然气开发公司赵军年、建筑安装公司韩萃、采油二厂李亚夫、社区管理中心于晓燕荣获2014年青海省劳动模范荣誉称号。

9月 花土沟基地职工公寓节能改造项目完工。该工程于7月15日开工。

同月 劳动服务公司厂房设施维修项目（厂房维修工程和设备更新）工程竣工。该工程于2月20日开工，投资1619万元，其中采购设备188台（套）。

十月

10月3日 井下作业公司在牛1井区牛105井Ⅴ层组913-917米井段射孔，用4毫米油嘴放喷求产，日产油5.15立方米，为牛1井区首次在E32层段获得工业油流。

10月9日 花土沟职工活动中心主体工程建设项目完工。该项目于6月23日开工，建筑面积6342平方米。

10月10日 油田第四届中小学生运动会在油田一中体育场举行，来自7所学校的1500余名学生参加。

10月13日 扎哈泉地区扎11井射孔后，采用4毫米油嘴自喷日产原油32.80立方米，喜获高产工业油流，进一步证实扎哈泉地区的勘探潜力。

10月15日 格尔木石化基地39栋住宅楼建筑节能改造项目完工。该项目于6月19日开工。

10月16日 英中地区游园沟构造的评价井游评4井第Ⅱ层组射孔后，抽汲日产原油12.32立方米，获工业油流。

同日 股份公司在北京召开柴达木盆地风险勘探成效及领域优选汇报会，西北分院、廊坊分院、青海油田先后作“柴达木盆地风险勘探成效及领域优选”专题汇报。会议确定柴达木盆地未来风险勘探的方向和2015年风险勘探的目标。

10月17日 东坪气田水平井坪1H-2-7试采，用8毫米工作制度进站生产，日产天然气43万立方米。坪1H-2-7设计井深4469.99米，其中下分支设计井深3760.35米，上分支井设计井深3553.64米，上下分支井水平段分别为361米、375米。该井于2014年3月19日开钻，10月2日完钻，10月24日分支水平段采用裸眼工艺完井，是青海油田第一口双分支水平井。

同日 青海油田为青海省首个“扶贫日”活动捐款300万元。

同日 南八仙低压伴生气处理系统扩能改造工程完成，使低压伴生气的日生产能力由原先的40万立方米提升到67万立方米。

10月18日 职工总医院为一位91岁哈萨克族老人成功实施右侧人工髋半关节置换术。

10月20日 格尔木基地视频监控系统改造工程完工并投入运行，共布设监控点位208个，该工程于7月1日开工。

10月23日 格尔木炼油厂代表队在中国石油天然气集团公司2014年汽（煤、柴）油加氢装置操作工职业技能竞赛中，获得实物仿真装置操作项目团体铜奖。

同日 油田公司档案管理工作在集团公司档案工作评级检查中，以115.80分（满分120分）的成绩晋升为A级。

10月24日 渤海钻探公司党委书记、副总经理秦文贵一行，到油田工作访问。

10月27日 职工总医院成功抢救一名孕28周、出生体重1100克的危重新生儿。

10月28日 青海油田第八届职业技能竞赛圆满

结束。油田分公司对取得竞赛前3名的选手、优胜团体、优秀组织单位及成功转换为企业员工的劳务子女工进行表彰奖励。此次竞赛于6月1日启动，分3个阶段，分别在敦煌、花土沟和格尔木3个地区进行。各单位的400余名选手，参加10个工种的决赛。

10月29日 油田公司工会特邀中国培训师联合会培训机构管理委员会副主任委员、陕西培训师联合会会长周钰到敦煌基地，进行心理健康讲座，280名员工参加。

10月31日 中国石油天然气股份公司2014年重点气区天然气开发工作会在北京召开。青海油田分公司作题为《深挖潜力 强化评价 努力实现青海油田可持续发展》的工作报告。集团公司副总经理赵政璋作总结讲话。指出，青海气区通过一井一策，均衡采气，气田开发管理工作做的很好，在治砂方面有很大的进展，对治水积极的探索，要继续保持。同时要求，天然气产量在具备条件的情况下稳步上升；涩北气田开发继续挖掘未动用储量的潜力；治理出水，要在成藏机理上做文章；勘探上要按照部署继续做下去，有新发现后及时调整部署，提供可供开发的规模储量。

10月 付锁堂、刘云田、马达德、贾锁刚、汪立群、薛建勤、杨少勇、吴颜雄、王国民、郭子仪完成的《扎哈泉地区致密油成藏条件及勘探成效》获2014年青海省科技进步一等奖。

同月 马力宁、史玉成、屈信忠、马达德、张国成、廖春、胡国强、龙安林完成的《尕斯库勒油田E31油藏精细数值模拟剩余油分布研究》获2014年青海省科技进步二等奖。

同月 集团公司环境应急监测中心一行4人到青海油田，对环境应急监测中心建设情况进行检查指导。

同月 刘云田、贾锁刚、张立会、张启汉、张海浪、袁永文、张玉冰、张能学、程涛、杨健、周燕、王全治、魏晓霞、李成武、刘鸿波完成的《青海油田油气水远程自动化计量推广应用及配套完善技术》获中国石油化工自动化行业科技进步二等奖。

同月 窦红梅、赵元才、郝少军、杨国辉、谯世均、余博完成的《昆北油田储层保护钻井液技术研究与应用》获得集团公司科技进步二等奖。

十一月

11月4日 油田公司党委决定，对2013-2014年度新闻宣传工作的15个新闻宣传工作先进单位、20名优秀新闻工作者、15名模范通讯员、50名优秀通讯员，79件获得省部级新闻奖的作品，以及获得省部级表彰的油田电视台、《中国石油报》驻青海油田记者站和13名先进个人予以表彰。

11月6日 油田公司决定，将格尔木地区各单位现有物资仓储业务、资产、人员整体划转到物资装备公司，实现物资的统一采购、仓储和配送。

同日 油田移动通信补点建站工程完工，共新建牛参1、扎哈泉、切6、冷90、切可里克、小梁山6个CDMA基站，扩大油田通信在柴达木盆地的覆盖面。

同日 股份公司的重点项目－英东油田16万吨产能建设地面配套工程总体完工。该工程于3月30日开工，主要包括英东油田下盘10万吨产能建设、英东油田上盘5万吨产能建设和英东二三号1万吨产能建设。油、水井127口。1500立方米/天的注水站1座、直径273×6毫米油气集输管线2.90千米，直径219×5毫米油气集输管线1.00千米，直径159×4毫米油气集输管线1.30千米，直径114×16毫米供气集输管线5.20千米，直径76-159毫米注水管线共计6.83千米，以及单井的井口流程安装。10千伏供电线路15千米。钻前井场的新建和扩建，油区主、次干道建设以及配套的通信、自动化控制等。该项目的注水管网工程于7月25日开工。主要包括管线焊接及阀井安装，其中直径89×12毫米管线600米、直径159×22毫米管线1.5千米、直径114×16毫米管线1.6千米、直径133×19毫米管线500米。

11月15-17日 股份公司科技管理部委托集团公司科技评估中心，到青海油田对《柴达木盆地建设千万吨油气田综合配套技术研究》重大科技专项进行现场验收检查。

11月18日 油田公司矿区服务事业部制定下发《青海油田矿区物业秩序及环境综合整治工作实施方案》。

11月19日 敦煌基地住宅小区（东三、东四村）改造项目完工，该工程于7月30日开工。东三村改造面积92234平方米；东四村改造面积41306平方米。

11月21日 青海油田车载应急通信系统，通过集团公司应急通信保障中心巡检组巡检。

同日 国内拥有独立知识产权的居中型MRT6910核磁共振测井仪，首次在青海油田跃更X井试验测井获得成功。

11月22日 油田分公司承担的《全国油气资源动态评价项目》子课题－《柴达木盆地油气资源动态评价》项目，通过国土资源部油气资源战略研究中心评审验收。在11个子课题中获得第三名，并获国土资源部油气资源战略研究中心优秀项目。

11 月 25 日　油田公司决定，将西宁办事处石油大厦更名为“蓝宝石大酒店”。

11 月 27 日　青海油田扎哈泉地区石油勘探成果在中国石油 2014 年度油气勘探年会上，被评为 2014 年度石油勘探重大发现一等奖。

11 月 28 日　青海省文化和新闻出版厅批复，同意青海油田内部新闻期刊《新闻通讯》改版、更名为《瀚海记者》（青内资 K-051）。

11 月 30 日　敦煌基地昆北住宅小区竣工。为 11 层电梯住宅小区，总占地面积 3.55 万平方米，总建筑面积 7 万平方米，建设住宅套数 547 套，其中：95 型住宅 128 套，120 型住宅 353 套，140 型住宅 66 套。小区采用统一物业管理、视频安防。设计地下停车位 95 个、地上停车位 173 个。昆北住宅小区于 2013 年 4 月 6 日开工建设。

十二月

12 月 3 日　油田公司决定，撤销西宁办事处、兰州办事处、西安办事处、四川办事处、北京办事处 5 个驻外办事处，将其业务、资产和人员按所在地划入到西宁离退休基地管理处、兰州离退休基地管理处、西安离退休基地管理处、四川离退休基地管理处、北京离退休基地管理处。

12 月 9 日　油田公司 2014 年财务工作会议在敦煌基地召开，190 多人参加。听取总会计师杨仁远所作题为《规范管理，开源节流，降本增效，全力推进公司有质量有效益可持续发展》的工作报告；听取规划计划处、概预算管理部所作的专题发言；邀请中油保险公司专家举办保险业务专题讲座；并组织业务人员参加会计报表专题培训。

12 月 10-12 日　中国石油天然气股份公司 2014 年度油气田开发年会在北京召开，青海油田公司总经理付锁堂、副总经理马力宁、总工程师孙凌云等 9 人参加。马力宁代表青海油田作题为《青海油田公司油气开发 2014 年工作总结及 2015 年工作安排》的工作汇报。

12 月 11 日　华北技师学院院长赵立仁一行 5 人到敦煌进行工作访问。

12 月 13 日　冷湖五号构造冷 90 井区冷 9-2-3 井的 N_1 层位 2434.10 2440.90 米井段射孔，用 5 毫米油嘴放喷求产，日产天然气 2 万立方米左右，获工业气流。该井于 9 月 17 日开钻，11 月 11 日完钻，完钻井深 2600 米。

12 月 14 日　油田公司 2014 年新增天然气探明、控制和预测储量研究审查会在敦煌基地召开。总经理付锁堂和油田公司储量管理委员会委员及相关单位技术人员参加。会议对《牛东地区牛 1 区块 E_3^1、E_{1+2}、J 气藏新增天然气探明储量》、《冷湖五号冷 90 区块 N_1 气藏新增天然气探明储量》、《冷湖五号构造垣 1、深 37 区块 E_3^2 气藏新增天然气控制储量》、《牛中地区牛参 1 井区新增天然气预测储量》4 个区块的新增储量进行审查验收。共提交天然气新增控制、预测地质储量 528.49 亿立方米。

12 月 16 日　油田公司科技大会在敦煌基地召开。副总地质师刘云田作题为《加快自主创新　推进科技进步　为建设千万吨高原油气田提供强有力技术支撑》的工作报告；听取科技管理先进单位与科研成果单位代表的交流发言；选举产生青海省石油学会第七届理事会；副总经理高云建宣读对 6 家科技工作先进单位、35 名优秀科技工作者表彰决定；总经理付锁堂作总结讲话。

12 月 17 日　国家环保部、集团公司安全环保研究院一行专家对青海油田环保减排工作进行核查。

12 月 21 日　西部钻探公司副总经理喻著成到青海油田分公司，与总会计师杨仁远就 2014 年的关联交易工作进行座谈。

12 月 22 日　青海油田到乌图美仁乡开展扶贫助困活动，赠送 160 余袋牲畜饲料，帮助牧民解决牲畜过冬饲料问题。

12 月 23 日　油田公司 2014 年天然气开发年会在敦煌基地召开，80 人参加。总工程师孙凌云作《深挖潜力稳老区，强化评价上新区，努力实现青海天然气事业健康发展》的报告；总经理付锁堂作总结讲话。

12 月 24 日　油田公司 2014 年油气勘探年会在敦煌基地召开，120 人参加。传达中国石油天然气集团公司 2014 年油气勘探年会精神；勘探事业部、研究院分别就 2014 年的工作成效及 2015 年的工作安排作专题汇报；钻采院、中油测井等单位就物探、钻井、试油、测录井技术在油田勘探中的应用、进展及 2015 年的重点工作作专题报告；副总地质师作题为《深化地质研究，突出规模效益，夯实千万吨高原油气田发展根基》的报告。总经理付锁堂作总结讲话。

12 月 25-26 日　油田公司 2014 年油田开发年会在敦煌基地召开，120 名代表参加。传达股份公司油气开发年会精神，听取开发处、工程技术处、原油生产单位、勘探开发研究院、钻采工艺研究院、工程技术服务等13家单位工作总结报告；副总经理马力宁作《2014年油田开发工作总结及2015年重点工作安排》的报告；会议结束时，总经理付锁堂作总结讲话，从6个方面总结2014年的工作亮点，分析5个方面的潜力，用7个“比较”谈了油田开发面临的形势和挑战，对下一步的开发工作提出8个方面的要求。

12月26日 油田公司已开发油气田可采储量标定工作在北京通过股份公司评审，新增油气可采储量任务超额完成。

12月27日 涩北气田增压集输工程五号增压站联合试运行获成功。经过增压集输后，低压气产量由36万立方米/天提升至56万立方米/天。

同日 油田公司西宁石油大厦（蓝宝石大酒店）通过竣工验收。该工程于2012年3月28日开工，投资20434万元，建筑面积38740平方米，楼高22层，内设客房202间。

12月30日 青海油田管道完整性管理系统（PIS）正式上线试运行。实现管道数据集中管理存储和完整性管理业务流程的信息化，有效地整合管道完整性管理与日常管理，为保证管道始终处于可控状态提供技术支撑。

同日 矿区服务事业部编印《营养膳食指南》11000册，发放给油田居民。

12月31日 职工总医院引进一套超高端全身螺旋CT扫描系统。

同日 矿区服务事业部新一轮矿区三年安全环保隐患治理项目全面完成。该项目于2012年1月1日启动，累计完成安全隐患整改投资4470万元。

12月 油田公司获“青海省2014年度内部审计考核先进单位”称号。

第十五篇

先进荣誉

2014年度国家级先进集体和先进个人名录

【国家级先进集体】

获奖类别	颁奖单位	获奖单位
全国“安康杯”竞赛优胜单位	中华全国总工会、国家安全生产监督管理总局	采油二厂、诚信服务公司、天然气开发公司
全国“安康杯”组织工作优秀单位	中华全国总工会、国家安全生产监督管理总局	测试公司

【国家级先进个人】

获奖类别	颁奖单位	获奖个人
全国“五一”劳动奖章	中华全国总工会	史　昆
全国“安康杯”竞赛组织工作优秀个人	中华全国总工会、国家安全生产监督管理总局	徐德明
全国工会经审工作优秀干部	中华全国总工会	付建伟
全国青年岗位能手	团中央	王秋保
全国技术能手	人力资源和社会保障部	袁　瑛
第九届“全国五好文明家庭标兵”	全国妇联、中华全国总工会	梁青菊　朋卫东

2014年度省部级先进集体和先进个人名录

【省部级先进集体】

获奖类别	颁奖单位	获奖单位
青海省推动厂务公开民主管理工作先进单位	青海省厂务公开协调领导小组	青海油田公司
青海省厂务公开民主管理工作先进单位	青海省厂务公开协调领导小组	花土沟社区管理中心
青海省模范集体	青海省人民政府	格尔木炼油厂
青海省“五一”劳动奖状	青海省总工会	勘探开发研究院
青海省“安康杯”竞赛优胜单位	青海省总工会、青海省安全生产监督管理局	马仙采油厂、格尔木炼油厂
青海省女职工工作先进组织	青海省总工会	物资装备公司工会女职工委员会

获奖类别	颁奖单位	获奖单位
青海高原五一巾帼标兵岗	青海省总工会	采油二厂乌南采油作业区、社区管理中心园林公司
青海省“残疾人之家”	青海省残联	青海油田残联
海西州首届残疾人歌咏比赛优秀组织奖	海西州残联	青海油田残联
中国石油天然气集团公司先进基层党组织	中国石油天然气集团公司	天然气开发公司党委、管道输油处党委、马仙采油厂党总支、采油一厂尕斯第二采油作业区党支部、井下作业公司压裂技术服务大队党支部
青海省内部审计2014年度工作考核先进单位	青海省	审计部
青海省2014年度审计通联宣传工作先进单位	青海省	审计部
集团公司矿区服务系统2014年度信息宣传和网站建设先进单位	集团公司矿区服务工作部	青海油田公司矿区服务事业部
集团公司矿区服务系统 和谐示范小区	集团公司矿区服务工作部	青海油田跃进小区
集团公司矿区服务系统 服务示范窗口	集团公司矿区服务工作部	社区管理中心检修公司“440”维修服务班 花土沟社区管理中心餐饮公司职工三食堂
青海省政府系统信息工作先进单位	青海省	青海油田公司
青海省节能节水先进企业	青海省	青海油田公司
集团公司管理提升活动先进单位	集团公司	青海油田公司
集团公司2013-2014年度物资统计先进单位	集团公司	青海油田公司
青海省2014年度内部审计考核先进单位	青海省	青海油田公司
《石油影视新闻快讯》优秀组织单位	中国石油思想政治工作部 中国石油电视协会	青海油田新闻中心
《中国石油影视报道》优秀组织单位	中国石油思想政治工作部 中国石油电视协会	青海油田电视台
青海省广播电视通联、外宣协作先进集体	青海广播电视台	青海油田电视台
“四星级”记者站	中国石油报社	《中国石油报》驻青海油田记者站
中国优秀企业报	中国企业报协会	《青海石油报》 《油城电视报》
全国先进企业电视台	中国电视艺术家协会 企业电视分会	青海油田电视台
首届全国企业电视优秀播音员、主持人推选优秀组织奖	中国电视艺术家协会 企业电视分会	青海油田电视台
青海省“职工职业道德建设标兵单位”提名奖	青海省委宣传部 青海省精神文明建设指导委员会办公室 青海省经济和信息化委员会、 青海省商务厅 青海省总工会	通信公司

【省部级先进个人】

获奖类别	颁奖单位	获奖个人
青海省劳动模范	青海省人民政府	陈　琰　杜德香　李亚夫　赵军年　李国平　韩　萃　于晓燕
青海省“五一”劳动奖章	青海省总工会	陈晓涛
青海省工人技术明星	青海省总工会	吴正银
青海省“安康杯”竞赛组织工作优秀个人	青海省总工会、青海省安全生产监督管理局	武朝国
青海省先进女职工工作者	青海省总工会	邵永霞
青海省“最美劳动者”	青海省总工会	史　昆
青海省“最美家庭”	青海省妇女联合会、省精神文明办、省广播电影电视局	陈宗琴　邹国书
青海高原五一巾帼标兵	青海省总工会	陈世琳　姜玉兰
青海省厂务公开民主管理工作先进个人	青海省厂务公开协调领导小组	马　波
中国石油天然气集团公司优秀共产党员	中国石油天然气集团公司	乔永清　陈　琰　段生盛　耿　建　韦性智
中国石油天然气集团公司优秀党务工作者	中国石油天然气集团公司	淡明昌　梁剑锟　刘志刚　蒋方起
优秀出国专办员	中国石油天然气集团公司	刘　燕
集团公司 2012-2014 年审计先进工作者	中国石油天然气集团公司	王文鹏　王裕军
集团公司矿区服务系统 2014 年度信息宣传和网站建设先进个人	集团公司矿区服务工作部	徐海玉　鲁忠涛　杨秀峰
集团公司矿区服务系统服务明星	集团公司矿区服务工作部	马金海　闫新社　朱　峰　鲁明春　吕维平　白晓弘　盖志亮　黎宗琪　兰建平　辛永安　钟连全　于东兵　马洪钟　张　炎　张士彬
青海省科技进步一等奖	青海省	付锁堂　刘云田　马达德　贾锁刚　江立群　薛建勤　杨少勇　吴颜雄　王国民　郭子仪
青海省科技进步二等奖	青海省	马力宁　史玉成　屈信忠　马达德　张国成　廖　春　胡国强　龙安林
集团公司科技进步一等奖	中国石油天然气集团公司	胡强法　谭多鸿
中国石油化工自动化行业科技进步二等奖	中国石油天然气集团公司	刘云田　贾锁刚　张立会　张启汉　张海浪　袁永文　张玉冰　张能学　程　涛　杨　健　周　燕　王全治　魏晓霞　李成武
集团公司科技进步二等奖	中国石油天然气集团公司	窦红梅　赵元才　郝少军　杨国辉　谯世均　余　博
集团公司科技进步三等奖	中国石油天然气集团公司	汪立群　陶永金　张永庶　邹开真　石正灏
全国先进企业电视台台长 2013 年度全省广播电视新闻外宣协作先进个人	中国企业电视系统评奖 青海广播电视台	李　云
中国报业经营管理奖	中国企业报协会	张广恩
全国企业电视优秀工作者	中国企业电视系统评奖	宁学锦
全国企业电视优秀编辑	中国企业电视系统评奖	雷　红
全国企业电视优秀记者	中国企业电视系统评奖	王　璐　闫婷婷

获奖类别	颁奖单位	获奖个人
全国企业电视优秀主持人	中国企业电视系统评奖	李勇生
全国新闻界“好记者讲好故事”演讲赛优秀选手	中国记协、全国新闻战线“三项学习教育”活动领导小组办公室	窦雪娇
青海省“好记者讲好故事”演讲赛二等奖	青海省委宣传部、青海省记协	窦雪娇　王　阳
中国石油报优秀驻站记者	中国石油报社	吉海坚　王得刚

2014年度油田公司级各类先进集体和先进个人名录

【油田公司级各类先进集体】

获奖类别	获奖集体
先进党委	采油二厂党委、天然气开发公司党委、格尔木炼油厂党委、钻采工艺研究院党委、管道输油处党委、英东采油厂党委、机械厂党委、诚信服务公司党委、新闻中心党委、离退休管理处党委
红旗党支部	采油一厂尕斯第一采油作业区党支部、采油一厂注水大队党支部、采油二厂昆北油田第一采油作业区党支部、采油二厂乌南采油作业区党支部、采油三厂花土沟联合站党支部、采油三厂开发室党支部、格尔木炼油厂动力车间党支部、格尔木炼油厂生产运行四车间党支部、管道输油处中灶火站党支部、冷湖油田管理处五号采油队党支部、液化天然气公司青海公司党支部、勘探开发研究院石油勘探研究室党支部、勘探开发研究院尕斯油区开发研究室党支部、天然气开发公司涩北一号采气作业区党总支、天然气开发公司维护管理中心（计量检定中心）党支部、边远油田开发公司南翼山采油作业区党支部、测试公司仪器维修站党支部、钻采工艺研究院第二党支部、勘探事业部天然气勘探及评价项目部党支部、井下作业公司压裂技术服务大队党支部、井下作业公司试油测试大队党支部、英东采油厂第一采油作业区党支部、涩北作业公司物业管理中心党总支、马仙采油厂南八仙试采作业区党支部、机械厂抽油机车间党支部、物资装备公司拖运公司党支部、供水供电公司供电车间党支部、天然气电力公司检修维护队党支部、通信公司敦煌通信站党支部、客运服务公司二分公司党支部、培训中心（党校）培训一部党支部、新闻中心电视新闻党支部、消防支队格尔木消防大队党支部、社区管理中心供电公司党支部、社区管理中心检修公司党支部、格尔木社区管理中心行政服务中心党支部、花土沟社区管理中心餐饮公司党支部、监督监理公司石油工程技术监督分公司党支部、生活服务公司菜篮子供应站党支部、诚信服务公司时代化学助剂厂党支部、职工总医院第八党支部、建筑安装公司维护二公司党支部、劳动服务公司服装厂党支部、四方服务公司敦煌石油大厦党支部、职工活动管理中心工人文化宫党支部、财务处党支部、办公室（党委办公室）党支部、质量安全环保处党支部、离退休管理处第一管理站第六离退休党支部、离退休管理处机关党支部、
先进厂处女职工委员会	采油一厂、花土沟社区管理中心、管道输油处、勘探开发研究院、机械厂
先进基层女职工委员会	格尔木炼油厂化验分析中心、采油二厂乌南采油作业区、社区管理中心园林公司
疗养工作先进集体	采油一厂工会、诚信服务公司工会、社区管理中心工会、客运服务公司工会、油田公司机关工会

获奖类别	获奖集体
“安康杯”竞赛安全优胜班组	**采油一厂：**油砂山采油作业区计配十九站、尕斯联合站气处理班组、尕斯第二采油作业区计注三站、生产保障中心管焊班组、跃进采油作业区跃西班组、注水大队维护大班 **采油二厂：**昆北第二采油作业区采油二班、工程技术大队仪表班、昆北第三采油作业区采油一班、乌南采油作业区采油三班 **采油三厂：**花土沟采油作业区北一附站、花土沟联合站生产运行班、七个泉采油作业区采油一班、油田维护队强电仪表班 边远油田开发公司：南翼山采油作业区注水班、花土沟输配气站输配气班、行政服务中心小车班 **英东采油厂：**英东第一采油作业区接转站运行一班、英东第一采油作业区砂40采油班组 冷湖油田管理处：东坪试采作业区集输班、三号采油队集注站 **马仙采油厂：**维护大队维护班、马北试采作业区马北采油班 **天然气开发公司：**涩北一号采气作业区六号集气站、采气工艺研究所采气工艺管理组、维护管理中心仪表及自动化维护班、行政服务中心小车一班 **液化天然气公司：**液化工厂一班 **格尔木炼油厂：**生产运行一车间工艺二班、生产运行二车间工艺五班、油品车间工艺五班、机修车间系统钳工班、生产运行三车间工艺四班、生产运行四车间工艺四班 **管道输油处：**大乌斯站调度班、敦煌配气站阿克塞配气班、格尔木站运行班 **涩北作业公司：**井下作业大队李顺春班、物业管理中心管家部、综合测试队薛飞班 **勘探开发研究院：**实验中心自动化岩心库、行政服务中心空调班 **钻采工艺研究院：**花土沟分析化验中心水质分析班组 **测试公司：**测井二中队十二分队、测井一中队二分队 **井下作业公司：**大修大队作业C12820队莫军生班组、工程技术服务大队发放回收班、连续油管作业大队3号连续油管车班组、试油测试大队S08822机组三班、压裂技术服务大队准备班、运输保障大队小车班、作业大队S08820-XX04823-X04806(5)队魏巍班组 **供水供电公司：**发电车间运行二值、供电车间外线维护班、行政服务中心小车班 **天然气电力公司：**检修维护队电气班、格尔木运行车间运行一值 **通信公司：**卫星通信站运行维护班、传输站运行维护班 **机械厂：**抽油机车间装配班、石油套管加工车间接箍加工班、工程项目部管焊一班，压力容器车间一班 **建筑安装公司：**机运公司客车班、维护二公司维护二班、维护三公司土石方一班、维护一公司维护三班 **客运服务公司：**小车队驾驶三班、一分公司长途班 **监督监理公司：**监理十一部 **四方服务公司：**CNG运管中心花土沟四方加气站、四方宾馆服务部、西部石油大厦工程维修安保部 **诚信服务公司：**时代生物制品厂养殖综合车间、时代化学助剂厂一车间 **劳动服务公司：**皮鞋厂下料组 **花土沟社区管理中心：**保温公司维护班、市政管理综合大队维修班、水电气销售公司水电维护班 **格尔木社区管理中心：**生活服务部菜篮子供应一站、行政服务中心机运队小车班、水电气供应公司供水班 **社区管理中心：**东区供热公司14号锅炉房、供水公司水厂运行班、园林公司东区绿化班、市场管理站建安市场班、新区供热公司空调班 **新闻中心：**印刷厂印刷班 **培训中心：**第四幼儿园小班组、培训二部通用教研室 **职工活动管理中心：**体育公园服务班 **职工总医院：**一门诊中西药房、新一区医疗服务站 **生活服务公司：**菜篮子供应站综合班、牛奶加工厂奶牛场 **离退休管理处：**第四管理站 **物资装备公司：**花土沟供应办公室钢材组、格尔木供应办公室金属材料组、拖运公司车辆班 **消防支队：**涩北消防大队战斗二班

获奖类别	获奖集体
优秀攻关项目	采油一厂采油工艺研究所党支部《跃进二号延长检泵周期综合治理》项目； 采油三厂开发室党支部《采油三厂低产低效井综合治理》项目； 格尔木炼油厂生产运行一车间党支部《催化装置长周期运行攻关》项目； 勘探开发研究院尕斯油区开发研究室党支部《立足本职岗位，突破制约“瓶颈”，党员精心开展尕斯 N_1-N_2^1 油藏剩余油量化研究》项目； 天然气开发公司台南采气作业区党总支《特制花栏提取器研发》项目； 边远油田开发公司机关科室党支部《编写〈边远油田开发公司典型事故案例读本〉》项目； 测试公司测井一中队党支部《开发测井电缆清洁与润滑装置的研制与运用》项目； 马仙采油厂南八仙试采作业区党支部《南八仙联合站 3D 模型绘制》项目； 社区管理中心东区供热公司党支部《昆仑小区管网改造项目攻关》项目； 建筑安装公司维护一公司党支部《大型储罐干式正装法及全自动焊接工艺实践及应用》项目
人事系统先进集体	采油一厂、管道输油处、井下作业公司、通信公司、花土沟社区管理中心
培训工作先进集体	天然气开发公司、格尔木炼油厂、边远油田开发公司、监督监理公司、社区管理中心
办公室系统先进集体	办公室（党委办公室）、采油一厂办公室（党委办公室）、冷湖油田管理处办公室（党委办公室）、管道输油处办公室（党委办公室）、北京办事处办公室（党委办公室）
保密工作先进集体	格尔木炼油厂、勘探开发研究院、通信公司、财务处、新闻中心（印刷厂）
思想政治工作先进单位	井下作业公司、天然气开发公司、采油三厂、离退休管理处、格尔木炼油厂
新闻报道先进单位	采油一厂、采油二厂、马仙采油厂、建筑安装公司、诚信服务公司、
基建系统先进集体	英东采油厂基建管理部、监督监理公司工程建设监理分公司、格尔木炼油厂工程管理部、 钻采工艺研究院集输工艺室、花土沟社区管理中心基建管理部
生产运行系统先进集体	英东采油厂安全运行科、马仙采油厂生产运行科、天然气开发公司生产运行科、 供水供电公司调度运行中心、管道输油处生产运行科
油田开发先进集体优秀奖	优秀产能建设奖：采油一厂、采油二厂 优秀开发管理项目奖：采油二厂、采油三厂、英东采油厂、测试公司 难采储量动用奖：边远油田公司、勘探开发研究院 精细油藏描述奖：勘探开发研究院 新技术应用奖：钻采工艺研究院
设备管理先进集体	井下作业公司、测试公司、管道输油处、格尔木社区管理中心、客运服务公司
设备管理单项奖	设备状态监测先进单位：格尔木炼油厂、设备节能管理先进单位：天然气开发公司
规划计划系统先进单位	英东采油厂、勘探事业部、冷湖油田管理处、井下作业公司、矿区事业部计划财务部
企业管理先进单位	马仙采油厂计划财务科、劳动服务公司安全设备科、机械厂企管法规科、 社区管理中心企管法规科
内控与风险管理 系统先进集体	采油二厂、生活服务公司、诚信服务公司、花土沟社区管理中心、物资装备公司（物资管理部）
工程造价管理 工作先进集体	概预算管理部（定额站）建筑安装概预算科、采油二厂概预算管理部、边远油田开发公司概预算管理部、 社区管理中心概预算管理部、勘探事业部经营科、
信息、档案先进集体	冷湖油田管理处、天然气开发公司、供水供电公司、采油二厂、英东采油厂
社会保险与就业 服务系统先进集体	格尔木炼油厂人事科、社区管理中心人事科、离退休管理处医疗保险部、采油一厂人事科、 井下作业公司职业技能鉴定站
维稳信访工作先进单位	劳动服务公司、社区管理中心、离退休管理处、油田保卫部（武装部）消防支队、 建筑安装公司

获奖类别	获奖集体
财务资产先进单位	一等奖：管道输油处、格尔木炼油厂 二等奖：勘探开发研究院、诚信服务公司、冷湖油田管理处、 三等奖：职工总医院、机械厂、通信公司、物资装备公司、西安办事处
审计系统先进单位	井下作业公司
纪检监察先进单位	效能监察优秀项目： 纪委监察处：成本管理效能监察项目、采油三厂：地面工程建设效能监察项目、 花土沟社区管理中心：保温供暖面积核查效能监察项目、采油一厂：车辆维修效能监察项目、 监督监理公司：重点工程经济签证管理效能监察项目 优秀办案组： 纪委监察处："违反财经纪律案"办案组
天然气开发先进集体	天然气开发公司、冷湖油田管理处、马仙采油厂、涩北作业公司、勘探开发研究院、钻采工艺研究院
住房公积金管理先进单位	格尔木炼油厂、管道输油处、采油一厂、建筑安装公司、社区管理中心、西部钻探青海钻井公司
物资管理先进单位	采油一厂物资管理部、采油三厂物资供应站、天然气开发公司物资装备部、井下作业公司物资供应站、物资装备公司管理部
人口与计划生育红旗单位	勘探开发研究院、油田公司机关、职工总医院、生活服务公司、四方服务公司
人口与计划生育先进单位	建筑安装公司、花土沟社区管理中心、新闻中心、采油二厂、物资装备公司、 中国石油集团测井有限公司青海事业部
社会治安综合治理先进单位	采油一厂、英东采油厂、管道输油处、格尔木炼油厂、客运服务公司、油田教育管理中心、 CPE 青海分公司、东方物探青海物探处
标杆青年突击队	采油一厂尕斯第三采油作业区青年突击队、边远油田开发公司南翼山采油作业区青年突击队、 涩北作业公司综合测试队青年突击队、格尔木炼油厂生产运行二车间青年突击队、 测试公司青年测井一中队四分队突击队
青年文明号	英东采油厂第一采油作业区、马仙采油厂马北试采作业区、天然气开发公司开发地质研究所、管道输油处甘森站、井下作业公司试油测试大队 S08819(01-1) 机组
矿区服务先进集体	社区管理中心、花土沟社区管理中心
物业服务先进集体	社区管理中心检修公司
生活服务先进集体	生活服务公司生活物资管理站
群众文化活动先进集体	格尔木社区管理中心职工活动中心
医疗卫生先进集体	职工总医院内一科
离退休先进集体	离退休管理处第四管理站
幼儿教育先进集体	培训中心第五幼儿园
新闻宣传工作先进单位	采油二厂、采油三厂、英东采油厂、冷湖油田管理处、天然气开发公司、格尔木炼油厂、管道输油处、钻采工艺研究院、测试公司、井下作业公司、机械厂、建筑安装公司、格尔木社区管理中心、社区管理中心、离退休管理处

【油田公司级各类先进个人】

获奖类别	获奖个人
劳动模范	魏文勇　马延明　廖　春　赵　龙　杨银山　王新强　陈洪鑫　张柏青　黎　明　廖秀梅　张建喜 闫新社　张　园
优秀党务工作者	徐荣伍　郭　雁　舒宏宇　李　艳　王慧萍　范海英　向　超　李　清　刘　宏　张志万　陈冬邦 邵永恒　王海玲　鲁　军　徐向东　林有庆　李　敏　谢爱民　李成刚　吴帮劳　张恩武　潘建华 邵永军　郑　如　张庭祥　赵　斌　徐海生　何莉莉　周兰梅　田　红　任玉福　张学军　陆太举 王　波　孙玉明　许海民　吴惠茹　付春雨　李　波　姚　丽　肖　军　张胜兴　郑志斌　张砚文 狄　冰　党利华　漆海平　曾学军　韩青芬　马　平

获奖类别	获奖个人
优秀共产党员	舒威 孙登峰 钟尚伦 兰为民 孟宗鹏 许兰峰 袁国静 徐振都 张广彦 陈琰 许广华 赵庆 赵连龙 冯胜利 段生盛 白彦荣 张福林 孔令东 余万林 王贵强 陈杰 赵忠明 邓翔飞 骆丽云 宋吉福 巫德吉 赵青文 刘全力 钟涛 张新宇 邵永华 马金海 赵敬录 林柱勇 李海菊 程远方 骆菊容 韩萃 何峰 雷世勇 谢守平 杨斌 郑海性 霍建荣 王雪梅 陈亚文 韩平 周静 孟军 王玉军 汪敏
优秀工会工作者	张玉婷 淮志强 樊语慧 郭丽丽 赵素梅 王玲 陈功 申红娟 伍娟 赵锦 靳红 田红 袁瑞荣 徐雅红 安敏 张爱玲 赵生平 胡桂萍 侯一仑 孙亚涛 刘钰 张艳红 祁万恩 刘海景 邓书惠 郭耘 王玉铭 贾雪卿 丁建欣 白梅
工会积极分子	杨荣 张震涛 李金海 钱凤瑛 唐小平 张宵 程家胜 苏国祥 高强 李健 王波 朱廷兰 潘水昌 冀伟华 陈鹏 畅鑫 杜建军 范荔 张云龙 王莉荣 许海花 罗祖杰 桂有财 张学军 陈思 杜克 黄树忠 闫利珍 王万宏 韩英仑
“巾帼建功立业”标兵	姜玉兰 陈世琳
优秀女职工工作者	高巍 柴银秀 赵锦 李娜 郭耘 吕晓洁 丁艳艳 刘文娟
“三八”红旗手	靳红 杨西娟 吴颖 王娜 陈霞 冀伟华 官永燕 段勇 杨盟 邓雪琨 昝英 张凤芝 李熙峰 周泽桂 王丽 张育红 苏莉 李祥云 江桂花 武丽萍
疗养工作先进个人	王青松 钱凤瑛 郭丽丽 陈功 韩海涛 杨利群 赵恒英 吴明生 伍娟 唐健 苏莉 魏雪 刘娟 刘洪义 王芳 李建蓉 张玉群 丁艳艳 许海民 张爱玲 徐小辉 刘玉巧 贾雪卿 邓书惠 丁建欣 王玉铭 郭耘 柴银秀 郭丽 孙亚涛
安全岗位明星	代永红 付敏太 魏岳林 吴佳 李鹏 伦宗新 黄沛 李宝岭 蒙生隆 张广斌 黄波 刘林 袁胜利 张敏 曾学杰 黄国涛 宋晓军 王军林 冯鑫 任建 侯瑜 祁凌志 郁乃栋 陈书明 李永胜 宁国良 潘玉明 关顺伟 常沁 罗敏 邢永涛 李含章 李少斌 赵建喜 孙小伟 唐淑芳 刘民 李俊宣 张延峰 焦伟 柳万利 郭俊宏 伏正华 张程 廉玉燕 唐成才 王建辉 尚小宏 包俊清 郭晓林 符东海 杨锦忠 吴海春 靳勇 董青亮 李宏刚 韩孝俭 杨明亮 王宗祥 马克胜 孙东 王武义 翁志刚 郭兴武 秦子岳 段钢钢 冉刚 曹金广 陈海云 常非 乔富航 赵凤菊 柴小静 刘忠政 凌卫斌 上官剑岚 贾爱宁 李永海 徐海文 高遂国 邢军利 杨梅英 马海平 张先军 辛文波 石永生 张根海 马显海 黄丽 孙远东 徐玉红 崔秋霞 王建忠 张海峰 于润 田龙青 赵海兵 蒋学青 王道光 夏中民
人事系统先进个人	王轩 罗作飞 陈昱 刘忠磊 程远堂 张新刚 陈胜锋 何金萍 王茹芳 胡海敏 周中益 吴稀瑞 亓宪辉 晁燕平 王丽红 李秀清 郑崖斌 杨瑞莲 刘志云 蒲红 孙玉明 任艳利 兰飞 李青翠 闫红梅 邹群 段大青 刘大福 丁小峰 王雪蕾
培训工作先进个人	何闻斌 韦梅梅 丁巧玲 冯鑫 葛建桩 王志华 董云娟 李岳华 朱廷兰 张俊旺 王新疆 蒋伟 鄢伟 赵晓玲 周华 赵琳冰 郭君 邓宁丽 汪瑞 徐永全 陈亮 包慧莉 张莉 曹诚 蒋小鹏 朱海峰 张毅涛 蒋立群 肖军 谢雪莲
办公室系统先进个人	申洁 郭雪 李祥 王玲 张惠萍 计焕 吴浩 刘凤林 王敏 何敏 王军 张德江 吕晓洁 李燕萍 杨晓东 庆长根 杨俊 王向军 陈静 马明栋 林芳宁 冯艳澧 范朝峰 唐光明 蔡芝花 张砚文 伍邦廷 彭干先 任世峰 崔璨
保密工作先进个人	赵文娟 朱永学 付刘娜 宋秀华 卓军琰 井含成 肖静宇 张银汾 郭建春 王亚兵 张海明 李宇 陈娴雅 李茹 沈雅丽 周海玉 王育红 杨燕 朱敏 韩青芬 易俊梅 李云霞 刘燕 王强 李卫峰 张丽荣 张亚云 刘圣美 曹丽丽 赵书夏
《青海油田企业文化》优秀通讯员	温彦博 徐赣青 李永林 张建琼 王建华 顾志强 祝周义 朵兴福 魏德章 廖敏青 王阳 鲁翔 潘红卫 金红 许海民 武朝国 仝凤芝 杨仕通 吴德令 刘世明 董绪 谢杏文 李啟香 丁旺盛 刘志刚 郭永龙 张李咪咪 朱永明 梁泽祥 郭书香
《青海油田企业文化》优秀联络员	马贵利 王青松 刘敏 姜鸿 鲁忠涛 王健君 陈富勤 蒋永军 骆丽清 王鑫 徐其作 张云龙 张宏斌 张红兵 车建国
思想政治工作先进个人	张兴良 淮志强 刘敏 李娜 李晋平 王瑾 曹积珍 王慧萍 张英 蒋朝丽 康力军 靳红 张海英 濮人平 许海民 李军英 汪军 田林范 张宏元 刘明 董绪 陆晓林 陈涛 杨善林 衡莉 季海燕 车建国 宁学锦 胡志强 姚亚军
新闻报道先进个人	杨阳 王健磊 唐志强 孙志华 张明 陈利平 姜辉 马海霞 李健 张雯婧 程继红 袁华 严志锋 段海军 蔡飞叶 亓宪辉 袁丽萍 杨秀峰 鲁忠涛 刘玉玲 来元平 肖海娟 姜鸿 吴龙堂 赵斌 卓军琰 廖滨虹 陈治坤 胡建勤 丁建欣
生产运行系统先进个人	马振勇 付佳 蒋铁流 雷刚 雷宁飞 周伟龙 秦博 李哲 杨德志 席林 陈伟 马军鹏 马小健 刘拴仪 薛斌 潘敏刚 李小杰 唐豪 王建华 程远方 李燕军 赵东方 尹忠 李列兵 赵继新 侍学武 张能学 杨青林 霍世军 刘学春

获奖类别	获奖个人
基建系统先进个人	张虎 沈海云 邹汶晟 李江龙 张彦君 陈义勤 侯雅雯 贺健 李亚涛 张益华 贺青刚 赵海妮 田伟宏 张文浩 彭继峰 曹军峰 宋治国 张建国 宋吉新 覃海燕 葛锋 雷碧琳 韩海军 王利刚 雷苏瑞 杨峰 王永林 王国强 李成红 赵希文
油田开发先进个人	文秀廷 黄辉 舒威 彭元奎 巨恳 唐闻强 杨成 李昀龙 崔浪 赵进 韩晋伟 敖伟 宋良利 郭天林 段立锋 王可朝 房国庆 佟林 宋彦海 王琳 项燚伟 丁晓军 叶慧平 陈晓宏 马莎莎 邢台 虎元林 张玉强 吴朝全 谢飞
设备管理先进个人	严晓兰 张振华 高琳志 刘铁军 谈昊 朱怀亮 金文军 赵聚豪 师建庆 赵新荣 马国强 常建寿 宋吉奎 刘志刚 高海庆 鲁长青 熊海 齐心 刘建军 高利静 何平 栗阳 孟明华 魏菊明 于国 向明 孙海平 许忠建 张亚丽 高嵩
规划计划系统先进个人	任丽琴 刘学强 韩佳 吴国娟 李伟 秦继光 陈昱 陈学雷 胡新烈 莫隆学 董文涛 陈珂 曾小凤 赵荣云 王香 范蕾 和培 晁显爱 郭文全 付贵 裴有兰 王海红 林好宾 谯显著 付春雨 王天助 李广鸿 苏治国 何海娟 李海彦
企业管理先进个人	吴栋 王科科 池晓彪 罗苏 樊贵贞 薛恒 刘彦云 黄冰辉 李杰 张世英 李钦伟 张海燕 王桦 魏晓玲 李青秀 王燕飞 张文兵 周海琦 王菊 肖辉 代莉萍 朱思成 许林 杜朝霞 钱海宏 张伟杰 陈亚文 李清云 刘薇 成英利
内控管理与风险管理系统先进个人	赵延伟 王孝鹏 王玲 肖再莉 秦辉 李艳 武芳 王俊瑛 孙瑞青 费竹珍 张红燕 张丽芬 孟红琴 陈丽 王国良 张宣伟 单军亭 马仁欠本 刘海梅 王新宏 杜晓东 罗金明 李东锋 杜际平 王青斌 何格 朱敬宏 熊国忠 曹芳 康银兰
工程造价管理工作先进个人	候伟良 焦敏青 王洪 和慧 潘涛 陆永平 刘佳宁 云耐丽 周洪涛 胡小利 韩兆航 罗宏 孙秀梅 甄军 吴东 杨海英 李洁 张强 马长庆 杨静 毛祯君 郁林 黄大刚 翁小明 朱丽 孟明清 张荷枝 耿立娟 鲁军存 王更新
信息、档案先进个人	张健 高雪江 张志胜 张长海 蒋鹏飞 张建奎 何伟荣 韩德庆 邓向东 于青云 黄波 冯辉萍 程雁秋 张运平 甘发德 李蕾 李华中 付刘娜 肖玉花 季海燕 申青 闫红梅 孙哲 郑志斌 贾海燕 邱虹 王剑波 肖茂 刘玉玲 程胜
社会保险与就业服务系统先进个人	唐海霞 李艳 张玉美 刘亚宁 王转玲 李海霞 宋莉英 李玉业 邹学芬 翟海荣 张艳 廖太平 张秀丽 任玉民 金建敏 黄蓉 贾永萍 于方涌 郭君 洪飞 于洁 郭玲 刘玉梅 冯志红 刘萍 张奎芬 张仲贵 王菊兰 武新环 刘香春
维稳信访工作先进个人	张海玲 高丽 孙志华 曹庆明 韦风 刘华 陈彪 刘奇彪 李默颖 梁淑华 金红 任保林 郧剑峰 许艳 骆丽清 吕宏波 兰晓华 葛海利 张胜兴 李清 张龙海 徐海玉 唐媛 鲁玉伟 王金令 蒋焕印 崔小军 耿玉明 李小丹 覃伟伟
财务资产先进个人	苗洪斌 马勇 王伟民 贺兰飞 吴国娟 董亚军 李海利 钱爽 张璐 崔增义 李敏 袁莉蕾 马杰 袁月 向晖 文辉 宋爱琴 李倩 刘艳 陈华 姚海燕 杨起超 路瑶 陈轶曼 严娟 李敏 王军 杨静 陈慧 王平 姜海基 蒙焕政 腾金萍 冯云 田丽 雷卓琳 叶玲玲 刘海丽 吴慧霞 林令 王燕 徐玉全 朱红霞 付新玲 赵莹 周静 刁琰 程理春 霍雨顺 顾炜 牛晓琴 宋吉兰 李春梅 高雪立 曾祥平 王华 王国平 朱怀兰 雷军军 李惠
审计系统先进个人	李向阳 孙红霞 钟志华 丁继红 孔学军 张秀芬 商莉 苏飞鹏 吴爱平 张玮卿 边永玲 丁海燕 许中丽 李文华
纪检监察先进个人	贾晓花 张志万 范海英 田林范 周哈康 樊发根 张银汾 郑体红 宋亚民 闫芳 张军 王冠军 向琼 王旭东 王兴丽 宋志刚 张长英 田红 王骁毅 史世锋 杨育庭 王芝荣 郧剑锋 陆太举 石新琪 史纪 赵素敏 达顺奎 孙亚涛 刘旭东
天然气开发先进个人	柴小颖 杨云 范新文 季赟 连云晓 冯胜利 王国庆 阿雪庆 杨启恩 吴程 何艳 梁艳萍 王善聪 严成云 移何生 王岳 刘俊丰 蔡海强 吴胜利 屈伟杰 崔文双 苟先权 张含明 张昆 刘小军 郑彬 徐娇 保吉成 蒲斌 孙勇
住房公积金管理先进个人	党红霞 孙红娟 李海霞 薛兴俞 张秀丽 李艳 王转玲 段大青 李华娟 张艳 徐红芳 陈艳玲 李婷 宋莉英 金建敏 苗青 张邦红 武丽红 张生录 唐海霞 蔡蓉 周成花 刘慧娟 刁琰 樊娟莉 夏丽辉 李娟 闫利英 刘海潮 钱新红
物资管理先进个人	李国平 马文 李燕 李肆牛 杨雪琴 韩占顺 张雁 陈文兰 曾祥亭 郑惠敏 句海娜 权朝德 董云 陈永忠 李明 马丽霞 田朝飞 任素芳 王惠民 郑斌 赖进涛 熊成斌 黄继强 周之彦 白力 张军 曹乐莺 樊庆华 潘长春 贺丽娟
人口与计划生育先进个人	白梅 武丽萍 马岩 王晓霞 舒宏宇 王玲 荀亚嫔 张银汾 刘玲 殷晓佳 柴妮 刘娟 吕湘江 王玉平 胡桂萍 刘文娟 梁淑华 姜玉兰 刘玉玲 朱文莉 尹丽娜 妪青 郑海娟 陈丽萍 邓书惠 李建蓉 梁明英 马艳红 许艳 贾雪卿 李艳 赵洁 陈萍 秦怀萍 周霞 马玲彦

获奖类别	获奖个人
社会治安综合治理先进个人	孙志刚 王小炯 杨宾雁 刘海涛 宋秀华 梁 爽 周东青 崔小军 王建辉 鲍海鹏 徐 亮 郑志斌 冯 斌 杨智辉 牟文革 伊万鑫 宋志刚 张德江 张 荣 王骁毅 胡建勤 李永胜 任小军 康洪新 张运平 成英利 李文清 李忠祖 李淑芳 詹 江 刘建平 李海玉 张明禄 李国贤 申红忠 魏善晓
青年岗位能手	唐闻强 张 勇 张少鑫 范国渊 朱银辉 齐 凯 任 建 郑旭伟 唐宇鹏 郑连军 吕令玮 孙小伟 郑永仙 程 涛 张 冯 蔡正云 李 伟 李金霖 杨 林 钱双雷 骆永红 曹军峰 张明亮 任翠花 刘 唐 范宇轩 李勇生 陈宝强 王 昆 李 静
矿区服务优秀工作者	王文辉 邓昌海 陈海川 邓小刚 冯海英 漆海平 狄 冰 白玉明 尹国华 韩 超 秦怀贤 黄树忠 赵 苗 罗 轶 李智强 马珍兰 包生昌 朱怀东 刘积来 张伟峰 温 忠 冯海青 陈海莲 殷永宏 席小红 罗 筠
物业服务先进个人	郝玉海 晋 江 刘青安 孟祥东 秦 蕊 青 山 吴万青 朱绍周 孟 军 周建东 卢永东 官永林 李 玲 白迎胜 谢晓燕 王 敦 马越人 钟 武 谢 文 范 青
生活服务先进个人	安小蓉 何晓萍 朱青华 尹丽萍 何渊青 罗 鹏 高海红 瞿晶珠 腊胜斌 孔丽娜 李有德 马 莉 孙 晗 邱洪安 李 勇 刘文忠 何海燕 李海梅 乔林发 齐建辉
群众文化活动先进个人	陈 涛 王宏强 王宜孝 徐忠明 王 颖 贾 蕊 徐惠冰 李 彬 张万庆 陆 婷 沈忠民 李文清 张继文 郭书香 衡 莉 刘小萍 杨 洁 韩建华 蔡永莲 陈艳梅 杨海毅 王 熙 关玉红 郭 耘 高艳霞
医疗卫生先进个人	帅 霞 刘 力 蔡德刚 吴家梁 许国琪 谢小平 牛 勃 柴文莲
离退休先进个人	马永凤 潘小毛 张砚文 姜希鸿 赵素敏 王进忠 杜 辉 张艳红 刘 波 黄 华 周红卫 汪 敏 赵海平 马海林 路艳红 奚伟东 宋根生 巩 建 丁国芳 韩华斌
幼儿教育先进个人	李喻梦 赵晓娟 祁海鹰 颜为春 霍慧青 陈媛媛 罗玉梅 吴桂文
优秀新闻工作者	陈 妍 窦雪娇 王燕铭 廖敏青 马海燕 张爱丽 祝周义 王建华 雷 佳 王冬艳 王瑞玲 张冬梅 张云龙 周海金 吉海坚 宁学锦 王 鑫 陆太高 刘世明 樊文宏
模范通讯员	王 瑾 高 丽 陈利平 肖海娟 马海霞 程继红 蔡飞叶 梁泽祥 葛昆凤 卢丽萍 罗凤民 骆丽清 徐其作 付刘娜 刘培哲
优秀通讯员	鲁忠涛 李宗毅 陈 琳 王健磊 付 玲 张海英 薛小宁 袁丽萍 李庆霞 李 娜 曾 丽 韩三俊 李 艳 张 明 马贵利 王 宁 姚亚军 于青萍 段海军 王亚兵 康力军 王建峰 郭书香 于昌娥 宋 菲 徐海玉 郑 娜 袁 华 任志强 马永祥 杨秀峰 胡志强 李军英 董 萌 郎瑞英 马丽琦 刘玉玲 濮人平 赵 鸣 王卫东 李秋生 杨长青 陈 静 宋志刚 彭连胜 张晓林 廖 艳 薛 萍 李霞魁 蒋朝丽

其他奖项

获奖类别	颁奖单位	获奖单位	获奖个人	项目名称	备注
优秀审计项目一等奖	青海油田公司	审计部	王进库 许中丽 蒋 励 边永玲 霍雨顺 王曲虹 宋加富 韩晓军 韩旭明 晋 蕊	应付款项专项审计	
青海新闻奖一等奖 青海广播电视新闻奖一等奖	青海省新闻工作者协会 青海省广播电视协会	青海油田电视台	李 云 刘全力 李勇生 窦雪娇	英东原油日产“八连跳”	短消息
中国石油电视新闻奖一等奖	中国石油电视协会	青海油田电视台	李 云 宁学锦 廖敏青 刘全力 窦雪娇	扶起“躺倒井” 力保高稳产	消息

中国企业（行业）电视新闻奖一等奖	中国电视艺术家协会企业电视分会	青海油田电视台	青海油田电视台	柴北缘首获工业气流	消息
				绿写春秋	专题
	中国电视艺术家协会	青海油田电视台	青海油田电视台	涩北那片旺盛的“采气树”	新闻片
甘肃企业广电新闻奖一等奖	甘肃广播电视协会企业分会	青海油田电视台	青海油田电视台	友谊缔结柴北缘	长消息
中国石油优秀新闻一等奖 中国企业报好新闻一等奖	中国石油新闻工作者协会 中国企业报协会	青海石油报	吉海坚　王冬艳	青海油田进军页岩气、可燃冰领域	消息
中国石油优秀新闻一等奖 中国企业报好新闻二等奖	中国石油新闻工作者协会 中国企业报协会	青海石油报	雷　佳　顾志强 王瑞玲	周燕飞－善举十年受人赞	通讯
中国石油优秀新闻副刊一等奖	中国石油新闻工作者协会	青海石油报	元大林　魏德章	花土沟的女人	散文

第十六篇
附　录

青海油田公司党委扩大会暨四届一次职代会代表名录

序号	单位	姓　名	性别	民族	岗位及职务	代表资格	代表团（组）长	备注
1	油田公司领导	付锁堂	男	汉	总经理、党委副书记，青海石油管理局局长	正式		
2		党玉琪	男	汉	党委书记、纪委书记、工会主席、副总经理	正式		
3		高云建	男	汉	副总经理，矿区服务事业部主任、党委书记	正式		
4		马力宁	男	汉	副总经理、安全总监	正式		
5		孙凌云	男	汉	总工程师	正式		
6		杨仁远	男	汉	总会计师	正式		
7		高瑞宁	男	汉	副总会计师	正式		
8		张培平	男	汉	安全副总监	正式		
9		江鲁生	男	汉	副总工程师	正式		
10		张永军	男	汉	副总工程师，矿区服务事业部党委副书记、纪委书记、工会主席	正式		
11		刘云田	男	汉	副总地质师	正式		
12		李战明	男	汉	副总工程师	正式		
13		张道伟	男	汉	副总地质师	正式		
14		张小军	男	汉	总经理助理，采油一厂厂长、党委副书记	正式		
15		刘海滨	男	汉	总法律顾问	正式		
16	油田公司机关	彭　康	男	汉	工会副主席	正式		
17		高　凤	女	汉	工会副主席	正式		
18		杨　科	男	汉	工会副主席	正式		
19		宗福军	男	汉	企业文化处副处长、机关工会主席	正式	团长	
20		刘义发	男	汉	办公室（党委办公室）主任	正式		
21		高海梅	女	汉	财务处处长	正式		
22		高淑民	男	汉	人事处（党委组织部）处长、部长	正式		
23		熊国存	男	汉	生产运行处处长	正式		
24		马　波	男	汉	工会办公室（财务部、经审办）主任	正式		
25		武朝国	男	汉	工会生产技术民管部主任	正式		
26	矿区服务事业部	曹文元	男	汉	副主任	正式		
27	勘探事业部（勘探处）	高　荐	男	汉	经理、处长	正式		
28	安全监督中心	刘善录	男	汉	主任	正式		

序号	单位	姓　名	性别	民族	岗位及职务	代表资格	代表团（组）长	备注
29	采油一厂	程长坤	男	汉	党委书记、副厂长	正式		
30		冯银河	男	汉	党委副书记、纪委书记、工会主席	正式	团长	
31		李吉军	男	汉	总地质师	正式		
32		李　杰	男	汉	生产运行科科长	正式		
33		房　波	男	汉	开发地质研究所所长	正式		
34		邱开贵	男	汉	尕斯第一采油作业区地质工程师	正式		
35		李玉峰	男	汉	采油高级技师	正式		
36		杜德香	女	汉	采油技师	正式		
37		朱永强	男	汉	跃进采油作业区采油工程师	正式		
38		杨　荣	男	回	油砂山采油作业区采油工程师	正式		
39		王天发	男	汉	采油技师	正式		
40		周燕飞	男	汉	司炉工	正式		
41		谢　兰	女	汉	注水泵工	正式		
42		路建萍	女	汉	生产保障中心焊工	正式		
43		卢汉青	男	壮	监督员	正式		
44	采油二厂	王俊峰	男	汉	厂长、党委副书记	正式		
45		杨　勇	男	汉	党委副书记、纪委书记、工会主席	正式	组长	
46		关　超	男	满	副主任	正式		
47		李亚夫	男	汉	操作工	正式		
48		伍　超	男	汉	操作工	正式		
49		杨　丽	女	回	操作工	正式		
50	采油三厂	鲍远敦	男	汉	厂长、党委副书记	正式		
51		樊建伟	男	汉	党委副书记、纪委书记、工会主席	正式	组长	
52		罗　剑	男	汉	花土沟采油作业区经理	正式		
53		李海燕	女	藏	工艺室科员	正式		
54		王　健	男	汉	七个泉采油作业区采油班班长	正式		
55		于德远	男	汉	花土沟采油作业区措施班班长	正式		
56		李延平	男	汉	花土沟联合站集输班长	正式		
57	边远油田开发公司	王德麟	男	汉	经理、党委副书记	正式		
58		薛全武	男	汉	党委书记、纪委书记、工会主席、副经理	正式	组长	
59		宋良利	男	汉	勘探开发室主任	正式		
60		王　昳	女	汉	南翼山采油作业区采油工	正式		
61	英东采油厂	马建海	男	汉	党委书记、纪委书记、工会主席	正式	组长	
62		孔令东	男	汉	第一采油作业区砂 40 井区采油班长	正式		
63	冷湖油田管理处	王孝政	男	汉	处长、党委副书记	正式		
64		李得信	男	汉	党委书记、纪委书记、工会主席、副处长	正式	组长	

序号	单位	姓　名	性别	民族	岗位及职务	代表资格	代表团（组）长	备注
65	冷湖油田管理处	杨国军	男	汉	开发室主任	正式		
66		辛常澜	女	汉	东坪试采作业区经管员	正式		
67		戴祖龙	男	汉	党委书记、纪委书记、工会主席、副厂长	正式	组长	
68	马仙采油厂	宋彦海	男	汉	开发室主任	正式		
69		石玉波	男	汉	南八仙试采作业区压缩机班班长	正式		
70		华锐湘	男	汉	经理、党委副书记，涩北作业公司经理	正式		
71		杨永灿	男	汉	党委副书记、纪委书记、工会主席	正式	组长	
72	天然气开发公司	郭　丽	女	汉	党群工作科科长	正式		
73		李生德	男	汉	涩北一号采气作业区一号站站长	正式		
74		红　兵	男	蒙	涩北一号采气作业区六号站站长	正式		
75	液化天然气公司	林有鹏	男	土	液化厂班长	正式		
76	天然气电力公司	袁文艺	男	汉	副经理、安全总监	正式	组长	
77		于勋堂	男	汉	发电工、值长	正式		
78		淡明昌	男	汉	厂长、党委书记、纪委书记	正式		
79		曾传刚	男	汉	副厂长	正式		
80		张文斌	男	汉	党委副书记、工会主席	正式	团长	
81		刘　江	男	汉	生产运行二车间班长	正式		
82		张太平	男	汉	油品车间操作工	正式		
83		李含章	男	汉	动力车间操作工	正式		
84		魏文玲	女	汉	装运车间班长	正式		
85	格尔木炼油厂	李广明	男	汉	电仪车间操作工	正式		
86		唐　越	男	回	机修车间班长	正式		
87		刘俊洋	男	汉	生产运行三车间操作工	正式		
88		樊语慧	女	汉	党群工作科团委书记、女工主任、副科长	正式		
89		常　沁	女	汉	化验分析中心班长	正式		
90		李江华	男	汉	人事（党委组织）科 科长	正式		
91		吴建国	男	汉	生产运行一车间教导员	正式		
92		陈向平	男	汉	生产运行四车间操作工	正式		
93		曹成惠	男	汉	党委书记、副处长	正式		
94		孙学斌	男	汉	党委副书记、纪委书记、工会主席	正式	组长	
95		吕黎军	男	汉	生产运行科科长	正式		
96	管道输油处	吴国静	女	汉	甘森站技术员	正式		
97		李　欣	男	汉	中灶火站教导员	正式		
98		乔　峰	男	藏	花土沟站综合计量工	正式		
99		杨雪峰	男	汉	大马斯站调度班长	正式		

序号	单位	姓 名	性别	民族	岗位及职务	代表资格	代表团（组）长	备注
100	涩北作业公司	刘 鹏	男	汉	副经理、安全总监	正式	组长	
101		吴胜利	男	汉	综合测试队队长	正式		
102		马春祥	男	汉	井下作业大队二号作业机组机组长	正式		
103		杨 娜	女	汉	物业管理中心管家部班长	正式		
104	勘探开发研究院	马达德	男	汉	院长、党委副书记	正式		
105		张国成	男	汉	党委书记、副院长	正式		
106		许正豪	男	汉	党委副书记、纪委书记、工会主席	正式	组长	
107		陈 琰	女	汉	天然气勘探研究室主任	正式		
108		星全玲	女	土	实验中心流体空隙度岗	正式		
109	钻采工艺研究院	叶光辉	男	汉	党委书记、纪委书记、工会主席	正式	组长	
110		谯世均	男	汉	钻井工艺研究室主任	正式		
111		姜 芳	女	汉	环卫班班长	正式		
112	测试公司	袁开虎	男	汉	党委副书记、纪委书记、工会主席	正式	组长	
113		姜 辉	男	汉	测井一中队教导员	正式		
114		马海宁	男	回	测井一中队四分队分队长	正式		
115	井下作业公司	盛国青	男	汉	经理、党委副书记	正式		
116		奎万仓	男	汉	党委书记、副经理	正式		
117		司小军	男	汉	党委副书记、纪委书记、工会主席	正式	团长	
118		赵 锦	女	汉	党群工作科科长、工会副主席、女工主任	正式		
119		李 微	男	回	大修大队材料员	正式		
120		王昌伟	男	汉	作业大队司钻	正式		
121		李 岩	男	汉	试油测试大队井下作业工	正式		
122		尚清萍	女	汉	工程技术服务大队经管员	正式		
123		刘王运	男	汉	工程技术服务大队操作工	正式		
124		陈海汪	男	汉	质量安全环保科科长	正式		
125		张玉强	男	汉	作业大队大队长	正式		
126		李华东	男	壮	特种设备维护大队汽车驾驶员	正式		
127		李 强	男	汉	大修大队 15-16 联队队长	正式		
128		张 杨	男	汉	连续油管作业大队班长	正式		
129		陈 静	男	汉	大修大队司钻	正式		
130		林海峰	男	汉	物资供应站操作工	正式		
131		赵 濛	男	汉	试油测试大队技术员	正式		
132		唐小军	男	汉	试油测试大队司钻	正式		
133		徐迎春	男	汉	行政服务中心住房管理员	正式		
134	供水供电公司	李先知	男	汉	经理、党委副书记	正式		
135		王金祥	男	满	党委书记、纪委书记、工会主席、副经理	正式	组长	

序号	单位	姓　名	性别	民族	岗位及职务	代表资格	代表团（组）长	备注
136	供水供电公司	杨永福	男	汉	工人	正式		
137		易礼荣	男	汉	热能工程师	正式		
138		温盛萍	女	汉	工人	正式		
139	通	李延琛	男	汉	经理、党委副书记、青海省无线电管理办公室油田管理处处长	正式		
140		苏　晖	男	满	党委书记、纪委书记、工会主席	正式	组长	
141		张玉群	男	汉	党群工作科科长、工会副主席	正式		
142		孙亚宁	女	汉	网络管理中心主任、教导员	正式		
143	机械厂	王增斋	男	汉	厂长、党委副书记	正式		
144		陆蒙湘	男	汉	党委书记、纪委书记、工会主席、副厂长	正式	组长	
145		邵海芬	女	汉	工艺技术部副主任	正式		
146		刘海丰	男	汉	压力容器车间压容一班班长	正式		
147		赵天有	男	汉	抽油机车间装配班班长	正式		
148	建筑安装公司	王卫军	男	汉	公司经理、党委副书记	正式		
149		陈有茂	男	汉	党委副书记、纪委书记、工会主席	正式	组长	
150		尹贤忠	男	汉	施工机械操作工	正式		
151		景　峰	男	汉	电焊工	正式		
152		王　波	男	汉	人事科（党委组织科）科长	正式		
153		韩　萃	男	汉	维护二公司经理	正式		
154	客运服务公司	李惠民	男	汉	经理	正式		
155		曹海生	男	汉	党委副书记、纪委书记、工会主席	正式	组长	
156		梁俊红	男	汉	技师	正式		
157	监督监理公司	潘存宏	男	汉	党委书记、纪委书记、工会主席	正式	组长	
158		罗　斌	男	汉	工程建设监理分公司总监	正式		
159	四方服务公司	卢福申	男	汉	经理、党委副书记	正式		
160		常发杰	男	汉	党委书记、纪委书记、工会主席、副经理	正式	组长	
161		李　勇	男	汉	CNG 运管中心经理	正式		
162		赵　蓉	女	回	西部石油大厦员工	正式		
163		赵伟宁	男	汉	中油四方国际旅行社员工	正式		
164		姜玉兰	女	汉	石油宾馆员工	正式		
165		侯万花	女	汉	科贸公司员工	正式		
166		齐宪维	女	汉	四方宾馆员工	正式		
167	诚信服务公司	仲福权	男	汉	党委书记、纪委书记、工会主席	正式	组长	
168		王海丽	女	汉	生化检测工程师	正式		
169	劳动服务公司	赵新民	男	汉	公司经理	正式	组长	
170		罗丽华	女	汉	服装厂质检班长	正式		
171		廖秀梅	女	汉	手套厂裁质组班长	正式		

序号	单位	姓名	性别	民族	岗位及职务	代表资格	代表团（组）长	备注
172	花土沟社区管理中心	李生成	男	土	党委书记、纪委书记、工会主席、副主任	正式	组长	
173		马越人	男	回	市政管理综合大队环卫队队长	正式		
174		李永海	男	汉	水电气销售公司维护班班长	正式		
175		张芙蓉	女	汉	物业公司综合班班长	正式		
176		李玉军	男	汉	保温公司副经理	正式		
177		李　君	女	汉	餐饮公司餐厅服务员	正式		
178	格尔木社区管理中心	段培全	男	汉	主任、党委副书记	正式		
179		张　敏	男	汉	党委书记、纪委书记、工会主席、副主任	正式	组长	
180		宋晓明	男	汉	生活服务部菜篮子供应站站长	正式		
181		李海霞	女	汉	水电气供应公司供水岗供水工	正式		
182	社区管理中心	李怀黎	男	汉	矿区事业部副主任，社区管理中心主任	正式		
183		李国辉	男	汉	党委书记、纪委书记、工会主席、副主任	正式	团长	
184		杜五一龙	女	蒙	纪检监察岗主管	正式		
185		胡晓玲	女	汉	园林公司工程师	正式		
186		李炳洪	男	汉	东区供热公司 9 号锅炉房班长	正式		
187		张伟峰	男	汉	供电公司外线班班长	正式		
188		谢静平	女	汉	水电气销售公司统计员	正式		
189		张建兵	男	汉	检修公司检修二班班长	正式		
190		于晓燕	女	汉	环卫队环卫班班长	正式		
191		李金萍	女	汉	污水处理厂经管员	正式		
192	新闻中心	李　云	男	汉	主任、党委副书记	正式	组长	
193		宁学锦	男	汉	电视编采部主任	正式		
194	培训中心	姚占海	男	汉	主任、党校常务副校长、党委副书记	正式		
195		楼　湘	男	汉	党委副书记、纪委书记、工会主席	正式	组长	
196		王　毅	男	汉	培训一部主任	正式		
197		张玉清	女	汉	中心幼教科副科长	正式		
198	物资管理部（物资装备公司）	李战海	男	汉	经理	正式		
199		徐　辉	男	汉	党委书记、纪委书记、工会主席	正式	组长	
200		牛青焕	女	汉	仓库保管工	正式		
201		梁泽国	男	汉	汽车驾驶员	正式		
202		刘云高	男	汉	管理部主任、经济师	正式		
203		李智业	男	汉	非金属材料部主任、经济师	正式		
204	职工活动管理中心	杨朝辉	男	汉	党总支书记、工会主席	正式	组长	
205		王小江	男	汉	俱乐部电影放映班班长	正式		
206	油田保卫部、消防支队	胡安标	男	汉	支队长、党委副书记	正式		
207		王　平	男	汉	党委副书记、纪委书记、工会主席	正式	组长	

序号	单位	姓　名	性别	民族	岗位及职务	代表资格	代表团（组）长	备注
208	油田保卫部、消防支队	张兆飞	男	汉	油砂山消防大队大队长	正式		
209		韩郑平	男	汉	消防战斗员	正式		
210	职工总医院	陈　萍	女	汉	院长、党委副书记	正式		
211		逯　强	男	汉	党委书记、纪委书记、工会主席、副院长	正式	组长	
212		陆太举	男	汉	党群科长、纪委副书记、工会副主席	正式		
213		闫新社	男	汉	内二科主任	正式		
214		马珍兰	女	汉	护理部副主任	正式		
215	生活服务公司	张志军	男	汉	经理、党委副书记	正式		
216		李建秀	男	汉	党委副书记、纪委书记、工会主席	正式	组长	
217		豆青华	女	汉	菜篮子供应站三班班长	正式		
218	建设项目管理中心	李丙文	男	汉	主任、党总支副书记	正式		
219	离退休管理处	吕正云	男	汉	党委书记、纪委书记、工会主席、副处长	正式		
220	西宁离退休基地管理处	王维剑	男	汉	党委书记、副主任	正式	组长	
221		周德珍	男	汉	玉树配气站站长	正式		
222	西安离退休基地管理处	李唤中	男	汉	主任	正式		
223	兰州离退休基地管理处	王　瑾	男	汉	主任	正式		
224	四川离退休基地管理处	李　莉	男	汉	主任、党委副书记	正式		
225	北京离退休基地管理处	邵文斌	男	汉	党委书记、副主任	正式		

2014年文件目录索引

序号	发文号	标　　题
1	石油青质安〔2014〕1号	关于印发《青海油田公司2014年质量安全环保节能工作要点》的通知
2	石油青计〔2014〕2号	关于下达2014年及一季度工业生产计划的通知
3	石油青质安〔2014〕3号	关于表彰2013年度质量安全环保节能工作先进单位和个人的决定
4	石油青质安〔2014〕5号	关于柴油产品质量升级职业卫生专篇审查的请示
5	石油青人〔2014〕7号	关于印发《青海油田公司二级单位党政主要负责人2014年度绩效合同》的通知
6	石油青人〔2014〕8号	关于印发《青海油田公司机关处室、直（附）属单位主要负责人2014年度绩效合同》的通知

序号	发文号	标　　题
7	石油青人〔2014〕9 号	关于印发《青海油田公司党政领导班子副职及副总师 2014 年度绩效合同》的通知
8	石油青计〔2014〕10 号	关于下达 2013 年投资调整计划的通知
9	石油青人〔2014〕11 号	关于认真做好 2014 年度绩效合同制定工作的通知
10	石油青质安〔2014〕14 号	关于青海油田公司特种设备实施属地管辖的通知
11	石油青人〔2014〕16 号	关于潘静君等 13 人聘任（解聘）职的通知
12	石油青计〔2014〕17 号	关于开展敦煌基地东坪油苑住宅小区建设工程前期工作的通知
13	石油青企管〔2014〕19 号	关于印发《青海油田公司失效的规章制度和制度性文件目录》的通知
14	石油青外〔2014〕20 号	关于办理外国人进入柴达木盆地非开放地区通行证的请示
15	石油青质安〔2014〕21 号	关于印发《青海油田公司 HSE 管理提升 2014-2015 年工作方案》的通知
16	石油青办〔2014〕22 号	关于认真贯彻落实中央和集团公司有关规定规范行为改进作风的通知
17	石油青质安〔2014〕23 号	关于下发青海油田公司 2014 年产品质量监督抽查计划的通知
18	石油青质安〔2014〕24 号	关于下发青海油田 2014 年强制检定计量器具检定计划的通知
19	石油青质安〔2014〕25 号	关于下发 2014 年青海油田公司重点实施标准目录的通知
20	石油青工〔2014〕27 号	关于 2014 年员工非职业健康体检工作安排的通知
21	石油青计〔2014〕28 号	关于柴西北油田 30 万吨 / 天原油集输系统建设工程可研的请示
22	石油青审〔2014〕29 号	关于印发《青海油田公司审计人员职业道德规范》的通知
23	石油青审〔2014〕30 号	青海油田公司审计组审计纪律规定
24	石油青财〔2014〕32 号	关于印发《青海油田公司职工福利费管理办法》的通知
25	石油青开发〔2014〕33 号	关于下达青海油田公司 2014 年油田动态监测计划的通知
26	石油青质安〔2014〕34 号	关于进一步加强工程技术队伍资质管理相关工作的通知
27	石油青人〔2014〕35 号	关于给予勘探事业部“9.17”交通事故有关责任人处分的决定
28	石油青信息〔2014〕37 号	关于 2013 年 12 月份勘探与生产 ERP 系统应用考核的通报
29	石油青质安〔2014〕38 号	关于青海油田公司敦煌基地污水处理厂提标改造项目资金补助的请示
30	石油青计〔2014〕40 号	关于发布青海油田第三次经济普查实施细则的通知
31	石油青科技〔2014〕41 号	关于青海油田公司承担科技项目审计发现问题的整改报告
32	石油青科技〔2014〕42 号	关于推荐 2013 年度青海油田公司科学技术进步奖参评项目的通知
33	石油青工技〔2014〕43 号	关于印发《青海油田石油与天然气钻井井控实施细则》和《青海油田石油与天然气井下作业井控实施细则》的通知．
34	石油青企管〔2014〕44 号	关于印发四方服务公司等 6 个单位岗位工作标准的通知
35	石油青企管〔2014〕45 号	关于印发《青海油田公司建设工程施工、维护、劳务合作方保证金管理（暂行）办法》的通知

序号	发文号	标　　题
36	石油青社保〔2014〕46号	关于归集2014年1月份青海油田各项社会保险费的通知
37	石油青办〔2014〕47号	关于印发《青海油田公司秘密信息分级保护目录（2014年－修订版）》的通知
38	石油青保卫〔2014〕48号	关于印发《青海油田2014年保卫工作要点》的通知
39	石油青审〔2014〕49号	关于下发《青海油田公司2014年审计工作要点》的通知
40	石油青企管〔2014〕51号	关于下发《青海油田公司2014年度风险管理报告》的通知
41	石油青计〔2014〕52号	关于下达2014年项目后评价计划的通知
42	石油青工技〔2014〕55号	关于调整青海油田公司井控领导小组的通知
43	石油青科技〔2014〕56号	关于下达青海油田公司2014年科技项目计划的通知
44	石油青工技〔2014〕57号	关于下发《青海油田油管、杆、泵使用管理办法（试行）》的通知
45	石油青保卫〔2014〕58号	关于切实做好全国“两会”期间油气安保防恐工作的通知
46	石油青人〔2014〕59号	关于下达2014年度薪酬总额预拨计划的通知
47	石油青办〔2014〕61号	关于印发《青海油田公司2014年“两会”重点工作目标任务分解表》的通知
48	石油青社保〔2014〕62号	关于归集2014年2月份青海油田各项社会保险费的通知
49	石油青质安〔2014〕63号	关于申请审批《青海油田盐湖气田产能建设工程环境影响报告书》的请示
50	石油青质安〔2014〕66号	关于申请审批《青海油田马西气田天然气产能建设项目环境影响报告书》的请示
51	石油青质安〔2014〕67号	关于申请审批《青海油田英东油田开发建设项目环境影响报告书》的请示
52	石油青质安〔2014〕68号	关于国Ⅳ汽油产品质量升级项目安全设施竣工验收的请示
53	石油青计〔2014〕69号	关于《切十六至切十二供水管线建设工程方案设计的批复》等的备案报告
54	石油青勘〔2014〕70号	关于《青海油田公司公司2013年油气勘探评价地持年报》的报告
55	石油青企管〔2014〕72号	关于2014年度工程技术服务承包商准入工作的通知
56	石油青物管〔2014〕74号	关于印发《青海油田报废资产、废旧物资管理办法》的通知
57	石油青质安〔2014〕75号	关于印发《青海油田公司员工个人劳动防护用品管理规定》的通知
58	石油青质安〔2014〕76号	关于开展危害因素和环境因素识别、评价工作的通知
59	石油青人〔2014〕77号	关于调整青海油田分公司用工计划的请示
60	石油青人〔2014〕79号	关于田建中等6人解聘职的通知
61	石油青预算〔2014〕80号	关于发布青海油田《50万吨联合站》模块标准化设计计价的通知
62	石油青质安〔2014〕81号	关于对催化裂化装置烟气脱硫项目职业病危害预评价报告审核的请示
63	石油青人〔2014〕82号	关于职惠海解聘职的通知
64	石油青社保〔2014〕83号	关于缴纳2014年二季度油田有偿解除劳动合同人员再就业费用的通知

序号	发文号	标　　题
65	石油青定额〔2014〕84 号	关于印发《青海油田公司 2014 年建筑安装工程招标计价规则》的通知
66	石油青计〔2014〕86 号	关于花土沟基地市政基础设施改造项目续建资金的请示
67	石油青设备〔2014〕87 号	关于印发《青海油田公司设备变更管理规定（暂行）》的通知
68	石油青设备〔2014〕88 号	关于印发《青海油田公司设备设施完整性管理规定（暂行）》的通知
69	石油青矿服〔2014〕89 号	关于印发《青海油田敦煌基地 2014 年黄斑星天牛病虫害防治实施方案》的通知
70	石油青定额〔2014〕90 号	关于印发《青海油田公司 2014 年建筑安装工程造价编制办法》的通知
71	石油青社保〔2014〕92 号	关于归集 2014 年 3 月份青海油田各项社会保险费的通知
72	石油青人〔2014〕93 号	关于解聘沙坤同志油田公司技能专家的通知
73	石油青开发〔2014〕94 号	关于呈报《青海油田 2013 年油田开发地质年报》的报告
74	石油青人〔2014〕95 号	关于 2013 年度绩效考核情况的通报
75	石油青社保〔2014〕96 号	关于青海油田余进奎同志工伤认定的报告
76	石油青人〔2014〕97 号	关于 2014 年 2 月份绩效考核情况的通报
77	石油青天然气〔2014〕98 号	关于呈报《青海油田分公司 2013 年天然气开发地质年报》的报告
78	石油青计〔2014〕99 号	关于青海油田分公司 2014 年油气产能建设项目备案报告
79	石油青质安〔2014〕100 号	关于下达《青海油田公司 2014 年度环境监测计划》的通知
80	石油青计〔2014〕101 号	关于呈报 2014 年后评价计划的报告
81	石油青计〔2014〕102 号	关于向四方服务公司察尔汗 CNG 加气站供应天然气的批复
82	石油青质安〔2014〕103 号	关于中国石油天然气股份有限公司青海油田分公司采油一厂油泥砂处理厂建设项目试生产的请示
83	石油青勘〔2014〕105 号	关于调整“青海省柴达木盆地西部尕斯库勒－开特米里克深层卤水钾盐资源预查”项目矿权勘查范围拐点坐标的请示
84	石油青财〔2014〕106 号	关于花土沟基地市政基础设施改造项目续建资金的请示
85	石油青计〔2014〕107 号	关于下达 2014 年二季度工业生产计划的通知
86	石油青质安〔2014〕108 号	关于对尕斯联合站水区扩容改造工程项目职业病危害评价报告评审的请示
87	石油青人〔2014〕104 号	关于李莉、徐峰二人聘任（解聘）职的通知
88	石油青工技〔2014〕111 号	关于成立《中国钻井百例》青海油田编委会的通知
89	石油青预算〔2014〕112 号	关于印发《青海油田工程结算管理办法》的通知
90	石油青人〔2014〕110 号	关于李云等 3 人聘任（解聘）职的通知
91	石油青质安〔2014〕113 号	关于开展交通安全专项整治活动的通知
92	石油青质安〔2014〕114 号	青海油田 2014 年一季度工程技术队伍资质管理情况抽查通报
93	石油青科技〔2014〕115 号	关于 2014 年青海油田公司生产性课题外协的批复

序号	发文号	标　　题
94	石油青科技〔2014〕116 号	关于 2014 年青海油田公司科技项目外协的批复
95	石油青审〔2014〕117 号	关于青海油田公司 2013 年招投标管理审计问题整改情况的报告
96	石油青定额〔2014〕118 号	关于发布油水井带压作业等三项内部计价标准的通知
97	石油青外〔2014〕119 号	关于印发《青海油田公司因公出国（境）管理办法》的通知
98	石油青办〔2014〕120 号	关于印发《青海油田公司 2014 年保密工作要点》的通知
99	石油青定额〔2014〕124 号	关于印发《青海油田公司工程造价专业人员资格管理办法（暂行）》的通知
100	石油青企管〔2014〕125 号	关于小梁山、大风山二区块原油生产劳务承包方变更法人的批复
101	石油青外〔2014〕127 号	关于陆上特定地区开采石油（天然气）进口物资免征税收的请示
102	石油青质安〔2014〕128 号	关于上报青海油田 2014 年节能专项投资项目修改完善情况的报告
103	石油青办〔2014〕129 号	关于深入开展“三超”专项治理工作的通知
104	石油青外〔2014〕130 号	关于青海油田进口合成催化剂谈判采购的请示
105	石油青人〔2014〕122 号	关于叶光辉等 5 人聘任（解聘）职的通知
106	石油青人〔2014〕121 号	关于成立青海油田公司建设项目管理部的通知
107	石油青质安〔2014〕131 号	关于第二批工程技术服务企业、队伍资质复审和申报的请示
108	石油青办〔2014〕132 号	关于给予青海油田格尔木石化基地城市棚户区改造项目补助资金的请示
109	石油青人〔2014〕133 号	关于印发《油气稳超产奖兑现办法》的通知
110	石油青社保〔2014〕136 号	关于归集 2014 年四月份青海油田各项社会保险费的通知
111	石油青企管〔2014〕137 号	关于开展油田管理提升活动先进评选的通知
112	石油青人〔2014〕138 号	关于王俊峰等 4 人聘任（解聘）职的通知
113	石油青质安〔2014〕140 号	关于对青海油田分公司建设项目安全预评价报告进行备案的请示
114	石油青质安〔2014〕141 号	关于印发《青海油田公司 2014 年职业健康工作计划》的通知
115	石油青社保〔2014〕143 号	关于 2013 年度青海油田就业与再就业补贴资金的请示
116	石油青质安〔2014〕144 号	关于印发《青海油田承包商安全监督管理细则》的通知
117	石油青人〔2014〕147 号	关于王金祥等 7 人聘任（解聘）职的通知
118	石油青质安〔2014〕153 号	关于上报青海油田《青海油田含油污泥综合处理工程》可行性研究报告修改完善情况的报告
119	石油青质安〔2014〕154 号	关于上报青海油田《水质在线监测系统建设工程》可行性研究报告修改完善情况的报告
120	石油青质安〔2014〕155 号	关于上报青海油田《涩北基地污水处理系统改造工程》可行性研究报告修改完善情况的报告
121	石油青质安〔2014〕156 号	关于上报青海油田《涩北基地环境治理工程》可行性研究报告修改完善情况的报告
122	石油青人〔2014〕157 号	关于供水供电公司和天然气电力公司领导班子合署办公的通知

序号	发文号	标　　题
123	石油青人〔2014〕158号	关于青海油田分公司HSE监督中心独立运行的请示
124	石油青人〔2014〕159号	关于将“青海油田分公司路桥建设公司”更名为“青海油田分公司建设项目管理部”的请示
125	石油青计〔2014〕160号	关于青海油田2014年原油产能关联交易工作量投资缺口的请示
126	石油青人〔2014〕142号	关于杜新正等4人聘任（解聘）职的通知
127	石油青人〔2014〕162号	关于李林昌、陈得寿2人聘任职的通知
128	石油青质安〔2014〕163号	关于印发《青海油田公司安全生产和环境保护业绩考核暂行办法》的通知
129	石油青计〔2014〕164号	关于英东勘探项目后评价的报告
130	石油青审〔2014〕165号	关于向青重协办上报玉树结古镇LNG接收（气化）站工程（一期）竣工决算审计结果的请示
131	石油青工技〔2014〕166号	中国石油青海油田公司－工程技术处－井控管理科
132	石油青质安〔2014〕167号	关于转发《关于开展陆上石油天然气安全生产督查工作的通知》的通知
133	石油青质安〔2014〕168号	关于发布《游梁式抽油机》企业标准的通知
134	石油青财〔2014〕169号	关于开展表外资金专项检查工作的通知
135	石油青信息〔2014〕170号	关于青海油田油气生产物联网示范工程方案的变更的请示
136	石油青质安〔2014〕171号	关于转发《关于开展承包商安全监管现状专项巡视的通知》的通知
137	石油青计〔2014〕172号	关于《青海油田格尔木炼油厂催化裂化装置烟气脱硫改造项目基础设计》的请示
138	石油青质安〔2014〕173号	关于转发《油气田生产单位生活自用燃气管理规定》（试行）的通知
139	石油青人〔2014〕174号	关于给予采油一厂、四方服务公司财务部门通报批评的决定
140	石油青职改〔2014〕177号	关于王毅等57名同志晋升高级专业技术职务任职资格的通知
141	石油青炼化〔2014〕178号	关于青海油田成立炼油与化工运行系统项目组织机构和实施计划的报告
142	石油青质安〔2014〕179号	关于申报两支修井队伍资质的请示
143	石油青质安〔2014〕180号	关于申请审批《青海油田东坪－牛东区块开发项目环境影响报告书》的请示
144	石油青质安〔2014〕181号	关于在青海油田设立安全培训考试点的请示
145	石油青质安〔2014〕182号	关于开展2014年“安全生产月”活动的通知
146	石油青办〔2014〕183号	关于《东坪－牛东地区开发概念设》审查的请示
147	石油青质安〔2014〕184号	关于油田公司2014年环保隐患项目可行性研究报告的批复
148	石油青企管〔2014〕185号	关于《关于对甘肃省第二建筑工程公司超付工程进度款起诉追回的请示》的批复
149	石油青开发〔2014〕186号	关于青海油田公司2013年度减（免）缴油气矿产资源补偿费的请示
150	石油青生运〔2014〕187号	关于开展青海油田公司应急管理及应急物资检查的通知
151	石油青企管〔2014〕188号	关于青海昆仑山矿泉水项目继续投资开发的请示

序号	发文号	标　　题
152	石油青质安〔2014〕189 号	关于进一步加快安全隐患治理项目实施进度的通知
153	石油青人〔2014〕190 号	关于 2014 年 4 月份绩效考核情况的通报
154	石油青工技〔2014〕192 号	关于对水平井定向技术标评审、技术服务协议及技术服务施工管理相关要求的通知
155	石油青人〔2014〕194 号	关于转发《关于付锁堂等 3 人职务任免的通知》的通知
156	石油青人〔2014〕195 号	关于转发《关于付锁堂、宗贻平职务任免的通知》的通知
157	石油青人〔2014〕196 号	关于转发《关于进一步加强企业领导人员出国（境）管理监督工作的通知》的通知
158	石油青质安〔2014〕197 号	关于青海油田分公司 300 兆瓦燃机电站燃气轮机低氮燃烧改造的请示
159	石油青质安〔2014〕198 号	关于申请审批《尕斯联合站垃圾场环境治理工程环境影响报告书》的请示
160	石油青质安〔2014〕199 号	关于申请审批《采油一厂尕斯联合站伴生气处理装置及 2 座 20000 立方米原油储罐建设工程环境影响报告书》的请示
161	石油青人〔2014〕201 号	关于举办青海油田第八届职业技能竞赛的通知
162	石油青计〔2014〕204 号	关于成立青海油田“十三五”规划编制工作领导小组的通知
163	石油青工技〔2014〕205 号	关于开展青海油田公司上半年井控检查及井控例会的通知
164	石油青计〔2014〕206 号	关于青海油田 2013 年安全隐患项目计划调整的报告
165	石油青计〔2014〕208 号	关于下达青海油田敦煌基地东坪油苑建设工程计划的通知
166	石油青社保〔2014〕209 号	关于归集 2014 年 5 月份青海油田各项社会保险费的通知
167	石油青财〔2014〕210 号	关于成立开源节流降本增效工作领导小组的通知
168	石油青财〔2014〕211 号	关于下达 2014 年降本增效指标的通知
169	石油青工技〔2014〕213 号	关于迎接集团公司 2014 年度井控检查的通知
170	石油青计〔2014〕215 号	关于原油销售经营资格换证的申请
171	石油青人〔2014〕216 号	关于 2014 年 5 月份绩效考核情况的通报
172	石油青社保〔2014〕217 号	关于调整油田有偿解除劳动合同人员非全日制灵活就业劳务费发放标准的通知
173	石油青人〔2014〕218 号	关于推荐刘云田同志享受 2014 年政府特殊津贴的报告
174	石油青人〔2014〕220 号	关于张小军等 3 人聘任（解聘）职的通知
175	石油青企管〔2014〕221 号	关于表彰管理提升活动先进单位和个人的决定
176	石油青人〔2014〕222 号	关于全面推进全员绩效考核工作的通知
177	石油青炼化〔2014〕223 号	关于国Ⅳ汽油产品质量升级改造项目工程结算及节余投资使用的请示
178	石油青财〔2014〕226 号	关于迎接集团公司经济责任审计的通知
179	石油青科技〔2014〕227 号	关于下发《青海油田公司科技项目管理办法》的通知
180	石油青信息〔2014〕230 号	关于出具“基于 TD-LTE 的油田宽带无线专网设备开发与示范应用工程”开展环境影响评价函的请示

序号	发文号	标　　题
181	石油青勘〔2014〕231 号	关于青海油田公司 2014 年度上半年油藏评价项目探井核销的请示
182	石油青勘〔2014〕232 号	关于青海油田公司 2014 年度上半年油气预探项目探井核销的请示
183	石油青质安〔2014〕233 号	青海油田关于申请青海油田采油二厂乌南油田开发建设项目竣工环境保护验收的请示
184	石油青财〔2014〕235 号	关于做好税收自查和消费税专项检查迎检工作的通知
185	石油青人〔2014〕237 号	关于青海油田分公司部分单位重组整合的请示
186	石油青质安〔2014〕238 号	青海油田 2014 年二季度工程技术队伍资质管理情况抽查通报
187	石油青质安〔2014〕239 号	关于审批《中国石油青海油田边远油田开发公司南翼山油田区块开发建设项目环境影响报告书》的请示
188	石油青质安〔2014〕240 号	关于青海油田分公司格尔木 300 兆瓦燃机电站氮氧化物超标相关情况的报告
189	石油青社保〔2014〕242 号	关于归集 2014 年 6 月份青海油田各项社会保险费的通知
190	石油青财〔2014〕243 号	关于调整青海油田公司清欠工作领导小组成员的通知
191	石油青财〔2014〕244 号	关于调整青海油田公司价格管理委员会的通知
192	石油青财〔2014〕245 号	关于调整青海油田公司预算管理委员会的通知
193	石油青质安〔2014〕246 号	关于转发《关于进一步加强当前安全生产工作的通知》的通知
194	石油青计〔2014〕247 号	关于青海油田公司申请使用节能节水往年结余资金的请示
195	石油青矿服〔2014〕248 号	关于印发《青海油田矿区服务质量评价体系建设实施细则（试行）》的通知
196	石油青质安〔2014〕249 号	关于青海油田敦煌基地污水处理厂提标改造工程环保专项资金使用情况验收的请示
197	石油青外〔2014〕251 号	关于陆上特定地区开采石油（天然气）进口物资免征税收的请示
198	石油青社保〔2014〕252 号	关于归集 2014 年 7 月份青海油田各项社会保险费的通知
199	石油青生运〔2014〕253 号	关于调整青海油田公司应急领导小组和应急领导小组办公室成员的通知
200	石油青信息〔2014〕254 号	中国石油天然气股份有限公司青海油田分公司关于基于 TD-LTE 的油田宽带无线专网设备开发与示范应用工程环评审查的请示
201	石油青办〔2014〕256 号	关于调整青海油田公司密码工作领导小组成员的通知
202	石油青办〔2014〕257 号	关于调整青海油田公司保密委员会成员的通知
203	石油青人〔2014〕259 号	关于 2014 年上半年绩效考核情况的通报
204	石油青武装〔2014〕260 号	关于 2014 年夏秋征兵工作的通知
205	石油青质安〔2014〕261 号	关于发布《青海油田 2014 年上半年产品质量监督抽查的通报》的通知
206	石油青人〔2014〕262 号	关于处级领导人员退出领导岗位的有关规定的通知
207	石油青质安〔2014〕265 号	关于转发集团公司《关于转发〈国务院安委会办公室关于切实加强城镇地面开挖和地下施工管理保障油气等危险化学品管道安全的紧急通知〉等 3 个文件的通知》的通知
208	石油青职改〔2014〕266 号	关于调整职称改革工作领导小组的通知
209	石油青质安〔2014〕268 号	关于进一步加强职业健康管理工作的通知

序号	发文号	标　　题
210	石油青人〔2014〕270 号	关于将 HSE 监督中心更名为安全监督中心的通知
211	石油青人〔2014〕271 号	关于将建设项目管理部更名为建设项目管理中心的通知
212	石油青工技〔2014〕272 号	关于转发《青海油田 2014 井控安全检查讲评报告》
213	石油青人〔2014〕274 号	关于刘善录等 6 人聘任（解聘）职的通知
214	石油青人〔2014〕275 号	关于成立冷湖设施农业种植园工程项目组织机构的通知
215	石油青监察〔2014〕279 号	关于印发《青海油田公司纪检监察部门过程监督管理办法》的通知
216	石油青人〔2014〕280 号	关于将青海油田玉树液化天然气分公司划转到管道输油处的通知
217	石油青计〔2014〕281 号	关于青海油田 2014 年英东一号构造下盘 10 万吨产能建设投资缺口的请示
218	石油青生运〔2014〕284 号	关于下发青海油田公司应急管理系统（E2）运行管理细则的通知
219	石油青质安〔2014〕286 号	关于发布《泡沫排水采气用起泡剂、消泡剂测定方法及评价指标》企业标准的通知
220	石油青办〔2014〕289 号	关于建立专项工作月度例会制度的通知
221	石油青社保〔2014〕294 号	关于归集 2014 年 8 月份青海油田各项社会保险费的通知
222	石油青人〔2014〕295 号	关于成立青海油田公司招标管理部的通知
223	石油青人〔2014〕300 号	关于撤销北京办事处接待站的通知
224	石油青人〔2014〕301 号	关于覃海涛等 10 人聘任（解聘）职的通知
225	石油青外〔2014〕307 号	关于陆上特定地区开采石油（天然气）进口物资免征税收的请示
226	石油青人〔2014〕312 号	关于王卫军等 13 人聘任（解聘）职的通知
227	石油青物管〔2014〕314 号	关于青海油田物资 ERP 辅助管理平台上线推广应用的通知
228	石油青计〔2014〕316 号	关于青海油田调整使用天然气产能建设历年累计结转结余投资的请示
229	石油青计〔2014〕317 号	关于上报柴达木盆地英东勘探项目自评价的报告
230	石油青质安〔2014〕318 号	关于审批《青海油田英东 110 千伏供电工程环境影响评价报告表》的请示
231	石油青质安〔2014〕319 号	关于青海油田花土沟供水管网改造工程试运行的请示
232	石油青监察〔2014〕323 号	关于对 2014 年科技及信息项目管理效能检查情况的通报
233	石油青办〔2014〕325 号	关于开展“小金库”专项检查的通知
234	石油青审〔2014〕327 号	关于青海油田公司多种经营、职工持股和假集体企业等具有实质性控制权表外公司专项审计调查的报告
235	石油青审〔2014〕328 号	关于玉树结古镇 LNG 接收（气化）站工程（一期）冯工结算审计结果的报告
236	石油青质安〔2014〕329 号	关于进一步加强可燃气体检测报警装置管理的通知
237	石油青质安〔2014〕330 号	关于印发《青海油田公司员工安全行为规范》的通知
238	石油青财〔2014〕332 号	关于供冷湖矿区人民法院在敦煌基地新建办公服务场所水、电、气、暖等收费标准的批复

序号	发文号	标　　题
239	石油青办〔2014〕333 号	关于印发《青海油田公司印章、介绍信管理规定》的通知
240	石油青质安〔2014〕335 号	关于印发《青海油田公司应急预案管理办法》的通知
241	石油青办〔2014〕336 号	关于支持青海省西宁－格尔木－吐鲁番一级光缆干线工程建设的答复意见
242	石油青人〔2014〕338 号	关于解除王文廉等 3 人处级职务的通知
243	石油青科技〔2014〕340 号	关于征集青海油田公司 2015 年科技项目的通知
244	石油青工技〔2014〕343 号	关于转发《长庆油田安平 179 井钻井井场油气火灾事故调查报告》的通知
245	石油青工技〔2014〕344 号	关于转发《关于开展井控应急演练周活动的通知》的通知
246	石油青社保〔2014〕345 号	关于缴纳 2014 年四季度油田有偿解除劳动合同人员再就业费用的通知
247	石油青社保〔2014〕347 号	关于归集 2014 年 9 月份青海油田各项社会保险费的通知
248	石油青质安〔2014〕350 号	转发《关于公布〈标准实施监督抽查规范〉等 132 项企业标准复审结论的通知》的通知
249	石油青人〔2014〕351 号	关于淡明昌等三人聘任（解聘）职的通知
250	石油青计〔2014〕352 号	关于下达 2014 年 4 季度工业生产计划的通知
251	石油青信息〔2014〕355 号	关于成立油田办公网络机房消防设施检修维护期间应急领导小组的通知
252	石油青计〔2014〕383 号	关于上报《格尔木炼油厂 10 万吨／年甲醇制氢改造项目可行性研究报告》的请示
254	石油青质安〔2014〕395 号	关于印发《青海油田公司重大危险源监督管理办法》的通知
282	石油青人〔2014〕423 号	关于杨景奇等 22 人聘任（解聘）职的通知
285	石油青质安〔2014〕428 号	关于开展承包商管理专项检查的通知
293	石油青计〔2014〕438 号	关于下达青海油田敦煌基地东坪油苑建设工程计划的通知
294	石油青外〔2014〕439 号	关于陆上特定地区开采石油（天然气）进口物资免征税收的请示
295	石油青招标〔2014〕441 号	关于印发《青海油田公司招标工作规定》的通知
296	石油青社保〔2014〕442 号	关于申报李军伟等 35 名技师、苏宁等 9 名高级技师职业资格的请示
297	石油青企管〔2014〕443 号	关于贯彻落实集团公司合规管理会议精神推进合规化管理相关工作的通知
298	石油青计〔2014〕444 号	关于印发《青海油田公司建设项目投资－效益联动考核管理办法（试行）》的通知
299	石油青企管〔2014〕459 号	关于上报《青海油田石油资源合资合作项目清理规范方案的请示》
300	石油青矿服〔2014〕460 号	关于印发《青海油田矿区物业秩序及环境综合整治工作实施方案》的通知
301	石油青质安〔2014〕461 号	关于评审中国石油青海油田分公司格尔木地区天然气管道隐患专项治理工程《项目设立安全评价报告》和《安全条件论证报告》的请示
302	石油青人〔2014〕462 号	关于成立扎哈泉 5 万吨产能建设项目部的通知
303	石油青办〔2014〕463 号	关于“小金库”专项检查情况的报告
304	石油青办〔2014〕468 号	青海油田分公司关于 2014 年度保密工作情况的报告

序号	发文号	标　　题
305	石油青社保〔2014〕469号	关于归集2014年11月份青海油田各项社会保险费的通知
306	石油青社保〔2014〕470号	关于青海油田王延霖等同志工伤认定的报告
307	石油青人〔2014〕472号	关于将格尔木地区各单位物资仓储业务划转到物资装备公司的通知
308	石油青信息〔2014〕476号	关于迎接油气生产物联网系统（A11）试点建设项目上线验收的通知
309	石油青人〔2014〕477号	关于王维剑等7人聘任（解聘）职的通知
310	石油青人〔2014〕489号	关于李唤中等15人聘任（解聘）职的通知
311	石油青人〔2014〕490号	关于撤销西宁办事处等5个驻外办事处的通知
312	石油青质安〔2014〕491号	关于成立青海油田公司油气输送管道安全隐患治理领导小组的通知
313	石油青人〔2014〕494号	关于成立青海油田公司调整完善天然气销售业务体制工作领导小组的通知
314	石油青企管〔2014〕496号	关于印发青海油田公司废止岗位工作标准目录的通知
315	石油青社保〔2014〕497号	关于归集2014年12月份青海油田各项社会保险费的通知
316	石油青人〔2014〕498号	关于青海油田分公司人力资源情况的报告
317	石油青企管〔2014〕499号	关于调整青海油田市场管理委员会的通知
318	石油青企管〔2014〕500号	关于调整青海油田招投标管理委员会的通知
319	石油青科技〔2014〕501号	关于表彰“十二五”期间科技工作先进单位和优秀科技工作者的决定
320	石油青人〔2014〕507号	关于青海油田分公司天然气销售业务体制调整完善方案的请示
321	石油青社保〔2014〕508号	关于缴纳2015年一季度油田有偿解除劳动合同人员再就业费用的通知
322	石油青人〔2014〕509号	关于2014年度绩效预考核情况的通报
323	石油青企管〔2014〕510号	关于印发社区管理中心等四个单位岗位工作标准的通知
324	石油青物管〔2014〕512号	关于评选2014年度油田公司物资管理先进的通知
325	石油青计〔2014〕513号	关于消防支队综合楼维修工程方案设计的批复
326	石油青社保〔2014〕514号	关于青海油田李杨等同志工伤认定的报告
327	石油青炼化〔2014〕515号	关于格尔木炼油厂2014年成品油交货情况的报告
328	石油青质安〔2014〕516号	关于英东油田一号构造上盘开发（35万吨/年）建设项目职业病防护设施竣工验收的请示
329	石油青计〔2014〕518号	关于格尔木地区天然气管道隐患治理项目临时用地申请
330	石油青计〔2014〕519号	关于表彰2014年度优秀统计分析的决定
331	石油青社保〔2014〕521号	关于调整青海油田公司企业年金管理委员会的通知
332	石油青社保〔2014〕522号	关于呈报《青海油田养老性历史遗留有关待遇处理办法》的请示
333	石油青计〔2014〕523号	关于下达2015年及一季度工业生产计划的通知

序号	发文号	标　　题
334	石油青办〔2014〕528 号	关于表彰油田公司 2014 年度各专业系统先进集体和先进个人的决定
335	石油青质安〔2014〕529 号	关于发布《青海油田 2014 年下半年产品质量监督抽查的通报》的通知
336	石油青质安〔2014〕530 号	关于表彰 2014 年度质量安全环保节能工作先进单位和个人的决定
337	石油青物管〔2014〕531 号	关于做好 2014 年物资统计年报及绩效考核工作的通知
338	石油青企管〔2014〕532 号	关于印发《青海油田公司失效的规章制度和制度性文件目录》的通知
339	石油青预算〔2014〕533 号	关于印发 2014 年第二批关联交易协议的通知

编 后 记

《中国石油青海油田公司年鉴》于2004年创刊，先后出版了2000～2003年、2004年、2005年、2006～2007年、2008～2009年、2010年、2011～2012年、2013年、2014年九卷。为确保油田历史史料的连续性和完整性，油田公司决定将出版发行2015年《年鉴》。

青海油田公司领导非常重视年鉴编纂工作，把这项工作确定为年度的重点工作来抓，把《年鉴》的出版发行作为一项经常化的工作，纳入档案信息管理部的年度考核指标，落实编纂印刷经费，为按时出版发行提供了保障。

油田公司机关各部门、各二级单位的领导为《年鉴》的出版提供了各种形式的支持和帮助，各单位年鉴工作的联系人和撰稿人为本卷年鉴的出版付出了艰辛的劳动，全体执行编辑、责任编辑和特邀编辑、校对人员为提高本卷年鉴质量尽职尽责，一丝不苟。在此，谨向他们致以崇高的敬意和深深的感谢。还要特别感谢油田公司办公室（党委办公室）、人事处（党委组织部）、企业文化处（党委宣传部）、新闻中心、勘探开发研究院等单位的领导，他们除了直接参与年鉴内容的提供、审定和编写外，还做了大量的组织协调工作。在此，对这些单位和同志、对所有支持年鉴工作和为《年鉴》出版提供帮助的人们致以深深的谢意！

尽管在编辑中我们作了很大的努力，但限于工作经验和编辑水平等方面的原因，难免存在疏漏和不足，诚恳欢迎广大读者提出批评、意见和建议，我们将认真汲取，加以改进，进一步提高《年鉴》编纂工作质量和水平。

《中国石油青海油田公司年鉴》编辑部

二〇一五年十月